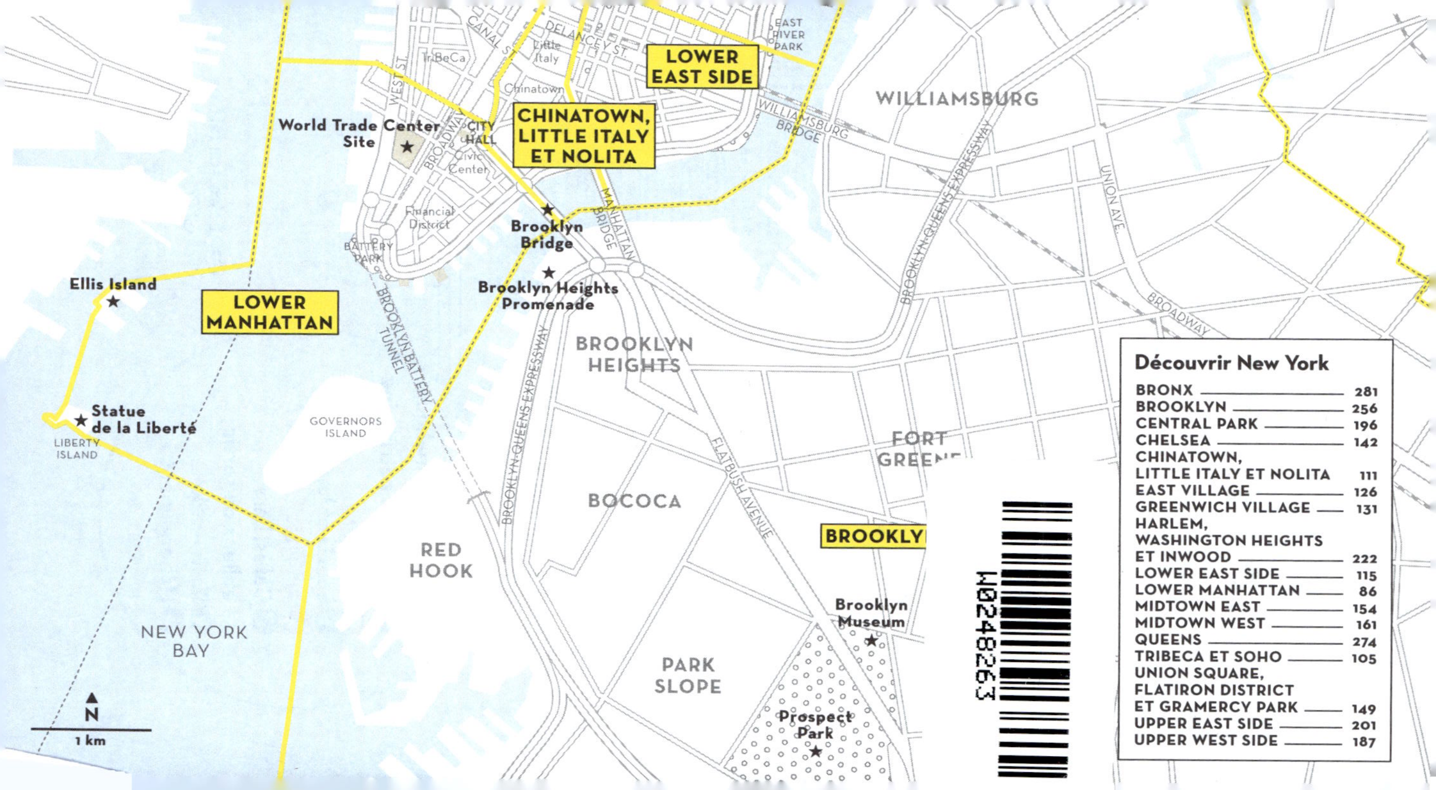

Découvrir New York

GEOGUiDE en un clin d'œil !

Un repérage immédiat
Une couleur par partie

Nos mises en avant
★ Incontournable
☆ Site remarquable
☺ Coup de cœur

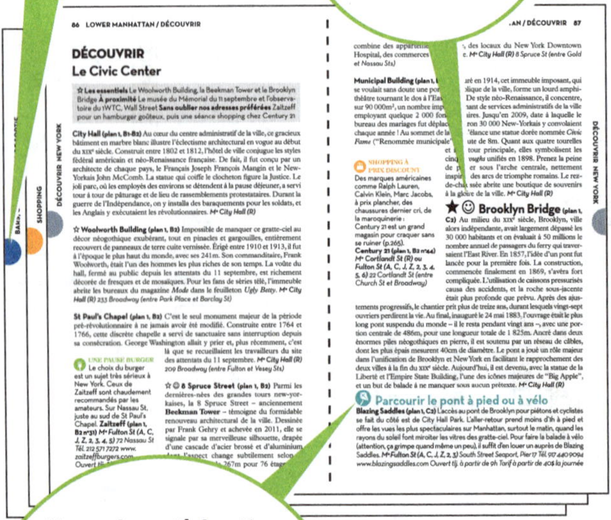

86 LOWER MANHATTAN / DÉCOUVRIR

DÉCOUVRIR NEW YORK

DÉCOUVRIR
Le Civic Center

☆ **Les essentiels** Le Woolworth Building, la Beekman Tower et le Brooklyn Bridge **À proximité** Le musée du Mémorial du 11 septembre et l'observatoire du 1WTC, Wall Street **Sans oublier nos adresses préférées** Zaitzeff pour un hamburger goûteux, puis une séance shopping chez Century 21

City Hall (plan 1, B1-B2) Au cœur du centre administratif de la ville, ce gracieux bâtiment en marbre blanc illustre l'éclectisme architectural en vogue au début du XIXe siècle. Construit entre 1802 et 1812, l'hôtel de ville conjugue les styles fédéral américain et néo-Renaissance française. De fait, il fut conçu par un architecte de chaque pays, le Français Joseph François Mangin et le New-Yorkais John McComb. La statue qui coiffe le clocheton figure la Justice. Le joli parc, où les employés des environs se détendent à la pause déjeuner, a servi tour à tour de pâturage et de lieu de rassemblements protestataires. Durant la guerre de l'Indépendance, on y installa des baraquements pour les soldats, et les Anglais y exécutaient les révolutionnaires. *Mº City Hall (R)*

☆ **Woolworth Building (plan 1, B2)** Impossible de manquer ce gratte-ciel au décor néogothique exubérant, tout en pinacles et gargouilles, entièrement recouvert de panneaux de terre cuite vernissée. Érigé entre 1910 et 1913, il fut à l'époque le plus haut du monde, avec ses 241m. Son commanditaire, Frank Woolworth, était l'un des hommes les plus riches de son temps. La voûte du hall, fermé au public depuis les attentats du 11 septembre, est richement décorée de fresques et de mosaïques. Pour les fans de séries télé, l'immeuble abrite les bureaux du magazine *Mode* dans le feuilleton *Ugly Betty*. *Mº City Hall (R) 233 Broadway (entre Park Place et Barclay St)*

St Paul's Chapel (plan 1, B2) C'est le seul monument majeur de la période pré-révolutionnaire à ne jamais avoir été modifié. Construite entre 1764 et 1766, cette discrète chapelle a servi de sanctuaire sans interruption depuis sa consécration. George Washington allait y prier et, plus récemment, c'est là que se recueillaient les travailleurs du site des attentats du 11 septembre. *Mº City Hall (R) 209 Broadway (entre Fulton et Vesey Sts)*

UNE PAUSE BURGER
Le choix du burger est un sujet très sérieux à New York. Ceux de Zaitzeff sont chaudement recommandés par les amateurs. Sur Nassau St, juste au sud de St Paul's Chapel. **Zaitzeff (plan 1, B2 nº31)** *Mº Fulton St (A, C, J, Z, 2, 3, 4, 5) 72 Nassau St Tél. 212 571 7272 www.zaitzeffburgers.com Ouvert*

☆ ☺ **8 Spruce Street (plan 1, B2)** Parmi les dernières-nées des grandes tours new-yorkaises, la 8 Spruce Street – anciennement **Beekman Tower** – témoigne du formidable renouveau architectural de la ville. Dessinée par Frank Gehry et achevée en 2011, elle se signale par sa merveilleuse silhouette, drapée d'une cascade d'acier brossé et d'aluminium … l'aspect change subtilement selon … 267m pour 76 étag…

…AN / DÉCOUVRIR 87

combine des apparteme… , des locaux du New York Downtown Hospital, des commerces … e. *Mº City Hall (R) 8 Spruce St (entre Gold et Nassau Sts)*

Municipal Building (plan 1, … …uré en 1914, cet immeuble imposant, qui se voulait sans doute une por… …blique de la ville, forme un lourd amphithéâtre tournant le dos à l'Eas… De style néo-Renaissance, il concentre, sur 90 000m², un nombre imp… …nant de services administratifs de la ville employant quelque 2 000 fon… …aires. Jusqu'en 2009, date à laquelle le bureau des mariages fut déplac… …ron 30 000 New-Yorkais y convolaient chaque année ! Au sommet de la … 'élance une statue dorée nommée *Civic Fame* ("Renommée municipale"… …ute de 8m. Quant aux quatre tourelles et … tour principale, elles symbolisent les cinq … *…oughs* unifiés en 1898. Prenez la peine de p… …er sous l'arche centrale, nettement inspir… des arcs de triomphe romains. Le rez-de-cha… …ssée abrite une boutique de souvenirs à la gloire de la ville. *Mº City Hall (R)*

SHOPPING À PRIX DISCOUNT
Des marques américaines comme Ralph Lauren, Calvin Klein, Marc Jacobs, à prix plancher, des chaussures dernier cri, de la maroquinerie : Century 21 est un grand magasin pour craquer sans se ruiner (p.265). **Century 21 (plan 1, B2 nº44)** *Mº Cortlandt St (R) ou Fulton St (A, C, J, Z, 2, 3, 4, 5, 6) 22 Cortlandt St (entre Church St et Broadway)*

★ ☺ **Brooklyn Bridge (plan 1, C2)** Au milieu du XIXe siècle, Brooklyn, ville alors indépendante, avait largement dépassé les 30 000 habitants et on évaluait à 50 millions le nombre annuel de passagers du ferry qui traversaient l'East River. En 1857, l'idée d'un pont fut lancée pour la première fois. La construction, commencée finalement en 1869, s'avéra fort compliquée. L'utilisation de caissons pressurisés causa des accidents, et la roche sous-jacente était plus profonde que prévu. Après des ajustements progressifs, le chantier prit plus de treize ans, durant lesquels vingt-sept ouvriers perdirent la vie. Au final, inauguré le 24 mai 1883, l'ouvrage était le plus long pont suspendu du monde – il le resta pendant vingt ans –, avec une portion centrale de 486m, pour une longueur totale de 1 825m. Ancré dans deux énormes piles néogothiques en pierre, il est soutenu par un réseau de câbles, dont les plus épais mesurent 40cm de diamètre. Le pont a joué un rôle majeur dans l'unification de Brooklyn et New York en facilitant le rapprochement des deux villes à la fin du XIXe siècle. Aujourd'hui, il est devenu, avec la statue de la Liberté et l'Empire State Building, l'une des icônes majeures de "Big Apple", et un but de balade à ne manquer sous aucun prétexte. *Mº City Hall (R)*

Parcourir le pont à pied ou à vélo
Blazing Saddles (plan 1, C2) L'accès au pont de Brooklyn pour piétons et cyclistes se fait du côté est de City Hall Park. L'aller-retour prend moins d'1h à pied et offre les vues les plus spectaculaires sur Manhattan, surtout le matin, quand les rayons du soleil font miroiter les vitres des gratte-ciel. Pour faire la balade à vélo (attention, ça grimpe quand même un peu), il suffit d'en louer un auprès de Blazing Saddles. *Mº Fulton St (A, C, J, Z, 2, 3) South Street Seaport, Pier 17 Tél. 917 440 9094 www.blazingsaddles.com Ouvert tlj. à partir de 9h Tarif à partir de 40$ la journée*

Un repérage thématique
- Culture et patrimoine
- Shopping
- Sports et loisirs
- Activités familiales
- Cafés, bars et lieux de sortie
- Restauration
- Hébergement

Boîte aux lettres GEOGUiDE
5, rue Gaston-Gallimard
75328 Paris Cedex 07
www.geo-guide.fr
contact@geo-guide.fr

GEOGUIDE

New York

Christine Barrely
Carole Behn
Antoine Besse
David Fauquemberg

Ont également collaboré à cet ouvrage
Sabine Albertini, Gabriella Gershenson,
Charlotte Pavard, Leslie Price et Bruce Tantum

NEW YORK

GEOPANORAMA

GEOPRATiQUE

GEOViSiTES

NEW YORK

GEOADRESSES

Les planches de Coney Island (p.273), à Brooklyn.

GEODOCS

GEOCARTO

NEW YORK

La Freedom Tower ou One World Trade Center (p.92), nouveau symbole de New York.

GEOPANORAMA

COMPRENDRE NEW YORK

Une ville au milieu des eaux

Dans le nord-est des États-Unis, sur la côte atlantique, New York règne sur un vaste estuaire où se rencontrent, en un complexe réseau fluvial et maritime, les eaux douces de l'Hudson et de multiples bras de mer louvoyant entre une cinquantaine d'îles, îlots, lidos et lagunes. C'est en adoptant le point de vue des navigateurs et, à leur suite, des millions d'immigrants, que l'on saisit les caractéristiques exceptionnelles du site. Vue de la haute mer, la ligne côtière, marquant ici un bel angle droit, s'ouvre sur une première grande échancrure, Lower Bay, ou baie Inférieure, dans laquelle se déverse le détroit des Narrows. C'est par ce passage naturel qui, large de 12km, s'engouffre entre deux îles, Staten Island, à l'ouest, et Long Island, à l'est, que l'on accède au havre historique de New York, Upper Bay, la baie Supérieure. Manhattan s'y allonge du nord-est au sud-ouest entre deux grandes coulées d'eau profondes : à l'ouest, l'Hudson, à l'est, l'East River. Large de 1,5km à son embouchure, l'Hudson, qui prend sa source 507km plus au nord, dans la chaîne des Adirondack, au lac Tear of the Clouds ("Larme des nuages"), marque la frontière avec le New Jersey. Plus modeste mais souvent tumultueux, l'East River n'a de fleuve que le nom – en effet, ce chenal qui sépare Manhattan de Brooklyn et de Queens relie, plus au nord, la baie de New York au vaste bras de mer par lequel la bien nommée Long Island se trouve isolée du continent. Quant à la Harlem River, elle joint les deux cours d'eau au nord de Manhattan, coupant ainsi la ville de sa partie septentrionale, la seule à être rattachée au continent, le Bronx. Ainsi lovée au cœur d'une baie de 40km de circonférence, ample mais à l'abri des tempêtes et ouverte par de confortables voies d'eau toutes navigables et soumises aux marées, New York a su répondre par un destin hors du commun aux dons octroyés par la nature.

L'HÉRITAGE GLACIAIRE Les glaciers du quaternaire ont lentement modelé le site de New York. Quelque 300m de glace le recouvraient, labourant la croûte terrestre, faisant moutonner les collines dans leur poussée vers le sud. À la fonte de la calotte, il y a 15 000 ans environ, la moraine frontale, dernier bourrelet avant l'Océan à 160km de la côte actuelle, retient l'eau puis se rompt, ouvrant la vallée de l'Hudson et la faille de la Harlem River sur la mer. La remontée des océans inonde alors la plaine côtière, noyant l'abrupt fjord de la vallée de l'Hudson, transformant la grande retenue d'eau douce du Long Island Sound en golfe. Chargée de dépôts morainiques, la plaine côtière, marquée de grandes encoches, se disloque en une mosaïque d'îles et de lagunes. Autrefois solidaires, Long Island et Staten Island, où se dresse Todt Hill, le point culminant de la région (124,90m), conservent les ondulations de la moraine qui les a fait naître. La ville a englouti sous la forêt de ses constructions son histoire géologique, mais son plus lointain passé apparaît dans les rochers roulés et entaillés de grandes stries qu'on trouve dispersés dans les parcs. Tel le fondement schisteux, épine dorsale de Manhattan et assise des gratte-ciel, qui surgit au milieu de Central Park.

UNE DES EAUX LES PLUS PURES AU MONDE ! "L'inconvénient majeur de New York, c'est son manque de bonne eau", déplorait, au XVIIIe siècle, le botaniste suédois Peter Kalm. Si les incendies et les épidémies de choléra sont à remiser dans l'histoire ancienne, l'alimentation en eau de 8 millions

Physionomie d'une mégalopole

Onzième ville du monde, et la plus densément peuplée des États-Unis (8 550 000 hab. pour 785km²), **New York City**, la ville aux statistiques étourdissantes, l'"hypercentre mondial", n'est pas la capitale de l'État de New York – Albany, en amont sur l'Hudson, occupe ce rang – mais elle lui offre sa façade maritime. À mi-chemin entre Boston et Washington, elle fait partie d'une vaste conurbation, le **Tri State Area**, qui déborde des frontières de l'État, à l'est vers le Connecticut, au sud et à l'ouest vers le New Jersey, et où vivent 19 millions de personnes (1/16e de la population américaine) ! Depuis 1898, elle est formée de cinq *boroughs* qui correspondent aux comtés hérités de la période coloniale : à l'île de Manhattan, cœur historique, se sont ajoutés le Bronx, Brooklyn (comté de Kings), Queens (partie ouest de Long Island) et Staten Island (comté de Richmond). Chacun de ces *boroughs* se subdivise en *neighborhoods*, quartiers auxquels l'histoire et la topographie ont donné des aspects affirmés. Du sud au nord, **Manhattan** (1 644 000 hab.) s'étire tout en longueur (21,5km de longueur sur 3,7km au plus large) et se divise en trois zones horizontales : **Downtown**, ou Lower Manhattan, où s'implanta la ville originelle, puis **Midtown**, l'un et l'autre centres d'affaires, de la finance, du commerce et des divertissements, enfin, **Uptown**, plus récent et résidentiel, où Harlem, ville noire dans la blanche, fut longtemps une entité à part. Une ligne verticale le long de la 5e avenue délimite les parties est et ouest de l'île. Le terrain en est la cause : la ville a gagné tout d'abord vers le nord, suivant la langue rocheuse de dépôts alluvionnaires et de gneiss qui la traverse, puis vers l'est, par-delà l'East River, plus facilement franchissable que le profond Hudson. De part et d'autre, les franges marécageuses ont été drainées au XIXe siècle lorsque, sous la pression démographique, les villages agricoles ont été englobés dans le tissu urbain – l'agencement de Greenwich, d'East Village ou de Chelsea en garde le souvenir. **Brooklyn** (2 636 000 hab.), 3e ville du pays au moment de son intégration à New York, a longtemps regardé la vibrionnante Manhattan comme un gourmand une vitrine de pâtisseries : de ce côté de l'East River, on travaillait surtout à l'usine ou au port. Aujourd'hui chassés par l'inflation des loyers, artistes et intellectuels des anciens quartiers bohèmes de Manhattan se réfugient dans ses friches industrielles. Il y a peu, l'expression "quelque part dans **Queens**" signifiait peu ou prou au milieu de nulle part. Ce *borough* de 2 339 000 hab. est le plus conforme à l'image de "melting-pot" culturel de New York. Dans le **Bronx** (1 455 000 hab.) – enfin un bout de terre ferme ! –, longtemps synonyme de ghetto et de grande misère, les réhabilitations diverses laissent espérer des jours meilleurs. Quant à **Staten Island** (474 000 hab.), c'est le moins new-yorkais des cinq *boroughs*. Isolée de l'autre côté de la baie, majoritairement blanche et résolument républicaine, l'île est restée rurale jusqu'à la construction du Verrazano Bridge, en 1964.

d'habitants reste une préoccupation majeure, et la crainte d'une pénurie existe toujours, comme l'atteste la quantité de réservoirs qui pointent leurs cônes sur les toits des immeubles. Construits dès 1830, les premiers aqueducs qui acheminaient l'eau de la Croton River se sont vite révélés insuffisants. Depuis un siècle, New York est alimentée par l'eau de la Delaware, issue des monts Catskill, à 150km au nord, naturellement filtrée par le couvert végétal des bassins versants, si pure qu'elle ne nécessite qu'un minimum de traitement chimique et qu'elle est vendue en bouteille dans les cafés les plus branchés ! La ville a misé, dans les années 1990, sur le choix écologique : en rachetant les terres autour des réservoirs, en rémunérant les propriétaires locaux pour l'entretien des forêts et en prenant en charge les coûts d'investissement dans les fermes, potentielles sources de pollution organique et chimique. Propriétaire des zones de captage, la ville veille aussi sur le sous-sol environnant. Elle a décrété un moratoire sur l'exploitation minière de gaz de schiste dans le nord de l'État qui menacerait sous-sol et réservoirs d'une contamination toxique induite par le mode de forage et le traitement chimique des gaz exploités.

Climat

New York est située sur le 40e parallèle nord, c'est-à-dire à la hauteur de Naples ou Madrid. Mais la latitude ne fait pas le climat. Au point de rencontre entre les masses d'air continental descendues des Grands Lacs et la forte

La menace des risques naturels

Compte tenu de la faible altitude de la ville (moins de 10m au-dessus du niveau de la mer), on y prend très au sérieux le réchauffement climatique et les risques d'inondation qu'entraîneraient la montée de l'Océan et l'intensification des tempêtes. L'urbanisation qui a touché la majeure partie de ses 900km de côtes, précipitant l'érosion des dunes, le drainage insuffisant des zones marécageuses de Jamaica Bay, sur Long Island, ont rendu inefficaces ces premières barrières naturelles contre les désordres climatiques. Même sans évoquer un scénario catastrophe, les rives de Manhattan pourraient être submergées plusieurs fois par an. Régulièrement, la ville est confrontée à la vulnérabilité de ses installations vitales : eau potable, réseau électrique et électronique, chauffage urbain, un faisceau de câbles et de conduites court dans son sol. En décembre 1992, une tempête met le système électrique du métro hors circuit ; en juillet 2007, un ouragan conjugué à une surcote de la marée ravage les côtes et le métro est inondé ; en octobre 2012, l'ouragan Sandy provoque la mort de 48 personnes, l'inondation du métro et des tunnels conduisant à Manhattan, des coupures massives d'électricité durant plusieurs jours et la fermeture exceptionnelle du New York Stock Exchange... Ce qui n'empêche pas les records de froid, avec -18°C en février 2016, le jour le plus glacial depuis 1916 !

influence océanique, la ville subit une météo fortement contrastée. Pendant l’hiver, neigeux et rigoureux, les températures, négatives (entre 0 et -3 °C) peuvent frôler -20 °C en janvier-février. Suit un bref et doux printemps de fin mars à mi-mai. Débordant généreusement des trois mois réglementaires, l’été, de juin à mi-octobre, est moite et chaud, voire caniculaire en juillet lorsque la chaleur, piégée entre les immeubles, fait (régulièrement) grimper le thermomètre au-delà de 30 °C. L’automne, aussi doux que la romance chantée par Ella Fitzgerald (*Autumn in New York*), glisse, dès novembre, dans l’hiver. Quelle que soit la saison, les sautes d’humeur du temps sont souvent spectaculaires. Si les ouragans venus du golfe du Mexique ont trop perdu de leur puissance en remontant la côte Atlantique pour causer de graves dégâts, les *nor’easters* d’hiver, ces blizzards chargés de neige peuvent, en quelques heures, recouvrir la ville de poudreuse et la paralyser : 68cm à Central Park en février 2006, 82cm en janvier 2011 ! De brusques orages sont fréquents au printemps et en été, et lorsqu’un vent soutenu souffle sur Manhattan, freiné dans sa progression par la forêt de gratte-ciel, il rebondit sur les façades des immeubles, provoquant bourrasques et colonnes d’air ascendant : c’est l’“effet canyon”. Seule la pluviométrie montre une banale régularité : tout au long de l’année, dix jours par mois environ, New York reçoit 100mm d’eau en moyenne (soit 1 200mm par an).

Le “vert tendre du Nouveau Monde”

L’on s’émerveille de découvrir, au hasard de promenades, de verdoyantes étendues résistant aux masses des immeubles telles des herbes sauvages entre des pavés. Malgré son image justifiée d’hyperconcentration urbaine, la ville possède ses poches de verdure, de l’humble square aux grandes réserves d’une nature très aménagée, plus de 1 500 espaces couvrant environ 110km^2 (14% de la superficie municipale). La plupart sont gérés par le New York Department of Parks and Recreation, mais Central Park et d’autres parcs, comme Bryant Park, sont aux mains d’une gouvernance privée ou mixte. Au XIXe siècle, la ville se satisfaisait de quelques recoins préservés dans Lower Manhattan ; on se délassait dans Bowling Green, Washington Square, Tompkins Square Park, Union Square, espaces que le plan d’urbanisme de 1811 avait bien voulu laisser à la nature – il est vrai qu’en 1850, il suffisait de dépasser la 38e rue pour se retrouver en pleine campagne ! Mais l’expansion de New York fait naître le besoin d’espaces paysagers à la mesure d’une métropole qui veut rivaliser en prestige avec les capitales européennes. La conception de parcs récréatifs est confiée aux architectes Frederick Law Olmsted et Calvert Vaux qui dessinent, dans les années 1860, Prospect Park et Central Park. Outre les considérations hygiénistes de l’époque, ils voient dans leurs espaces verts des leviers de régulation

UN VERT ÉDEN
Difficile d’imaginer, comme F. S. Fitzgerald à la fin de *Gatsby le Magnifique*, “la poitrine vert tendre du Nouveau Monde” s’épanouissant devant les yeux des marins hollandais du XVIIe siècle. Les travaux du chercheur Eric Sanderson proposent une fascinante reconstitution de l’espace new-yorkais précolonial avec le projet welikia.

sociale qui doivent répondre aux besoins des plus riches comme des plus pauvres. Aujourd'hui, Central Park, gros bloc de campagne inventée, est un véritable arboretum où l'on veille, en particulier, sur les espèces endémiques, soit trois variétés de chênes rouges (*pin, shingle, willow oaks*) et les ormes d'Amérique, de vrais rescapés que l'environnement urbain a jusqu'ici isolés de l'épidémie de graphiose, un champignon qui décime l'espèce sur la côte nord-est des États-Unis.

Une faune tout-terrain

On serait tenté de penser que parmi les animaux, seuls les *"tough guys"*, les "durs à cuire", comme le rat surmulot ou le pigeon, peuvent survivre dans la jungle urbaine de New York. Ils colonisent la ville, certes, mais ils la partagent avec des spécimens plus séduisants et tout aussi capables de s'adapter. Les New-Yorkais semblent ne plus voir les innombrables écureuils que les touristes s'extasient de découvrir si peu farouches. En revanche, ils s'émerveillent que des castors soient de retour dans la Bronx River, que des coyotes furètent la nuit dans Central Park, que des ratons laveurs y fassent la sieste... Les parcs offrent un refuge à de multiples familles d'oiseaux sédentaires ou de passage, des étourneaux, fauvettes, et autres moineaux communs aux chamarrés orioles de Baltimore, parulines flamboyantes, tangaras écarlates ; des oies migratrices aux rapaces (chouette, faucon pèlerin, aigle chauve...). Les mouettes atricilles et les goélands sont chez eux dans toute la baie. Sur les côtes de Staten Island et de Long Island, les pourtours marécageux regorgent de grenouilles et crapauds et les crabes bleus attirent hérons et martins-pêcheurs. Paradoxalement, la pollution, en interdisant toute pêche dans la baie, a protégé une faune aquatique résistante. Bars et esturgeons remontent toujours l'Hudson pour y frayer et y côtoient anguilles et aloses d'Amérique. Les huîtres de la réserve naturelle de Jamaica Bay, qui ont fait l'ordinaire des Amérindiens Lénapes et les délices de l'équipage de Henry Hudson sont chouchoutées, non pour leur qualité gastronomique mais parce qu'elles se révèlent d'excellents marqueurs écologiques. Quant aux alligators qui rôderaient dans les égouts, toujours pas de trace !

Green is biotiful

Associer New York et développement durable (*sustainable development*) semble incongru, tant la Grosse Pomme a incarné le renouvellement incessant, les modes éphémères, la dilapidation en tout genre. Les mesures écolo prises par les autorités municipales sont une révolution dont les effets – psychologiques tout au moins – sont vérifiés. Sensibles à l'air du temps, les maires, depuis une quinzaine d'années, promeuvent des politiques environnementales à coups de marketing et d'aides financières. Malgré son gigantisme, la ville se révèle sobre dans ses dépenses en énergie. Moitié moins gourmande que San Francisco, elle n'est responsable que d'un petit 1% des émissions de gaz à effet de serre des États-Unis alors qu'elle regroupe 2,7% de sa population ! Cette réussite est avant tout due à l'important et performant système de transports publics – lié à l'instauration de péages pour les véhicules entrant à Manhattan – qui permet aux trois quarts de ses résidents

ORGANIC FOOD, LOCAVORES* ET *GREEN MARKETS
L'attrait des produits bio (*organic food*) pour nombre de New-Yorkais devenus pour certains "*locavores*" convaincus (ne consommant que des denrées produites localement) concourt au succès des marchés de quartier, où les producteurs de la couronne new-yorkaise proposent des produits frais. Grâce à ces *green markets*, le nombre de petites exploitations familiales vivant du travail de la terre ou encore de la pêche côtière a doublé en moins de 10 ans.

de se passer de voiture, et à la fibre écocitoyenne des citadins. Suivant le *"green infrastructure plan"*, New York a entrepris de réduire la consommation d'énergie de 30% d'ici à 2040. Désormais, les bus roulent au diesel hybride, l'éolien allume la torche de la statue de la Liberté comme il éclaire le site d'Ellis Island, les vieux immeubles énergivores sont convertis, le neuf se rapproche des normes de construction écoresponsables. Ainsi, les *green buildings* tels que la Hearst Tower, premier gratte-ciel estampillé LEED (*"leadership in energy & environmental design"*), réalisé avec 80% de matériaux recyclés, ou la tour de la Bank of America et le One World Trade Center, comme préconisé par la ville, doivent réduire au minimum l'impact écologique de la construction et de l'entretien des bâtiments, et tendre à l'autosuffisance énergétique.

LA CAMPAGNE À LA VILLE On connaissait les terrasses haut perchées des *penthouses* de milliardaires avec vue à 360° sur Manhattan. Les nouveaux jardins "suspendus" de New York sont moins huppés mais plus utiles, et donnent même droit à des crédits d'impôts. Les jeunes New-Yorkais ont la main verte. Dans le sillage des *community gardens* (p.130), jardins partagés des quartiers populaires dont on encourageait la création au début du XXe siècle et pendant le New Deal, une arrière-cour laissée sans entretien, un toit-terrasse, un interstice à l'abandon entre deux tours se transforment en jardin potager, pour une consommation personnelle ou le business (notamment dans la restauration). Zabar's, le fameux *delicatessen* de l'Upper West Side, fait pousser sur sa terrasse les tomates qu'il vend au rez-de-chaussée. En 2014, le géant de l'alimentation bio Whole Foods a ouvert une enseigne brooklynite de 5 000m^2, et produit une partie de ses légumes sur le toit. Toujours à Brooklyn, le 11e étage d'un vieux bâtiment industriel accueille la Brooklyn Grange, plus grande ferme urbaine au monde, avec 6 000m^2 de fruits et légumes plantés et récoltés. De même, la politique de réhabilitation des friches industrielles est plus que jamais d'actualité. Ainsi, dans le Meatpacking District, l'antique portion du *"el"*, chemin de fer aérien désaffecté, a subi un lifting très tendance, laissant place à la coulée verte sauvage de la High Line, inaugurée en 2009. Quant à la réhabilitation de Fresh Kills Hill, sur Staten Island, elle se situe à une toute autre échelle. Fermé en 2001 (et provisoirement rouvert pour accueillir les gravats des Twin Towers après le 11 septembre), le site de cette monumentale déchetterie se métamorphosera, d'ici à 2050, en un parc naturel de 900ha de prairies, bois et cours d'eau. Il est peu à peu ouvert au public, à mesure que le sol, où macère une couche de 60m de déchets, se voit purgé des vapeurs de méthane et qu'une végétation s'ensemence spontanément sur ces terres fermes et humides.

Histoire

Mannahatta

Les premiers habitants de l'île sont les descendants de ces nomades venus il y a quelque 12 000 ans du fond de l'Asie via le détroit de Béring et qui, sur la piste des grands mammifères, parcourent le continent américain au gré des variations climatiques. Lorsque le glacier lâche enfin son emprise sur la vallée de l'Hudson, que le redoux y fait pousser arbres et baies, que petits mammifères, poissons et coquillages offrent un substitut à la chasse aux mastodontes, apparaissent les premiers campements. Sur le site actuel de New York, les plus anciennes traces de ces chasseurs-cueilleurs découvertes sur Staten Island et Long Island remontent à -8 000 ans. À partir de -3000, l'agriculture sur brûlis entraîne la sédentarisation de petites communautés. Deux grandes familles d'Amérindiens (*native Americans*), les Iroquois Mohawk et les Algonquins Delaware, ramifiées en multiples branches, cohabitent sur de vastes territoires entre les Grands Lacs et la côte atlantique. Les sous-groupes des Lenape Manate, sur Manhattan, des Canarsie et Rockaway, sur Long Island, et des Raritan et Canarsie, sur Staten Island, se partagent la vallée de l'Hudson et les îles de la baie de New York.

Du comptoir à la colonie

Le premier à découvrir cet éden d'outre-Atlantique est un Florentin, Giovanni da Verrazano qui, en 1524, explorant pour le compte de François Ier la côte nord-américaine, y trouve "une très grande rivière". Le récit de son escale au large de l'actuelle Staten Island, et de sa rapide incursion dans la baie qu'il baptise Nouvelle-Angoulême en référence à son mécène, ex-duc d'Angoulême, est certes enthousiaste mais restera sans suite pour le royaume de France. Près d'un siècle plus tard, en 1609, la Compagnie des Indes orientales des Provinces-Unies recrute Henry Hudson, un navigateur anglais aguerri, avec mission de chercher autour du pôle Nord un passage maritime vers l'Orient et ses épices. L'embarcation, trop légère pour affronter les glaces, est déroutée vers l'Amérique. Le 12 septembre, Hudson pénètre dans la baie de New York, remonte le fleuve et s'approprie le territoire qu'il nomme Nieuw Neerlande – alors que quelque 15 000 Amérindiens vivent autour de la baie. Un petit commerce de fourrure de castor se met en place entre les indigènes et une poignée de rudes trappeurs pour le compte de marchands hollandais audacieux. Il faut attendre 1624 pour que la Compagnie hollandaise des Indes occidentales, à qui le gouvernement hollandais a octroyé le monopole du commerce dans l'Atlantique, y établisse ses premiers colons. Une trentaine de familles, quelques Hollandais, des protestants francophones exilés par les guerres de Religion, s'installent en différents points le long de l'Hudson et sur l'actuelle Governors Island. En 1626, Pieter Minuit, le gouverneur mandaté par la compagnie, acquiert Manhattan pour 60 florins de verroterie et colifichets, signant l'acte de naissance de la future New York – scandaleuse escroquerie pour les uns, fabuleuse opération immobilière pour d'autres. Officiellement propriétaire de Manhattan, la Compagnie des Indes occidentales y regroupe les 270 membres que compte la petite colonie. À la pointe sud de l'île, on se serre autour d'un fortin précaire dénommé Nieuw Amsterdam. Une ville est prête à naître.

LES PREMIERS CONTOURS DE LA VILLE Pendant les quarante ans que dure la domination hollandaise, la colonie vivote. La Compagnie des Indes occidentales, qui compte bien davantage sur ses autres possessions atlantiques, investit peu dans son développement. Ce n'est que progressivement qu'on s'écarte quelque peu du fort protecteur, traçant tout autour les premières rues – dont on voit encore le dessin tortueux – et une artère, la future Broadway, qui dessert les fermes (*boweries*) gagnées sur les marais que les Hollandais sont experts à drainer et valoriser. Au-delà de la palissade, Wall Street, qui ceint le bourg au nord, les colons s'enhardissent et s'octroient de vastes fermes sur les terrains de chasse des Indiens, jusque bien loin dans le Bronx, et Queens, sur Staten Island et Long Island, où les fermiers bataves fondent, en 1646, le village de Breuckelen (futur Brooklyn). Le commerce des peaux, qui avait initialement suscité l'intérêt de la Hollande pour ce coin d'Amérique, cède le pas à ceux du tabac, du bois et de la farine dans les échanges transatlantiques. La Nouvelle-Amsterdam, résolument agricole, devient rapidement un relais important dans le commerce triangulaire et, dès sa création, elle importe ses premiers esclaves noirs. Les tensions larvées entre la jeune colonie et les Indiens dégénèrent entre 1640 et 1645 en une guerre ouverte. Les Indiens Canarsie se vengent en cédant Long Island et Staten Island aux Anglais établis dans les colonies de la Nouvelle-Angleterre. Le dernier gouverneur hollandais, Peter Stuyvesant, homme à poigne et de talent, ne parviendra pas à rétablir une paix durable, mais il dote le bourg et ses 1 700 habitants d'une administration municipale.

LA PALISSADE
Une palissade traversant l'île d'ouest en est, de l'Hudson à l'East River, matérialise les limites nord de la première ville, enclose dans ce qui est aujourd'hui le Lower Manhattan. Le mur a disparu, mais une rue en garde le souvenir : Wall Street.

UNE PRISE DE POUVOIR EN SOUPLESSE Dans l'interminable jeu de batailles que se livrent, au XVIIe siècle, les puissances européennes, l'enclave hollandaise au cœur des territoires britanniques du Nouveau Monde est un affront pour l'Angleterre et un gros manque à gagner pour son commerce maritime. Arguant d'une vague antériorité – une charte de colonisation octroyée aux compagnies coloniales de Virginie –, Charles II d'Angleterre revendique la terre et envoie une petite flotte, entrée dans la baie le 27 août 1664, réclamer son dû. La ville, tombée sans coup férir, est offerte par Charles II à son frère Jacques, duc d'York et d'Albany, et rebaptisée New York en son honneur. Pragmatiques, les Anglais mettent en œuvre une politique propre à se concilier les bonnes grâces des notables de la colonie qui, outre la ville, recouvre peu ou prou l'actuel New Jersey et une grande partie du Connecticut. La communauté anglophone croît rapidement, comme l'implantation francophone, avec l'arrivée de protestants chassés par la révocation de l'édit de Nantes (1685). Le nouveau pouvoir se montre respectueux des droits civiques, religieux et linguistiques instaurés sous la domination hollandaise. La population augmente de façon fulgurante et passe de 1 700 hab. en 1664 à 7 000 au tournant du siècle. Le commerce maritime se développe considérablement en volume et en diversité avec la multiplication des destinations : bois et goudron vers l'Angleterre, blé et farine vers les Antilles. Manhattan devient le port officiel des colonies britanniques d'Amérique. Les installations portuaires du futur South Sea Port prennent de l'ampleur, les chantiers navals, pêcheries, raffineries de sucre, font leur apparition. Aux denrées officielles s'ajoutent les prises des pirates qui, vendues aux enchères, permettent à la colonie d'engranger des fortunes considérables. La ville s'étend vers le nord, les fermes essaiment autour du petit village de Greenwich. L'organisation sociale de New York esquissée sous les Hollandais s'affirme, accusant les inégalités. Au sommet de la pyramide : l'aristocratie coloniale du foncier et du grand commerce maritime, puis la bourgeoisie des marchands et des petits propriétaires, une classe ouvrière et d'artisans et, dans les bas-fonds, un sous-prolétariat constitué de *bond workers*, ouvriers dont la condition est proche de l'esclavage. La population d'esclaves noirs directement importés de Guinée augmente jusqu'à constituer 21% des citadins, cf. Esclaves à New York (p.108). En 1712 et 1742, leurs révoltes sont réprimées avec une effroyable cruauté. Les dernières décennies de la domination britannique sont mouvementées, les manifestations anti-anglaises fréquentes. Influencée par les idées des Lumières, la presse new-yorkaise se sent les coudées assez franches pour passer à l'attaque. La ville qui, depuis 1754, a son université, King's College (la future Columbia University), consciente de son poids économique, se rêve libre.

"PAS D'IMPÔT SANS REPRÉSENTATION" Comme les autres colonies, la ville commence par se révolter contre les nouvelles taxes instaurées par le pouvoir britannique : au Stamp Act (1765), qui impose un timbre fiscal sur de nombreux produits et services, dont la presse et les actes officiels, s'ajoute, en 1773, le Tea Act, qui exempte de droits de douane le thé de la Compagnie des Indes orientales, entraînant une concurrence déloyale et la faillite des colons importateurs indépendants. En représailles, New York, comme les autres colonies, boycotte le thé de Chine, se prend de goût pour le café et monte, en avril 1774, une *tea party*. Suivant l'exemple de Boston qui, en 1773, avait jeté par-dessus bord la cargaison de thé de trois navires de la Compagnie des Indes orientales, des New-Yorkais affiliés à une organisation indépendantiste, les Fils de la Liberté (Sons of Liberty), déversent dans le port le contenu des 18 barils de thé d'un bateau anglais. Par cet acte de rébellion symbolique, New York s'affirme prête à la confrontation armée avec le pouvoir britannique. D'autant que le boycott des produits britanniques, instauré dès 1765, a entraîné une profonde crise économique. Après avoir chassé le gouverneur britannique de la ville en 1775, New York célèbre avec enthousiasme, un an plus tard, le 9 juillet, la proclamation d'indépendance décrétée par le Congrès des treize colonies rassemblées à Philadelphie le 4 juillet 1776.

LOYALISTE OU PATRIOTE ? Si la colonie de New York est largement favorable à l'indépendance, l'engagement de la cité en faveur de la cause américaine est bien plus ambigu. Les grands propriétaires, malgré leur ressentiment contre l'Angleterre, se méfient tout autant des ambitions des patriotes convaincus – et, parmi eux, des Sons of Liberty, pour beaucoup des "sans-terre", dont la devise est (déjà !) de "travailler et s'enrichir" –, que de la promesse de libération des esclaves (dont les Anglais se disent prêts à garantir l'affranchissement s'ils quittent leur maître rebelle). Le 27 août 1776, les troupes britanniques menées par les frères Hawe débarquent sur Long Island. Le frêle contingent de soldats patriotes, renommés *Insurgents*, que George Washington conduit à ce qui va être une mémorable et sanglante bataille, la **bataille de Brooklyn**, ne résiste pas aux 32 000 tuniques rouges anglaises et à leurs 5 000 mercenaires allemands. Repliés dans Manhattan, les Américains prennent leur revanche dans les collines de Morningside Heights, sur les hauteurs de Harlem, mais, le 16 novembre, le fort Washington, qui protège les rives de l'Hudson, tombe. Convaincus que les "insurgés" de Washington qui font route vers la Pennsylvanie sont proches de la reddition, les Anglais prennent leurs quartiers d'hiver à New York, stratégiquement placée au centre de leurs possessions de la côte Est et où ils bénéficient du soutien tacite d'une partie de la population. Car, dès les premières batailles, la ville, désertée par les patriotes, devient le refuge de tous les loyalistes des environs et la dernière demeure de près de 5 000 prisonniers. Loin de profiter des victoires du camp britannique auquel elle s'est ralliée, dans un climat de défiance souvent explosif entre Anglais et loyalistes, ravagée par de nombreux incendies dont celui de 1776 qui détruit un tiers de la ville, New York sombre dans le chaos. Au terme des sept ans d'occupation anglaise, lorsque, par le traité de Paris (3 septembre 1783), l'indépendance des 13 colonies américaines est promulguée, elle n'est que ruines.

De l'indépendance à la guerre civile

NAISSANCE D'UNE CAPITALE ÉCONOMIQUE ET FINANCIÈRE Au sortir de la guerre d'indépendance, New York semble s'imposer comme capitale politique du nouvel État. En 1785, le Congrès confédéral y transfère son siège et George Washington, premier président des États-Unis, y est intronisé le 30 avril 1789. Mais ce choix ne se révèle pas du goût des États ruraux, qui considèrent la ville comme trop européenne pour symboliser l'esprit américain. En 1790, les institutions fédérales quittent New York pour Philadelphie, puis pour Washington à sa fondation, en 1800. Dorénavant, la ville ne devra son fantastique essor qu'à son seul dynamisme économique. En dépit de la reprise des hostilités avec l'Angleterre (1812-1814), imposant un blocus des côtes américaines, et

En route pour la première place mondiale

Au sortir de l'occupation anglaise, l'économie de la ville est vacillante, le volume des échanges en chute libre, loin derrière Philadelphie, la place financière des nouveaux États-Unis. C'est à l'ombre d'un sycomore de Wall Street, où boutiques et entrepôts ont remplacé la palissade, que se tiennent les premières séances de l'ancêtre de la Bourse. Le 17 mai 1792, par le Buttonwood Agreement, 24 marchands influents et agents de change s'entendent sur un taux de commission unique applicable à toutes les ventes de titres. Le 8 mars 1817, la Bourse de New York, le New York Exchange (NYSE), est officiellement fondée, au n°40 de Wall Street. Les agents de change, tous cooptés, y monnaient cher leur droit d'entrée ; les 25$ exigés en 1817 quadruplent en dix ans. La florissante caste des traders est à l'aube de sa puissance.

de l'embargo décrété par le président Jefferson sur le commerce avec les États européens en guerre, la vocation maritime de New York s'affirme. En 1807, Robert Fulton lance sur l'Hudson le premier navire à vapeur. Dès 1818, des lignes régulières de marchandises et passagers relient Europe et Amérique, de nouvelles voies commerciales sont ouvertes vers l'Extrême-Orient. Les échanges avec l'intérieur du pays sont renforcés par l'ouverture du canal de l'Érié qui, reliant la ville aux Grands Lacs, fait de New York le débouché naturel des plaines du Middle West. À la veille de la guerre de Sécession, 44% du commerce maritime des États-Unis y transitent. La suprématie portuaire de la ville est établie et sa puissance financière explose. D'une seule banque lors de l'indépendance, la ville passe à 23 institutions bancaires en quarante ans et les compagnies d'assurances se multiplient. La Bourse, le New York Stock Exchange, ouverte en 1817, remplaçant la Bourse en plein air de Wall Street, connaît ses premiers cycles d'emballement et de dépression.

UN FLOT CONTINU D'IMMIGRANTS Inaugurée en octobre 1886, la statue de la Liberté, symbole de l'amitié franco-américaine, regard tourné vers le large, accueille les candidats à une vie meilleure. Durant le XIXe siècle, dès les années 1830, 10 millions d'immigrants traversent l'Atlantique pour la Terre promise, huit millions d'entre eux débarquant, à partir de 1855, à Castle Garden, dans un ancien fort militaire du sud de Manhattan. À partir de 1890, c'est dans de nouveaux locaux, sur Ellis Island, qu'ils passent les contrôles sanitaires, souvent la peur au ventre de se voir renvoyés dans leur pays d'origine. Mais peu sont refoulés. Intégrant généralement les quartiers où leurs communautés sont déjà présentes, ils y renouvellent le contingent de main-d'œuvre à bas prix. Les Allemands, fuyant les révolutions avortées de leur pays, reconstituent des *Klein Deutschland* dans le sud-est de l'île et bientôt dans Yorkville, futur Upper East Side. Le gros contingent d'Irlandais (ils forment, au milieu du siècle, un quart de la population de New York), chassés dès 1840 par la famine due à la maladie de la pomme de terre, s'installe autour de Chelsea et du Meatpacking District, et à Brooklyn. Beaucoup s'enrôlent dans la police et autres administrations municipales, certains rallient les gangs qui font régner terreur et corruption dans les taudis du quartier de Five Points, épicentre de la criminalité. Dans les bas-fonds du sud de Manhattan, surpeuplés et délabrés, les Italiens du Mezzogiorno déshérité côtoient les premiers Chinois venus de Canton construire les chemins de fer, et les vagues d'immigrants juifs d'Allemagne et d'Europe centrale dont le savoir-faire de tailleurs à façon fait de New York, au XIXe siècle, la capitale de la confection.

DÉVELOPPEMENT URBAIN L'avènement du capitalisme financier stimule l'essor économique de la ville en ce XIXe siècle naissant. L'extension des chantiers navals, l'implantation d'ateliers de confection, le florissant secteur de la presse et de l'édition et les petites manufactures qui s'ajustent aux innovations techniques, créent un nouveau tissu industriel où rivalisent, dans la course à l'emploi, la classe ouvrière locale et les immigrants fraîchement débarqués. New York, de plus en plus à l'étroit, regarde vers le nord, par-delà l'actuelle 14e rue, les vastes terrains, propriété de la ville et des grosses fortunes new-yorkaises. La municipalité engage une réflexion sur le développement urbain – cf. Le *grid*, plan pour une ville sans limite (p.21).

TAMMANY, LA MACHINE DÉMOCRATE À sa création en 1789, ce pendant populaire des clubs très fermés des grands bourgeois WASP (*White Anglo-Saxon protestants*) est animé de bonnes intentions. Amicale d'artisans et société d'entraide, Tammany fait entendre la voix du peuple, œuvre à l'intégration des nouveaux arrivants irlandais et allemands, et à la promotion sociale de tous. Autour des années 1820, le mouvement se politise, devient le bastion des démocrates et, mené par William Tweed, se transforme en une machine

Le *grid*, plan pour une ville sans limite

En 1811, le **Commissioners' Plan** propose un quadrillage (*grid*) méticuleux qui découpe au yard près, en tranches égales, l'espace au-delà de Wall Street. Orientées nord-sud, 12 avenues parallèles de 30 ou 50m de largeur coupent à angle droit, tous les 61m, 155 rues de 15 ou 18m de largeur. Échappent à cet agencement visionnaire et spéculatif (moins d'un tiers de Manhattan est alors bâti) la diagonale de Broadway et, sous la pression de ses habitants, Greenwich Village ; le quartier en débord au sud d'East Village, avec ses quatre avenues supplémentaires (A, B, C, D), est appelé Alphabet City. Les courbes sont presque ignorées du plan, les collines arasées, les cours d'eau enfouis et les enclaves pour les squares bien chiches. Dans un vaste quadrilatère réservé au cœur de Manhattan, Central Park, mis en chantier en 1858, trouvera sa place. L'organisation du territoire en parcelles égales, les *blocks*, cédées à bail (en propriété provisoire) à des promoteurs-constructeurs, va grandement profiter à la spéculation immobilière. Elle permet aussi la mise en place rationnelle de services publics – qu'il s'agisse d'acheminer l'eau, de constituer des corps de policiers et de pompiers, ou les premiers transports en commun. Les premiers ferrys relient Manhattan à Staten Island dès 1817, ils desservent Brooklyn et le New Jersey à partir de 1838. L'omnibus hippomobile, apparu en 1831, cède la place au légendaire "*el*" (*elevated railway*) à vapeur, si emblématique du New York de la fin du XIXe siècle, et dont la première ligne, le long de la 9e avenue, est inaugurée en 1868. En 1904, la construction du métro, dont l'exploitation est confiée à deux sociétés privées, la Brooklyn Rapid Transit Company et l'Interborough Rapid Transit Company, vient renforcer le "*el*", qui relie déjà Manhattan aux comtés environnants. Car en cette fin de siècle, New York déborde de Manhattan : en 1898, par référendum, et avec enthousiasme, Queens et Staten Island rejoignent Manhattan et forment le Greater ("Grand") New York. C'est avec un peu plus de réticence qu'abdique Brooklyn, ville contemporaine du cœur historique qui, en plein essor économique et démographique, reliée à Manhattan par le Brooklyn Bridge, a aussi déjà annexé tous les hameaux avoisinants. Le Bronx jusqu'à cette date associé à Manhattan, devient le 5e *borough* de la ville, qui fera au total 785km^{2} !

de guerre électoraliste. Démagogie, clientélisme, corruption, collusion avec la pègre, tout est bon pour gagner des voix. Les démocrates prennent le contrôle de l'administration municipale et, malgré les scandales dénoncés par la presse (ils mèneront entre autres le "Boss" Tweed en prison où il terminera ses jours), Tammany, dont l'ancrage populaire reste bien réel, garde la haute main sur la vie politique new-yorkaise jusqu'à l'élection de LaGuardia au poste de maire.

LA GUERRE CIVILE Les premières violences de la guerre civile vont vite réduire l'enthousiasme modéré des New-Yorkais, qui s'étaient engagés avec bonne volonté dans les troupes de l'Union contre les confédérés sécessionnistes du Sud, en 1861. Attisée par des "pacifistes" que l'arrêt du commerce avec les États du Sud prive de confortables revenus, la fronde prend un tournant insurrectionnel quand Lincoln promulgue, en 1863, le décret instituant la conscription par tirage au sort (avec exemption contre un paiement de 300 dollars ou la présentation d'un remplaçant). Lors du tirage au sort du 13 juillet 1863, la désobéissance civile qui couve tourne à l'émeute sanglante et dégénère en progrom anti-Noirs. Ces pauvres d'entre les pauvres qui, depuis l'abolition de l'esclavage à New York, en 1827, sont la cible de gangs qui les enlèvent pour les vendre aux négriers des États du Sud, attirent la rage de la populace. Stigmatisés comme étant la cause de la guerre, ils sont pour nombre de nouveaux immigrants d'insupportables concurrents dans la course aux très bas salaires. En moins de trois jours, 120 trouveront la mort, 2 000 seront blessés. Durant les cinq ans de la guerre de Sécession (1861-1865), New York se tiendra en marge du conflit et loin du débat d'idées opposant esclavagistes et abolitionnistes.

L'élan réformiste

Affolée par son expansion géographique et démographique et par la violence que celle-ci génère, New York aborde le XXe siècle animée d'un sincère désir de se réformer. Sa population, les 5 *boroughs* réunis, dépasse 3 millions d'habitants. Environ 80% de la classe ouvrière est née hors des États-Unis. Les conditions de travail sont rudes en usine, désastreuses dans les ateliers de confection, les *"sweat shops"*, où les ouvrières triment quand elles ne meurent pas dans les incendies de bâtiments mal tenus, comme dans le brasier qui détruit la Triangle Shirtwaist Company le 25 mars 1911 et qui ôte la vie à 146 d'entre elles. Le Lower East Side, le Meatpacking District, Five Points, Hell's Kitchen, qui concentrent une majorité de nouveaux arrivants, sont des poches de violence et d'insalubrité criantes. Le mouvement social progressiste recrute largement dans la moyenne bourgeoisie protestante libérale, profondément touchée par les photos des ghettos de la misère que le reporter Jacob Riis publie en 1890. La croisade morale et hygiéniste de ce courant philanthropique s'attache à combattre les conditions de la très grande pauvreté et non à libérer les individus qui la subissent. Parallèlement à ses actions sur le terrain dans le domaine de la santé et de l'éducation, elle mène une réflexion sociologique dont s'inspire la municipalité pour faire respecter des normes de salubrité et de sécurité minimales – comme l'exigence d'escaliers de secours déjà imposés par le Tenement House Act de 1867– par les propriétaires de *tenements*. Ces bâtiments de quatre étages construits à la hâte, sans eau courante, ni électricité, ni aération suffisante où s'entassent, dès 1830, les premières grandes vagues d'immigrés.

New York, laboratoire du New Deal

Lorsque Fiorello LaGuardia (1882-1947) est élu maire en 1934, la ville sort de treize années de prohibition qui ont engraissé la pègre locale. La dépression issue du krach de 1929 – cf. encadré Le krach – a mis un million de New-Yorkais au chômage et quelques milliers à la rue, et arrêté net la course au gigantisme qui a fait pousser en un quart de siècle les gratte-ciel de Manhattan. Contre la crise, LaGuardia, progressiste, applique le New Deal du président Roosevelt et l'assortit d'une guerre ouverte contre la mafia qui gangrène, entre autres, la police. Bénéficiant de subventions fédérales et de l'État de New York, la municipalité, qui rallie les suffrages des démocrates comme des républicains, impose une politique interventionniste mise en œuvre équitablement, en théorie, dans les cinq *boroughs* : aides aux chômeurs, assurance sociale, programmes culturels et d'éducation, réhabilitation des quartiers insalubres, construction de logements décents. La rationalisation de l'espace urbain, si hétérogène depuis la création du Grand New York, en 1898, est confiée à Robert Moses – cf. Urbanisme et architecture (p.36) –, moderniste convaincu qui sera à l'origine de profonds bouleversements.

La fierté d'être noir

Dans la longue marche des Afro-Américains vers les droits civiques, les Harlemites se sentent tout d'abord privilégiés. Entre eux, du moins, dans leurs églises, leurs théâtres et bibliothèques, leurs clubs de jazz, ils peuvent affirmer la fierté noire que théorisent des leaders charismatiques et des intellectuels engagés. W.E.B. Dubois (1868-1963), écrivain, éditeur et cofondateur de la National

Le krach

Depuis sa création en 1817, le NY Stock Exchange a su faire face à l'alternance de périodes d'euphorie et de récession.
En 1857, la chute des cours de la Compagnie d'assurances de l'Ohio lève un vent de panique. En 1907, les déboires financiers de la banque Knickerbockers Trust font plonger la Bourse. Mais c'est un tsunami auquel elle doit faire face en 1929. Depuis 1924, le volume des transactions s'est emballé, le prix des actions n'a cessé de monter, la frénésie boursicoteuse a gagné toutes les couches de la société, enrichissant les nantis, faisant miroiter la fortune aux gagne-petit. Soudain, le 24 octobre 1929, le Jeudi noir, les spéculateurs cessent de croire à l'embellie éternelle, et l'indice Dow-Jones perd 31 points, grands et petits spéculateurs se hâtent de vendre, la chute folle des cours le mardi et le mercredi suivants entraîne en quelques jours la faillite des particuliers comme des banques prêteuses et de solides empires comme celui du magnat de la presse W. R. Hearst. Les images de banquiers ruinés se défenestrant de leurs bureaux annoncent l'effondrement de l'économie et la Grande Dépression.

Association for the Advancement of Colored People (NAACP) mise sur les "10% d'Afro-Américains talentueux", une élite capable de modifier l'image de toute une communauté. Marcus Garvey, au sein des Universal Negro Improvement Association and African Communities (UNIAAC), croit au retour aux sources et prône une économie noire en marge de la société blanche américaine. Malgré des positions de principe antinomiques, ils se retrouvent dans les manifestations qui annoncent le Mouvement des droits civiques. En réponse aux lynchages et aux mesures ségrégationnistes dans les États du Sud, Why We March ("pourquoi nous défilons") rassemble, en juillet 1917, 10 000 Harlemites sur la 5e avenue. Après la Seconde Guerre mondiale, loin de la non-violence d'un Martin Luther King, la revendication politico-religieuse de Malcolm Little (1925-1965), le charismatique Malcolm X après sa conversion à l'islam, radicalise la lutte mais n'éclipse pas les actions pragmatiques des associations de citoyens en lutte pour obtenir de meilleures conditions de vie.

Réveil intellectuel, contre-culture et avant-garde

Aux beaux jours du maccarthysme, New York, qui avait, dans l'entre-deux-guerres, manifesté bien des sympathies socialistes, se découvre farouchement anticommuniste. La peur du "rouge" s'est substituée à la haine du nazi et de l'ennemi nippon. Nouvelle capitale du monde libre depuis l'installation, près de l'East River, du siège des Nations unies, la ville, sa presse, ses artistes, ses intellectuels chantent haut et fort l'*american way of life*. En réaction à ce repli obtus, dans le contexte d'une ville sinistrée socialement, resurgit peu à peu une nouvelle conscience de gauche, influencée entre autres par les débats d'idées que la fine fleur de l'intelligenstia européenne (Hannah Arendt, Claude Lévi-Strauss, Marcel Duchamp, Max Ernst, Vladimir Nabokov, André Breton...), fuyant le nazisme, y a importés. À Greenwich Village et dans l'East Village s'élabore une contre-culture qui entend secouer le carcan étriqué et formaliste de la société américaine, tant sur le plan des mœurs que dans l'art. Emblématique de ce mouvement contestataire, Charles Wright Mills, sociologue critique de l'université de Columbia, dénonce l'imbrication élite-pouvoir-capital. Robert Rauschenberg puis Andy Warhol bouleversent la vision et le marché de l'art, les impros élaborées de Miles Davis et le be-bop sortent le jazz de son ghetto ethnique, Merce Cunningham invente la danse contemporaine, tandis qu'Allen Ginsberg, Jack Kerouac ou William Burroughs enflamment les débats dans les cafés de Tompkins Park Square (p.130). Les manifestations des pacifistes contre la guerre au Vietnam se multiplient, les homosexuels descendent dans la rue pour revendiquer une *gay pride* à l'instar des droits civiques des Afro-Américains. New York, foyer de la révolution des idées, prend la tête d'une révolution artistique qui la consacre capitale de l'avant-garde.

New York à la dérive

La frénésie créatrice des années 1960 échappe totalement au commun des mortels new-yorkais, dont les soucis majeurs demeurent l'emploi, le logement, la sécurité. Les effets de l'effort de guerre, qui avait fait tourner à plein régime les activités du port et donc redonné de belles couleurs à l'économie new-yorkaise, et mobilisé une ville championne de la démocratie, s'essoufflent. La fermeture des chantiers navals de Brooklyn (en 1966), le transfert des activités portuaires vers le New Jersey, la délocalisation d'une partie du tissu industriel new-yorkais bouleversent l'organisation économique et sociale, entraînant de substantielles pertes de recettes fiscales pour la ville. Si florissants soient-ils, les domaines de la finance, du marketing et de la publicité ne compensent pas les pertes du secteur industriel. Les programmes en faveur des plus défavorisés que met en place le maire "libéral" John Lindsay (1921-2000) atteignent mal leur cible, et l'idéologie progressiste généreuse se noie dans les rivalités interethniques et la surenchère communautariste. En marge d'une New York affichant sa vitalité – en un demi-siècle, les gratte-ciel ont poussé comme des champignons dans Manhattan, la construction du World Trade Center a dégagé suffisamment de remblais pour gagner une substantielle extension de la ville en bordure de l'Hudson, autrefois centre d'activité du port –, les infrastructures se délabrent, les pannes d'électricité sont l'occasion de pillages à grande échelle (en 1977). Les classes aisées quittent le cœur urbain pour des banlieues plus sereines. Les finances sont au plus bas. En 1975, New York constate sa faillite budgétaire et l'ampleur de la crise urbaine. Les restrictions draconiennes que s'impose la ville dans les années 1980, les années Reagan, redonnent le sourire aux financiers mais creusent le fossé entre riches et pauvres. Grâce à la suppression des quotas d'immigration, en 1965, les Portoricains, arrivés par vagues massives (ils constituent 10% de la population en 1970), tentent de trouver leur place dans le puzzle new-yorkais, ravivant les rivalités interethniques. À Brooklyn, et surtout dans le Bronx, se joue et rejoue quotidiennement un macabre remake de *West Side Story*. La criminalité s'intensifie et s'exporte jusque dans les quartiers chics de Manhattan ; la ville incarne aux yeux des Américains la mégalopole sans foi ni loi. En 1990, l'élection du démocrate David Dinkins, premier maire noir de New York dont l'unique mandat restera sans grand profit économique ou social pour la ville ou sa communauté, ne constitue qu'une brève interruption dans la succession des gestionnaires plutôt conservateurs qui, d'Edward Koch (de 1977 à 1989) à Michael Bloomberg (de 2002 à 2013) – cf. Pour le *mayor* et pour le pire (p.34) – président aux destinées municipales. New York, qui sur le plan national vote très majoritairement démocrate, se choisissait, jusqu'à l'élection de Bill de Blasio fin 2013, des maires qui, tout à l'écoute du tout-puissant capitalisme financier, visaient à renforcer son image comme capitale du nouvel ordre mondial. Les espoirs reposent désormais sur l'actuel maire démocrate.

Big Apple

"Une capitale sûre et attractive", clame le discours officiel ; "une aire de jeu pour les riches", diront les mauvaises langues. Vitrine du monde postmoderne à coup sûr, New York s'est si bien ressaisie dès les années 1990 qu'elle incarne à nouveau l'opulence et l'ultramodernité. L'action des maires et le capitalisme financier libéré de toute entrave ont opéré ce renversement à 180°. Le krach du 19 octobre 1987 fait chuter la Bourse mais ne ralentit guère l'ascension de la ville, qui devient le centre de décision d'une économie globalisée, l'archétype de la ville-monde où se codifie une nouvelle scénographie urbaine. Les caméras de surveillance se sont multipliées, les graffitis disparaissent, les marginaux et sans-abri sont priés de se faire discrets – on leur offre même un aller simple pour n'importe quel endroit du monde, un exil de la misère intitulé "*policing with compassion*". À ce prix, New York voit la criminalité baisser de 10% en cinq ans et prend la tête des cités les plus sûres des États-Unis.

LE DEUIL INTIME D'UNE VILLE 11 septembre 2001, la catastrophe est planétaire, cf. Apocalypse Day (p.27). En amputant la *skyline*, marque distinctive de New York, les attentats, outre l'immense douleur et la compassion qu'a suscitées la mort de 2 982 personnes, ont fait toucher du doigt la fragilité de qui semblait se croire tout puissant et éternel, protégé à l'intérieur de ses frontières des attaques terroristes comme des invasions. En moins de deux heures, le World Trade Center (WTC) est englouti et laisse place à un Ground Zero (terme employé lors des destructions de Nagasaki et Hiroshima par les bombes atomiques de 1945). C'est l'anéantissement. Comme les doigts de fer des grues qui rassemblent les décombres, la ville se replie sur elle-même. Six mois après les attentats, des relents de brûlé flottent encore sur Downtown. Mais New York reprend le dessus. La plupart des immeubles endommagés dans la périphérie ont été reconstruits, la station de métro est à nouveau accessible et une tranche de travaux sur le site a même permis la découverte d'un bateau du XVIIIe siècle, enfoui dans la vase depuis deux cents ans. En parallèle, la reconstruction sur le site même de l'attentat a donné lieu à d'interminables atermoiements opposant le promoteur, Larry Silverstein, les architectes, les élus, les financiers et les familles des victimes. Confiée d'abord à l'architecte Daniel Libeskind, puis finalisée par David Childs, la Freedom Tower, désormais nommée One World Trade Center (1WTC), en est le fleuron. Achevée en 2013, elle culmine à 1 776 pieds (541m), en référence à la proclamation d'indépendance des États-

Une pomme grosse de réussite

Le reste des États-Unis observe d'un œil circonspect, voire mauvais, le non-conformisme de la "City of Opportunity", sa façon de prendre souvent de haut les bonnes vieilles valeurs *main stream* (majoritaires et fondamentales) américaines. Car même si y prévalent le goût de la compétition, la vaillance au travail et la foi en une bonne étoile personnelle, "ici, à n'importe quel moment, tout peut arriver". Voilà le leitmotiv de la Big Apple. Ce nom qui a viré depuis les années 1970 au slogan marketing pour touristes a plusieurs origines. Venue du monde hippique du début du XXe siècle, quand une victoire sur les champs de course new-yorkais était synonyme de pactole assuré (la pomme !), ou du monde des jazzmen de la même époque pour qui les clubs de Harlem étaient le passage obligé et convoité pour gagner la notoriété et faire carrière (décrocher la... pomme !), la "pomme" est toujours grosse de réussite tant qu'on se conforme aux conditions du succès : ne jamais se laisser abattre (*"you've got to keep pushing"*) - baisser les bras est un péché. New York, incarnation du rêve américain, invite sans cesse à dépasser une frontière.

Unis. À son pied, le mémorial aux disparus, *Reflecting Absence*, constitué de deux bassins carrés semi-enterrés à l'emplacement des fondations des tours disparues, a été ouvert au public pour le 10e anniversaire des attentats. Cette inauguration fut suivie de celle du Musée du 11 septembre (9/11 Memorial Museum) par Barack Obama, en mai 2014.

Économie

L'histoire de New York est jalonnée de crises économiques et sociales majeures. Les périodes de dépression et d'embellie se succèdent, assorties tour à tour de mesures progressistes ou de restrictions budgétaires. Chaque fois, l'exceptionnelle résilience de la ville, régulièrement menacée de banqueroute, lui ouvre des perspectives inédites. La faillite déclarée en 1975 a ouvert une nouvelle ère économique. Le capitalisme financier triomphant et la mise en place d'une économie globalisée tracent à l'évidence une voie royale à l'esprit entrepreneurial et compétitif de la ville.

Une ville semi-privatisée

Élu au suffrage direct pour 4 ans renouvelables, le maire de New York, à la tête du Governement of New York – où siègent des représentants de chaque *borough* –, a la responsabilité de la gestion des services municipaux,

Apocalypse Day

Mardi 11 septembre 2001, deux avions de ligne, les vols 11 d'American Airlines et 175 d'United Airlines, quittent à un quart d'heure d'intervalle l'aéroport de Boston à destination de Los Angeles. Une demi-heure après, ils sont l'un et l'autre détournés par des terroristes armés de cutters. À 8h46, le vol 11 vient s'encastrer dans la tour nord du WTC entre les 93e et 99e étages. 18min plus tard, à 9h03, le vol 175 percute de plein fouet, entre les étages 77 et 85, la tour sud qui s'effondre 56min après la collision. Une demi-heure plus tard, l'autre tour s'écroule. La tour 7 du WTC, ébranlée par le choc, s'écrase en fin de journée. Par cette belle matinée d'été, 14 000 à 17 000 personnes sont déjà à leur poste dans les tours Jumelles. Les trois quarts seront sauvés. Dès les premiers instants du drame, 200 unités des pompiers et, en première ligne, la petite brigade de Liberty Street, toute proche, montrent leur bravoure. Dans leurs tentatives héroïques pour délivrer les personnes piégées dans les étages, 343 d'entre eux perdent la vie aux côtés de 60 policiers. Le 12 septembre, onze rescapés sont découverts sous les décombres. On travaille jour et nuit au déblaiement du site, dont les gravats sont transportés sur Staten Island. Seules 1 500 dépouilles sur les 2 982 personnes ensevelies ont pu être dégagées et identifiées. Les dernières tentatives pour retrouver d'autres corps ont cessé officiellement en 2005.

LE PIB D'UN ÉTAT
Avec un PIB de 63 929$ par hab. en 2015, l'agglomération de New York caracole en tête des villes les plus riches du monde. La richesse produite par la ville représente 43% des revenus de l'État de New York et 3% de ceux des États-Unis. Fleuron de cette prospérité, les activités de la finance, de l'assurance et de l'immobilier, rassemblées sous l'acronyme de FIRE (Finance, Insurance, Real Estate), emploient 2 millions de personnes sur une population active totale de 3,5 millions.

de l'enseignement primaire et secondaire, de l'eau et des espaces publics, de la police et du corps des pompiers. Compte tenu du budget de la mégalopole, il bénéficie d'une certaine indépendance, en particulier vis-à-vis de l'État de New York, pour élaborer et mettre en œuvre la politique générale et le développement économique de la ville. Une autonomie toute relative cependant, dans le contexte particulier de cette cité semi-privatisée, où l'alliance de longue date entre le politique et le monde des affaires s'est trouvé renforcée par la financiarisation de l'économie. Pour viser un retour à l'équilibre financier, les politiques municipales adoptent une rigueur budgétaire draconienne qui augmente le poids du privé dans le fonctionnement de la ville. Transports, urbanisme, scolarité, énergie... la plupart des services publics sont confiés à des Public Authorities. Ces organisations mixtes, qui fonctionnent sur le modèle de l'entreprise et qui perçoivent le bénéfice de leur activité, sont bien plus indépendantes des éventuelles revendications des usagers et citoyens que les représentants élus.

Des industries traditionnelles à la finance

La disparition de l'industrie traditionnelle au profit des activités tertiaires a fait chuter les bons salaires et la protection sociale des ouvriers. Entre nouvelle orientation de l'économie et délocalisation massive, de 1960 à 1990, 700 000 emplois industriels disparaissent dans la métropole. Quand elles résistent en petites unités manufacturières, les traditionnelles entreprises de transformation chimique et agroalimentaire, d'électromécanique de précision haut de gamme (tel le matériel médical) et à forte valeur ajoutée s'éloignent du cœur de la ville pour être transférées dans Queens et surtout dans le New Jersey, devenu, grâce à des taxes plus faibles, la zone industrielle de la mégalopole. Après l'avènement, à la fin des années 1990, de la Silicon Alley (en référence à la Silicon Valley californienne), le développement des réseaux sociaux et du commerce en ligne donne des perspectives intéressantes aux start-up en phase avec une population de citadins branchés, au fort pouvoir d'achat, adeptes forcenés de l'interactivité, auxquels elles offrent des produits sur mesure. Le

NOUVELLE VILLE DU DIAMANT
Si Anvers reste la capitale historique du diamant, New York compte faire sa place dans le commerce des pierres précieuses, au côté de Johannesburg, Bombay ou Dubaï. Le quartier des diamantaires, entre la 5e et la 6e avenue, au pied de Rockefeller Center, a tous les atouts pour attirer la richissime société cosmopolite qui gravite autour du business mondial, cœur de cible du développement touristique choisi pour le XXIe siècle.

secteur de l'habillement, qui a assuré le pain quotidien à la communauté juive immigrée pendant près d'un siècle, s'est sophistiqué avec l'arrivée de créateurs et stylistes depuis la fin du XXe siècle. Il a quitté les ateliers du Lower East Side pour le Garment District, autour de la 7e avenue, à West Midtown, Chinatown conservant une petite partie de la confection ordinaire. Mais il souffre aujourd'hui de la délocalisation en faveur des pays émergents et de la rude compétition imposée par la Chine, notamment.

MÉDIAS, TÉLÉ ET CINÉMA Réputés pour leur franc-parler, les médias et l'édition, dont l'histoire remonte au milieu du XVIIIe siècle, ont su prendre le tournant des nouvelles technologies. Dès le milieu des années 1990, Slate crée son magazine entièrement en ligne. Au même moment, le quotidien de référence *New York Times*, n°1 des prix Pulitzer, ou le *Wall Street Journal* offrent des éditions électroniques très complètes. À côté du *New Yorker*, *Village Voice*, concentré hebdomadaire d'esprit new-yorkais, qui ausculte la ville, ses tendances et ses dérives, les tabloïds à gros tirage (*Daily News*, *New York Post*…), héritiers des journaux à sensation fondés par Joseph Pulitzer et William Hearst à la fin du XIXe siècle, font partie intégrante de la vie new-yorkaise. Sous l'impulsion des réalisateurs et acteurs amoureux de leur ville, les Scorsese, Woody Allen, De

Le port et le commerce maritime

Ce sont les eaux protégées de la baie qui ont décidé de l'implantation de la première colonie, au début du XVIIe siècle. Pendant trois cents ans, le commerce maritime et les liaisons transatlantiques ont assuré la prospérité de New York, son expansion démographique hors du commun. Mais dans la seconde moitié du XXe siècle, l'apparition des porte-conteneurs rend caduques les infrastructures portuaires de la ville. Le port et ses activités annexes – une quarantaine de chantiers navals, un millier d'entrepôts autour des 750 quais, *piers* et docks –, qui ont offert des emplois à une grande partie des immigrants, mettent la clé sous la porte. La marine de guerre, qui a employé jusqu'à 60 000 personnes pendant la Seconde Guerre mondiale, quitte Brooklyn en 1964 : presque toute l'activité portuaire est transférée vers les quatre terminaux de porte-conteneurs de Bayonne et Port Newark-Elizabeth, dans le New Jersey. Le trafic des ferrys et des bateaux de croisière est tout ce qu'il reste de la riche activité portuaire qui faisait de New York le premier port du monde en 1900. La Port Authority, régie autonome où sont associés New York et l'État du New Jersey et qui, depuis 1921, a la haute main sur les activités du port, étend ses compétences à la promotion immobilière en réhabilitant ses propres friches ou en rachetant des sites industriels désaffectés.
Elle fait ainsi l'acquisition de 75 000 m^{2} de terrain le long de l'Hudson, sur lesquels elle fait construire le World Trade Center, qu'elle revend en 2001… un mois avant les attentats du 11 septembre.

Niro entre autres, la Big Apple, qui a vu naître l'industrie cinématographique dans les années 1920, y conserve une honorable seconde place derrière Hollywood, avec la production d'un tiers des films américains indépendants. Quant à la télévision, avec les sièges de 3 chaînes nationales (CBS, NBC, ABC), les antennes des chaînes câblées HBO ou Fox News, ou NY1 (du tentaculaire Time Warner Group), elle a su résister à la concurrence des médias électroniques – 100 000 personnes ont un emploi dans ces deux secteurs.

WALL STREET IMPERATOR Les trois entités boursières de la ville, le New York Stock Exchange, le Nasdaq (National Association of Securities Dealers Automated Quotations), lieu de transactions des entreprises de nouvelles technologies, et le New York Mercantile Exchange (Nymex) pour le commerce des matières premières, traitent des volumes d'échanges astronomiques. La fusion, en 2007, du Nyse avec l'opérateur financier Euronext, suivie de celle de Nyse

Presse écrite

Quotidiens Le *New York Times* est le principal quotidien new-yorkais, réputé pour ses sympathies réformatrices et démocrates. Achetez-le plutôt le vendredi pour les sorties et les loisirs. Le *New York Daily News* est un tabloïd populaire, assez sensationnaliste, traitant de faits divers, de people et de sport. Le *New York Post* est son grand concurrent, tout aussi trash. *The Wall Street Journal* est le très sérieux quotidien des financiers, mais il accorde une part importante aux infos générales, avec un regard nettement conservateur. *USA Today* est un quotidien national très généraliste, avec un contenu assez faible sur les plans politique et international, plus copieux sur le sport.
Magazines *Time Out New York* et *New York Magazine*, qui sortent le mardi, sont les deux hebdomadaires branchés de New York, avec des sujets plus larges pour le second. Tous deux donnent la liste des spectacles, expositions et événements de la semaine, ainsi que des bons plans shopping et sorties. *Newsweek* et *Time* sont deux hebdomadaires généralistes, centrés principalement sur la politique et l'économie. Le célèbre mensuel *The New Yorker* s'adresse à un lectorat intellectuel, cultivé et démocrate, manie avec virtuosité un humour typiquement new-yorkais et demande une bonne maîtrise de l'anglais.
Journaux et magazines gratuits Institution new-yorkaise, *The Village Voice* est un hebdomadaire, disponible à partir du mardi soir. Jadis célèbre pour ses prises de position iconoclastes, il a été racheté par des investisseurs qui ont nettement lissé son approche. Il propose encore quelques critiques pertinentes des spectacles et concerts et donne la liste des événements de la semaine. Format de poche et ton un poil décalé pour *L Magazine*, petit bimensuel centré sur la vie artistique et culturelle de Brooklyn. Spectacles, bars, restos ou articles de société. www.villagevoice.com et www.thelmagazine.com

MANNE TOURISTIQUE
En 2015, New York a accueilli plus de 59 millions de visiteurs, un record. L'industrie du tourisme (70 milliards de dollars la même année) est la 4e ressource budgétaire de la ville.

Euronext, en 2011, avec Deutsche Börse AG, a fait de New York la première place de levée de capitaux au monde, loin devant son concurrent de toujours, Londres, où les transactions se chiffrent quotidiennement à un montant total de plus de 72 milliards de dollars ! À lui seul, le pôle boursier de la Big Apple, qui n'est qu'un faible employeur direct (à hauteur d'à peine 5%), génère 50% du PIB de la ville et conditionne des milliers d'emplois dans les services aux entreprises, à tous les échelons. New York subit donc de plein fouet tout ralentissement d'activité financière, et la débâcle du marché immobilier américain depuis 2007 a écorné les revenus qu'elle tire de ce secteur et très sensiblement fait monter le chômage. En 2008-2009, la ville a perdu 130 000 emplois, dont 42 900 dans le secteur financier. Mais alors que le monde tarde à se ressaisir, que financiers et traders sont montrés du doigt, Wall Street, en 2010, renoue avec les bénéfices, enregistrant une hausse de 11% pour le Nyse et de 17% au Nasdaq par rapport à 2009. Toutefois, la crise de la dette européenne et l'incapacité des États-Unis à conclure un accord politique sur leur propre dette ont causé un net ralentissement en 2012. En 2013, Wall Street termine pourtant son année en beauté, avec un indice *Dow Jones* au plus haut. Scandale pour certains, signe de reprise encourageante pour d'autres, ces résultats marquaient le début d'une embellie parfois contrastée. Malgré un bref fléchissement après l'élection de Donald Trump, 2016 s'achevait sur une hausse de 13,42%, la plus forte depuis la sortie de la crise.

LA VILLE-MONDE Les activités phare de la nouvelle économie mondialisée – et les plus hauts revenus – se concentrent autour du centre financier, entre Downtown et Midtown. Les échanges monétaires, commerciaux hissent la ville au rang du plus puissant centre décisionnel au monde : les grandes banques, les sociétés de conseil (Mac Kinsey, Price Waterhouse…), d'investissement immobilier, y côtoient 25 sièges sociaux de firmes répertoriées parmi les 500 plus importantes du monde, dont les multinationales, Philip Morris, Colgate Palmolive, et des poids lourds de l'industrie pharmaceutique comme Bristol-Myers-Squibb ou Pfizer, ou encore les industries du luxe et de la mode (Estée Lauder, Calvin Klein, Liz Claiborne…)

Société

Fille de l'immigration

Le pluralisme ethnique et linguistique inscrit dans les gènes de New York, qui accueille chaque année 14% des immigrés et demandeurs d'asile des États-Unis, existe plus que jamais. Aujourd'hui, plus de 36% des New-Yorkais contemporains sont nés à l'étranger (taux record depuis les années 1920), près de la moitié d'entre eux ont franchi la frontière il y a moins de dix ans. À l'image de la ville en perpétuel mouvement, les vagues migratoires n'ont de cesse de bousculer le paysage démographique. S'ajoutant aux colons hollandais, anglais, français puis aux esclaves africains, les premières grandes vagues d'immigration sont venues de Grande-Bretagne, d'Irlande, d'Allemagne, au milieu du XIXe siècle, puis d'Europe méditerranéenne et centrale (juifs russes et polonais fuyant les progroms, Italiens). À la suite des quotas mis en place en 1924, l'immigration se diversifie en faveur de mouvements internes (population noire du Sud des États-Unis) ou de l'arc Caraïbe, et tandis que les années 1930 verront affluer de nombreux réfugiés fuyant le nazisme, les années 1950 seront marquées par une nette augmentation de la communauté d'origine portoricaine. Ce sont les amendements des lois sur l'immigration de 1965 (suppression des quotas) favorisant le regroupement familial, les demandes d'asile et la diversification des pays d'origine qui ont dessiné les contours socio-ethniques et la répartition géographique, par agrégation communautaire, de la ville actuelle. Ces nouveaux arrivants, pour la plupart asiatiques ou ressortissants d'Amérique latine et de l'arc Caraïbe, ont fait de la population originaire d'Europe, encore majoritaire en 1980, une minorité parmi d'autres ; et s'ils sont surtout originaires de Chine, République dominicaine ou Jamaïque, dans les années 1970, dorénavant, aucun groupe ne peut se prévaloir d'une réelle supériorité numérique. Selon le recensement de 2010, Manhattan compte 48% de citoyens blancs. Dans ce groupe, hors les WASP, les Italiens sont les plus nombreux (8%), devant les Irlandais (5%). Parmi les 25% qui se revendiquent "Latinos" (sans distinction de couleur), un tiers vient de Porto Rico, devant les Dominicains et les Mexicains, ravissant la place de première minorité aux New-Yorkais noirs non hispaniques (qui composent 14% de la population, qu'ils soient Afro-Américains, d'origine antillaise ou d'Afrique subsaharienne). Fortement implantés à Brooklyn, dans le Bronx et à Harlem, ces derniers assurent encore à New York sa place de première cité noire des États-Unis. Les Chinois constituent la moitié de la population asiatique de la ville (13% des habitants). Leur rapide expansion (depuis 1965, surtout, avec un accroissement de 61% dans la dernière décennie du XXe siècle) les a fait sortir de la communauté très fermée du Chinatown historique (où, sans espoir de naturalisation, ils ont vécu presque en autarcie jusqu'à la Seconde Guerre mondiale) pour créer de nouvelles enclaves dans Queens et à Brooklyn. En marge de ces groupes, les Native Americans (0,4% de la population) ainsi qu'une myriade de nationalités (196 sont représentées) contribuent à la richesse ethnoculturelle de la ville. Enfin, malgré l'assouplissement des lois sur l'immigration, New York compte un demi-million de clandestins, les trois quarts originaires d'Amérique latine, des Caraïbes et d'Asie, une minorité d'Europe et d'Afrique ; ils occupent 10% des emplois, les plus subalternes, dans la construction, la restauration, la réparation automobile, le service à domicile.

L'UTOPIE DU "MELTING-POT" En 1918, *The Melting Pot*, pièce écrite par Israel Zangwill, un immigré juif anglais, rencontre le succès à Broadway. Le thème de l'absorption des différentes origines dans une entité englobante par la seule grâce de la démocratie, de la liberté d'entreprendre et de la responsabilité civique touche droit à l'imaginaire américain. New York est le symbole de ce mythe selon lequel quiconque, quelles que soient sa couleur ou son origine, est appelé à se fondre dans une Amérique unie et universelle. Cependant, le grand chaudron du "melting-pot" new-yorkais, loin de contenir un plat unique à la saveur complexe, épicée, mélangée, présente un assemblage disparate de goûts et de couleurs bien distincts. Le regroupement communautaire qui attire les nouveaux venus dans les quartiers où vivent

GAY IS GOOD
Le gigantisme de New York, son anonymat, comme sa mixité, ont permis aux homosexuels de s'affranchir du puritain carcan américain. Ils y ont leurs cafés et clubs fermés aux hétéros et, depuis 2003, le lycée Harvey-Milk, dans Greenwich Village, leur est réservé. En 2011, l'État de New York devenait le plus important État des États-Unis à reconnaître le droit au mariage homosexuel, approuvé un an plus tard par le président Barack Obama.

déjà leurs compatriotes, modèle selon lequel s'est développée la ville, contribue à créer des microzones éparses mais ethniquement et linguistiquement homogènes. Certes, le long de la ligne 7, qui traverse Queens comme un monde miniature, visages, langues, enseignes, etc. font voyager de la Chine à la Grèce, de la Corée à l'Ukraine, de la Russie au Brésil ou la Turquie, de l'Italie aux Caraïbes et à l'Afrique… Mais si ce *borough* se définit volontiers comme le laboratoire de la mégalopole du futur, faisant une juste place aux divers groupes ethniques et socio-économiques, il reste une exception dans une ville où la notion de ghetto perdure. Et puis, ici comme dans les autres quartiers, les groupes s'ignorent au-delà des activités ou des institutions qui les font se côtoyer. Suffisamment importants pour maintenir à flot leur culture d'origine, ils mènent des vies parallèles. Seule 2% de la population se dit multiraciale. À Manhattan et Brooklyn, la gentrification entraîne l'uniformisation de la population : blanche et prospère, seule en mesure de faire face à la hausse du coût de la vie et de l'immobilier. À Harlem, une enclave blanche est en train de grignoter la ville noire ; les anciens bastions ethniques, Chinatown ou Little Italy, sont des vitrines touristiques et non plus le cœur battant des communautés.

PANORAMA

Capitale américaine des inégalités

Ville des extrêmes et de la surenchère, en matière de statut social et de revenus, New York gagne la palme des cités les plus inégalitaires des États-Unis. Un gouffre sépare l'opulence de l'Upper East Side des poches de

Baby-boom et célibat-blues

Depuis 2000, New York connaît un vrai baby-boom marqué par une augmentation de 32% d'enfants de moins de 5 ans à Manhattan. Ce rajeunissement, inhérent surtout aux familles aisées, blanches et non hispaniques, ne remet pas en cause la sur-représentation des couples sans enfants et des 3 millions et demi de célibataires. Les femmes, qui représentent 52,6% de la population, ont, pour les deux tiers, une éducation supérieure et des revenus suffisants pour vivre seules ; les jeunes diplômées ont désormais un revenu moyen légèrement supérieur à celui des hommes. Mais la concurrence est rude pour trouver l'âme sœur, une quête perpétuelle dont les héroïnes de la série *Sex and the City* se firent le glamoureux écho.

détresse qui résistent dans chaque *borough*. Le plus riche New-Yorkais, David Koch, magnat du pétrole, pèse financièrement plus lourd que l'ensemble de ses concitoyens vivant au-dessous du seuil de pauvreté (soit 19% de la population). Harlem et le Bronx détiennent les records de la misère, 37% de leurs résidents, dont 30% des moins de 18 ans et 17% des plus de 65 ans, étant concernés. À Manhattan, la disparité est caricaturale. La moyenne annuelle dans la tranche des hauts revenus se situait, en 2006, autour de 190 000 dollars et celle des plus bas ne dépassait pas 9 300 dollars. La crise de 2008 a écorné les mirobolants revenus de quelques hyper-riches. Les plus pauvres n'y ont pas gagné un cent. La récession qui a affecté durement l'économie américaine a touché New York mais lui a coûté moitié moins d'emplois que dans le reste du pays. De 10% en 2008, le chômage a reculé sensiblement pour atteindre moins de 6% en 2016. Les manifestations des *"99ers"*, les chômeurs en fin de droits ayant épuisé leurs 99 semaines d'indemnisation, concernent de plus en plus la classe moyenne (particulièrement la tranche basse), une population qui semblait se maintenir en équilibre dans une relative et précaire aisance, dans les interstices de la société new-yorkaise, réputée pour sa mobilité.

LA VILLE DE LA FAIM La ville prospère cache de sombres contre-allées. Les SDF y trouvent refuge s'ils ont échappé à la politique municipale *policing*

Pour le *mayor* et pour le pire

Sans les attentats du 11 septembre et son attitude courageuse aux côtés des sauveteurs au pied des Twin Towers, **Rudolph**, "Rudy", **Giuliani** n'aurait sans doute jamais gagné la stature de héros qui lui est accordée aujourd'hui. Il serait peut-être resté le maire (et ex-procureur) intransigeant, adepte de la "tolérance zéro" vis-à-vis de la mafia comme de la petite délinquance, et le gestionnaire artisan du regain de l'économie locale. Le temps de ses deux mandats (de 1994 à 2001), l'embellie économique des années 1990 aidant, il enraye la crise budgétaire qui ronge la ville depuis les années 1970. Mais c'est au prix de coupes claires dans les programmes sociaux. En 2009, après un amendement de la loi, **Michael Bloomberg** entame son 3e et dernier mandat de maire. Les New-Yorkais font alors confiance à ce self-made-man fortuné, magnat de la presse boursière, et à son savoir-faire en la matière pour affronter la crise de 2008. Démocrate, républicain puis indépendant, le milliardaire incarne la réussite à l'américaine : la force de travail à la hauteur de l'ambition, le flair dans les affaires, le goût du risque. Quand **Bill de Blasio** prend la relève en novembre 2013, il est le premier maire démocrate depuis 24 ans. Il s'attelle depuis à respecter son thème principal de campagne : réduire le fossé grandissant entre le New York des riches et celui des pauvres et les effets de la gentrification. Il projette la construction de 200 000 logements sociaux et envisage d'augmenter les impôts des plus riches.

with compassion. Plusieurs milliers de personnes dorment dans les rues de Manhattan ou habitent les tunnels des lignes désaffectées du métro. Fin 2016, quelque 61 000 New-Yorkais, dont plus de 15 000 familles avec enfants en bas âge, sont hébergés dans des centres d'accueil chaque nuit. En cause, le chômage et surtout la pénurie de logements à loyers modérés. La menace récurrente de l'abandon de la réglementation en vigueur depuis l'après-guerre encadrant l'aide au logement risque de réduire à une déclaration de bonnes intentions la loi de l'État de New York stipulant que chaque citoyen a droit à un toit. Les soupes populaires, les bons d'alimentation donnés par l'État, et les 1 000 banques alimentaires fournissent leur subsistance quotidienne à plus de 1,5 million de citadins. Un tiers des New-Yorkais (dont 90% de Noirs ou d'Hispaniques) connaît la précarité alimentaire.

CRIMINALITÉ ET INSÉCURITÉ Malgré une légère recrudescence de la violence urbaine en 2010, New York, capitale du crime dans les années 1970, se classe en tête des grandes villes les plus sûres des États-Unis. Depuis vingt ans, chaque année, on y enregistre une baisse significative de la criminalité : 352 homicides en 2015 contre 2 245 en 1990, 5 délits quotidiens recensés dans le métro contre 55 alors. La politique de "tolérance zéro" mise en place par Giuliani, la législation restreignant le port d'armes à feu sous les deux premiers mandats de Bloomberg, mais aussi la moindre consommation du crack depuis la fin des années 1990 expliquent sans aucun doute ces statistiques globales, qui camouflent néanmoins une grande disparité : les quartiers coupe-gorge d'il y a 30 ans se sont policés au pas de leur embourgeoisement, mais victimes comme meurtriers restent issus des groupes les plus défavorisés, 90% étant afro-américains ou "latinos".

Main basse sur la ville

C'est à New York, dans les années 1920, que naît la mafia à l'américaine : cinq familles italo-new-yorkaises fondent alors le crime organisé. Al Capone y fait ses débuts et y gagne sa cicatrice, avant de prendre en main Chicago. La prohibition tombe à pic pour doper le business : trafic d'alcool, jeux illégaux, prostitution, extorsion de fonds, corruption, racket, la *mob* (le "milieu") purge les bandes de rues en y recrutant ses hommes de main, sort du ghetto (de Little Italy mais aussi du Lower East End, où la Yiddish Connection connaît son apogée dans les années 1930). Si, depuis la guerre que LaGuardia et Giuliani lui ont menée, la mafia semble en perte de pouvoir, elle est encore active comme le montre le coup de filet du FBI en janvier 2011. Ses héritiers ont toujours de belles maisons sur Staten Island, Internet lui offre de nouveaux filons... Quant aux réseaux russes et arméniens, ils versent dans l'arnaque financière (Medicare, l'assurance sociale, en a fait les frais) et partagent avec les gangs asiatiques la haute main sur le trafic de drogue et la prostitution.

God save America

Dans la sphère religieuse également, le panorama est varié selon les *boroughs* comme à l'intérieur de chacun. Parce que les lieux de culte sont aussi des sociétés d'entraide, les quartiers populaires sont les plus dévots, et si l'athéisme domine dans l'Upper West Side, 80% des habitants se disent liés à une religion. Confession de 42% des New-Yorkais (dont 73% d'Hispaniques), une exception par rapport au reste des États-Unis, le catholicisme, pluriel, autant communautaire que spirituel, a adapté dans les rites la sensibilité de chaque vague d'immigrants. Dans la grande famille du protestantisme américain, les anglicans des premiers temps et leurs héritiers WASP (*White anglo saxon protestants*) appartiennent à l'establishment ; les presbytériens ont trouvé un nouveau souffle dans la communauté asiatique. Ces protestants issus de la Réforme sont largement distancés par les courants baptistes et méthodistes, qui rassemblent une grande partie de la population afro-américaine dont la ferveur fait vibrer les gospels de Harlem. Moins fourni, le courant pentecôtiste recrute ses ouailles chez les protestants comme chez les catholiques. Quant aux évangélistes, ils sont la force grandissante et leurs églises (en augmentation de 40% depuis dix ans) fleurissent partout, attirant des fidèles de toutes origines ethniques et sociales. Le judaïsme regroupe 12% des New-Yorkais, qui constituent la plus grande communauté en dehors d'Israël. Les juifs hassidiques de Crown Heights, à Brooklyn, dont la communauté, arrivée après la Seconde Guerre mondiale, a été gonflée par un renouveau récent, tranchent avec la société juive de plus longue date, peu pratiquante, et qui, de ses fiefs du Lower East Side ou de Brooklyn, a distillé des éléments de culture devenus indissociables de l'identité de la ville – *so "nyu-yorkish" !* -, qu'il s'agisse de gastronomie, de politique, d'humour. Quant aux juifs d'ex-Union soviétique, arrivés à partir des années 1970, ils se sont installés à Brighton Beach et Washington Heights. Malgré une position inconfortable depuis le 11 septembre, l'islam est en pleine progression à New York. Ils sont 800 000 *muslims Americans* : "*Americans to the bones*" ("américains jusqu'au bout des ongles") répètent-ils pour conjurer l'islamophobie des partis néoconservateurs. Quant à la polémique autour de l'édification d'un centre culturel musulman doublé d'une mosquée à 200m de Ground Zero (initialement surnommé Cordoba House puis devenu un plus consensuel Park 51), elle finit par s'apaiser et le centre a été inauguré en septembre 2011.

Urbanisme et architecture

Emblématique de la modernité, New York impose, pour saisir sa cohérence, que l'on renonce à la grille de lecture applicable aux métropoles du Vieux Monde dont l'épaisseur repose sur la conservation des traces du passé, où le moderne doit trouver sa place dans les interstices de l'ancien. Bâtie sur le mode d'un incessant renouvellement, la ville enchaîne les cycles de destructions-constructions. En quatre siècles d'existence, elle a fait de la vitalité le moteur et la philosophie de son développement. Le business, ses triomphes et ses aléas, s'y affiche avec assurance dans la *skyline* hérissée de gratte-ciel. Avant même que ne s'affirme son expansion, la ville, conçue pour s'étendre, comme le suggère la suite à l'infini de ses nom(bre)s de(s) rue(s), préfigure le dépassement de la frontière, symbole de l'esprit de conquête américain. L'ouverture horizontale, puis l'ascension verticale des cent dernières années affranchissent la ville de toute limite.

L'organisation du chaos

Depuis deux cents ans, New York s'efforce d'aplanir et d'encadrer ce qui est irrégulier et incontrôlé. Le paysage plat et rectiligne contemporain masque le désordre originel du site de la ville et l'urbanisme initial. Seul le bas Manhattan a gardé dans l'organisation spatiale un petit côté brouillon, hérité du temps colonial. Le renouvellement perpétuel comme credo et les incendies à répétition ont tôt fait de raser le modeste bourg qui épousait alors le contour des rives : les maisons à pignons, les moulins et canaux qui transplantaient sur une île du Nouveau Monde la lointaine Hollande, et les maigres traces de l'architecture georgienne importée d'Angleterre. Au lendemain de l'indépendance, la municipalité de New York voit loin : à partir d'un relevé précis du bâti existant, le projet d'une réorganisation de la ville s'impose. Le Commissioners' Plan, ou Randel Plan, de 1811 – cf. Le *grid*, plan pour une ville sans limite (p.21) –, adoptant le strict quadrillage de l'espace existant et à venir de la ville, répond aux exigences financières et morales des notables : dans l'alliance du profit et du puritanisme, l'ordonnancement rationnel et équitable de l'espace.

Obligé de zoner

La surdensité démographique et les modifications architecturales qui se font jour dès 1850 conduisent le gouvernement municipal à sans cesse réévaluer les normes de construction et d'urbanisme. La multiplication des bâtiments commerciaux et industriels dans les secteurs résidentiels nuit à la rentabilité de l'immobilier. La loi de zonage (*zoning code*) de 1916 y remédie en définissant dans Manhattan des zones d'activité et d'habitation ; des quartiers se spécialisent : les affaires autour de Midtown et Wall Street, Times Square et Broadway, la confection dans le Garment District, le Lower East Side gardant une mixité industrielle... L'autre volet de cette même loi a un impact plus visuel : outre la classification fonctionnelle des bâtiments, il en détermine l'implantation, le volume, la hauteur. C'est que l'on commence à ressentir les effets de la multiplication des gratte-ciel qui restreignent l'accès à la lumière et au grand air. La hauteur des immeubles dépendra donc de leur emprise au sol. Le style en pyramide s'impose ; des normes strictes mais variables selon la largeur de la voie sur laquelle il se trouve, encadrent le rétrécissement par palier du bâtiment. Lorsque, dans son élévation, sa surface atteint le quart de celle de sa base, rien ne freine son ascension. Ces contraintes déjà souples se négocient encore, les promoteurs peuvent gagner quelques mètres s'ils aménagent ou rénovent un espace public en pied d'immeuble ou s'ils rachètent les **droits aériens** de bâtiments voisins qui n'ont pas atteint la hauteur maximale.

HAUSSMANN IN NEW YORK
Nommé en 1933 par LaGuardia à la direction des parcs de la ville, **Robert Moses** (1888-1981) va étendre son influence bien au-delà. Ce moderniste convaincu, prosélyte du "tout voiture", conçoit un réseau complexe de voies rapides et de ponts, dont le Verrazano Bridge, pour relier les différents *boroughs* de New York et sa périphérie.
Ses détracteurs lui reprocheront d'avoir détérioré la physionomie de la ville sans avoir résolu les problèmes de circulation, et renforcé la ségrégation des quartiers reléguant pauvres et *"colored"* dans des Housing Projects loin de Manhattan.

DES ATELIERS ET DES "TENEMENTS" Au XIXe siècle, la plus-value des bâtiments à usage commercial et industriel dépassant celle des immeubles d'habitation, on construit de grands plateaux pour les ateliers qui se multiplient parallèlement à l'afflux de main-d'œuvre. Le sud de Manhattan restant industriel, et les transports publics inexistants, les ouvriers habitent près de leur lieu de travail. L'élite, elle, prend du champ, déménage vers le nord. Dans les maisons laissées par les plus aisés, divisées en appartements étriqués, la classe ouvrière s'entasse dans des conditions déplorables. On construit les *tenements* pour remédier à cet inconfort notoire. Ces habitations sont conçues pour loger un maximum de personnes dans un minimum d'espace – quatre appartements par palier sur 4 ou 5 étages, sans eau courante. Des normes de construction existent, mais les lois sont peu ou mal respectées par les propriétaires et les promoteurs. Ainsi disparaissent rapidement du centre des parcelles les réglementaires cours intérieures et jardinets indispensables à la circulation de l'air et de la lumière entre les immeubles. Caractéristiques de ces bâtiments, les échelles extérieures anti-incendie, bien qu'imposées, sont rarement, quand elles existent, correctement installées et accessibles. Régulièrement, les règles de salubrité et de sécurité applicables aux logements ouvriers sont édictées, c'est le cas en 1867 avec le Tenement House Law puis en 1901 avec le Tenement House Act.

DANS LES NUAGES S'ils ne sont pas une invention new-yorkaise – les premiers sont nés à Chicago –, les gratte-ciel sont les authentiques monuments de la ville. Ils ont tout pour séduire l'esprit entrepreneurial de New York, toujours en manque d'espace pour faire face à son expansion. Le XXe siècle consacrera ainsi la Big Apple comme capitale du *skyscraper*. Concentrés dans la partie sud de Manhattan, où le socle rocheux offre une solide assise, les gratte-ciel bénéficient de techniques et matériaux nouveaux. Car la modification du paysage new-yorkais est le fruit de la technologie, dont l'ingénieur Otis, inventeur en 1853 du frein pour ascenseur, n'est pas le moindre artisan, à laquelle s'ajoute l'utilisation révolutionnaire de l'ossature métallique en remplacement de la brique et du moellon. Les buildings les plus anciens ont disparu ou ont été remodelés de fond en comble ; ils nous apparaîtraient bien modestes, les 10 étages du Western Union Building qui, en 1875, symboliquement, dépassent la flèche de Trinity Church (1846) ! Exit le Singer Building, puis le New York World Building et ses 22 étages, le plus haut immeuble du monde à l'orée du XXe siècle. Ont résisté la Met Life Tower, le Woolworth Building et le Fuller Building, rebaptisé Flatiron, un favori du panorama new-yorkais depuis 1902. À partir de 1930, on change d'échelle : la Trump Tower (71 étages), puis deux stars mondiales, le Chrysler (77 étages) et l'Empire State Building (102 étages), lancent une course au gigantisme qui connaît un rebond dans la seconde moitié du XXe siècle. Quelque 70 immeubles hauts de 180 à 300m sont alors réalisés. Durant leurs trente ans d'existence, les Twin Towers toiseront, du haut de leurs 110 étages, quelques autres géants comme le General Electric Building de Rockefeller Center (260m), ou la Trump World Tower, vertigineuse tour d'habitation (262m). Si quelques projets pharaoniques (dont une tour de 600m de haut) ont été abandonnés, les dix dernières années ont vu surgir des buildings à la mesure du prestige et de la puissance financière de leurs commanditaires : Bloomberg Tower (246m), New York Times Building (319m), Bank of America (366m)...

AFFAIRES CLASSÉES Depuis sa création, en 1965, par le maire Robert Wagner, la Landmarks Preservation Commission veille sur 27 000 édifices et une centaine de quartiers historiques à New York, qui compte par ailleurs 108 monuments classés à l'échelle nationale (National Historic Landmarks) mais un seul, la statue de la Liberté, sur la liste du patrimoine mondial de l'Unesco. Plans des *historic districts* sur *www.nyc.gov/html/lpc/html/manuals/historic-district-maps.shtml*

PRÉSERVER LE BÂTI Ce n'est que dans les années 1960 qu'une *landmark preservation law* voit le jour afin de protéger le patrimoine bâti. En 1962, en effet, le projet de construction du World Trade Center qui entraîne la disparition du tissu urbain populaire et industrieux du sud de Manhattan fait débat. Mais il faut attendre la bataille (perdue en 1963) pour sauver la structure de la gare Pennsylvania Station et le plan (abandonné) de deux *expressways* dans le sud de l'île et Greenwich Village, pour que soit établi un droit de classification des monuments (*landmarks*) et des quartiers (*historic districts*). La commission qui en est chargée doit composer cependant avec les intérêts privés et la voix des citoyens, qui se fait entendre notamment à travers les Business Improvement Districts (BID) par lesquels ils peuvent s'impliquer dans la gestion de leur quartier. Consultés dans le cadre de la reconstruction de Ground Zero, les New-Yorkais ont ainsi mis en avant le souci d'une mixité propice à la vie de quartier et à la cohésion sociale.

Champions d'altitude

One World Trade Center (p.92) 541m, 2013
Empire State Building (p.173) 381m, 1931
Bank of America (p.176) 366m, 2009
Chrysler Building (p.157) 319m, 1930
New York Times Building (p.165) 319m, 2007
One 57 (p.187) 306m, 2013
8 Spruce Sreet (p.88) 267m, 2010
Trump World Tower (p.159) 262m, 2001
General Electric Building (p.177) 260m, 1933
Condé Nast Building (p.165) 247m, 1999

Éclectisme architectural

En quête, depuis l'indépendance, d'une expression authentiquement américaine, New York offre un panorama composite, un vrai "délire architectural" selon l'expression de l'architecte Rem Koolhas.

PREMIERS PAS De l'époque coloniale subsistent de rarissimes vestiges, des fermes isolées (Dyckman House, dans l'extrême nord de Manhattan, Pieter Claesen Wyckloff House à Flatbush, dans Brooklyn) et, plus cossues et représentatives du style **georgien palladien** prisé par l'Angleterre du XVIIIe siècle, Morris Jumel Mansion (QG de Washington en 1776), dans les hauts de Harlem, ou la chapelle Saint-Paul (Financial District). À l'indépendance, le **style fédéral** est l'adaptation patriotique de l'héritage colonial. Lancé par leprésident Thomas Jefferson, il a la raideur imposante de l'architecture de la Rome antique. Federal Hall (1830) en est l'application monumentale. De la même époque, quelques maisons individuelles à travers Manhattan, dont la sobre Mooney House, au coin de Bowery et Pell Street, ou la synagogue Bialystoker, dans le Lower East Side, en offrent une version modeste. Il est rapidement concurrencé par une référence appuyée à l'Athènes des philosophes dont la jeune République américaine se sent l'héritière, et à la Grèce moderne qui s'est libérée de la domination ottomane en 1822. Avec le style néogrec qui s'impose jusqu'en 1850, marbre, colonnes à chapiteau dorique ou corinthien, portique et fronton continuent d'orner les constructions **néoclassiques** aux solides façades et dôme de pierre. Ils enjolivent des bâtiments publics (St Mark Church in Bowery, le temple baptiste Mariner) ou les *row houses*, ces rangées d'habitations comme on en voit à Chelsea (Cushman Row), autour de Gramercy Park.

LA VOGUE DES "REVIVALS" L'engouement de l'Europe romantique pour un Moyen Âge hautement fantasmé offre aux architectes new-yorkais une source foisonnante d'inspiration. La rigueur patricienne des styles à l'antique cède le pas à une profusion de motifs et ornements pseudo-médiévaux dans un étourdissant mélange de références stylistiques ; gargouilles, pignons ouvragés, tourelles à meurtrières et crénelures diverses ornent les édifices religieux (cathédrale Saint-Patrick) et se déclinent dans le cadre résidentiel. Le **néogothique** et ses répliques fin de siècle, "Queen Ann" et "High Victorian Gothic", s'adaptent aux circonstances et s'accommodent de tous les matériaux de construction, du grès rougeâtre des maisons construites en enfilade baptisées *brownstones* à l'ossature métallique (*cast iron*) des premiers gratte-ciel (comme le West Street Building dans Lower Manhattan). Dans la seconde moitié du XIXe siècle, le mélange des genres s'accentue. Le gothique se fait **vénitien** (Monthauk Club, dans le quartier de Park Slope à Brooklyn). À l'angle de Lafayette et de la 4e rue, le De Vinne Press Building est caractéristique du **néoroman** trapu parfois mâtiné d'influences byzantine ou mauresque (synagogue d'Eldridge Street, dans le Lower East Side). Cette influence se poursuit au début du XXe siècle, comme en témoignent les bandes lombardes du Al Hirschfeld Theater construit en 1924 sur Broadway, et les voussures ouvragées de la Bowery Saving Bank, sur la 42e rue. Dans Chelsea et l'Upper West Side, la bonne société se fait construire d'élégantes habitations aux mascarons et frises délicates inspirés de la Renaissance et du baroque italien. Les bâtiments publics représentatifs de ce genre, dont le Tammany Hall du Parti démocrate, sur la 14e rue, ou le premier Madison Square Garden, ont eux disparu dans les années 1920 du paysage new-yorkais. Entre 1880 et 1920, le style **"Beaux-Arts"**, inspiré par les grands immeubles haussmanniens de Paris, impose un classicisme théâtral et parfois grandiloquent, habilement servi par l'utilisation de techniques et matériaux nouveaux. Les colonnes colossales souvent jumelées, les frontons chargés de balustrades et de statues proéminentes trouvent leur juste place en façade de temples de la culture comme la NY Public Library, l'American Museum of Natural History ou la Surrogate Court House.

L'AVÈNEMENT DE L'ART MODERNE Après la cacophonie des *revivals*, l'influence grandissante du style **Art déco**, emprunté à la France au moment de la loi de zonage – cf. De l'art à la théorie de l'art et retour (p.42) –, vient apporter, dans l'entre-deux-guerres, quelque apaisement et donner à Manhattan un semblant d'harmonie. Malgré des références parfois appuyées au toujours populaire néogothique – le Woolworth Building, temple du commerce payé cash par son commanditaire en 1913, ou l'American Standard Building en gardent de substantielles traces –, cet art moderne se révèle tout à fait approprié aux gratte-ciel qui se multiplient. Exemplaires tant dans leur ligne, qui magnifie la verticalité des bâtiments, que dans l'ornementation des façades (avec l'utilisation de métal, de brique vernissée, de motifs en zigzag et de bas-reliefs) ou encore par leur flamboyante décoration intérieure, l'Empire State Building et le Chrysler Building, tout comme le massif Barclay Vesey Building, endommagé en septembre 2001 lors de l'effondrement des Twin Towers, sont des fleurons du genre. À partir des années 1940, les phases successives du **style international** célèbrent la fonctionnalité et se refusent à toute citation historique ou esthétique. L'acier, l'aluminium, le béton et le verre constituent les seuls atours de buildings tels que le siège de l'Onu, la Trump Tower ou l'ex-World Trade Center – le Guggenheim Museum, lui, étant autant sculpture que morceau d'architecture. Le courant postmoderne prend ses aises avec la raideur du style international désincarné. La rupture de la ligne figée fractionne les façades de la tour Hearst, dans Midtown, la couleur accentue les courbes du Westin Hotel, à l'angle de la 42e rue et de la 8e avenue.

Arts plastiques

Capitale artistique incontestée des États-Unis, épicentre de la culture occidentale contemporaine, New York règne depuis l'après-guerre sur le monde de l'art, lui instillant sa marque de fabrique : la grande diversité. C'est là que sont rassemblées en de somptueuses collections nombre des plus grands chefs-d'œuvre de toutes les époques, là que se font et se défont la notoriété et la cote des artistes, que se théorise et s'écrit l'histoire de l'art contemporain...

LES PIONNIERS D'UN ART AMÉRICAIN De l'époque coloniale au premier quart du XIXe siècle, quand on s'occupe un tant soit peu d'esthétique, on a les yeux tournés vers l'Europe et ses grands maîtres. Formés pour la plupart à l'école anglaise, les quelques pionniers de la peinture américaine en suivent le goût pour les scènes historiques néoclassiques et le portrait. John Trumbull (1756-1843) immortalise la déclaration d'indépendance au Congrès et Benjamin West (1738-1820), peintre officiel célébré à la cour d'Angleterre, le traité de William Penn avec les Indiens. Samuel F. B. Morse (1791-1872), quand il n'est pas occupé à inventer son alphabet, réalise de délicats portraits romantiques (Met). Alors que le portraitiste William Sidney Mount (1807-1868) s'intéresse à la peinture de genre et à la vie quotidienne des petites gens (NY Historical Society), et que John James Audubon inventorie faune et flore d'Amérique dans de délicates aquarelles (NY Historical Society), Thomas Cole (1801-1848) magnifie la beauté de la vallée de l'Hudson ouvrant la voie au paysage romantique. À sa suite, les membres de l'**école de l'Hudson**, tels que Frederick E. Church (1826-1900) (*Tropical Scenery* au Brooklyn Museum) et Albert Bierstadt (1838-1902) (*Vue des montagnes Rocheuses*, Met), font souffler un grand vent sur la peinture américaine, qui découvre la puissance dramatique du mythe de la "frontière", l'immensité sauvage d'un continent, avec la fièvre de conquête des pionniers en marche vers l'Ouest.

EN QUÊTE D'UN STYLE Pendant que l'école de l'Hudson fait de la résistance, le monde de l'art à Paris est vibrionnant de nouveautés ; des peintres américains vont s'y inspirer de la révolution culturelle qu'incarne l'impressionnisme et s'y bâtir une notoriété. Un "va-et-vient transatlantique" s'instaure entre Paris et New York qui, par touches, découvre l'art moderne. Marqués par la violence de la guerre de Sécession et la transformation de la société, les artistes d'outre-Atlantique reportent leur attention sur la communauté humaine. Thomas Eakins (1844-1916), chef de file du courant réaliste, dépeint avec une précision naturaliste la bourgeoisie de la Nouvelle-Angleterre ; Winslow Homer (1836-1910) avant de se concentrer, comme Albert Pinkham Ryder (1847-1917), sur de somptueuses marines (*Gulf Stream*, Met), s'attache à la vie rurale. James Whistler (1834-1903), John Singer Sargent (1856-1925), portraitiste attitré des Américains de Paris (*Portrait de Mme Gautreau*, Met) et Mary Cassatt (1844-1926) sont les grands représentants de l'impressionnisme américain.

DÉCLARATION D'INDÉPENDANCE En 1913, en rupture avec l'officielle Academy of Arts, l'American Painters and Sculpters Association organise dans

De l'art à la théorie de l'art et retour

Postimpressionniste, cubiste, futuriste, la création américaine ne se détermine pas. Sous l'influence de l'avant-garde européenne fascinée par la vitalité de New York, la problématique se déplace. À la question : quelle peinture ? on répond : qu'est-ce que l'art ? La voie de la peinture contemporaine américaine, plus fondée sur des individus que sur des courants esthétiques, est tracée. Elle annonce la starisation des Pollock, Warhol, Basquiat..., l'influence des critiques et le pouvoir du marché de l'art et des galeristes bons financiers tels Leo Castelli (p.205). Elle entraîne aussi la constitution de grandes collections privées qui vont nourrir les musées de New York...

un ancien arsenal du Bowery, l'Armory Show, première exposition internationale d'art moderne. Trois cents artistes y exposent, l'avant-garde européenne (Matisse, Duchamp, Picasso...) est bien représentée, et 10 000 visiteurs découvrent souvent scandalisés ce manifeste de la peinture américaine (*"the New Spirit"*) qui, symboliquement, revendique sa place parmi les grands courants de l'art moderne. Depuis le début du siècle, de jeunes artistes, le groupe des 8, qui deviendra l'Ashcan School (école de la Poubelle), derrière leur chef de file, le portraitiste Robert Henri, se veulent les témoins de l'évolution de la ville et du concret. Aux grands espaces naturels succède la représentation optimiste de la nouvelle monumentalité urbaine qu'incarne New York. Le rendu réaliste des lieux s'y combine au pittoresque de scènes du quotidien, escamotant quelque peu l'extrême rudesse des conditions de vie qu'elles dissimulent. George Bellows (1882-1925) et John Sloan (1871-1951) font ainsi entrer l'*American way of life* dans la peinture. Edward Hopper (1882-1967) en exprime aussi la sourde menace, rendue par une définition quasi figée tel un plan fixe de cinéma (*Early Sunday Morning*, Whitney Museum, *House by the Railroad*, MoMA).

L'ÉCOLE DE NEW YORK L'expressionnisme abstrait (très représenté au MoMA), qui regroupe les divers courants de l'école de New York, hisse la ville à l'avant-garde des avant-gardes. Annoncées par Adolph Gottlieb (1903-1974)(*Vigil*, Whitney Museum) et Arshile Gorky (1904-1948), et proches de Willem De Kooning (1904-1997), deux figures majeures incarnent ce mouvement hétérogène qui veut tourner le dos à l'illusion de la représentation – figurative ou abstraite –, au sens même de l'œuvre d'art, pour ne garder que la trace du processus de création. C'est l'*action painting*. Jackson Pollock (1912-1956), figure iconique du peintre américain, utilise ainsi le *dripping* et le *pouring* pour ses entrelacements complexes. L'abstraction chromatique est le champ d'action de Mark Rothko (1903-1970) ; à la recherche d'une émotion fondamentale, la couleur, travaillée en grands à-plats, est indistinctement forme, contour, matière.

DE LA TRANSGRESSION À LA DÉMATÉRIALISATION Jasper Johns (né en 1930) et les *Combine Paintings* de Robert Rauschenberg (1925-2008), dans leur utilisation des objets du quotidien et la volonté de bannir "toute expression personnelle", font la transition avec le pop art. Phénomène de société autant que courant esthétique, ce mouvement (avec James Rosenquist, Claes Oldenburg, Roy Lichtenstein) assène, du haut de la Factory d'Andy Warhol (1928-1987), un coup radical à la notion d'œuvre et entraîne une spéculation effrénée du marché de l'art. Art révolutionnaire ou bon filon pour une supercherie lucrative, dénonciation de la société de consommation ou kitsch absolu, le pop art s'affirme, à coups de paradoxes, comme un art anonyme, sans références. Un temps proche de Warhol, Jean-Michel Basquiat (1960-1988) s'en écarte dans sa courte et fulgurante carrière par la vigueur de son expression, héritée de ses premiers graffs sur les murs de Brooklyn. Pressentie par l'expressionnisme abstrait, la dématérialisation de l'œuvre est reprise par les courants minimalistes, surtout la sculpture de Donald Judd (1928-1994), dont les œuvres sont autant des lieux que des œuvres d'art.

Littérature

Sans former à proprement parler une école new-yorkaise, les auteurs qui se réclament de New York parlent au plus près de la ville et de leur temps. Ce rapport fort entre la cité et l'écrivain se fait sentir dès le début du XIXe siècle.

SATIRE SOCIALE En 1809, Washington Irving fait paraître sous le pseudonyme de Dietrich Knickerbocker (en référence aux colons hollandais) une fantaisiste *Histoire de New York*, puis des nouvelles inspirées du folklore anglo-saxon de Nouvelle-Angleterre. S'il passe la majeure partie de son existence en Europe et s'inscrit dans la lignée des écrivains anglais du XVIIIe siècle, il est considéré comme le père de la littérature new-yorkaise. Au cours du XIXe siècle, avec une distance quelque peu aristocratique, les romans sont l'occasion de dénoncer les plus graves travers de la ville. Certaines nouvelles d'Edgar Allan Poe (1809-1849) usent de l'ironie pour pointer son matérialisme grossier ; *Le Temps de l'innocence*, d'Edith Wharton (1862-1937) vise l'hypocrisie cynique de la grande bourgeoisie à laquelle elle appartient. Henry James (1843-1916), dans *Washington Square*, contemple la désagrégation du monde de son enfance, mis à mal par la modernité naissante. Trois illustres écrivains du jeune État qui préfèrent prendre leurs distances avec une ville où ils se sentent devenus étrangers. De même Mark Twain, fondateur d'un club littéraire ou Herman Melville se détournent vite de leur ville natale. Quelques décennies plus tard, F. Scott Fitzgerald (1896-1940) raillera, dans *Gatsby le Magnifique*, les penchants de la bonne société tout en se brûlant les ailes à tous ses débordements. C'est à ce représentant d'une "génération perdue" et au grinçant Truman Capote (1924-1984), célèbre auteur de *Petit déjeuner chez Tiffany*, ou encore au dandy incisif Tom Wolfe (*Le Bûcher des vanités*) que se réfèrent volontiers les stars littéraires des années 1980-90, les Jay McInerney, Bret Easton Ellis, Tama Janowitz, figures majeures et fort médiatisées de l'informel Brat Pack (bande de "petits morveux") ; iconoclastes, insolents et en quête d'une performance stylistique, ils décrivent de l'intérieur la superficialité et la névrose des people et branchés de la finance, les années fric sans tabou. Ce "réalisme sale" aux accents nihilistes, Hubert Selby Jr (1928-2004) l'avait déjà exploré dans la descente aux enfers, bien moins glamour, de *Last Exit to Brooklyn* (1964).

MANHATTAN D'ENFER
Manhattan Transfer (1925), de John Dos Passos (1896-1970), a pour point de départ le temps glorieux de l'érection des buildings, de l'expansion de la ville tous azimuts. S'y mêlent les voix de multiples personnages, tous des "arrivants" dans Manhattan, où s'évanouissent comme mirage les espoirs de ceux qui, les yeux levés vers le sommet des gratte-ciel, croyaient naguère changer leur destin.

"COCOTTE MINUTE DE LA LITTÉRATURE AMÉRICAINE" Dans l'explosion artistique et sociale que vit le nord de Manhattan au tout début du XXe siècle, se concocte une bonne part de la littérature moderne, l'engagée, la contestataire, la "cocotte minute" que décrit Rick Moody. Indissociable des premiers sursauts de l'émancipation des Afro-Américains, le mouvement Harlem Renaissance fait de New York la "capitale mondiale de la culture noire". Dépassant le cadre de la communauté noire, les œuvres de Langston Hugues (1902-1967), journaliste, poète et dramaturge, de Richard Wright (1909-1961), de W.E.B. Dubois – cf. Histoire (p.16) – instillent du corps à la littérature américaine comme le rhum dans le punch, selon l'expression du philosophe afro-américain Alain Locke. James Baldwin (1924-1987) et Ralph Ellison (1914-1994) se situent dans cette lignée et posent la question d'une spécificité noire au sein d'une littérature américaine. Le *"hard-boiled thriller"* (polar corsé) qui rend compte de la démesure de New York y répond. L'humour glacé de Donald Westlake (1933-2008) assume le politiquement incorrect, Chester Himes (1909-1984) plonge dans les bas-fonds du racisme, de la misère morale et matérielle d'où n'émergent que petites magouilles et gros ennuis, Dashiell Hammett (1894-1961) révèle toute l'essence de la ville plus qu'il ne la décrit. Entre polar et SF, Jerome Charyn explore en promeneur insomniaque un New York de l'ombre. Avec Norman Mailer (1923-2007), la littérature entre en révolte frontale. En lutte contre toute marque d'asservissement de l'individu – la guerre, le conformisme –, cet athée et libertaire dans l'âme est le chantre d'une contre-culture que la Beat Generation revisite à travers voyages réels ou psychédéliques. Les rebelles Allen Ginsberg (1926-1997), Jack Kerouac (1922-1969), William S. Burroughs (1914-1997) s'attaquent à la *"folie absolue et la fantastique horreur de New York"* (Kerouac)...

PANORAMA

"NEW YORK STATE OF MIND" L'état d'esprit de New York que chante Billy Joel, la pulsation intime et singulière qu'exprimait en vers nouveaux, à la fin du XIXe siècle, le lyrique et lumineux poète Walt Whitman (1819-1892), la génération post-11 septembre, qui se démarque avec insistance de la noirceur moraliste et contestataire du XXe siècle finissant, veut l'incarner. Retour à l'affectivité, au personnage héritier d'une épaisseur historique et, à ce titre, archétype du New-Yorkais qui, quasi constitutionnellement, vient d'ailleurs. Chez Rick Moody, Jonathan Franzen, Jonathan Safran Foer, Nicole Kraus, l'émotion remplace le cynisme comme forme de résistance pour rendre la texture composite de la vie présente, donner un angle plus vaste, rouvrir "le champ des possibles", ainsi que l'affirme, dans *Exit le fantôme*, Nathan Zuckerman, personnage récurrent des romans de Philip Roth, qui comme lui, a choisi de vivre dans l'arrière-pays new-yorkais et vient revitaliser, ou brûler, ses forces déclinantes au cœur battant de la métropole. Paul Auster, figure tutélaire de la littérature contemporaine américaine, incarne pour les Européens l'écrivain new-yorkais type, une sorte de Woody Allen des lettres par sa façon d'être "dans la ville", fil rouge de son inspiration. Avec sa femme, Siri Hustvedt, il est le premier à établir la revanche de Brooklyn sur Manhattan.

Théâtre

Emblématiques de la ville qui ne dort jamais, les néons clinquants des théâtres de Broadway éclipsent facilement la large palette du théâtre new-yorkais, du *blockbuster* consensuel aux scènes intimistes des cafés-théâtres où les *stand-up comedians*, à l'humour décalé et provocateur, se construisent, sur les traces de Lenny Bruce, une remarquable carrière, Woody Allen ou Jerry Seinfeld en tête. Dans les années 1920, le théâtre populaire quitte le sud mal famé de l'île et s'installe autour de Times Square. Il y transporte les recettes du succès des mélodrames et des *minstrels shows*, ces vaudevilles composés d'une succession de courtes scènes enlevées, agrémentées de numéros de chant, de danse et, avec les Ziegfeld Follies, de claquettes. Héritiers de cette tradition populaire et de spectacles réglés au cordeau, les *musicals* jouent à guichets fermés. Vastes salles (plus de 500 places) et gros budgets, elles se partagent, avec les comédies non musicales (dites *straight*), la quarantaine de théâtres du On-Broadway et des records de longévité. Parfois à peine plus modestes, les productions du très officiel Off-Broadway sont sensiblement moins commerciales. On y monte le théâtre du sombre Eugene O'Neill, d'Arthur Miller (*Mort d'un commis voyageur*), de Tennessee Williams (*Un tramway nommé Désir*, *La Chatte sur un toit brûlant*), de William Saroyan (*Le Massacre des Innocents*) mais aussi les premières représentations de *Hair* (1967) qui, après six mois de succès, est promu dans le On ! C'est dans le cadre du Off-Off, la scène alternative de Broadway, et dans les salles excentrées de Brooklyn (BAM) que se joue un répertoire plus incisif et engagé, celui de Sam Shepard, de Robert Wilson et des dramaturges étrangers. Dans les années 1950 et 1960, les mises en scène expérimentales du Living Theater, troupe radicale et politiquement engagée, y firent grand scandale.

Danse

Lorsque, au début du XXe siècle, George Balanchine crée le New York City Ballet et, sur les pas de grands défricheurs – Isadora Duncan, Ruth St Denis et Denis Shaw –, place le mouvement et le corps au centre du travail chorégraphique, il ouvre la voie à l'école américaine de danse moderne et contemporaine. Martha Graham en sera la grande prêtresse pendant un demi-siècle. En phase avec la fièvre contestataire et le bouillonnement artistique des années 1960, une nouvelle génération (Merce Cunningham, Alvin Ailey, créateur de l'American Dance Theater, Twyla Tharp…) privilégiera les performances mêlant peintres et compositeurs d'avant-garde (Robert Rauschenberg, John Cage). Étiquetés postmodernes, Lucinda Childs, Trisha Brown et le Judson Dance Theater poursuivent la quête de libération du mouvement et continuent d'assurer à New York le titre de capitale mondiale de la danse contemporaine. Des temps héroïques (les Seventies) de la break dance, vitrine acrobatique de la culture hip-hop, exutoire de l'énergie destructrice des gangs des cités du sud Bronx, aux *master classes* du Hip Hop Dance Conservatory, en plein cœur de Manhattan, la danse de rue a opéré un grand écart. Les *battles crews* (équipes de danseurs en compétition), souvent spontanés dans les recoins de cités excentrées, restent le creuset créatif d'une expression artistique qui a conquis les chorégraphes contemporains. Central Park, Corona Park sont régulièrement le cadre de démonstrations plus ou moins improvisées.

Musique

PAS SI CLASSIQUE Il n'y a que deux types de musique, selon Duke Ellington : la bonne et la mauvaise. New York semble en avoir fait une profession de foi : alors qu'ailleurs, la fracture entre musiques savante et populaire est largement consommée, la création musicale y conserve l'ambition du melting-pot et donne naissance, à partir du XXe siècle, à la musique classique américaine. Les singularités stylistiques et d'inspiration – classique, jazz, folk, comédies musicales – sont des frontières grandes ouvertes que les plus illustres représentants de la musique classique américaine, George Gerschwin, Leonard Bernstein (version opératique de *West Side Story*), Aaron Copland et les compositeurs minimalistes de l'école de New York – Philip Glass, Steve Reich ou John Cage – explorent allègrement. La prestigieuse Juilliard School attire autant les futurs interprètes du répertoire classique que les aspirants jazzmen. Les programmations d'une exceptionnelle qualité des grandes salles de concert – Carnegie Hall, inauguré par Tchaïkovski ; le Lincoln Center for the Arts, résidence du New York Philharmonic Orchestra ; le Metropolitan Opera… – font de New York un haut lieu de la scène musicale mondiale.

Anything, anytime : l'art de voir et d'être vu

À New York, il faut voir et être vu : la ville est une star et ses habitants ont le goût de la représentation. Une scénographie qui a ses lieux de prédilection : Manhattan et les nouveaux quartiers branchés de Brooklyn. C'est là que les spécimens les plus *teminally hip*, les hyper cool, se fréquentent, se regardent, s'épient. Car voir et se montrer sont des préoccupations et des occupations majeures. Alors qu'il est de très mauvais goût de dévisager un inconnu, le *people watching* et son corollaire soft, la *street photography*, sont des divertissements prisés. Le jeu est simple : d'un poste d'observation (on trouve listés sur Internet les endroits les plus intéressants), un coin de parc, une intersection de rues, l'entrée d'un restaurant ou d'un bar à la mode, on se met aux aguets, on choisit son personnage, on écoute sa conversation, accessoirement on le suit. Subrepticement, on se fait quelques instants spectateur d'une scène de sitcom en direct. Si la pêche a été bonne, on *post* le compte-rendu sur la toile. Peu de chose étonne le New Yorkais. La forte proportion de jeunes aisés, qui allient individualisme et sens de la tribu, a le goût du jeu et des mises en scène - et les derniers smartphones - pour rester en lien. La branchitude a ainsi consacré le retour des *speakeasies*, ces bars où, pendant la prohibition, on servait en catimini de l'alcool frelaté, partageant comme secret d'espion d'improbables adresses d'arrière-fonds d'entrepôts, de garages désaffectés et les indispensables mots de passe. Les réseaux sociaux ont dynamisé la vogue des happenings ludiques dans ce concentré de monde où *anything can happen anytime* : "tout peut arriver à n'importe quel moment", et rien ne semble jamais étonner quiconque. Performances artistiques ou manifestes pour une culture vivante et spontanée face au divertissement prêt à consommer, les actions - circuler dans le métro en sous-vêtements, se figer au milieu de la foule des voyageurs de Grand Central -, situations à la frange de l'absurde mais minutieusement orchestrées, revendiquent la ville comme scène d'expression.

LE JAZZ, NEW YORK *VIBES* Du Cotton Club au Village Vanguard, sans la vibration si particulière de la ville, sa tolérance à l'audace, et la prohibition qui fit se multiplier les clubs, le jazz aurait tardé sans doute à s'émanciper de son ghetto originel dans la lointaine Louisiane où il est né à la fin du XIXe siècle. Dans les Années folles, il s'affirme comme l'expression musicale new-yorkaise par excellence. Pendant les courtes années de sa Renaissance et malgré une ségrégation généralement respectée – les Noirs sur scène, les Blancs dans la salle –, Harlem offre une vitrine royale, et parfois un tremplin, à des shows qui s'exportent vers Broadway, aux musiques et danses "nègres" qui transgressent les barrières raciales. À l'Apollo, au Cotton Club, au Savoy, au Minton's ou au Renaissance Ballroom, les débutants, Ella Fitzgerald, Sarah Vaughan, Dinah Washington, Ray Charles, se frottent aux déjà célèbres du jazz classique Louis Armstrong, Duke Ellington, Benny Goodman, Dizzie Gillespie. Mais le Harlem de la Grande Dépression n'est plus le quartier des années swing, celle des *"happy feet"* qui voient rivaliser d'endurance jazz-bands et danseurs sur les parquets du Savoy Ballroom ; Midtown a pris le relais. Dans Greenwich Village, le Village Vanguard devient la scène phare de la révolution stylistique du jazz d'avant-garde : le be-bop d'après-guerre, le free jazz des années 1970, l'inventivité de l'improvisation, les ruptures des codes rythmiques et harmoniques des standards, l'exploration de sonorités uniques sont les maîtres mots des performances de Charlie Parker, Miles Davis, John Coltrane, Charlie Mingus, Max Roach, Thelonious Monk ou Chet Baker. Grâce à la constante qualité des musiciens et artistes qu'il programme, le Village Vanguard a traversé sans encombre les dernières décennies du XXe siècle. L'Apollo et le Cotton Club, sauvés de justesse, peinent à retrouver la vigueur des premiers temps du jazz harlémite alternatif.

LA SCÈNE ROCK New York y tient une moindre place face à Londres. C'est dans le flirt avec d'autres genres – blues, jazz, folk, électro –, que s'élabore son style. Sophistiqué, au son cru et incisif, radical et volontiers intello, avec comme thème récurrent la face obscure de la Big Apple ciselée avec une exigence d'esthète, il incarne à l'instar du neofolk de Bob Dylan ou Joan Baez la mouvance contestataire du Village. Le café Wha ? ou le mythique CBGB de Bowery (fermé en 2005) sont les lieux d'élection de Jimi Hendrix, de Lou Reed et du Velvet Underground, de Patti Smith et des Talking Heads. Après les Ramones, qui, fondé à New York en 1974, passe pour le premier groupe de punk rock, et un creux de la vague au tournant du siècle, le groupe Vampire Weekend, jeunes gens propres de Brooklyn, renouvelle avec talent la tradition. Les membres de Sonic Youth, groupe fondé en 1981 et séparé en 2011, ont gardé jusqu'au bout la fraîcheur de ceux qui savaient prendre les bonnes vagues ; du *"no wave"* dissonant au grunge bien épais, ces représentants du rock indépendant et expérimental ont fait franchir, avec les Strokes, la ligne du XXIe siècle à la culture punk.

UNDERGROUND Fils naturel de Queens et du Bronx, le rap, lorsqu'il apparaît au cours des années 1980, est la voix de minorités laissées pour compte par la société blanche et aisée. Avec ses frères de sang de la contre-culture hip-hop, les danseurs de break dance et les tagueurs, il partage la rue, les caves, les zones mal loties et des influences afro-américaines et hispaniques. Dans les premières *block parties*, un flot de paroles ininterrompu – d'où le terme rap (équivalent de "tchache") – mêle revendication politique et inspiration poétique improvisées sur des standards du funk. Le rap sort de la marginalité, et des stars émergent : Jay Z ou Beastie Boys (rappeurs blancs égarés dans un monde de Noirs). Quelques-uns, comme Puff Daddy, y gagnent des fortunes, plus nombreux sont les jeunes qui, fiers de la vitalité de l'underground, arpentent Manhattan, disque en main, en quête de business ou d'une oreille attentive.

Photo

Deux contemporains, Alfred Stieglitz et Jacob Riis, radicalement opposés dans leur démarche, accompagnent la mue qu'opère New York au tournant du XXe siècle, hissant la photo au rang d'œuvre d'art. Le premier, esthète familier de l'impressionnisme, a pour ambition de faire reconnaître la photographie comme l'un des beaux-arts et de lui offrir un espace de diffusion. Instigateur du groupe Photo Secession, il fonde une revue, *Camera Works*, et ouvre une galerie pour promouvoir ses poulains (Paul Strand, Edward Steichen) séduits par la poésie géométrique de la ville. Les nouvelles icônes de Manhattan, Flatiron et Brooklyn Bridge en tête, s'y exposent dans des cadrages souvent dramatiques. Aux antipodes, Jacob Riis incarne l'avènement de la photo engagée et place la création artistique au service d'une cause. Photo reporter au *New York Tribune*, il sillonne le Lower East Side, fixant au plus près l'extrême dénuement de ses habitants et des taudis. Édités en 1890 sous le titre *How the Other Half Lives*, ses clichés déclenchent un sursaut moral. Son digne successeur Lewis Hine rendra compte, dans les années 1920, de l'arrivée des immigrants à Ellis Island et de la dure condition des ateliers de confection. Un demi-siècle plus tard, Arthur Fellig, dit Weegee, révèle une face très crue de la ville, celle des scènes de crime et des faits divers servis en instantanés. Au cours du XXe siècle, la fracture entre les deux courants s'estompe. La foule composite ou les personnages isolés retiennent autant que le paysage urbain l'objectif de Berenice Abbott, des très engagés Aaron Siskind et Helen Levitt. Les portraits d'adolescents noirs que réalise William Klein annoncent les mises en situation troublantes qu'explorent Cindy Sherman ou Miru Kim. Plus d'un siècle après Riis, la photo reste dérangeante, comme l'attestent les clichés de l'*Homme qui tombe*, réalisés le 11 septembre 2001 par Richard Drew, et la polémique qu'ils ont déclenchée.

Cinéma

Photogénique et déjà grandiose, la ville est naturellement taillée pour offrir un cadre de choix au cinéma naissant du début du XXe siècle. Si l'industrie du film lui préfère rapidement le soleil et le moindre coût des terrains de Hollywood, la Big Apple reste la star et le décor privilégié du cinéma américain indépendant. Des balbutiements du muet à la Première Guerre mondiale, c'est ici que le cinéma se fait. Edison, qui éclaire déjà les rues de la ville, installe dans le proche New Jersey les premiers studios de cinéma.

UN NEW-YORKAIS PUR JUS

Bavard, intello, décalé, juif, amateur de jazz, champion de l'aphorisme... **Woody Allen** (né en 1935) est à lui seul un concentré d'esprit et d'humour new-yorkais, version Upper West Side et Greenwich Village. Les Européens l'adorent, les New-Yorkais se retrouvent en lui. Depuis 1966, en une cinquantaine de films, il multiplie les odes à sa ville, son oxygène, avec pour point culminant, *Manhattan*, réalisé en 1979. *Café Society*, qui retrace la vie d'un jeune juif new-yorkais qui tente de percer à Hollywood, a fait l'ouverture du festival de Cannes 2016.

William Fox y construit des studios et, vingt ans plus tard, les Marx Brothers, vedettes de Broadway, tournent leurs premiers films chez Paramount Kaufman Astoria, dans Queens. Pour retrouver une telle vitalité, le cinéma new-yorkais devra attendre la seconde moitié du XXe siècle et notamment l'avènement d'une jeune vague de cinéastes qui, aidés par des subsides octroyés par le maire Lindsay, tournent à nouveau dans Manhattan, longtemps réduit par Hollywood à un décor de carton-pâte. De leur New York, en crise, qui incarne alors les pires cauchemars de l'Amérique – que ce soit dans *Macadam Cowboy* (1969) de John Schlesinger, ou dans *Taxi Driver* (1976) de Martin Scorsese –, suintent l'angoisse et la frustration ; une force menaçante imprègne *La 25e Heure* (2002) de Spike Lee et explose dans l'historique *Gangs of New York* (2002) de Scorsese. Moins sombres, les films *Shadows* (1958) de John Cassavetes, *Taking off* (1971) de Milos Forman, *Un après-midi de chien* (1975) de Sidney Lumet, *Le Loup de Wall Street* (2013) de Martin Scorsese ou les fims de James Gray, comme *Two Lovers* (2008) ou *The Immigrant* (2013), prennent le pouls de la ville et de l'époque. Mais New York se prête aussi merveilleusement bien aux comédies romantiques, telles que *Elle et lui* (1957) de Leo McCarey, *Quand Harry rencontre Sally* (1989) de Rob Reiner ou *New York Melody* (2014) de John Carney, ainsi qu'aux films de pur divertissement, *King Kong* (1933) de M. Cooper et E. Schoedsack, *Diamants sur canapé* (1961) de Blake Edwards, *Une nuit au musée* (2006) de Shawn Levy…

INFORMATIONS UTILES DE A À Z

ALLER À NEW YORK

De nombreuses compagnies proposent des vols directs pour New York. Le prix du billet est très variable selon les périodes mais, en basse saison, vous pouvez trouver des prix raisonnables : à partir de 500€ AR en Europe, et de 400$ CAD au Canada. En revanche, en période d'affluence (de fin juin à sept., et pendant les vacances de Noël) et au dernier moment, le billet AR peut être facturé plus de 1000€. Si possible, réservez vos places plusieurs mois à l'avance.

de France

Durée des vols directs Paris-New York : 8h à 8h30 aller et 7h15 retour.

Air France Plusieurs vols quotidiens et directs au départ de Roissy-Charles de Gaulle (arrivée aéroport JFK). De New York, vols directs retour uniquement en fin de journée. *Tél. 3654 www.airfrance.fr*

British Airways Mêmes tarifs qu'Air France ou un peu moins cher sur les vols avec escale à l'aéroport d'Heathrow (Londres), 9 à 10h de trajet. Possibilité de départ d'Orly et d'arrivée à l'aéroport de Newark. 6 vols directs/jour desservis notamment par OpenSkies, filiale française de British Airways. *Tél. 0825 825 400 www.britishairways.com*

Delta Airlines Plusieurs vols directs quotidiens AR desservant les aéroports de Roissy-CDG, Newark ou JFK. Il peut arriver de devoir faire une escale à Amsterdam à l'aller, ce qui porte la durée du voyage à 11h. *Tél. 0892 702 609 www.delta.com*

United Airlines Deux vols directs par jour, entre Roissy-CDG et Newark. *Tél. 01 71 23 03 35 www.united.com*

American Airlines Deux vols directs par jour, entre Roissy-CDG et JFK. Mêmes tarifs et durée de vols que les autres compagnies. Dessert aussi l'aéroport de LaGuardia mais avec une escale à Boston. *Tél. 08 21 98 09 99 www.americanairlines.fr*

Mesures de sécurité pour le bagage de cabine

Rappelons que, lorsqu'ils passent aux points de contrôle de sécurité des aéroports européens et canadiens, les voyageurs peuvent avoir en leur possession des produits liquides (gels, substances pâteuses, lotions, contenu des récipients à pression, dentifrice, gel capillaire, boissons, potages, sirops, parfums, mousse à raser, aérosols...) à condition que les contenants ne dépassent pas, chacun, 100ml ou 100g et qu'ils soient regroupés dans un sac en plastique transparent à fermeture par pression et glissière, bien scellé, d'une capacité maximale de 1l (environ 20cmx20cm). Les articles ne doivent pas remplir le sac à pleine capacité ni en étirer les parois. Un seul sac est permis par personne. Les aliments pour bébé et le lait, quand les passagers voyagent avec un enfant de deux ans ou moins, de même que les médicaments vendus sur ordonnance et les médicaments essentiels en vente libre ne sont pas soumis à ces restrictions. Nous vous conseillons donc de placer dans vos bagages de soute, avant l'enregistrement, tous les produits liquides dont vous n'aurez pas besoin en cabine.

LES GAULOIS

Accès

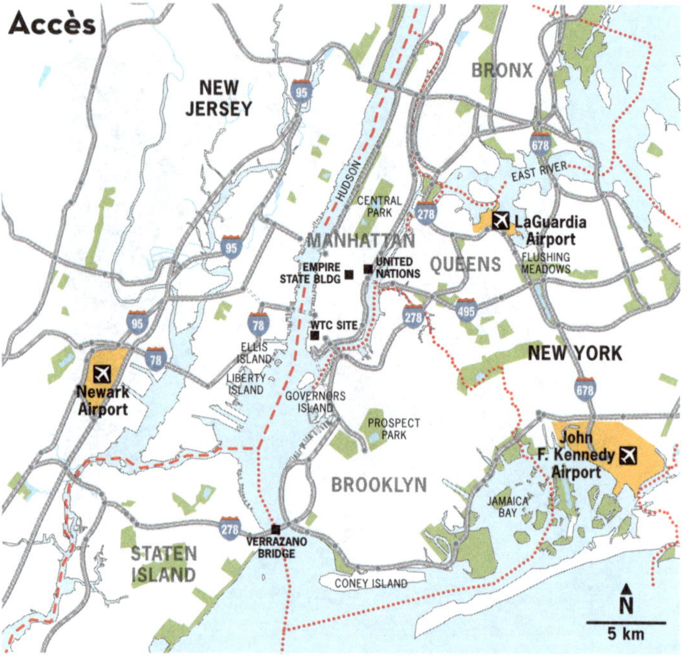

Lufthansa Deux vols directs par jour de Roissy-CDG à Newark. Mêmes tarifs que les autres compagnies. *www.lufthansa.com*

XL Airways Cette compagnie française propose des vols directs Paris Roissy-CDG-New York ou Marseille-New York. *Tél. 0892 692 123 www.xl.com*

de Belgique

Durée des vols directs Bruxelles-New York : 8h30 aller et 8h retour. Environ 550€ AR en moyenne, 950€ en haute saison.

Air France Un vol direct par jour de Bruxelles à JFK. *Tél. 02 620 01 84 ou 070 22 24 66 ou 27 302 006 (du Luxembourg) www.airfrance.be*

Brussels Airlines Plusieurs vols Bruxelles-JFK par jour, avec pour certains une escale à Munich ou à Francfort (voyages d'au moins 10h). *Tél. 0902 51 600 www.brusselsairlines.com*

Lufthansa Deux vols directs par jour Bruxelles-JFK ou Newark JFK-Bruxelles, opérés par Brussels Airlines ou United Airlines. *Tél. (02) 70 35 30 30 www.lufthansa.be*

de Suisse

Durée des vols directs Suisse-New York : 9h30 aller et 8h30 retour.

Swiss International Airlines Deux vols directs Zurich-JFK et un vol direct Genève-JFK par jour. *Tél. 0848 700 700 www.swiss.com*

United Airlines Un vol quotidien Zurich-Newark ou Genève-Newark. *Tél. 022 417 72 80 www.united.com*

Air France Plusieurs vols par jour au départ de Genève ou Zurich pour JFK, mais tous font escale à Paris, ce qui porte la durée du trajet à environ

11-12h. Les tarifs avoisinent également 950CHF AR, 1 400CHF en haute saison. *Tél. 0848 747 300 www.air france.ch*

du Canada

Durée des vols directs Montréal-New York : de 1h20 à 1h50.

Air Canada Quotidiennement 7 vols directs AR entre Montréal-Trudeau et LaGuardia, et 6 vols directs Trudeau-Newark. *Tél. 1 888 247 2262 www.air canada.com*

United Airlines Un vol direct quotidien AR Montréal-Newark. *Tél. 800 864 8331 www.united.com*

aéroports de New York

John F. Kennedy Airport (JFK) À env. 24km du centre-ville, au sud-est de Queens, c'est le plus accessible si vous logez au nord et au centre de Manhattan ou à Brooklyn. Vols internationaux et intérieurs, répartis sur six terminaux. *Tél. 718 244 4444 www. kennedyairport.com*

Newark Airport (EWR) Distant de 25,5km du centre de Manhattan, il se situe dans le New Jersey (ouest de New York). Vols internationaux et intérieurs. Plus proche du sud de Manhattan, mais les transferts en taxi coûtent plus cher que de JFK. *Tél. 973 961 6000 www. newarkairport.com*

LaGuardia Airport (LGA) Situé au nord de Queens, c'est l'aéroport le plus proche, à 13km du centre. Il accueille surtout les vols intérieurs et en provenance du Canada. *Tél. 718 533 3400 www.laguardiaairport.com*

liaisons aéroports/ centre-ville

TRAIN + MÉTRO Très économique et rapide, surtout aux heures de pointe. En sortant du terminal de **JFK**, suivez les panneaux Air Train, navette qui mène au réseau de métro. Prenez votre billet au distributeur (5$). Correspondances avec le réseau du métro : ligne A à la station Howard Beach et lignes E, J, Z à la station Jamaica Center. À la correspondance, achetez un ticket de métro (2,75$) ou une carte. Dans le hall de **Newark**, suivez les panneaux Air Train, navette qui relie l'aéroport à la gare ferroviaire (5,50$), où vous prendrez le New Jersey Transit, en direction de Penn Station, à Manhattan (30min env., 13$). De **LaGuardia**, la ligne de bus M60 (2,75$) rejoint le nord de Manhattan, à hauteur de 125th St.

SHUTTLE Navette collective de 10 à 12 passagers. Réservation et paiement possibles par Internet : imprimez le voucher et conservez le numéro de réservation. À l'arrivée, rejoignez le service Ground Transportation où des téléphones gratuits permettent de confirmer votre présence. Si vous n'avez pas réservé, vous pouvez soit utiliser le téléphone gratuit pour les appeler, soit réserver au comptoir. Le *shuttle* vous dépose devant votre hôtel. De **JFK**, comptez de 45min à 1h15, selon l'adresse et le trafic, et de 18 à 25$/pers. (pourboire en sus). De **Newark**, le prix est similaire. Comptez de 45min à 1h pour le centre de Manhattan. De **LaGuardia**, prévoyez 20$/pers.

Super Shuttle *Tél. 212 258 3826 www. supershuttle.com*

GO Airlink *Tél. 212 812 9000 ou 877 599 8200 www.goairlinknyc.com*

Nycairporter *Tél. 718 777 5111 www. nycairporter.com*

BUS EXPRESS Le NYC Airporter relie, toutes les 30min, les différents terminaux de **JFK** aux trois gares new-yorkaises, Penn Station (grandes lignes), Grand Central Terminal (grande banlieue et trains régio-

naux) et Port Authority Terminal (gare routière). À Grand Central, votre billet vous donne accès à un minibus qui vous déposera devant votre hôtel (seulement s'il est situé entre 23rd et 63rd Sts). 18$ par personne (de 1h à 1h30 de trajet). De **Newark**, l'Express Bus conduit à Grand Central Station toutes les 15-20min, 16$, 28$ AR. De **LaGuardia**, liaison vers Grand Central env. toutes les 30min (15$). Si vous réservez en ligne, imprimez le voucher, indispensable.
New York Airport Service *Tél. 212 875 8200 www.nyairportservice.com*
NYC Airporter *Tél. 718 777 5111 www.nycairporter.com*

TAXI Entre **JFK** et Manhattan, tarif environ 55$, hors heures de pointe, plus le pourboire (10 à 15%). Entre **Newark** et Manhattan, tarifs au compteur : prévoyez de 55 à 70$ selon votre destination dans Manhattan, plus le pourboire. Un surcoût de 5$ est automatiquement appliqué aux heures de pointe (6h-9h et 16h-19h) et le week-end. De **LaGuardia**, comptez de 30 à 40$.

AMBASSADES ET CONSULATS

en France

Liste de toutes les représentations consulaires des États-Unis en France sur www.diplomatie.gouv.fr
Ambassade des États-Unis *2, avenue Gabriel 75008* **Paris** *Tél. 01 43 12 22 22 france.usembassy.gov (assure aussi les services consulaires)*

en Suisse

Ambassade des États-Unis *Sulgeneckstrasse 19 3007* **Berne** *Tél. 031 357 7011 bern.usembassy.gov*

en Belgique

Ambassade des États-Unis *27, bd du Régent 1000* **Bruxelles** *Tél. 02 811 4000 french.belgium.usembassy.gov*

au Canada

Ambassade des États-Unis *490 Promenade Sussex K1N 1G8* **Ottawa** *Tél. 613 688 5335 canada.usembassy.gov*

à New York

Consulat général de France (plan 6, C2) *934 Fifth avenue 10021* **New York** *Tél. 212 606 3600 www.consulfrance-newyork.org*
Consulat général de Belgique (plan 5, C2) *1065 Ave. of the Americas Tél. 212 586 5110*
Consulat général de Suisse (plan 5, C2) *633 3rd Ave. Tél. 212 599 5700*
Consulat général de Canada (plan 5, C1) *1251 Ave. of the Americas Tél. 212 596 1628*

ARGENT, CHANGE

monnaie

L'unité monétaire américaine est le dollar ($), divisé en 100 cents. Il existe des billets de 1, 2, 5, 10, 50 ou 100$. Attention, tous les billets sont verts et de même taille. Les pièces sont de 1 cent (cuivrées), 5 et 10 cents (nickelées), 25 ou 50 cents et 1$. Un *dime* vaut 10 cents, un *quarter* 25 cents.

change

Les bureaux de change sont nombreux et bien signalés, notamment dans les aéroports et autour des grands centres touristiques (Times Square en particulier), ainsi que dans les grands hôtels. Attention, les taux et le montant des commissions varient beaucoup. Le réseau bancaire est très dense. Les banques sont en général ouvertes du lundi au vendredi, de 9h à 15h30, parfois le samedi de 9h à 12h. En juin 2017, 1$ valait 0,89€ (1€ = 1,12$) et 0,96 CHF (1CHF = 1,03$).

cartes bancaires

Elles sont toujours acceptées, sans seuil de paiement, sauf dans les établissements qui ne prennent que les espèces. Elles sont indispensables pour retenir une chambre d'hôtel ou réserver par téléphone. Le taux de change appliqué est celui du jour de la transaction. Une commission est facturée à chaque fois. On trouve des distributeurs de billets (ATM pour *Automated Teller Machine*) absolument partout, y compris dans les commerces. C'est la méthode la plus simple pour retirer des espèces. Ils appliquent le taux de change au moment de la transaction et une commission forfaitaire. En raison du système de commission, il est plus rentable de retirer une grosse somme que plusieurs petites. Les distributeurs d'hôtels et de magasins appliquent souvent une commission plus élevée que les banques.

PERTE OU VOL En cas de perte ou de vol de votre carte bancaire, faites opposition en appelant les numéros suivants, ou le numéro que votre banque vous aura communiqué.
Serveur interbancaire d'opposition Serveur français où l'on peut faire opposition en cas de perte ou de vol d'une carte bancaire, quelle que soit la carte. *Tél. (33) 442 605 303*
Visa *Tél. 0892 705 705 ou 303 967 1090 (USA) www.visa.com*
Mastercard *Tél. 0800 90 13 87 www.mastercard.com*
American Express *Tél. 01 47 77 72 00 www.americanexpress.com*

ASSURANCES

Si vous avez réglé votre voyage par carte bancaire (et si votre séjour dure moins de 90 jours), vous bénéficiez d'une assistance médicale et du rapatriement. Vérifiez bien son étendue auprès de votre banque. Sinon, prenez une assurance voyage intégrale (avec assistance-rapatriement) :
AVA (Assurances Voyages et Assistance) *Tél. 01 53 20 44 28 www.ava.fr Ouvert lun.-ven. 9h-17h sur rdv jusqu'à 18h*
Mondial Assistance *Tél. 01 42 99 82 81 www.mondial-assistance.fr*
Europ Assistance *Tél. 01 41 85 93 65 www.europ-assistance.com*

BUDGET ET SAISONS TOURISTIQUES

budget

New York est une destination très chère, notamment l'hébergement. Pour une chambre double avec salle de bains, il faut prévoir un minimum de 150 à 300$, selon la saison (sans salle de bains, comptez de 150 à 180$). Un repas sur le pouce (fast-food ou

GAMME DE PRIX	RESTAURATION	HÉBERGEMENT
Très petits prix	moins de 10$	moins de 100$
Petits prix	de 10 à 20$	de 100 à 150$
Prix moyens	de 20 à 40$	de 150 à 250$
Prix élevés	de 40 à 60$	de 250 à 350$
Prix très élevés	plus de 60$	plus de 350$

traiteur) coûte au moins 15$. Un repas simple, dans un restaurant chinois, indien ou un *diner* américain revient à 20$. Côté bonnes tables, vous pouvez opter pour les formules économiques *lunch*, à midi en semaine, et *pre-theater* ou *early bird* (avant 19h-19h30) le soir. Mais il faudra souvent débourser au moins 50$, sans compter le vin. Les transports en commun sont bon marché, surtout si vous prenez une carte (la formule 7 jours est rentable dès le 4e jour). Une course en taxi, même assez courte, revient rarement à moins de 12-15$. L'entrée dans les musées est chère (12-25$), sauf si vous profitez des plages de gratuité offertes à certains moments de la semaine, cf. gratuit... ou presque (p.82). Le billet d'accès aux observatoires des tours de Manhattan dépasse les 30$. Un spectacle à Broadway coûte au moins 100$ sauf si vous profitez des billets à prix réduits du kiosque TKTS le jour-même, un concert de jazz dans un club entre 25 et 60$.

saisons touristiques

La fréquentation touristique ne faiblit jamais vraiment. Toutefois, janvier et février sont plus calmes et les tarifs des hôtels baissent (jusqu'à -40%). En dehors de ces mois, il vaut mieux réserver à l'avance. Dans les quartiers d'affaires (Lower Manhattan), le week-end est souvent moins cher, alors que dans les quartiers touristiques, c'est l'inverse.

gamme de prix

Pour l'hébergement, les prix indiqués dans ce guide (cf. tableau gamme de prix) sont ceux d'une chambre double en haute saison (sans le petit déj., sauf mention contraire) hors taxes. Pour la restauration, ils correspondent à un repas à la carte (entrée + plat ou plat + dessert) sans les boissons et hors taxes - cf. Pourboires (p.69) et cf. Taxes (p.74).

CARTES ET PLANS

L'office de tourisme et tous les hôtels fournissent une multitude de plans gratuits de Manhattan, surchargés d'informations commerciales. Le plus synthétique est l'Official Visitor Map, constellé de logos et de numéros, mais qui couvre les cinq *boroughs*. Très complet, le NYC Bike Map est gratuit à l'OT et chez les loueurs de vélos. De nombreux éditeurs vendent également des plans de tous les genres dans les librairies et magasins de souvenirs.

DÉCALAGE HORAIRE

L'heure de New York est GMT-5, soit 5h de moins qu'à Londres, où est fixé le temps universel via le Greenwich Mean Time (GMT). Pour obtenir l'heure new-yorkaise, il faut retrancher 6h à l'heure de Paris, Bruxelles ou Genève (sauf 8 jours fin mars, à cause d'une semaine de différence pour l'heure d'été, il faut alors compter 5h de décalage). Pas de décalage avec Montréal (sauf 8 jours fin mars pour la même raison). New York passe à l'heure d'été le premier dimanche d'avril et revient à l'heure d'hiver le dernier dimanche d'octobre. Attention, l'heure n'est chiffrée que de 0 à 12. Le matin, elle est suivie des lettres am (*ante meridiem*), l'après midi des lettres pm (*post meridiem*). 8h du matin s'écrit 8am, 13h s'écrit 1pm.

DOUANES

Interdits d'entrée sur le territoire américain : armes, drogues, produits végétaux, viande, matières biologiques (fromages, etc.), certains médicaments (si vous suivez un traitement, emportez l'ordonnance médicale et conservez le médicament dans son emballage d'origine). On a droit à 1 litre d'alcool si l'on a plus de 21 ans, ainsi qu'à 200 cigarettes, 50 cigares ou 2kg de tabac à fumer. La valeur des cadeaux doit être inférieure à 100$. Au retour, méfiez-vous des nombreuses contrefaçons proposées notamment à Chinatown, qui vous auront peut-être fait craquer. Les sanctions sont impitoyables : non seulement on vous confisquera l'objet du délit, mais vous serez passible d'une amende pouvant atteindre deux fois la valeur du produit authentique !

ÉLECTRICITÉ

La tension électrique est de 110 volts. Les prises sont différentes de celles de la France. On trouve des adaptateurs de prises ou de petits transformateurs (pour passer de 220 à 110 volts) dans les aéroports et, à New York, chez les marchands de bagages ou d'électronique. La plupart des hôtels proposent sèche-cheveux et fer à repasser. Les ordinateurs portables, téléphones mobiles et chargeurs de piles photo sont en général bitension (110/220), mais vérifiez-le bien.

FÊTES, FESTIVALS ET JOURS FÉRIÉS

Les banques et administrations sont fermées les jours fériés, mais la plupart des commerces restent ouverts.

fêtes et manifestations

Janvier	**New York Boat Show** Grand salon nautique, au Jacob K. Javits Convention Center. Début jan. *www.nyboatshow.com*
	Three Kings Day Parade and Celebration Animés par El Museo del Barrio, défilé et animations autour des rois mages. Début jan. *www.elmuseo.org*
	Winter Antiques Show Salon des Antiquaires, au Park Avenue Armory (angle Park Ave. et 67th St). Fin jan. *www.winterantiquesshow.com*
	Chinese New Year Plusieurs jours de célébration et de défilés, à Chinatown et à Flushing (Queens). Fin jan. ou début fév., selon les années.
Février	**Westminster Dog Show** Salon canin au Madison Square Garden, révélateur de l'engouement new-yorkais pour les chiens. Mi-fév. *www.westminsterkennelclub.org*
	Empire State Building Run-Up Une course folle : monter en courant les 86 étages du célèbre building ! *www.towerrunning.com et www.nyrr.org*
	Black History Month Depuis 1976, le mois de février honore la culture et l'histoire afro-américaines. Conférences, concerts et expositions dans les bibliothèques, musées, centres culturels...
Mars	**International Cat Show** Au Madison Square Garden, foire aux chats, quand même un peu moins délirante que celle aux chiens. Quoique...
	St. Patrick's Day Parade Le célèbre défilé irlandais de New York. Le 17 mars, sur 5th Ave., de 44th St à 86th St. *www.saintpatricksdayparade.com*
	Armory Show Foire exclusivement dédiée à l'art contemporain, en direct des studios d'artistes. Sur Piers 92-94. *www.thearmoryshow.com*
	Big East Tournament À Madison Square Garden, tournoi de basket-ball entre les 16 meilleures équipes universitaires de la côte Est. *www.bigeast.org*
	Orchid Show Le New York Botanical Garden (Bronx) expose chaque année des orchidées du monde entier. En mars-avril. *www.nybg.org*

Avril	**Macy's Flower Show** Le grand magasin Macy's, sur Herald Sq., organise une exposition de millions de fleurs. Très populaire. De fin mars à mi-avril.
	Easter Parade Grand défilé de Pâques sur 5th Ave. Départ de 49th St., meilleur spot au niveau de la cathédrale St Patrick. Le dim. de Pâques.
	TriBeCa Film Festival Créé sous la houlette de De Niro, ce festival célèbre durant 2 semaines le cinéma indépendant du monde entier. *www.tribecafilm.com*
	Mets and Yankees Season Openers Ouverture de la saison de base-ball des mythiques New York Mets (Queens) et New York Yankees (Bronx). Ambiance très familiale. *www.mets.mlb.com* et *www.yankees.mlb.com*
Avril-Mai	**TOAST (TriBeCa Open Artist Studio Tour)** Des dizaines d'artistes ouvrent leur atelier et proposent un circuit de découverte de leur travail. Plan sur Internet. Durant quatre jours, fin avril-début mai. *www.toastartwalk.com*
Mai	**Cinco de Mayo Festival** Autour de la E 116th St, ce festival né dans la communauté mexicaine porte toute l'identité latino. Le dim. le plus proche du 5 mai.
	Cherry Blossom Festival/Sakura Matsuri Festival Début mai, au moment où ses 220 cerisiers du Japon sont en fleur, le Brooklyn Botanic Garden fête la culture japonaise. *www.nybg.org*
	Five Boro Bike Tour La meilleure façon de découvrir New York, à vélo, au milieu de 30 000 cyclistes de tous âges. Le circuit (67km) passe cinq ponts, mais reste assez plat, donc accessible à tous. *www.bikenewyork.org*
	Ninth Avenue Food Festival Le quartier d'Hell's Kitchen, le long de 9th Ave., rassemble les cuisines du monde et fait la fête pendant 2 jours mi-mai en proposant un festival de plats et snacks sur le pouce. *www.hellskitchen.bz*
	Harlem Jazz Shrines Festival Festival dédié à la tradition du jazz à Harlem. Concerts d'artistes confirmés et émergents. Une semaine autour de la mi-mai. *www.harlemjazzshrines.com*
	Pride goes East En lien avec la Gay Pride, plusieurs boutiques, théâtres et salles de concert du Lower East Side proposent des opérations spéciales. En mai et juin.
	Washington Square Outdoor Art Exhibit Autour de Washington Square, les artistes et les artisans d'art s'exposent en plein air. 4e week-end de mai (Memorial Day).
Juin	**Museum Mile Festival** Sur 5th Ave., fermée à la circulation entre 82nd et 105th Sts, concerts de rue, activités pour enfants et performances d'artistes. Musées gratuits de 18h à 21h. Début juin. *www.museummilefestival.org*
	Brooklyn Film Festival Plus de 100 films indépendants du monde entier projetés en une semaine, et un festival de films pour enfants. À Williamsburg et Brooklyn Heights, début juin. *www.brooklynfilmfestival.org*
	Puerto Rican Day Parade Sur 5th Ave., entre 44th et 86th Sts, défilé de 80 000 Portoricains. Musique, costume et exubérance sont au rendez-vous. 2e dim. de juin. *www.nprdpinc.org*
	Mermaid Parade Ce défilé carnavalesque (un seul thème : l'océan !), qui remonte chaque année les avenues et la promenade de Coney Island, est l'un des plus délirants de New York ! Mi-juin. *www.coneyisland.com*
	Gay and Lesbian Pride Défilés autour de Columbus Circle, le long de 5th Ave. et autour de Gay St (Greenwich Village). Dernier dim. de juin.
Juin-Juillet	**Celebrate Brooklyn !** Concerts, spectacles, films en plein air... Entrée gratuite. À Prospect Park de début juin à début août. *www.bricartsmedia.org*
Juillet	**Independance Day** Le jour de la fête nationale, feux d'artifices et animations dans les parcs de la ville et sur la plage de Coney Island, l'un des endroits les plus populaires et animés en ce 4 juil.
	Midsummer Night Swing Un festival sympathique : leçons de danse, concerts et ballets. De fin juin à mi-juil., près de Lincoln Center. *midsummernightswing.org*

Juillet-Août	**Summerstage** Le grand festival de New York (concerts, spectacles gratuits), tout l'été. *www.summerstage.org*
	Movies with a View Un festival de cinéma gratuit, en plein air, au pied du Brooklyn Bridge, avec vue sur Manhattan ! Le jeudi soir à partir de 18h (films vers 20h30), de juil. à sept. *www.brooklynbridgepark.org*
	Harlem Jazz & Music Festival Concerts et spectacles divers. À partir de fin juil. jusqu'à mi-août. *www.harlemdiscover.com*
	Lincoln Center Out of Doors Concerts en tout genre (hip-hop, world, pop, etc.) en plein air et gratuits. Fin juil.-mi-août. *lcoutofdoors.org*
	Lincoln Center Festival Plus de 40 manifestations de musique classique ou populaire, de théâtre ou d'opéra. Œuvres rares ou méconnues, servies par des interprètes d'exception. En juil. et août. *lc.lincolncenter.org*
	Mostly Mozart Festival La musique de Mozart, mais pas seulement. Le principe est d'attirer un public large et non averti, à des prix attractifs. Durant quatre semaines, à partir de fin juil. *lc.lincolncenter.org*
Août	**New York International Fringe Festival** Durant 2 semaines, ce festival très éclectique alterne les spectacles et performances en tout genre, du théâtre à la conférence ou au concert hip-hop. *www.fringenyc.org*
	Summer Streets Pendant 3 samedis, en août, certains axes fermés laissent la place aux familles, à pied, à vélo, en rollers... Un calme inattendu et un moment très apprécié. De 7h à 13h, de Brooklyn Bridge à Central Park, via Park Ave. et les axes les reliant.
	US Open de Tennis Quatrième et dernière levée du Grand Chelem, le grand tournoi se déroule à Flushing Meadows, dans une atmosphère très festive, bien loin de celle de Roland Garros ou Wimbledon. Fin août, début sept. *www.usopen.org*
	Charlie Parker Jazz Festival Dans Tompkins Park (East Village), des concerts de jazz de haut niveau... Charlie Parker vécut en face du parc, au n° 151 Ave. B, de 1950 à 1954... Un dimanche fin août. *www.summerstage.org*
Septembre	**West Indian-American Day Parade** Cet immense défilé antillais (le plus grand de New York) envahit Grand Army Plaza, en face de Prospect Park (Brooklyn). 1er lundi de sept. (Labor Day). *www.wiadca.com*
	Washington Square Outdoor Art Exhibit Autour de Washington Square, les artistes et les artisans d'art s'exposent en plein air. 1er week-end de sept. (Labor Day).
	San Gennaro C'est la fête de Little Italy. Durant une dizaine de jours, la communauté italienne ressuscite l'esprit des immigrants, avec force cuisine des *mamas*, concours et animations.
	Atlantic Antic Immense marché aux puces (plus de 2km !) sur Atlantic Avenue (Brooklyn), fermée à la circulation. Fin d'été. *www.atlanticave.org*
	Apple Day Fin sept., dans le Lower East Side, un petit festival à la gloire de la pomme. *www.lowereastsideny.com*
	New York Film Festival Un festival du cinéma international fondé en 1963. Projection de films cultes ou de petites productions récemment découvertes. *www.filmlinc.com*
Octobre	**Columbus Day Parade** Un grand défilé sur 5th Avenue, pour célébrer la découverte de l'Amérique, avec force chars et trompettes. Le 2e lun. d'oct.
	New York Comic-Con/Anime Festival Un festival-salon consacré au jeu vidéo, à la BD et au manga. Quatre jours, vers la mi-oct. *www.newyorkcomiccon.com*
	New York Village Halloween Parade Le soir d'Halloween, Greenwich Village accueille un extravagant défilé de groupes musicaux, de costumes et de chars. Autre défilé sur 5th Ave. à Prospect Park (Brooklyn), plus familial. 31 oct.

	BAM Next Wave Festival Organisé par la Brooklyn Academy of Music, il met à l'honneur l'avant-garde de la musique, de la danse et du théâtre. Incontournable ! De sept. à déc. *www.bam.org*
	Pickle Day Dans le Lower East Side, le pickle est fêté au moyen d'animations et de dégustations. Un dim. de fin oct. *www.lowereastsideny.com*
	White Light Festival Florilège de musiques sacrées ou mystiques. En oct. et nov. *lc.lincolncenter.org*
Novembre	**NYC Marathon** Le plus célèbre marathon du monde, qui part du Verrazano Bridge pour arriver à Central Park, après être passé par Brooklyn, Queens et le Bronx. Premier dim. de nov. *www.tcsnycmarathon.org*
	Thanksgiving Day Parade Organisé par le grand magasin Macy's, le défilé de la Thanksgiving (dernier jeudi de nov.), entre l'Upper West Side et Macy's, est l'un des moments forts de l'année.
Novembre-Décembre	**Noël au Rockefeller Center** Le Radio City Music Hall accueille sa fameuse revue de Noël, le Christmas Spectacular, et la patinoire s'installe sur le parvis du Rockefeller Center. Nombreuses animations sur le parvis du Rockefeller, autour du sapin de Noël géant. De nov. à début jan.
Décembre	**Nouvel An sur Times Square** Le soir du 31 déc., grand rassemblement à Times Square pour voir la boule illuminée du One Times Square descendre à minuit. Ensuite, participez au Midnight Run, une course dans Central Park.

PRATIQUE

jours fériés

1er janvier	New Year's Day
3e lundi de janvier	Martin Luther King Jr.'s Birthday
Dernier lundi de mai	Memorial Day
4 juillet	Independance Day
1er lundi de septembre	Labor Day
2e lundi d'octobre	Columbus Day
11 novembre	Veterans Day
4e jeudi de novembre	Thanksgiving Day
25 décembre	Christmas Day

FORMALITÉS

passeport

Pour entrer aux États-Unis, un passeport valide au moins 6 mois après la date du retour est obligatoire, y compris pour les enfants (l'inscription sur le passeport parental n'est pas valable). Un visa n'est pas nécessaire si votre passeport est électronique ou biométrique, mais il est toutefois impératif de se munir d'une autorisation électronique de voyage (ESTA, voir ci-dessous). En cas de doute, renseignez-vous à votre préfecture ou sur le site du bureau des affaires consulaires des États-Unis (www.travel.state.org).

questionnaire ESTA

Les voyageurs sans visa (voir ci-dessous) doivent obligatoirement remplir, au moins 72h avant le départ, une demande électronique d'autorisation de voyage, ESTA, questionnaire portant sur des points personnels, tels que la santé et le passé pénal. À remplir sur le site https://esta.cbp.dhs.gov/. Le coût est de 14$, payable en ligne par carte bancaire. L'agrément (valable 2 ans) vous parvient instantanément. Même si l'on ne vous le dit pas sur le site, imprimez-le, car on peut vous le demander à l'arrivée.

visa

Le visa est exigé pour les voyages touristiques supérieurs à 90 jours, pour les étudiants et pour les séjours professionnels (les démarches peuvent prendre de 2 à 6 mois). Depuis 2015, toutes les personnes ayant voyagé en Iran, Irak, Somalie, Soudan, Syrie ou Yémen depuis 2011 doivent également se munir d'un visa, même si elles appartiennent aux nationalités bénéficiant du programme ESTA. Il en est de même pour les voyageurs ayant la double nationalité (Iran, Irak, Soudan, Syrie). Pour franchir le guichet de l'immigration, vous devrez en outre obligatoirement faire état d'un billet aller-retour. Un questionnaire à remplir dans l'avion vous demandera également l'adresse précise à laquelle vous séjournez. Ayez-la sur vous, les contrôleurs n'ont aucun scrupule à refouler ceux qui ne peuvent donner cette précision. Le nom et l'adresse du premier hôtel où vous descendez ou celle d'amis suffit. Interrogé sur le but de votre visite, précisez clairement "tourisme" ou "vacances".

HANDICAPÉS

La législation des États-Unis est stricte sur l'accueil des handicapés. Les bus possèdent tous des systèmes d'accès en fauteuil roulant et les chauffeurs sont particulièrement serviables. Beaucoup de stations de métro sont équipées d'un ascenseur et pratiquement tous les musées sont conçus, au moins partiellement, pour les personnes handicapées. Assurez-vous simplement auprès de votre hôtel qu'il possède bien un ascenseur (les adresses bon marché en sont parfois dépourvues). Dans tous les cas, n'hésitez jamais à demander de l'aide, les Américains sont très sensibilisés aux problèmes du handicap. www.access-able.com et www.miusa.org

HÉBERGEMENT

Le parc hôtelier est énorme mais peu diversifié pour les personnes disposant d'un petit budget. La demande, souvent très supérieure à l'offre, fait encore monter les prix, même s'ils peuvent varier considérablement en fonction de la saison, du moment de la semaine et du remplissage. Pour bénéficier de tarifs intéressants, consultez les sites Internet des hôtels ou les sites de discount (www.hotel-discount.com, www.hotels.com, www.expedia.com). En règle générale, réservez le plus longtemps à l'avance possible.

auberges de jeunesse

C'est un hébergement qui se raréfie à New York. Une réservation longtemps à l'avance est donc recommandée. Les plus célèbres sont les fameuses YMCA, d'immenses ensembles pas seulement réservés aux jeunes, principalement constitués de petites chambres, de type résidence universitaire, à un ou deux lits (souvent superposés). Leur avantage est leur équipement sportif de grande qualité et leur entretien sérieux. Les nombreuses auberges privées sont en général plus petites. Attention, beaucoup sont assez mal tenues. Pour un lit en dortoir, comptez au minimum 50$. Les chambres privées affichent des prix comparables, voire supérieurs à ceux du parc hôtelier de même confort.

YMCA *www.ymca.org*
Hostelling International *www.hihostels.com*
Hostelworld *www.french.hostelworld.com*
Hostelsclub *www.hostelsclub.com*

hôtels

Le classement de 1 à 5 étoiles correspond à peu près aux critères français, mais les prix varient considérablement en fonction de la localisation. Manhattan reste très cher, Brooklyn l'est un peu moins, mais l'offre y reste rare. Quelques hôtels de chaîne plus abordables ont ouvert à Queens, dans le quartier de Long Island City, mais ils sont très excentrés ou près des autoroutes urbaines. Les hôtels les plus abordables (de 150 à 180$ pour une chambre double) proposent des chambres exiguës, sans salle de bains et sans possibilité de prendre le petit déjeuner. Attention, dans cette catégorie, on retrouve beaucoup d'établissements qui se décrivent comme des *boutique-hotels* : il s'agit d'un titre ronflant qui ne correspond pas à des critères précis et cache parfois de grands écarts avec la norme internationale attendue. Les hôtels des grandes chaînes les plus modestes (Comfort Inn, Hampton Inn, Days Inn, Holiday Inn Express, Best Western, Ramada...) offrent tout le confort (salle de bains, wifi, souvent petit déjeuner léger), à un rapport qualité-prix satisfaisant (comptez quand même de 160 à 250$, selon la saison), mais sans grand caractère. Dans la même catégorie, les établissements indépendants sont en général plus originaux, décorés et aménagés avec goût, mais leurs prix ne sont guère compétitifs (de 190 à 250$). New York possède aussi un grand nombre d'hôtels immenses, pas toujours au goût du jour et souvent investis par les groupes ou les congrès. Ce sont eux qui proposent en basse saison les tarifs les plus attractifs. Enfin, le parc des hôtels luxueux est le plus important, partagé entre les chaînes haut de gamme (Hilton, Radisson, Westin, W, etc.), les hôtels de luxe classique très conventionnels et les nouveaux venus au design ultrachic signé par de grands noms. Une chambre double n'y coûte jamais moins de 300 à 350$, jusqu'à 600 ou 700$ en haute saison. Les palaces historiques (Plaza, St Regis, Pierre, Waldorf Astoria, Carlyle...) se vendent rarement à moins de 500 ou 600$ la nuit. En règle générale, sauf dans les hôtels de chaîne, le petit déjeuner est en sus (de 10 à 35$ selon le standing).

Centrales de réservation Pour trouver les meilleures offres, en fonction de vos dates. *www.expedia.com www.hotels.com www.hotel-discount.com www.booking.com*

bed & breakfast

Peu répandue aux États-Unis, cette formule concerne plutôt le haut de gamme et surtout les quartiers périphériques (Brooklyn ou Harlem). Le plus souvent, cela ressemble plus à un petit hôtel qu'à une demeure tenue par un particulier et le petit déjeuner n'est pas toujours compris, comme l'appellation le laisse pourtant entendre. Les prix sont entendus par chambre.

www.bedandbreakfast.com Ce site rassemble les offres de bed & breakfast, mais aussi les *inns* (auberges) et les locations du type résidence hôtelière : vérifiez bien les offres pour vous assurer que vous avez bien affaire à ce que vous cherchez.

résidences universitaires

Durant l'été (de juin à mi-août), certaines résidences universitaires sont disponibles pour un public non étudiant, y compris pour les familles. Mais les offres sont peu nombreuses et il faut séjourner entre quatre et onze semaines consécutives. En revanche, les résidences sont agréables, fonctionnelles, bien situées et facilement accessibles en transports en commun. Le prix varie, selon les logements (tous avec salle de bains et cuisine), mais il faut compter 60$ par jour et par personne. Attention, les réservations doivent se faire très tôt, en février. www.nyu.edu (rubriques Housing et Summer Housing)

location d'appartements

Pour les séjours d'une semaine ou plus, c'est la solution la plus économique. La plupart des locations sont tarifées à la journée mais il est difficile de trouver un logement disponible pour 3 ou 4 jours. Comptez au minimum 200$ par jour, pour un studio bien équipé (2/3 pers.). Des logements plus spacieux et plus chics se trouvent à partir de 250$ par jour. À cela, il faut ajouter le prix du ménage à la sortie et, parfois, les charges (*utilities*, eau et électricité). Un dépôt de garantie est demandé.
New York Habitat Large palette de petits logements. Possibilité d'avoir un interlocuteur en français. *Tél. 212 255 8018 www.nyhabitat.com*
www.airbnb.fr Chambres chez l'habitant ou appartements pour toutes les bourses.

échange d'appartements

Cette option demande de s'inscrire dans une agence ou une association, et un minimum de préparation. Les offres à New York sont très sollicitées. Il faut donc proposer un échange attractif et s'y prendre plusieurs mois à l'avance.
Homelink *www.homelink.fr*
TrocMaison *www.trocmaison.com*
Intervac *www.intervac-homeexchange.com*
Homeforhome *fr.homeforhome.com*

HORAIRES

Les **magasins** appliquent des horaires différents selon les quartiers. Les horaires moyens sont, du lundi au samedi, de 10h à 18 ou 19h, fréquemment jusqu'à 21h le jeudi. Dans les quartiers branchés, où l'on sort le soir ou la nuit, les commerces ouvrent plus tard, à 11h ou midi. Les grands magasins ferment en général à 19h, 21h le jeudi, mais assurent des heures d'ouverture le dimanche (de 11h ou midi à 17-18h). Les commerces d'alimentation ouvrent tous les jours, de 10h à 22h ou plus. De même les **drugstores** (Duane Reade, Walgreens, etc.), qui font office de pharmacies et vendent quelques conserves, boissons et snacks, restent ouverts tous les jours et très tard le soir. Les commerces des quartiers juifs sont fermés le samedi pour le shabbat. Les **banques** ouvrent en général du lundi au vendredi, de 9h à 15h30 ou 16h, parfois le samedi, de 9h à 12h. **Bureaux et administrations** sont ouverts du lundi au vendredi de 9h à 17h. La **poste** (*post office*) ouvre de 8h30 à 17h ou 18h, et le samedi matin, mais cela varie selon les bureaux. Certains, comme le Central Post Office, restent ouverts 24h/24. Les grands **musées** ouvrent le plus souvent à 10h et ferment à 17h30 ou 18h, avec une nocturne hebdomadaire et un jour de fermeture (souvent le lundi ou le mardi). Les **restaurants** offrent de très larges plages d'ouverture (11h-23h le plus souvent). Ils peuvent ainsi servir tôt le matin (7h ou 8h) s'ils proposent le petit déjeuner et jusque tard le soir dans les quartiers à la mode (0h ou 1h). Les **bars** ferment vers 0h ou 1h, en semaine, 2h les vendredi et samedi soirs. Les bars de nuit et les **clubs** restent ouverts jusqu'à 2h, voire 4h. Pour les petites faims nocturnes, la plupart servent des bar snacks (hot dogs, petits burgers, *chicken wings*, etc.) jusque tard dans la nuit.

INFORMATIONS TOURISTIQUES

Il n'y a pas d'office de tourisme des États-Unis en France. Il faut consulter les sites Internet officiels, notamment : **www.office-tourisme-usa.com** Le site du Visit USA Committee. **www.nycgo.com** Site officiel du tourisme à New York. Un fouillis visuel, pas toujours très bien hiérarchisé, mais on y trouve une foule d'infos précieuses et d'idées de découvertes. Rubrique d'activités gratuites.

à New York

Trois offices de tourisme sont présents autour de Times Square, l'un officiel, les deux autres diffusant surtout des informations publicitaires (recherchez plutôt les documents siglés NYC). Mais ces derniers permettent de collecter toutes sortes de bons de réduction sur les expositions, musées et excursions. Quelques kiosques sont répartis dans le reste de la ville, aux emplacements touristiques.

Official NYC Information Center (plan 5, C2) Bien que très branchée marketing, NYC & Company est la structure "officielle" qui se charge de la promotion touristique de la ville. Vous pouvez notamment vous y procurer des plans corrects, dont le NYC Bike Map ou l'Official Visitor Map, ainsi que les brochures Official Visitor Guide et Gallery Guide (liste des galeries d'art). Les plans du métro et des bus sont téléchargeables en pdf sur le site. ***M° 34 St - Herald Sq (N, Q, R)*** *Macy's, 151 W 34th St / Herald Square www.nycgo.com Ouvert lun.-ven. 9h-19h, sam. 10h-19h, dim. 11h-19h*

Official NYC Information Center/ Times Square (plan 5, B1) *M° **Times Square (1, 2, 3, 7, N, Q, R, W)** Broadway Plaza (entre 43rd et 44th St, au cœur de Times Square) Ouvert tlj. 9h-18h*

Official NYC Information Kiosk/ City Hall (plan 1, B2) *M° **City Hall (R)** Tél. 212 484 1222 Ouvert lun.-ven. 9h-18h, sam.-dim. 10h-17h Extrémité sud de City Hall Park (angle Broadway et Park Row)*

Official NYC Information Center-South St Seaport (plan 1, C2) *M° **Fulton St (A, C, J, Z, 2, 3)** Tél. 212 484 1222 Ouvert mai-août : tlj. 9h-19h ; sept.-avr. : tlj. 9h-17h*

Tavern on the Green Visitor Center/ Central Park (plan 6, B3) *M° **66th St (1)** **Angle 67th St and Central Park West** Tél. 212 874 7874*

INTERNET

New York en ligne

www.nycgo.com	Site officiel du tourisme à New York. Un fouillis visuel, pas toujours très bien hiérarchisé, mais on y trouve une foule d'infos précieuses et d'idées de découvertes. Rubrique d'activités gratuites.
www.cnewyork.net	En français, des actualités sur tout ce qui se passe à New York et des clés pour découvrir la ville.
www.newyorknetguide.com	Site en français, assez complet, avec beaucoup de liens vers des infos pratiques et des idées de découvertes.
www.newyork.com	Fournit une liste de choses originales ou sympas à faire à New York. Chacune est illustrée d'une minividéo.
www.bigapplegreeter.org	Des New-Yorkais bénévoles (un don est quand même apprécié) vous font découvrir leur ville avec leurs yeux. Sympathique, mais il vaut mieux se débrouiller en anglais.
www.forgotten-ny.com	Un curieux site de découverte des endroits oubliés de la ville.

www.offmetro.com/ny	Pour des idées de sorties le week-end, de découvertes hors des sentiers battus, de circuits pédestres... Il faut éplucher le site, mais on trouve des pépites.
www.mta.info	Le site de la Manhattan Transportation Authority pour tout savoir sur les métros, les bus et les trains de banlieue.
www1.nyc.gov	Site de la ville de New York, avec les informations politiques, administratives et culturelles.
www.wnyc.org	Le site des radios publiques fournit un calendrier précis de toutes les grandes manifestations artistiques et culturelles de New York.
www.timeoutny.com	L'hebdomadaire *Time Out New York* propose une liste très complète des sorties, concerts, spectacles, bars, restaurants...
www.nymag.com	Le site du *New York Magazine* fournit des critiques de restaurants, de bars, de spectacles, et des tuyaux shopping.
www.villagevoice.com	Le légendaire hebdo est une source d'informations sur les concerts, spectacles et sorties.

MUSÉES ET MONUMENTS

Quelques grands musées (Metropolitan, MoMa...) sont ouverts tous les jours. La plupart des autres musées importants le sont six jours par semaine. Leur jour de fermeture est souvent le lundi ou mardi. Le billet d'entrée est cher, mais la plupart réservent une plage horaire de la semaine à la gratuité ou à un tarif très réduit, appelé ***Pay as you wish*** (dans ce cas, donnez quand même 1$) ou *Target*. Certains musées, au lieu du tarif, annoncent une ***suggested donation*** (au Met et à l'American Museum of Natural History, par exemple), c'est-à-dire un prix suggéré mais non obligatoire : sachez qu'en théorie, vous pouvez demander l'accès contre un montant inférieur, en précisant bien que c'est une *suggested donation*, mais il faut vous armer de culot car la caissière tentera sans doute de vous intimider. Ne vous en faites pas, beaucoup de jeunes New-Yorkais visitent ainsi les musées pratiquement gratuitement, cf. gratuit... ou presque (p.82). Si vous avez l'intention de faire un marathon culturel, deux systèmes forfaitaires vous seront proposés :

City Pass Valable 9 jours, ce *pass* coûte 116$ (92$ de 6 à 17 ans). Il comprend l'accès à l'Empire State Building, à la statue de la Liberté, au Metropolitan Museum, au Guggenheim Museum, à l'American Museum of Natural History et au 9/11 Memorial. On l'achète dans le premier site visité, à l'office de tourisme, ou sur le site Internet. *www.citypass.com*

New York Pass Ce *pass* adopte un système différent, intéressant si vous voulez visiter au pas de course toutes les attractions proposées, beaucoup plus nombreuses. Son tarif (achat en ligne, avec parfois d'importantes réductions) est fonction de sa durée de validité : 1 jour (89$), 2 jours (169$), 3 jours (189$) ou 7 jours (219$). Calculez bien en fonction de votre programme. *www.newyorkpass.com*

ORIENTATION

La ville de New York, New York City, s'étend sur cinq *boroughs* (ou circonscriptions) : Manhattan, Brooklyn, Queens, le Bronx et Staten Island, et une superficie totale de 785km². Le *borough* le plus visité par les touristes est Manhattan (60km²), lui-même divisé en multiples quartiers aux identités et caractères très divers. Il occupe une île longue de 21km et large de 3,7km au maximum. On subdivise Manhattan en trois grandes zones : Downtown, au sud de 30th St, Midtown, de 30th à 59th St, et Uptown, à partir de 60th St. La ville est en outre séparée entre East et West par l'axe de 5th Ave. Broadway, l'autre grand axe de Manhattan, est l'unique exception qui la traverse en diagonale. Le repérage est très facile au nord de Houston St, grâce au plan en damier. La numérotation des adresses est croissante dans les avenues, du sud au nord. Pour les rues, elle part de 5th Avenue et grandit en s'en éloignant, côté ouest (W) et côté est (E) (ex. : 25 W 14th St correspond à un édifice situé au n°25 de la 14e rue, dans sa partie ouest, donc à l'ouest de la 5e avenue). L'organisation est moins rationnelle dans la partie sud de Manhattan, qui conserve le plan hérité de la fondation de la ville. Brooklyn s'étend au sud-est de Manhattan, Queens à l'est, le Bronx au nord et Staten Island au sud.

PARCS ET JARDINS

Paradoxalement, New York est une ville relativement verte, malgré son image de forêt de gratte-ciel. Les rues des quartiers résidentiels sont très arborées et offrent une explosion florale au printemps. Les parcs sont nombreux et de toutes tailles, chacun avec son caractère, dès la plus petite aire de jeux. Le plus grand et le plus célèbre est **Central Park**. Au sud de Manhattan, Battery Park et les berges de l'Hudson offrent une échappée au bord du fleuve, avec vue sur la statue de la Liberté. Entre les deux, Washington Square Park, Madison Square Park et Bryant Park sont autant de salons de plein air à l'ombre des arbres ou au bord des fontaines. Prospect Park, à Brooklyn, et Bronx Park possèdent tous deux un jardin botanique superbe et un zoo. La plupart ouvrent à 8h et ferment entre 18h et 20h ou au coucher du soleil.

www.nycgovparks.org Pour connaître tous les parcs de New York, leurs accès et les services offerts.

PLAGES

New York

Quand la chaleur estivale est écrasante, les nombreuses plages sont les bienvenues. Les plus commodes se trouvent au sud de Brooklyn : Coney Island (www.coneyisland.com) et Brighton Beach (www.brighton beach.com) sont très populaires, bordées d'attractions et de restaurants. La qualité de l'eau y est satisfaisante. Elles sont desservies par les lignes B, D, F, N, Q du métro. Les plages de Staten Island sont une autre option, accessibles par ferry gratuit puis bus ou vélo. Rockaway Beach, au bout de la ligne A du métro, est aussi une possibilité.

Long Island

Plus loin à l'est de New York s'étend Long Island, dont les longues plages de sable de la rive sud sont réputées, et à l'extrémité de laquelle se trouvent les Hamptons. On s'y rend par le Long Island Rail Road, à Penn Station, angle 7th Ave. et 32nd St.

Long Island Convention & Visitor Bureau Répertoire des plages et informations pratiques. *Tél. 877 386 6654 www.discoverlon gisland.com*

POIDS ET MESURES

conversion

Températures	Fahrenheit	14°	23°	32°	41°	50°	59°	68°	77°	86°	95°
	Celsius	-10°	-5°	0°	5°	10°	15°	20°	25°	30°	35°
Poids	1 ounce (oz) = 28,35g	1 pound (lb) = 450g									
Longueurs	1 inch = 2,54cm 1 foot = 30,48cm	1 yard (yd) = 3 feet = 0,91m 1 mile = 1,61km									
Femme											
Vêtements/États-Unis	6	8	10	12	14	16					
Vêtements/France	36	38	40	42	44	46					
Chaussures/États-Unis	4	5	6	6,5	7,5	8	9				
Chaussures/France	35	36	37	38	39	40	41				
Homme											
Costumes/États-Unis	36	38	40	42	44	46					
Costumes/France	46	48	50	52	54	56					
Chemises/États-Unis	14	15	15,5	16	16,5						
Chemises/France	37	38	39/40	41	42						
Chaussures/États-Unis	7,5	8	9	9,5	10,5	11,5					
Chaussures/France	40	41	42	43	44	45					
Enfants											
Chaussures/États-Unis	7	8	9	10	11	12	13	1	2	3	4
Chaussures/France	24	25	26	27	28	29	30	31	32	33	34
Vêtements/États-Unis	3	4	5	6	6X						
Vêtements/France	98 (3 ans)	104 (4 ans)	110 (5 ans)	116 (6 ans)	122 (7 ans)						

POSTE

General Post Office (plan 5, B3) La poste principale de New York se trouve au 441 8th Ave., à hauteur de 33th St. Le courrier à destination de l'Europe met en général une semaine, mais cela peut varier beaucoup. Le prix du timbre est de 1,15$ pour une carte postale ou une lettre de moins de 28g, tarif First Class Mail International. Pour les colis et envois divers, vous pouvez obtenir les prix détaillés en ligne. Sur place, dans les agences, on vous proposera des enveloppes ou boîtes prépayées, ainsi que des emballages de formes et tailles diverses. ***M° 34th St/Penn Station (A, C, E, 1, 2, 3)*** *Tél. 800 275 8777 www.usps.com Ouvert lun.-ven. 7h-22h, sam. 9h-21h, dim. 11h-19h*

POURBOIRES

Dans vos prévisions de budget, ne perdez pas de vue que les pourboires (*tip* ou *gratuity*) sont incontournables, car les salaires fixes sont très bas. Si vous oubliez de le donner, on vous le demandera ou on vous fera une remarque très acerbe. Dans les **restaurants**, le service est rarement inclus, mais cela commence à se répandre. Vérifiez bien sur la facture si une ligne n'a pas déjà été affectée à la *gratuity*. Sinon, laissez en moyenne entre 15 et 20% de la facture (un moyen pratique est de doubler la taxe et d'arrondir au chiffre supérieur). Quand vous réglez par carte bancaire, notez qu'une ligne est laissée en blanc pour le *tip* ou la *gratuity*. Remplissez-la soigneusement et faites le total ensuite ou rayez-la si vous laissez le pourboire en espèces. Dans les **hôtels**, donnez au porteur 1$ par valise, et laissez une enveloppe pour la femme de chambre à votre départ (5$ minimum, ou 1$ par jour). Dans les **taxis**, pourboire de 1$, et si vous avez des valises, ajoutez 1$ par bagage. Dans les **bars**, laisser un billet de 1$ sur le comptoir par boisson (sauf s'il s'agit d'un cocktail, dans ce cas les 15 à 20% de *tip* s'appliquent). Pas de pourboire dans les fast-foods et dans les self-services.

QUAND PARTIR ?

Il pleut beaucoup à New York, de façon à peu près constante toute l'année. Le printemps et l'automne sont les saisons les plus plaisantes, mais aussi les plus chères. Au **printemps**, les rues très fleuries donnent un charme unique à la ville. Mai et juin sont les mois les plus agréables. L'**été** est généralement très chaud, voire étouffant, aggravé par les rejets des systèmes de climatisation et par le trafic automobile. Malgré tout, l'abondance de festivals (avec beaucoup de concerts gratuits) en fait une saison divertissante. Les parcs et les plages peuvent offrir une parenthèse rafraîchissante. L'**automne** est sans conteste l'autre moment phare, grâce aux températures douces et aux couleurs flamboyantes que prennent les arbres dans les parcs. C'est aussi une saison chère, car elle attire les congrès et marque le début de la saison culturelle. L'**hiver** est froid, humide et rigoureux, dès la mi-novembre. Si le mois de décembre est très animé par les préparatifs pour Noël puis par le Nouvel An (illuminations, vitrines, etc.), janvier et février sont souvent marqués par les chutes de neige, le gel, le vent froid, voire le blizzard. Ce sont les deux mois les moins chers de l'année.

RESTAURATION

types d'établissements

On peut manger absolument de tout et à toute heure à New York. Du *diner* américain et ses fameux burgers aux cuisines indienne, coréenne, japonaise, brésilienne, grecque, afghane, mexicaine et même... française, du fast-food au restaurant gastronomique, le dépaysement est garanti. À ne pas manquer non plus, un repas dans un bar, à l'ancienne, ou design et branché, car c'est l'une des particularités de New York d'y servir à manger.

horaires

Première surprise, beaucoup de restaurants ouvrent dès 7 ou 8h du matin car ils proposent le *breakfast* jusqu'à 11h ou 11h30. Entre 12h et 16h, on prend le *lunch*, plus léger en principe que le repas du soir et moins cher. De plus en plus de bars et restaurants affichent une offre spéciale à prix attractif, *lunch menu*, buffet ou plat du jour. Le repas principal est celui du soir, le plus onéreux aussi, car la carte des restaurants y est plus fournie en plats chers. Le dîner est servi dès 18h et jusqu'à 22h ou 23h selon les jours. Le menu *pre-theater* ou *early bird* (18h-19h30 en général) permet de bien dîner à meilleur marché (de 20 à 35$). Au-delà de 19h30, les prix grimpent, l'affluence aussi. Attendre de 30min à 1h pour dîner n'est pas rare et cela fait partie des habitudes. Mais beaucoup de restaurants prennent les réservations par téléphone et en ligne (bien pratique pour ceux qui maîtrisent mal l'anglais ou qui veulent lire le menu avant de se décider). Le week-end, le brunch est la règle dans la plupart des restaurants. Pour manger sur le pouce, vous pouvez acheter des plats préparés dans certains commerces d'alimentation comme ceux de la chaîne Whole Foods ou des snacks tout prêts auprès des *trucks* (camions) postés aux coins de rue. Ils proposent une nourriture copieuse et bon marché (à partir de 5$). Quand vous consultez les menus, n'oubliez pas de rajouter la taxe (p.74) et les pourboires (p.69) pour faire vos comptes...

SANTÉ

pharmacies

Les drugstores comme Duane Reade font office de pharmacies et parapharmacies. Ils vendent une large palette de médicaments à prendre en automédication. Le comptoir des prescriptions se trouve en général au fond du magasin. C'est là que vous pourrez parler avec un pharmacien diplômé. Si vous êtes à court de votre traitement, munissez-vous de votre ordonnance et expliquez votre cas.

médecins francophones

Le consulat de France à New York fournit une liste de services hospitaliers et de médecins francophones. *www.consulfrance-newyork.org*
Albert Levy, généraliste (plan 6, C2) *911 Park Ave. Tél. 212 288 7193*
Greg Yapaleter, pédiatre (plan 6, C3) *715 Park Ave. Tél. 212 289 8683*
Karen Lancry, pédiatre (plan 6, C3) *159 E 69th St Tél. 212 249 2113*
Ronald Birnbaum, dentiste (plan 6, B3) *425 W 59th St. 9e étage Tél. 212 523 8030 www.drbirnbaum.com*

services d'urgence

Pour appeler la police, les pompiers ou une ambulance, composez le 911. En cas d'hospitalisation ou de soins en urgence, gardez toujours à portée de main le numéro de téléphone fourni par votre assurance (celle de votre carte bancaire, Europ Assistance ou Mondial Assistance). Parmi les hôpitaux disposant d'un service d'urgence :
New York Downtown Hospital (plan 1, B2) *170 William St Tél. 212 312 5000 www.downtownhospital.org*
New York Presbyterian/Weill Cornell Urgent Care Center (plan 6, D3) *525 E 68th St (entre York and East River) Tél. 212 746 5454 (entrée par le service des urgences)*

SHOPPING

Destination de shopping par excellence, New York attire les visiteurs gagnés par la fièvre acheteuse – cf. Shopping (p.287).

SPECTACLES

Sa vie culturelle foisonnante est l'un des grands atouts de New York. Outre les cafés, bars et clubs de jazz ou de rock, la ville compte parmi les plus prestigieuses formations musicales (musique classique, opéra, ballet), rassemblées au **Lincoln Center**. Le **Carnegie Hall** accueille aussi des concerts de qualité. Les lieux jazzy sont nombreux et très variés, des clubs historiques aux salles comme le Carnegie Hall, l'Apollo Theater et une multitude de bars. La musique contemporaine et d'avant-garde est spécialement mise à l'honneur à la **Brooklyn Academy of Music** (BAM). Beaucoup d'églises accueillent régulièrement des concerts de musique sacrée ou de chambre. Les messes gospels sont devenues l'un des atouts touristiques de **Harlem**. En été, de nombreux concerts (classique, jazz, hip-hop, rock) sont produits dans les parcs new-yorkais, lors des festivals qui ponctuent la saison. Le théâtre et la comédie musicale sont un autre type de spectacles, dont **Broadway** et **Times Square** sont le pivot. On compte une quarantaine de salles à Broadway, principalement les salles historiques et pour des mégaproductions. Une vingtaine de salles supplémentaires sont considérées comme Off Broadway (théâtre d'auteur et comédies musicales originales), parmi lesquelles le Lincoln Center Theater, le Public Theater ou le BAM. Le Off Off Broadway rassemble pour sa part plus de 300 lieux de spectacles novateurs, expérimentaux et confidentiels.

informations

L'office de tourisme de New York et son site www.nycgo.com vous renseignent sur les comédies musicales et concerts les plus populaires, de même que le site www.newyorktheatreguide.com. Les hebdomadaires *New York Magazine*, *Time Out New York* et *The Village Voice* publient les programmes et les coordonnées des salles concernées, pour Broadway, pour le Off Broadway et le Off Off.

réservations

Si vous tenez à voir une comédie musicale ou un grand concert en particulier, réservez dès que vous connaissez vos dates, sans attendre d'être à New York. Vous pouvez consulter les programmes et acheter votre billet sur www.newyorktheatreguide.com ou www.broadwayleague.com. Attention, certains voyagistes ou agences proposent un spectacle à Broadway dans leur offre. Vérifiez le tarif qu'ils vous proposent car il est souvent majoré d'une importante commission. Il en est de même pour les spectacles qui vous seront proposés à votre hôtel. En revanche, si vous vous décidez à la dernière minute, vous pourrez sans doute bénéficier de prix réduits, mais sans garantie de choix.

TKTS (plan 5, B2) Ce kiosque de Duffy Square propose des billets à prix réduit, de 25 à 50% moins chers, pour les représentations du jour avec une vente le matin pour les spectacles en *matinee* (vente mer.-sam. 10h-14h ; dim. 11h-15h), et l'après-midi pour les spectacles du soir (vente tlj. 15h-20h, dim. 15h-19h). Annexe à South Street Seaport, à l'angle de Front St et John St, qui vend des billets pour la séance du soir ou pour la *matinee* du lendemain (vente tlj. 11h-18h, dim. 11h-16h). Autre annexe à Brooklyn au 1 MetroTech Center, au coin de Jay St et Myrtle Avenue Promenade, qui vend des billets pour la séance du soir ou pour la *matinee* du lendemain (vente mar-sam. 11h-18h). Arrivez de bonne heure et vérifiez la liste des spectacles en vente, affichée à l'extérieur du kiosque. À savoir : ce sont souvent les billets les plus chers qui restent disponibles. *Duffy Square, 226 W 47th St (entre Broadway et 7th Ave.) (sous les gradins rouges) Tél. 212 221 0013 www.tdf.org/tkts Ouvert lun. et mer.-sam. 15h-20h, mar. 14h-20h, dim. 15h-19h*

SPORTS ET LOISIRS

Les New-Yorkais soignent leur forme et leur corps. Les salles de sport sont légion et presque tout le monde pratique le jogging ou le vélo et au moins un sport. Parcs et plages se prêtent à merveille aux activités de plein air, sans débourser un cent.

course et jogging

Les meilleurs sites de course à pied sont Central Park, Battery Park et les berges de l'Hudson ainsi que Riverside Park. Brooklyn Bridge et Manhattan Bridge sont également très populaires pour une petite mise en jambes. Ceux qui cherchent le vent marin iront à Coney Island ou Brighton Beach. Le **marathon** de New York (premier dim. de nov.) et l'**Empire State Building Run-Up** (en fév.) sont deux moments forts dans l'année des coureurs à pied. Pour y participer, il faut être inscrit et avoir été sélectionné. *www.ingnycmarathon.org www.nyrr.org*

natation

La ville compte une cinquantaine de piscines, disséminées dans les parcs. Certains grands hôtels possèdent une piscine sur le toit, souvent à proximité du bar. Il vous faudra donc consommer à prix d'or.

New York City Department of Parks & Recreation Pour les horaires et plans d'accès des piscines publiques. *www.nycgovparks.org*

Astoria Très belle piscine olympique Art déco, dans Queens. *Astoria Park À l'angle 19th St et 23rd Drive Tél. 718 626 8620 Ouvert 11h-19h Entrée libre*

patinage

Le patin à glace est une tradition hivernale. Les patinoires de Central Park, du Rockefeller Center et du Bryant Park louent du matériel.

rollers

Les fans de rollers et de patins à roulettes se retrouvent le week-end à Central Park, sur Grand Concourse. Vous y rencontrerez en particulier des danseurs en patins, souvent étonnants. La pratique du patinage de fond peut se faire aux mêmes endroits que pour le jogging ou le vélo.

skateboard

Dans la plupart des quartiers, les gamins ont leur spot, mais les plus agréables se trouvent à Chelsea Piers, le long de l'Hudson (au bout de 22nd St) et au Pier 25.

vélo

Le vélo est de plus en plus prisé pour son côté écolo à la mode et parce que sa circulation s'est nettement améliorée. Si vous êtes réticent à l'utiliser en plein trafic, procurez-vous le NYC Bike Map (gratuit), qui recense tous les circuits protégés et les itinéraires verts. Sinon, Central Park, les berges de l'Hudson, Riverside Park et Staten Island sont des paradis pour les cyclistes.

Bike New York Le premier dimanche de mai, cette longue balade conviviale rassemble pas loin de 30 000 cyclistes pour un périple à travers les cinq *boroughs* de la ville. *Tél. 212 870 2080 www.bikenewyork.org*

Danny's Cycles Stores Six agences de location, dans différents points de New York. *www.dannyscycles.com*

Blazing Saddles Vélos à louer, au South Street Seaport et au Pier 84 (Hudson River Park). *www.blazingsaddles.com*

Bike and Roll Implanté notamment à Central Park et à Battery Park (près de l'embarcadère pour la statue de la Liberté). *http://bikenewyorkcity.com*

manifestations sportives

Marathon de New York Ne peuvent participer que les inscrits acceptés (surveillance stricte de la course). Premier dim. de nov. *www.ingnycmarathon.org www.nyrr.org*

Baseball Saison d'avril à oct. Les NY Mets jouent au Citi Field Stadium du Queens, les NY Yankees au Yankee Stadium du Bronx. *www.mlb.com*

Football américain Saison de sept. à déc. Deux équipes à New York, les NY Giants et les NY Jets, qui jouent au Giants Stadium. *www.nfl.com*
Basket-ball Saison de la NBA, d'oct. à avril. Les NY Knicks jouent au Madison Square Garden. Les NJ Nets au Met-Life Stadium. *www.nba.com*
Football (soccer) Saison d'avril à nov. Les NY Red Bulls jouent au Red Bull Arena (New Jersey). *www.mlssoccer.com*
Tennis L'US Open se déroule sur 2 semaines de fin août à début sept., au National Tennis Center de Flushing Meadows-Corona Park. *www.usopen.org*
Boxe Bien que le mythique Madison Square Garden ne soit plus le haut lieu de la boxe mondiale, on peut encore y voir quelques combats. Madison Square Garden *Tél. 212 465 6741 www.thegarden.com*

TABAC

La réglementation est très stricte. Il est interdit de fumer dans les transports et tous les lieux publics, galeries marchandes, bars et restaurants, ainsi que dans les bureaux. Depuis 2011, il est aussi interdit de fumer dans les parcs, sur les places piétonnes et sur les plages. Il ne reste plus aux fumeurs que les... trottoirs !

TAXES

Les prix indiqués dans ce guide et, en règle générale, affichés, sont toujours hors taxes. Pensez-y quand vous préparez votre budget. Dans les restaurants et pour les biens de consommation courante, les taxes se chiffrent à 8,875%. Dans les hôtels, ces taxes sont plus élevées encore et montent à 14,75% + 3,50$. Seuls les vêtements et chaussures de moins de 110$ sont exempts de taxe.

TÉLÉPHONE

appels internationaux

De France, pour appeler New York, composez le 00, suivi du 1, puis de l'indicatif du quartier (212 ou 646 pour la plupart de Manhattan, mais aussi 917 pour certains numéros récents, 718 pour Brooklyn, le Bronx, Queens, Staten Island) et enfin du numéro de votre correspondant. De New York, pour appeler la France, composez le 00 suivi du 33 puis du numéro sans le 0 initial. Évitez de téléphoner des hôtels, qui surtaxent les communications.

appels nationaux

Pour un appel local à New York et à l'intérieur des États-Unis, composez le 1, suivi de l'indicatif du quartier, puis du numéro du correspondant. Pour Manhattan, l'indicatif est 212, 646 ou 917. Pour Brooklyn, le Bronx, Queens et Staten Island, l'indicatif est le 718. Pour les renseignements, faites le 411 (appel gratuit dans les cabines). Les numéros précédés de 1-800, 1-888 ou 1-877 sont gratuits (*toll-free*), mais uniquement à l'intérieur des États Unis (chaînes d'hôtels, loueurs de voitures, sites commerciaux).

téléphones portables

Vous serez facturé (cher) pour chaque appel reçu à New York, ainsi que pour interroger votre répondeur. Si votre téléphone est débloqué, le mieux est d'acheter une carte SIM américaine (à partir de 10$) et de la recharger avec des cartes prépayées (à partir de 5$). Tous les opérateurs proposent ce genre de système, en vente dans les épiceries, les drugstores, les kiosques et les magasins de téléphonie.

TRANSPORTS EN COMMUN

Les transports en commun sont efficaces, sûrs et bon marché. Le métro est le plus rapide, car indépendant de la circulation, mais le réseau est surtout longitudinal dans Manhattan et ne couvre pas tous les quartiers de la même façon (cf. plan, rabat final du guide). Le réseau de bus est le plus dense, mais certaines lignes souffrent d'une fréquence moindre et la circulation est très ralentie aux heures de pointe. Contrairement au métro, il comporte des lignes transversales autant que longitudinales. Et c'est le meilleur moyen de voir la ville sans se fatiguer. Les plans du métro et des lignes de bus sont disponibles gratuitement dans toutes les stations de métro et à l'office de tourisme. Les titres de transport sont vendus aux machines automatiques (toutes les stations) et aux kiosques (entrées principales).

Metropolitan Transport Authority La société des transports new-yorkais, pour obtenir sur Internet les infos sur les lignes et les tarifs. *www.mta.info*

citymapper.com Un site Internet et une appli pour smartphone, pour obtenir les différentes options de transport dans New York. On vous y indique la meilleure entrée pour chaque station de métro et même la voiture la plus pratique en fonction de votre destination.

titres de transport

Le ticket de base coûte 2,75$. Il est valable pour un trajet et toutes ses correspondances, dans le métro ou en bus. La carte Pay-Per-Ride MetroCard est rechargeable, selon les besoins, et fonctionne comme une réserve de tickets, avec correspondance métro-bus. À partir de 5,50$, elle permet de gagner 11% par rapport au prix au ticket. L'Unlimited Ride MetroCard existe en durées de 7 Days (31$) et 30 Days (116,50$). Il offre l'accès illimité au métro et au bus.

métro

Le temps est loin où le métro new-yorkais souffrait d'une mauvaise réputation. Il est désormais sûr et, sauf aux petites heures du matin, quand la prudence élémentaire est de mise, on peut l'emprunter sans aucune crainte. Les lignes portent un numéro ou une lettre. À l'intérieur des stations, la direction (vers le nord : Uptown ; vers le sud : Downtown) est indiquée : c'est elle qui détermine le quai à prendre. En général, la destination (Brooklyn, Queens...) est aussi signalée. Attention, la plupart des stations ont un accès différent selon que l'on descend vers Downtown ou que l'on monte vers Uptown et les voies ne sont pas connectées. Les lignes dites *local* s'arrêtent à toutes les stations, les lignes *express* ne s'arrêtent qu'aux stations principales. Un même quai peut être utilisé par plusieurs lignes tour à tour : repérez donc le numéro ou la lettre affichés en tête du train et sur le côté des rames.

HORAIRES Le métro circule 24h/24, toutes les 2 à 5min aux heures de pointe (de 7h30 à 9h et de 17h à 18h30) et toutes les 15 à 20min entre 0h et 6h30. Certaines stations sont fermées la nuit.

bus

Les tickets de métro et les Metrocard sont valables dans les bus. Les lignes se distinguent par un numéro, précédé d'une lettre indiquant le *borough* d'appartenance : M pour Manhattan, B pour Brooklyn, Bx pour Bronx, etc. À Manhattan, les lignes transversales portent le numéro de la rue qu'elles desservent. Pour demander un arrêt, appuyez sur les boutons "stop" ou sur les bandes verticales jaunes situées entre les vitres. Parmi les lignes permettant de voir la ville à moindre coût, les lignes 1, 2, 3 et 4 montent par Madison Ave., des abords de l'Empire State Building au nord de Central Park, et redescendent par 5th Ave. La ligne 20 descend de Central Park à Battery Park par 7th Ave. et remonte par 8th Ave. Beaucoup de lignes fonctionnent 24h/24, mais à fréquence réduite la nuit. Entre 22h et 5h du matin, le chauffeur peut vous laisser descendre entre deux arrêts.

correspondances métro-bus

Avec une carte Pay-Per-Ride, les transferts bus/métro ou bus/bus sont inclus dans la valeur du ticket pendant 2h après l'accès initial. Avec l'Unlimited Ride Pass, ils sont illimités.

bateau

Le ferry gratuit rejoignant Staten Island part de South Ferry/Battery Park (p.103). Transports fluviaux sur l'East River vers Brooklyn et Queens : la compagnie **NYC Ferry** propose, au départ de l'E 34th St (Midtown East) et du Pier 11 à hauteur de Wall St (Lower Manhattan), des liaisons fluviales vers Queens (ligne Astoria), Brooklyn (le nord avec la ligne East River, le sud avec la ligne South Brooklyn), et même jusqu'à Rockaway (ligne Rockaway), au sud de la Jamaica Bay et de l'aéroport JFK, avec plusieurs arrêts pour chaque liaison. Ce service fonctionne toutes les 20 à 30min de 6h à 23h environ. Tarif aller 2,75$ avec 1$ supplémentaire pour emporter son vélo. Outre leur service d'excursions, les vedettes jaunes des **New York Water Taxis** relient le sud de Manhattan au quartier de Red Hook, à Brooklyn. Les navettes partent de Pier 11 et arrivent près du magasin Ikea. Service lun.-ven. : aller 14h-19h15, retour 14h15-19h30, toutes les 45min, 5$ (w.-e. gratuit) : aller 11h-20h40, retour 11h45-20h55, toutes les 40min. Les New York Water Taxis proposent aussi un service *hop on/hop off by Land & Sea* autour de la pointe sud de Manhattan et de Brooklyn : on peut descendre à un arrêt et remonter plus tard autant de fois qu'on le désire pendant toute la journée puis profiter du bus touristique suivant le même principe, forfait 31$. *www.ferry.nyc www.nywatertaxi.com*

TRANSPORTS INDIVIDUELS

taxi

Les flots de taxis jaunes sont l'une des images les plus populaires de New York. Un taxi est libre quand le numéro lumineux sur son toit est allumé. Pour donner votre destination, indiquez au chauffeur entre quelles rues ou près de quel angle se trouve l'adresse où vous voulez aller. Les taxis sont équipés d'un compteur et appliquent tous la même tarification, qui figure d'ailleurs sur la portière. La prise en charge est de 3$, puis 0,50$ par 1/4 de mile (environ 4 *blocks*), ou 0,40$ par minute à l'arrêt lors des embouteillages. Il faut ajouter une taxe supplémentaire de l'État de New York de 0,50$. Du lundi au vendredi, de 16h à 20h, vous payerez 1$ de plus (heures de pointe). De 20h à 6h du matin, on vous facturera 0,50$ en plus pour le tarif de nuit. Les péages des ponts et des tunnels sont à la charge du client. N'oubliez pas le pourboire de 15 à 20%.

voiture

La conduite en voiture est déconseillée au simple visiteur, en raison de la circulation mais surtout des problèmes et du coût du stationnement.

vélo

Se déplacer à vélo est possible, du moins hors des grands axes et des heures de pointe. Les New-Yorkais sont de plus en plus nombreux à plébisciter ce moyen de locomotion écolo et bon marché. Vous trouverez plusieurs adresses de location à la rubrique Sports et Loisirs. N'oubliez pas l'antivol et le casque, fournis par le loueur. Procurez-vous également le NYC Bike Map (gratuit), pour trouver les axes les plus propices à la découverte. Citibike, le système municipal de location de vélo à l'heure, comporte une centaine de stations situées au sud de la 59e rue jusqu'à Battery Park, et quelques stations à Brooklyn (BoCoCa, Park Slope et Williamsburg). *www.citibikenyc.com*

URGENCES ET SÉCURITÉ

La sécurité ne pose plus de problème à New York. Il suffit juste d'être vigilant, dans les transports en commun, les foules et le soir. Les touristes sont évidemment des cibles privilégiées, mais bien moins que dans beaucoup de capitales du monde. Pour appeler la police, les pompiers ou une ambulance, composez le 911. Voir aussi Santé (p.71).

VISAS ET PASSEPORTS

Voir aussi la rubrique Formalités (p.62). La dispense de visa ne concerne que les touristes présentant un billet d'avion AR et séjournant moins de 30 jours. Les étudiants, les personnes allant à New York pour des raisons professionnelles et ceux qui ont voyagé dans certains pays menacés par le terrorisme doivent être munis d'un visa. Pour l'obtenir, prendre rendez-vous avec un officier américain au consulat des États-Unis, à Paris, impérativement par téléphone (tél. 0810 26 46 26), appel facturé 14,50€.

La façade du chocolatier Hershey's, sur Times Square (p.165).

GEOVISITES

DÉCOUVRIR NEW YORK

Le Guggenheim Museum (p.218).

LES VISITES À LA CARTE

Tutoyer le ciel, s'offrir une incroyable minicroisière sans débourser un dollar, profiter du plus beau point de vue sur la *skyline* de Manhattan, visiter le meilleur musée d'Art moderne du monde... suivez le guide pour rester au top !

à chacun son musée

Vous n'avez que l'embarras du choix. Voici les musées classés par thème.

Design

Beaux-arts

Art antique

Contemporain

Photo

Arts décoratifs

Histoire

Maisons historiques

Personnages célèbres

Architecture

Sciences et techniques

Money Money Money

Marine

World

Rubin Museum of Art 148
United Nations Headquarters 159
Japan Society 159
American Museum of Natural History 191
Asia Society Museum 204
El Museo del Barrio 226
Hispanic Society of America 227

Religieux

Museum of Jewish Heritage 99
The Museum at Eldridge Street 119
Bialystoker Synagogue 120
Jewish Museum 220

Et puis aussi...

New York City Fire Museum 110
The Museum at FIT 149
Madame Tussauds 168
Carnegie Hall 186
American Folk Art Museum 189
New York Transit Museum 264

gratuit... ou presque

Certaines animations et surtout de nombreux musées réservent une plage horaire de la semaine à la gratuité ou à un tarif très réduit, appelé *Pay as you wish* (contribution libre) ; quant à la *suggested donation*, il s'agit d'un prix suggéré mais non obligatoire, à négocier, donc !

Free

National Museum of the American Indian 99
Staten Island Ferry 103
The Museum at Eldridge Street (lun.) 119
Galeries d'art du Gallery District (Chelsea) 147
Cinéma en plein air à Bryant Park 176
MoMA (ven. soir) 181
Festivals d'été dans l'Upper West Side 188
American Folk Art Museum 189
Concerts d'orgue à Saint John the Divine Cathedral (dim. et lun.) 194
Concerts acoustiques au Postscrypt Coffeehouse 196
Central Park Film Festival 198
Asia Society Museum (ven. soir) 204
Jewish Museum (sam.) 220
The Studio Museum in Harlem (dim.) 225
Hispanic Society of America 227
Festivals d'été à Brooklyn 258
Brooklyn Botanic Garden (journée du mar. et sam. matin) 269
Bronx Museum of the Arts 284
Concerts au BAM Café 365

Pay as you wish

Museum of Arts and Design (jeu. soir) 186
American Folk Art Museum (ven. soir) 189
New York Historical Society (ven. soir) 191
Frick Collection (dim. matin) 204
Solomon R. Guggenheim Museum (sam. soir) 218
Jewish Museum (jeu. soir) 220
Bronx Zoo (mer.) 283

Suggested donation

American Museum of Natural History 191
The Met. Museum of Art 206
The Cloisters 227
Brooklyn Historical Society 263

à deux

Mordez dans la Grosse Pomme mais restez au paradis : la ville vous accorde l'absolution et ouvre grands ses bras aux *love stories*. *So romantic !*

Prendre un verre

Alice's Tea Cup 193
Great Hall Balcony Bar (New York) 206

Au vert, sur l'eau et la glace

Plus près du ciel

Une chambre avec vue

en famille

Revoir des cow-boys et des Indiens, voler en tramway, croquer dans un hot-dog de champion, visiter les plus grands magasins de jouets du monde, monter dans un (bateau)-taxi jaune... c'est ça l'Amérique !

Photographier des stars

Un petit tour au musée juste pour voir...

Maman les p'tits bateaux

Rehausseurs

C'est géant

Courir en liberté !

Explorer...

Bientôt Noël ?

Un petit creux ?

Au pays des *candies*

se mettre au vert

Une bouffée de chlorophylle ne fait pas pas de mal dans cet univers urbain. New York ne manque heureusement pas d'espaces verts.

Le top du top

New York multiplie les prouesses architecturales spectaculaires : passage en revue de nos préférées. Avec les meilleurs spots pour admirer la ville, cf. aussi Points de vue (p.280).

Buildings et ponts

Points de vue

la ville monde

Le monde entier s'est donné rendez-vous à New York. Souvent regroupées par quartiers, les communautés préservent leurs traditions.

Cuisines du monde

Musées

Fêtes et manifestations

Chrysler Building (p.157), Midtown East.

Quartiers

au bord de l'eau

Manhattan, Brooklyn et Queens sont bâtis sur des îles, Staten Island toise la *skyline* par-delà la baie, lacs et bassins rafraîchissent les parcs : non, l'eau n'est jamais loin !

LOWER MANHATTAN

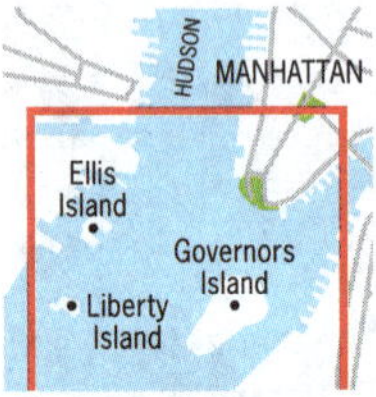

Entre la frêle silhouette de la statue de la Liberté, qui brandit sa torche au large, et les dents hérissées des gratte-ciel, l'extrémité sud de Manhattan est un parfait résumé du New York dont on rêve. Tous les symboles de la ville y sont réunis : Wall Street et la jungle de la finance mondiale, la tour élancée One World Trade Center, le souvenir de l'ancien port et ses vieux navires, le vent déjà marin qui balaie les berges de l'Hudson et de l'East River, le pont de Brooklyn et ses lourdes arches de pierre. Tout le monde, à un moment ou à un autre, passe par ces lieux, touristes avant l'embarquement pour Liberty Island, accros du shopping ou businessmen pressés.

DU MARÉCAGE À LA FINANCE C'est bien ici, tout au sud de la longue île de Manhattan, que l'histoire commence, en 1624, quand les premiers colons, des Hollandais – auxquels succéderont les Anglais en 1664 –, fondent un modeste comptoir commercial pour négocier avec les Indiens. C'est alors une zone marécageuse aux rives irrégulières, beaucoup moins bien délimitée qu'aujourd'hui. Les nouveaux arrivants y bâtissent un gros village qu'ils entourent d'une solide clôture pour se protéger des Indiens. Naturellement, ils l'organisent en fonction du rivage : quelques axes en éventail relient des rues concentriques. L'ensemble adopte un plan irrégulier, dicté par les contraintes naturelles du site. Vers le nord, au-delà de la palissade, quelques fermes éparpillées, les *boweries*, alimentent les habitants. La petite colonie, devenue britannique, se développe, malgré les aléas politiques. Mais c'est surtout après l'indépendance, en 1783, que son essor se confirme. Le contexte politique se stabilise et l'économie s'envole. Les prix de l'immobilier explosent, la spéculation bat son plein et les marchés nourrissent l'enrichissement spectaculaire de la petite ville. Dès 1792, un groupe d'hommes d'affaires décide de fonder une place boursière. Après avoir été un fief commercial, New York devient un temple de la finance. Le New York Stock & Exchange Board (Bourse) est créé en 1817. Le port devient la tête de pont des échanges maritimes avec l'Europe.

LA VILLE QUI SORT DES FLAMMES Premier accroc majeur à ce tableau florissant : en 1835, un nouvel incendie gigantesque détruit pratiquement toute la ville, mais on la rebâtit en plus grand. Si dans Lower Manhattan, les rues respectent en gros le tracé historique, les constructions se densifient et se rationalisent. Le pont de Brooklyn est lancé au-dessus de l'East River en 1883. Au début du XXe siècle, on érige de plus en plus de gratte-ciel, grâce à la croissance économique fulgurante et au progrès technique. Mais c'est surtout après la Seconde Guerre mondiale que les choses s'accélèrent, donnant naissance à de véritables canyons d'immeubles. Les plus tristement célèbres seront, bien sûr, les fameuses tours Jumelles du World Trade Center, détruites par les attentats du 11 septembre 2001. Depuis, les projets refleurissent, comme celui de la One World Trade Center, long chantier mené à bien en 2013 ou, en 2011, la gracile 8 Spruce Street (ex-Beekman Tower), signée Frank Gehry.

UN PATCHWORK DE MICROQUARTIERS L'entrée dans Lower Manhattan se fait naturellement par le Civic Center, son cœur administratif, autour de la mairie de New York. Au sud-est, au pied du pont de Brooklyn, s'étend South Street Seaport, ce qu'il reste du port originel, avec ses vieux navires, ses quelques rues pavées et ses boutiques touristiques. Au sud-ouest du Civic Center, les abords de Ground Zero renaissent après le dramatique épisode du 11 septembre avec la construction de tours étincelantes aux environs. Occupant tout le quart sud-est de Lower Manhattan, le Financial District reste le symbole de l'Amérique, autour de la Bourse de Wall Street et de Federal Hall, où fut proclamée l'indépendance. Regardant vers l'ouest et l'Hudson, Battery Park rassemble les principaux sites touristiques, musées et surtout embarcadères pour la statue de la Liberté. Au large, enfin, plein sud, la résidentielle Staten Island, cinquième *borough* de New York, permet des échappées presque rurales.

MODE D'EMPLOI

orientation

Lower Manhattan est délimité au sud, à l'est et à l'ouest par l'East River et l'Hudson. Warren Street, le City Hall Park et le Municipal Building ferment le quartier côté nord.

accès

EN MÉTRO

Pour la statue de la Liberté, Battery Park et la balade le long de l'Hudson, stations Bowling Green (4, 5), Whitehall St (N, R) ou South Ferry (1). Pour Civic Center et le pont de Brooklyn, station City Hall (R). Pour South Street Seaport, station Fulton St (A, C, J, Z, 2, 3). Pour Ground Zero et le shopping à Century 21, station Cortland St (N, R) ou World Trade Center (E). Pour le Financial District, stations Wall St (2, 3, 4, 5) et Broad St (J, Z). Pour Battery Park City, stations Rector St (1) et Chambers St (A, C, 1, 2, 3).

EN BUS

Les lignes 5 et 22 desservent la partie centrale du quartier. La ligne 20 parcourt son côté ouest. Les lignes 15 et 103 desservent les parties est.

fêtes et manifestations

Concerts de musique classique Différents concerts classiques sont donnés en journée tantôt à Trinity Church, tantôt à St Paul's Chapel. Calendrier sur le site Internet, gratuit mais contribution acceptée. ***M° Wall St (4, 5) et M° Fulton St/ Broadway (4, 5).*** *www.trinitywallstreet.org*

DÉCOUVRIR

Le Civic Center

☆ **Les essentiels** Le Woolworth Building, 8 Spruce Street et le Brooklyn Bridge **À proximité** Le musée du Mémorial du 11 septembre et l'observatoire du 1WTC, Wall Street **Sans oublier nos adresses préférées** Zaitzeff pour un hamburger goûteux, puis une séance shopping chez Century 21

City Hall (plan 1, B1-B2) Au cœur du centre administratif de la ville, ce gracieux bâtiment en marbre blanc illustre l'éclectisme architectural en vogue au début du XIXe siècle. Construit entre 1802 et 1812, l'hôtel de ville conjugue les styles fédéral américain et néo-Renaissance française. De fait, il fut conçu par un architecte de chaque pays, le Français Joseph François Mangin et le New-Yorkais John McComb. La statue qui coiffe le clocheton figure la Justice. Le joli parc, où les employés des environs se détendent à la pause déjeuner, a servi tour à tour de pâturage et de lieu de rassemblements protestataires. Durant la guerre de l'Indépendance, on y installa des baraquements pour les soldats, et les Anglais y exécutaient les révolutionnaires. ***M° City Hall (R)*** *City Hall Park*

☆ **Woolworth Building (plan 1, B2)** Impossible de manquer ce gratte-ciel au décor néogothique exubérant, tout en pinacles et gargouilles, entièrement recouvert de panneaux de terre cuite vernissée. Érigé entre 1910 et 1913, il fut à l'époque le plus haut du monde, avec ses 241m. Son commanditaire, Frank Woolworth, était l'un des hommes les plus riches de son temps. La voûte du hall, fermé au public depuis les attentats du 11 septembre, est richement décorée de fresques et de mosaïques. Pour les fans de séries télé, l'immeuble abrite les bureaux du magazine *Mode* dans le feuilleton *Ugly Betty*. ***M° City Hall (R)*** *233 Broadway (entre Park Place et Barclay St)*

St Paul's Chapel (plan 1, B2) C'est le seul monument majeur de la période pré-révolutionnaire à ne jamais avoir été modifié. Construite entre 1764 et 1766, cette discrète chapelle a servi de sanctuaire sans interruption depuis sa consécration. George Washington allait y prier et, plus récemment, c'est là que se recueillaient les travailleurs du site des attentats du 11 septembre. ***M° City Hall (R)*** *209 Broadway (entre Fulton et Vesey Sts)*

UNE PAUSE BURGER Le choix du burger est un sujet très sérieux à New York. Ceux de Zaitzeff sont chaudement recommandés par les amateurs. Sur Nassau St, juste au sud de St Paul's Chapel. **Zaitzeff (plan 1, B2 n°31)** ***M° Fulton St (A, C, J, Z, 2, 3, 4, 5)*** *72 Nassau St Tél. 212 571 7272 www.zaitzeffburgers.com Ouvert tlj. 8h-0h*

☆ ☺ **8 Spruce Street (plan 1, B2)** Parmi les dernières-nées des grandes tours new-yorkaises, la 8 Spruce Street – anciennement Beekman Tower – témoigne du formidable renouveau architectural de la ville. Dessinée par Frank Gehry et achevée en 2011, elle se signale par sa merveilleuse silhouette, drapée d'une cascade d'acier brossé et d'aluminium dont l'aspect change subtilement selon la lumière. Haute de 267m pour 76 étages, elle combine des appartements de luxe, des locaux du New York Downtown Hospital, des commerces et une école. ***M° City Hall (R)*** *8 Spruce St (entre Gold et Nassau Sts)*

Municipal Building (plan 1, B1) Inauguré en 1914, cet immeuble imposant, qui se voulait sans doute une porte symbolique de la ville, forme un lourd amphithéâtre tournant le dos à l'East River. De style néo-Renaissance, il concentre, sur 90 000m^2, un nombre impressionnant de services administratifs de la ville employant quelque 2 000 fonctionnaires. Jusqu'en 2009, date à laquelle le bureau des mariages fut déplacé, environ 30 000 New-Yorkais y convolaient chaque année ! Au sommet de la tour s'élance une statue dorée nommée *Civic Fame* ("Renommée municipale"), haute de 8m. Quant aux quatre tourelles et à la tour principale, elles symbolisent les cinq *boroughs* unifiés en 1898. Prenez la peine de passer sous l'arche centrale, nettement inspirée des arcs de triomphe romains. Le rez-de-chaussée abrite une boutique de souvenirs à la gloire de la ville. ***M° City Hall (R)*** *1 Centre St*

SHOPPING À PRIX DISCOUNT

Des marques américaines comme Ralph Lauren, Calvin Klein, Marc Jacobs, à prix plancher, des chaussures dernier cri, de la maroquinerie : Century 21 est un grand magasin pour craquer sans se ruiner (p.293). **Century 21 (plan 1, B2 n°44)** ***M° Cortlandt St (R) ou Fulton St (A, C, J, Z, 2, 3, 4, 5, 6)*** *22 Cortlandt St (entre Church St et Broadway)*

★ ☺ Brooklyn Bridge (plan 1, C2) Au milieu du XIXe siècle, Brooklyn, ville alors indépendante, avait largement dépassé les 30 000 habitants et on évaluait à 50 millions le nombre annuel de passagers du ferry qui traversaient l'East River. En 1857, l'idée d'un pont fut lancée pour la première fois. La construction, commencée finalement en 1869, s'avéra fort compliquée. L'utilisation de caissons pressurisés causa des accidents, et la roche sous-jacente était plus profonde que prévu. Après des ajustements progressifs, le chantier prit plus de treize ans, durant lesquels vingt-sept ouvriers perdirent la vie. Au final, inauguré le 24 mai 1883, l'ouvrage était le plus long pont suspendu du monde – il le resta pendant vingt ans –, avec une portion centrale de 486m, pour une longueur totale de 1 825m. Ancré dans deux énormes piles néogothiques en pierre, il est soutenu par un réseau de câbles, dont les plus épais mesurent 40cm de diamètre. Le pont a joué un rôle majeur dans l'unification de Brooklyn et New York en facilitant le rapprochement des deux villes à la fin du XIXe siècle. Aujourd'hui, il est devenu, avec la statue de la Liberté et l'Empire State Building, l'une des icônes majeures de "Big Apple", et un but de balade à ne manquer sous aucun prétexte. ***M° City Hall (R)***

Parcourir le pont à pied ou à vélo

Blazing Saddles (plan 1, C2) L'accès au pont de Brooklyn pour piétons et cyclistes se fait du côté est de City Hall Park. L'aller-retour prend moins d'1h à pied et offre les vues les plus spectaculaires sur Manhattan, surtout le matin, quand les rayons du soleil font miroiter les vitres des gratte-ciel. Pour faire la balade à vélo (attention, ça grimpe quand même un peu), il suffit d'en louer un auprès de Blazing Saddles. ***M° Fulton St (A, C, J, Z, 2, 3)*** *South Street Seaport, Pier 17 Tél. 917 440 9094 www.blazingsaddles.com Ouvert tlj. à partir de 9h Tarif à partir de 40$ la journée*

Le South Street Seaport District

☆ **Les essentiels** L'Historic district et le musée de South Street Seaport
À proximité Wall Street, Ground Zero, le musée du Mémorial du 11 septembre, la tour 1WTC

☆ **Historic district (plan 1, C2-C3)** Il conserve quelques-uns des plus vieux immeubles de la ville et, surtout, garde un peu de l'atmosphère du port de jadis. On y accède en descendant Fulton Street vers South Street, qui longe l'East River. De 1814 à la construction du pont de Brooklyn, c'est de là que partait le Fulton Ferry vers Brooklyn. La berge était hérissée de pontons grouillant de l'activité des navires de commerce. Cette partie du port a commencé à décliner à la fin du XIXe siècle, quand les grands navires lui préférèrent les quais de l'Hudson, aménagés en eaux plus profondes. Trois des quais (*piers*) historiques subsistent. Les Piers 15 et 16 accueillent les navires du musée, tandis que la galerie commerciale du Pier 17, amplement modernisée, est rouverte depuis 2016. À l'arrière, aux beaux jours, une plage artificielle, la **Water Taxi Beach at South Street Seaport**, s'y installe avec son bar, son fast-food et son arpent de sable. Prenez aussi le temps de flâner le long de Front Street, Water Street et Peck Slip pour imaginer ce qu'était l'architecture des débuts de la ville. *M° Fulton St (A, C, J, Z, 2, 3, 4, 5)*

☆ ☺ **South Street Seaport Museum (plan 1, C2)** Conçu pour mettre en valeur le patrimoine maritime de New York, ce passionnant musée retrace à la fois l'histoire du port lui-même et du quartier qui l'entoure. Il s'organise en trois axes. *M° Fulton St (A, C, J, Z, 2, 3, 4, 5) 12 Fulton St et entre les Piers 16 et 17 Tél. 212 748 8600 www.southstreetseaportmuseum.org Ouvert mer.-dim. 11h-17h Tarif 12$, réduit 8$, -2 ans gratuit*

Schermerhorn Row Galleries Les Schermerhorn, riche famille de négociants et d'armateurs, firent construire, en 1811, Schermerhorn Row, un ensemble de bâtiments commerciaux (auberges, hôtels, magasins) occupant tout un pâté de maisons de Fulton Street, à proximité des quais. C'est dans une partie de ce *block* que le musée a ouvert ses galeries d'exposition. Elles se partagent entre les collections de marines, de *scrimshaws* (sculptures ou gravures réalisées par des marins sur des os de baleine), de maquettes de navires et de souvenirs des grands transatlantiques, et des expositions temporaires.

Les navires Amarrés entre les Piers 15 et 16, quelques navires anciens donnent une idée de ce que pouvait être le port à l'orée du XXe siècle. Le plus grand, le *Peking*, est un quatre-mâts allemand de 1911, figurant parmi les derniers de la marine à voile. L'*Ambrose* est un bateau-phare de 1908. Le *W. O. Decker*, petit remorqueur en bois de 1930, fonctionnait à la vapeur au moment de son lancement. Le trois-mâts *Wavertree*, doyen du musée, fut lancé en Angleterre en 1885. Le *Pioneer*, un sloop de 1885, transformé par la suite en goélette, servait au cabotage le long des côtes de Nouvelle-Angleterre, tandis que le *Lettie G. Howard*, une autre goélette de 1893, était utilisé pour la pêche. En saison, le *Pioneer* et le *Lettie G. Howard* accueillent quelques croisières dans la baie. Le second est alors amarré dans la petite marina située à hauteur de la West 79th St.

Faire une minicroisière

Circle Line Downtown (plan 1, C2) Vous rêvez d'embarquer sur une grosse vedette pour 1h de croisière autour de la pointe de Manhattan et de la statue de la Liberté ou de vous faire peur en fonçant à toute vitesse sur un *speedboat* déguisé en requin (30min) ? C'est possible au départ du South Street Seaport. *M° Fulton St (A, C, J, Z, 2, 3, 4, 5) Pier 16 South St Seaport Tél. 212 742 19 69* **Vedette Zephyr** *Ouvert avr.-déc. : tlj. 10h-17h (15h avr., nov. et déc.) Tarif 30$, 3-12 ans 19$* **Speedboat Shark** *Ouvert mai-sept. : tlj. 12h-17h (19h juin-août) Tarif 28$, 3-12 ans 19$*

★ Ground Zero / World Trade Center

☆ **Les essentiels** Ground Zero / World Trade Center dont le musée du Mémorial du 11 septembre et l'observatoire de la tour 1WTC **À proximité** North Cove et son port de plaisance **Sans oublier nos adresses préférées** Bed, Bath & Beyond pour remplir votre valise d'articles originaux pour la maison

Le terme anglais de *ground zero* désigne le point d'impact ou le point le plus rapproché d'une explosion. Dans le cas de New York, Ground Zero est le nom donné à l'ensemble du site détruit lors des attentats du 11 septembre 2001 (ici on dit *September 11* ou *9/11*), sur une vaste zone de 65 000 m². L'écroulement des deux tours du World Trade Center reste à ce jour l'événement le plus marquant de toute l'histoire new-yorkaise, par le nombre de morts (2 982), par ses conséquences économiques et pour son impact sur la physionomie de la ville. Cela explique l'importance récente du site pour la collectivité et la complexité des problèmes qui sont apparus dès le début de sa reconstruction. À la place des sept bâtiments détruits ou démolis dans les heures et les jours qui ont suivi l'attentat, il a été décidé d'édifier six nouvelles tours, qui reprennent le nom de World Trade Center et portent

Requiem pour les tours Jumelles

C'est David Rockefeller qui lance le premier, en 1959, l'idée de faire revivre les berges de l'East River en y créant un centre mondial du commerce (*trade*) et de la finance. Finalement, c'est près de l'Hudson, côté ouest, que le projet se concrétise, conçu par l'architecte Minoru Yamasaki, avec l'ambition d'y construire les plus hauts gratte-ciel du monde. Les travaux des *Twin towers* commencent en 1966. En décembre 1970, la tour Nord est terminée, à 417m. En juillet 1971, la tour Sud s'achève à 415m. Elles comptent chacune 110 étages et sont desservies par un système de 95 ascenseurs, partagés en desserte "locale", à chaque étage, et "express" pour atteindre très vite les étages supérieurs. Le 26 février 1993, une bombe explose dans les sous-sols de la tour Nord, tuant 6 personnes. Le 11 septembre 2001, à 8h46, un avion s'encastre dans la tour Nord. À 9h03, un autre percute la tour Sud, qui s'effondre 56 minutes plus tard. Sa jumelle s'écroule une demi-heure après – cf. Apocalypse Day (p.27).

chacune un numéro, comme c'était le cas des tours détruites. La tour Seven World Trade Center (7WTC) a été achevée en 2006, à l'angle de Greenwich et de Vesey Sts. Les tours 3, 4 et 5 sont elles aussi prévues sur cette portion de Greenwich Street. Mais les projecteurs sont surtout braqués sur le One World Trade Center (1WTC). Quant à la plate-forme de transports en commun du site, extérieurement très spectaculaire, elle a été conçue par l'architecte espagnol Santiago Calatrava et abrite les boutiques du Westfield World Trade Center (p.293). *M° World Trade Center (E) et Cortland St (R)* *www.wtcprogress.com*

One World Trade Center (1WTC) (plan 1, B2) La tour 1WTC, fameuse et emblématique Freedom Tower, compte 104 étages et mesure 1 776 pieds (541m) de hauteur, en évocation de l'année de l'indépendance des États-Unis en 1776. Grâce à sa disposition, chaque 11 septembre, elle sera éclairée par le soleil sans ombre portée, précisément entre 8h46, heure du premier crash, et 10h28, heure de l'effondrement de la tour Nord. Les débuts de sa construction ont été lents et problématiques (première pierre posée en 2004, déplacée en 2006, plans initiaux de Daniel Libeskind modifiés par David Childs...) en raison des enjeux politico-économiques, des conflits d'intérêt et de la crise financière. La fine flèche qui la couronne est finalement érigée début 2013 et l'☆**observatoire** panoramique du 100e étage (sur trois niveaux) inauguré en mai 2015. *M° World Trade Center (E) et Cortland St (R) 285 Fulton St / West St Tél. 844 696 1776 oneworldobservatory.com Ouvert sept.-mai : tlj. 9h-20h ; juin-août : tlj. 9h-0h Tarif 34$, réduit 32$, 6-12 ans 28$, billet coupe-file 56$*

Memorial (plan 1, B2) Plus important pour les familles et pour l'opinion mondiale que les tours, le Mémorial aux victimes a ouvert ses portes pour le dixième anniversaire des attentats, le 11 septembre 2011. Le principe retenu est de ne pas reconstruire d'édifice commercial là où tant de personnes ont perdu la vie et de marquer symboliquement l'empreinte des deux tours par deux profonds bassins dans lesquels s'écoule une cascade en rideau. Tout autour, des plaques portant le nom des victimes et une esplanade plantée de 400 chênes facilitent le recueillement dans le calme. Installé sous ces bassins depuis 2014 (13 ans après les événements), un vaste ☆**musée**, entièrement consacré à ce jour funeste, expose en outre documents, souvenirs et objets évoquant le drame, dont des pans des tours écroulées. Parallèlement, une association (9/11 Tribute Center) présente ce qui s'est passé et les victimes elles-mêmes. *M° World Trade Center (E) et Cortland St (R)* **9/11 Memorial** *180 Greenwich St Tél. 212 267 2047 www.911memorial.org Ouvert tlj. 7h30-21h Entrée libre, donation bienvenue* **9/11 Memorial Museum** *Church / Vesey / West / Liberty Sts www.911memorial.org Ouvert*

POUR UN PIQUE-NIQUE

Au nord de Ground Zero, rendez-vous à l'une des adresses de Whole Foods, la grande épicerie fine, pour se préparer un pique-nique ou trouver un plat à emporter. Bien pratique dans ce quartier où les restaurants sont chers.
Whole Foods (plan 1, A1 n°29) *M° Chambers St. (A, C, 1, 2, 3)*
270 Greenwich St (entre Warren et Murray Sts) Tél. 212 349 6555 www.wholefoodsmarket.com Ouvert tlj. 7h-23h

dim.-jeu. 9h-20h, ven.-sam. 9h-21h Dernière entrée 2h avant fermeture Tarif 24$, réduit 18$ **9/11 Tribute Center** *120 Liberty St www.tributewtc.org Ouvert lun.-sam. 10h-18h, dim. 10h-17h Tarif 15$, 8-12 ans 5$*

World Financial Center (plan 1, A2) À l'ouest de Ground Zero, entre West Street et l'Hudson, se dresse ce complexe de quatre immeubles aux panneaux de verre changeant. Conçu par l'architecte Cesar Pelli en 1985, il s'organise autour d'une galerie commerçante, de quelques restaurants et d'un jardin d'hiver ouvrant de façon spectaculaire sur l'Hudson et le port de plaisance de **North Cove**. Des expositions et des spectacles sont régulièrement organisés dans le complexe. *M° **Cortland St (R)** Accès par la passerelle (angle Vesey et West Sts) ou par l'entrée côté North Cove, sur les bords de l'Hudson www.worldfinancialcenter.com*

Le Financial District

☆**Les essentiels** Le New York Stock Exchange, le Federal Hall, Trinity Church **À proximité** Les berges de l'Hudson, l'embarcadère pour la statue de la Liberté, le ferry de Staten Island **Sans oublier nos adresses préférées** Un déjeuner au Harry's Cafe, *steakhouse* réputée pour ses viandes

Le Financial District : c'est ainsi que l'on nomme le quart sud-est de Lower Manhattan, où se concentrent les affaires financières. Principalement constitué de bureaux et de banques, le quartier compte toutefois de nombreux monuments historiques qui racontent les débuts et l'ascension de New York. C'est là en effet que s'était implantée la première colonie, Nieuw Amsterdam, dont on sait qu'elle comptait 120 maisons à pignon de style hollandais, un moulin et un petit canal central. Après l'arrivée des Anglais, l'architecture se diversifia pour adopter un style colonial inspiré du style georgien. Mais le véritable envol de l'urbanisation n'a commencé que dans la seconde moitié du XIXe siècle.

Wall Street (plan 1, B2) Au XVIIe siècle, la petite ville naissante était enclose par une palissade qui empêchait le bétail de s'éloigner et la protégeait d'éventuelles attaques des Amérindiens. Une ruelle, Wall Street, bordée de maisonnettes et de jardins, en suivait le tracé, marquant la limite nord de la ville. Après la destruction du "mur", en 1699, l'expansion vers le nord commença. Rapidement, Wall Street se retrouva au centre de gravité de la cité. Le City Hall (mairie) y fut construit, de même que Trinity Church, attirant naturellement un voisinage plus riche, tandis que marchands et artisans restaient près du rivage. Compagnies d'assurances, brokers et banques concentrèrent leurs sièges le long de Wall Street. Les affaires se traitaient à l'époque le plus souvent dans les tavernes et les *coffee houses*, comme la fameuse Tontine Coffee House, à l'angle de Wall et William Streets. Une Bourse du commerce fut construite dans Wall Street en 1827. Vers 1850, la rue, qui montait des quais de l'East River vers la silhouette de Trinity Church, avait fière allure, bordée d'édifices néogrecs imposants, devancés d'un perron et d'un portique à fronton. Le célèbre New York Stock Exchange (Bourse) est construit à quelques mètres de là sur Broad Street. Ce qui n'empêche pas le monde entier de désigner le marché américain par un simple "Wall Street", tant la rue est devenue le symbole de la finance. Aujourd'hui, à part le Federal Hall, les édifices historiques ont laissé la place à une succession de gratte-ciel, banques et sièges sociaux, qui ont transformé la rue en un étroit canyon parmi d'autres… ***M° Wall St (2, 3, 4, 5)***

☆ **New York Stock Exchange (plan 1, B2-B3)** La Bourse de New York prit officiellement le nom de New York Stock Exchange (NYSE) en 1863. Son ancrage ne resta pas longtemps local : l'influence du NYSE s'étendit vite à tout le pays avant de couvrir le monde entier. Le "temple" du capitalisme mondial est le symbole de la réussite économique du pays. L'édifice actuel date du début du XXe siècle. Le premier coup d'œil sur cet ouvrage connu dans le monde entier est un peu décevant, tant il semble écrasé par la hauteur des immeubles qui l'encadrent. Construit en 1903, il illustre l'engouement américain pour les styles néoantiques. La façade imite nettement un temple romain, avec un fronton chargé d'allégories en ronde-bosse, où l'Intégrité est entourée de l'Industrie et du Commerce. Les sculptures d'époque, en marbre, rongées par la pollution, ont été remplacées par des copies de métal recouvert de résine. En 2007, le NYSE fusionna avec son équivalent européen Euronext pour former NYSE Euronext, première Bourse transatlantique, qui s'est alliée à son tour en 2011 avec Deutsche Börse AG pour créer la première place au monde de levée de capitaux. À l'intérieur, la salle des marchés grouille d'activité. Les employés portent des vestes de couleurs différentes : vert pour les brokers qui mènent les transactions, bleu pour ceux qui les enregistrent et bleu clair pour les porteurs d'ordres. ***M° Wall St (2, 3, 4, 5)*** *8-18 Broad St (près de Wall St) Ne se visite pas*

☆ **Federal Hall National Memorial (plan 1, B2)** Entre 1785 et 1790, New York fut la première capitale des nouveaux États-Unis d'Amérique. Ce qui était jusque-là le City Hall, sur Wall Street, dut accueillir le Congrès et fut transformé en Federal Hall, siège du gouvernement. C'est sur le balcon de l'édifice que George Washington prêta serment, après son élection comme premier président des États-Unis, le 30 avril 1789. Lorsque New York cessa d'être la capitale, l'édifice fut réaffecté à l'administration municipale. Le bâtiment que l'on voit aujourd'hui n'est pas celui d'origine. Il date de 1842, typique de l'architecture néogrecque de l'époque. Il servit alors aux services des douanes, avant de devenir l'US Sub-Treasury (le Trésor) et de stocker des millions de dollars en or et en argent. La statue au bas des marches est celle de Washington. À l'intérieur, sont conservés la Bible sur laquelle il prêta serment et le garde-corps du balcon où il se présenta au peuple. ***M° Wall St (2, 3, 4, 5)*** *26 Wall St (angle Nassau St) www.nps.gov Ouvert lun.-ven. 9h-17h Entrée libre*

☆ **Trinity Church (plan 1, B2)** Trinity Church était la première paroisse new-yorkaise de l'Église anglicane, établie en 1697. Une première église fut construite dès 1698, à l'emplacement actuel, mais elle brûla en 1776. Un second sanctuaire la remplaça en 1790, mais fut gravement endommagé par les intempéries. L'église néogothique actuelle, constituée de grès rouge, fut consacrée en 1846. À ce moment-là, son clocher, à 86m, en faisait le plus haut bâtiment de New York, un fait difficile à imaginer tant il semble aujourd'hui

POUR LES MÉLOMANES
Plusieurs fois par semaine, en journée, des concerts sont donnés tantôt à Trinity Church tantôt à St. Paul's Chapel.
www.trinitywallstreet.org
Entrée libre, participation suggérée 5$

modeste à côté des gratte-ciel avoisinants. Au moment de l'indépendance, l'Église anglicane des États-Unis est devenue l'Église épiscopale, pour marquer son autonomie par rapport à l'Angleterre. Trinity Church est donc une église épiscopalienne. Pour l'anecdote, quand la reine d'Angleterre Élisabeth II a visité l'église en 1976, on lui a remis 279 grains de poivre comme symbole des arriérés de loyer, un pour chaque année depuis la fondation première de 1698 ! Durant les attentats du 11 septembre, beaucoup se réfugièrent dans l'église. Les lourdes portes en bronze (1893) sont sculptées de scènes de la Bible ou de l'histoire de l'Église et de New York. À l'extérieur, la **sculpture** peinte en rouge d'une énorme souche d'arbre est de Steve Tobin : il a récupéré les racines d'un sycomore géant qui poussait dans l'enclos de St.Paul's Chapel, à quelques centaines de mètres, et qui fut arraché et projeté lors de l'effondrement des tours. Le fait que la chapelle n'ait pas été touchée est considéré comme un miracle par les fidèles. Ne manquez pas non plus de faire un tour dans le paisible **cimetière** qui borde le sanctuaire : créé en 1697, il compte un grand nombre de tombes du XVIIIe siècle, dont celles d'hommes célèbres, comme Alexander Hamilton (1757-1804), secrétaire au trésor et architecte du capitalisme américain (partie sud du cimetière). La plus émouvante est aussi la plus ancienne de New York, celle du petit Richard Churcher (1676-1681), sur la gauche, le long de l'allée curviligne proche de Broadway (partie nord). ***M° Wall St (2, 3, 4, 5)*** *74 Trinity Place Ouvert lun.-ven. 7h-18h, sam. 8h-16h, dim. 7h-16h*

Le spectre du krach

Les fluctuations des cours de la Bourse sont à la base du fonctionnement des marchés. Régulièrement, des bulles spéculatives enflent. Quand elles explosent, le marché se retourne, les ventes d'actions excèdent les achats, les valeurs s'effondrent. Lorsque la baisse est brutale et massive, on parle de krach. Le plus célèbre reste celui de 1929, lorsque les fameux jeudi et mardi noirs, 24 et 29 octobre, amorcèrent le début d'une chute vertigineuse de plus de 25% en cinq jours. Le 13 novembre, la Bourse avait déjà perdu 39%. Le krach boursier s'accentua encore et fut suivi d'une crise économique mondiale. Ce n'est qu'en 1954 que Wall Street retrouva son niveau d'avant le krach. En 1987, la bulle spéculative d'Internet, en enflant au-delà du raisonnable, provoqua un nouveau krach à Wall Street. Le 19 octobre, l'indice Dow Jones avait perdu 22,6%. Entre 2000 et 2003, c'est au tour de l'autre indice boursier américain, le Nasdaq, de s'effondrer, pour une perte finale de 65% en moins de trois ans. Au début d'octobre 2008, lors de la crise des *subprimes* et de la faillite de la banque Lehman Brothers, Wall Street perdit 21% en moins d'une semaine.

Museum of American Finance (plan 1, B2) Installé dans l'ancien siège de la Bank of New York, ce musée consacré au système financier américain est loin d'être aussi ennuyeux qu'on pourrait le craindre. Moyennant une bonne compréhension de l'anglais, il devient facile de pénétrer les arcanes de cet univers, d'en saisir les forces et les faiblesses. On y constate que les scandales, les montages hasardeux, les conflits d'intérêts, les krachs sont loin d'être des nouveautés. Que sont les actions, les obligations, comment fonctionnent les différents marchés, comment ils sont (ou non) régulés, bref, tout ce que vous avez toujours voulu savoir… ***M° Wall St (2, 3, 4, 5)*** *48 Wall St (près de William St) Tél. 212 908 4110 www.moaf.org Ouvert mar.-sam. 10h-16h Tarif 8$, réduit 5$, -6 ans gratuit*

Federal Reserve Bank (plan 1, B2) La Banque fédérale de réserve de New York est l'une des douze banques régionales détenant des parts dans le Federal Reserve System (ou "Fed"), la banque centrale du pays, créée en 1913. La Fed contrôle la politique monétaire, ajuste les taux d'intérêt, supervise et régule les banques et maintient la stabilité financière. Ses décisions n'ont pas à être ratifiées par le président des États-Unis, mais elle doit en principe rendre des comptes au Congrès. La grave crise de 2008 et le scandale des *subprimes* ont récemment écorné cette image. La visite est strictement encadrée. On peut au choix parcourir les expositions temporaires sur le système financier ou découvrir la chambre forte où est conservée une importante partie des réserves d'or des États-Unis et d'une soixantaine d'autres pays. Plus du quart des réserves mondiales d'or est entassé dans les sous-sols de l'austère bâtiment, 24m sous la rue et 15m au-dessous du niveau de la mer. ***M° Wall St (2, 3, 4, 5)*** *33 Liberty St (entre Nassau et William Sts) Tél. 212 720 6130 www.newyorkfed.org Réservation en ligne impérative à partir de 30 jours à l'avance Ouvert lun.-ven. en général (variable) Entrée par le 44 Maiden Lane Visites libres (1h) des expositions : ttes les heures 10h-15h Visites guidées de la chambre forte : ttes les heures 9h30-15h30 Se présenter 20min avant pour les contrôles d'identité et de sécurité Entrée libre*

DÉJEUNER AVEC LES FINANCIERS

Dès que les employés de la finance sortent des bureaux, ils se précipitent vers la charmante Stone Street. Elle est bordée de restaurants très variés qui proposent tous un plat du jour ou une formule lunch. Aux beaux jours, de grandes tables sont dressées sur les pavés, et la rue devient une bruyante cantine à ciel ouvert. **Stone Street (plan 1, B3)** *M° Wall St (2, 3, 4, 5) Entre Broad St et Whitehall St*

Stone Street Historic District (plan 1, B3) Il reste bien peu de traces de la ville d'origine dans ce quartier. Seule une petite portion de Stone Street conserve son allure d'autrefois, étroite, pavée et bordée d'immeubles en briques zébrés par les escaliers de secours en fer peint. Stone Street fut l'une des premières rues de la ville à être pavée, en 1658. À l'époque, sous la domination hollandaise, elle s'appelait Hoogh Straet ("Grand-Rue"). Aux XVIIIe et XIXe siècles, elle était particulièrement animée en raison de la proximité du port et de la présence de nombreux marchands. Aujourd'hui, elle revit grâce aux terrasses des cafés et restaurants. ***M° Wall St (2, 3, 4, 5)*** *Stone St (entre William St et Coenties Slip)*

Fraunces Tavern (plan 1, B3) En 1762, Samuel Fraunces racheta un manoir, construit en 1719 par un huguenot français, qu'il convertit aussitôt en taverne florissante. Mais il accueillait en même temps les réunions secrètes d'un groupe d'*insurgents*, les Fils de la Liberté, qui projetaient de débarrasser la colonie de la tutelle britannique. En 1783, après la victoire, la taverne fut le cadre des célébrations des officiers et de la soirée d'adieux de Washington à l'armée révolutionnaire. Durant la mise sur pied du nouvel État, ses salles servirent de bureaux à l'administration naissante. Le bâtiment que l'on visite ne date, lui, que de 1907 et fut construit pour pérenniser ce lieu mythique de l'histoire américaine. La visite dévoile la reconstitution d'une salle à manger privée et de la Long Room, où le général *insurgent* George Clinton célébra la fin de la guerre. On découvre aussi le fonctionnement des clubs privés et sociétés plus ou moins secrètes de l'époque, ainsi que les grandes étapes de la révolution américaine à New York. ***M° Whitehall St (R)*** *54 Pearl St (angle Broad St) Tél. 212 425 1778 www.frauncestavernmuseum.org Ouvert lun.-ven. 12h-17h, sam.-dim. 11h-17h Tarif 7$, réduit 4$, -5 ans gratuit*

CHAUD, LE BAGEL ! Avant de choisir votre bagel chez Leo, échoppe très prisée, demandez ceux qui sortent du four : ils sont tellement meilleurs encore chauds ! Ensuite, libre à vous d'y associer l'une des garnitures de fromage frais ou de poisson fumé (moins de 10$). Sandwiches plus élaborés jusqu'à 18$. **Leo's Bagels (plan 1, B3 n°4)** ***M° Wall St (2, 3)*** *3 Hanover Sq. Tél. 212 785 4700 www.leosbagels.com Ouvert lun.-ven. 6h-18h, sam.-dim. 7h-17h*

Battery Maritime Building (plan 1, B3) Identifiable à son style Beaux-Arts très chargé, ce bâtiment en fonte peinte achevé en 1909 n'en finit plus d'être remis au goût du jour. Son grand hall peine à évoquer l'âge d'or où 17 lignes de ferries y transitaient vers Brooklyn, avant la construction des ponts. Les derniers plans en date prévoient de créer là un hôtel, un restau-

Governors Island, une échappée verte

Poste militaire défensif depuis la fin du XVIIIe siècle, ☺ **Governors Island** (70ha), qui s'étend juste au sud de Manhattan, est devenue un monument national en 2001. Partiellement accessible au public depuis 2003, elle est reliée à Manhattan aux beaux jours. Les New-Yorkais viennent profiter des espaces verts, faire du vélo (location sur place), pique-niquer, assister à des concerts en plein air et découvrir les témoins de l'occupation militaire, Castle William (prison pour les confédérés durant la guerre de Sécession) et Fort Jay. Sur place, la Water Taxi Beach, un genre de bar de plage, permet de manger un snack et de se désaltérer. ***M° Whitehall St (R) ou South Ferry (1)*** *Battery Maritime Building 11 South St (près de Whitehall St) Tél. 212 825 3045 www.nps.gov Traversées de mi-mai à fin sept. sam.-dim. 10h-19h Tarif ferry 2$, réduit 1$, -13 ans gratuit Accès libre au site Horaires et fréquences susceptibles d'évoluer en fonction de l'avancement des aménagements* rant et des boutiques. C'est actuellement le point de départ, en saison, du ferry pour Governors Island. ***M° Whitehall St (R) ou South Ferry (1)*** *11 South St (près de Whitehall St)*

James Watson's House (plan 1, B3) Face à Battery Park, au pied d'un gratte-ciel tout en verre miroitant, le regard est attiré par cette jolie demeure coloniale en briques rouges à colonnades blanches. Seule la façade de 1793 est d'époque, mais il s'agit, dans ce quartier, du seul témoin de la période des grands manoirs georgiens. La demeure appartenait à James Watson, un riche armateur. Par la suite, une Irlandaise fortunée la racheta et y fonda la mission de Notre-Dame-du-Rosaire, en faveur des jeunes filles immigrées. La chapelle, construite en 1965, est dédiée à Elizabeth Seton (1774-1821), la première sainte américaine, canonisée en 1975. Elle est à l'origine du réseau américain d'écoles paroissiales. ***M° Whitehall St (R) ou South Ferry (1)*** *7 State St (entre Pearl et Water Sts)*

DÉCOUVRIR NEW YORK

Battery Park City et l'Hudson

☆ **Les essentiels** Le ferry pour Staten Island, le Museum of the American Indian, le Museum of Jewish Heritage, la balade le long de l'Hudson **À proximité** Ground Zero, Wall Street **Sans oublier nos adresses préférées** Le Battery Place Market pour pique-niquer en bord d'Hudson

Battery Park (plan 1, B3) Le rivage de l'extrême sud de Manhattan n'a pas toujours eu l'aspect qu'on lui découvre aujourd'hui. À l'arrivée des premiers colons, la côte était marécageuse, avec un large estran. Toute la ceinture extérieure, au-delà de Water Street, à l'est, et de Greenwich Street, à l'ouest, a été consolidée et gagnée sur les eaux. La partie sud était protégée par des batteries d'artillerie, qui ont laissé leur nom à Battery Park. Au pic de l'immigration (1880-1920), c'est là que débarquaient les nouveaux arrivants. C'est devenu une agréable promenade, au confluent de l'East River et de l'Hudson. Le parc rassemble plusieurs monuments. Le plus spectaculaire est l'**East Coast Memorial** (1963), huit murs de granit gris face à la mer, gravés des noms des 4 601 disparus en mer lors de la Seconde Guerre mondiale. Émouvant aussi, dans un tout autre genre, l'**American Merchant Mariners' Memorial** (1991), dans les eaux de l'Hudson, juste à côté de l'embarcadère pour la statue de la Liberté, représente un groupe de marins essayant de survivre au naufrage de leur navire, torpillé par un U-boat allemand. Un peu en retrait, le **monument à la guerre de Corée** (1991), une immense silhouette de soldat découpée dans un bloc de granit, est dédié au "soldat universel" et aux victimes des guerres oubliées. Vous trouverez à l'extrémité sud de Battery Park l'embarcadère du ☆ **ferry gratuit pour Staten Island,** dont le parcours offre une vue splendide sur Manhattan – cf. Staten Island (p.103). ***M° Whitehall St/South Ferry (R) ou Bowling Green (4, 5)***

Castle Clinton (plan 1, B3) Aux débuts de la colonie, avant le remblaiement du quartier, l'emplacement du futur Castle Clinton était un îlot qui assurait, en conjugaison avec les batteries du rivage et Governors Island, le système défensif de la ville. Le fort circulaire en grès date de 1812, durant la guerre contre les Anglais. Rebaptisé Castle Garden en 1824, il commença à accueillir des concerts et des fêtes populaires, puis, après l'addition d'un toit, des représentations théâtrales et lyriques. Entre 1855 et 1890, le fortin servit de poste de contrôle des immigrants, dont huit millions passèrent par là. En 1896, remplacé par Ellis Island, il poursuivit sa carrière éclectique, affecté au New York Aquarium. Le bâtiment est devenu monument national en 1946. La visite est rapide, mais ne manquez pas la petite salle face à l'entrée : vous y verrez l'évolution de la ville en trois maquettes : New York en 1812, 1886 et 1941. C'est aussi dans Castle Clinton que se trouve la billetterie pour la statue de la Liberté, cf. Liberty Island et Ellis Island côté pratique (p.102). ***M° Whitehall St/South Ferry (R) ou Bowling Green (4, 5)*** *www.nps.gov Ouvert tlj. 7h45-17h Entrée libre*

Pier A (plan 1, B3) Construit en 1886 avec des matériaux qui provenaient des travaux du pont de Brooklyn, ce quai pittoresque surmonté d'un petit beffroi fait partie des derniers vestiges du port historique. Tour à tour siège de la police du port, du service des ferries, des pompiers marins, il n'en finit plus de se dégrader tristement. Malgré plusieurs projets de restauration, les travaux avancent très lentement, otages des litiges juridiques et financiers. ***M° Bowling Green (4, 5)*** *À proximité de Clinton Castle et de l'embarcadère pour la statue de la Liberté*

☆ **National Museum of the American Indian (plan 1, B3)** Annexe de la prestigieuse Smithsonian Institution de Washington, ce musée occupe l'ancienne Custom House (palais des Douanes), un édifice néoclassique conçu en 1899 par Cass Gilbert, l'architecte du Woolworth Building. Belle rotonde en ellipse, avec des collections qui s'organisent en deux ou trois expositions temporaires de qualité sur la culture passée et présente des Amérindiens. Devant le musée, la petite place de **Bowling Green** était un terrain de jeu de quilles sur gazon du temps de la colonie britannique. ***M° Bowling Green (4, 5)*** *1 Bowling Green Tél. 212 514 3700 www.nmai.si.edu Ouvert ven.-mer. 10h-17h, jeu. 10h-20h Entrée libre*

Skyscraper Museum (plan 1, B3) C'est l'aménagement intérieur de ce petit musée qui impressionne le plus, tant les jeux de perspectives et de reflets contribuent astucieusement à donner l'impression de hauteur et de volume. Quant aux collections, il faut consacrer un peu de temps à regarder les différentes vidéos et lire les notices pour comprendre l'histoire et les enjeux de la construction des gratte-ciel (*skyscrapers*), autant à New York qu'ailleurs dans le monde. Une maîtrise raisonnable de l'anglais est donc nécessaire. ***M° Bowling Green (4, 5)*** *39 Battery Place Tél. 212 968 1961 www.skyscraper.org Ouvert mer.-dim. 12h-18h Tarif 5$, réduit 2,50$, -12 ans gratuit*

☆ ☺ **Museum of Jewish Heritage (plan 1, A3)** Conçu comme un mémorial de l'Holocauste, ce musée utilise tous les symboles. Pour les six millions de morts et les six branches de l'étoile de David, l'architecte Kevin Roche a imaginé de travailler autour du chiffre 6 : il y a donc six façades et six niveaux de surface décroissante. ***M° Bowling Green (4, 5)*** *36 Battery Place Tél. 646 437 4202 www.mjhnyc.org Ouvert mi-mars-oct. : jeu. et dim.-mar. 10h-17h45, mer. 10h-20h, ven. 10h-17h ; nov.-mi-mars : jeu. et dim.-mar. 10h-17h45, mer. 10h-20h, ven. 10h-15h Tarif 12$, réduit 7$, -12 ans gratuit Entrée libre mer. 16h-20h*

1er niveau Le parcours monte en un large colimaçon, débutant avec l'exode du peuple hébreu à la sortie d'Égypte et une réflexion sur ce qu'est la judéité, sur l'importance de la lignée et des rituels. Les principaux aspects de la vie juive à la charnière des XIXe-XXe siècles sont ensuite expliqués, à travers les fêtes, l'éducation, la synagogue et les activités professionnelles. L'implication des juifs dans la vie politique est également évoquée.

2e niveau On aborde ici la place des juifs dans l'Europe en crise, au début de la montée du nazisme. Puis le premier exode des plus clairvoyants, la lente et inexorable dégradation de la situation, l'invasion de la Pologne, les ghettos, la déportation, la collaboration, l'exil…

3e niveau Après la guerre, deux sujets sont évoqués : la création de l'État d'Israël ainsi que l'alya et la réussite des juifs d'Amérique. La visite s'achève par le renouveau religieux qui anime la communauté ces récentes années.

DU BIO À EMPORTER

Idéale pour se composer un pique-nique, voici une épicerie bio proposant des salades et viandes froides préemballées, mais aussi un comptoir de salades et plats cuisinés de qualité, à base de produits locaux. Ne manquez pas, pour le dessert, les savoureux biscuits et chocolats. **Battery Place Market (plan 1, B3 n°11)** *M° Bowling Green (4, 5) 77 Battery Place (à l'angle de la 3rd Place) Tél. 212 786 0077 Ouvert lun.-ven. 6h-22h, sam.-dim. 6h-21h*

☆ ☺ **Promenade des berges de l'Hudson (plan 1, A2-A3)** Souvent délaissée par les touristes, la rive de l'Hudson, dans l'ouest de la pointe de Manhattan, offre pourtant l'une des plus belles promenades de la ville, complètement à l'écart du bruit de la circulation. C'est l'après-midi qu'elle est la plus agréable, quand le soleil descend derrière les gratte-ciel du New Jersey, de l'autre côté du fleuve. Les berges sont ponctuées de bancs et plantées d'arbres. En retrait, se dressent les immeubles résidentiels de **Battery Park City**, séparés par de petits parcs. La promenade passe d'abord l'anse de South Cove et son jeu de passerelles de bois. Plus loin, la jolie marina de **North Cove** est entourée par les immeubles vitrés du World Financial Center, dont le jardin d'hiver donne sur une large esplanade. Si vous ne souhaitez pas vous restaurer dans l'un des établissements, sachez que les tables qui bordent le rivage sont publiques et ouvertes aux pique-niqueurs. La balade se poursuit vers le nord et passe devant l'**Irish Hunger Memorial**, un monument étrange, mélange de tunnel austère et de ruines reconstituées, qui évoque le million et demi de morts de la Grande Famine irlandaise au XIXe siècle. Enfin, à l'extrémité nord, non loin de TriBeCa, les immenses pelouses du Nelson Rockefeller Park accueillent les jeux des enfants et des étudiants des collèges voisins. *M° Bowling Green (4, 5) Départ de Pier A, le long de Robert Wagner Park ou du Museum of Jewish Heritage Arrivée près de Pier 25, face à Harrison St*

AU COUCHER DU SOLEIL…

Pour faire une déclaration d'amour au coucher du soleil ou tout simplement pour vous chauffer à ses derniers rayons, dirigez-vous vers la partie sud de South Cove, au bout de 1st Place. Pour boire un verre devant les bateaux de plaisance, optez plutôt pour North Cove et les terrasses du World Financial Center. **Berges de l'Hudson (plan 1, A2-A3)** *M° Rector St (R, 1) ou Cortland St (R)*

Se balader à vélo le long de l'eau

Bike and Roll (plan 1, B3) Que vous désiriez parcourir les berges de l'Hudson, visiter Staten Island, traverser le pont de Brooklyn ou vous évader sur Governors Island, le vélo est idéal. On vous fournira une carte très bien faite pour trouver les circuits verts et tranquilles et on vous donnera tous les tuyaux. *M° **Bowling Green** (4, 5) Devant Pier A Tél. 212 260 0400 www.bikeandroll.com Ouvert mars-nov. tlj. 9h-19h (8h-20h en été) Tarifs à partir de 14$/h, 44$/j.*

★ La statue de la Liberté et Ellis Island

☆ **Les essentiels** La statue de la Liberté, Ellis Island **À proximité** Les berges de l'Hudson, le ferry pour Staten Island, le Museum of the American Indian, le Museum of Jewish Heritage

★ **Statue of Liberty** Sans doute l'image le plus souvent associée à New York est-elle la statue de la Liberté. C'est aussi le monument le plus fréquenté (4 millions de visiteurs en 2014) de la ville, classé sur la Liste du patrimoine mondial par l'Unesco en 1984. Le projet d'un monument en hommage à l'amitié franco-américaine est lancé en 1865 par Edouard de Laboulaye, juriste et professeur au Collège de France. Avec la fin de la guerre de Sécession, l'abolition de l'esclavage et le centenaire de la révolution américaine, le moment était propice. Pour réaliser le monument, on choisit un sculpteur alsacien, Frédéric Auguste Bartholdi. Il pensa très vite à représenter la Liberté, qui lui semblait un symbole idéal. Après une visite à New York, il l'imaginait marquant l'entrée du Nouveau Monde. Une souscription fut lancée en France pour le financement de la statue, et aux États-Unis pour celui du site et du socle. Le modèle fut exécuté en plâtre par le sculpteur – on dit que le visage est celui de sa mère – mais la statue elle-même, en cuivre martelé, possède une charpente métallique conçue par Gustave Eiffel. *La Liberté éclairant le monde* fut achevée en 1884 et présentée à l'ambassadeur américain à Paris, avant d'être démontée et stockée dans des caisses en vue de son transport. Mais de l'autre côté de l'Atlantique, les choses n'avançaient pas aussi bien et le piédestal sur lequel devait reposer la statue n'était pas prêt, faute de budget pour les travaux. Il fallut tout l'entregent du patron du journal *New York World*, Joseph Pulitzer, pour rassembler l'argent manquant. Finalement, en 1885, la *Liberté* traversa l'Atlantique dans ses caisses pour être assemblée sur place. On l'inaugura officiellement le 28 octobre 1886, soit dix ans après le centenaire de l'indépendance.

Visite Si vous n'avez que le billet pour la traversée, vous pouvez faire le tour de l'îlot, au pied de l'ancien fort en étoile à onze branches, sur lequel est construit le piédestal. Seuls les

LES CHIFFRES DE LA LIBERTÉ

La statue se dresse sur un îlot de la baie de New York, à 2,6km au sud-ouest de Manhattan. La statue elle-même atteint 46m de hauteur au sommet de la torche, 93m en comptant l'ensemble du socle. Sa main à elle seule mesure 4,80m. L'ossature métallique pèse 125t. La couverture de cuivre est constituée de 300 plaques martelées à la bonne forme, pour un poids de 100t. Cette "peau" ne fait pourtant que 2,37mm d'épaisseur.

DÉCOUVRIR NEW YORK

titulaires d'un *pass* ont accès à l'intérieur du socle et de la célèbre dame verte – sa couleur vient de l'oxydation du revêtement de cuivre. Le niveau inférieur ou promenade permet de contourner le piédestal. À l'intérieur, au 2e étage, une exposition présente l'histoire de la statue et la torche d'origine dorée à la feuille, qui a été remplacée en 1980. L'accès à l'observatoire, au 10e étage du piédestal, n'offre pas une meilleure vue de la statue mais permet de mieux appréhender le site et de mieux voir Manhattan. La montée à la couronne est limitée à trente personnes par heure. Par temps chaud, n'oubliez pas que l'espace est restreint là-haut, que l'on y est vite claustrophobe… et que, si l'ascenseur tombe en panne, vous devrez monter ou descendre 354 marches en colimaçon. À noter que, dans sa main gauche, la *Liberté* tient une tablette évoquant la loi et portant la date de la Déclaration d'indépendance, 4 juillet 1776.

★ **Ellis Island** Porte d'entrée aux États-Unis pour des millions d'immigrants, Ellis Island mérite une escale en tant que symbole de l'histoire cosmopolite des États-Unis. Vers le milieu du XIXe siècle, alors que l'immigration prenait des proportions très importantes, se posa la question de l'accueil des nouveaux

Liberty Island et Ellis Island côté pratique

La visite demande un minimum d'organisation, car les visiteurs doivent subir les contraintes de la traversée en vedette et des contrôles de sécurité extrêmement stricts, quelle que soit la saison. Nous vous recommandons de prendre vos billets au moins la veille (ou de les acheter sur Internet) et d'arriver tôt le matin, au moins 30min avant la première vedette, car la file d'attente se formant avec les personnes ayant déjà leur billet commence de bonne heure. La **billetterie** est située dans Castle Clinton (p.98). La traversée en vedette est payante. L'accès à Liberty Island, à Ellis Island et à son musée est gratuit. Un audiotour en français, proposé en sus, est fortement recommandé. L'accès au piédestal et à la couronne de la statue est très limité et doit impérativement être réservé d'avance, avec un surcoût pour la couronne (interdite aux enfants de moins de 1,20m). On vous remettra un *pass* spécial avec votre billet. Pour avoir le temps de visiter correctement les deux îlots, ne partez pas après 13h de Battery Park. La vedette s'arrête d'abord à Liberty Island puis elle repart vers Ellis Island avant de regagner Battery Park. ***M° South Ferry (1) ou Bowling Green (4, 5) ou Whitehall St (R)*** *Ticket Booth, Castle Clinton, Battery Park Tél. 877 523 9849 www.statuecruises.com Vedettes : été 8h30-17h ttes les 15min ; printemps : 8h30-16h ttes les 20min ; automne et hiver : 9h30-15h30 ttes les 25min Durée traversée 15min Tarifs traversée + piédestal + audiotour : 18,50$, réduit 9-14$ Avec accès à la couronne : 21,50$, réduit 12-17$*

arrivants. Dans un premier temps, à partir de 1855, on les filtrait à Castle Clinton, au sud de Manhattan. En 1890, les services d'immigration décidèrent de transférer le centre de réception sur Ellis Island, un îlot qui servait auparavant de dépôt de munitions. Quand il ouvrit en 1892, il n'y avait là que des baraquements de bois. L'énorme édifice de style Beaux-Arts ne fut achevé qu'à la fin de 1900. Jusqu'en 1924, une moyenne de 5 000 "cas" y étaient examinés chaque jour. Dès leur descente des bateaux, les arrivants étaient minutieusement inspectés – les malades étant refoulés –, et soumis à un questionnaire précis. Avec le durcissement des lois sur l'immigration, dans les années 1920, le centre ralentit considérablement son activité, pour fermer définitivement en 1954.

Ellis Island Immigration Museum Dès votre arrivée sur Ellis Island, allez retirer vos billets pour la projection gratuite du film *Island of Hope, Island of Tears* car les séances se remplissent vite. Outre ce film, la visite commence par la salle des bagages, où s'entassaient les arrivants. Au même niveau, une petite exposition présente les différentes immigrations. Le 2e niveau s'organise autour de la salle de l'état civil, tandis que le 3e niveau abrite les anciens dortoirs. Tous deux exposent des documents, photos et objets personnels des immigrants, qui donnent une émouvante épaisseur à ce lieu poignant. Si un membre de votre famille a un jour émigré vers les États-Unis, sans doute est-il passé par Ellis Island. Ne manquez pas de chercher son nom sur l'American Immigrant Wall of Honor, un long muret circulaire couvert de métal gravé de quelque 600 000 noms, ou à l'American Family Immigration History Center, qui répertorie plus de 22 millions d'immigrants passés par Ellis Island entre 1892 et 1924.

Staten Island

☆ **Les essentiels** Le trajet en ferry, une balade à vélo le long des plages
À proximité Lower Manhattan

Staten Island est le plus préservé de l'urbanisation de tous les *boroughs* de New York, une île résidentielle où s'installèrent beaucoup de huguenots français au XVIIe siècle. Elle recense aujourd'hui une importante communauté italo-américaine (plus du tiers de sa population). Si la façade occidentale est pratiquement collée à la côte du New Jersey, la côte orientale est nettement plus sauvage, bordée de plages et d'espaces verts. Les ferries pour Staten Island partent du Staten Island Ferry Terminal, à la pointe sud de Lower Manhattan. À l'arrivée, du débarcadère du ferry, une ligne de train parcourt Staten Island jusqu'au sud-ouest de l'île, et plusieurs lignes de bus en desservent les sites majeurs.

☆ ☺ **Staten Island Ferry (plan 1, B3)** Voici une idée fort sympathique pour découvrir les gratte-ciel du large, sans pour autant dépenser un cent ! Une flotte de neuf ferries transporte vingt millions de passagers chaque année (plus de 60 000 par jour), qui transitent matin et soir pour se rendre au travail. La traversée des 8km qui séparent Manhattan de Staten Island se fait en 25min, selon un processus parfaitement huilé. Aux heures de pointe, les flots de passagers que déversent les Escalator sont impressionnants. Sur le trajet, vous verrez la statue de la Liberté, à droite, mais d'assez loin. En revanche la vue sur Manhattan est unique, surtout en fin de journée, quand le soleil enflamme les millions de vitres des immeubles. ***M° South Ferry (1)*** *Au bout de Whitehall St www.siferry.com Fonctionne tlj. ttes les 15min aux heures de pointe, ttes les 30min en journée, ttes les heures la nuit entre 1h30 et 5h30 Traversée 25min, piétons et vélos uniquement Gratuit*

Historic Richmond Town C'est la partie la mieux préservée de l'île, surtout un ensemble d'une trentaine de ravissants édifices de style fédéral des XVIIe et XVIIIe siècles, rassemblés en village. Vous y verrez notamment la plus ancienne école du pays. ***Bus S74*** *441 Clarke Ave. Tél. 718 351 1611 www.historicrichmondtown.org Ouvert mer.-dim. 13h-17h (11h-17h en juil.-août) Tarif 8$, réduit 6$, 4-11 ans 5$, entrée libre ven.*

Jacques Marchais Museum of Tibetan Art En 1945, Jacques Marchais, une collectionneuse (c'était une femme comme son nom ne l'indique pas) avertie, experte en art tibétain, décida d'ouvrir un musée reposant sur sa collection privée. Elle dessina elle-même le jardin et l'ensemble des bâtiments en s'inspirant des monastères de l'Himalaya. Outre la présentation des objets rares issus de son fonds permanent, le musée organise des expositions temporaires de qualité. ***Bus S74*** *338 Lighthouse Ave. Tél. 718 987 3500 www.tibetanmuseum.org Ouvert mer.-dim. 13h-17h Tarif 6$, réduit 4$, -6 ans gratuit*

Sillonner Staten Island à bicyclette

☆☺ **Balade à vélo** Vous pouvez louer un vélo pour la journée avant de prendre le ferry (passage gratuit) auprès de Bike and Roll (p.101) ou de Blazing Saddles (p.89). Dans les deux cas, demandez bien la carte NYC Bike Map, un plan très bien fait qui indique toutes les voies cyclables. Arrivé à Staten Island, longez la côte orientale vers le sud, jusqu'à passer sous l'arrivée du Verrazano Bridge, qui relie Staten Island à Brooklyn (pas d'accès piétonnier ni cycliste). En poursuivant le long du rivage, vous arrivez à South Beach par une longue piste cyclable séparée de la route et longeant la plage (aussi accessible du ferry par la ligne de bus S53). Un peu plus loin, une piste gravillonnée contourne la petite baie du Gateway National Recreation Area. En retrouvant la route côtière, vous arrivez enfin à Wolfe's Pond Park (env. 20km du terminal du ferry), son étang et sa plage (Cornelia Ave., accessible du ferry par la ligne de bus S78). Le retour peut se faire par le même chemin ou via l'intérieur de l'île, Richmond Town et le Jacques Marchais Museum. Comptez une cinquantaine de kilomètres pour le circuit complet (env. 3h de vélo).

TRIBECA ET SOHO

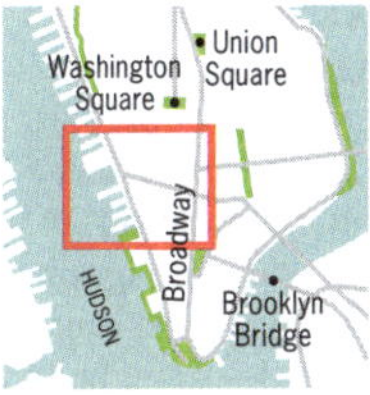

Désignés par ces acronymes que New York aime tant, TriBeCa (TRIangle BElow CAnal) et SoHo (SOuth of HOuston) s'étendent au nord de Ground Zero. La proximité du centre névralgique de la finance et l'abondance de lofts font du premier l'un des quartiers les plus hypes pour jeunes yuppies ambitieux qui trouvent calme et élégance le long de rues encore pavées. Le second bénéficie du voisinage vibrant du Village et concentre boutiques de luxe et bars branchés, le tout dans une architecture raffinée, classique de la grande époque new-yorkaise.

TRIBECA, ENTREPÔTS ET RUES PAVÉES Au XVIIe siècle, la ville est concentrée au sud de l'emplacement actuel de City Hall. À partir de 1644, immédiatement au nord, autour d'un petit lac de récupération des eaux, des parcelles, les *Negro lots*, sont attribuées aux esclaves "demi-libérés". C'est d'ailleurs dans ces parages que l'on installera par la suite le cimetière des Noirs, dit alors Negro Burial Ground. Au début du XVIIIe siècle, les terres marécageuses des bords de l'Hudson sont encore occupées par quelques fermes et un embryon d'industrie, avec notamment une brasserie et une fonderie. Puis, peu à peu, les marécages sont asséchés et des rues sont tracées à l'ouest de Broadway, qui est l'ancien sentier reliant la colonie primitive au village de Harlem, au nord. À la fin du XVIIIe siècle, la limite de la ville atteint l'actuelle Houston Street. À l'exception de Broadway et des rues de la ville initiale, le plan urbain commence à s'organiser selon une grille régulière, parallèle aux deux fleuves et plus facile à développer. Les quais et pontons de l'East River ne suffisent plus et on commence à en construire le long de l'Hudson. La véritable mutation de l'actuel quartier de TriBeCa correspond à la prééminence progressive des quais de l'Hudson, favorisés par des eaux plus profondes nécessaires à des navires toujours plus imposants. Vers le milieu du XIXe siècle, l'activité portuaire et marchande s'y concentre. Entrepôts, grands magasins et bureaux remplacent les anciennes maisons des familles riches, qui vont construire plus au nord. Dans l'est du quartier, Broadway est devenue une artère commerçante élégante où s'alignent les bijouteries, les parfumeries et les théâtres. Jusqu'à la Seconde Guerre mondiale, TriBeCa grouille de vie et d'activité. Mais le déclin du port et des industries associées menace le quartier à partir des années 1960. Abandonné (il ne compte plus que 243 occupants en 1970), mal fréquenté, il semble voué à la destruction, n'étaient les efforts d'un collectif d'artistes qui voient dans les vastes entrepôts de superbes ateliers potentiels. Depuis, flambée des loyers oblige, les artistes ont à leur tour déserté, remplacés par une population très aisée de jeunes loups de la finance ou de célébrités. Depuis les attentats du 11 septembre, Robert De Niro en est devenu le parrain le plus fameux, père du TriBeCa Film Festival et partenaire en affaires de cinémas et de restaurants.

SOHO, BOUTIQUES ET COLONNES Au nord de TriBeCa, l'actuel quartier de SoHo déborde de boutiques en tout genre, de galeries d'art, de bars et de restaurants. Si sa partie sud fut temporairement occupée par une petite communauté d'esclaves affranchis, il n'a réellement pris son envol qu'au début du XIXe siècle, quand Broadway a commencé à concentrer toute l'animation de la cité en devenir. À l'époque, c'était un quartier bourgeois, habité par des familles aisées qui avaient fui la surpopulation et les zones de bureaux et d'entrepôts de la pointe sud de Manhattan. Sa vocation commerciale a commencé très tôt, avec l'implantation de grands magasins, d'hôtels et de théâtres. Mais l'animation des journées s'achevait, à la nuit tombée, dans une licence si folle (Mercer Street concentrait les deux tiers des prostituées de la ville) que cela fit fuir le bourgeois, déjà embarrassé par l'implantation d'immeubles commerciaux qui ne fit que se multiplier. C'est là que l'on découvre l'un des patrimoines les plus attachants de New York, les façades en fonte (p.110), les fameux *cast iron buildings*. Certaines rues, notamment Greene et Broome, en ont gardé des alignements intacts, qui donnent une parfaite idée de la ville d'avant les gratte-ciel. Classée Cast Iron Historic District depuis 1973, la partie est de SoHo offre au promeneur une profusion de façades aux innombrables fenêtres délicatement ornées de colonnades et de corniches ouvragées. Pourtant, comme TriBeCa, son voisin, SoHo a bien failli tomber dans l'oubli. Avant de recevoir son nom actuel, la zone était dénommée Hell's Hundred Acres ("les Cent Arpents de l'enfer"), tant les incendies dans les entrepôts déserts et les immeubles vétustes y étaient fréquents. Sauvé par les nombreux artistes et galeristes qui s'y installèrent dans les années 1960, SoHo est désormais trop cher pour le commun des mortels et concentre surtout commerces de luxe et appartements pour New-Yorkais dorés.

MODE D'EMPLOI

orientation

TriBeCa est délimité au sud par Warren St, au nord par Canal St, à l'est par Lafayette St, à l'ouest par l'Hudson River. SoHo s'étend de Canal St, au sud, à Houston St, au nord, de Lafayette St, à l'est, aux berges de l'Hudson, à l'ouest.

accès

EN MÉTRO
Pour visiter la partie la plus intéressante de TriBeCa, stations Chambers St (A, C, 1, 2, 3) ou Franklin St (1). Pour le shopping et le district historique à SoHo, stations Prince St (N, R), Spring St (C, E, 6) ou Canal St (A, C, E, J, N, Q, R, Z, 1, 6).

EN BUS
La ligne 5 descend par Broadway et remonte par 6th Ave., dans l'est des deux quartiers. À l'ouest, la ligne 20 descend par 7th Ave., Varick St et West Broadway, et remonte par Chambers, Harrison et Hudson Sts.

marchés

TriBeCa Greenmarket Quelques produits frais, issus des fermes des environs. ***M° Chambers St (1, 2, 3)*** *Sur Greenwich St, entre Duane et Chambers www.grownyc.org Mer. et sam. mat.*

fêtes et manifestations

TriBeCa Film Festival Créé en 2002 sous la houlette, entre autres, de Robert De Niro, ce festival se concentre sur le cinéma indépendant international, longs et courts-métrages ou documentaires, mais aussi films familiaux. Il a lieu chaque année, durant une dizaine de jours en avril. *10-40$ la séance **M° Franklin St (1)** TriBeCa Cinemas et Chelsea Clearview Cinemas Tél. 646 502 5296 www.tribecafilm.com (forfait festival, programme et lieux)*

TOAST (TriBeCa Open Artist Studio Tour) Durant quatre jours, fin avril-début mai, environ soixante-dix artistes ouvrent leurs ateliers et proposent un circuit de découverte de leur travail. Un plan très bien fait est disponible sur le site Internet, avec les horaires, la liste des artistes et les adresses. ***M° Chambers St (A, C, 1, 2, 3)** www.toastartwalk.com Entrée libre*

DÉCOUVRIR TriBeCa et SoHo

☆**Les essentiels** L'architecture des entrepôts, les façades en fonte de Greene Street **À proximité** Chinatown, l'animation nocturne de West Village ou de NoLIta **Sans oublier nos adresses préférées** Une pause à l'Ear Inn pour un verre ou un déjeuner, une virée à SoHo, la Mecque du shopping

TriBeCa

☆ **Circuit des anciens entrepôts (plan 1, B1)** Pour se faire une idée de l'architecture particulière de TriBeCa, il faut flâner le long des rues pavées, où les anciens immeubles commerciaux ont tous été transformés en lofts luxueux. Commencez par **Duane Street**, à l'angle de Hudson Street : le n° 161 est un exemple d'ancien entrepôt de style néoroman, en brique et grès, construit en 1892. Plus loin dans la rue, autour du charmant Duane Park, notez le n° 168, un élégant bâtiment de brique rouge au pignon très hollandais (1886). Au n° 172, c'est un style très différent qu'autorise une façade en fonte, avec sa double rangée d'arcs et de pilastres (1872). À quelque distance, une série d'immeubles en brique ont conservé leurs escaliers d'incendie et de larges auvents vitrés protégeant les trottoirs surélevés. En regardant le minuscule espace vert de **Duane Park**, on peine à imaginer qu'au XVIIe siècle, il y avait ici une vaste ferme et qu'au XIXe siècle la place accueillait un marché de produits laitiers. Empruntez ensuite Staple Street vers le nord, une étroite allée bordée d'immeubles de services. On débouche enfin dans **Harrison Street**, qui rassemble elle aussi d'intéressants exemples d'architecture commerciale mêlant brique et fonte. Vers l'ouest, les Harrison Street Row Houses (n°s 25-41, entre Greenwich et West Sts) sont un ensemble de maisons de style fédéral (1796-1828) initialement situées dans Washington Street. Elles ont été déplacées et restaurées en 1975, pour faire revivre ce qu'était un quartier résidentiel au début du XIXe siècle. Au XVIIe siècle, c'est à peu près à cet endroit que se trouvait l'une des premières industries du quartier, la brasserie Harrison. Remontez ensuite Greenwich Street vers le nord et suivez **Franklin Street**, bordée d'immeubles néoromans. Terminez par **White Street** (entre West Broadway et l'Avenue of the Americas) pour ses élégantes façades (n°s 13-17). Ne manquez pas de jeter un coup d'œil aux excellentes expositions de la **SoHo Photo Gallery**, tenue par un collectif d'artistes. Enfin, les amateurs de références hypes passeront par Odeon, célèbre restaurant fréquenté par les célébrités (n° 145 West Broadway), mais dont la réputation semble maintenant un peu surfaite. ***M° Chambers St (A, C, 1, 2, 3) ou Franklin St (1)*** **SoHo Photo Gallery** *15 White St Tél. 212 226 8571 www.sohophoto.com Ouvert mer.-dim. 13h-18h Entrée libre*

African Burial Ground (plan 1, B1) À la fin du XVIIIe siècle, la ville ne s'étendait guère au-delà de Fulton Street. Les abords de ce qui accueillit par la suite le City Hall n'étaient qu'un vaste espace vert. La partie située entre Duane et Chambers Streets, aujourd'hui dans le sud-est de TriBeCa, servait de cimetière pour les esclaves et les affranchis africains. Un monument en forme de spirale évoque le souvenir des quelque 20 000 personnes enterrées dans cette zone. ***M° City Hall (R)*** *Angle de Duane et Elk Sts*

Synagogue for the Arts (plan 1, B1) Cet étonnant bâtiment ne ressemble guère à l'idée que l'on se fait d'un sanctuaire. Sa curieuse façade incurvée évoque en effet une vague ou une grosse larme. Achevée en 1967, cette synagogue fut conçue par l'architecte William Breger dans un style sobre et austère. À l'intérieur, on comprend mieux la structure du volume à double courbure, qui symbolise en fait une flamme. La lumière se déverse du plafond et l'ensemble offre un cocon lumineux tout en courbes, que certains ont comparé à une tente ou même à l'utérus maternel. C'est aujourd'hui un centre de vie comprenant, outre le temple, une école, une garderie, des espaces de réunion et d'expositions et des classes pour adultes. ***M° Franklin St (1)*** *49 White St (entre Church St et Franklin Place) Tél. 212 966 7141 www.tribecasynagogue.org Ouvert dim.-ven. à la mi-journée Visite gratuite sur rdv*

AT&T Building (plan 1, B1) Érigée à l'angle de 6th Avenue (Americas) et Walker Street, cette tour massive en brique rose attire le regard. Construite

Esclaves à New York

L'**African Burial Ground** rappelle que l'esclavage a été une réalité dès la fondation de New York. La moyenne était de deux esclaves adultes par foyer. Ils servaient comme domestiques, ouvriers des ateliers ou travailleurs agricoles. En 1644, onze esclaves libérés "sous condition" constituèrent la toute première communauté libre à qui l'on attribua des terres. Soumis à des punitions sévères et souvent injustes, les esclaves se révoltèrent violemment à deux reprises, en 1712 et en 1741. En 1790, il y avait à New York 3 470 Afro-Américains, dont 2 369 esclaves. 19% des foyers en possédaient. L'émancipation fut très graduelle, commençant en 1799 pour s'achever en 1827. C'était pourtant bien avant la Proclamation d'émancipation par Abraham Lincoln en 1863, durant la guerre de Sécession.

PUB *OLD FASHION*
Plafonds bas, comptoir patiné et atmosphère chaleureuse : un endroit bien sympathique pour une pause déjeuner (p.377) ou une bonne pinte (p.336). **Ear Inn (plan 2, A4 n°72)** *M° Spring St (A, C, E) 326 Spring St (entre Greenwich et Washington Sts) Tél. 212 431 9750 www.earinn.com Ouvert tlj. 11h30-4h*

entre 1930 et 1932 par l'architecte new-yorkais Ralph Walker, elle est un bon exemple d'Art déco new-yorkais, avec sa structure en pyramide et ses rainures verticales. Le hall, derrière d'impressionnantes portes en bronze, présente des mosaïques murales figurant la carte du monde et une allégorie des communications longue distance, parfaitement adaptée à une entreprise de téléphonie… *M° Franklin St (1) 32 6th Ave. (entre Walker et Lispenard Sts)*

SoHo

Cast Iron Historic District (plan 4, A2-A3) Cette appellation englobe une bonne partie du quartier de SoHo, de Canal Street, au sud, à Houston Street, au nord, et de Lafayette Street, à l'est, à West Broadway, à l'ouest. La zone comprend la plus grande concentration à New York d'immeubles à façade de fonte, et surtout, elle s'enorgueillit des plus spectaculaires. La plus intéressante des rues est ☆**Greene Street**, sur toute sa longueur entre Canal et Houston Streets, avec son étonnante enfilade de colonnades corinthiennes et de larges fenêtres, illustrant parfaitement l'intérêt de l'architecture en fonte (cf. encadré p.110). Parmi les nombreuses façades, ne manquez pas celles que l'on a baptisées les King and Queen of Greene Street (n°s 28-30 et 72-76), construites en 1873. Dans le même esprit, **Broome Street** compte elle aussi de beaux immeubles en fonte, tel l'éclectique n° 448, bâti en 1872, ou encore le Gunther Building (n° 469) et ses colonnades élaborées (1873). **Broadway** est un concentré d'architectures très variées, avec, par exemple, à l'angle de Prince Street, l'immeuble Prada (575 Broadway), qui marie façade de brique et vitrine en fonte de style victorien (1882) à un intérieur aménagé par l'architecte néerlandais Rem Koolhaas. Toujours sur Broadway (de l'autre côté de Prince St), au n° 563, le Singer Building offre un style Beaux-Arts résolument différent (1902-1904). En longeant Broadway vers le sud, à l'angle de Broome Street, le Haughwout Building (n°s 488-492) arbore une façade en fonte d'inspiration italienne très élaborée (1856-1857). Construit à l'origine pour un marchand de vaisselle fine, il fut équipé du premier ascenseur de la ville, installé par Elisha Otis, l'inventeur du frein de secours. *M° Canal St (A, C, E)*

PLAISIRS SUCRÉS
Fatigué par la balade ? Misez sur les délicates miniatures de Madeline, pâtissière hors pair, à savourer dans un décor très *fifties*. Même pour une toute petite pause, essayez les miniatures au moka, à la noix de pécan ou à la cacahuète (3,50-5,50$), les délirants biscuits colorés pour les enfants (2,50 à 4$) ou les petits fours (4$). ☺ **Duane Park Patisserie (plan 1, B1 n°2)** *M° Chambers St (A, C, 1, 2, 3) 179 Duane St (sur Duane Park) Tél. 212 274 8447 www.duaneparkpatisserie.com Ouvert lun.-sam. 8h-19h, dim. 8h-17h*

The New York Earth Room (plan 4, A2) Commanditée par la Dia Art Foundation (p.158), cette installation artistique, au 2e étage d'un immeuble, est une "sculpture" de terre. Dans une vaste pièce, 197m³ de terre noire occupent 335m² sur une hauteur de 56cm, pour un poids total de 127t. Réalisée par l'artiste Walter De Maria en 1977, elle est la troisième du genre mais la seule encore existante. ***M° Prince St (N, R)*** *141 2B Wooster St (entre Prince et Houston Sts) Tél. 212 989 5566 www.diaart.org Ouvert mer.-dim. 12h-15h et 15h30-18h Entrée libre*

The Broken Kilometer (plan 4, A2) Également patronnée par la Dia Art Foundation, cette autre installation (1979) du même Walter De Maria occupe elle aussi une grande pièce vide : 500 barres de laiton poli sont alignées en rangs sur cinq travées. ***M° Prince St (N, R)*** *393 West Broadway (entre Spring et Broome Sts) Tél. 212 989 5566 www.diaart.org Ouvert mer.-dim. 12h-15h et 15h30-18h Entrée libre*

PÉCHÉ MIGNON
Les chocolats et les pâtisseries de ce salon de thé vont vous faire craquer. Allez-y sans complexe, c'est délicieux. Testez la formule café-assiette de dégustation. ☺ **L.A. Burdick Chocolates (plan 4, A2 n°5)** ***M° Spring St (C, E)*** *156 Prince St (entre W. Broadway et Thompson St) Tél. 212 796 0143 www.burdickchocolate.com Ouvert lun.-sam. 8h-21h, dim. 10h-20h*

New York City Fire Museum (plan 2, B3) Depuis les attentats du 11 septembre 2001, les pompiers de New York sont vénérés comme des héros. Ce musée à leur gloire passionnera les plus jeunes, qui pourront retracer leur histoire, à travers celle de grands incendies, comme le sinistre du 25 mars 1911, qui fit 146 victimes, principalement des enfants et des adolescentes, dans une usine de confection (Triangle Shirtwaist Company). La visite permet aussi de découvrir les véhicules des pompiers de New York, depuis une voiture de 1820 autour de laquelle les hommes pompaient énergiquement, jusqu'à des engins de toute la seconde moitié du XIXe siècle. Costumes, casques, trompettes et maquettes complètent le tableau. ***M° Spring St (A, C, E)*** *278 Spring St (entre Varick et Hudson Sts) Tél. 212 691 1303 www.nycfiremuseum.org Ouvert tlj. 10h-17h Fermé Pâques, Thanksgiving, Noël et Nouvel An Tarif 8$, -12 ans 5$*

Façades en fonte

L'apparition des structures en fonte, à la fin du XVIIIe siècle, marque une révolution dans l'architecture et un premier exemple de construction en préfabriqué. Les murs latéraux et le fond des immeubles sont toujours construits en brique, mais les façades sont constituées de modules juxtaposables et empilables. Sur les dessins des architectes, on fabrique un moule dans lequel on coule de la fonte. Tous les styles sont reproduits et peuvent être dupliqués autant de fois que souhaité, sous forme de briques, de pierres, de colonnes, de corniches. Cette armature légère permet aussi d'inclure plus de fenêtres, ouvrant la voie à des immeubles plus hauts et plus lumineux. Une fois posée, la façade peut être peinte en couleur.

Où partir pour une virée shopping ?

Si SoHo s'impose aux fans d'architecture urbaine, c'est un réel ☺ **paradis pour les accros du shopping** (p.296). Les plus belles boutiques de créateurs et de grandes enseignes se concentrent autour des axes de Prince Street, Broadway, Broome Street et West Broadway. Mais les amateurs de bonnes affaires iront aussi faire un tour le long de Canal Street (entre Broadway et 6th Ave.), qui est devenu un véritable bazar, avec une multitude d'échoppes vendant très bon marché écharpes, parfums, sacs ou t-shirts. Attention toutefois aux contrefaçons qui peuvent poser problème à la douane – cf. Shopping mode d'emploi (p.294) ! *M° Prince St (N, R) ou Canal St (A, C, E)*

CHINATOWN, LITTLE ITALY ET NOLITA

Ces trois petits quartiers offrent un kaléidoscope d'ambiances. Au sud, Chinatown est un dépaysement complet. Passé les kiosques à journaux en idéogrammes, les trottoirs sont envahis par les sacs, écharpes et breloques bon marché, copies souvent délirantes des grandes marques du luxe. Déjà, les conversations ne sonnent plus qu'en mandarin. Puis ce sont les effluves puissants des herbes à tout guérir, poissons séchés, champignons et légumes venus d'ailleurs… Les affiches vantant les massages le disputent aux lampions rouge et or et aux bibelots en faux jade. À l'opposé, en remontant vers le nord, les vitrines de canard laqué laissent la place aux étals de jambons et parmesan, d'huile d'olive et de *biscotti*, et c'est Little Italy. Juste quelques trattorias drapées de vert, blanc et rouge, et voilà NoLIta, un nom qui signale déjà le New York branché. Restaurants chics et boutiques élégantes annoncent le yuppie.

UN HISTOIRE D'IMMIGRANTS Avec l'incroyable essor que connaît New York au XIXe siècle, les navires chargés d'immigrants se déversent dans les quartiers qui bordent l'East River. Ce qui est aujourd'hui Chinatown est d'abord habité par les familles d'Irlandais catholiques chassés de leur pays par la Grande Famine, entre 1845 et 1850. Les plus riches poursuivent leur migration, les autres, pauvres, désespérés, s'arrêtent ici, dans un enchevêtrement de taudis insalubres, bâtis sur des terrains marécageux. Très vite, c'est la loi du plus fort qui règne, favorisant la naissance des premiers gangs, immortalisés par le cinéaste Martin Scorsese (*Gangs of New York*, 2002). Une autre vague d'immigration prend la suite, italienne cette fois. Irlandais et Italiens se livrent à une guerre sans pitié. L'immigration chinoise, quand elle commence vers les années 1870, est très différente. Elle se compose principalement d'hommes seuls qui arrivent de l'ouest des États-Unis, où ils avaient été embauchés pour construire les chemins de fer et où ils faisaient commerce avec les chercheurs d'or. Laissés sans emploi par l'épuisement des mines d'or, ils ne cherchent qu'à gagner assez d'argent pour rentrer en Chine et végètent souvent dans des logements sales et surpeuplés. Fumeries d'opium et maisons closes fleurissent pour tromper leur désespoir. Le quartier est encore plus malfamé. En s'intégrant, les Irlandais ont déménagé vers le nord. Toute la partie située au sud de Canal Street devient une ville exclusivement chinoise. Poussés par les Chinois, les Italiens n'ont migré que de quelques rues, établissant Little Italy au nord de Canal Street. En 1943, la révision des lois sur l'immigration permet enfin à des familles chinoises entières de s'installer. Aujourd'hui, on évalue à plus de 200 000 le nombre de Chinois dans le quartier, où Philippins et Malaisiens sont de plus en plus présents. Et le vrai Chinatown est désormais situé à Flushing (p.280).

MODE D'EMPLOI

orientation

Chinatown est délimité au sud par le Brooklyn Bridge, au nord par Canal St, à l'ouest par Lafayette St et à l'est par Bowery et par le Manhattan Bridge. Mais la communauté chinoise actuelle déborde de ces limites. Little Italy s'étend historiquement de Canal St, au sud, jusqu'à Houston St, au nord, et de Lafayette St, à l'ouest, à Bowery, à l'est. C'est la partie nord de Little Italy que l'on nomme désormais NoLIta pour "North of Little Italy".

accès

EN MÉTRO
La station Canal St (J, Z, N, Q, 6) se trouve à la limite entre Chinatown et Little Italy. Pour sortir dans NoLIta, on peut aussi descendre aux stations Spring St (6) ou Bowery (J, Z).

EN BUS
Ligne 103 le long de Bowery.

informations touristiques

Official NYC Information Center-South St Seaport (plan 1, C1) Sur Canal St, côté sud de la rue, à l'angle de Baxter St. ***M° Fulton St (A, C, J, Z, 2, 3)*** *Ouvert mai-août : tlj. 9h-19h ; sept.-avr. : tlj. 9h-17h*

fêtes et manifestations

Nouvel An chinois La grande fête de la communauté chinoise, colorée et bruyante, avec un défilé traditionnel. *Entre janvier et février (selon le calendrier chinois)*
San Gennaro Autour de Mulberry St, la communauté italienne ressuscite l'esprit des immigrants, avec dégustations, concours et animations musicales. *Une dizaine de jours en sept.*

DÉCOUVRIR

Chinatown, Little Italy et NoLIta

☆ **Les essentiels** Le tour des échoppes, le Museum of Chinese in America **À proximité** Le Lower East Side, TriBeCa, SoHo **Sans oublier nos adresses préférées** Un déjeuner à la Peking Duck House pour sa carte et son élégance, du lèche-vitrine dans NoLIta pour découvrir des marques confidentielles

☺ Chinatown

☆ **Le tour des échoppes (plan 1, C1)** La découverte de Chinatown est avant tout un parcours des sens. Dès la sortie du métro, **Canal Street** vous plonge dans l'ambiance. Cela commence par les sollicitations pressantes des marchands. Le long du trottoir, côté nord, de minuscules étals marquent l'entrée de dizaines de petites galeries commerciales vendant un peu de tout, du faux sac Vuitton ou Prada aux bagages, des montres de pacotille aux contrefaçons de parfums. Côté sud, en progressant vers l'est, les devantures évoquent plus un grand marché alimentaire, alignant poisson, légumes et fruits, denrées séchées… Quittant Canal Street vers le sud, **Mott Street** est l'axe commerçant principal de Chinatown. On y trouve en vrac les commerces d'alimentation les plus divers, les herboristes, les pâtissiers, les restaurants. Derrière les vitrines embuées pendent les canards laqués. Çà et là, les bazars de souvenirs exhibent lampions, jouets et porte-bonheur aux couleurs de la Chine, rouge, rose, or, tandis que d'innombrables officines proposent massages et soins. Au milieu, l'**Eastern States Buddhist Temple** (64 Mott St) ressemble plus à une boutique qu'à un sanctuaire, malgré ses petits autels kitsch devant lesquels les fidèles brûlent des bâtons d'encens. Elizabeth Street, Bayard Street, Pell Street et Doyers Street complètent ce cœur touristique de Chinatown.

GLACES EXOTIQUES
Les parfums de glaces classiques figurent bien au tableau de cette boutique familiale, mais ce sont les saveurs exotiques qui vous surprendront le plus agréablement : thé vert, litchi, durian, gingembre ou même… wasabi !
Chinatown Ice Cream Factory (plan 1, C1 n°1) *M° Canal St (J, N, Q, Z, 4, 6) 65 Bayard St (entre Mott et Elizabeth Sts) Tél. 212 608 4170 www.chinatownicecreamfactory.com Ouvert tlj. 11h-22h*

☆ **Museum of Chinese in America (plan 4, B3)** Fondé en 1980, ce musée de l'immigration chinoise s'est installé à la fin de 2009 dans un espace conçu par Maya Lin, architecte sino-américaine qui a dessiné le mémorial aux vétérans de la guerre du Vietnam, à Washington. Il s'agit de raconter l'histoire encore douloureuse des Chinois, à New York et dans toute l'Amérique. Au moyen d'émouvants documents, courriers, photos, objets usuels, costumes, c'est le quotidien difficile d'une communauté ostracisée qui est évoqué, à travers ses métiers, son habitat, ses traditions. Par le biais d'expositions thématiques, la visite permet de comprendre sa lente et difficile intégration. On mesure à quel point elle a souffert, durant la première moitié du XXe siècle, de la dureté des lois sur l'immigration (abrogé en 1943, le Chinese Exclusion Act institué en 1882 était très restrictif). Les sujets abordés visent aussi à mettre en lumière la culture chinoise et son évolution au contact de l'Amérique. ***M° Canal St (J, Z, N, Q, 6)*** *215 Centre St Tél. 212 619 4785 www.mocanyc.org Ouvert mar.-mer. et ven.-dim. 11h-18h, jeu. 11h-21h Tarif 10$, senior 5$, -12 ans gratuit, gratuit pour tous le 1er jeu. du mois*

Autour d'East Broadway (plan 1, C1) Si les abords de Mott Street satisfont les touristes, c'est le long d'East Broadway et vers les berges de l'East River que s'étend le reste de la ville chinoise. C'est là que les Chinois font leur shopping, au son de la musique pop asiatique qui déchire les sonos. On y retrouve tout ce qui fait la vie d'un quartier, épiceries, drogueries, commerces de vêtements…

☺ **Columbus Park et ses abords (plan 1, C1)** Ce parc est de toute évidence le salon des Chinois du troisième âge, qui s'y retrouvent à toute heure. Tables et bancs sont envahis par des dizaines de parieurs invétérés, qui jouent sans se lasser aux cartes, au mah-jong ou aux dames. Les grands-mères sont souvent les plus âpres au gain, parlementant vivement au-dessus de leurs tas de jetons. Le parc s'étend juste au nord de ce qui fut l'emplacement des Five Points, un bidonville malfamé immortalisé dans le film *Gangs of New York* (2002), de Martin Scorsese.

Casting new-yorkais

On ne compte plus les films tournés ou situés à New York : fondu enchaîné sur les décors les plus mythiques, dans des œuvres souvent signées des ultra New-Yorkais Woody Allen et Martin Scorsese.

Le SoHo (p.105) des années 1980 dans *After Hours* (M. Scorsese)
Chinatown (p.113) dans *L'Année du Dragon* (M. Cimino) et *Alice* (W. Allen)
Mulberry St (Little Italy) (p.115) dans *Le Parrain* (F. F. Coppola)
Le Lower East Side (p.115) dans *Il était une fois en Amérique* (S. Leone)
Times Square (p.165) et les rues de Manhattan dans *Taxi Driver* (M. Scorsese)
Le Plaza (p.173), (p.442) dans *La Mort aux trousses* (A. Hitchcock)
L'Empire State Building (p.173) dans *King Kong* (M. Cooper et E. Schoedsack)
L'Upper West Side (p.187) dans *Hannah et ses sœurs* (W. Allen) et l'Upper West Side des années 1960 dans *West Side Story* (J. Robbins et R. Wise)
Le Dakota Building (p.191) dans *Rosemary's Baby* (R. Polanski)
Central Park (p.196) dans *Hair* (M. Forman)
L'Onassis Reservoir (p.200) dans *Marathon Man* (J. Schlesinger)
Le Queensboro Bridge (p.221) dans *Manhattan* (W. Allen)
Park Slope (Brooklyn) (p.270) dans *Un Après-midi de chien* (S. Lumet)
Katz's Delicatessen (p.385) dans *Quand Harry rencontre Sally* (R. Reiner)
Zabar's (p.405) dans *Vous avez un message* (N. Ephron)

Little Italy et NoLIta

Mulberry Street (plan 4, B2) Dans sa partie la plus au nord, au-dessus de Canal Street, cette rue est l'axe principal de Little Italy. L'expansion chinoise aidant, il faut maintenant remonter jusqu'à Grand Street pour voir apparaître un peu de son identité. Les couleurs du drapeau italien et les statues de la Vierge ou des saints s'affichent aux devantures. Une odeur de pizza, de parmesan et de pain à l'ail flotte dans la rue où s'alignent les restaurants de pâtes. Pourtant, on ne peut s'empêcher d'être déçu devant ce qui paraît n'être guère plus qu'une vitrine touristique. Le dernier quartier italien authentique n'est en fait plus ici, mais dans le Bronx – cf. Un vrai parfum d'Italie (p.283).

NoLIta (plan 4, B2-C2) La partie nord de Little Italy abritait naguère les "clubs" où se rencontraient les chefs de la mafia, tels qu'on a pu les représenter dans des films comme *Le Parrain*, de Francis Ford Coppola. Un autre cinéaste, Martin Scorsese, est né dans le voisinage, dans Elizabeth Street. Le nom de NoLIta (North of Little Italy), adopté en 1996 pour promouvoir l'ascension du quartier, s'est inspiré du succès de ceux de ses voisins SoHo et TriBeCa. C'est effectivement devenu un microquartier branché, où se concentrent des restaurants très courus et d'élégantes boutiques de mode (p.299).

CHEESECAKE AU TOP !

On soupçonne les cheesecakes d'Eileen d'être les meilleurs de New York, c'est dire si vous devez absolument vous arrêter dans cette boutique qui ne retient même pas l'attention. C'est frais, léger (mais oui !), on ne pense plus qu'à recommencer... ☺ **Eileen's Special Cheesecake (plan 4, B2 n°4)** *M° Spring St (4, 6)* 17 *Cleveland Place (angle Kenmare et Centre Sts) Tél.* 212 966 5585 *www.eileenscheesecake.com Ouvert lun.-ven. 9h-21h, sam.-dim. 10h-19h*

LOWER EAST SIDE

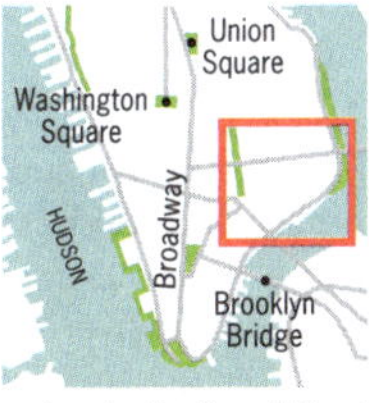

Que de chemin a été parcouru depuis le début du XIXe siècle, quand les premières vagues d'immigrants colonisèrent le quartier ! Aujourd'hui, le LES, comme on l'appelle ici, est devenu le fief de la jeunesse branchée, un concentré de boutiques minimalistes, de restaurants et de bars qui vibrent au son du *beat* jusqu'au bout de la nuit. Même si le passé est encore très présent, il n'y a guère à retenir de l'architecture, mélange hétéroclite de vieux immeubles de brique, de buildings populaires et de modestes parcs, où se rassemblent des grappes de jeunes au sortir de l'école. Le charme du quartier tient justement à son débraillé, à la patine savamment entretenue de ses boutiques, à l'atmosphère aimablement décalée qui flotte entre les enseignes pseudo anciennes et les boutiques au décor brut. Pourtant, au-delà de la faune yuppie, le LES a toute une histoire à raconter, celle, bouleversante, des immigrations successives qui ont modelé New York.

LE PREMIER RIVAGE Vers 1750, ces vastes terres bordant l'East River appartiennent à James DeLancey, gouverneur de la province de New York pour le compte des Anglais. Après la Révolution, ces terres sont confisquées à son fils, vendues aux enchères puis loties pour accueillir des logements bon marché. C'est la proximité du premier port de la ville, avec ses chantiers et ses entrepôts, qui détermine la vocation du quartier, celle de dortoir pour les immigrants toujours plus nombreux qui débarquent pour chercher fortune. À partir de 1840, la première communauté, composée d'Allemands pour la plupart artisans, vaut au Lower East Side d'être baptisé Kleindeutschland, "Petite Allemagne". Des Irlandais, ouvriers et gens de maison, se joignent à eux, mais en moindre nombre que dans l'actuel Chinatown. Puis, à partir des années 1870, c'est le tour de l'immigration juive, qui va marquer de sa culture l'identité du quartier. Elle se compose d'Allemands mais surtout de ressortissants d'Europe de l'Est, Polonais, Russes, Austro-Hongrois qui fuient les pogroms et arrivent par vagues successives jusque dans les années 1920 – les quotas d'immigration sont alors réintroduits. Les juifs occupent des immeubles surpeuplés, les *tenements*, et fondent des synagogues, créant l'une des communautés les plus importantes de New York. Ils se spécialisent dans le petit commerce, la restauration et, surtout, la confection. Leur volonté de s'intégrer dans la société américaine et de progresser socialement les amène à déménager peu à peu plus au nord dans la ville. Parallèlement, à la fin du XIXe siècle et au début du XXe, une autre catégorie d'immigrants s'installe dans le Lower East Side, les Portoricains, dont la spécialité est la fabrication des cigares. Bien qu'ayant essaimé ailleurs dans la ville, notamment dans le Bronx, ils restent nombreux au LES, qu'ils dénomment Loisada. Aujourd'hui, si ces premières communautés perdurent, elles sont prises de vitesse par les Chinois, qui débordent de Chinatown, et sont chassées par la flambée du prix des logements. La plupart des anciens commerces de fourrure ou de confection sont remplacés par des échoppes asiatiques et des établissements à la mode.

MODE D'EMPLOI

orientation

Le Lower East Side est délimité au sud par l'axe du Manhattan Bridge jusqu'à Canal St, au nord par Houston St, à l'ouest par Bowery et à l'est par l'East River.

accès

EN MÉTRO
La station la plus centrale est celle de Delancey St/Essex St (F, M, J, Z). Pour visiter Eldridge Synagogue, les stations Grand St (B, D) ou East Broadway (F). Pour le New Museum, stations Bowery (J, Z) ou 2nd Ave. (F).

EN BUS
La ligne 15 descend le long de 2nd Ave. et Allen St. La ligne 103 suit Bowery.

marchés

Essex Street Market Ce petit marché couvert propose, outre primeurs et produits frais, des denrées exotiques et des plats cuisinés. ***M° Delancey St/Essex St (F, M, J, Z)*** *120 Essex St (entre Delancey et Rivington Sts) www.essexstreetmarket.com Lun.-sam. 8h-19h, dim. 10h-18h*

fêtes et manifestations

Pride Goes East Durant la saison de la Gay Pride, en mai et juin, l'association FAB (Fourth Arts Block), plusieurs théâtres, bars et restaurants du quartier s'unissent pour proposer shopping, spectacles, soirées ou concerts, dans l'esprit multiethnique et ouvert du LES. ***M° Delancey St/Essex St (F, M, J, Z)*** *www.pridegoeseast.com www.fabnyc.org*

Lower East Side Festival of the Arts Durant trois jours en mai, une centaine de concerts, manifestations théâtrales ou de cabaret dans divers lieux du Lower East Side et d'East Village, avec une foire de rue sur E. 10th Street. ***M° 1st Ave. (L)*** *First Ave. (près de E 10th St) Tél. 212 254 1109 theaterforthenewcity.net*

Pickle Day Tradition de la cuisine juive d'Europe orientale (une centaine d'entreprises du LES en vivent), les pickles (condiments) ont eux aussi droit à leur festival, pour découvrir, cuisiner, goûter... Le festival a lieu un dimanche fin septembre ou début octobre. ***M° Delancey St/Essex St (F, M, J, Z)*** *Angle de Ludlow et Broome Sts www.pickleday.nyc www.nyfoodmuseum.org Ouvert 12h-17h Entrée libre*

DÉCOUVRIR
Le Lower East Side

☆ **Les essentiels** Le Lower East Side Tenement Museum, le Museum at Eldridge Street **À proximité** Les bars d'East Village, les rues colorées de Chinatown **Sans oublier nos adresses préférées** Katz's Delicatessen pour sa célèbre cuisine juive, Arlene's Grocery pour ses concerts de rock

☆ ☺ **Lower East Side Tenement Museum (plan 4, D2)** Passionnante et extrêmement émouvante, la visite de ce musée original permet de comprendre ce que sont les *tenements*. La découverte se fait exclusivement au n° 97 Orchard Street par des visites guidées d'appartements, remis dans l'état où ils se trouvaient au plus fort des vagues d'immigration à l'orée du XXe siècle. À travers l'histoire de plusieurs familles qui ont vécu dans ces petites pièces, c'est toute l'épopée du quartier, de son évolution et des conditions de vie misérables de ses habitants qui renaît. Le visiteur a le choix entre plusieurs programmes, qui racontent chacun un versant particulier du passé. La visite commence par la projection d'un film (env. 20min) présentant les communautés qui se sont succédé dans le quartier, alternant photographies anciennes et interviews. Chaque visite est également intéressante et toutes font revivre de façon similaire le quotidien des immigrés du LES il y a plus d'un siècle. ***M° Delancey St/Essex St (F, M, J, Z)*** *103 Orchard St (entre Broome et Delancey Sts) Tél. 212 431 0233 www.tenement.org* ***Visites guidées uniquement*** *(dernière visite à 17h, durée 1-2h selon les cas, places limitées et réservation recommandée) Tarif 25$ Boutique Ouvert ven.-mer. 10h-18h30, jeu. 10h-20h30*

Hard Times Découverte des logements de deux familles qui ont vécu au 97 Orchard St., les Gumpertz, des juifs allemands, et les Baldizzi, des Italiens. La dureté de leurs conditions d'existence est soulignée, durant la Dépression économique de 1873, pour les uns, et la Grande Dépression de 1929, pour les autres (1h).
Sweatshop Workers Visite retraçant l'histoire de deux familles juives, les Levine et les Rogarchevsky. Elles tiraient leur subsistance des célèbres *sweat shops*, ces petits ateliers de couture (1h).
Irish Outsiders Cette visite s'attache à une autre catégorie d'immigrants, les Irlandais catholiques qui avaient fui la Grande Famine. En l'occurrence, la famille Moore travaillait dans la blanchisserie. Le circuit évoque aussi la vie des Katz, juifs venus de Russie (1h).
Shop Life Visite du bar d'une famille d'immigrés allemands et découverte de la réussite des petits commerces, boucherie kosher, magasin de sous-vêtements, etc. (1h30).
Outside the home Balade de découverte du quartier lui-même (1h30), sous la conduite d'un guide, au fil des rues et des bâtiments représentatifs de la vie du LES, banques, synagogues, immeubles, écoles…
Building on the Lower East Side Cette balade dans le quartier se concentre sur son caractère architectural et sur la manière dont les modes de vie ont façonné les rues d'aujourd'hui (2h).

PAUSES SUCRÉES Goûtez aux mini *cupcakes* ou aux préparations crémeuses à souhait de la pâtisserie Sugar Sweet Sunshine (p.383), et aux meilleurs *doughnuts* de New York chez Doughnut Plant (p.384).

New Museum of Contemporary Art (plan 4, C2) Parmi les derniers-nés des musées new-yorkais, celui-ci, inauguré en 2008, met en avant la création contemporaine d'avant-garde. Les architectes japonais Sejima et Nishizawa,

Le *tenement*, premier logement des immigrants

Au XIXe siècle, de modestes immeubles en brique, les *tenements*, sont construits en série et à la hâte pour loger les immigrants qui arrivent à New York par vagues massives. Les locataires s'entassent dans de petits appartements sans aucun confort (peu d'ouvertures, pas de ventilation ni d'eau courante, sanitaires dans les courettes). Les conditions de vie dans ces logements surpeuplés, bruyants et insalubres entraînent inévitablement d'importants problèmes d'hygiène. En 1901, une loi oblige à améliorer l'aération et l'hygiène, mais le flux migratoire incessant ne permet pas de diminuer la densité de population dans les *tenements*. À partir des années 1930, dans le cadre du New Deal, la municipalité rénove des logements, en les dotant de l'eau courante et de toilettes privatives, mais il faudra attendre la loi sur le logement de 1949 pour que de nombreux immeubles soient détruits, notamment dans le LES, ou de nouveau rénovés.

lauréats du prestigieux Pritzker Prize 2010, notamment pour ce musée, ont conçu un gracieux empilement de six parallélépipèdes gris clair, légèrement décalés les uns par rapport aux autres. La vocation des expositions temporaires qui se succèdent régulièrement est de présenter au public les plus récentes orientations de l'art, notamment au travers d'installations et du *digital art*. ***M° Second Ave./Lower East Side (F)*** *235 Bowery (entre Stanton et Rivington Sts) Tél. 212 219 1222 www.newmuseum.org Ouvert mar.-mer. et ven.-dim. 11h-18h, jeu. 11h-21h Tarif 18$, -18 ans gratuit, et Pay What You Wish le jeu. 19h-21h (2$ minimum suggéré)*

International Center of Photography (plan 4, C2) Fondé en 1974 par Cornell Capa (frère du photographe Robert Capa), il se situait jusqu'en 2016 dans Midtown. Riche de 100 000 œuvres, le fonds du musée, maintenant installé dans le LES, couvre toute l'histoire de la photographie, des premiers daguerréotypes aux techniques les plus modernes. La période 1930-1960 est particulièrement à l'honneur : Capa, Gerda Taro, Cartier-Bresson, Robert Frank, André Kertész… La collection est montrée par roulement, sous forme d'expositions temporaires (3 par an), en général passionnantes. Vaste choix de livres, calendriers, etc. en boutique. ***M° Second Ave./Lower East Side (F)*** *250 Bowery Tél. 212 857 0000 www.icp.org Ouvert mar.-mer. et ven.-dim. 10h-18h, jeu. 10h-21h Tarif 14$, réduit 10-12$, -15 ans gratuit*

☆ **The Museum at Eldridge Street (plan 1, C1)** Achevée en 1887, cette imposante synagogue, coincée entre les enseignes en chinois, surprend dans son environnement d'immeubles apparemment modestes. Bien qu'au cœur du secteur le plus emblématique de la première communauté juive, elle a désormais pour voisinage des familles asiatiques et, depuis peu, une population cosmopolite, jeune et aisée. La façade marie harmonieusement les styles néoroman, néogothique et mauresque. À l'intérieur, la partie basse est vouée au culte quotidien en semaine et à l'étude. À l'étage, le sanctuaire présente toutes les caractéristiques des synagogues classiques, avec son opulent mobilier en bois ciré, l'arche sacrée contenant la Torah, le pupitre de lecture et la tribune en mezzanine réservée aux femmes. Insolite, la grande rose contemporaine fut inaugurée en 2010. Réalisé par l'artiste Kiki Smith, ce vitrail figure le rayonnement venu des cieux. Aujourd'hui, seuls vingt à trente fidèles fréquentent assidûment la synagogue, pour trois cents à quatre cents membres effectifs. Trois approches différentes sont proposées pour la découverte, sous forme de visites guidées à thèmes : Beyond the Façade aborde l'angle architectural, An American Tale s'attache à l'histoire de l'immigration juive, tandis que Ways We Worship traite des croyances et de la pratique de la religion juive. ***M° Grand St (B, D)*** *12 Eldridge St (entre Canal et Division Sts) Tél. 212 219 0302 www.eldridgestreet.org Ouvert dim.-jeu. 10h-17h, ven. 10h-15h Tarif 14$, réduit 10$ Entrée libre lun.* ***Visites guidées*** *Ttes les heures*

Manhattan Bridge (plan 1, D1) Le dernier des ponts sur l'East River (1909), après ceux de Brooklyn, Williamsburg et Queensboro, se distingue par sa jolie teinte bleu pastel et ses pylônes ajourés coiffés de boules. Long de 2 090m, il comprend deux voies superposées, la plus haute pour les voitures, l'autre pour le métro et les voies pédestre et cyclable. Il relie le Lower East Side et Chinatown au quartier DUMBO de Brooklyn. Malheureusement, sa traversée à pied, si elle offre de belles vues sur Lower Manhattan et le Brooklyn Bridge, est très mal aménagée à l'arrivée côté Brooklyn. On peut donc se contenter de ne l'effectuer qu'en partie. ***M° Grand St (B, D)*** *Accès par le carrefour de Canal St et de Bowery, en limite de Chinatown*

Bialystoker Synagogue (plan 3, B4) Beaucoup plus fréquentée que la grande synagogue d'Eldridge Street, elle bénéficie de l'implantation dans les environs de nombreuses familles juives, jeunes et pratiquantes. Fondée en 1865, au départ dans Hester Street, la communauté rassemble des juifs originaires de la voïévodie (circonscription) de Bialystok, en Pologne. L'édifice de Willett Street a été érigé en 1905. L'intérieur est organisé classiquement avec un espace d'étude au rez-de-chaussée et le sanctuaire à l'étage, incluant des mezzanines pour le culte des femmes. Le décor est riche et coloré, autour de l'arche sacrée monumentale en bois doré, apportée de Bialystok par les premiers immigrants. Les fresques des murs et du plafond figurent les signes du zodiaque et des vues idéalisées d'Israël. ***M° Delancey St/Essex St (F, J, M, Z)*** *7-11 Willett St/Bialystoker Place (près de Delancey St, entre Pitt et Columbia Sts) Tél. 212 475 0165 (appel entre 7h et 10h) www.bialystoker.org Visite possible sur rdv uniquement Visite virtuelle sur le site Internet*

DÉCOUVRIR NEW YORK

Henry Street Settlement (plan 3, B4) Cette courte portion de rue, à l'est de Lower East Side, ne mérite pas vraiment le détour mais conserve une rangée de maisons en brique construites en 1893 pour abriter un centre d'aide sociale aux immigrants (les *settlements* étaient des sortes de "colonies sociales", issues de mouvements philantropiques non religieux). La plupart des nouveaux arrivants se concentraient autour de Henry Street. Aujourd'hui, les anciens *tenements* de cette partie du quartier ont cédé la place à des logements modernes. ***M° Delancey St/Essex St (F, J, M, Z)*** *263 Henry St (entre Montgomery et Grand Sts)*

Au fil des rues branchées du LES

Bien que le LES soit assez étendu, l'animation s'y concentre autour de quelques rues. **Orchard Street**, ancien sentier d'accès à la ferme de James DeLancey, est bordée dans sa partie sud par des échoppes tenues par des Chinois. Elle s'anime au nord de Hester Street, au fur et à mesure que l'on s'approche de Houston Street et que se multiplient les restaurants et les boutiques à la mode.
Le dimanche, en fin de matinée, quelques étals rappellent que ce fut, il y a un siècle, une rue grouillante d'activité. C'est là que les marchands juifs vendaient leurs produits sur de petites voitures à bras. **Ludlow Street** est, pour sa part, bordée de bars et de restaurants, bien que les choses tendent à évoluer très vite dans ce quartier en plein boom commercial. Autour de ces deux rues, les axes perpendiculaires de **Stanton, Rivington et Broome Streets** se peuplent aussi de plus en plus d'adresses branchées (p.340) et (p.383). *M° Delancey St/Essex St (F)*

Williamsburg Bridge (plan 3, B4) Nettement moins touristique que la traversée du Brooklyn Bridge, celle de ce pont, qui relie le Lower East Side à Brooklyn, présente toutefois bien du charme. Il est emprunté chaque jour par des centaines d'habitants du quartier juif hassidique de Williamsburg qui travaillent à Manhattan et par de nombreux joggeurs. Sa structure métallique gris et rouge est particulièrement photogénique et la balade offre d'intéressantes vues sur le port et sur les gratte-ciel de Midtown, tels l'Empire State Building et le Chrysler Building. Achevé en 1903, long de 2 227m (490m pour le tablier central), cet ouvrage resta le plus long pont suspendu du monde jusqu'en 1924. ***M° Delancey St/Essex St (F, J, M, Z)*** *Accès par Delancey St*

Où écouter du rock ? Nombreux sont les bars du Lower East Side à programmer des concerts de rock dans leur arrière-salle ou leur cave. Gros son brut de décoffrage à l'**Arlene's Grocery** (p.342), tendance punk dans la minisalle du sous-sol de **The Delancey** (p.342), folk intello au **Rockwood Music Hall** (p.342) : il y en a pour tout le monde !

New York *by night*

Laissez-vous hypnotiser par les lumières de la ville qui ne dort jamais,
cf. Shopping by night (p.291).

Sorties

Staten Island Ferry (p.103), pour l'aller-retour en ferry vers Staten Island à la nuit tombée.
St. Marks Place (p.127) et **Alphabet City** (p.130), pour leur ambiance animée.
Times Square (p.165), pour les enseignes lumineuses.
Broadway (p.166), pour un spectacle, *of course* !
Empire State Building (p.173) ou **Top of the Rock** (p.178), et voir d'en haut la ville illuminée.
LES (p.340) ou **Brooklyn** (p.362), assister à un concert de rock dans un bar.
Meatpacking District (p.391), pour sortir en boîte.
Williamsburg (p.272), LA *night* de Brooklyn !

Nocturnes des musées

Museum of Jewish Heritage (p.99), jusqu'à 20h le mer.
New Museum of Contemporary Art (p.118), jusqu'à 21h le jeu.
Rubin Museum of Art (p.148), jusqu'à 22h le ven.
MoMA (p.181), jusqu'à 20h le ven.
New York Historical Society (p.191), jusqu'à 20h le ven.
Whitney Museum (p.140), jusqu'à 21h le ven.
Met (p.206), jusqu'à 21h ven.-sam.
Neue Galerie (p.217), jusqu'à 20h le 1er ven. du mois.
Brooklyn Museum (p.267), jusqu'à 22h le jeu. ; concerts, visites, conférences, Dance Party jusqu'à 23h le 1er sam. du mois !

GEOPLUS

Quatre jours à New York

Pas question de rater les emblèmes mythiques de la Grosse Pomme, du Brooklyn Bridge à la statue de la Liberté, des sommets de l'Empire State Building au shopping de la 5e avenue. Cocktails avec vue, soirées jazz cool ou hip and rock, bonnes affaires côté fripe, pauses *cupcakes*, popotes ethniques et contemplations muséographiques...

Jeudi

MATIN

9h **Brooklyn Bridge** (p.89) Premier contact visuel avec la forêt de gratte-ciel de Manhattan, vue du pont le plus célèbre au monde et balade revigorante au-dessus du port de New York.

10h **8 Spruce Street** (Beekman Tower) (p.88) Détour par Spruce St pour admirer les drapés métalliques du bébé de Frank Gehry, que beaucoup voient déjà comme l'une des plus belles tours de la ville.

10h15 **South Street Seaport** (p.90) Retour vers le passé et les vieux gréements du port historique de New York. On pourra s'arrêter pour acheter un t-shirt chez Abercrombie & Fitch (p.300).

11h30 **Wall Street** (p.93). Trois petits tours dans le Financial District, histoire de voir où se concoctent les fortunes et les crises mondiales... Au passage, admirez quand même les architectures du quartier.

12h **Battery Park** (p.98) Cap au sud, là où Manhattan regarde vers la mer, avec vue sur la statue de la Liberté et le ballet des ferries de Staten Island.

12h30-13h **Pique-nique** sur un banc au bord de l'eau après des emplettes au Battery Place Market (p.100) pour acheter un pique-nique bio.

APRÈS-MIDI

14h **Berges de l'Hudson** (p.100) Flânerie le long de Battery Park City, de ses esplanades ponctuées de bancs et de ses ports de plaisance. **OU BIEN** Visite de l'émouvant Mémorial du 11 septembre et de son musée.

15h **Café à North Cove** (p.93), (p.100) Au pied des façades rutilantes du World Financial Center, des pontons incongrus où sont amarrés de luxueux voiliers et yachts.

15h30 **Ground Zero** (p.91) Postez-vous à la terrasse vitrée, sur la mezzanine du World Financial Center, au fond du jardin d'hiver. Vous pourrez voir d'en haut tout

> CONSEIL Pour éviter une longue attente au pied de l'Empire State Building, achetez votre billet d'avance ou munissez-vous du City Pass qui en comprend l'accès et autorise aussi la montée au Top of the Rock.

Ground Zero. Ou profitez d'une vue encore plus large au 100e étage de la fameuse tour One World Trade Center (p.92), désormais l'observatoire le plus couru de Manhattan !

16h **Century 21** (p.293) Préparez-vous pour une plongée en apnée dans ce temple des bonnes affaires. Dégriffés à gogo : vêtements, chaussures, déco, bagages et sacs pour tous les goûts, mais au prix d'une chine acharnée (il y a aussi beaucoup de produits très kitsch !).

SOIRÉE

20h **Jimmy@The James Hotel** (p.336) Prendre de la hauteur pour un premier cocktail panoramique à couper le souffle. Luxe, calme et... *jet set feeling* ! On se prend déjà pour une vedette...

21h **Dîner** au Lucky Strike (p.378) pour un petit repas sympa et chaleureux, à la lueur des chandelles, ou au Hundred Acres (p.379) dans un style bobo chic un peu plus cher.

22h30 **Musique** au S.O.B.'s (p.337) pour danser une salsa *muy caliente* ou au Bitter End (p.348) pour enterrer la nuit au son d'un blues un poil déglingué.

Vendredi

MATIN

8h30-9h **Statue de la Liberté et Ellis Island** (p.101) Venez vraiment tôt pour éviter les longues files d'attente ! En plus, l'arrivée devant la dame verte quand la lumière est encore basse est un grand moment.

CONSEIL Vous n'y pensez pas encore, mais le dîner du vendredi soir implique une attente interminable : réservez !

On embraye ensuite sur Ellis Island et le souvenir des immigrants.

12h **Museum of Jewish Heritage** (p.99) Retour sur terre pour visiter le musée et mieux comprendre l'histoire juive au XXe siècle.

OU BIEN Ceux qui rêvent encore du Far West visiteront plutôt le National Museum of the American Indian (p.99).

13h30 **TriBeCa** (p.105) Déjeuner sur le pouce afin de goûter enfin un vrai bagel chez Zucker's Bagels (p.375) ou lunch de lasagnes de la Mama, chez Max (p.376). Gardez juste une place pour un petit dessert à la Duane Park Patisserie (p.109).

APRÈS-MIDI

15h **SoHo** (p.105) Baladez-vous à la recherche des belles façades en fonte, le long de Greene Street et Broome Street. Au passage, ne manquez pas les vitrines : vous êtes dans l'un des quartiers du shopping branché. Prince Street et Broadway concentrent un grand nombre de boutiques de mode ou de déco et quelques galeries d'art.

18h **Empire State Building** (p.173) Voilà, vous êtes en haut du mythe, Manhattan à vos pieds quand le soleil décline. Inoubliable, bien sûr !

19h **Times Square** (p.165) Ne résistez pas à ce petit détour, incontournable à la nuit tombante, pour les néons, la foule et les derniers reflets du soleil sur les façades vitrées.

SOIRÉE

20h **Top of the Strand** (p.356) C'est le moment d'être épaté par la vue sur l'Empire State Building, devant un cocktail (on est à New York) ou une bière (moins cher...). À moins que vous ne préfériez le

style gentleman farmer *made in* New York au très sympathique The Breslin (p.397). Cette adresse propose aussi le dîner...
21h **Dîner** dans NoLIta (p.111), (p.379) Essayez La Esquina (p.382) pour la jouer latino, Balaboosta (p.382) pour une délicieuse cuisine juive ou Peasant (p.383) pour son chic cool branché.
23h **Tournée des bars** dans le Lower East Side (p.115), (p.340).

Samedi

MATIN

10h **Union Square** (p.149) Grand marché bio du samedi, avec stands de pâtisseries appétissantes et de nombreux artistes et artisans.
11h **Chinatown** (p.111) Commencez par Canal Street et Mott Street pour les étals alimentaires étranges et odorants, avant de chiner entre marchands de canard laqué et boutiques de souvenirs.
13h **The New Malaysia** (p.381) Vous y savourerez une cuisine malaisienne très parfumée. Alternativement, la Peking Duck House (p.381) est un excellent chinois traditionnel, nettement plus chic.

APRÈS-MIDI

15h **Washington Square Park** (p.133) Très animé le week-end, l'un des parcs les plus attachants de la ville, juste devant l'université, par où commencer la découverte de Greenwich Village. Suivez Thompson et Bleecker Streets, avant de partir explorer le West Village (p.137).
16h **Meatpacking District** (p.139) L'ancien quartier des abattoirs, dont les entrepôts ont été astucieusement transformés en boutiques de mode ou en bars branchés.
16h30 **Chelsea Market** (p.145) Idéal pour une pause gourmande, à l'un des nombreux comptoirs de cette galerie commerciale, installée dans une ancienne usine de biscuits. L'occasion aussi de faire une escale à la boutique Anthropologie, qui y a une succursale (p.312).
17h **High Line** (p.142), (p.145) Voici une promenade à ne pas manquer, pour se faire une idée de la ville en mutation. Le long de l'Hudson se succèdent immeubles en brique, vieux réservoirs en bois et perles de l'architecture contemporaine.
18h30 **Williamsburg Bridge** (p.121) Emprunté quotidiennement par les hommes d'affaires de la communauté juive hassidique de Williamsburg et par les jeunes *hipsters* qui y vivent de plus en plus nombreux, c'est un pont très photogénique qui offre un autre panorama de Manhattan et permet de rejoindre à pied le très branché quartier de Williamsburg, à Brooklyn.
19h30 **Williamsburg** (p.272) Pas de monument majeur, mais quelques rues animées en soirée, où déambuler sans se presser pour goûter l'ambiance bohème. Remontez Bedford Avenue - offrez-vous au passage un t-shirt *made in* Brooklyn en série limitée chez Brooklyn Industries (p.326) - et surtout prenez le temps d'explorer les rues perpendiculaires, leurs boutiques et leurs galeries.

Si le soleil n'est pas encore couché, allez le voir descendre derrière la *skyline* de Manhattan, à l'East River State Park.

SOIRÉE

20h30 **Dîner** au Fette Sau (p.423). Oui, un barbecue à faire saliver même un végétarien ! Installé dans un garage, ce restaurant garantit un dîner sans façon.
22h30 **Fin de soirée** à Williamsburg. On boit une bière d'anthologie au Spuyten Duyvil (p.367) et on tue la nuit à The Ides Bar, rooftop avec vue du Wythe Hotel.

Dimanche

MATIN

10h **Top of the Rock** (p.178) Un autre sommet pour voir Manhattan d'en haut. Celui-ci déroule un panorama époustouflant de, au nord, Central Park encadré de gratte-ciel à, au sud, l'Empire State Building. À voir de préférence tôt le matin.
11h **Rockefeller Center** (p.177) L'un des symboles de New York, la Rockefeller Plaza et son Prométhée doré, mais aussi tous les détails architecturaux de ce bijou de l'Art déco.
11h30 **5th Avenue** (p.171), (p.203) Impossible de séjourner à New York sans lécher les vitrines de la célèbre avenue. Les accros du shopping opéreront des raids dans les boutiques, les autres admireront l'architecture des immeubles et les monuments que sont St. Patrick's Cathedral (p.181) ou la New York Public Library (p.175).
13h **Brunch ou lunch** au Bryant Park Grill (p.404), sur la terrasse s'il fait beau, ou au Loeb Boathouse - Central Park (p.409), avant une promenade digestive dans Central Park.

APRÈS-MIDI

14h **Central Park** (p.196) LA balade dominicale des *Manhattanites*, entre les étangs (pourquoi ne pas louer une barque ?), les pelouses où faire la sieste et les esplanades où regarder passer le monde...
15h **Visite** Après-midi culturel au Metropolitan Museum (p.206), l'un des plus beaux musées au monde (le plus dur sera de choisir quoi regarder !).
OU BIEN Les familles ou les passionnés de nature et d'anthropologie iront plutôt visiter l'American Museum of Natural History (p.191), de l'autre côté de Central Park.

SOIRÉE

21h **Dîner-concert** chez Smoke Jazz and Supper Club (p.360) à prix encore abordables dans cet excellent club de jazz.

EAST VILLAGE

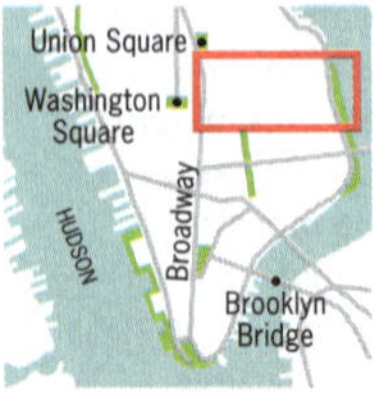

Bien que sa gentrification récente ait eu en grande partie raison de son esprit contestataire et novateur d'antan, et que la faune locale soit devenue plus bourgeoise que bohème, l'East Village demeure l'un des quartiers les plus énergisants, originaux et animés de Manhattan, entre restaurants ethniques, bars de nuit, cafés-concerts, boutiques de tatouage, d'artisanat, de musique et de fripes. Petites rues bordées d'anciens *tenements* joliment restaurés, vie culturelle riche et variée, ambiance étudiante avec la présence du Cooper Union College et d'une annexe de la New York University, jardins communautaires, vie nocturne jeune et festive, surtout en fin de semaine, lorsque St. Mark's Place et Alphabet City sont littéralement pris d'assaut : un bonheur !

SPLENDEUR ET DÉCADENCE Le quartier occupe en grande partie l'ancienne plantation (*Bouwerie*, d'où le nom de l'avenue Bowery) achetée en 1651 par le dernier gouverneur de la Nouvelle-Amsterdam, Peter Stuyvesant. Dans les années 1820-1860, les environs de Lafayette Street attirent les plus riches familles de la ville (Vanderbilt, Astor), et deviennent l'un des principaux foyers culturels de New York – théâtres, écoles, bibliothèques… Mais la haute société s'exile plus au nord, lorsque le paysage se transforme radicalement avec l'arrivée d'immigrés pauvres venus d'Ukraine, d'Allemagne, d'Irlande, d'Italie ou de Pologne. Le quartier du Bowery devient tristement célèbre pour ses bars de perdition, ses bordels, ses clochards par milliers et ses rixes entre gangs.

LE TEMPLE DE LA CONTRE-CULTURE Longtemps intégré au Lower East Side, ce quartier industriel et populaire acquiert son identité propre dans les années 1950 et 1960, lorsque s'y installent nombre d'artistes et de musiciens chassés de Greenwich Village par la hausse des loyers. L'East Village devient rapidement le principal foyer de la contre-culture : la revue *East Village Other* publie les poèmes beat d'Allen Ginsberg, Thelonious Monk et Charlie Parker expérimentent un nouveau jazz… Dans les années 1970, des clubs aussi mythiques que l'Electric Circus, le Filmore East et le fameux CBGB accueillent The Velvet Underground, Grateful Dead, Jimi Hendrix, The Who, et voient éclore le mouvement punk-rock US (Patti Smith, les Ramones), de futures stars (Madonna) et des groupes tels que Talking Heads, Blondie, Sonic Youth, Beastie Boys ou The Strokes… Warhol, Basquiat, le photographe Robert Mapplethorpe et plus tard Keith Haring ou Jeff Koons y feront leurs armes. Mais cet esprit rebelle et anticonformiste s'exprime aussi dans la rue : déjà célèbre pour avoir été le théâtre de violentes émeutes sociales en 1874, Tompkins Park devient dès les années 1960 l'épicentre de la lutte contre la guerre du Vietnam, pour le droit des minorités, et contre l'embourgeoisement de Manhattan. Évidemment, et malgré la résistance des habitants – qui se solde en 1988 par de violents affrontements avec la police à Tompkins Park –, la gentrification l'a emporté ici comme ailleurs, et l'East Village a changé de visage depuis les années 1990, mouvement accéléré par le boom immobilier des années 2003-2008.

MODE D'EMPLOI

orientation

L'East Village s'étend de Lafayette à l'ouest à l'Ave. D à l'est, entre Houston St au sud et 14th St au nord. Il comprend plusieurs sous-quartiers, notamment **Alphabet City** (entre les Ave. A et D, autour de Tompkins Park) et, plus récemment, **NoHo**, entre Broadway à l'ouest, Bowery à l'est, Houston St au sud et Astor Pl. au nord.

accès

EN MÉTRO
Aucune station dans le quartier, mais plusieurs en périphérie. À l'ouest, Astor Place (6) ; au sud, 2nd Ave. (F) et au nord, 1st Ave. (L).

EN BUS
La ligne M8 relie Greenwich Village à Tompkins Park. La ligne 15 (le long de 1st Ave. et 2nd Ave.) relie le quartier à Battery Park au sud, et à Midtown et l'Upper East Side au nord.

fêtes et manifestations

Charlie Parker Jazz Festival Fin août, ce festival s'installe à Tompkins Park le temps d'un dimanche après-midi, pour des concerts de jazz de très haut niveau... Charlie Parker, le génial saxophoniste, vécut en face du parc, au n°151 Ave. B, de 1950 à 1954... *www.summerstage.org*

DÉCOUVRIR
L'East Village

☆ **Les essentiels** La vie nocturne à St. Mark's Place et à Alphabet City, Tompkins Park **À proximité** Le LES, le pont de Williamsburg (qui mène au quartier le plus branché de Brooklyn), NoLIta **Sans oublier nos adresses préférées** Zum Schneider pour sa bière, sa cuisine et son ambiance festive et conviviale

Peu de visites et de monuments dans ce quartier, dont les rues bordées d'immeubles anciens, avec balcons et escaliers de secours en fer forgé, d'arbres, de jardins communautaires, de boutiques, de bars et de restaurants se prêtent en revanche à la flânerie, surtout le week-end. Artère névralgique du quartier, la 8e rue prend entre Lafayette Street et l'avenue A le nom de ☆ **St. Marks Place** : boutiques de mode un peu *destroy*, de comics, de tatouages et piercings, bars et cafés, restaurants bon marché ou chics, il y règne le soir une grande animation, même en semaine. Parmi les rues les plus pittoresques du quartier, citons E 3rd Street entre Bowery et l'avenue A (les amateurs de grosses cylindrées jetteront un coup d'œil au QG des Hells Angels, aux nos 77-79, entre 1st Avenue et 2nd Avenue), et E 7th Street entre Bowery et Tompkins Park.

BIÈRE BOHÈME
Fondée au XIXe siècle, McSorley's Old Ale House (p.343) est la plus vieille taverne de New York. Elle fut réservée aux hommes jusqu'aux années... 1970 ! Au fil des ans, Abraham Lincoln, Woody Guthrie et John Lennon sont passés s'y désaltérer... Boiseries patinées, bière maison, ambiance joyeuse : on s'y sent bien le soir à l'heure de la happy hour...
McSorley's Old Ale House (plan 3, A3 n°42)
M° Astor Place
(4, 6) 15 E 7th St Tél. 212 473 91 48 Ouvert lun.-sam. 11h-1h, dim. 13h-1h
Pas de carte bancaire

NoHo (plan 3, A3) Dénommé NoHo (pour North of Houston), par référence à SoHo, le quartier situé au sud d'Astor Place, entre Broadway à l'ouest et Bowery à l'est est devenu l'une des enclaves les plus courues et onéreuses de Manhattan, pour sa situation à deux pas de l'activité et ses grands lofts rénovés... Au nord, la station de métro d'**Astor Place** est l'une des rares qui ait gardé son habillage d'origine. Au milieu du carrefour trône la célèbre sculpture de Tony Rosenthal, *Alamo* (1967), énorme cube de métal noir posé sur une de ses pointes. Juste à l'est, à l'angle d'Astor Place et de Cooper Square, se dresse l'immense *brownstone* de la **Cooper Union**, organisme fondé en 1859 par l'industriel et philanthrope Peter Cooper pour fournir un enseignement gratuit aux adultes des classes populaires du Lower East Side – sans distinction de race et de sexe, deux premières... L'endroit est ensuite devenu un établissement universitaire de pointe (ingénierie, architecture, beaux-arts), aujourd'hui très coté. Une annexe d'allure futuriste a ouvert en 2009, un peu plus bas sur Cooper Square (entre 6th et 7th Ave.). Dans l'extrême ouest du quartier, **Lafayette Street** fut dans les années 1820-1860 l'artère la plus prisée de New York – les quelques colonnes grecques qui subsistent (aux n° 428-434) de l'ancienne rangée de Colonnade Row (1833) en témoignent. Aujourd'hui en pleine renaissance, l'avenue accueille le Public Theater (www.publictheater.org), établi dans le bel édifice de brique de l'ancienne Astor Library (1854) – première bibliothèque gratuite de New York. Intégré au théâtre, Joe's Pub (www.joespub.com) propose chaque soir d'excellents concerts et spectacles. Au coin nord-est de Lafayette et de la 4e rue, le superbe **DeVinne Press Building** (1885), bâtiment néoroman en brique, l'un des plus beaux édifices industriels de New York, abritait autrefois une immense imprimerie. Juste à l'est, sur la 4e rue, se dresse l'une des dernières demeures patriciennes des années 1830, convertie en musée, Merchant's House. Jadis peuplés de centaines de SDF et de junkies et synonymes de perdition et de violence, les abords de Bowery, dénomination de la 4e avenue au sud de Cooper Square, sont aujourd'hui ultrabranchés : les condominiums et autres hôtels de luxe s'y multiplient, les restaurants chics également. Signe des temps, le légendaire CBGB (au n° 315), berceau du mouvement punk-rock américain (Patti Smith, Ramones...), a dû fermer en 2006, remplacé par une enseigne de créateur. Plus au nord, au niveau de Cooper Square, se trouve le siège du *Village Voice*, célèbre revue culturelle fondée en 1955 par Norman Mailer et ses associés – cf. La voix du Village (p.137).

Merchant's House Museum (plan 4, B1) Édifiée en 1832, cette demeure élégante de brique et marbre blanc abrita pendant près d'un siècle une riche famille de marchands, les Tredwell, qui ne suivirent pas le mouvement vers le nord de l'aristocratie locale dans les années 1860. L'intérieur conserve les fastes d'un âge d'or révolu : mobilier d'acajou, vaisselle et cuivres somptueux, effets personnels et robes à crinoline… ***M° Astor Place (6) ou Bleecker St (B, D, F, 4)*** *29 E 4th St (entre Lafayette et Bowery) Tél. 212 777 1089 merchantshouse.org Ouvert ven.-lun. 12h-17h, jeu. 12h-20h* ***Visites guidées*** *Jeu.-lun. à 14h Tarif 15$, réduit 10$, -12 ans gratuit*

Little Ukraine (plan 3, A3) Une importante communauté ukrainienne est installée dans l'East Village depuis les années 1870, entre la 3e avenue et l'avenue A, dans la "Petite Ukraine", où un tiers des 80 000 Ukrainiens de New York réside. **St. George Church** (n° 30 East 7th St, entre 2nd et 3rd Ave.), fondée en 1911 et reconstruite en 1978 dans un style néobyzantin, joue un rôle central dans la vie de cette communauté : cette église catholique gère notamment un établissement scolaire bilingue et organise à la mi-mai, trois jours durant, l'Ukrainian Festival, avec danses folkloriques, spectacles, gastronomie.
Ukrainian Museum (plan 3, A3) Fondé en 1976, ce musée consacré à la culture et à l'art ukrainiens possède un fonds de 8 000 objets artisanaux (tenues traditionnelles, tapis, sculptures sur bois) et 2 000 œuvres d'artistes ukrainiens, ainsi que des archives retraçant l'histoire de la communauté ukrainienne de New York. ***M° Astor Place (6)*** *222 E 6th St (entre 2nd et 3rd Ave.) Tél. 212 228 0110 www.ukrainianmuseum.org Ouvert mer.-dim. 11h30-17h Fermé certains jours fér., notamment ukrainiens et orthodoxes (liste sur le site Internet) Tarif 8$, réduit 6$, -12 ans gratuit*

St. Mark's Historic District (plan 3, A3) Délimitée par les 1re et 2e avenues, et par les 9e et 10e rues, cette minuscule enclave du nord de l'East Village a gardé des édifices du début du XIXe siècle, notamment la belle Stuyvesant-

Du jazz au slam

Plusieurs clubs de jazz continuent d'insuffler aux conventions l'esprit rebelle de l'East Village. Le **Nublu** (n° 62 Ave. C, www.nublu.net) offre une programmation musicale originale entre jazz contemporain et *forró* brésilien. Ouvert par le saxophoniste John Zorn, **The Stone** (à l'angle d'Ave. C et de 2nd St, www.thestonenyc.com) propose, dans une salle minuscule, des expériences musicales fascinantes : jazz expérimental, musique japonaise, etc. Depuis 1973, le légendaire **Nuyorican Poets Café** (n° 236 E 3rd St, www.nuyorican.org) est l'un des hauts lieux de la poésie new-yorkaise. Les sessions slam du vendredi soir (22h, arriver tôt !) sont d'une qualité exceptionnelle. Claustrophobes s'abstenir : salle étroite et pleine à craquer ! Ouvert en 2002, le **Bowery Poetry Club** (n° 308 Bowery, www.bowerypoetry.com) est un autre lieu d'expression de la scène poétique/slam locale…

Fish House (1804), au n° 21 Stuyvesant Street. Plus au nord, à l'angle de la 2e avenue, l'église épiscopalienne **St. Mark's-in-the-Bowery** (1799) est aussi un centre culturel de qualité : spectacles de danse, théâtre et lectures de poésie – Allen Ginsberg, Yoko Ono, Patti Smith, John Cage ou Sam Shepard s'y sont produits ! **St. Mark's-in-the-Bowery** *stmarksbowery.org*

☆ **Alphabet City (plan 3, A3-B3)** Longtemps synonyme de trafic de drogue et de criminalité, le quartier compris entre les avenues A et D (d'où sa dénomination) a aujourd'hui bien changé –, même s'il est déconseillé de s'aventurer au-delà de l'avenue C le soir. L'ancienne "Petite Allemagne" fut colonisée dans les années 1960 par la communauté portoricaine. Aujourd'hui, Alphabet City regorge de bars-restaurants branchés, de boutiques de fripes, de clubs réputés... Tracé en 1834 au centre du quartier, ☆**Tompkins Park** en symbolisa longtemps l'esprit contestataire. Désormais bien assagi, cet espace vert fait le bonheur des écureuils, des enfants de la nouvelle population très yuppie du quartier, et d'une communauté Hare Krishna ! Non loin, au n° 130 7th Street, l'**University of the Streets**, créée dans les années 1960. Ce lieu associatif propose des activités culturelles et sportives, dont de nombreux concerts de jazz. À noter aussi la présence d'un marché bio le dimanche au croisement de l'avenue A et de la 7e rue. **University of the Streets** *www.universityofthestreets.org*

Où prendre un expresso ?

Abraço (plan 3, A3 n°1) Dans le jeu consistant à débusquer le meilleur expresso de la ville, l'East Village réunit plusieurs prétendants, dont Abraço, petit café chaleureux de la 7e rue, est l'un des plus sérieux. *M° **Astor Place** 81 E 7th St (entre 1st et 2nd Ave.) Ouvert mar.-sam. 8h-18h, dim. 9h-18h*

Ninth Street Espresso (plan 3, B3 n°4) Autre adresse courue, cet agréable café à l'angle sud-est de l'avenue C et de la 9e avenue est parfait pour une pause au calme (l'annexe, sur Tompkins Park, est moins plaisante). *M° **Astor Place** 9th St (à l'angle de Ave. C) www.ninthstreetespresso.com Ouvert tlj. 7h-20h*

Faire la tournée des *community gardens*

L'East Village compte près d'une quarantaine de jardins communautaires, en particulier dans Alphabet City, plantés sur l'emplacement d'anciens immeubles rasés dans les années 1970. Y sont régulièrement organisés des journées portes ouvertes (généralement le week-end), des ateliers (jardinage, sculpture, artisanat), des lectures de poésie, des concerts... Une autre vision de New York ! Créé en 1982, le **6 & B Garden** (www.6bgarden.org), à l'angle de l'avenue B et de la 6e rue, est l'un des plus séduisants et dynamiques (ouvert d'avr. à oct., sam.-dim. 13h-18h). Le site www.evpcnyc.org propose une carte interactive où figurent tous les jardins, et le programme complet des animations.

GREENWICH VILLAGE

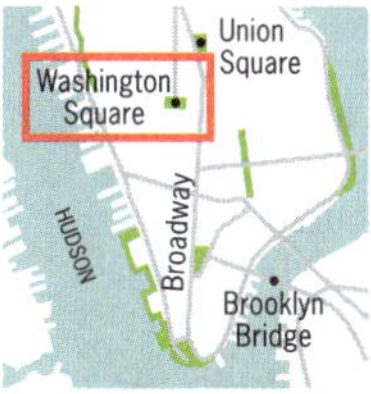

C'est à Washington Square qu'il faut entamer la découverte de ce quartier, l'un des plus attachants de la ville. Au cœur des campus de la prestigieuse université de New York, ce parc aux élégantes proportions sert de salon et de point de rencontre à toute une population éclectique et colorée. Musiciens, poètes, étudiants, joueurs d'échecs ou simples badauds s'y côtoient dans une atmosphère de vacances et de bonne humeur. Vers le sud, restaurants et bars résonnent du blues et du jazz de la grande époque. Tous les mythes de la bohème new-yorkaise, des poètes de la Beat Generation aux activistes politiques ou aux auteurs romantiques se sont croisés dans ces quelques rues. Dans l'ouest du quartier, le Historic Greenwich Village conserve de belles maisons en brique et de longues rangées d'arbres ou de glycines qui explosent au printemps. Ici ou là surgit la mémoire d'intellectuels et artistes célèbres, alors que, vers le nord, la balade s'achève au Meatpacking District, l'ancien quartier des abattoirs et "ventre" de New York, qui a renoncé à sa vocation nourricière pour abriter désormais la fine fleur des créateurs et des adresses chiquissimes.

AU COMMENCEMENT ÉTAIT UN VILLAGE Les Amérindiens de différentes tribus qui vivaient initialement sur le site en seront chassés par les colons hollandais. Au XVIIIe siècle, quand la ville de New York n'occupe que la pointe sud de Manhattan, Greenwich est un modeste village de maisons de bois, jouxtant une grande exploitation agricole aux terres plus ou moins marécageuses. Le propriétaire vend son immense domaine à John Jacob Astor (1763-1848), un fils de boucher juif allemand qui a fait fortune, d'abord dans le commerce des fourrures, puis, surtout, en spéculant sur l'immobilier. Astor s'empresse de mettre en valeur ses nouvelles terres, les draine, les nivelle et les partage en 456 lots à bâtir. Tout s'accélère en 1822, lorsqu'une épidémie de fièvre jaune ravage le sud de Manhattan et incite ceux qui en ont les moyens à s'installer dans ce qui est encore la campagne, plus au nord. Greenwich devient le dernier quartier à la mode chez les riches, qui remplacent rapidement les maisons en bois par d'élégantes constructions en briques. Un parc est créé sur Washington Square, et le dédale des rues – qui prennent des noms autres que de simples numéros – s'émancipe du quadrillage urbain de 1811. Le "Village" est lancé.

REVERS DE FORTUNE Comme souvent à New York, la roue tourne vite. Après la guerre civile, dans les années 1860, la population de Greenwich change. Les familles bourgeoises émigrent vers le nord. Des Afro-Américains s'installent dans le sud du quartier. Beaucoup d'Italiens, qui laissent le Lower East Side aux arrivants juifs, viennent aussi habiter le Village où ils ouvrent cafés et restaurants. Des immeubles de rapport sont érigés pour héberger cette nouvelle population, et les industriels commencent à y construire usines et entrepôts. Au début du XXe siècle, le sud de Greenwich est devenu un quartier populeux et industriel.

BOHÈME ET FANTAISIE La nouvelle diversité ethnique et la baisse des loyers attirent, dès le début du XXe siècle, une tout autre population. Intellectuels et artistes désargentés, poètes et politiques radicaux se mélangent dans les nombreux cafés et y confrontent leurs idées. Greenwich devient le terreau de la liberté artistique, sociale et morale de l'avant-garde new-yorkaise, peu à peu synonyme de rébellion et de contestation. Tous les grands noms de la création américaine du XXe siècle se croisent dans ces quelques rues. Pour la littérature, citons Eugene O'Neill, Henry James, Dylan Thomas, Scott Fitzgerald, William Faulkner, John Steinbeck, John Dos Passos, puis Allen Ginsberg ou Jack Kerouac, parmi tant d'autres ; pour la peinture, ce sont le groupe de l'Ashcan School (qui organise l'Armory Show en 1913), Edward Hopper, Robert Motherwell, Jackson Pollock ou Mark Rothko…
Il faut dire que le Village, outre ses cafés, s'est enrichi de clubs de jazz mythiques, à la faveur de l'explosion de la musique noire entre les deux guerres. Le Village Vanguard est le plus connu, à côté d'Arthur's Tavern, du 55, du Bitter End… Dans les années 1960, entre Flower Power hippie et lutte pour les droits des Noirs ou des gays, le Village devient plus que jamais le centre de la contestation de l'ordre établi. Aujourd'hui, il ne reste pas grand-chose de cette effervescence, si ce n'est l'ambiance festive entretenue par les nombreux étudiants de l'université. La spéculation immobilière a fait monter les prix. Seuls les artistes parvenus, ou plutôt les vedettes du cinéma ou de la télévision, peuvent encore se permettre d'y vivre. Les autres sont partis ailleurs, pour Brooklyn ou Queens, ou s'entassent en colocation. Pourtant, clubs, bars et restaurants y conservent ce "je-ne-sais-quoi", un rien décalé.

Un village, deux noms

Greenwich Village, le West Village et l'East Village, voilà de quoi entretenir la confusion ! Greenwich Village correspond au quartier historique d'origine, qui se développa à partir du premier hameau, au XVIIIe siècle, dont le pôle central était Washington Square. Il s'étend jusqu'aux berges de l'Hudson. Le West Village, nettement moins étendu, est la partie la plus à l'ouest de Greenwich, au-delà de 6th Avenue. C'est devenu le centre de gravité de la vie artistique et bohème à partir de 1916. L'East Village (p.126), en revanche, n'a rien à voir avec les deux premiers. Ce quartier était au départ incorporé au Lower East Side et ne prit son identité actuelle que dans les années 1960, à la faveur du mouvement contestataire.

MODE D'EMPLOI

orientation

Le vaste ensemble de **Greenwich Village** s'étend de Broadway à l'Hudson et de Houston St à 14th St. Son sous-ensemble, le **West Village**, occupe l'espace entre 6th Ave. et l'Hudson. Le **Meatpacking District** est une petite partie du West Village, encadrée par Hudson St, à l'est, par Gansevoort St, au sud, par l'Hudson à l'ouest et par 14th St au nord.

accès

EN MÉTRO

Pour Washington Square, stations 8th St/NYU (N, R) et W 4th St (A, C, E, F, M). Pour le West Village, stations Houston St (1) ou Christopher St/Sheridan Sq. (1). Pour le Meatpacking District, station 14th St/8th Ave. (A, C, E).

EN BUS

Les lignes 1 et 5 pour les abords de Washington Square, et la 20 pour le West Village et le Meatpacking District.

fêtes et manifestations

New York's Village Halloween Parade Le soir du 31 octobre, le Village est le théâtre d'un énorme défilé (plus de 60 000 participants pour environ 2 millions de spectateurs en 2010). Animé par des associations et des troupes artistiques, il est d'une stupéfiante créativité. ***M° 8th St/NYU (N, R)*** *www.halloween-nyc.com (Circuit et horaires) www.villagevoice.com (circuit et horaires)*

Washington Square Outdoor Art Exhibit Deux fois par an, pour Memorial Day (dernier lundi de mai) et Labor Day (1er w.-e. de sept.), les abords de Washington Square accueillent artistes et artisans d'art, le long du parc et sur University Place. ***M° 8th St/NYU (N, R)*** *www.wsoae.org*

marchés

Abingdon Square Greenmarket (plan 2, A3) Marché bio, animé par des fermiers des environs de New York. Primeurs, viandes et produits laitiers. ***M° 14th St/8th Ave. (A, C, E)*** *Croisement W 12th St et Hudson St Sam. 8h-14h*

DÉCOUVRIR

Autour de Washington Square

☆ **Les essentiels** Washington Square, les rues au sud de Washington Square **À proximité** Le shopping à SoHo sur Prince Street **Sans oublier nos adresses préférées** Num Pang pour un sandwich cambodgien sur le pouce

☆ ☺ **Washington Square (plan 2, B3)** Créé en 1827 pour accueillir les promenades de la bourgeoisie qui venait s'installer dans les résidences avoisinantes, ce parc arboré n'est pas le plus beau de la ville, mais il est sans nul doute l'un des plus vivants. Avant son aménagement, c'était un terrain très marécageux, traversé par un ruisseau, le Minetta Brook, et qui hébergeait le pilori. L'entrée nord, qui marque le début de la 5e Avenue, est signalée par **Washington's Arch**, un imposant arc de triomphe, qui avait été érigé d'abord en bois pour célébrer le centenaire de l'investiture de George Washington.

La version actuelle, qui date de 1889-1895, fut conçue par Stanford White, auteur de la Judson Memorial Church – cf. Thompson Street (p.136). En 1917, un groupe de six artistes "conspirateurs", menés par Marcel Duchamp, s'installa au sommet de l'arc pour y proclamer la "Libre et Indépendante République de Washington Square" ! Jusqu'en 1971, la circulation automobile passait dessous et contournait ensuite la fontaine qui servait de rond-point. Le **parc** a été témoin de toutes les grandes manifestations du XXe siècle et a accueilli d'innombrables sit-in. La partie la plus animée se concentre autour de la fontaine et accueille les troupes de théâtre de rue et les familles. Parmi les artistes fameux qui s'y sont produits, on recense Charlie Parker, Bob Dylan ou Joan Baez. Les pelouses ouest sont régulièrement envahies par les joueurs de Frisbee, alors qu'un peu plus loin se réunissent les joueurs d'échecs – cf. encadré ci-dessous. Tout autour du parc s'alignaient initialement des demeures bourgeoises. Il ne reste de cette époque que le côté nord, plus particulièrement un ensemble intact de maisons (1832-1833), **The Row** (nos 1-13 et, dans une moindre mesure, nos 19-26), une ravissante succession d'escaliers menant à des porches néogrecs. Banquiers, négociants et notables vivaient ici. Parmi ses habitants les plus renommés, on compte l'écrivain Henry James, qui y séjourna chez sa grand-mère (au n° 18). Il s'inspira d'ailleurs de la bonne société du quartier pour son livre *Washington Square*, publié initialement sous forme de feuilleton, dans lequel il pose un regard ironique sur les préoccupations provinciales de ses pairs. John Dos Passos rédigea son inoubliable *Manhattan Transfer* au n° 3. Les trois autres côtés sont bordés d'édifices plus imposants, presque tous liés à l'Université de New York (p.135). *M° 8th St/NYU (N, R)*

Le Chess District, paradis des échecs

Si beaucoup de parcs new-yorkais abritent des groupes de joueurs en tout genre, Washington Square et Thompson Street, juste au sud, constituent un véritable Chess District, "quartier des échecs". Il y a d'abord les tables en béton du parc, côté ouest, quadrillées d'échiquiers, une invite permanente aux amateurs. Et ils se pressent, même quand il fait gris ou froid, intenses et sérieux, tout à leur jeu. Souvent, d'ailleurs, un joueur solitaire vous invitera à le rejoindre et à relever le défi. S'il fait moins beau, le soir, ou même la nuit, les festivités se déplacent vers Thompson Street, où boutiques et clubs d'échecs se font presque face. Quelques tables bancales sur le trottoir, quelques autres à l'intérieur, et le décor est planté. Jour et nuit, les passionnés fidèles se succèdent ou s'éternisent, silencieux et concentrés. Rien de glamour ni de sélect ici, les boutiques sont défraîchies, sans confort ni décor, tout juste des rangées d'étagères proposant une variété de jeux d'échecs à donner le tournis, des formes les plus classiques aux personnages de science-fiction, des pièces design aux figurines de Walt Disney.
M° 8th St/NYU (N, R) Washington Square Park côté ouest **Chess Forum** *219 Thompson St Tél. 212 475 2369 www.chessforum.com Ouvert tlj. 11h-0h*

Washington Mews (plan 2, B3) Immédiatement au nord de Washington Square, cette courte allée encadrée par de hautes grilles permet de découvrir l'autre versant de la vie sociale du quartier au début du XIXe siècle. C'est là que s'alignaient les écuries des maisons de maîtres de la place, au sud, et de West 8th Street, au nord. Une partie de la domesticité y vivait. Côté est, la Maison française (n° 16) est une institution rattachée à l'Université de New York et fondée en 1957 pour promouvoir la culture francophone (colloques, conférences, expositions, projections de films). *M° 8th St/NYU (N, R)*

Church of the Ascension (plan 2, B3) Lorsque la 5e avenue fut percée, elle fut immédiatement habitée par la population la plus riche, qui en fit sa zone résidentielle de prédilection. En la parcourant au début de son tracé, au départ de Washington Square, on mesure parfaitement, malgré les changements apportés par le temps, à quel point elle rassembla l'élite de la ville. Achevée en 1841, l'église épiscopalienne de l'Ascension est un témoin de la première époque, typiquement néogothique. L'intérieur est agrémenté de vitraux très colorés et d'une imposante peinture, *L'Ascension* (1888), de John La Farge, au-dessus de l'autel. En 2011, l'église a reçu un nouvel orgue fabriqué en Provence par le facteur d'orgues Pascal Quoirin. *M° 8th St/NYU (N, R) 36 5th Ave. (entre 10th et 11th Sts) Tél. 212 254 8620 www.ascensionnyc.org*

Salmagundi Art Club (plan 2, B3) Le plus ancien cercle artistique des États-Unis (1871) occupe depuis 1917 un *brownstone* de 1853, emblématique des premières demeures de la 5e avenue. L'intérieur, avec ses moulures, ses chandeliers, son escalier sculpté, restitue l'élégance de cette époque. Expositions temporaires. *M° 8th St/NYU (N, R) 47 5th Ave. (entre 11th et 12th Sts) Tél. 212 255 7740 www.salmagundi.org Ouvert lun.-ven. 13h-18h, sam.-dim. 13h-17h Entrée libre*

West 11th et 12th Streets (plan 2, A3-B3) Avant de partir à la découverte du reste du quartier, ne manquez pas un bref détour vers l'ouest, par l'une de ces rues perpendiculaires à la 5th Avenue. Elles ne présentent pas de monument ou de site particulier, mais restituent à merveille, surtout 12th Street, l'atmosphère du Village discret, avec leur succession de maisons en brique et de jolis perrons noyés dans les arbres. *M° 8th St/NYU (N, R)*

New York University (plan 4, A1) Fondée en 1832, New York University, NYU, est répartie en quatorze établissements et compte plus de quarante mille étudiants, à travers toute la ville. Le centre historique et effectif reste le campus de Washington Square, ce qui a toujours fait de Greenwich Village le grand pôle intellectuel de New York et certainement le quartier le plus vibrant sur le plan culturel. Au fil de ses rachats de bâtiments, NYU est devenue le troisième propriétaire foncier de la ville, derrière la municipalité et l'Église catholique. Trois des côtés de Washington Square – est, sud et ouest – sont bordés d'édifices (faculté de droit, bibliothèque, chambres d'étudiants…) appartenant à cette université privée. Le reste des bâtiments et résidences se concentrent au sud-est, entre LaGuardia Place et Mercer St. L'une des grandes fiertés de l'université, la valeur de son corps enseignant, se résume dans ses trente et un prix Nobel et ses seize prix Pulitzer. Pour l'anecdote, parmi les "professeurs" incarnés à l'écran, figure l'inénarrable Ross, de la série *Friends*… *M° 8th St/NYU (N, R)*

AIA Center for Architecture (plan 4, A1) Parmi les établissements prestigieux des environs, l'AIA (American Institute for Architects) offre plusieurs espaces d'exposition à des projets architecturaux et urbains. Sur trois niveaux, de nouvelles formules sont testées au moyen de maquettes, pour optimiser la lumière, l'énergie ou, tout simplement, pour favoriser le mieux-vivre. Les nouvelles technologies et les solutions imaginées passionneront spécialistes et simples curieux des évolutions de l'urbanisme. ***M° Broadway/Lafayette St (B, D, F, M) ou Bleecker St (6)*** *536 LaGuardia Place (entre West 3rd et Bleecker Sts) Tél. 212 683 0023 www.aiany.org Ouvert lun.-ven. 9h-20h, sam. 11h-17h Entrée libre*

Où écouter du jazz ? Le Village compte parmi les plus fortes densités de clubs de jazz, certains historiques comme **Village Vanguard** (p.349), depuis 1935, et d'autres plus récents, comme le célèbre **Blue Note** (p.347), depuis 1981.

☆ ☺ Au sud de Washington Square

Thompson Street (plan 4, A1) L'église baptiste Judson (1890) et ses arcatures néoromanes marquent l'angle de Washington Square et de Thompson Street et sa double rangée d'arbres : c'est le début du minuscule Chess District – cf. Le Chess District, paradis des échecs (p.134) –, puis une succession de restaurants bon marché et d'adresses incontournables, comme Generation Records (n° 210), paradis des collectionneurs et des DJ, ou Smoke Shop, ses pipes, narguilés et tabacs exotiques et son chef sioux qui monte la garde (n° 206).

Bleecker Street (plan 4, A1) Cette rue, qui coupe Greenwich Village d'est en ouest et en diagonale à l'ouest, se présente comme l'une des plus passantes. Il vaut mieux y aller le soir, car elle concentre un grand nombre de clubs de jazz, blues, rock réputés, tels que The Bitter End (n° 147, rock, jazz, blues) où se produisirent Chick Corea, Miles Davis ou Bob Dylan, Terra Blues (n° 149, excellent blues), The Red Lion (n° 151, bar d'étudiants, plutôt rock).

UNE GLACE BIO ? Un *popbar*, c'est un Esquimau glacé. Ceux-ci viennent en trois catégories, les sorbets, les glaces classiques et celles au yaourt, que l'on peut enrober à volonté dans du chocolat ou des noix pilées diverses. Tout est frais et naturel. Le mieux : c'est bon et très joli ; le moins : c'est un peu cher (5-7$). **Popbar (plan 2, B3 n°4)** ***M° W 4th St/ Washington Sq. (A, B, C, D, E, F, M)*** *5 Carmine St (près de 6th Ave.) Tél. 212 255 4874 www.popbar.com Ouvert dim.-mer. 12h-22h, ven.-sam. 12h-0h, jeu. 12h-23h*

McDougal Street (plan 4, A1) Cette rue compte elle aussi beaucoup de restaurants (on peut y dîner à toute heure) et quelques clubs mythiques. Aux débuts de la grande période bohème des années 1920, c'était la rue des cafés, tenus pour la plupart par des Italiens. Il n'en reste plus que le Caffe Reggio (n° 119, au nord de Minetta Lane), qui tente de maintenir une atmosphère désuète de monde évanoui. Vers la fin des années 1960, la rue avait totalement changé d'allure, avec l'arrivée de la *Beat Generation*. Elle prit une telle place dans la consommation et la vente de drogue en tout genre qu'elle faillit se muer en un infréquentable no man's land. Pourtant c'est redevenu l'un des meilleurs spots du Village, avec le Café Wha ? (n° 115, angle de Minetta Lane) qui lança les carrières de bien des grands, tels les incontournables Bob Dylan, Jimi Hendrix et Bruce Springsteen, ou, dans un genre radicalement différent, le karaoké bruyant et bon enfant du Grizzly Pear, de l'autre côté de la rue (n° 107). Au n° 103, un restaurant mexicain occupe l'ancien Fat Black Pussycat, où Dylan aurait composé son *Blowin' in the Wind.* Malgré une façade sans signe particulier, la Minetta Tavern (n° 113) est un autre haut lieu du quartier. Ouverte en 1937, elle fut fréquentée par Ezra Pound, Eugene O'Neill, Ernest Hemingway, Dylan Thomas, Joe Gould. Si les murs conservent de nombreuses photos de cette grande époque, le restaurant lui-même a opté pour un style "bistrot parisien". Au bout de McDougal Street, en tournant à gauche dans West 3rd Street, vers l'ouest, deux foyers de la vie nocturne se font face, le Blue Note (n° 131), un club de jazz très réputé mais sans lien avec le célèbre label du même nom, et l'actuel Fat Black Pussycat (n° 130) et son club The Village Underground. Un peu plus loin, à l'angle de l'Avenue of the Americas (6th Ave.), The Cage est un must pour le *street basketball*, un terrain grillagé où de grandes stars de la NBA ont tapé le ballon et où ont été tournées de nombreuses publicités. *M° W 4th St/Washington Sq. (A, B, C, D, E, F, M)*

West Village

☆ **Les essentiels** La balade historique **À proximité** Les adresses chics du Meatpacking District **Sans oublier nos adresses préférées** Marc Jacobs pour ses accessoires, Market Table pour sa cuisine américaine de qualité

★ ☺ **Historic Greenwich Village (plan 2, A3-B3)** Pour se laisser gagner par l'atmosphère intemporelle de cette partie historique du Village, il faut prendre le temps de flâner sans but réel, de jeter un coup d'œil dans les cours et les impasses, de lever les yeux vers les façades en brique. Commencez par exemple par **West 4th Street**, à partir de l'Avenue of the Americas. Bob Dylan vécut au n° 161. Bifurquez ensuite dans **Barrow Street**, dont

La voix du Village

Indissociable de l'histoire du Village, l'hebdomadaire gratuit *The Village Voice* a été lancé en 1955. Norman Mailer en était l'un des fondateurs. Dans les années 1960, le siège du journal se trouvait sur Sheridan Square. Malgré des prises de position homophobes lors des Stonewall Riots, *The Voice* s'est toujours imposé pour son regard indépendant et iconoclaste sur la politique locale et la culture. Le journal a publié d'immenses auteurs, comme Ezra Pound, Allen Ginsberg ou Henry Miller, et a reçu trois fois le prix Pulitzer (1981, 1986, 2000). Ses chroniques musicales et théâtrales restent respectées, mais, depuis son rachat en 2005 par New Times Media, il a perdu une bonne dose de son esprit frondeur.

la partie la plus agréable se trouve à l'ouest de 7th Avenue, avec ses rangées de petites maisons noyées sous les arbres. À l'angle de Barrow et Bedford Sts, l'un des plus célèbres lieux du Village : Chumley's, fondé en 1926, était un *speakeasy* sous la prohibition, repaire d'intellectuels, d'écrivains et de marginaux. Faulkner, Dos Passos ou Steinbeck, parmi bien d'autres, y traînèrent. Le pub a fermé en 2007 pour rouvrir, depuis, comme restaurant. Plus loin, Barrow croise la charmante **Commerce Street**, où le Cherry Lane Theater (n° 38), fondé en 1924 par la poétesse Edna St. Vincent Millay, s'est forgé une réputation d'avant-garde pour avoir produit les auteurs les plus novateurs (Ionesco, Beckett ou Pinter). Les plus grands acteurs y ont joué, comme John Malkovich, Barbra Streisand, Gene Hackman, Harvey Keitel, Dennis Quaid… De retour sur Barrow, vers l'ouest, une lanterne en fer forgé, entre deux immeubles en brique, signale l'entrée d'un beau patio (n° 72). **Grove Street**, juste au nord, mérite un petit détour pour l'adorable Grove Court (juste après le n° 10), l'une de ces pittoresques impasses dont le Village

Sur les traces du mouvement gay

Parmi les épisodes qui ont fait la légende du Village, la difficile conquête de la liberté de mœurs pour les homosexuels est peut-être le plus célèbre. Dans les années 1960, même au cœur de la bohème de Greenwich, il était encore interdit d'afficher ses préférences. La communauté gay devait subir la réprobation des bien-pensants et le harcèlement de la police.
En juin 1969, une descente de police au Stonewall Inn, un bar tenu par la mafia mais qui acceptait les gays, provoqua une succession d'émeutes spontanées et violentes, dans un contexte politique déjà agité par la lutte pour les droits civiques des Noirs. Dans les mois qui suivirent les Stonewall Riots ("émeutes"), la communauté homosexuelle new-yorkaise fonda des associations de lutte pour ses droits. En juin 1970, les premières Gay Prides s'organisèrent à New York, Los Angeles et Chicago et marquent, depuis, l'anniversaire de ces émeutes. Pour découvrir le théâtre de ces moments mémorables, commencez à **Christopher Park**, qui célèbre la cause homosexuelle par des statues de couples gays. À la fin des années 1960, il était fréquent que de jeunes marginaux y dorment. C'est là aussi que les manifestants se rassemblèrent, après les émeutes. Côté Christopher Street, au n° 53, une vitrine marque ce qui reste de l'ancien Stonewall Inn, toujours un bar gay. C'est aussi dans **Christopher Street** que se trouvait l'Oscar Wilde Bookshop, une librairie vouée aux auteurs gays et lesbiens (au n° 15), fermée en 2009. Juste en face, **Gay Street**, autrefois une allée de service pour les écuries et les communs des maisons bourgeoises des environs, paraît fort bien nommée, bien qu'elle ne doive vraisemblablement pas son nom à la cause gay mais à un premier propriétaire du nom de... Gay ! Elle fut un temps le quartier des musiciens noirs du Village et conserve quelques éléments de style néogrec.

a le secret, construite au milieu du XIXe siècle par un épicier qui voulait y loger ses employés. Un peu plus loin, à l'angle de Bedford Street, notez l'une des très rares maisons en bois du Village (n° 17), construite en 1822 dans le style fédéral par un fabricant de fenêtres à guillotine. Revenez ensuite vers le sud pour emprunter **Morton Street**, dont les maisons dégagent une élégance nettement plus bourgeoise. Certaines affichent même cariatides et linteaux sculptés, derrière les escaliers de secours (nos 56, 42, 40). Terminez par **St. Lukes Place**, pour voir une rangée intacte de maisons en brique et grès de 1853. Malgré la présence du terrain de jeu qui lui fait face, son style italianisant restitue bien la mode qui déferla sur la ville à cette époque. ***M° W 4th St/Washington Sq. (A, B, C, D, E, F, M) ou Houston St (1)***

Jefferson Market Library (plan 2, B3) À la limite du West Village, cet édifice (1874-1877) surprend pour son style hétéroclite, très représentatif de l'éclectisme architectural de la fin du XIXe siècle. Difficile d'imaginer que ce châtelet disparate fut le siège d'un palais de justice et d'une prison ! Il se voulait d'ailleurs dès le départ un hommage à divers pays et époques, et les architectes n'ont pas rechigné à mélanger dans le désordre tourelles, styles gothique, vénitien, roman, victorien… On lui adjoignit même un petit marché couvert en 1883. Prison et marché furent détruits en 1927. Au final, le bâtiment s'avéra si peu pratique que, dès 1945, on n'en trouva plus l'usage et qu'il resta inoccupé, avant qu'une poignée d'inconditionnels ne convainque la ville d'y installer une succursale de la bibliothèque municipale. À l'arrière, le Jefferson Market Garden se présente comme un minuscule parc fleuri et agréable, doté de quelques bancs. ***M° W 4th St/Washington Sq. (A, B, C, D, E, F, M)*** *425 Ave. of the Americas (6th Ave., à l'angle de 10th St) Tél. 212 243 4334 www.nypl.org Ouvert lun.-jeu. 10h-20h, ven.-sam. 10h-17h, dim. 13h-17h Entrée libre*

The Jane Hotel (plan 2, A3) Avant d'être transformé en hôtel, ce grand édifice (1907-1908), conçu par l'architecte d'Ellis Island, abritait un club de la marine marchande. À l'époque, ce quartier portuaire comptait de nombreux bars louches. En 1912, c'est ici que l'on hébergea les rescapés du naufrage du *Titanic*, à leur arrivée à New York (p.433). ***M° 14th St/7th Ave. (1, 2, 3)*** *113 Jane St (près de West St)*

Le Meatpacking District

☆ **Les essentiels** Le Whitney Museum of American Art, la promenade de la High Line **À proximité** Chelsea Market **Sans oublier nos adresses préférées** Top of the Standard pour un verre au coucher du soleil, une soirée au Bain pour son toit-terrasse et sa vue

La partie nord du West Village, entre Gansevoort Street et 14th Street, était occupée par un énorme marché aux viandes, **Gansevoort Market**, composé d'abattoirs et surtout d'un marché de gros où défilait en permanence un ballet de camions frigorifiques. L'ensemble du quartier y gagna son nom de Meatpacking District. Il était alors bruyant, animé, interlope, envahi par les odeurs puissantes de la viande qui rassit, hanté par les rangées de carcasses attendant la découpe. Digne des romans les plus noirs, le Gansevoort Market inspira sans doute Herman Melville, qui y travailla comme inspecteur des douanes durant dix-neuf ans, avant de pouvoir vivre de sa plume. Aujourd'hui, si les rues ont gardé leurs pavés, si quelques entrepôts déglingués livrent encore leurs quartiers de bifteck et si l'on entretient amoureusement la très belle architecture industrielle, le temps est loin des robustes bouchers en blouse sanglante ! Les **anciens entrepôts** des grossistes abritent désormais les boutiques *über* chic des créateurs de la planète. Sous les auvents métalliques à l'ancienne, soutenus par des câbles, ce sont les Stella McCartney, Buckler, Christian Louboutin, Diane von Furstenberg, Martin Margiela, Maria Cornejo qui dictent leur loi. Restaurants chics (dont Pastis, bistrot à la française qui contribua à "lancer" le quartier), boîtes et bars snobissimes (à l'exception du délirant antre pour *bikers* chevelus qu'est le bar Hogs & Heifers, en face de l'hôtel Standard) complètent le tableau. Ici et là, graffitis autorisés et **galeries d'art** donnent l'illusion d'une création encore sauvage. Mais, témoin de la branchitude ambiante, le site Internet du quartier comporte une rubrique *Celebrity Sightings* ! Comme quoi, ici, tout se résume presque à voir ou être vu... Dernier avatar de la transformation du quartier : le nouveau bâtiment du Whitney Museum of American Art, conçu par l'architecte Renzo Piano, au départ de la High Line. ***M° 14th St/7th Ave. (1, 2, 3)*** *www.meatpackingdistrict.com*

★ ☺ Whitney Museum of American Art (plan 2, A3) Depuis 2015, l'un des musées les plus passionnants de New York, consacré à l'art moderne et contemporain américain, surplombe l'Hudson River. L'endroit idéal pour découvrir les plus grands artistes du XXe siècle, et prendre le pouls de la scène actuelle. Le musée doit son nom à la sculptrice et mécène Gertrude Vanderbilt Whitney (1875-1942), arrière-petite-fille du richissime magnat des chemins de fer Cornelius Vanderbilt. Dès 1907, Whitney soutient et défend les jeunes artistes. À la fin des années 1920, elle offre au Metropolitan Museum sa collection de 600 peintures (dont des œuvres d'Edward Hopper et Stuart Davis) et propose de financer une nouvelle aile pour les accueillir. Refus catégorique : les modernes américains n'ont pas leur place au Met ! Whitney ouvre donc son propre musée sur la 8e rue, en 1930, puis, en 1966, sur Madison Ave., dans un édifice moderniste dessiné par Marcel Breuer (1902-1981). Une nouvelle ère s'ouvre désormais dans le Meatpacking District, grâce à une superficie doublée ! Le bâtiment, très lumineux et dessiné par Renzo Piano – architecte notamment du Centre Pompidou à Paris et de la tour The Shard à Londres –, s'articule harmonieusement entre la ville, la High Line et le fleuve. À noter la possibilité d'acheter son billet d'entrée en ligne et l'accès libre à la boutique du musée. ***M° 14 St (A, C, E, 1, 2, 3)*** *99 Gansevoort St / Washington St (à l'angle de Washington St) Tél. 212 570 3600 whitney.org Ouvert mer.-jeu. et dim.-lun. 10h30-18h, ven.-sam. 10h30-22h Tarif 25$ (22$ en ligne), réduit 18$, -18 ans gratuit Libre contribution ven. 19h-22h Audioguide (gratuit) en anglais uniquement Visites guidées tlj. (programme sur le site Internet)*

La collection À la collection initiale sont venus s'ajouter des dons exceptionnels comme celui de la veuve d'Edward Hopper en 1970 : 2 000 toiles, dessins et gravures de l'artiste ! Aujourd'hui, le Whitney possède plus de 18 000 œuvres de peintres, sculpteurs, photographes, vidéastes... Hopper est évidemment bien représenté grâce à plusieurs chefs-d'œuvre, comme *Early Sunday Morning* (1930). Le *Three Flags* (1958) de Jasper Johns, l'émouvant *Circus* (1926-1931) de Calder, et les *Coca-Cola Bottles* (1962) de Warhol sont des valeurs sûres. Belle sélection d'œuvres de Rothko, Pollock, Georgia O'Keefe, Lichtenstein, Louise Bourgeois, Claes Oldenburg... Les deux buts déclarés de la fondatrice – montrer au public la création contemporaine, et soutenir les artistes émergents – restent d'actualité. L'immense collection permanente est présentée par roulement, faisant la part belle aux expositions temporaires, souvent retentissantes. Événement culturel majeur

☺ Le best of d'une New-Yorkaise

Gabriella Gershenson, chroniqueuse gastronomique à New York, a contribué, pour ce guide, à la sélection des cafés, bars et restaurants. Elle vous fait part ici de ses endroits préférés, des coups de cœur à suivre pour vivre la ville comme un(e) vrai(e) *insider* !

Sites

Brooklyn Bridge (p.89), un ouvrage prodigieux reliant deux fabuleux *boroughs* !
Chelsea Market (p.145), pour son décor industriel et ses échoppes alimentaires.
Hudson River Park (p.147), parce qu'il donne à la ville un air de station balnéaire ; à sillonner à vélo.

Shopping

Doughnut Plant (p.384), parce que ce sont tout simplement les meilleurs *doughnuts* d'Amérique !
ABC Home & Carpet (p.312), juste pour rêver...
Barney's (p.323), la référence absolue des grands magasins, pour un voyage très couture.

Restaurants

Dim Sum Go Go (p.381), pour ses dumplings, les plus tendres, les plus frais, les plus intéressants de la ville !
Vinegar Hill House (p.415), pour son cadre charmant et sa cuisine (américaine) abordable.
Mile End Deli (p.420), le meilleur deli sandwich de NYC.

Bars et cafés

Cafe Sabarsky (p.217), car voilà définitivement l'un des meilleurs endroits de la ville : un cadre grandiose, des pâtisseries et un café viennois des plus raffinés... un voyage dans le temps !
PDT (p.344), pour son côté "clandé".
Gottino (p.349), parce que les petits plats et les vins de cet Italien sont hors du commun ; on y resterait des heures.

Hors des sentiers battus

Fried Dumpling (p.379) : mini-échoppe et miniprix.
Ear Inn (p.336), pour parler du bon vieux temps autour d'une bière.
Red Hook (p.271), pour tous les trésors à découvrir près des vieux quais de Brooklyn : Fairway, Baked ou Sunny's Bar...

depuis 1932, la Whitney Biennial réunit la crème des jeunes artistes (les années paires en mars). Découvreur de stars, le Whitney a organisé les premières rétrospectives de Jasper Johns et Cindy Sherman… Un cinéma présente des films et vidéos d'artistes (programme sur le site Internet).

☆ ☺ **High Line (plan 2, A3)** Au temps où les quais de l'Hudson étaient bordés par une dense zone industrielle, une voie ferrée aérienne longeait le fleuve. Elle reliait Gansevoort Market à Chelsea (p.145) et, plus loin, à 34th Street. Désaffectée en 1980 après le déclin de l'industrie, la High Line revit depuis 2009 sous forme de promenade plantée de 2,3km, élevée à 10m du sol. Ses concepteurs se sont inspirés de la Coulée verte aménagée dans le 12e arrondissement de Paris, pour offrir cet agréable parc suspendu, ponctué de bancs et de points de vue sur les toits du quartier ou sur l'Hudson. Planté de graminées et d'arbustes bas, conservant astucieusement les rails, le parcours est agrémenté de quelques installations temporaires, telle *A Bell for Every Minute*, par l'artiste Stephen Vitiello, une succession de carillons qui sonnaient chaque minute d'un son différent. ***M° 14th St/8th Ave. (A, C, E) ou 23rd St (C, E) ou 34th/Penn Station (A, C, E) Accès escalier*** *14th, 16th, 18th, 20th, 23rd, 26th, 28th, 30th et 34th Sts* ***Accès ascenseur ou rampe*** *14th, 16th, 23rd, 30th et 34th Sts www.thehighline.org Ouvert déc.-mars : tlj. 7h-19h ; avr.-mai, oct.-nov. : tlj. 7h-22h ; juin-sept. : tlj. 7h-23h* ***Accès côté Meatpacking District*** *Ascenseur/escalier à l'angle de Washington et Gansevoort Sts ; et par 14th St (entre Washington St et 10th Ave.)*

FARNIENTE FACE À L'HUDSON

Montez sur la High Line par Gansevoort Street et suivez la balade jusqu'à hauteur de 14th Street. Peu après, la promenade est équipée de quelques chaises longues massives, mobilier urbain providentiel et malin, orienté juste comme il faut pour prendre le soleil de l'après-midi et le regarder sombrer derrière l'Hudson et les gratte-ciel du New Jersey. *M° 14th St/7th Ave. (1, 2, 3)*

CHELSEA

C'est un grand patchwork irrégulier, quartier charnière entre le Village, artiste et intello, et les néons des théâtres de Midtown ; un mélange hésitant entre maisons bourgeoises – de plus en plus rares –, immeubles raides et fonctionnels, rues commerçantes et buildings futuristes. À l'ouest, l'Hudson et la promenade plantée de la High Line offrent un souffle de grand air à ce qui est devenu la Mecque de l'art contemporain, plus de deux cents galeries concentrées sur un minuscule périmètre, récupérant usines et entrepôts. Au sud, Chelsea Market joue la réhabilitation sur un autre mode : c'est l'usine devenue péché de gourmandise. À l'est, c'est le shopping et les grandes enseignes à bas prix.

DES TERRES DU CAPITAINE AUX TOURS DES ARCHITECTES Tout a commencé autour du manoir d'une famille très comme il faut, celle du commandant Clarke, qui s'était porté acquéreur, en 1750, d'un immense domaine qu'il appela Chelsea. La maison fut construite à peu près à l'angle de la 23e rue et de la 9e avenue. Les terres furent loties par son petit-fils vers 1830. C'est alors que bascula l'histoire de Chelsea. Au début, ce fut un quartier résidentiel plutôt recherché, mais, très vite, l'essor du port et la construction d'une ligne de chemin de fer aérien parallèle à l'Hudson l'orientèrent vers des activités industrielles et commerciales. Usines et entrepôts se multiplièrent, brasseries et logements plus ou moins salubres suivirent. Toute la partie occidentale de Chelsea perdit de son lustre et vit fuir ses bourgeois. Côté est, en revanche, un quartier voué au théâtre se développa, notamment aux abords de la 23e rue et de la 6e avenue. Par la suite, quand la scène théâtrale se déplaça plus au nord, sur Broadway, une importante population d'artistes resta à Chelsea, y maintenant un peu de l'esprit bohème du Village voisin. Cela permit d'ailleurs à l'industrie du cinéma d'y élire brièvement domicile, au début du XXe siècle, avant d'émigrer vers les cieux plus cléments de Hollywood. Le renouveau est venu de deux fronts. La réfection de l'architecture industrielle a permis au milieu de l'art de trouver des espaces lumineux et spacieux et d'y installer ateliers et galeries. Cette même réhabilitation, très réussie, a attiré une population aisée, qui s'est emparée des grands lofts pour y vivre, à côté des nombreux logements sociaux du quartier, et attiré une part de la communauté gay, qui a élu domicile ici. À son architecture historique, Chelsea a récemment ajouté plusieurs projets ambitieux, qui portent la signature des architectes les plus réputés.

MODE D'EMPLOI

orientation

Chelsea s'étend, du sud au nord, de 14th à 30th Sts, et d'ouest en est, de l'Hudson à 6th Ave. (trottoirs de gauche comme de droite).

accès

EN MÉTRO

Pour les axes des 6th et 7th Avenues, stations 14th St (1, 2, 3), 18th St (1), 23rd St (F, M, 1) et 28th St (1). Pour le centre du quartier (8th Ave.) et la partie historique, stations 14th St/8th Ave. (A, C, E) et 23rd St (C, E). La partie ouest, en bord d'Hudson, est éloignée des lignes de métro.

EN BUS

La ligne transversale 23 (le long de la 23rd St) permet de relier les lignes de métro au côté Hudson. La ligne 11 descend par 9th Ave. et remonte par 10th Ave. La ligne 20 descend par 7th Ave. et remonte par 8th Ave.

marchés

25th Street Flea Market (plan 2, B1)
À la limite est de Chelsea, cette annexe du plus fourni Hell's Kitchen Flea Market propose un déballage hétéroclite de fripes, bibelots, bijoux fantaisie, artisanat africain, vieux livres, disques vinyles et CD. On n'y fait pas souvent de découverte impérissable, les prix

ne sont pas très compétitifs, mais l'ambiance est sympathique. ***M° 23rd St (F, M, N, R)*** *W 25th St (entre 6th Ave. et Broadway) W.-e. 9h-18h*

Chelsea Market (plan 2, A2) Ce marché couvert (p.145) ne ressemble à aucun autre, plutôt galerie gourmande que marché aux fruits et légumes. On y trouve de quoi manger à peu près tout ce qu'on peut imaginer. Bondé le week-end. ***M° 14th St/8th Ave. (A, C, E)*** *Ouvert lun.-sam. 7h-21h, dim. 8h-20h*

fêtes et manifestations

The Joyce Theater Ce petit théâtre de moins de 500 places s'est spécialisé dans la danse sous toutes ses formes, classique, contemporaine, ethnique... ***M° 8th St (1)*** *175 8th Ave. (près de la 19th St) Tél. 212 242 0800 www.joyce.org Box-office ouvert tlj. 12h-18h Billets à partir de 10$*

The Kitchen Une association vouée aux arts contemporains, des expositions ou installations aux performances, spectacles, ballets, projections... ***M° 14th St/8th Ave. (A, C, E)*** *512 W 19th St Tél. 212 255 5793 www.thekitchen.org Galerie ouverte mar.-sam. 11h-18h*

Chelsea Opera Déclinaison originale de l'Opéra, dans une église, pour des productions à taille humaine, qui attirent à cet art une population jeune et non avertie. Programmation éclectique et de qualité. ***M° 14th St/8th Ave. (A, C, E)*** *St Peter's Church, 346 W 20th St (entre les 8th et 9th Ave.) Tél. 212 260 1796 www.chelseaopera.org Billets 25-45$ (réductions en ligne)*

DÉCOUVRIR
Chelsea

☆ **Les essentiels** Le Cushman Row, Chelsea Market, une promenade sur la High Line, un tour dans les galeries d'art, le Rubin Museum of Art **À proximité** Le shopping à SoHo sur Prince Street **Sans oublier nos adresses préférées** Olde Good Things pour ses objets récup, Cookshop pour son brunch

Historic District

De la 20th à la 23rd Street (plan 2, A2) La partie du quartier que l'on désigne par le nom de Historic District est en fait très peu étendue et se résume à trois rues sur moins de deux *blocks*, les 20e, 21e et 22e rues, entre les 8e et 10e avenues. C'est là que l'on trouve le meilleur échantillon de son architecture très éclectique, mélange de fédéral, de néogothique et d'italianisant. La partie la plus attrayante se situe sur West 20th Street, entre la 9e et la 10e avenue. Côté sud, le ☆ **Cushman Row**, une rangée de maisons de ville bâties pour un certain Alonzo Cushman, un riche épicier en gros. Côté nord, s'étend le General Theological Seminary, un imposant ensemble néogothique en brique rouge, édifié entre 1883 et 1900. Au cœur d'un beau jardin (ouvert lun.-sam. 10h-15h), la **Chapel of the Good Shepherd** (chapelle du Bon Pasteur), de confession épiscopalienne, est toujours en activité. On y procède même, au début d'octobre chaque année, à la bénédiction des animaux, sorte de brève messe en plein air, en hommage à saint François d'Assise, bien connu pour son amour de la nature. Les New-

UN *CARROT CAKE* CRAQUANT
La réputation de cette mignonne pâtisserie ne cesse d'enfler. On adore ses *cupcakes*, réductions de toutes les recettes classiques américaines (délicieux *carrot cake*), mais aussi les cookies et brownies, servis dans de jolis petits sacs. Goûtez aussi aux muffins, bref, ne comptez pas les calories !
Billy's Bakery (plan 2, A2 n°1) *M° 23rd St (A, C, E) 184 9th Ave. (entre 21st et 22nd Sts) Tél. 212 647 9956 www.billysbakerynyc.com Ouvert lun.-jeu. 8h30-23h, ven. 8h30-0h, sam. 9h-0h, dim. 9h-21h*

Yorkais dévots et *animal lovers* s'y pressent… Juste au nord, West 21st Street (entre 9th et 10th Ave.) conserve elle aussi de belles demeures italianisantes, joliment mangées par d'énormes glycines. West 22nd Street ne manque pas de charme non plus, très verdoyante, sur toute la portion entre la 8e et la 10e avenue. Enfin, et dans un tout autre esprit, vous pouvez terminer par West 23rd Street et **London Terrace** (23rd St, entre 9th et 10th Ave.), un ensemble résidentiel massif, né du rêve d'un promoteur immobilier des années 1920, sorte de Donald Trump ou de Le Corbusier avant la lettre. Henry Mandel, qui possédait tout un pâté de maisons, imagina y construire le prototype du complexe résidentiel du futur, 1 665 appartements, un jardin clos entièrement privé, une piscine, un terrain de jeux pour enfants sur le toit et une terrasse aménagée comme celle d'un paquebot, des services de liaison intérieure et de téléphone… Hélas, la crise de 1929 passa par là. Si le gros de l'immeuble fut achevé en 1930, l'heure n'était pas encore à la Cité radieuse et Mandel finit par faire faillite en 1934 et se suicider en sautant du toit. *M° 23rd St (C, E)*

Le long de l'Hudson

☆ ☺ **Chelsea Market (plan 2, A2)** Emblématique de la résurrection du quartier, l'ancienne usine Nabisco, de la National Biscuit Company, a subi un lifting particulièrement réussi. C'est dans cet immeuble, construit en 1898, que fut inventé le célèbre Oreo cookie, deux petits biscuits ronds au chocolat prenant une crème blanche en sandwich. Quand l'usine tomba dans l'oubli et ferma, dans les années 1980, la question se posa de son devenir. Le passé des lieux incita à faire du rez-de-chaussée une sorte de galerie marchande principalement consacrée à la gastronomie, en aménageant les étages pour accueillir de petites entreprises. Conscients de la valeur affective et patrimoniale du bâtiment et du quartier, les architectes en ont astucieusement préservé la structure, conservé tuyaux, vieilles briques, bouches à incendie, câbles, plaques de métal pour donner à l'ensemble un style postindustriel très séduisant. Plus d'une vingtaine de comptoirs gastronomiques (p.392) et quelques boutiques de mode ou de décoration s'alignent le long du passage qui traverse le bâtiment. ***M° 14th St/8th Ave. (A, C, E)*** *75 9th Ave. (entre 15 et 16th Sts) www.chelseamarket.com Ouvert lun.-sam. 7h-21h, dim. 8h-20h*

☆ ☺ **High Line (plan 5, A3-B3)** Lancée en 1999 par une association de riverains, l'idée de mise en valeur de la High Line, cette superbe balade sur la portion aérienne de l'ancien chemin de fer illustre à la perfection l'évolution de la ville. Offrant un panorama fascinant de la collision entre architectures successives, elle permet de toucher du doigt ce qui fait justement le charme de New York, son insatiable voracité à tout digérer, tout transformer, tout faire renaître. Cette promenade dans la verdure permet de voir d'un peu plus près les emblématiques réservoirs en bois, les dernières tours futuristes, l'entrelacs de conduites et de tuyaux, les petits jardins suspendus, sur fond de vrombissement incessant du trafic au-dessous. Grâce à la mobilisation des habitants du quartier et à des financements privés (compliqués à réunir), l'aménagement proprement dit commence en 2006, avec la première portion, ouverte en 2009, qui relie le Meatpacking District (p.139) à la 20e rue. C'est d'emblée un énorme succès. D'ailleurs, signe qui ne trompe pas, les investisseurs se pressent autour de ce nouveau filon, témoin le Standard Hotel (p.434), construit par le propriétaire du célèbre Chateau Marmont de Hollywood. La seconde portion, entre la 20e et la 30e rue, a ouvert en 2011 et le troisième et dernier tronçon fut inauguré en septembre 2014, jusqu'à la 34e rue. À la différence de la première, plantée d'arbustes et de fleurs, la seconde portion comprend un espace “pelouse”, avec des gradins, et des arbres plus importants, destinés à donner une réelle impression de promenade végétale, et la dernière portion fait la part belle aux herbes folles. Parmi les points d'intérêt à remarquer le long de la balade, outre quelques buildings – cf. encadré ci-dessous –, la passerelle surélevée qui avance au milieu de la végétation, la large courbure bordée de bancs, entre la 29e et la 30e rue et le Cut Out, portion au-dessus de la 30e rue, où le béton a été enlevé pour laisser la seule structure métallique. En chemin,

HIGH PANORAMA
À ne pas manquer, dans la 2e portion de la High Line, le point de vue aménagé au-dessus de la 23e rue, qui permet de voir l'axe entier, de l'Hudson à l'East River.

Lignes courbes ou brisées : une nouvelle architecture

Vues de la promenade de la High Line ou en flânant dans le quartier, les dernières constructions qui ponctuent Chelsea résument l'orientation qu'a prise l'architecture depuis les attentats du 11 septembre. On est loin de la stricte verticalité élancée des générations de gratte-ciel. Lignes courbes et brisées sont désormais la règle, libérant l'imagination des architectes. Poser un lampion blanc tout en verre et flexuosités, comme le fait Frank Gehry en 2007 avec l'IAC Building (n°555 W 18th St), articuler de larges facettes bleues pour former des vagues comme au Chelsea Modern (n°447 W 18th St) d'Audrey Matlock (2008), jouer avec une surface au sol minimale et laisser la structure de verre et d'acier s'épanouir comme au HL23 (2010) de Neil Denari (n°515 W 23rd St), miser, comme Jean Nouvel en 2009, sur les contrastes entre les façades et le reflet de la lumière dans les fenêtres en écailles (n°100 11th Ave.), voici l'axe du futur new-yorkais.

vous croiserez les deux **boutiques** en plein air tenue par l'association qui prend soin de la High Line. Elles proposent accessoires et t-shirts siglés. À noter : la partie qui relie la 30e à la 34e rue longe l'un des plus ambitieux projets urbains de New York, les **Hudson Yards**. Ce nouveau quartier, qui comptera à terme environ seize gratte-ciel dessinés par les architectes les plus renommés du monde (le premier a été inauguré en 2016), constitue le projet urbain le plus gigantesque de la ville depuis la construction du Rockefeller Center. La dernière portion de la High Line lui sera intimement intégrée et elle comprendra un espace multiculturel voué aux arts innovants, **The Shed**. ***M° 14th St/8th Ave. (A, C, E) ou 23rd St (C, E) ou 34th/Penn Station (A, C, E) Accès escalier*** *14th, 16th, 18th, 20th, 23rd, 26th, 28th, 30th et 34th Sts* ***Accès ascenseur ou rampe*** *14th, 16th, 23rd, 30th et 34th Sts www.thehighline.org Ouvert déc.-mars : tlj. 7h-19h ; avr.-mai, oct.-nov. : tlj. 7h-22h ; juin-sept. : tlj. 7h-23h* ***Toilettes*** *16th St* **High Line Shop** *Gansevoort St et 30th Sts Ouvert avr.-oct.*

Hudson River Park (plan 5, A3) Durant la glorieuse période des grands transatlantiques, les quais de l'Hudson étaient une fourmilière. L'essentiel de l'activité portuaire de New York se tenait là, dynamisée par la présence des usines, des entrepôts et du chemin de fer aérien. Quand tout cela eut fini de décliner et de se désertifier, on décida, à partir des années 1990, de rendre les berges de l'Hudson aux promeneurs et d'en faire une promenade presque ininterrompue, de Battery Park, au sud (p.98), à Riverside Park (p.195), au nord. C'est un parcours très apprécié des New-Yorkais, notamment des joggeurs. Au niveau de Chelsea, elle est interrompue par les Chelsea Piers (entre 18th et 23rd Sts), un vaste complexe sportif, doublé, à l'arrière, d'une petite marina et de terrains de jeux pour les enfants, notamment pour le skate, les rollers et le *street basketball*. Dans la partie nord de Chelsea, le parc sera intégré au nouveau quartier de Hudson Yards.

☆ L'Art Gallery District

Peu visibles de la rue, relativement méconnues du grand public, les galeries d'art de Chelsea forment un quartier unique dans le domaine de l'art contemporain, puisque, sur quelques rues, plus de deux cents galeries sont ouvertes à la visite. Elles font partie intégrante du renouveau artistique et ont annexé un très grand nombre de garages, d'entrepôts et d'anciens ateliers. Même si beaucoup exposent des œuvres très pointues, voire absconses pour un œil non averti, c'est une occasion unique (et gratuite) de découvrir ce qui se fait en matière d'art. Il faut savoir que New York est le premier marché artistique au monde, avec ses excès et ses déraisons, mais aussi avec ses découvertes et ses génies. Après une pause, au plus fort de la crise de 2008, la spéculation sur l'art contemporain a repris de plus belle à New York, avec, en 2015, des chiffres insolents…

Starrett-Lehigh Building (plan 5, A3) Parmi les immeubles, rescapés de la grande époque, celui-ci est particulièrement imposant, un gigantesque paquebot entièrement transformé en lofts. Autrefois constitué d'entrepôts d'usine, il était traversé par les rails du train aérien et donne une idée de l'ambition de l'architecture industrielle au début des années 1930. ***M° 23rd St (C, E)*** *601-625 W 26th St (entre les 11th et 12th Ave.)*

Pratiquer l'art du pique-assiette

Au rang des sports manhattanites, celui du pique-assiette est très couru, sans distinction de classe ou de bourse. Pour assister aux vernissages, il suffit d'éplucher les sites Internet des galeries afin de connaître les dates et, moyennant un minimum de tenue, vous y serez fort bien accueilli et aurez droit au vin et au fromage, en plus du spectacle des œuvres fraîchement accrochées. La saison des vernissages s'interrompt en été et reprend en septembre. *Entrée libre* ***M° 23rd St (C, E)*** *www.artcards.cc www.artcat.com www.artslant.com Sept.-juin, en général entre 18h et 20h*

Autour des 6e et 7e avenues

☆ **Rubin Museum of Art (plan 2, B2)** Installé avec goût sur plusieurs étages, ce musée se consacre plus spécifiquement à l'art des cultures de l'Himalaya, au moyen de collections de superbe qualité. Tous les versants de la vie et de l'art sont abordés au fil des expositions temporaires, avec un accent particulier mis sur le sacré. Objets usuels, peintures, sculptures mettent en lumière un aspect particulier. Par le biais d'échanges avec d'autres musées, certaines expositions peuvent élargir la vision en comparant les symboliques, bouddhique et chrétienne orthodoxe, par exemple. ***M° 14th St/7th Ave. (1, 2, 3) ou 18th St (1)*** *150 W 17th St Tél. 212 620 5000 www.rmanyc.org Ouvert lun. et jeu. 11h-17h, mer. 11h-21h, ven. 11h-22h, sam.-dim. 11h-18h Tarif adulte 15$, réduit 10$, -12 ans gratuit, gratuit pour tous ven. 18h-22h*

Chelsea Hotel (plan 2, A2) Nul doute, cet hôtel est mythique. Malgré l'accueil souvent grincheux, la plomberie bruyante et la clientèle volontiers dédaigneuse,

Faire le tour des galeries

Procurez-vous le magazine *Gallery Guide* (mensuel gratuit disponible à l'office de tourisme, dans les galeries d'art et dans les grands hôtels) : vous y trouverez un plan positionnant précisément toutes les galeries par quartier (celles de Chelsea se taillent évidemment la part du lion...). Si vous partez à l'aventure, les plus importantes se situent entre W 20th et 27th Sts (entre 10th et 11th Ave.). Vous y trouverez, par exemple, **Gagosian** (n° 555 W 24th St ou n° 522 W 21st St), **Mary Boone** (n° 541 W 24th St), **Pace** (ex-associé de Wildenstein, n° 508-510-534 W 25th St), **Lelong** (n° 528 W 26th St)... Mais ne vous limitez pas à celles-là, poussez les portes, entrez dans les halls d'immeubles et montez dans les étages (la plupart des galeries, très peu signalées, occupent des lofts, mais elles sont ouvertes au public). Au fil des visites et des opérations "portes ouvertes" chez les artistes qui travaillent encore dans ce quartier de plus en plus cher, vous irez de surprise en surprise, les bonnes, telles des expositions de Warhol, Rauschenberg ou Murakami, et les moins bonnes, avec, parfois, comme un arrière-goût de surfait. ***M° 23rd St (C, E)*** *Ouvert en général mar.-sam., à partir de 11h ou 12h jusqu'à 18h Entrée libre* personne n'oublie le prestigieux passé de cet immeuble aux briques rouges, douze étages, 250 chambres. La fine fleur de l'avant-garde new-yorkaise – parfois bien fatiguée – y a longtemps séjourné, de Dylan Thomas, qui y cuvait ses nuits avinées, à Patti Smith, en ménage avec Robert Mapplethorpe, de Nabokov ou Arthur Miller à Tennessee Williams, de Jasper Johns à Willem De Kooning ou Andy Warhol. Mais la légende a été vendue en 2011 à un promoteur immobilier, les tableaux légués par les artistes décrochés des murs… L'établissement doit se métamorphoser en hôtel de luxe. Janis Joplin, Sid Vicious, Jimi Hendrix, Jim Morrison, la liste est longue de ceux qui doivent se retourner dans leur tombe. ***M° 23rd St (C, E)*** *222 W 23rd St (entre 7th et 8th Ave.)*

The Museum at FIT (plan 2, A1) Juste au sud du Garment District (p.170), le quartier de la ville où se concentrait jadis l'industrie de la confection, le Fashion Institute Technology est une école de la mode réputée – Calvin Klein y fut élève. Le musée qui lui est rattaché mérite la visite pour ses expositions à thème souvent somptueuses et passionnantes, soulignant, si besoin était, à quel point la mode est aussi un art. ***M° 23th St (C, E, 1)*** *7th Ave. (près de 27th St) Tél. 212 217 4558 www.fitnyc.edu Ouvert mar.-ven. 12h-20h, sam. 10h-17h Entrée libre*

UNION SQUARE, FLATIRON DISTRICT ET GRAMERCY PARK

Difficile de trouver une unité à cet ensemble de microquartiers, chacun lové autour de son square, si ce n'est Broadway, qui les relie, la grande diagonale qui, tout autant que la 5e avenue, irrigue la ville. Pourtant, ces deux grands axes n'ont pas, ici, le prestige qui les rend célèbres plus au nord. L'urbanisme galopant, envahissant ailleurs, ne sait comment se vivre autour de ces squares : pas de lofts élégamment minimalistes, pas de maisons gentiment bohèmes, hormis sans doute autour de Gramercy Park, l'un des lieux les plus élégants de Manhattan. Seuls quelques frémissements indiquent que le prochain quartier qui cédera à la folie immobilière est celui-là.

UNE MOSAÏQUE DE SQUARES À strictement parler, ce vaste ensemble et ses quatre squares (Union, Stuyvesant, Madison et Gramercy) appartiennent déjà à Midtown, qui s'étend de la 14e rue à la 59e rue. Toutefois, la partie au sud de la 30e rue, qui nous concerne ici, est en général envisagée à part et dénommée Lower Midtown, peinant à se trouver une communauté de destin avec sa contrepartie du nord. Quant aux squares, chacun d'eux offre une atmosphère radicalement différente, animation commerciale permanente de Union Square, calme suranné de Stuyvesant, élégance élitiste de Gramercy Park, charme bobo cool de Madison Square.

DE LADIES' MILE À L'ENVOL BRANCHÉ Le grand incendie de 1835 a deux conséquences : l'envol des prix de l'immobilier et la migration vers le nord des riches familles de Lower Manhattan. Dans les années 1840, la bonne société vit dans le bas de la 5e avenue, mais aussi autour de Union Square et Gramercy Park. Une étroite bande verticale, de la 4e à la 6e avenue, autour de Broadway, concentre l'activité. Si la 5e avenue accueille hôtels particuliers et immeubles chics, à la fin du XIXe siècle, les axes de Broadway et de la 6e avenue multiplient les boutiques de luxe et les grands magasins, si bien qu'on appelle le quartier *Ladies' Mile*. En 1880, l'électricité est installée de la 14e à la 26e rue. C'est là, au croisement de Broadway et de la 5e avenue que l'on construit l'un des premiers "gratte-ciel" de la ville, le Flatiron, qui marque un nouvel âge. Partout, aux abords des avenues et des squares, on rivalise d'élégance et de modernité, diversifiant à l'infini l'architecture. Juste au nord de Madison Square s'amorce alors une avenue de théâtres. Pourtant, dès les années 1930, la règle inexorable rattrape le quartier : le développement urbain regarde à nouveau plus au nord. Le cinéma pénalise les théâtres, dont la dernière génération s'installe autour de Times Square, tout comme les grands magasins. Cependant, il y a fort à gager que les rues désormais occupées par les grossistes vont connaître le même destin que les quartiers avoisinants. En 1999, le nom NoMad, pour North of Madison, a été astucieusement créé pour leur donner cette forme d'identité branchée qui a si bien réussi à SoHo, TriBeCa, NoLIta et consorts.

MODE D'EMPLOI

orientation

L'ensemble de ces microquartiers va de 14th St, au sud, à 30th St, au nord, des abords de 6th Ave. à l'ouest à l'East River, à l'est. Le petit quartier de **Union Square** s'étend de 14th St à 17th St, de 5th Ave. (des deux côtés) aux abords de Stuyvesant Square. Le **Flatiron District** est nettement plus étendu, prenant la suite au nord, jusqu'à 27th St et de Park Ave., à l'est, jusqu'aux abords de la 6th Ave., à l'ouest. On lui adjoint une petite portion au nord, **NoMad**, de 25th à 30th St. **Gramercy Park**, à l'est, ne couvre qu'une zone réduite, entre Park Ave. et 1st Ave.

accès

EN MÉTRO

Pour le quartier de Union Square, station 14th St/Union Sq. (L, N, Q, R, 4, 5, 6). Pour Flatiron District, station 23rd St (N, R). Pour Gramercy Park, station 23rd St (6).

EN BUS

Les lignes 1, 2, 3 desservent le centre et l'ouest du quartier, descendant par 5th Ave. ou Park Ave. et remontant par Park Ave. ou Madison Ave. Les lignes 101, 102 et 103 passent à proximité de Gramercy Park et de Stuyvesant Square (descendent par Lexington et remontant par 3rd Ave.).

marchés

☆**Union Square Greenmarket (plan 2, B2)** Un grand bol d'air campagnard que ce marché bio qui rassemble fermiers et artisans divers. On y trouve viande, fruits et légumes, produits laitiers, pains, confitures et miels, pâtisseries et quelques plats préparés. *M° 14th St/Union Sq. (L, N, Q, R, 4, 5, 6) www.grownyc.org Lun., mer. et ven.-sam. 8h-18h*

25th Street Flea Market (plan 2, B1) À la limite ouest du quartier avec Chelsea, ce petit marché aux puces offre un déballage hétéroclite de fripes, bibelots, bijoux fantaisie, artisanat africain, vieux livres, vinyles et CD. *M° 23rd St (F, M, N, R) W 25th St (entre 6th Ave. et Broadway) W.-e. 9h-18h*

DÉCOUVRIR

Union Square, le Flatiron District et Gramercy Park

☆ **Les essentiels** Union Square et le Greenmarket (cf. Mode d'emploi), Madison Square, le Flatiron Building, Gramercy Park **À proximité** Greenwich Village **Sans oublier nos adresses préférées** Casa Mono pour sa cuisine catalane, Old Town Bar pour son élégant décor rétro

Autour de Union Square

☆ ☺ **Union Square (plan 2, B2)** En 1830, quand on dessina le parc qui allait occuper Union Place (ainsi qu'on l'appelait alors), le voisinage – des maisons de ville – était très différent de ce qu'il est aujourd'hui. Puis, à mesure que le quartier devint plus commercial et surtout après la construction du métro, le parc se mua en un lieu de rassemblement populaire et de manifestations. Des orateurs improvisés y haranguaient la foule pour défendre une cause ou une autre. Union Square accueillit ainsi d'énormes meetings en 1927, lors de la condamnation à mort de Sacco et Vanzetti, ou, en 1930, en réponse à la répression des manifestants contre le chômage. Dans les années 1960-1970, le square servait de point de ralliement aux trafiquants de drogue et devint très malfamé. Sa rénovation, en 1986, et, surtout, l'immense succès de son marché l'ont ressuscité, notamment le week-end, quand artistes et artisans se mêlent aux fermiers. Depuis la crise de 2008, la folie du bio et du *home made* s'est emparée de la ville et les New-Yorkais se bousculent pour acheter "*correct*". Sur le pourtour du square, ne manquez pas le **Decker Building** (n°33 Union Sq. West) et sa façade richement ornée, entre inspiration vénitienne et orientale : il abrita la Factory d'Andy Warhol, entre 1968 et 1973. Au nord-est de la place, à l'angle de la 17e rue, derrière le fronton à l'antique de la New York Film Academy était initialement logé le siège de Tammany Hall, la machine démocrate de New York, qui fit longtemps la loi dans la ville à force de clientélisme et de corruption (p.21). *M° 14th St/Union Sq. (L, N, Q, R, 4, 5, 6)*

Ladies' Mile (plan 2, B2) À la fin du XIXe siècle, la partie de Broadway qui relie Union Square à Madison Square et les axes avoisinants concentraient tous les magasins les plus chics, ce qui leur valut d'être baptisés *Ladies' Mile*. Il y avait là Tiffany's, Lord & Taylor, Brooks Brothers, pour n'en citer que quelques-uns, tous dans des immeubles plus élégants les uns que les autres. C'est ici que naquirent les premiers "grands magasins", avec leur débauche de décoration et d'animations. *M° 14th St/Union Sq. (N, R, Q, L, 4, 5, 6)*

Stuyvesant Square (plan 3, A2) Dans l'est du quartier, ce square bien tranquille a conservé les grilles en fer forgé qui entouraient les parcs au XIXe siècle. Aménagé à partir de 1839, sur des terres données par le richissime Peter G. Stuyvesant, il animait l'un de ces quartiers résidentiels bourgeois. L'architecture néogrecque très sobre qui prévaut aux environs donne une idée du style alors en vogue. À noter, côté est, l'hôpital Beth Israel se dresse à l'emplacement de la demeure d'Anton Dvorák, le compositeur tchèque, qui y emménagea en 1893 pour diriger le conservatoire de New York. *M° 14th St/ Union Sq. (N, R, Q, L, 4, 5, 6)*

Où acheter de l'art dans la rue ?

Chaque week-end, le marché de Union Square compte une ribambelle d'artistes en tout genre. Peintres, sculpteurs, photographes, céramistes ou bricoleurs plus ou moins inspirés viennent se frotter aux acheteurs. Il y a du bon, du mauvais, parfois de belles surprises et, surtout, les prix restent modestes. De quoi se faire plaisir sans arrière-pensée spéculatrice ! *M° 14th St/Union Sq. (L, N, Q, R, 4, 5, 6) Côtés ouest et sud de Union Square le week-end*

Le Flatiron District

☆ ☺ **Madison Square (plan 2, B1-B2)** Comptant parmi les quatre parcs les plus agréables de la ville (avec Central Park, Bryant Park et Washington Square), Madison Square Park a de quoi plaire à tout le monde mais reste curieusement peu populaire auprès des New-Yorkais. Pourtant, ses allées ombragées, peuplées d'écureuils très curieux, offrent leurs bancs aux flâneurs, lecteurs ou pique-niqueurs. La salle de Madison Square Garden se dressait sur le côté nord du square. En 1925, elle fut déplacée près de Penn Station, mais sans changer de nom, ce qui ne manque pas d'induire en erreur bien des touristes (p.171)… Les abords du square sont riches en immeubles imposants, dont le dernier-né, en 2010, est le One Madison Park, une fine tour de soixante étages constituée de cubes de verre empilés. Côté nord, à l'angle de Madison Avenue, la Metropolitan Life Tower (1909) fut le plus haut gratte-ciel du monde jusqu'en 1913. Avec ses quatre horloges, elle ressemble à un immense beffroi néogothique. *M° 23rd St (N, R)*

OBJECTIF "FER À REPASSER"

Pour réussir votre photo du Flatiron, rendez-vous devant le n° 200 Madison Sq. West, entre 23rd et 24th Sts. Placez-vous au pied de l'horloge ancienne (1909) et prenez la photo de l'immeuble en contre-plongée, pour effacer le vilain carrefour, avec l'horloge en premier plan. *M° 23rd St (N, R)*

★ ☺ **Flatiron Building (plan 2, B2)** Emblématique de New York au même titre que l'Empire State Building ou le Chrysler Building, ce curieux immeuble à l'étrave richement ornée, construit en 1902, est peut-être le plus photographié des trois. Il doit sa forme en "fer à repasser" (*flatiron*) au terrain qu'il occupe, un étroit triangle, à la jonction de Broadway et de la 5e avenue. Ses nombreuses fenêtres et ses ornementations compliquées illustrent remarquablement les possibilités techniques d'une structure en fonte. L'impression de hauteur est renforcée par le graphisme des décors et des corniches et par le fait qu'il n'est pas conçu en gradins successifs mais se dresse d'un seul bloc. À l'époque, beaucoup prédisaient d'ailleurs qu'il allait finir par s'écrouler ! En 2009, une société italienne en a acquis une importante partie pour le transformer en hôtel. La ville de New York a d'ores et déjà requalifié l'immeuble à cet effet, mais le projet ne devrait pas voir le jour avant 2018, quand les derniers baux seront arrivés à échéance. ***M° 23rd St (N, R)*** *Madison Square South, à l'angle de Broadway et de 5th Ave.*

Theodore Roosevelt Birthplace (plan 2, B2) En réalité, ce n'est pas la maison natale du 26e président des États-Unis (1901-1909) que vous allez découvrir – elle a été détruite en 1916 –, mais celle qui l'a remplacée en 1923. On l'a aménagée avec des meubles et objets appartenant à la famille, pour restituer l'ambiance de l'époque. La visite permet surtout de voir à quoi ressemblaient les maisons bourgeoises du XIXe siècle. Roosevelt naquit ici en 1858, mais ses parents déménagèrent quand il avait douze ans vers les quartiers plus chics du nord de la ville. À noter : Theodore Roosevelt est un cousin très éloigné et aussi l'oncle par alliance de Franklin D. Roosevelt, 32e président des États-Unis (1933-1945) et père du New Deal. ***M° 23rd St (N, R)*** *28 E 20th St Tél. 212 260 1616 www.nps.gov Ouvert mar.-sam. 9h-17h Visite guidée uniquement (30min) 10h, 11h, 13h, 14h, 15h, 16h Entrée libre*

Museum of Sex (plan 2, B1) Si, la journée, Broadway drainait une clientèle de riches bourgeoises venues faire leurs emplettes, le soir, la concentration de théâtres, de bars et de clubs attirait fêtards éméchés et prostituées en mal de clients. L'industrie du sexe à New York, sa place dans le cinéma, son intrusion dans le monde de l'art ont inspiré ce musée plein d'humour, souvent surpre-

Une vie de chien à la new-yorkaise

Impossible de supporter la solitude new-yorkaise sans son *pet*, entendez son animal de compagnie. Comme son(sa) maître(sse), le chien new-yorkais est branché et overbooké. Il va au *pet bar*, au *dog playgroup*, il assiste à des goûters pour chiens, il retrouve ses petits camarades au parc, il roule en poussette (mais oui, les rues sont longues, les vrais bébés rares, et de petits malins ont conçu la poussette pour chien), s'habille en Lacoste, Ralph Lauren ou tricoté main. Il a ses boutiques, ses épiceries (tout bio, c'est aussi possible), ses spas, ses parfumeries, ses psys (il en a besoin !) et ses portraitistes ! L'artiste Mimi Vang Olsen peut l'immortaliser à l'huile pour 25 000$... Il permet même à son (sa) maître(sse) de faire des rencontres opportunes, entre *animal lovers*, bien sûr, sur les bancs des parcs strictement réservés à l'exercice des toutous. Les chiens, plan drague ou plan psy ? Ils seraient environ 1,5 million à New York...

nant et toujours décomplexé. *M° 28th St (N, R, 6) 233 5th Ave. Tél. 212 689 6337 www.museumofsex.com Ouvert dim.-jeu. 10h-21h, ven.-sam. 11h-23h (dernière entrée 1h avant la fermeture) Tarif 18,50$ (sam.-dim. 19,50$) + taxes Interdit -18 ans*

NoMad (plan 2, B1) Toujours en quête d'un nouveau quartier à développer, les promoteurs ont concocté ce nom ("North of Madison"), plus glamour que ne l'est en réalité le no man's land qui s'étend au nord de Madison Square. Quelques accomplissements, comme l'ouverture des très branchés Ace Hotel (29th St) et hôtel NoMad, et des restaurants à la mode qui les accompagnent, indiquent que leur acharnement finit par payer. En attendant, deux églises méritent d'être citées. La charmante et romantique Church of the Transfiguration, dénommée "The Little Church Around the Corner", est devenue, à la fin du XIXe siècle, le sanctuaire privilégié des acteurs de théâtre qui travaillaient dans les environs. Elle est le siège de l'Episcopalian Actors Guild, dont furent membres Joan Fontaine, Rex Harrison ou Charlton Heston (n°1 E 29th St, entre 5th Ave. et Madison Ave.). Tout près et beaucoup plus pompeuse, la Marble Collegiate Church, achevée en 1854, s'enorgueillit de plusieurs vitraux créés au début du XXe siècle par Tiffany. ***M° 28th St (N, R, 6) Marble Collegiate Church** À l'angle de la 5th Ave. et de la 29th St www.marblechurch.org*

Autour de Gramercy Park

☆ **Gramercy Park (plan 2, B2)** Ce ravissant petit parc est sans doute le plus joli de tous. Il n'est hélas pas accessible au public, complètement clos de hautes grilles dont seuls les riverains possèdent la clé. Mais il faut flâner aux environs : le quartier semble inchangé depuis un siècle et reste sans doute le plus élégant de Manhattan. Le côté ouest est le plus agréable et le plus harmonieux, bordé de maisons en brique au porche en fer forgé (milieu du XIXe s.). Côté sud, les immeubles sont plus imposants, notamment celui du club de gens de théâtre The Players (n° 16), que fréquentèrent des acteurs célèbres, tels Jack Lemmon, Laurence Olivier, Rex Harrison ou Richard Gere. Juste à côté (n° 15), le National Arts Club a élu pour cadre une impressionnante demeure qui appartint à un gouverneur de New York. Il réunit la fine fleur des arts et du spectacle, comme Martin Scorsese, Robert Redford ou Uma Thurman. *M° 23rd St (6)*

MIDTOWN EAST

Sans identité distincte, cette grande zone intermédiaire est, avec Grand Central, un carrefour où vont et viennent en permanence des milliers de passagers. Loin d'afficher les néons et les paillettes de sa contrepartie occidentale, elle reste discrète ; pas de théâtres, ni de folle animation, pas de bars branchés ni de clubs : ici, on parle plutôt affaires et diplomatie

internationale que comédies musicales. Outre l'élite du business et bon nombre d'immeubles remarquables, on y trouve, ancré au bord de l'East River, le siège des Nations unies qui rappelle que New York se veut, aussi, capitale de la paix dans le monde.

DES TRAINS D'ENFER Qui se promène sur Park Avenue, l'axe majeur de Midtown East, a peine à imaginer que ce quartier a été l'un des plus laids de la ville. Quand le premier tronçon du chemin de fer reliant Lower Manhattan à Harlem est inauguré, en 1832, il suit la 4e avenue à ciel ouvert. Une gare et un dépôt sont créés sur la 42e rue, qui devient le centre névralgique de la ville. Durant la seconde moitié du XIXe siècle, le besoin croissant de transports de masse entraîne l'ouverture de deux lignes de train aérien – on l'appelle familièrement *the "el"*, raccourci pour *elevated* –, le long de la 3e et de la 2e avenue. Le bruit, la fumée noire et l'assombrissement des rues défigurées par les rails font fuir les habitants les plus aisés ; les prix de l'immobilier chutent. Il devient vite évident que le problème de la pollution doit être réglé. En 1854, le train à vapeur est interdit à la circulation au sud de la 42e rue, mesure qui sera suivie, en 1889, de l'obligation d'électrifier toutes les lignes entrant en ville. Cornelius Vanderbilt, qui règne sur les chemins de fer, puis son fils William, prennent une décision qui va changer radicalement le destin de Midtown East : on va enfouir les lignes desservant Grand Central pour dégager de nouveaux terrains en surface, dont la vente va, en retour, financer les travaux. C'est la création de Park et Madison Avenues. Quant au *el*, il va peu à peu céder la place au métro et à ses voies souterraines. Le quartier, que son air vicié défavorisait, devient soudainement très attrayant, d'autant que son défaut est désormais une qualité : il est très bien desservi ! Les progrès techniques permettent de diminuer l'impact des vibrations, et de nombreux immeubles luxueux voient le jour, notamment le long de Park Avenue. Puis, dans les années 1950-1960, la proximité des transports conjuguée au boom de l'immobilier de bureaux change à nouveau la donne : l'élégance classique cède le pas aux tours miroitantes des grandes compagnies.

MODE D'EMPLOI

orientation

Le quartier est délimité par 30th St, au sud, 59th St, au nord, une ligne imaginaire entre 5th Ave. et Madison ave. à l'ouest et l'East River, à l'est.

accès

EN MÉTRO
Pour Grand Central et Murray Hill, stations 33rd St (6) ou Grand Central/42nd St (S, 4, 5, 6, 7). Pour le nord de Midtown East, stations 51st St (6) ou 59th St (N, Q, R, 4, 5, 6).

EN BUS
Les lignes 1, 2, 3, 4, 101, 102, 103 parcourent le cœur du quartier sur toute sa hauteur. La ligne 15 dessert l'est et l'Onu, descendant par 2nd Ave. et remontant par 1st Ave. Pour l'Onu, on peut aussi prendre les lignes transversales 42 (reliée à Times Square et Grand Central) ou 50 (reliée au Rockefeller Center).

marchés

Grand Central Market (plan 5, C2 n°59) Entre commerces d'alimentation de luxe et petit marché couvert, ces arcades donnant sur Grand Central offrent un large choix de produits frais, de pâtisseries et de plats préparés. ***M° Grand Central/42nd St (4, 5, 6, 7, S)*** *Grand Central Terminal, Lexington Passage Ouvert lun.-ven. 7h-21h, sam. 10h-19h, dim. 11h-18h*

DÉCOUVRIR Midtown East

☆ **Les essentiels** Grand Central, le Chrysler Building, le siège des Nations unies, la Morgan Library **À proximité** L'Empire State Building, la 5e avenue **Sans oublier nos adresses préférées** Un lunch au Inside Park, pour son délicieux jardin, Upstairs, pour un drink avec vue sur le Chrysler Building

Grand Central et ses environs

☆ **Grand Central Terminal (plan 5, C2)** Avec l'essor progressif de la partie nord de la ville, la construction d'une grande plate-forme ferroviaire s'impose rapidement sur la 42e rue. Une première gare est édifiée en 1871, à l'époque du train aérien, remplacée, en 1913, par l'actuelle, Grand Central Terminal. À son apogée, en 1947, la gare vit passer 65 millions de voyageurs dans l'année. Elle ne concentre plus désormais que le trafic régional. Son architecture est particulièrement bien conçue pour distribuer harmonieusement le flux des passagers, grâce à des accès transversaux aux voies et à des entrées directes, de l'extérieur ou du métro. On découvre Grand Central en remontant Park Avenue du sud, d'où l'on a le meilleur point de vue pour admirer sa façade de style Beaux-Arts. L'horloge est coiffée de la statue de Mercure, dieu du Commerce, encadré par celles d'Hercule et de Minerve. L'immeuble qui se dresse à l'arrière est le **Met Life Building** (1963), un gigantesque complexe de bureaux illustrant la spéculation immobilière des années 1960. Il fut d'ailleurs très contesté à l'époque, car il interrompait la belle perspective de Park Avenue. À l'intérieur de Grand Central, la salle des pas perdus, décorée par le Français Paul-César Helleu, est impressionnante. Sa haute voûte (l'équivalent de 12 étages) a été peinte en bleu pour figurer le ciel, constellations du zodiaque incluses (représentées à l'envers – vues par Dieu, dit-on ironiquement) ! Sur les 2 500 étoiles représentées, 60 sont illuminées, aujourd'hui par fibre optique. Le kiosque central (Information Booth) et son horloge à quatre faces sont un point de rendez-vous mythique. Ne manquez pas d'emprunter les deux rampes inclinées qui forment ce que l'on nomme la **Whispering Gallery** – cf. Chuuuut ! – : elles mènent à un autre endroit légendaire, l'Oyster Bar, immense restaurant de fruits de mer entièrement voûté et carrelé de blanc. ***M° Grand Central/42nd St (S, 4, 5, 6, 7)*** *Angle 42nd St et Park Ave. South www.grandcentralterminal.com Dépliant disponible au kiosque central*

CHUUUUT ! La Whispering Gallery doit son nom à l'acoustique du lieu : en chuchotant à un bout de la galerie, face au mur, on est entendu de l'autre !

★ ☺ **Chrysler Building (plan 5, C2)** Impossible de ne pas tomber sous le charme de cet immeuble absolument exceptionnel, dont les proportions et la grâce ne déçoivent jamais. Passé la première surprise causée par sa taille relativement modeste (319m) – alors que l'édifice se voulait le plus haut du monde, ce qu'il fut grâce à l'ajout, in extremis, de sa flèche d'acier –, l'œil s'attarde sur les nombreux détails. Ce joyau de l'Art déco, bâti en 1930 par l'architecte William Van Alen pour le magnat de l'industrie automobile Walter Chrysler, est une ode à la voiture. Ses gargouilles, en forme de tête d'aigle qui rappellent des bouchons de radiateur géants, ses écailles métalliques, qui flamboient selon la lumière, et l'équilibre parfait des droites et des courbes forment un ensemble inégalé depuis. Le hall d'accueil, tout en acier et marbre rouge, est lui aussi impressionnant, reprenant le motif de l'aigle et les jeux de géométrie, sous un plafond peint à la gloire de l'industrie et des transports. Vendu dans les années 1950, le bâtiment appartient aujourd'hui à une société immobilière. ***M° Grand Central/42nd St. (S, 4, 5, 6, 7)*** *Angle 42nd St et Lexington Ave.*

D'où photographier le Chrysler Building ?

Rendez-vous sur 3rd Avenue, entre 42nd et 41st Sts, sur le trottoir est, près de 41st St. Muni d'un zoom assez puissant, vous aurez une belle perspective sur la fine spire qui couronne le Chrysler. Sinon, prenez en premier plan la façade en acier embossé du Mobil Building, qui fera un cadre au Chrysler lui-même. Si vous avez un bon téléobjectif, le meilleur emplacement pour photographier le sommet du building et ses écailles est le trottoir est de 3rd Ave., près de l'angle avec 44th St. ***M° Grand Central/42nd St (S, 4, 5, 6, 7)*** *3rd Ave. entre 41st et 44th Sts*

Autour de la 42e rue

Avec pour point de départ la 42e rue, la balade autour des principaux repères architecturaux du quartier commence face à Grand Central par la façade romano-byzantine de **Cipriani's** (110 East 42nd St), petit frère de l'un des plus célèbres restaurants de New York. Jetez un coup d'œil à l'intérieur, pour voir comment une ancienne banque peut se reconvertir... Juste à côté, le **Chanin Building** (122 East 42nd St, angle Lexington Ave.) est un bel exemple de style Art déco. Érigé en 1928, il se distingue par les superbes frises en bronze qui le ceinturent. Un peu plus loin sur 42nd Street, face au Chrysler Building, le **Mobil Building** (1955) lui répond astucieusement en reprenant un revêtement en acier entièrement composé de motifs géométriques, que certains ont comparé à un bidon ou à une boîte de conserve (150 East 42nd St). Pour vous faire une idée de l'élégance qui caractérisait Park Avenue il y a un siècle, remontez l'avenue au nord de Grand Central, jusqu'au **Waldorf Astoria**. Commandité en 1931 par les richissimes Astor, il est le plus emblématique des grands hôtels new-yorkais et de leur luxe indescriptible. Son

UN VERRE AU WALDORF

Pour admirer le décor luxueux des parties communes de ce palace mythique : boire un verre au bar vous mettra dans l'ambiance... Bière à partir de 10$, cocktail env. 20$. **Waldorf Astoria (plan 5, C1 n°93)** ***M° 51st St (6)*** *301 Park Ave. (entre 49th et 50th Sts)*

Échappée au Dia : Beacon

Ouvert en 2003 dans une petite ville de la vallée de l'Hudson, à une centaine de kilomètres au nord de Manhattan, le Dia : Beacon vaut le détour : des œuvres monumentales, par les plus grands artistes des années 1960 à nos jours, présentées dans des conditions remarquables... l'art contemporain comme vous ne l'avez jamais vu !

☺ **Fondation Dia** Cette institution à but non lucratif, créée en 1974 par le marchand d'art Heiner Friedrich et son épouse, Philippa de Ménil, encourage les démarches artistiques exceptionnelles par leur nature novatrice et, souvent, leur démesure – incompatible avec les musées ou galeries traditionnels. La fondation soutient donc des projets ambitieux (notamment des installations durables, urbaines ou de type land art), travaille à leur mise en valeur et à leur préservation. Depuis 1995, elle finance en outre des œuvres liées à Internet. Enfin, elle a réuni une magnifique collection d'œuvres des plus grands artistes contemporains : Joseph Beuys, Louise Bourgeois, Dan Flavin, Sol LeWitt, Andy Warhol... C'est pour présenter cette collection qu'a été ouvert le site de Beacon, qui s'ajoute à ceux de Manhattan (à SoHo et Chelsea).

Visite du Dia : Beacon L'immense bâtiment industriel, érigé en 1929 par la National Biscuit Company, a été réaménagé afin de dégager ces espaces spécialement conçus pour les œuvres de la collection – 22 000m² en tout ! Autre point fort : l'éclairage des œuvres, presque exclusivement naturel. Chacune des salles et ailes du musée est consacrée à un seul artiste et, parfois, à une série d'œuvres tels les *Shadows* de Warhol (1928-1987) ou les *Monuments* de Dan Flavin (1933-1996). Devant l'installation *North, East, South, West* (1967) de Michael Heizer, gigantesques "sculptures négatives" creusées dans le sol, ou les vertigineuses *Ellipses* (2000) du sculpteur Richard Serra, on comprend la raison d'être de cette grande galerie ! ... À voir également, les inquiétantes installations de Bruce Nauman, les dates peintes de *Today Series* d'On Kawara, les "sculptures sociales" de Joseph Beuys, une belle série d'œuvres de Louise Bourgeois (sur la mezzanine), les *Six miroirs gris* de Gerhard Richter, les grands dessins de Sol LeWitt... À ces œuvres de la collection permanente, s'ajoutent plusieurs expos temporaires par an.

Accès et mode d'emploi Accès en train par la Metro-North Railroad (1h20 de trajet au départ de Grand Central, 1 train/h). Demander le forfait *One Day Getaway* combinant l'AR et l'entrée du musée (36,50$). Le voyage offre des vues superbes sur les forêts de la Hudson Valley : féerique en automne ! Le musée (fléché) se trouve à 300m au sud de la gare. Compter au moins 2h de visite libre ; visite guidée en anglais le sam. à 13h. Sur place, un café (sandwiches et salades à midi) et une librairie. *3 Beekman St* **Beacon** *Tél. 845 440 0100 www.diabeacon.org Ouvert jan.-mars : ven.-lun. 11h-16h ; avr.-oct. : jeu.-lun. 11h-18h ; nov.-déc. : jeu.-lun. 11h-16h (café ouvert dès 10h30) Tarif 15$, réduit 12$, gratuit -12 ans* style Art déco a accompagné le sommeil d'hôtes illustres, de Cary Grant à John F. Kennedy ou de Lucky Luciano au duc de Windsor (301 Park Ave.) !

Autour des Nations unies

☆ **United Nations Headquarters (plan 5, D2)** Presque isolé au bord de l'East River, le siège des Nations unies occupe un peu plus de 7ha de territoire international sur lequel les États-Unis n'ont aucun droit. L'Organisation des Nations unies (ONU), créée en 1945, a pour objectif de maintenir la paix dans le monde. Chaque année, les 193 États membres y dépêchent plus de 5 000 délégués pour l'Assemblée générale. Environ 4 900 personnes travaillent sur place à l'année, sans compter 2 000 journalistes permanents. Si l'on y ajoute les quelque 700 000 visiteurs annuels, c'est toute une petite ville ! C'est grâce au don, par John D. Rockefeller Jr., de terrains d'une valeur de 8,5 millions de dollars, que la ville de New York fut choisie comme site du siège. Mais la construction, lancée en 1949 sur un ancien lieu d'abattoirs et de taudis, suscita une grosse polémique. Le plus haut et le plus connu des quatre bâtiments – dessinés par un collège d'architectes dont Le Corbusier et Oscar Niemeyer – abrite le **Secrétariat**, où se situent les bureaux du secrétaire général (depuis janvier 2017, le Portugais António Guterres, 9e secrétaire général de l'ONU après le Sud-Coréen Ban Ki-moon) et de ses services, et qui ne se visitent pas. Avec sa façade incurvée, le **General Assembly Building** (1952) accueille les sessions auxquelles assistent les 192 États membres. La session régulière est inaugurée en septembre et dure généralement jusqu'en décembre, mais une session extraordinaire peut être convoquée à n'importe quel moment, en cas d'urgence, sur demande du Conseil de sécurité ou d'une majorité de membres. Une partie de l'enceinte extérieure est ouverte librement à la visite. On y remarque deux sculptures : *Non-violence* (un revolver au canon noué, du suédois Carl Fredrik Reuterswärd) et *Sphere within a Sphere*, de l'Italien Arnaldo Pomodoro. La visite guidée du General Assembly Building permet de voir la salle de l'Assemblée générale. ***M° Grand Central/42nd St (S, 4, 5, 6, 7)*** *1st Ave. (entre 42nd et 48th Sts) Tél. 212 963 4475/8687 ou 212 963 7539 (visite en français) www.un.org Ouvert lun.-ven. 9h30-16h30, sam.-dim. 10h-16h30* ***Salles de conférences*** *Sur visite guidée uniquement, lun.-ven. 9h45-16h30 (durée 45min, contrôles de sécurité et d'identité 15min au moins) Visites en français à certaines heures Tarif 22$, réduit 15$*

Tudor City (plan 5, D2) À deux pas du siège de l'Onu, ce microquartier est constitué de douze tours en brique (1925-1928), coiffées de balustrades et de pinacles néogothiques, encadrant un ravissant petit parc. ***M° Grand Central/42nd St (S, 4, 5, 6, 7)*** *De 40th à 43rd St, entre 1st et 2nd Ave.*

Japan Society (plan 5, D1-D2) Juste à côté de l'immense Trump World Tower, cette institution, fondée au début du XXe siècle, s'apparente à un centre culturel pour la mise en valeur des relations entre le Japon et les États-Unis. Expositions artistiques plusieurs fois par an, ateliers, spectacles, conférences et projections de films japonais. ***M° 51st St (6)*** *333 E 47th St (entre 1st et 2nd Ave.) Tél. 212 832 1155 www.japansociety.org Ouvert mar.-jeu. 11h-18h, ven. 11h-21h, sam.-dim. 11h-17h Tarif adulte 12$, réduit 10$, -16 ans gratuit Billets pour les manifestations à partir de 15$*

Entre la 50e et la 57e rue

Un détour vers l'ouest et Madison Avenue permet de découvrir les **Villard Houses** (451-457 Madison Ave., entre 50th et 51st Sts), ensemble d'anciens hôtels particuliers néo-Renaissance. En revenant vers Park Avenue, notez la façade néo-Renaissance (1918) du **Racquet and Tennis Club** (370 Park Ave., entre 52nd et 53rd Sts), l'un de ces clubs masculins très sélects dont la société anglo-saxonne a le secret – bien que situé dans l'un des quartiers les plus chers de la ville, il compte deux courts de tennis et six de squash ! L'édifice offre un contraste saisissant avec la haute tour juste derrière : le club a vendu ses *air rights* – cf. Droit au ciel – permettant une construction au milieu du *block*. Autre contraste, de l'autre côté de Park Avenue, celui avec le **Seagram Building** (375 Park Ave., entre 52nd et 53rd Sts), grand immeuble moderniste tout en verre (1955-1958, de l'architecte allemand naturalisé américain Ludwig Mies van der Rohe), précédé d'une *plaza*. La structure de bronze que l'on aperçoit est fictive, le système porteur étant, lui, noyé dans le béton. Initialement, le restaurant The Four Seasons devait être décoré de toiles de Mark Rothko, mais le peintre ne les livra jamais, préférant rembourser son avance. Le **Citicorp Center** (601 Lexington Ave., entre 53rd et 54th Sts), construit en 1978, se signale par son sommet biseauté. De la rue, sa conception – il repose sur d'immenses pilotis – est frappante. Dans un tout autre genre, la **Central Synagogue** (652 Lexington Ave., à l'angle de 55th St) est un exubérant sanctuaire (1872 et 1886) témoignant de la richesse de la communauté juive new-yorkaise. Un nouveau détour vers l'ouest conduit au **St. Regis Hotel** (2 East 55th St près de 5th Ave.), un établissement de style Beaux-Arts qui fut toujours très bien fréquenté : Marilyn Monroe y descendait ! Son King Cole Bar est l'un des rendez-vous de l'intelligentsia. De retour sur Madison Avenue, vers l'est, le **Sony Building** (1984) marque une autre étape de l'évolution architecturale, celle du postmodernisme, avec sa façade de granit et la forme controversée de sa crête, qui lui valut le surnom de Chippendale en référence à un style de mobilier anglais (550 Madison Ave., entre 55th et 56th St). Encore un saut dans le temps, au **Friar's Club** (57 E 55th St, entre Madison Ave. et Park Ave.), fondé en 1904 et baptisé le Monastère en référence à son style gothique et à sa devise, "*Præ omnia fraternitas*". Parmi ses membres éminents figurent Quentin Tarantino, Billy Crystal et Whoopi Goldberg. Enfin, l'élégante **tour LVMH**, de Christian de Portzamparc (1999), a été comparée à un bouton de fleur ou à… une bouteille brisée (19 E 57th St, entre 5th Ave. et Madison Ave.). *M° 51st St (6)*

DROIT AU CIEL
Réglementées par le *zoning* code - cf. Obligé de zoner (p.37) - qui définit le droit au ciel, la hauteur et la forme des buildings sont fonction de leur localisation. En outre, en contrepartie de leur construction en hauteur, les investisseurs doivent ménager des espaces publics, comme les *plazas*, au pied des édifices.

DANS LA PEAU D'UN GATSBY
Intemporel, le King Cole Bar (p.355), établissement centenaire de l'hôtel St. Regis, est l'occasion de savourer un cocktail mythique. De quoi se prendre pour Gatsby le Magnifique. **King Cole Bar (plan 5, C1 n°85)**

Murray Hill

Dans le sud d'East Midtown, ce petit quartier doit son nom à une famille de commerçants quakers qui y possédaient une ferme, au XVIIIe siècle. La colline, qui était assez abrupte, a été arasée pour laisser place à l'urbanisme du siècle suivant. À part la 3e avenue, qui aligne bars et restaurants bon marché, c'est aujourd'hui un quartier résidentiel très calme.

☆ **The Morgan Library (plan 5, C2)** Un peu à l'écart des grands sites de Manhattan, ce musée d'un genre particulier mérite un détour pour ses collections autant que pour ce qu'il révèle de la vie d'un mécène. John Pierpont Morgan (1837-1913) était banquier et financier, et lui-même fils de banquier. En 1903, il se fait bâtir ce luxueux *palazzo* inspiré de la Renaissance italienne. Féru d'art et d'architecture européens, il conçoit des pièces d'une splendeur époustouflante pour une demeure privée, destinées à mettre en valeur les inestimables collections qu'il a réunies. Après sa mort, son fils entreprend de faire de l'ensemble une bibliothèque-musée. En 1988, la maison de ce dernier est rachetée à son tour par la bibliothèque et en 2006, l'architecte Renzo Piano est commissionné pour réaliser une aile reliant les deux demeures. Au fil de la visite, outre des expositions temporaires, on admire l'imposant bureau tendu de soie rouge et décoré d'œuvres exceptionnelles de la Renaissance espagnole, italienne et flamande. On passe ensuite par la rotonde et son opulent décor à l'italienne pour gagner une petite bibliothèque abritant une collection de sceaux-cylindres du Moyen-Orient, dont certains remontent à 3500 av. J.-C., et de merveilleux bijoux du haut Moyen Âge. Vient enfin la grande bibliothèque, dont le décor et les collections de manuscrits rares et d'incunables laissent sans voix. ***M° Grand Central/42nd St (S, 4, 5, 6, 7)*** *225 Madison Ave. (près 37th St) Tél. 212 685 0008 www.themorgan.org Ouvert mar.-jeu. 10h30-17h, ven. 10h30-21h, sam. 10h-18h, dim. 11h-18h Tarif 20$, réduit 13$, -12 ans gratuit Entrée libre ven. 19h-21h*

MIDTOWN WEST

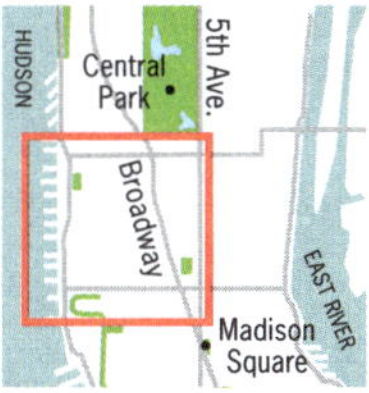

Le New York survolté et assourdissant, la ville qui ne dort jamais et se transforme à vue d'œil, les interminables flots de taxis et les trottoirs bondés, c'est ici. Des néons criards de Broadway aux écrans géants de Times Square, des restaurants cosmopolites de Hell's Kitchen aux boutiques clinquantes de la 5e avenue, de sièges sociaux orgueilleux en gratte-ciel prestigieux (l'Empire State Building, le Rockefeller Center), le voilà, le New York mythique, horizon chaotique en perpétuelle ébullition, fourmillement de tours disparates, toujours en travaux – même la nuit !

EXODES C'est après la guerre de Sécession que le quartier se développe, lorsque les grandes fortunes de la ville – les Vanderbilt, Carnegie, Astor et autres Rockefeller –, en quête d'espace, se font bâtir de vrais palais autour de la 5e avenue (avec l'arrivée des premiers commerces et leur *success story* dès la fin du XIXe siècle, la haute société reprendra son exode vers le nord, pour se fixer définitivement dans l'Upper East Side). À l'ouest, vers les docks animés de l'Hudson, le quartier prolétaire de Hell's Kitchen, la "Cuisine de l'enfer", est alors une zone de non-droit où règne la pègre. Dans les années 1920-1930 surgissent les premiers gratte-ciel de Midtown, dans une course à l'altitude qui culmine avec la construction de l'Empire State Building puis du Rockefeller Center. Depuis, Midtown est devenu le deuxième centre d'affaires de New York après Downtown, et ses innombrables sièges sociaux – banques, assurances, principaux médias du pays (*New York Times*, Hearst Corporation, *Vogue*, *New Yorker*, la chaîne de radio RCA et les chaînes de télé NBC, CBS, HBO, MTV…) – drainent chaque jour des centaines de milliers d'employés, *commuters* en provenance de Brooklyn, de Queens et du Bronx.

BROADWAY Dès la fin du XIXe siècle, Midtown West s'impose comme le cœur culturel de la ville. L'ouverture de Carnegie Hall, en 1891, fait de la 57e rue l'épicentre de la création – musique, mode… – et c'est également à cette époque que les théâtres de Broadway, autour de la 42e rue, prennent leur essor. Comédies musicales, pièces populaires produites par les frères Shubert ou le légendaire Florenz Ziegfeld, Broadway connaîtra son apogée dans les années 1920, avec près de 80 théâtres et plus de 250 spectacles produits chaque année. L'arrivée de l'électricité sur Broadway – matérialisée par des enseignes au néon accrochées aux immenses auvents des théâtres et des écrans publicitaires illuminés la nuit –, lui vaut le nom de Great White Way, la "Grande Rue blanche". Mais quand le pays sort de la crise, de gigantesques *movie palaces* (tels le Paramount Theater) ont vu le jour ; c'est l'avènement du grand écran. Leur présence, puis celle de la télévision, auront raison des théâtres, qui entament un lent déclin. Drogue, prostitution, dans les années 1960, les lumières de Times Square s'éteignent, seuls survivent les cinémas pour *adults only* dans ces parages tombés aux mains des gangs mafieux. Longtemps laissé à l'abandon, le quartier de Times Square connaît, au début des années 1990, un renouveau fulgurant à la suite du grand nettoyage du maire Rudolph Giuliani ; Broadway reprend des couleurs sous les bannières des grands shows financés par Disney qui, avec d'autres investisseurs, financent le lifting de Times Square par le biais d'un Business Improvement District (BID), projet de développement plaçant les interventions municipales classiques aux mains du privé.

MODE D'EMPLOI

orientation

Délimité par 34th St au sud et Central Park au nord, par l'Hudson à l'ouest et 5th Ave. à l'est, Midtown West est un quartier immense, dont les *blocks* est-ouest semblent parfois interminables ! À l'intersection de 42th St et de Broadway, Times Square est en perpétuelle effervescence. Autour, entre 40th et 57th Sts, s'étend le Theater District – le fameux Broadway et ses théâtres. À l'ouest, par-delà la 8e avenue, Hell's Kitchen et ses friches industrielles. À l'est, la 5e avenue, outre ses prestigieuses boutiques et ses immeubles centenaires, rassemble les principaux sites d'intérêt du quartier, de l'Empire State Building au Rockefeller Center. Le nord du quartier, entre Columbus Circle à l'ouest et Grand Army Plaza à l'est, réunit deux des institutions culturelles majeures de New York : Carnegie Hall et le MoMA !

accès

EN MÉTRO

Les principales lignes passent du nord au sud et font escale à Times Square (N, Q, R, S, 1, 2, 3, 7), 34th St (D, F, N, Q, R, W, 1, 2, 3) et Bryant Park (D, F). La ligne 7 est désormais prolongée jusqu'à 34th St/Hudson Yards, dans Hell's Kitchen.

EN BUS

Les lignes M1, M2, M3 et M4 parcourent la 5e avenue du nord au sud ; les lignes M5 et M7, la 6e avenue. Les lignes M7, M20 et M104 remontent la 7e avenue et desservent Times Square. Les lignes M34, M42 et M50, qui traversent le quartier d'est en ouest le long des 34e, 42e, 49e et 50e rues, desservent Hell's Kitchen.

Pennsylvania Station (plan 5, B3) "Penn" Station, l'une des principales gares de New York, dessert, par des trains de banlieue, Long Island et les villes du New Jersey, et constitue la plus grande gare du Northeast Corridor (cette ligne, la plus importante des États-Unis, reliant Washington D. C. à Boston). ***M° 34th St/Penn Station (A, B, C, D, E, F, N, Q, R, 1, 2, 3)*** *33rd St (entre 7e et 8e Ave.) Tél. 212 630 6401*

EN FERRY

NY Waterway NY Waterway assure des liaisons régulières entre Midtown West et plusieurs villes du New Jersey, de l'autre côté de l'Hudson. Durée de la traversée : 13min. Horaires en ligne. *Pier 79 / W 39th St www.nywaterway.com*

poste

General Post Office (plan 5, B3) Poste principale. ***M° 34th St/Penn Station (A, C, E, 1, 2, 3)*** *441 8th Ave. (près de 33rd St) Tél. 800 275 8777 www.usps.com Ouvert lun.-ven. 7h-22h, sam. 9h-21h, dim. 11h-19h*

fêtes et manifestations

On vous aura prévenu : la 5e avenue accueille les principaux défilés de la ville, dont certains attirent des millions de badauds !

Saint Patrick's Day Parade Créé en 1762, le plus grand défilé du monde en son genre - 150 000 marcheurs, fanfares, etc. - habille de vert la grande avenue, en particulier autour de la cathédrale du même nom, fierté des Irlandais de New York. Deux millions de personnes s'y retrouvent, dans une ambiance de liesse. *5th Ave. entre 44th et 87th Sts www.saintpatricksdayparade.com Le 17 mars*

Easter Parade Défilé costumé. *5th Ave. entre 49th et 57th Sts Dim. de Pâques, 10h-16h*

Gay Pride *Dernier dim. de juin de 52th St au Village Fin juin*

Broadway on Broadway Chaque année, un spectacle gratuit ouvre la saison théâtrale - extraits des nouvelles productions et des grands classiques. *Times Square www.broadwayonbroadway.com Début sept.*

Hispanic Day Parade La veille de Columbus Day, les fanfares sud-américaines de cette parade retentissent en l'honneur des communautés hispaniques de la ville. *5th Ave. 2e dim. d'oct.*

Columbus Day Parade L'immense défilé met à l'honneur la communauté italienne. *5th Ave. entre 47th et 72th Sts*

GEOPLUS

Un week-end arty

Tous les styles de New York, entre architecture postindustrielle et tours futuristes, entre galeries d'avant-garde et musées réputés, entre jazz cool et musiques branchées, entre *street art* et maîtres immortels.

Samedi

MATIN

9h **Union Square Greenmarket** (p.393) Chinez le long des stands de peintres et artistes de la récup'.

10h **ABC Carpet & Home** (p.312) Cinq étages de déco chic, chère et merveilleusement belle...

10h30 **Meatpacking District** (p.139) Des boutiques installées dans des entrepôts ravalés chic. Dans les rues, des graffs et des fresques.

11h30 **Brunch** Au Chelsea Market (p.145), (p.392) ou à la lumineuse terrasse du Barbuto (p.391).

APRÈS-MIDI

13h30 **Whitney Museum** (p.140) Pour Hopper et les grands peintres américains modernes.

15h30 **High Line** (p.142), (p.145) À partir de Meatpacking District, la promenade plantée lorgne sur les dernières réalisations des Gehry, Nouvel et autres Denari... Quittez la balade au niveau de 23rd St.

16h **Art Gallery District** (p.147) Faites la tournée des galeries et ateliers d'artistes.

OU BIEN Neue Galerie (p.217) Sublime parenthèse à la gloire de Schiele, Klimt et Kokoschka.

SOIRÉE

18h **Guggenheim Museum** (p.218) Tarif libre le samedi soir.

19h30 **Upstairs** (p.355) Sirotez un cocktail au 31e étage, juste en face du sommet du Chrysler Building.

21h **Dîner et tournée des bars** Dans le Lower East Side (p.115), (p.383), (p.340) et l'East Village (p.126), (p.343), (p.386).

Dimanche

MATIN

10h30 **Brunch à Hunters Point** (p.276) sur Vernon Blvd, dans Queens.

11h30 **Balade le long du Gantry Plaza State Park** (p.276).

12h **MoMA PS1** (p.277) L'annexe du MoMA, entièrement consacrée à l'art contemporain. Déjeunez sur place.

APRÈS-MIDI

14h30 **Rockefeller Center** (p.177) Balade architecturale et tour des tours, aux abords de 5th Ave.

15h30 **Top of the Rock** (p.178) Pour la vue panoramique sur la ville et l'Empire State Building.

16h **MoMA** (p.181) Le temple absolu de l'art moderne.

18h **Central Park** (p.198) Un grand bol d'air pour souffler.

18h30 **Goûter dînatoire** Ah, les pâtisseries de Sarabeth's (p.409) !

Thanksgiving Day Parade Organisé par le grand magasin Macy's, ce défilé est l'un des moments forts de l'année. *Entre l'Upper West Side et Macy's Dernier jeu. de nov.*
Christmas Spectacular Fameuse revue de Noël des Rockettes de Radio City Music Hall. *Nov.-début jan.*
Rockefeller Center Christmas Tree Lighting Ceremony L'illumination du gigantesque sapin de Rockefeller Center donne lieu à une vraie cérémonie suivie de nombreuses animations autour de l'arbre de Noël et de la célèbre patinoire. *Parvis du Rockefeller Fin nov.-début jan.*
Times Square New Year's Eve Ball Le soir de la Saint-Sylvestre, un million de personnes se rassemblent sur Times Square pour assister à la descente de la boule illuminée du One Times Square au moment du *count down* final. *www.timessquarenyc.org/nye/nye.html Le 31 déc.*

DÉCOUVRIR Midtown West

☆ **Les essentiels** Times Square, la 5e avenue, l'Empire State Building, Rockefeller Center, Top of the Rock, Radio City Music Hall, le MoMA **À proximité** La High Line, Central Park **Sans oublier nos adresses préférées** The Pony Bar, le MoMA Design Store pour faire un cadeau, les restos de Hell's Kitchen

Times Square et Theater District

Centre névralgique de Midtown, Times Square est le site le plus fréquenté de la ville : 27 millions de personnes vont chaque année s'étourdir au spectacle des kilomètres d'écrans lumineux accrochés aux gratte-ciel de cet endroit étrange, mi-place, mi-carrefour, entre espaces piétons et avenues saturées de voitures. Un lieu de passage obligé, toujours bondé, pour courir les magasins, réserver une place pour l'un des fameux spectacles de Broadway et prendre le pouls de New York.

★ **Times Square (plan 5, B2)** La place dite Longacre Square, malfamée, est rebaptisée Times Square lorsque le siège du *New York Times* s'installe à l'angle de Broadway et de la 42e rue, le 31 décembre 1904 – les festivités organisées ce soir-là ont donné naissance à une tradition qui dure toujours. Le *Times* déménage dès 1913 – il occupe depuis 2007 un magnifique gratte-ciel de la 8e avenue, cf. La *skyline* à l'ouest de Times Square (p.167) –, mais le nom est resté. Pour prendre la (dé)mesure des lieux, le mieux est de vous asseoir sur les gradins rouge vif installés au nord de la place, et qui servent de toit aux guichets de la **billetterie TKTS** – cf. Broadway et le Theater District (p.166). À vos pieds, Duffy Square, où se dresse la statue du père Francis Duffy (1871-1932), aumônier du Fighting Irish – régiment de soldats new-yorkais d'origine irlandaise parti combattre en France durant la Première Guerre mondiale – et qui devint, à son retour, un personnage très populaire. Tout près de lui, George M. Cohan (1878-1942), la première grande star de Broadway (du début du XXe s.). En face, les écrans verticaux du **One Times Square**, ancien siège du *New York Times*, avec, à son sommet, le mât d'où

Broadway et le Theater District

Le **Theater District** réunit une quarantaine de salles entre la 40e et la 57e rue, principalement à l'ouest de Broadway. Nombre d'entre elles sont des institutions centenaires, édifices néoclassiques aux intérieurs somptueux qui, après des décennies d'abandon, ont été classés (dans les années 1980) et restaurés à grands frais. La 42e rue, l'ancien Theater Row, a été le lieu de renaissance de Broadway dans les années 1990, avec la rénovation, par Disney, du légendaire **New Amsterdam Theatre** (1903), à l'ouest de Times Square. Il appartenait au grand producteur Florenz Ziegfeld, créateur des *Ziegfeld Follies* ; *Aladdin* y triomphe aujourd'hui... En face, le **New Victory Theater** (1898) produit également des spectacles pour enfants. À l'ouest de la 7e avenue, la 44e rue regroupe des théâtres prestigieux : au n°221, le **Shubert**, créé par les frères Shubert en 1913 (leurs bureaux se trouvaient dans l'allée voisine, appelée Shubert Alley par les acteurs en quête de rôle qui y affluaient...), et le **Broadhurst** (1917), où Al Pacino a fait un tabac en 2010-2011 dans *Le Marchand de Venise*, puis le **Majestic** (1903), qui héberge le même *musical* depuis 1988 (record absolu de durée !) : *Le Fantôme de l'Opéra* a été vu ici par plus de... 13 millions de spectateurs ! Sur la 45e rue, à l'est de Times Square, le **Lyceum**, édifice Beaux-Arts de 1903, abrite le plus ancien théâtre de Broadway à n'avoir jamais fermé. Enfin, sur la 47e, à l'ouest de Broadway, se dresse le **Barrymore** (1928), où Marlon Brando brûla les planches en 1947 dans *Un tramway nommé désir*...

ON, OFF, OFF-OFF BROADWAY

Les spectacles sont classés selon leur potentiel commercial, leurs moyens et leur type de production, l'appellation Broadway étant réservée aux super-productions grand public (comédies musicales, pièces à succès avec des acteurs connus), toujours d'un grand professionnalisme - prix élevés (prévoir entre 60 et 120$)... L'Off Broadway désigne des spectacles produits dans des théâtres plus petits - pièces d'auteurs, comédies musicales originales. Enfin, le terme Off-off Broadway est réservé aux productions les plus confidentielles et au théâtre expérimental.

DEMANDEZ LE PROGRAMME !

Les pages culturelles du *New York Times*, de *Time Out* et du *Village Voice* ainsi que le site *www.newyorktheatreguide.com* donnent la programmation détaillée de toutes les salles, genre par genre.

BILLETS DISCOUNT

TKTS (plan 5, B2) Les guichets TKTS au nord de Times Square, sur Duffy Square, proposent des réductions (jusqu'à moins 50%) sur une grande partie des spectacles du jour, Broadway et Off-Broadway inclus. Passer entre 10h et 14h du mer. au sam. pour les shows de l'après-midi (11h-15h le dim.), et entre 15h et 20h pour ceux du soir - ils ne sont pas en vente avant 15h. À savoir : ce sont souvent les billets les plus chers qui restent disponibles... *226 W 47th St (entre Broadway et 7th Ave.) (sous les gradins rouges) Tél. 212 221 0013 www.tdf.org/tkts*

descend chaque soir du Nouvel An la fameuse boule de cristal. Côté est, l'immense **Condé Nast Building** (reconnaissable au 4 géant affiché à son sommet) : achevé en 1999, il mesure 247m (348m, antenne comprise, ce qui en fait le 3e gratte-ciel de la ville !). Il représente la première tour "verte" de New York, intégrant les dernières innovations en termes d'écologie. Au pied du bâtiment, le **NASDAQ MarketSite**, où défilent en temps réel les cours de la Bourse. À l'angle nord-est de la 45e rue, le **Bertelsmann Building** (1990, 223m) abrite le café Planet Hollywood ; surtout, son écran géant attire tous les regards quand s'y affichent des instantanés : on se voit dessus ! Côté ouest de la place, juste à droite du One Times Square, le superbe **Reuters Building** (2000, 201m) abrite les bureaux de la célèbre agence de presse. Au coin nord-ouest de la 43e rue, le **Paramount Building**, merveille Art déco bâtie en 1927 – les décrochements de sa façade de briques lui donnent des airs de pyramide aztèque. Avec ses 33 étages surmontés d'une horloge, c'était alors le plus haut édifice des environs, et l'on dit que le globe illuminé du sommet se voyait jusqu'au New Jersey ! L'immeuble abritait les bureaux de la Paramount et une salle de cinéma, qui, grâce à une capacité d'accueil de 3 600 spectateurs, était devenue l'emblème des *movie palaces* de Broadway ! Elle fermera ses

BOULE DE L'AN
Depuis les feux d'artifice qui inaugurèrent l'installation du *New York Times* sur la place, Times Square est le haut lieu de la célébration du Nouvel An - cf. Times Square New Year's Eve Bell (p.165).
31 déc.

DÉCOUVRIR NEW YORK

La *skyline* à l'ouest de Times Square

À l'ouest et au nord de Times Square se dressent plusieurs gratte-ciel intéressants. Sur la 42e rue, au n°330 (entre la 8e et la 9e avenue), le **McGraw-Hill Building** (1931) de l'architecte Raymond Hood (à qui l'on doit Rockefeller Center et Radiator Building), un chef-d'œuvre Art déco (148m, 33 étages) avec ses panneaux de céramiques bleu-vert et ses parois vitrées. Sur la 8e avenue, entre la 40e et la 41e rue, le magnifique **New York Times Building** (2007) est, avec ses 319m et ses 52 étages, l'un des plus hauts de New York. L'architecture de verre et d'acier de l'italien Renzo Piano séduit. Plus au nord, sur la 8e avenue, entre la 49e et la 50e rue, le **One Worldwide Plaza** (1989, 237m) est reconnaissable à sa coiffe pyramidale sur un corps massif. La **Plaza** elle-même, vaste place plantée d'arbres au centre du complexe, est l'un des rares espaces dégagés et paisibles du quartier - idéal pour une pause-sandwich... À l'angle nord-est de la 7e avenue et de la 51e rue, l'immense tour de granit brun de l'**AXA Center** (1986), qui culmine à 229m, ne saurait constituer une publicité pour le style dit postmoderne ! À voir cependant, l'immense fresque de Roy Lichtenstein (22m sur 11 !) qui domine le hall d'entrée. Côté 51e rue, l'atrium est gardé, de part et d'autre, par deux des célèbres animaux de bronze du sculpteur britannique Barry Flanagan (1941-2009) : un lièvre et un éléphant...

portes en 1964... Leur ont succédé d'autres bureaux et le fameux Hard Rock Café. Entre la 46e et la 47e rue se dresse l'immeuble du **W Hotel** (2001, 178m), dont les étages inférieurs exhibent certains des écrans lumineux les plus titanesques de Times Square...

Madame Tussauds (plan 5, B2) Toutes les célébrités du spectacle, du sport, de la politique, d'Albert Einstein à Angelina Jolie en passant par Nelson Mandela et Michael Jordan... Environ 200 statues de cire plus vraies que nature, présentées dans des environnements thématiques : un cocktail à Hollywood, un *hall of fame* des grands athlètes, etc. Mais le prix d'entrée est exorbitant (réduction en réservant sur le site ou en dénichant les coupons proposés dans les rues autour de Times Square ou dans les publications touristiques), et les suppléments demandés pour le plan du musée ou pour se faire photographier aux côtés de Hulk ou d'Obama sont un peu *"too much"*... ***M° 42nd St/Times Square*** *234 W 42nd St (entre 7th et 8th Ave.) Tél. 866 841 3505 www.madametussauds.com/NewYork Ouvert dim.-jeu. 10h-20h, ven.-sam. 10h-22h Tarif 32$, 29$ sur le site Internet*

Hell's Kitchen

Même si elle reste encore mal desservie (une seule station de métro au niveau de la 34e rue), la frange occidentale de Midtown est en plein renouveau. Le quartier situé à l'ouest de la 8e avenue doit son surnom de Hell's Kitchen – la "Cuisine du diable" – à ses rues longtemps malfamées, où les gangs se succédèrent, de l'arrivée massive d'immigrés irlandais, au XIXe siècle, jusqu'aux années 1970... L'abandon de docks autrefois actifs, au lendemain de la Seconde Guerre mondiale, aggrava la situation. Aujourd'hui en plein embourgeoisement, le quartier aspire à retrouver son ancienne appellation, Clinton, voire à devenir un très chic Far West Side. Un grand centre des congrès, le Javits Center, occupe le sud du secteur, relayé par le gigantesque projet des Hudson Yards, un complexe qui comptera à terme seize nouveaux gratte-ciel. Hormis les zones vertes des bords du fleuve, destinées aux joggeurs et aux cyclistes, la réhabilitation des vastes espaces industriels et portuaires est loin d'être achevée, mais le no man's land peuplé d'entrepôts vides et de bars miteux qui s'étendait au-delà de la 11e avenue, perd peu à peu ses souvenirs de l'époque où marins et soldats hantaient ces parages. Longtemps défiguré par des rampes d'autoroutes et des voies de chemin de fer, le sud du quartier est devenu un énorme chantier, réaffecté à la construction de logements, de commerces et d'espaces verts. Il faudra encore quelques années avant qu'il ne devienne l'un des plus recherchés de la ville. En attendant, on flâne avec plaisir le long de la 9e avenue et des rues latérales.

GOÛTS D'AILLEURS
La **9e avenue** est l'une des plus plaisantes et animées de Midtown, avec sa succession de restaurants cosmopolites, où l'on peut savourer à des prix raisonnables des plats coréens, druzes, brésiliens ou libanais... Idéal pour un dîner rapide avant le théâtre (p.403) !

9th Avenue (plan 5, B2) De beaux *brownstones* du XIXe siècle, détruits plus à l'est par l'explosion des gratte-ciel, ont survécu ici, notamment autour de la 46e rue. À voir, au n° 630 de la 9e avenue (près de la 44e rue), le

Film Center Building (1928) : sa façade discrète cache un hall d'entrée sublime, merveille d'Art déco avec ses mosaïques polychromes. À l'ouest de la 9e avenue, sur la 44e rue (au n° 423), l'**Actors Studio** occupe le bâtiment en brique d'une ancienne église. Marlon Brando, Marilyn Monroe, Al Pacino, Sean Penn..., les plus grandes stars ont fait leurs classes dans ce célèbre cours de théâtre fondé en 1947 par Elia Kazan, et dirigé de 1951 à 1982 par Lee Strasberg.

Jacob Javits Convention Center (plan 5, A2) La construction de cet immense centre de congrès, en 1986, a marqué une première étape dans la renaissance du quartier. Agrandi en 2006-2010, il accueille plus de 3 millions de visiteurs par an. L'architecture de verre et d'acier, réussie, est signée I. M. Pei, l'architecte du Grand Louvre. ***M° 34th St/Penn Station (A, C, E)*** *11th Ave. (entre 34th et 38th Sts)*

Intrepid Sea, Air and Space Museum (plan 5, A2) Un musée original à bord de l'*Intrepid*, ancien porte-avions américain amarré depuis 1982 à la rive de l'Hudson, après une longue carrière entamée en 1943 : attaques kamikazes d'avions japonais pendant la Seconde Guerre mondiale, récupération des capsules spatiales de la NASA, guerre du Vietnam, surveillance des sous-marins soviétiques pendant la guerre froide, ses faits d'armes sont nombreux... On visite les différents ponts et recoins de ce palais flottant (3 000 hommes d'équipage !). Films, maquettes, capsules spatiales, avions et hélicoptères raviront les amoureux d'aéronautique – et les enfants ! Sur le pont supérieur, avec vue sur Midtown et le fleuve, belle collection d'avions de chasse, du furtif Blackbird au F16, en passant par les MIG russes ou même la navette spatiale *Enterprise*... Sur le quai, on visite, non sans émotion, un supersonique Concorde et un sous-marin soviétique des années 1960, le *Growler*. À bord, également, trois simulateurs de vol. ***M° 42nd St (A, C, E, N, Q, R, S, 1, 2, 3, 7, 9)*** *Pier 86, 12th Ave. (à l'angle de 46th St ; le bus M50 s'arrête en face) www.intrepidmuseum.org Ouvert avr.-oct. : lun.-ven. 10h-17h, w.-e. et j. fér. 10h-18h ; nov.-mars : tlj. 10h-17h Fermé Thanksgiving et 25 déc. Tarif 26$, seniors 24$, 5-12 ans 19$ Audioguide 10$ Simulateurs suppl. 10$ Visite guidée (en anglais, 1h30) suppl. 15$*

WEST SIDE STORY
La célèbre comédie musicale portée à l'écran en 1961 par Robert Wise se déroule à Hell's Kitchen, et s'inspire de tensions bien réelles qui divisaient les différentes communautés du quartier dans les années 1950. Le film a été tourné aux abords de l'actuel Lincoln Center.

Découvrir Manhattan au fil de l'eau

Circle Line at 42nd St (plan 5, A2) Les croisières panoramiques de la Circle Line, qui partent du quai 83, au bout de la 42e rue, vous font découvrir la ville au fil de l'eau : inoubliable ! Plusieurs formules, de la chevauchée à bord du speedboat *Beast* au tour complet de Manhattan ("Best of NYC"). ***M° 42nd St/Port Authority (A, C, E)*** *Pier 83, W 42nd St Tél. 212 563 3200 (Infos et rés.) www.circleline42.com Full Island Cruise Durée 2h30 Tarif 42$, seniors 40$, enfants 34$*

BONS PLANS
Le sport local consiste à chercher les *sample sales* du jour, ventes directes où vêtements et accessoires de créateurs se négocient jusqu'à -70/80%... Liste des ventes au kiosque d'information du Garment District (repérable au bouton et à l'aiguille géants qui le dominent) et en ligne. **Garment District Information Kiosk (plan 5, B2)** *M° Times Square/42nd St 7th Ave. (angle de 39th St) garmentdistrictnyc.com Ouvert lun.-ven. 9h-17h*

Manhattan Kayak Company (plan 5, A3) Pour évoluer sur le fleuve en kayak ou en paddle, c'est encore plus simple : allez au Pier 84, au bout de la 44e rue et choisissez votre option, du simple tour à la balade au coucher du soleil ou même à la sortie nocturne. ***M° 23rd St (C, E)*** *Pier 84 (face à 44th St) Tél. 212 924 1788 www.manhattankayak.com Mai à oct. Tarif à partir de 15$ par personne*

Garment District et Fashion Avenue

Le quartier compris entre la 5e et la 8e avenue et entre la 34e et la 42e rue accueillit, dans l'entre-deux-guerres, le centre de la confection *(garment)* qui se trouvait jusqu'alors dans le Lower East Side. Ateliers et boutiques de mode y brassaient des milliers d'employés, tout un petit monde de couturières, ouvriers et autres livreurs, à deux pas de Macy's et des magasins de la 5e avenue. En perte de vitesse depuis les années 1960, fragilisé par la concurrence des textiles asiatiques puis par le processus global de désindustrialisation, le *district* compte encore toutefois de nombreux magasins de vente en gros (tissus et vêtements) ainsi que, le long de la 7e avenue, la "Fashion Avenue", des écoles de design, les QG et showrooms de plusieurs poids lourds de l'industrie textile et de la mode, dont Calvin Klein. Enfin, il est également très couru lors des célèbres Fashion Weeks (en fév. et sept.). Pour un plan détaillé du secteur, des idées de visite (fabriques de tissu, designers…) et la liste des ventes à prix réduits, se rendre au **Garment District Information Kiosk**. *M° Times Square/42nd St 7th Ave. (angle de 39th St)*

THANKSGIVING DAY PARADE
Chaque année, pour Thanksgiving, Macy's organise sa grande parade, qui part du Natural History Museum, dans l'Upper West Side, vers 9h, et s'achève trois heures plus tard devant le magasin. Les chars et les gigantesques ballons du défilé attirent une foule immense.

Herald Square (plan 5, C3) Devant l'entrée du grand magasin **Macy's** (p.314), l'espace piéton de cette petite place triangulaire doit son nom à l'ancien édifice du *New York Herald*, aujourd'hui disparu. Un monument en l'honneur de James Gordon Bennett, fondateur de ce journal en 1835, est érigé sur la place. ***M° 34th St/Herald Sq. (B, D, F, M, N, Q, R)*** *151 W 34th St (à l'angle de Broadway)*

James A. Farley Post Office (plan 5, B3) Sa colonnade grandiloquente cache des guichets de marbre et de beaux plafonds ouvragés. L'édifice, principal bureau de poste de la ville, fut construit en 1912 par la firme McKim, Mead and White, qui venait d'achever, juste en face, **Pennsylvania Station**, gare démolie en 1963 et désormais enterrée sous le gigantesque complexe du **Madison Square Garden** – qui englobe la célèbre salle de sport et de concert de

20 000 places, un forum de 1 000 places, un immense cinéma et un bowling de 48 pistes… ***M° 34th St/Penn Station (A, C, E, 1, 2, 3)*** *441 8th Ave. / W 32nd St (près de 33rd St) Tél. 800 275 8777 www.usps.com Ouvert lun.-ven. 7h-22h, sam. 9h-21h, dim. 11h-19h* **Madison Square Garden** *4 Pennsylvania Plaza (7th Ave., entre 31st et 33rd Sts) www.thegarden.com*

New Yorker Hotel (plan 5, B2) L'un des plus beaux gratte-ciel à décrochements des Années folles. Bâti en 1930, le New Yorker était alors le plus grand hôtel de New York (2 500 chambres !), et un vrai chef-d'œuvre de l'Art déco – admirez l'ornementation du hall d'entrée, vertigineux. Ses immenses salles de bal accueillirent les *big bands* de l'âge d'or du jazz – Benny Goodman en tête. Ici mourut, en 1943, à l'âge de 86 ans, le génial inventeur d'origine serbe Nikola Tesla, qui passa les dix dernières années de sa vie à faire ses expériences de physique dans une suite du 33e étage. Depuis 1976, les lieux appartiennent à la secte Moon, qui y siège, mais une partie de l'immeuble abrite toujours un hôtel. ***M° 34th St/Penn Station (A, C, E)*** *481 8th Ave. (entre 34th et 35th Sts)*

★ La 5e avenue et ses environs

On imagine le luxe, l'élégance, d'incessants flots de voitures, les trottoirs animés… et on n'est pas déçu ! Dans les années 1870-1880, la section de la 5e avenue située entre la 34e rue et Central Park, et les rues adjacentes, deviennent le lieu de résidence privilégié de la haute société, comme l'évoque Edith Wharton (1862-1937) dans *Le Temps de l'innocence*. Mais, bientôt, l'arrivée des commerces et l'animation croissante – l'*el*, le métro aérien qui serpente le long de la 6e avenue, plonge déjà le quartier dans la violence de son vacarme métallique – chassent ces grandes familles plus au nord. De l'âge d'or de ce secteur subsistent quelques édifices grandioses et de belles églises, même si la religion du shopping et l'urbanisme contemporain n'ont pas épargné la mythique avenue. Toujours animée, elle n'en garde pas moins un véritable charme. La plupart des défilés rythmant le calendrier new-yorkais continuent de la remonter – cf. Mode d'emploi (p.162) –, à ne pas manquer si vous êtes en ville !

En remontant la 5e avenue (plan 5, C2) Si l'Empire State Building (p.173) élève sa silhouette légendaire à l'angle de la 33e rue, la section la plus intéressante de l'avenue débute à la 40e rue, au pied de la New York Public Library, dont l'architecture néoclassique domine Bryant Park. À l'angle nord-ouest de la 42e rue se dresse le magnifique **500 5th Avenue**, gratte-ciel achevé en 1931 par les architectes de l'Empire State Building. Ne pas manquer la section de la 44e rue située entre la 6e et la 5e avenue, l'une des plus huppées de la ville. Côté nord, le Harvard Club, réservé aux anciens étudiants de la célèbre université, côtoie le **New York Yacht Club**, élégant édifice Beaux-Arts dont les fenêtres du 1er étage reproduisent le “château” de la poupe d'un navire hollandais du XVIIe siècle. Ce yacht-club, fondé en 1844, est le plus ancien du pays ; c'est là qu'ont été fixées les règles de la Coupe de l'America, en 1870. Plus loin, deux palaces légendaires : l'Iroquois et l'Algonquin. Côté sud, l'immeuble de la General Society of Mechanics and Tradesmen, société fondée en 1785 pour assurer l'éducation de la classe ouvrière new-yorkaise, est un édifice néoclassique de 1892 qui se distingue par ses beaux escaliers de secours en fer forgé et sa reproduction de la frise du Parthénon – réalisée grâce aux moules conservés au Met. Jetez un coup d'œil de l'autre côté de la 6e avenue : comme par ironie, devant les vitres opaques de l'immeuble du *Wall Street Journal* est accrochée la **National Debt Clock**, dont les cristaux liquides affichent, depuis 1989, la dette nationale des États-Unis : environ 20 000 milliards de dollars en 2017 !

À l'angle nord-est de la 45e rue (plan 5, C2) Là s'élève le superbe **Fred French Building** (1927), gratte-ciel de 38 étages culminant à 120m, chef-d'œuvre Art déco dont les reliefs en céramique et la silhouette s'inspirent de l'Antiquité babylonienne. Jetez un coup d'œil au hall d'entrée, superbe ! À l'ouest de l'avenue, la section de la 47e rue connue sous le nom de **Diamond District** rassemble des dizaines de bijouteries tenues pour la plupart par des juifs orthodoxes, devant lesquelles des rabatteurs interpellent le chaland. Mais l'essentiel se déroule dans les arrière-boutiques : la rue est l'un des principaux centres du commerce mondial des diamants, par lequel transitent 90% des joyaux circulant aux États-Unis… Toujours côté ouest, entre la 48e et la 51e rue, se dresse le gigantesque complexe du **Rockefeller Center** (p.177). À l'angle nord-est de la 48e rue, l'immeuble (1913) de l'ancienne librairie Charles Scribner's Sons, siège de l'éditeur qui publia notamment Hemingway, Fitzgerald, King, abrite désormais… une boutique Sephora ! Remarquez, à l'angle sud-ouest de la 49e rue, l'édifice du **Swiss Center** (1932), ancien hôtel particulier Art déco de la famille Goelet, magnats de l'immobilier. De l'autre côté de l'avenue se dressent, entre la 49e et la 50e rue, l'imposante façade du grand magasin Saks, ouvert en 1924, puis, entre la 50e et la 51e rue, la cathédrale Saint Patrick, cf. Rockefeller Center et ses environs (p.177).

Entre la 51e et la 53e rue (plan 5, C1) Cette section de l'avenue fut jadis rebaptisée Vanderbilt Colony : la célèbre famille y avait fait construire une quinzaine de *brownstones* et autres hôtels particuliers – le seul qui ait subsisté, au n°647, abrite une boutique Versace. Au coin sud-est de la 52e rue, la belle boutique Cartier fut installée en 1917 dans l'ancien palais à l'italienne de Morton F. Plant, fils d'un magnat des chemins de fer (1905). Juste à l'ouest de l'avenue, côté nord de la 52e rue, ne manquez pas le hall de **Tishman Building** (1957) ou **666 5th Avenue** : le sculpteur Noguchi y a réalisé un plafond extraordinaire en acier ciselé évoquant des nuages, et une fontaine. Cette section de la 52e rue située entre la 5e et la 7e avenue a été connue sous le nom de Swing Street : dans les années 1930-1940, ses clubs, tels le Three Deuces et le 21 Club, accueillaient l'avant-garde du jazz : Charlie Parker, Thelonious Monk, Dizzy Gillespie… À l'angle de la 52e rue et de la 6e avenue, le **CBS Building** (1965), conçu par Eero Saarinen, doit son nom de Black Rock à ses piliers de granit noir. À l'angle nord-ouest de la 5e avenue et de la 53e rue, faites une pause dans l'église anglicane de **Saint Thomas** (p.173).

À l'angle nord-ouest de la 54e rue Le bel édifice de l'**University Club** (1899), palais italianisant construit par le célèbre cabinet d'architectes McKim, Mead & White, était destiné à accueillir les réunions, la collection d'art et l'immense bibliothèque de ce prestigieux club fondé en 1861.

Le carrefour de la 57e C'est l'épicentre du luxe : sur quelques *blocks*, tout ce que la mode internationale compte de clinquant : Dior, Chanel, Prada…

MUSTS EN VUE
Saks, Tiffany's & Co et les plus prestigieuses enseignes du luxe, vous voilà devant les grandes stars des *stores* new-yorkais. Un lèche-vitrines s'impose (p.316) !

À l'angle sud-est de la 57e, écrasé par les parois noires de l'immense **Trump Tower** (où se trouve la résidence new-yorkaise de Donald Trump, élu président en novembre 2016), le célébrissime joaillier Tiffany's & Co. En face, le **Crown Building** (1921), avec de beaux reliefs et colonnes dorés, et les corniches en cuivre de son toit. À la limite de Central Park et de l'Upper East Side, entre la 58e et la 59e rue, côté ouest, le légendaire **Plaza Hotel** domine l'esplanade ombragée et bruyante de Grand Army Plaza et sa jolie fontaine, don de l'homme de presse J. Pulitzer (1847-1911). Juste en face, le cube translucide de l'Apple Store. Cf. Musts en vue.

Saint Thomas Church (plan 5, C1) À l'angle nord-ouest de la 5e avenue et de la 53e rue, l'**église anglicane Saint-Thomas** (1914) est un bel exemple de style néogothique, malgré la dissymétrie de sa façade. Entrez dans sa haute nef pour admirer l'immense maître-autel en pierre ciselée, véritable débauche de figures saintes autour du Christ en majesté, le tout sculpté par Lee Lawrie (1877-1963), à qui l'on doit certains bas-reliefs du Rockefeller Center. Des récitals et des concerts, dont ceux d'une excellente chorale de garçons, sont donnés plusieurs fois par semaine. ***M° 5th Ave./53rd St (E, M)*** *5th Ave. (à l'angle nord-ouest de 53rd St) www.saintthomaschurch.org Ouvert lun.-ven. 7h30-18h30 , sam. matin et ap.-midi, dim. (7h-18h de sept.-mai ou 7h-13h l'été) Concerts d'orgues et de musique sacrée Programme en ligne*

CONCERTS ET CHŒURS D'ENFANTS
L'église Saint-Thomas héberge un chœur de renommée mondiale. Consultez le programme !
Saint Thomas Church (plan 5, C1) *5th Ave. (angle nord-ouest 53rd St) www.saintthomaschurch.org*

★ ☺ **Empire State Building (plan 5, C3)** Avec ses 381m de hauteur, l'ESB (1931) n'est certes plus le plus haut gratte-ciel du monde, mais demeure l'archétype du gratte-ciel américain et de l'âge d'or de la ville. Depuis son inauguration, près de 100 millions de visiteurs ont profité de la vue se déployant du 86e étage ! ***M° 34th St/Herald Sq. (B, D, F, M, N, Q, R)*** *350 5th Ave. (entre 33rd et 34th Sts) Tél. 212 736 3100 www.esbnyc.com Ouvert tlj. 8h-2h Accès 86e étage (vente en ligne) 34$, seniors 31$, 6-12 ans 27$, -6 ans gratuit ; Accès 86e et 102e étages 54$; Express Pass Coupe-file 60/80$ Belvédère 86e étage (dernière ascension 1h15)*

Visite Le belvédère attirant de 10 000 à 20 000 visiteurs par jour, la visite s'apparente souvent à un parcours du combattant : files d'attente aux contrôles de sécurité (draconiens : éviter tout objet encombrant), puis aux guichets, puis aux ascenseurs... Même en possession d'un billet prépayé, on peut attendre des heures, surtout le week-end et en haute saison. Réserver en ligne permet d'éviter la seconde file, mais un Express Pass s'impose (supplément substantiel) pour un accès prioritaire. Si la vue, de la terrasse du 86e étage (celle du 102e étage, très chère, n'apporte pas vraiment grand chose en plus), est vraiment éblouissante, surtout au coucher du soleil, on peut lui préférer celle du Top of the Rock – Rockefeller Center (p.178) –, qui englobe Central Park...

EVERY STEP YOU TAKE

Pour accéder à pied à l'observatoire du 86ᵉ étage, il faut gravir 1 576 marches : les participants de l'Empire State Building Run-up le savent bien qui tentent d'y arriver en moins de 10min ! La course a lieu chaque année début février. *Ready, steady, go ! Rens. auprès de l'association NYRR (New York Road Runners)* **Empire State Building Run-up** *www.nyrr.org*

Histoire La volonté de dépasser le Chrysler Building fut l'un des motifs pour lesquels ce projet fou vit le jour, sous l'égide du vice-président de General Motors, John J. Raskob. Conçu par la firme Shreve, Lambe & Harmon, il pousse à leur paroxysme les canons de l'époque : une armature d'acier inoxydable sur laquelle sont fixés de grands panneaux de pierre : toutes les pièces sont fabriquées sur mesure et acheminées sur le site, pour accélérer les travaux. À l'édifice qui devait s'achever au 86ᵉ étage, il fut décidé d'ajouter un immense mât destiné à l'amarrage des grands dirigeables, alors en plein essor – trop dangereuse, l'idée fut abandonnée, mais le mât est resté, désormais couronné d'une antenne. Le géant sera bâti en à peine plus d'un an, au rythme fou (hors fondations) de quatre étages par semaine ! Conçu dans la prospérité des années 1920, il est inauguré au début de la Grande Dépression, en 1929 : l'Empty State Building (le "building vide"), comme on l'appellera alors, restera en grande partie inoccupé jusqu'à la Seconde Guerre mondiale ! Mais il était déjà devenu l'emblème de New York : dès 1933, King Kong l'escaladait et les touristes affluaient. En 1945, un avion de chasse de l'US Air Force percute le 79ᵉ étage de la tour pour des raisons inconnues, faisant 14 victimes.

OÙ TUTOYER L'EMPIRE STATE BUILDING ?

Au Top ! Le bar d'altitude du Strand Hotel vous livre la plus belle vue qui soit sur le gratte-ciel mythique, qui s'élève pile devant vous, à un jet d'olive de martini... (p.356) **Top of the Strand (plan 5, C2 n°91)** *M° 34th St/Herald Sq. (B, D, F, N, Q, R) 33 W 37th St (entre 5th et 6th Ave.) Ouvert mar.-sam. 17h-1h, dim.-lun. 17h-0h*

Architecture Plus sobre que le Chrysler Building, l'ESB adopte le style caractéristique des gratte-ciel Art déco : du pied de l'édifice, on n'aperçoit pas le sommet, du fait de l'architecture en décrochements imposée à l'époque – cf. Obligé de zoner (p.37). C'est de loin qu'on embrasse le mieux sa belle silhouette élancée, par exemple de Madison Square, et sa flèche souvent perdue dans les nuages. La nuit, sa partie supérieure est illuminée, changeant de teinte au gré des grandes célébrations : vert pour la Saint-Patrick ; rouge, blanc et bleu pour Independence Day... Si l'entrée monumentale sur la 5ᵉ avenue ne manque pas d'allure, jetez un coup d'œil aux entrées latérales, ornées de magnifiques auvents en inox. Le hall d'entrée, haut de trois étages et tapissé de marbre polychrome, donne sur le complexe d'ascenseurs de l'immeuble – qui en compte 67 ! Ne manquez pas la superbe fresque du plafond, représentant le système solaire sous la forme d'un grand mécanisme.

Koreatown (plan 5, C3) K-Town, la section de la 32ᵉ rue ouest comprise entre la 6ᵉ et la 5ᵉ avenue (et plus largement, de la 31ᵉ à la 34ᵉ rue), regroupe une foule de restaurants (dont certains excellents !), de bars à karaoké et autres entreprises tenus par des Coréens. Avec plus de 200 000 personnes, la communauté coréenne de New York est la plus grande en dehors de Corée.

New York Public Library (plan 5, C2) Riche de 50 millions de documents, dont 20 millions de livres, elle est la troisième bibliothèque du monde derrière celle du Congrès à Washington et la British Library de Londres ! Ouvert en 1911 grâce aux dons de philanthropes comme Samuel J. Tilden et Andrew Carnegie, le Stephen A. Schwarzman Building est le vaisseau amiral d'un vaste réseau qui s'est étendu dans tout New York : 89 bibliothèques sur les cinq *boroughs* de la ville ! Le majestueux bâtiment, sommet du style Beaux-Arts, a été élevé par Carrère et Hastings sur le site d'un ancien réservoir d'eau. Deux lions en marbre d'Edward C. Potter – surnommés "Patience" et "Détermination" par le maire LaGuardia dans les années 1930 – gardent l'entrée dont le hall, tout en marbre du Vermont, est époustouflant. L'escalier, tout aussi grandiose, mène à la rotonde du 2e étage : plafonds immenses, boiseries ciselées, panneaux peints représentant l'histoire de l'écriture. Sur la droite, on accède à la **Main Reading Room**, gigantesque salle de lecture (où furent tournés nombre de films mythiques) coiffée de fresques représentant un ciel bleu parcouru de nuages. Par les grandes baies vitrées, à l'ouest, on aperçoit les gratte-ciel de Bryant Park. Ne manquez pas, à l'entrée de la salle, un des 48 exemplaires de la Bible de Gutenberg ! La rotonde donne aussi sur une salle d'expositions où voir une magnifique collection de photographies, notamment des portraits d'écrivains et d'artistes par William Klein, Irving Penn, Henri Cartier-Bresson… Dans la Main Reading Room , les livres usuels sont en accès libre, on trouve aussi un accès Internet gratuit (réserver un créneau au guichet, sur la gauche). ***M° 42nd St/Bryant Pk (B, D, F, M, 7)*** *À l'angle de 5th Ave. et 42nd St Tél. 212 930 0757 www.nypl.org Ouvert lun. et jeu.-sam. 10h-18h, mar.-mer. 10h-20h, dim. 13h-17h* ***Visites guidées*** *Gratuites (en anglais, durée : 1h) lun.-sam. 11h et 14h, dim. 14h, rdv dans le hall*

TOUTES LETTRES DEHORS
Juchée sur une vaste terrasse, la **Public Library** domine les rues alentour. Son perron, lieu de rendez-vous par excellence du quartier, est l'un des sites en plein air les plus charmants de la ville. À deux pas, **Bryant Park** accueille aux beaux jours une bibliothèque d'extérieur.

☺ **Bryant Park (plan 5, C2)** Ce vaste espace vert au pied de la New York Public Library est l'un des lieux les plus plaisants de Manhattan. C'est en 1884 que l'endroit, ancien lieu de sépulture des indigents, est transformé en parc et baptisé en l'honneur de William C. Bryant (1794-1878), poète et homme de presse, chantre de l'abolitionnisme et ardent défenseur de la création de Central Park. En 1934, le parc adopte sa géométrie actuelle, à la française : une vaste pelouse entourée d'allées bordées de platanes. Laissé à l'abandon dans les années 1970, il devient le "parc des seringues", un haut lieu du trafic de drogue… Difficile à imaginer aujourd'hui, tant l'endroit a de charme avec ses kiosques restaurants et sa pelouse – prise d'assaut à la sortie des bureaux, à l'heure du déjeuner comme en début de soirée ! Plusieurs statues émaillent les lieux ; côté est, le monument en bronze à W. C. Bryant

(1911) est dû à Herbert Adams, côté sud, le Goethe est de l'Allemand Fischer (1832) et la poétesse Gertrude Stein de l'Américain Davidson. Parmi les autres statues, celles des héros nationaux brésilien et mexicain Andrada e Silva et Benito Juárez, furent offerts par leurs pays lorsque la 6e avenue devint Avenue of the Americas, en l'honneur de la coopération panaméricaine.... Aux beaux jours, la **Reading Room**, côté nord, est une formule originale de bibliothèque en plein air et propose des livres et magazines en accès libre (à lire sur place). *M° **42nd St/Bryant Pk (B, D, F, M, 7)** Entre 42nd et 43rd Sts, et 5th et 6th Ave. www.bryantpark.org Parc ouvert 7h-22h (0h ven. et sam.) **Reading Room** Ouvert mars-oct. tlj. 11h-19h*

Jouer aux boules, faire du patin à glace...

Bryant Park (plan 5, C2) Dans la partie sud du parc, un petit carrousel est ouvert toute l'année. Vers le nord, deux tables de ping-pong - raquettes et balles fournies sur place. Vers l'ouest, les terrains de pétanque en accès libre, avec, en semaine, des cours assurés par les bénévoles du club La Boule New Yorkaise. De fin octobre à fin février, une patinoire prend possession de la pelouse ; elle est doublée, de fin novembre à début janvier, par un marché de Noël. Enfin, festival de cinéma gratuit de fin juin à fin août, le lundi soir. **Le Carrousel** *3$* **Ping-pong** *Tél. 212 768 4242 Ouvert avr.-sept. tlj. 11h-19h ; oct.-nov. 11h-18h* **La Boule New Yorkaise** *labouleny.com Cours gratuits de pétanque avr.-oct. lun.-ven. 11h-19h* **Patinoire Winter Village** *www.bryantpark.org Ouvert tlj. 8h-22h Accès libre, loc. de patins 15-19$*

La *skyline* vue du Bryant Park

La pelouse de Bryant Park offre une vue dégagée sur de magnifiques gratte-ciel. Au nord-est du parc, à l'angle de la 5e avenue et de la 42e rue, se dresse la superbe tour Art déco (60 étages) du **500 Fifth Avenue**, achevée en 1931 par les architectes de l'Empire State Building. Juste à l'ouest, au n°11 de la 42e rue, **Salmon Tower** (1927) - noter les bas-reliefs autour de l'entrée, représentant les mois de l'année. Au coin de la 6e avenue, l'immense immeuble aux vitres noires de la chaîne HBO (1985). En face, la **Bank of America Tower** (2009). Ses parois de verre aux formes asymétriques culminent à 366m - c'est le 2e gratte-ciel de la ville. Signe des temps, c'est également un modèle en termes écologiques. Au sud du parc, la 40e rue réunit deux véritables joyaux. À l'angle de la 6e avenue, au n°80, le **Bryant Park Studios Building**, édifice Beaux-Arts de 1901 destiné à accueillir des ateliers d'artistes - le photographe Steichen et le peintre Fernand Léger y résidèrent. Plus à l'est, au n°40, le **Bryant Park Hotel** est installé dans l'un des plus beaux immeubles de New York : l'**American Radiator Building** (1924), édifice Art déco de 103m de hauteur (23 étages), dessiné par Raymond Hood, principal architecte du Rockefeller Center. Sa façade de briques noircies et ses reliefs dorés furent immortalisés par le célèbre tableau de Georgia O'Keefe : *Radiator Building at Night* (1927).

★ Rockefeller Center

Rockefeller Center (plan 5, C1) Véritable ville dans la ville, c'est l'un des ensembles architecturaux les plus ambitieux, et réussis, du XXe siècle. Ici, la fonctionnalité se marie à l'esthétique : lignes originales, ornementation Art déco somptueuse, recherche du beau jusqu'au moindre détail, des portes d'ascenseur aux bouches d'aération... Dominé par la silhouette majestueuse du General Electric Building, le complexe est constitué de 14 immeubles construits dans les années 1930 sur les *blocks* situés entre les 5e et 6e avenues et les 48e et 51e rues. Ces tours sont reliées entre elles par un immense complexe commercial souterrain, réunissant une foule de boutiques et une quarantaine de restaurants. Cinq autres édifices sont venus compléter l'ensemble dans les années 1960-1970, à l'ouest de la 6e avenue. La Plaza, l'esplanade du complexe est au cœur de la vie sociale new-yorkaise, avec sa célèbre patinoire hivernale et son immense sapin de Noël. Cerises sur le gâteau, le légendaire théâtre du Radio City Music Hall, chef-d'œuvre Art déco, et l'observatoire Top of the Rock qui offre la plus belle vue de New York. ***M° Rockefeller Center (B, D, F, M)*** *www.rockefellercenter.com*

Histoire Ce projet titanesque, mené à bien au plus fort de la crise de 1929, fut conçu par John Davison Rockefeller Jr (1874-1960), fils du fondateur de la Standard Oil – ancêtre d'Esso puis Exxon. John D. Rockefeller Sr, qui fut le tout premier milliardaire de l'histoire, contrôlait, au début du XXe siècle, jusqu'à ce que la loi anti-trust ne disloque son empire en 1911, 75 % du pétrole américain. En 1928, son fils négocia un bail de 25 ans sur ce terrain, propriété de Columbia University, alors situé en plein cœur du quartier du jazz et des *speakeasies*, pour y construire un Opéra. Le krach de 1929 ayant bouleversé le projet initial, Rockefeller Jr prend alors la décision un peu folle d'investir dans la construction d'un immense complexe urbain – la plus grande opération immobilière jamais lancée – en réponse, pleine d'espoir, à la Grande Dépression ! Inspiré des théories fonctionnalistes de Le Corbusier et visionnaire pour l'époque, l'ensemble fut réalisé sous la direction d'un comité d'architectes emmené par Raymond Hood et Wallace Harrison. Soucieux de joindre le beau au fonctionnel, ces derniers firent appel à des artistes de renom, pour donner naissance à l'un des ensembles Art déco les plus remarquables au monde.

SPEAKEASY BELT
Dans les années 1920-1940, les abords de l'actuel Rockefeller Center, désignés sous le nom de "Speakeasy Belt" en raison de la concentration de bars clandestins qu'ils comptent durant la prohibition, abritent plusieurs clubs où Duke Ellington, Charlie Parker et Miles Davis s'appliquent à révolutionner le jazz...

General Electric Building (plan 5, C1) Inauguré en 1933, après seulement seize mois de travaux – vraie prouesse pour l'époque ! –, ce gratte-ciel majestueux, conçu pour la radio RCA, est désormais occupé par la compagnie General Electric et la chaîne NBC. Haut de 70 étages pour 260m, il se distingue par l'équilibre de ses lignes. Ses entrées sont ornées d'une magnifique série de bas-reliefs Art déco. Au-dessus de l'entrée principale (côté est, sur la Lower Plaza), l'allégorie de la Sagesse et du Savoir par Lee Lawrie (1877-1963). Les

LA PLAZA EN FAMILLE, À DEUX...
Assister à l'illumination du sapin de Rockefeller Center est un must. Et si vous êtes deux, pourquoi ne pas briser la glace et lui demander sa main entre deux doubles axels : la patinoire se met en quatre et vous laisse 5min seuls tous les deux pour des fiançailles chères mais *on ice*.
Rockefeller Center Christmas Tree *Fin nov.-début déc. à début jan. : tlj. 5h30-0h ; non-stop le 24 déc. ; 1er jan. 5h30-21h30*
Engagement-on-Ice *Tél. 212 332 7614 (Rens. et rés.) 350-800$*

entrées latérales portent des reliefs sculptés par Leo Friedlander (1890-1966) célébrant la télévision (côté 49e rue) et la radio (50e rue). Enfin, côté 6e avenue, l'entrée ouest est surmontée d'une immense mosaïque colorée – près d'un million de tesselles ! – de Barry Faulkner (1881-1966) sur le thème du son, et de quatre reliefs de Gaston Lachaise (1882-1935). Le hall d'entrée principal, côté est, haut de trois étages, est orné de deux grandes compositions murales de l'Espagnol José María Sert (1876-1945), *American Progress* et *Time* : Picasso ayant refusé cette commande, le Mexicain Diego Rivera fut chargé de la réaliser. Mais un "chef du mouvement ouvrier" représenté sous les traits de Lénine eut raison de son œuvre, qui fut remplacée par celle-ci ! ***M° Rockefeller Ctr/47th-50th Sts (B, D, F, M)*** *À l'angle de Rockefeller Plaza et 49th St*

Rockefeller Plaza (plan 5, C1) Au pied du General Electric Building, c'est le cœur de Rockefeller Center, l'endroit le plus animé du complexe, celui où l'on saisit le mieux la beauté de l'ensemble, les subtils jeux de perspective. C'est aussi ici que l'on ressent pleinement l'impression de ville dans la ville. Les New-Yorkais aiment à flâner en ces lieux et c'est là

Les *tips* pour être au Top

☆ **Top of the Rock (plan 5, C1)** Le belvédère au sommet du **General Electric Building** (p.177) offre une vue imprenable sur New York : à la différence de l'Empire State Building, elle englobe, outre Downtown et Midtown, un beau panorama sur Central Park, Uptown et... l'Empire State Building ! On saisit d'un seul regard l'organisation de la ville... Inoubliable ! Des trois plates-formes, aux 67e, 69e et 70e étages, cette dernière, à 250m au-dessus de la rue, est évidemment la plus spectaculaire, avec sa terrasse en plein air : vue à 360° ! Il y a plusieurs guichets, le plus pratique étant celui de la Plaza, côté 49e rue. Attention, la file d'attente est longue et les places limitées : il n'est pas rare de devoir attendre 2h ou plus pour l'ascenseur... On peut acheter ses billets (jour et heure fixés d'avance) en ligne et ainsi éviter la file – le risque étant de tomber sur un jour de mauvaise visibilité. Autre solution : la visite guidée de Rockefeller Center : passionnante, elle permet en outre d'éviter la file et de prendre le premier ascenseur disponible ! *Accès principal : 50th St (entre 5th et 6th Ave.) Tél. 212 698 2000 www.topoftherocknyc.com Ouvert tlj. 8h-0h Dernier ascenseur à 23h15 Tarif 34$, +62 ans 32$, 6-12 ans 28$, -5 ans gratuit* qu'est installé l'immense arbre de Noël – tradition inaugurée en 1931 par les ouvriers du chantier –, cf. fêtes et manifestations (p.163). Espace piéton reliant la 48e et la 51e rue, Rockefeller Plaza est l'une des dernières rues privées de la ville. En contrebas, la Lower Plaza devait servir d'entrée à une galerie marchande de luxe, mais l'idée fut abandonnée, Dépression oblige. En 1936, coup de génie : les promoteurs y font installer l'hiver une patinoire, **The Rink**, – mythique –, et, l'été, un grand café ! Dominée par une magnifique statue de Prométhée par Paul Manship (1934), l'esplanade offre une vue à couper le souffle sur le General Electric Building ! **The Rink** ***M° Rockefeller Ctr/47th-50th Sts (B, D, F, M)*** *5th Ave. (entre 49th et 50th Sts) www.therinkatrockcenter.com Ouvert nov.-avr. Tarif 25/32$, seniors et -11 ans 15$, loc. patins 12$*

Maison française et British Empire Building (plan 5, C1) Occupant le flanc est de l'esplanade, ces deux immeubles de taille assez modeste – perspective sur le General Electric Building et normes urbanistiques obligent – ont été achevés en 1933. Ils illustrent la volonté de Rockefeller d'ouvrir le complexe aux investisseurs étrangers en leur réservant deux bâtiments. Côté sud, la France est à l'honneur ; voir, dans l'entrée principale, le beau relief de bronze d'Alfred Janniot célébrant l'amitié entre Paris et New York. Au linteau, la *Semeuse*, une représentation Art déco de la République française. Au rdc, une annexe de la boutique du Met. Côté nord, par-delà l'allée appelée Channel Gardens (les "jardins de la Manche" !), la façade du British Empire Building célèbre les richesses et l'industrie de l'Empire britannique. ***M° Rockefeller Ctr/47th-50th Sts (B, D, F, M)*** *610 et 620 5th Ave.* **Met Store** *Tél. 212 332 1360 Ouvert tlj. 10h-19h*

International Building (plan 5, C1) À l'angle sud-ouest de la 50e rue et de la 5e avenue, face à la cathédrale Saint-Patrick, l'**International Building** (1937) fut érigé en moins de 4 mois ! Jetez un coup d'œil au hall d'entrée, avec ses magnifiques escaliers mécaniques, ses piliers de marbre gigantesques et l'éclairage féerique de ses murs. Dehors, un bronze monumental de Lee Lawrie (*Atlas soulevant le monde*). Sur la gauche, le **Palazzo d'Italia** correspond à l'aile initialement réservée aux investisseurs italiens. L'ornementation, jugée fasciste après l'entrée en guerre des États-Unis en 1941, a été remplacée par un relief de l'Italien Giacomo Manzú (1908-1991) représentant la Fertilité. Jouxtant l'édifice, l'ancien siège de l'agence **Associated Press**, repris par Bank of America, se distingue par l'éblouissante sculpture en inox de Noguchi. ***M° Rockefeller Ctr/47th-50th Sts (B, D, F, M)*** *626-636 5th Ave. Rockefeller Plaza*

Studios NBC (plan 5, C1) On y accède par l'immense boutique NBC Experience Store, qui ravira les amateurs de séries américaines – cf. *Serial shopper* (p.315). Certaines des émissions vedettes de la chaîne sont tournées ici, dont le "Tonight Show" ou le "Saturday Night Live", mais aussi "The Apprentice", le reality show qui rendit célèbre un certain Donald Trump (son rôle est repris désormais par le tout aussi fameux Arnold Schwartzenegger)… La visite guidée des studios, très prisée des touristes américains, présente un intérêt moindre pour les étrangers, car elle ne permet de visiter que des studios vides, hors période d'enregistrement… On y découvre toutefois la technologie en ultra HD, la salle de commande des diffusions et un studio interactif où chaque groupe enregistre 5min d'émission. Donnant sur la Rockefeller Plaza, le studio vitré du

CHAÎNES TV
Regarder la télévision aux États-Unis relève de la torture, tant les plages publicitaires sont fréquentes et longues... mais si vous êtes un "fils de pub", vous allez bien vous amuser ! NBC, ABC et CBS sont les grandes chaînes généralistes dont les news, talk shows et séries font le plus d'audience. CNN et Fox News proposent des infos en continu. À noter que sur TV5 Monde, le journal du soir de France 2 est diffusé peu après 18 h, heure new-yorkaise.

célèbre "Today Show" est le point de mire des passants, qui sont souvent mis à contribution… ***M° 47th-50th Sts-Rockefeller Ctr (F, B, D, M, N, R, 1, 6)*** *General Electric Building (à l'angle de Rockefeller Plaza et 49th St) Tél. 212 664 3700 (Rés. indispensable) www.thetouratnbcstudios.com Ouvert lun.-ven. 8h30-14h, sam.-dim. 8h30-17h Tarif 33$, réduit 29$ (6-12 ans et +55 ans) Les enfants de moins de 6 ans ne sont pas acceptés*

Christie's (plan 5, C1) La célèbre maison de ventes aux enchères occupe un immeuble au sud de la 49e rue, face aux studios NBC. Possibilité d'assister aux enchères, et surtout d'admirer les œuvres d'art, souvent remarquables, les jours précédents… ***M° 47th-50th Sts-Rockefeller Ctr (B, D, F, M)*** *20 Rockefeller Plaza Tél. 212 636 2000 www.christies.com Ouvert lun.-ven. 9h30-17h*

XYZ Buildings (plan 5, C1) À l'ouest de la 6e avenue, ces trois tours colossales des années 1960-1970 constituent un prolongement de Rockefeller Center. Elles ont été conçues sous la direction de Wallace Harrison, coordinateur du palais des Nations-Unies. La plus grande des trois, l'Exxon Building (1971), culmine à près de 230m. Noter l'évolution de l'architecture : après guerre, les progrès techniques concernant l'éclairage et l'air conditionné autorisent la construction de tours bien plus massives.

☆ **Radio City Music Hall (plan 5, C1)** Comptant près de 6 000 places, c'est la plus vaste salle de spectacle des États-Unis. L'une des plus célèbres, aussi, qui accueille les grandes stars du show-business et, depuis 1933, la très populaire revue de Noël *Christmas Spectacular*, dont les vedettes ne sont autres que les **Rockettes**, cette troupe de danseuses aux jambes interminables… Un spectacle familial de très bonne tenue, incontournable si vous êtes en ville (réservation indispensable). Le plus beau, surtout, reste cet intérieur Art déco absolument sublime ! Le mieux, pour explorer les lieux, est de réserver pour un spectacle ou de suivre la visite guidée (en anglais), qui permet de découvrir les coulisses de la salle, sa machinerie unique au monde – et de se faire photographier avec l'une des fameuses Rockettes – un grand moment pour les Américains ! Inauguré en 1933 et magnifiquement restauré en 1999, Radio City Music Hall a été décoré par Donald Deskey, qui s'inspira ici des décors des paquebots de luxe. Dès l'entrée, on est soufflé par le plafond de cuivre ciselé. Mais le vrai choc vous attend dans le grand hall, vertigineux, avec ses immenses miroirs, ses lustres de 9m de hauteur et la grande fresque de l'escalier. Le salon du sous-sol n'est pas mal non plus ; ne manquez pas les toilettes, magnifiques, ni les portes des ascenseurs ! La salle de spectacle est impressionnante : ses voûtes "suspendues" (aucun pilier, pour ne pas gêner la vue), culminent à 25m et l'acoustique est stupéfiante. La scène repose sur un système hydraulique révolutionnaire pour l'époque, et dont s'inspira l'US Navy pour ses porte-avions ! La salle abrite le plus grand orgue Wurlitzer jamais construit, conçu pour accompagner les films muets (le lieu a accueilli les premières de plus de 700 films, dont *King Kong, Diamants sur canapé, Le Roi lion…*) ***M° Rockefeller Ctr/47-50th Sts (B, D, F)*** *1260 6th Ave. (angle 50th St) Tél. 212 247 4777 www.radiocity.com Tarif 26,95$ (19,95$ en ligne), +62 ans 18,95$, -12 ans 17,95$ Visites guidées Tlj. 9h30-17h (toutes les 30min, durée 1h env.) Guichets ouverts lun.-sam. 10h-18h ; achats en ligne Christmas Spectacular Mi-oct.-fin déc.*

Saint Patrick's Cathedral (plan 5, C1) Elle a accueilli le mariage de Francis Scott Fitzgerald et Zelda en 1920, les funérailles de Robert Kennedy en 1968 et celles d'Andy Warhol en 1987… La plus belle cathédrale des États-Unis, et l'une des plus grandes au monde, mérite certainement une visite, ne serait-ce que parce qu'elle vous permettra d'échapper un moment au vacarme de Midtown ! C'est en 1853 que l'archevêque John Hughes annonce son projet de bâtir une cathédrale sur ce site – qui se trouvait alors en dehors de la ville – pour répondre à l'accroissement de la communauté catholique, majoritairement irlandaise. La première pierre est posée en 1858, sous la direction de James Renwick, qui s'inspire des grandes cathédrales gothiques du Vieux Continent. Retardés par la guerre civile et le manque de fonds, les travaux s'éternisent jusqu'en 1888. Aujourd'hui au cœur de la ville, la cathédrale domine l'une des parties les plus animées de la 5e avenue, face au Rockefeller Center. Sa façade élancée, flanquée de deux flèches ciselées qui s'élèvent à plus de 100m, abrite un intérieur aux dimensions impressionnantes, surtout à la hauteur de la croisée du transept, vertigineuse, inondée de soleil à travers les vitraux. Allez voir les boiseries du chœur, la chapelle dédiée à saint Patrick et, au fond, la belle statue de la Vierge de la Lady Chapel (1906) qui, tout en marbre du Vermont, est parée de somptueux vitraux. En ressortant, ne manquez pas la magnifique rose et les orgues immenses dominant l'entrée. Concerts réguliers Programme sur le site. ***M° 5th Ave./53rd St (E, M)*** *5th Ave. entre 50th et 51st Sts www.saintpatrickscathedral.org Ouvert tlj. 6h30-20h45*

★ Le MoMA

Museum of Modern Art (MoMA) (plan 5, C1) Rassemblant plus de 100 000 œuvres de première importance, dans tous les domaines de la création – peinture, photographie, installations, architecture, design, cinéma… –, c'est le plus grand musée d'art moderne et contemporain au monde. Le visiter, c'est comme voyager dans un manuel d'art, tant ses salles recèlent des chefs-d'œuvre, des *Demoiselles d'Avignon* de Picasso aux boîtes de soupe Campbell d'Andy Warhol sans oublier les *drip paintings* de Pollock ! Ce qui, ajouté à la beauté, à la fonctionnalité et à l'énergie contagieuse des lieux, en fait un site majeur, incontournable ! ***M° 5th Ave./53rd St (E, M)*** *11 W 53rd St (entre 5th et 6th Ave.) Tél. 212 708 9400 www.moma.org Ouvert sam.-jeu. 10h30-17h30, ven. 10h30-20h Fermé Thanksgiving et 25 déc. Tarif 25$, +65 ans 18$, étudiants 14$, -16 ans gratuit, et entrée libre pour tous le ven. 16h-20h*

Histoire et architecture Le premier MoMA, qui réunit les collections de Lillie P. Bliss, Mary Quinn Sullivan et Abby Aldrich Rockefeller, ouvre en 1929 au 12e étage d'un immeuble de la 5e avenue. C'est le premier musée au monde consacré exclusivement aux œuvres modernes et contemporaines

– qui n'étaient alors pas considérées comme de l'art par la majorité des institutions… Le fonds s'enrichit au fil du temps, de donations en legs de particuliers, et, en 1939, le MoMA prend place sur son site actuel, qui sera agrandi et modernisé à sept reprises. En 1951, l'architecte moderniste Philip Johnson en dessine le jardin de sculptures. En 2004, les lieux doublent presque de taille sous la direction du japonais Yoshio Tanigushi. Lumière, jeux de perspective, espace : la nouvelle configuration est une réussite.

EXPOS DU MOM'ENT
Le dernier étage du MoMA est entièrement consacré aux expositions temporaires, souvent retentissantes : "Andy Warhol et Picasso" en 2011, "Les collages de Matisse" en 2014, "Francis Picabia" en 2016… Cf. programme en ligne. **Special exhibitions** *6th Floor (niveau 6) www.moma.org/explore/exhibitions/on_view*

Peinture et sculpture I – années 1880-1940 (Fifth Floor – niveau 5) Riche de quelque 3 600 peintures et sculptures, c'est la section la plus courue du MoMA, et pour cause : elle réunit certains des plus grands chefs-d'œuvre du XXe siècle. La collection est présentée par roulement, et l'accrochage varie régulièrement, même si les œuvres évoquées ci-dessous sont généralement visibles. Les premières salles sont dédiées aux avant-gardes européennes du début du XXe siècle : post-impressionnisme, fauvisme, futurisme italien, Sécession viennoise… Plusieurs natures mortes de Cézanne, le fameux *Autoportrait au chapeau de paille* (1876) et son sublime *Baigneur* (1885). Autre star incontestée de la collection, Van Gogh : certaines de ses œuvres majeures sont exposées ici, dont plusieurs peintes un an avant sa mort, en 1889 : le *Portrait de Joseph Roulin* (acheté en 1989 pour plus de 100 millions de dollars, record absolu à l'époque !), les *Oliviers* et surtout *La Nuit étoilée*. À voir également, le *Rêve* (1910) du Douanier Rousseau, dont la dormeuse perdue en pleine jungle sur son canapé rouge n'a jamais livré son mystère. Les cubistes sont à l'honneur, Picasso et Braque en tête. Picasso est particulièrement bien représenté, avec certaines de ses œuvres les plus célèbres, dont *Les Demoiselles d'Avignon* (1907), qui eut un impact définitif sur l'art moderne en révolutionnant les modes de figuration. Les artistes de la Sécession viennoise sont illustrés notamment par Schiele et Klimt, avec son sublime *Espoir II* (1907-1908). De Modigliani, plusieurs nus allongés, et le célébrissime *Portrait d'Anna Zborowska* (1917), étrange étude en diagonale. Autres hôtes de marque : Léger, Malevitch, Mondrian – dont le surprenant *Broadway Boogie-Woogie* (1943), sa dernière toile connue. Les principaux surréalistes ne sont pas en reste, des Espagnols Dalí et Miró aux Belges Magritte – dont le *Faux miroir* (1928) – et Delvaux. Plusieurs toiles de Kandinsky, dont les quatre panneaux réalisés en 1914 pour l'appartement d'Edwin R. Campbell, sur Park Avenue. De

MÔM'ART
Jeux de piste et coloriages sont disponibles *(in English)* pour les enfants, au comptoir d'informations Éducation et Famille au niveau 2. Ateliers et visites pour *kids* sont également organisés à certaines dates (voir programme en ligne), mais là aussi uniquement en anglais. À noter également : les excellents audioguides gratuits (en français) pour les enfants.

Giacometti, ne manquez pas le fascinant *Palais à 4h du matin* (1932), fragile structure de bois dont il affirmait qu'elle lui était apparue, achevée, en rêve. À voir, également, la toile de Chagall, *Moi et le village* (1911), évocation onirique de sa Russie natale et plusieurs œuvres de Robert et Sonia Delaunay, pionniers de l'abstraction. Les fans de Matisse seront comblés : le MoMA possède une immense collection de sculptures, gravures et dessins du maître, dont l'*Atelier rouge* (1911) – sorte de résumé de son œuvre naissante – et, bien sûr, la célébrissime *Danse I* (1909). Salle 9, plusieurs des toiles consacrées par Monet à son étang de Giverny entre 1914 et 1926. Magnifique collection de sculptures de Brancusi et de toiles des deux superstars mexicaines, Diego Rivera et Frida Kahlo : du premier, la *Révolution agraire* (1931), où il met en scène Zapata terrassant le colonialisme espagnol ; de la seconde, ses autoportraits les plus célèbres, *Fulang-Chang et moi* (1937) et le bouleversant *Autoportrait aux cheveux coupés* (1940).

Peinture et sculpture II – années 1940-1970 (Fourth Floor – niveau 4) Le parcours chronologique permet de suivre l'évolution des grandes figures de l'expressionnisme abstrait, de Pollock à Rothko (qui reniait cette affiliation) et De Kooning. Dans les premières salles, on sent l'influence des modernes européens, dont ils se détacheront peu à peu. L'un des clous de la visite est la salle 19, dédiée à Pollock et à ses *drip paintings* dont l'une des premières, *Full Fathom Five* (1947), montre, sur un fond appliqué au pinceau, un entrelacs de traînées et de gouttes de peinture industrielle mêlées à divers objets (mégots, pièces, clés…). À voir, surtout, de ce peintre : *One, Number 31* (1950). Le Mark Rothko d'après 1948 – il trouve alors sa forme privilégiée : blocs et barres de couleurs finement modulées –, est bien représenté. Ne pas manquer, toujours salle 19, *Woman I* (1950-1952) de Willem de Kooning, où l'artiste abandonne l'abstraction pour peindre un portrait de femme carnassière, effrayante. Également des tableaux de Philip Guston et de Lee Krasner (épouse de Pollock), et des sculptures de David Smith et Louise Nevelson.

Le MoMA pratique

Visiter le MoMA L'attente est souvent assez longue à l'ouverture - si vous n'êtes pas pressé, mieux vaut arriver vers midi. Vous éviterez ces files d'attente en achetant votre billet en ligne. Pour ne pas avoir à faire la queue au vestiaire, laissez à l'hôtel sac à dos et objets volumineux. Enfin, sachez que l'audioguide du musée (très bien fait, disponible en français) est inclus dans le prix d'entrée (guichet au fond du hall, laisser une pièce d'identité valide avec photo hors passeport). **Plan et fascicule (en français)** *Téléchargeable sur www.moma.org/docs/visit/MoMA_FRA.pdf*

La suite au PS1 Pour prendre le pouls de la création actuelle, un détour s'impose par le très dynamique MoMA PS1 de Long Island City, annexe du MoMA à Queens (p.277). Le ticket du MoMA vous y donne accès gratuitement pendant un mois. *Tél. 718 784 2084 momaps1.org Programme des expositions*

Boutiques-librairies du MoMa (p.318)

Années 1960 et Pop Art Les salles 20-24 rassemblent les grands noms des années 1960, Pop Art en tête. Le MoMA possède plusieurs œuvres emblématiques d'Andy Warhol, dont les *Campbell's Soup Cans* (1962), la *Gold Marilyn Monroe* (1962) et le *Double Elvis* (1963). Les tableaux de Roy Lichtenstein s'inspirent des *comics* dont ils détournent les dialogues et le sens, démarche que l'on retrouve dans le *OOF* (1963) d'Edward Ruscha. Autre star, le *Flag* (1955) de Jasper Johns, plus complexe qu'il n'y paraît, mêlant collage et peinture sur bois. Enfin, les œuvres de Robert Rauschenberg et Claes Oldenburg, ou encore les assemblages géométriques de néons de Dan Flavin méritent plus qu'un coup d'œil…

Third Floor – niveau 3 On y voit, sous forme d'expositions temporaires souvent magistrales, les remarquables collections de photographies, dessins, architecture et design du musée. Riche de plus de 25 000 photos, allant des premières expérimentations du Britannique William Henry Fox Talbot, dans les années 1840, aux artistes contemporains tels que Cindy Sherman, en passant par les maîtres américains (Man Ray, Stieglitz, Irving Penn, Robert Frank, Lee Friedlander) et européens (Atget, Brassaï, Cartier-Bresson), la collection de photographie est l'un des points forts du musée. Créé par l'architecte Philip Johnson, premier lauréat du prix Pritzker en 1979, le **département Architecture et design** réunit, lui, plus de 24 000 objets, plans, croquis, maquettes d'architectes… notamment une maquette originale de la villa Savoye de Le Corbusier, du mobilier Bauhaus (Breuer, Mies van der Rohe), une chaise longue *Bubbles* signée Frank Gehry et même des voitures – comme la Cisitalia dessinée par Pininfarina (1946) – et un hélicoptère !

TALENTS EN VUES

"The Family of Man", légendaire exposition organisée en 1955 par le photographe Edward Steichen, alors directeur du département photo du MoMA, a définitivement imposé la photographie comme forme majeure de la création contemporaine. Nomade, elle a été vue par 9 millions de personnes à travers le monde ! Aujourd'hui, tous les ans, l'expo "New Photography" met en valeur les nouveaux talents.

New Photography
Fin sept.-déb. jan.

L'école de New York

Détrônant Paris, au lendemain de la Seconde Guerre mondiale, pour devenir le centre mondial incontesté de l'art moderne, le lieu de toutes les avant-gardes, New York donne naissance au courant que l'on appelle l'expressionnisme abstrait. Cette "New York School", qui fournit la réplique à l'école de Paris, réunit, malgré leurs personnalités et leurs styles différents, les artistes américains de l'après-guerre ayant la même volonté d'expérimentation et le même souci de redonner du sens aux valeurs humanistes. Pollock, Rothko, De Kooning comptent, pour certains à leur corps défendant, parmi les plus illustres initiateurs de ce mouvement - cf. L'école de New York (p.43). À voir au niveau 4 (Painting and Sculpture II).

Second Floor – niveau 2 Spectaculaire ! L'art contemporain, les nouveaux médias (vidéos, installations interactives), les gravures et livres illustrés présentés sous forme d'expositions temporaires, avec entre autres, Francis Bacon, Lucian Freud, Richard Long, Joseph Beuys, Donald Judd, Bruce Nauman, Louise Bourgeois, Annette Messager, Daniel Buren…

Sculpture Garden Ce jardin aéré, plaisant, dessiné par Philip Johnson en 1961, accueille, autour de ses fontaines et de ses chaises, de magnifiques sculptures, notamment le *Balzac* de Rodin, la *Standing Woman* de Gaston Lachaise (1932), des œuvres de Miró, Picasso et Giacometti… Concerts gratuits le dimanche soir en été.

Cinémathèque Des milliers de films couvrant toute l'histoire, des scènes familiales des frères Lumière aux œuvres expérimentales de Maya Deren ou d'Andy Warhol – dont le fameux *Empire* de 1964, plan fixe de huit heures sur l'Empire State Building ! Tous les maîtres du 7e art sont là : Méliès, Griffith, Dreyer, Eisenstein, Murnau, Keaton, Chaplin, Renoir, Welles, Hitchcock… Les trois cinémas des niveaux T1 et T2 (sous-sol) proposent une programmation riche et variée et des festivals renommés tout au long de l'année. Accès gratuit aux projections sur présentation du billet d'entrée du MoMA (sinon 8-12$).

Autour du MoMA

Paley Center for Media (plan 5, C1) Ce centre de documentation et de recherche sur l'audiovisuel réunit plus de 150 000 programmes de télévision et de radio, et des publicités ! Attention : il ne s'agit pas vraiment d'un musée. Expositions thématiques au rdc, et auditorium au sous-sol, où sont projetés, parfois, documentaires, séries et films tirés de la collection (programme sur le site). Au 3e étage, la médiathèque, où l'on peut accéder aux fonds numérisés et les regarder sur des consoles – elle est surtout destinée aux chercheurs ou aux… fous de télévision ! Bon festival de documentaires, le PaleyDocFest, en octobre. *M° 5th Ave./53rd St (E, M) 25 W 52nd St (entre 5th et 6th Ave.) Tél. 212 621 6600 www.paleycenter.org Ouvert mer. et ven.-dim. 12h-18h, jeu. 12h-20h Tarif 10$, réduit 8$, -14 ans 5$*

Columbus Circle et ses alentours

Columbus Circle (plan 5, B1) Ce vaste carrefour aux confins de l'Upper West Side a été baptisé ainsi en 1892 pour les 400 ans de la découverte du continent par Christophe Colomb. La statue de marbre du navigateur, offerte alors par la communauté italienne de la ville, occupe toujours le rond-point central. À l'ouest, les tours de verre jumelles (229m), aux lignes séduisantes, du *Time Warner Center* (2003) abritent un centre commercial, des restaurants, des appartements de luxe, le palace Mandarin Oriental et une salle de 1 200 places qui accueille les concerts du programme Jazz at Lincoln Center. Ne pas manquer la vue à travers l'immense verrière du hall d'entrée, agrémenté de deux nus en bronze de Botero : *Adam* et *Ève*. Au nord de la place, une énième Trump Tower (1997). Au coin de Central Park, un monument commémore la destruction du cuirassé *Maine* en 1898 dans le port de La Havane, prétexte du déclenchement de la guerre entre les États-Unis et l'Espagne. Au sud de la place s'élève la tour moderne, très réussie, du Museum of Art and Design. *M° 59th St/Columbus Circle (A, B, C, D, 1)* **Time Warner Center** *Ouvert lun.-sam. 10h-21h, dim. 11h-19h* **Jazz at Lincoln Center** *www.jalc.org (Infos)*

Museum of Arts and Design (plan 5, B1) Le MAD, fondé en 1956, est consacré aux objets contemporains issus d'artisanats traditionnels travaillant la terre cuite, le verre, le bois, le métal et, plus largement, à la création contemporaine : design, architecture, mode, nouvelles technologies… Il est installé depuis 2008 dans un immeuble moderniste de 12 étages (1964), totalement remanié. La visite débute au niveau 6, qui abrite un atelier destiné à des artistes et designers en résidence. Les niveaux 5 et 4 accueillent des expositions temporaires, thématiques, souvent excellentes et spectaculaires – mais parfois un peu pointues pour le profane. Voir le programme sur le site. Au niveau 3, les collections permanentes du musée sont présentées par rotation. Au niveau 2, une fascinante collection de bijoux… Au 8e étage, la salle du restaurant Robert, ultramoderne, offre de belles vues sur Central Park et les buildings de Midtown (cuisine aux accents méditerranéens, prix élevés). La boutique du rdc (accès libre) offre un grand choix de bijoux, objets de créateurs, livres… *M° 59th St/Columbus Circle (A, B, C, D, 1) 2 Columbus Circle Tél. 212 299 7777 www.madmuseum.org Ouvert mar.-mer. et sam.-dim. 10h-18h, jeu.-ven. 10h-21h Boutique Ouvert lun.-sam. 10h-19h (jusqu'à 21h jeu. et ven.), dim. 10h-18h Tarif 16$, réduit 14$, -18 ans gratuit, tarif libre jeu. 18h-21h*

DÉCOUVRIR NEW YORK

Carnegie Hall, près de 130 ans de sons et légendes

Carnegie Hall (plan 5, B1) Depuis son ouverture en 1891, c'est l'une des salles de concert les plus réputées au monde, grâce à l'acoustique exceptionnelle de ses trois auditoriums et à l'excellence de sa programmation. Financé par l'industriel et philanthrope Andrew Carnegie, il occupe un superbe édifice néo-Renaissance dessiné par W.B. Tuthill – un peu écrasé par les deux hautes tours qui le dominent désormais… Caruso, Callas, Mahler, Louis Armstrong, Piaf, les Beatles, Miles Davis… les plus grands y ont triomphé ! Le déménagement du Philharmonique de New York (qui y résidait depuis 1892) au Lincoln Center fit peser sur la salle une menace de démolition à la fin des années 1950. Sauvé in extremis (racheté par la ville) et rénové en 1986 puis 2003, Carnegie Hall propose des concerts et festivals qui couvrent tous les genres : classique, musique contemporaine, jazz, world music et variétés… Au 1er étage, le Rose Museum réunit une belle collection de photos, programmes et objets retraçant l'histoire des lieux. Sur place, également, une excellente boutique – belle sélection de CD ! *M° 57th St/7th Ave (N, Q, R) / 154 W 57th St (à l'angle de 7th Ave.) Tél. 212 903 9765 www.carnegiehall.org Visites guidées d'oct. à juin (17/12$, durée 1h, en anglais) lun.-ven. à 11h30, 12h30, 14h et 15h, sam. à 11h30 et 12h30, dim. à 12h30, annulables en fonction des concerts* **Box office** *Ouvert lun.-sam. 11h-18h, dim. 12h-18h* **Rose Museum** *Ouvert tlj. 11h-16h30*

Les environs de Columbus Circle Juste au sud de Columbus Circle, à l'angle de la 57e rue et de la 8e avenue, se dresse l'audacieuse architecture de la **Hearst Tower** (2006), empilement asymétrique de triangles vitrés signé Norman Foster – il s'agit en fait de l'agrandissement (40 étages ajoutés aux 6 originels !) de la Hearst Tower construite en 1928 pour le magnat des médias W.R. Hearst, dont Orson Welles s'inspira pour son *Citizen Kane*. La nouvelle Hearst Tower a été conçue pour répondre aux dernières normes écologiques : récupération des eaux de pluie, autorégulation de la température, etc. Un peu plus à l'est, à l'angle de la 57e rue et de la 6e avenue, la façade de verre du **One 57**, de l'architecte Christian de Portzamparc, culmine au-dessus du quartier à 306m de hauteur. Inaugurée en 2013, elle fit les gros titres lors de l'ouragan Sandy, en octobre 2012, quand la grande grue du chantier se brisa. Plus anecdotique mais tout aussi bluffant est le prix du penthouse, 100 millions de dollars pour une vue panoramique inégalée sur Central Park et la Grosse Pomme ! Plus loin, à l'angle sud-est de la 58e rue et de la 7e avenue, ne pas manquer l'extraordinaire façade de l'**Alwyn Court** (1910), avec son exubérante ornementation Renaissance dans le style François Ier : la salamandre, emblème du roi, est omniprésente. Il fut l'un des premiers immeubles résidentiels de grand standing construits à une époque où le gratin abandonnait peu à peu ses somptueux hôtels particuliers. Depuis 1989, il abrite le prestigieux restaurant Petrossian.

UPPER WEST SIDE

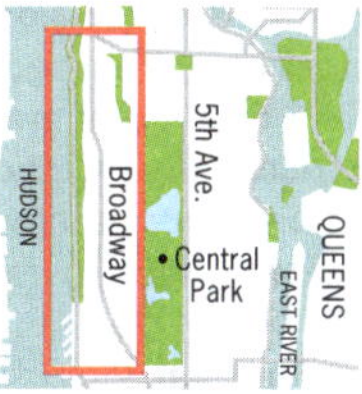

Du prestigieux Lincoln Center, au sud, à Columbia University, au nord, l'Upper West Side est le quartier des intellectuels, écrivains, dramaturges, journalistes, psychanalystes et acteurs, qui aiment son calme sans esbroufe. Musique classique, danse, opéra, jazz, théâtre rythment les saisons de festivals dynamiques. Étirée entre Central Park, Riverside Park et l'Hudson, cette étroite bande urbaine héberge la fine fleur des milieux de la culture. Il fait bon y vivre, entre rangées de *brownstones*, terrasses de café et librairies.

UNE POPULATION COSMOPOLITE Dès le XVIIe siècle, un village existait à Harlem, relié à la petite ville du sud de Manhattan par une piste indienne qui desservait quelques fermes. C'est le long de cette dernière, devenue Bloomingdale Road, puis Broadway, que poussèrent d'abord d'imposantes résidences secondaires pour riches New-Yorkais. La pression urbaine ne tarda pas à immiscer entre ces domaines des habitations plus modestes et la création de Central Park, à partir de 1850, évinça toute une population de marginaux et de pauvres, qui vivaient jusqu'alors dans des cabanes ou des pensions miteuses. Le développement du quartier s'intensifia après l'arrivée de la ligne de train aérien, à la fin du XIXe siècle et, surtout, après la création de la première ligne de métro, en 1904. À cette époque-là, la partie basse de l'Upper West Side était principalement peuplée d'Afro-

Américains, logés dans des immeubles bon marché plus ou moins insalubres. Une autre composante très importante du quartier, ainsi qu'en témoignent de nombreux restaurants et commerces, est la communauté juive, arrivée principalement d'Allemagne, au début du XXe siècle puis dans les années 1930, pour fuir la montée du nazisme. L'ouverture d'esprit et l'atmosphère libérale qui caractérisent l'Upper West Side et Morningside Heights sont également dues aux présences d'une communauté gay et d'un grand nombre d'universitaires de Columbia qui y ont élu domicile.

MODE D'EMPLOI

orientation

L'Upper West Side s'étend de W 60th St, au sud, à W 125th St, au nord, de Central Park West, à l'est, à l'Hudson, à l'ouest. Au nord, **Morningside Heights** est un microquartier important situé entre W 110th et W 125th Sts.

accès

EN MÉTRO

Pour toute la bande longeant Central Park, stations 59th St/Columbus Circle (A, C, B, D, 1), 72nd St, 81st St, 86th St, 96th St, 103rd St, 110th St, 116th St (B, C) et station 125th St (A, C, B, D). Le long de Broadway, stations 66th St/Lincoln Center (1), 72nd St (1, 2, 3), 79th St, 86th St (1), 96th St (1, 2, 3), 103rd St, 110th St, 116th St, 125th St (1).

EN BUS

La ligne 10 longe Central Park West dans les deux sens et la ligne 104 suit Broadway dans les deux sens. Les lignes 7 et 11 desservent le centre de l'Upper West Side, montant par Amsterdam Ave. et descendant par Columbus Ave.

fêtes et manifestations

Jazz at Lincoln Center Plusieurs sites du Lincoln Center, comme le célèbre Dizzy's Club Coca-Cola, programment des concerts de jazz de qualité, tout au long de l'année. ***M° 59th St/Columbus Circle (A, B, C, D, 1)*** *Lincoln Center Tél. 212 258 9800 www.jalc.org*

Midsummer Night Swing De fin juin à mi-juillet, un festival original et sympathique. Les soirées commencent par des leçons de danse et se finissent par des concerts et des danses. ***M° 59th St/Columbus Circle (A, B, C, D, 1)*** *www.new.lincolncenter.org (rens. sur les dates et sites) midsummernightswing.org*

Lincoln Center out of Doors De fin juillet à mi-août, une succession de concerts en tout genre (hip-hop, world, pop, etc.) en plein air et gratuits. ***M° 59th St/Columbus Circle (A, B, C, D, 1)*** *www.new.lincolncenter.org (rens. sur les dates et sites) loutofdoors.org*

Lincoln Center Festival Plus de 40 manifestations très éclectiques, musique classique ou populaire, théâtre, opéra. Le principe est de proposer des œuvres rares ou méconnues, servies par des interprètes d'exception. Durant juillet et août. ***M° 59th St/Columbus Circle (A, B, C, D, 1)*** *www.new.lincolncenter.org (rens. sur les dates et sites)*

Mostly Mozart Festival Centré initialement sur la musique de Mozart, ce festival de musique classique a étendu son répertoire. Le principe est de toucher un public large et non averti, par des prix attractifs. Durant

4 semaines, à partir de fin juillet et en août. *M° 59th St/Columbus Circle (A, B, C, D, 1) www.new.lincolncenter.org (rens. sur les dates et sites) mostlymozart.org*

New York Film Festival Durant 17 jours, de fin septembre à mi-octobre, un festival créé en 1963 pour mettre en valeur le cinéma d'auteur. Projections et conférences ouvertes au public. *M° 59th St/Columbus Circle (A, B, C, D, 1) www.new.lincolncenter.org (rens. sur les dates et sites) www.filmlinc.org*

White Light Festival En octobre et novembre, florilège de musiques sacrées ou mystiques. *M° 59th St/Columbus Circle (A, B, C, D, 1) www.new.lincolncenter.org (rens. sur les dates et sites)*

DÉCOUVRIR

☆ Le long de Central Park West

☆ **Les essentiels** Une balade le long de Central Park West, la New York Historical Society, l'American Museum of Natural History **À proximité** Central Park **Sans oublier nos adresses préférées** L'épicerie Zabar's pour un déjeuner *take away*, Hummus Place pour sa cuisine proche-orientale à prix d'ami

Lincoln Center (plan 6, B3) Au début des années 1960, dans le cadre du programme de lutte contre les taudis, il fut décidé de raser ce quartier assez vétuste (où furent tournés des extérieurs du film *West Side Story*, en 1961) pour y construire cet énorme complexe culturel. John D. Rockefeller, qui fut le premier président du Lincoln Center, y contribua très largement et réussit à lever par ses relations plus de la moitié des fonds nécessaires. Le projet de concentrer cinq grandes salles de concert et de spectacle au même endroit fut d'abord contesté, pour des raisons d'urbanisme et d'architecture à proprement parler. Le Lincoln Center rassemble en effet les douze formations artistiques les plus prestigieuses de la ville (dont le New York Philharmonic, le Metropolitan Opera, le New York State Theater, le New York City Ballet et la Juilliard School). Si vous souhaitez acheter des billets, cf. Spectacles (p.71). Pourtant, parce que très proches les uns des autres, sans doute, les différents édifices coexistent agréablement pour le visiteur, reliés par de petites "plazas". L'ensemble est impressionnant le soir, quand il est éclairé. Le premier édifice qui attire le regard, au fond de la plaza principale, est le Metropolitan Opera House (1966). À gauche, se dresse le David H. Koch Theater (anciennement New York State Theater, 1964), avec, à droite, l'Avery Fisher Hall (1962), où se produit le New York Philharmonic. Au nord de ce dernier se trouvent la Juilliard School et l'Alice Tully Hall (1968, remodelé en 2009). Un peu en retrait, le Vivian Beaumont Theater et la Library of the Performing Arts (1965). ***M° 59th St/Columbus Circle (A, B, C, D, 1) et 66th St/Lincoln Center (1) Visites guidées*** *Tlj. env. 11h30-15h Tarif 25$*

American Folk Art Museum (plan 5, C1) Fondé en 1961, d'abord installé en 2001 dans un magnifique édifice jouxtant le MoMA, ce remarquable musée a déménagé dans l'Upper West Side en 2009. Bien qu'un peu à l'étroit, son extraordinaire collection d'art populaire américain et d'art brut se présente sous forme d'expositions temporaires passionnantes. Parmi les œuvres phares, dont certaines sont accrochées en permanence, citons le portrait *Red Dress with Cat and Dog* d'Ammi Phillips (1788-1865) et le fameux *Flag Gate* (artiste anonyme, vers 1876), portail de ferme orné du drapeau américain... Les concerts du vendredi offrent l'occasion de découvrir un art méconnu dans une ambiance sympathique. La boutique propose une sélection originale d'objets artisanaux, beaux livres, colifichets... ***M° 5th Ave./53rd St (E, M)*** *2 Lincoln Square (entre Columbus Ave. et 66th St) Tél. 212 595 9533 www.folkartmuseum.org Ouvert mar.-jeu. et sam. 11h30-19h, ven. 12h-19h30, dim. 12h-18h Entrée libre* **Concerts** *Le ven. 17h30-19h30 Gratuit* **Boutique** *Mêmes horaires que le musée*

Immeubles à tours jumelles (plan 6, B3) La plus belle partie du quartier s'étire ☆ **le long de Central Park**, que domine une série d'immeubles classés. Les hautes silhouettes signent l'identité de l'Upper West Side, avec une abondance de bâtiments à tours jumelles. L'idéal est de suivre Central Park West en empruntant, de temps à autre, les rues perpendiculaires qui méritent le détour. Dans West 63rd Street, près de central Park West, la West Side YMCA (1930) est une énorme institution de style néoroman étonnamment orné. Au n°56 West 66th Street, l'édifice néomédiéval (1900-1903) de style Disney abrite une partie des studios ABC. Sur Central Park West, les Majestic Apartments (entre W 71st et W 72nd Sts) sont un exemple d'immeuble à tours jumelles, qui abrita les mafieux Lucky Luciano et Frank Costello. ***M° 59th St/Columbus Circle (A, B, C, D, 1)***

Du côté de Broadway (plan 6, A2) En quittant brièvement Central Park West par West 70th Street, on passe devant une belle rangée de *brownstones*, qui restitue à merveille l'habitat bourgeois de la fin du XIXe siècle. Plus étonnant, au n° 135 West 70th Street, le **Pythian Temple**, un pastiche néo-assyrien construit pour la société secrète des Chevaliers de Pythias (Nelson Rockefeller, Franklin Roosevelt ou Louis Armstrong en firent partie), est devenu un immeuble d'appartements, après avoir accueilli les studios d'enregistrements de Decca Records. Un petit détour par Broadway (à l'angle de 74th St) permet d'admirer **The Ansonia** (1899-1904), exubérant exemple de ces hôtels-appartements où les célébrités descendaient durant de longues périodes, comme Toscanini, Stravinski, Caruso ou Yehudi Menuhin. Inspiré du style parisien 1900, l'immeuble fut le premier à New York à être climatisé. Presque en face, de l'autre côté de Broadway, le **Beacon Theatre** (1928, entre 74th et 75th Sts) (p.360) est une institution de l'Upper West Side, dont le décor intérieur vaut le coup d'œil. Initialement salle de cinéma, il est devenu une salle de concert où se sont produits les plus grands noms, tels Bob Marley, Deep Purple, Leonard Cohen, Phil Collins, Sting, The Rolling Stones, Grateful Dead, David Bowie ou Bruce Springsteen... ***M° 72th St (B, C, 1, 2, 3)***

PAUSE *RUGELACH*
Zabar's, la plus connue des grandes épiceries juives (p.405), offre un choix invraisemblable de gourmandises. Sucré ou salé, biscuit ou *rugelach* moelleux, que vous pourrez aussi consommer au petit fast-food. **Zabar's (plan 6, A2 n°3)** *M° 79th St/Broadway (1, 2) 2245 Broadway (à l'angle de 80th St)*

Dakota et *brownstones* (plan 6, B2) De retour le long de Central Park, entre la 72e et la 73e rue, les **Dakota Apartments**, tristement célèbres depuis l'assassinat de John Lennon juste devant l'entrée en 1980, se reconnaissent à leur style néogothico-Renaissance. Ce furent les premiers appartements de luxe de la ville, construits de 1880 à 1884 à l'instigation d'un dirigeant des machines à coudre Singer. Avant John Lennon, ils abritèrent notamment Lauren Bacall et Humphrey Bogart. Un peu plus loin (entre 74th et 75th Sts) les **San Remo Apartments** ne manquent pas d'attirer l'attention (surtout quand on se promène dans Central Park) par leurs deux immenses tours. On les identifie aux deux pseudo-temples grecs qui en ornent le sommet. Laissez ensuite brièvement Central Park West pour les paisibles *brownstones* de West 76th Street et enfin, à l'arrière de l'American Museum of Natural History, prenez le temps de flâner sur West 78th Street (entre Columbus et Amsterdam Aves), pour une autre très belle enfilade de *brownstones* superbement entretenus. *M° 72th St (B, C, 1, 2, 3)*

☆ **New York Historical Society (plan 6, B2)** Le plus ancien musée de la ville fut fondé en 1804 pour rassembler des collections très diverses, en rapport avec l'histoire des États-Unis et celle de New York. Outre ses expositions temporaires sur des thèmes historiques précis, il mérite la visite pour ses très belles peintures de l'école de l'Hudson et son exceptionnelle collection d'aquarelles sur les oiseaux d'Amérique, par John James Audubon (1785-1851). On aime aussi la présentation originale du Henry Luce Center for the Study of American Culture, un étage entier consacré à quarante mille objets d'art, ustensiles ou documents, accompagnés d'anecdotes et permettant de découvrir une foule de facettes de la culture américaine et de son histoire. ***M° 81st St (B, C)*** *170 Central Park West (entre 76th et 77th Sts) Tél. 212 873 3400 www.nyhistory.org Ouvert mar.-jeu. et sam. 10h-18h, ven. 10h-20h, dim. 11h-17h Tarif 20$, réduit 12-15$, tarif libre ven. 18h-20h*

★ ☺ **American Museum of Natural History (plan 6, B2)** Déjà, de la rue, on mesure l'immensité de ce qui est sans doute le plus beau musée d'histoire naturelle du monde. Construit en trois ans, à partir de 1874, il ne cesse de s'améliorer pour toujours mieux présenter l'histoire de la terre, de la biodiversité, des espèces et de leur évolution. Tous les continents, tous les milieux naturels, toutes les cultures prennent vie de façon attrayante, même pour les plus jeunes. Les collections et les expositions atteignent un niveau exceptionnel, grâce à la collaboration permanente avec les chercheurs des universités et aux travaux des plus sérieux explorateurs et anthropologues. Commençant dans le **Theodore Roosevelt Memorial Hall**, au pied de la reconstitution impressionnante d'un barosaure du jurassique, la visite peut être épuisante, tant les salles et les thèmes sont nombreux et variés. Munissez-vous du plan du musée (existe en français) pour sélectionner vos centres d'intérêt, car il est pratiquement impossible de tout voir en une seule visite, d'autant que les salles ne sont pas nécessairement organisées suivant le plan le plus logique. Si vous avez du mal à vous orienter (ne vous inquiétez pas, c'est le cas de 95% des visiteurs !), vous pouvez aussi déambuler de salle en salle, juste pour le plaisir des yeux, en vous contentant de vous arrêter sur ce qui vous attire… ***M° 81 St (B, C)*** *Central Park West (entre 77th et 79th Sts) Tél. 212 769 5100 www.amnh.org*

Ouvert tlj. 10h-17h45 Tarifs (prix suggérés) Tarif général (musée + Rose Center) 22$, réduit 17$, -12 ans 12,50$ Tarif Museum plus one (musée + Rose Center + une exposition ou 1 film IMAX ou le Planetarium Space Show) 27$, réduit 22$, - 12 ans 16$ Tarif SuperSaver (musée + Rose Center + toutes les expositions temporaires + tous les films IMAX + le Planetarium Space Show) 35$, réduit 28$, - 12 ans 22$

POUR LES ENFANTS Au niveau 2, des dioramas très bien faits replacent les mammifères de chaque zone dans leur cadre de vie. À leur tour, les différentes peuplades semblent prendre vie, de façon à mettre en lumière leur quotidien, à travers une foule d'objets usuels. Les coutumes, les rites, les costumes revêtent un relief particulier.

Niveau 1 Sur la gauche, le hall de la Biodiversité est une bonne introduction qui permet de comprendre les défis auxquels doit faire face la planète. De là, une grande salle présente la vie sous-marine, plus spécifiquement centrée sur les grands cétacés sous une énorme – 29m de longueur – maquette suspendue de baleine bleue. En revenant sur vos pas, dirigez-vous vers la salle des Forêts d'Amérique du Nord, qui introduit la présentation des milieux naturels américains et plus particulièrement de l'État de New York. Poursuivez par la Grande Galerie, qui sert d'entrée côté 77th Street et où est exposé un immense canoë. Cette galerie accueille aussi les plus récentes acquisitions du musée. L'habitat et l'artisanat des Indiens de la côte Nord-Ouest sont évoqués dans la salle contiguë, complété (juste derrière le grand hall d'entrée) par une salle présentant les mammifères nord-américains. À l'arrière du musée, une première salle aborde l'évolution, puis, sans transition, on passe à la géologie. Ici, les passionnés de pierres et de minéraux vont s'émerveiller devant la collection de météorites, dont la plus grosse, trouvée au Groenland en 1895, pèse 34t ! Viennent ensuite les minéraux et les pierres précieuses, dont une époustouflante série d'opales rares, des bois fossilisés, le fameux *Star of India* (un saphir de 563 carats) et une émeraude de 632 carats !

Niveau 2 Encore plus passionnant, cet étage est principalement consacré aux peuplades et aux milieux naturels des différents continents. Asie, Afrique, Amérique centrale et Amérique du Sud sont successivement mises en scène dans de spectaculaires vitrines. Un peu déconnectées de ce parcours, deux salles (l'une côté sud, l'autre, côté nord) offrent une échappée dans le monde des oiseaux terrestres et marins, avec de très beaux spécimens naturalisés.

Niveau 3 Les salles côté sud-ouest complètent l'étage précédent avec une mise en valeur du mode de vie des Indiens des plaines et des régions boisées. Parmi les collections de la grande salle dédiée aux peuples du Pacifique, vous admirerez les somptueux masques rituels des différentes îles du Pacifique et la série de marionnettes de Java. Le reste de l'étage est partagé en différents espaces présentant la faune : salle des primates, salles des oiseaux d'Amérique du Nord et des oiseaux et mammifères des environs de New York, salle des reptiles et amphibiens, salle des mammifères africains (complémentaire de celle de l'étage précédent).

Niveau 4 C'est sans doute l'étage le plus logiquement organisé, car il est consacré à la paléontologie, débutant avec les premiers vertébrés pour finir avec des monstres à la Jurassic Park, tels le stégosaure, le tyrannosaure ou le tricératops et, plus proche de nous, le mammouth. Le musée possède près d'un million de fossiles, la plus importante collection au monde. Seules six cents pièces sont exposées (85% sont de vrais fossiles, les autres sont des moulages) et présentées dans un ordre chronologique qui permet de bien comprendre l'évolution de ces espèces disparues.

Rose Center for Earth and Space Cet agrandissement du musée, inauguré en 2000, est un gros cube de verre emprisonnant une sphère. À l'intérieur, c'est un espace mixte. Une partie est consacrée au cosmos et à la planète Terre, au big bang et à l'histoire de l'Univers. Mais la vedette revient au Hayden Planetarium (la grande sphère accessible depuis le 1er étage), où est projeté le *Space Show* (à réserver dès l'arrivée au musée, toutes les 30min, durée 40min avec la présentation préalable). Il s'agit d'un film projeté sur la voûte intérieure de la sphère. Si le sujet porte toujours sur une partie de l'Univers, le film lui-même peut changer. Attention, toutefois, le commentaire, essentiel à la compréhension, n'existe qu'en anglais.

Lefrak IMAX Theater Cette salle de projection (entrée en sus, voir tarifs spéciaux) propose sur écran géant un film d'environ 50min sur un thème spécifique au musée, comme les merveilles de l'Arctique. Attention, le commentaire est, là encore, en anglais.

UN PACTE POUR LA PAIX
En 1929, de passage à New York, Roerich rédige un pacte, inspiré de ses idées de jeunesse, de protection des biens culturels en temps de guerre et en temps de paix. Il est même pressenti pour le prix Nobel de la paix. Le Pacte de Roerich trouve des appuis et est signé en 1935 par le président Franklin Roosevelt, et les vingt et un membres de l'Union panaméricaine.

Nicholas Roerich Museum (plan 7, A2)
Nicholas Roerich (1874-1947) est un peintre russe au parcours riche et original. Après les Beaux-Arts à Saint-Pétersbourg, il côtoie les plus grands musiciens russes, et collabore avec les Ballets russes pour réaliser des décors de scène. Il se passionne aussi pour l'histoire culturelle et esquisse, dès 1914, un projet de préservation des cultures du monde. Mais sa peinture est surtout marquée par son parcours spirituel : ses toiles évoquent des sujets mystiques, voire ésotériques. Roerich se tourne vers l'Inde et l'Himalaya, où il s'installe en 1923. Les écrits de Roerich et de son épouse ont constitué l'une des bases du mouvement New Age, dont l'imagerie mêle, elle aussi, toutes les inspirations ésotériques. Installé dans une élégante maison de ville, le musée rassemble la plus importante collection au monde de peintures de l'artiste. Tous les thèmes qu'il a traités au cours de sa vie sont abordés, scènes de la vie russe, paysages rapportés de ses voyages et éléments de travail pour ses décors de théâtre. Au fil des trois étages, on note aussi une petite collection d'objets sacrés et d'icônes. **M° 110th St/Cathedral Parkway (1)** *319 W 107th St (entre W End Ave. et Riverside Drive) Tél. 212 864 7752 www.roerich.org Ouvert mar.-ven. 12h-17h, sam.-dim. 14h-17h Entrée libre mais donation suggérée*

AFTERNOON TEA
Une sortie entre filles ou avec son amoureux (si c'est sa tasse de thé) : ce salon de thé est délicieusement cosy et régressif, avec ses cookies moelleux et ses muffins beurrés (p.406). **Alice's Tea Cup (plan 6, B2 n°11)** ***M° 72nd St/Broadway (1, 2, 3)*** *102 W 73rd St Ouvert tlj. 8h-20h*

Longer l'Hudson ou explorer Central Park à vélo

Bike and Roll (plan 7, A3) Location de vélos non loin du nord de Central Park, dans l'Upper West Side. *M° **96 St (1, 2, 3)** 231 W 96th St (à l'angle de Broadway) Tél. 212 260 0400 http://bikenewyorkcity.com Ouvert lun.-sam. 10h-18h ; dim. 11h-17h*

Morningside Heights

☆ **Les essentiels** Columbia University **À proximité** Harlem **Sans oublier nos adresses préférées** Community Food & Juice pour sa cuisine bio

Saint John the Divine Cathedral (plan 7, A2-B2) C'est en 1892 que l'on pose la première pierre de la cathédrale épiscopalienne de New York, construite par étapes et dont les tours restent à achever. Sa taille est impressionnante (elle se présente même comme la plus grande au monde, pouvant accueillir 3 000 fidèles), avec une nef de 183m de longueur, entièrement voûtée en 1934 et inaugurée en 1941. La coupole qui coiffe le transept s'élève à 49,50m ! Sept chapelles rayonnantes bordent le chœur, dites Chapels of Tongues (chapelles des Langues) en hommage à toutes les communautés d'immigrants. Stoppé par la guerre, le chantier ne reprend qu'en 1979, avec les deux tours du portail, interrompues à nouveau en 1990. La sculpture du portail lui-même n'est terminée qu'en 1997. Ravagée par un incendie en 2001, la nef est consacrée de nouveau en 2008. Chaque année, autour du 4 octobre, la cathédrale accueille le must des *Pet Events*, la bénédiction des animaux de compagnie, en l'honneur de saint François d'Assise. On y a tout vu, y compris un lama et un chameau ! *M° **110th St/Cathedral Parkway (1)** 1047 Amsterdam Ave. (face 112th St) Tél. 212 316 7490 www.stjohndivine.org Ouvert tlj. 7h30-18h Visite guidée 14$: lun. 11h et 14h, mar.-sam. 11h et 13h Vertical Tour (clocher et toit) 20$ (se munir d'une lampe de poche) : lun. 10h, mer. 12h, ven. 12h, sam. 12h et 14h*

CONCERTS D'ORGUE

Tous les lundis à 13h et la plupart des dimanches à 17h15, l'organiste de la **cathédrale** se produit de façon informelle durant 30min. C'est le moment de faire une pause et de tester l'acoustique de l'immense sanctuaire. *Entrée libre M° **110th St/ Cathedral Parkway (1)** 1047 Amsterdam Ave. (face 112th St) Tél. 212 932 7347 www.stjohndivine.org*

☆ ☺ **Columbia University (plan 7, A1)** Cette université figure parmi les plus prestigieuses des États-Unis. Sa fondation par les Anglais (elle s'appelait alors King's College) remonte à 1754, à côté de Trinity Church, dans Lower Manhattan. Rebaptisée Columbia après l'indépendance américaine, elle se développa à partir de 1897, quand elle emménagea à Morningside Heights. On imagina alors le campus, village universitaire qui rassemblerait toutes les disciplines et les logements dans un même lieu. Columbia est très vite devenue un vivier de cerveaux (et de prix Nobel). Ses écoles d'ingénieurs, son département des Sciences (génétique, biotechnologies, anthropologie), son école de commerce, sa faculté de droit (Obama y fut étudiant) sont

STATUE PORTE-BONHEUR
Emblème de l'université, trônant devant la Low Memorial Library, l'*Alma Mater* de Columbia est parée de multiples vertus. Il est recommandé aux postulants de frotter leur pied contre la statue pour s'assurer que leur dossier sera accepté. Selon la légende, le premier d'une promotion à trouver la chouette porte-bonheur dissimulée dans la sculpture finira major. On dit aussi que la première étudiante à découvrir le fétiche serait assurée d'épouser un diplômé de Columbia...

parmi les plus courus au monde. Elle compte aussi une école de journalisme, créée sous l'égide du magnat de la presse Joseph Pulitzer, fondateur du prix homonyme. Près de 28 000 étudiants fréquentent l'un ou l'autre des établissements de cette université privée où les frais de scolarité s'élèvent, au minimum, à 25 000 dollars par an. Depuis 2007, le campus de Columbia s'agrandit vers Harlem et Manhattanville, entre la 125ᵉ et la 133ᵉ rue, pour accueillir les écoles de commerce, d'art et de recherche médicale. Ce nouvel ensemble a été dessiné par Renzo Piano. ***M° 116th St/ Columbia University (1)*** *Entrée sur Broadway, face à la 116th St www.columbia.edu* ***Visitor Center*** *Ouvert lun.-ven. 9h-17h Plan de visite et explications à télécharger en ligne*

Visite Passé la grille d'entrée et le Miller Theater, la visite débute au Quadrangle (the Quad), place centrale du campus autour de laquelle sont agencés les différents édifices. De style Beaux-Arts, le bâtiment le plus imposant et le premier construit, la **Low Memorial Library** (1895), au nord, domine le Quad du haut de son large escalier. En retrait, à l'ouest, Earl Hall, qui abrite les services sociaux et religieux, présente une belle architecture néoclassique en brique. À l'est, de l'autre côté de la Low Library, **St. Paul's Chapel**, elle aussi en brique, reste un sanctuaire mais accueille aussi des concerts. Le sous-sol est occupé par le Postscrypt Coffeehouse, un espace musical strictement acoustique, où Bob Dylan chanta. Au nord, Pupin Hall (1927), siège du département de physique et fief de la recherche atomique, est l'endroit où fut réalisée, en janvier 1939, la première fission de l'atome d'uranium aux États-Unis, par le Nobel de physique Enrico Fermi. Juste en face de la Low Library, côté sud de la plaza centrale, la **Butler Library** (1934) se cache derrière une colonnade imposante.

The Riverside Church (plan 7, A1) Cette curieuse église, la plus haute des États-Unis, est à l'image, composite, de la ville et du pays. Imposante comme un gratte-ciel (équivalant à vingt-deux étages), copiée sur la cathédrale de Chartres mais construite sur une structure en acier, elle fut financée en grande partie par le richissime, incontournable et très pieux John Rockefeller. Achevée en 1930, elle reprend le vocabulaire gothique du nord de la France, avec un décor très travaillé, notamment au portail. Le clocher – qu'on ne visite plus –, haut de plus de 120m, est équipé d'un carillon de soixante-quatorze cloches, dont la principale, de 20t, est la plus grande du monde. ***M° 116th St/Columbia University (1)*** *490 Riverside Drive et 122th St Tél. 212 870 6700 www.trcnyc.org Ouvert tlj. 7h-22h*

Riverside Park (plan 7, A1-A3) Dessiné en 1875 par Frederick Law Olmsted, l'un des concepteurs de Central Park, cette longue bande de verdure borde l'Hudson entre la 72ᵉ et la 155ᵉ rue. Dominant le fleuve ou épousant ses berges au plus près, c'est le second poumon vert de l'Upper West Side, ponctué de monuments, d'espaces bucoliques ou plus ludiques, comme le 79th Street Boat Basin, petit port de plaisance au pied de sa colline boisée, et les pistes cyclables. On trouve d'agréables cafés au fil des allées. ***M° 116th St/ Columbia University (1)*** *Accès par Riverside Drive*

Où écouter un concert gratuit ?

Postscrypt Coffeehouse (plan 7, A1 n°42) Au sous-sol de St. Paul's Chapel (Columbia University), des concerts acoustiques sont offerts durant l'année universitaire. ***M° 116th St/Columbia University (1) Concerts*** *Ven. et sam. 20h30*

CENTRAL PARK

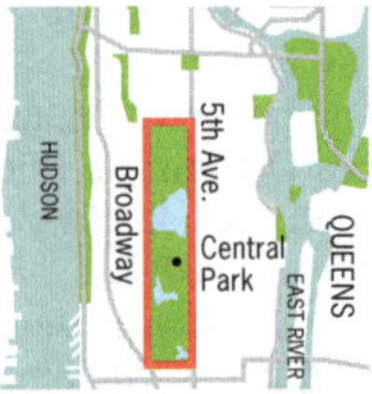

Cet immense poumon vert au cœur de la ville, décor de nombreux films, fait partie intégrante de l'imagerie new-yorkaise. Espace de détente, de culture (55 sculptures et monuments, des festivals de musique, de théâtre...), Central Park est également un haut lieu du sport : jogging autour du Reservoir, terrains de baseball et de football, courts de tennis, patinoire, pistes cyclables ou même de ski de fond l'hiver ! C'est surtout un espace naturel d'une si belle harmonie et d'une si grande diversité (collines, vallons, forêts, vastes plans d'eau, 24 000 arbres, 250 espèces d'oiseaux recensées...), que l'on a peine à croire que tout cela soit artificiel... Ajoutez-y de superbes vues sur les gratte-ciel environnants et vous vivrez une expérience à nulle autre pareille !

HISTOIRE Dès 1844, le poète William C. Bryant et le paysagiste Andrew J. Downing, parmi d'autres, appellent à la création d'un grand parc public à New York, dans la lignée des idées sociales et hygiénistes qui s'imposent alors en Europe – désengorger la ville, offrir aux masses laborieuses une aire de détente et d'éducation… Après bien des débats, la municipalité rachète en 1853 les terres de 561 propriétaires, et expulse les nombreux immigrés qui y vivaient dans des conditions misérables. Les travaux d'aménagement débutent en 1857, sous la direction de Frederick Law Olmsted et du Britannique Calvert Vaux. Pharaoniques, ils impliqueront 20 000 ouvriers et dureront plus de 20 ans : des millions de mètres cubes de gravats, de terre et d'humus sont déplacés, des kilomètres de canalisations drainent les sols marécageux et alimentent les sept points d'eau, des milliers d'arbres sont plantés, de grandes voies tracées, dotées d'une quarantaine de ponts ! D'abord accaparé par la haute société de l'Upper East Side, Central Park se démocratisera dès la fin du XIXe siècle avec la création d'un zoo, de terrains de jeux, d'animations. Mais, longtemps laissé à l'abandon, devenu le soir un repaire de dealers et un haut lieu de la criminalité, le parc avait fini par acquérir dans les années 1970 une fort mauvaise réputation. Un conservatoire privé, le Central Park Conservancy, fondé en 1980, a rassemblé, depuis, les fonds nécessaires à la rénovation complète et à l'entretien du parc et de ses infrastructures, qui ont retrouvé leur splendeur.

MODE D'EMPLOI

orientation

Délimité à l'ouest par Central Park West et à l'est par 5th Ave., Central Park s'étend de 59th St (Central Park South) côté sud, à 110th St (Central Park North) au nord.

accès

EN MÉTRO

Aucune station dans le parc lui-même, mais plusieurs en périphérie. Au sud : 5th Ave./59th St (N, Q, R) et Columbus Circle (A, B, C, D, 1, 2). Au nord : 100th St/Lenox (2, 3). Les lignes A, B et C desservent le flanc ouest du parc, et les lignes 4 et 6, l'est.

EN BUS

Les lignes M66, M72, M79, M86 et M96 traversent le parc d'est en ouest. La ligne M10 parcourt Central Park West, à l'ouest du parc. Les lignes M1, M2, M3 et M4 remontent 5th Ave., en bordure est du parc.

informations

Le Central Park Conservancy possède 4 points d'information dans le parc (et 3 kiosques, près des entrées sud), où l'on trouve un plan, des informations sur les visites guidées, les événements culturels et autres.

Internet Le site www.centralparknyc.org, très complet, comprend une carte interactive, et le programme des animations. Renseignements sur la dizaine de visites guidées thématiques du parc (1h-1h30, en anglais).

Horaires Les grilles de Central Park ouvrent de 6h à 1h tous les jours de l'année.

Dairy Visitor Center Au sud du parc (à hauteur de 65th St), dans un pavillon victorien. Sur place, une boutique de souvenirs. *Tél. 212 794 6564 Ouvert tlj. 10h-17h*

Chess & Checkers House Au sud du parc (64th St). Sur place, des tables-échiquiers en plein air – demander les pièces au guichet. *Tél. 212 794 4064 Ouvert nov.-mars : mer.-dim. 10h-17h ; avr.-oct. : mar.-dim. 10h-17h*

Charles A. Dana Discovery Center Dans l'extrême nord du parc (110th St), au bord de Harlem Meer. Expositions et nombreuses activités au long de l'année. *Tél. 212 860 1374 Ouvert tlj. 10h-17h*

Belvedere Castle Juste au sud de Turtle Pond (79th St). Mêmes horaires que le précédent. *Tél. 212 772 0288 Ouvert tlj. 10h-17h*

fêtes et manifestations

De nombreux événements sportifs et culturels ont lieu chaque année : impossible de tous les citer...

☆ **Shakespeare in the Park** Représentations gratuites de pièces du grand William (mais pas uniquement) au Delacorte Theater. Tickets distribués à 13h pour le soir même. Certains font la queue dès 6h du matin car il n'y a que 1 500 places. Deux billets par personne max. *www.shakespeareinthepark.org Début juin-fin juillet*

SummerStage Concerts et spectacles gratuits. Site du Rumsey Playfield, au cœur de Central Park, juste à l'est du Mall. Arriver tôt... *www.summerstage.org Juin-sept.*

☆ **Philharmonic in the Park/Met in the Park** Le Philharmonique de New York offre 2 concerts gratuits suivis de feux d'artifice sur la Great Lawn. Et récital gratuit du Metropolitan Opera au Rumsley Playfield. *Mi-juillet*

Harlem Meer Performance Festival Concerts gratuits de gospel, jazz, blues et musiques latines au bord de Harlem Meer. *Chaque dim. ap.-m., de mi-juin à début sept.*

Central Park Film Festival Films projetés en plein air au Rumsley Playfield. *Mi-août*

DÉCOUVRIR

★ Central Park

☆ **Les essentiels** "Shakespeare in the Park" et "Philharmonic in the Park" (cf. Mode d'emploi), The Mall, Bethesda Terrace, The Ramble et North Woods
À proximité Le Met et les musées de Museum Mile, le MoMA et la 5ᵉ avenue
Sans oublier nos adresses préférées The Loeb Boathouse pour sa terrasse

Difficile d'explorer l'ensemble du parc en une journée, tant l'endroit est immense (environ 4km de longueur sur 800m de largeur, soit quelque 320ha) et les chemins nombreux. Prévoyez de bonnes chaussures, car le terrain est accidenté. Nombreuses toilettes dans le parc, indiquées sur le plan officiel.

Le sud du parc (plan 6, B3-C3) En accédant au parc par l'entrée située à l'angle de la 5ᵉ avenue et de la 59ᵉ rue, on longe par la droite un plan d'eau, The Pond, au nord duquel se trouve **Wollman Rink**, patinoire populaire en hiver et piste de danse en été. En bordure est (à hauteur des 63ᵉ-66ᵉ rues), le fameux zoo (p.199) et la forteresse de briques de l'**Arsenal**, ancien dépôt de munitions construit en 1847-1851, qui abrite l'administration des parcs de la ville. Expositions au 3ᵉ étage (lun.-ven. 9h-17h). Au centre du parc, entre la 66ᵉ et la 72ᵉ rue, ☆ **The Mall**, belle promenade bordée d'ormes, de statues d'écrivains (Shakespeare, Walter Scott, Schiller...) et de musiciens (Beethoven), est le centre névralgique de Central Park. À l'ouest du Mall, la vaste pelouse de **Sheep Meadow** doit son nom aux moutons qui y pâturèrent jusqu'en 1934 – les bergeries occupaient alors l'édifice victorien du restaurant Tavern on the Green, en bordure ouest du parc (66ᵉ rue). La pelouse séduit par sa sérénité (c'est l'une des "*quiet zones*" du parc, où musique, chiens et activités bruyantes sont interdits). À l'extrémité nord du Mall, on accède à un plan d'eau, **The Lake**, bucolique à souhait, et à une esplanade, ☆ **Bethesda Terrace**, avec sa belle fontaine dominée par une statue d'Emma Stebbins (1868) inspirée de l'Évangile de Jean – *L'Ange bénissant la piscine de Bethesda* – elle

ADOPTEZ UN BANC ! Depuis 1986, le programme "Adopt a Bench" finance l'entretien des quelque 9 000 bancs du parc. Moyennant une contribution de 7 500 à 25 000$, une plaque est apposée sur le banc "adopté", avec le nom des donateurs et le court message de leur choix, généralement très romantique... Un certain John a ainsi fait inscrire sur son banc, près du zoo, sa... demande en mariage !

commémore l'ouverture en 1842 du Croton Water System, qui approvisionnait New York en eau potable. Nombreux spectacles de rue le week-end. Face à la fontaine, une magnifique galerie aux plafonds ornés de mosaïques de l'Anglais Jacob Wrey Mould (1869). Plus à l'ouest, les jardins de **Strawberry Fields**, dédiés en 1985 au chanteur John Lennon, assassiné en 1980 devant le Dakota Building (p.191), à deux pas. Au centre, une mosaïque noir et blanc portant le mot *Imagine*, sur laquelle les fans viennent jeter des pétales de rose. **Patinoire** *Tél. 212 439 6900 www.wollmanskatingrink.com Ouvert nov.-mars : lun.-mar. 10h-14h30, mer.-jeu. 10h-22h, ven.-sam. 10h-23h, dim. 10h-21h Ouvert nov.-mars : lun.-mar. 10h-14h30, mer.-jeu. 10h-22h, ven.-sam. 10h-23h et dim. 10h-21h Accès payant (pas de CB)*

Central Park Zoo (plan 6, C3) Modernisé en 1984, beaucoup plus petit et moins intéressant que celui du Bronx, il présente néanmoins l'avantage de se trouver au cœur de Manhattan. Le bassin des ours polaires et celui des otaries (nourrissage tlj. à 11h30, 14h et 16h) comptent parmi les attractions les plus populaires. Le billet donne accès au **Tisch Children Zoo**, voisin (accès juste au nord, sous la 65e rue), où les enfants peuvent voir de près les animaux et même caresser chèvres, poneys, etc. Entre les deux zoos, ne manquez pas **Delacorte Clock**, une superbe horloge musicale de 1965 dont les animaux s'animent sur des airs connus toutes les heures et demi-heures de 8h à 17h. ***M° 5th Ave./59th St (N, Q, R)*** *Dans l'est du parc, entre 63rd et 66th Sts Tél. 212 439 6500 www.centralparkzoo.com Ouvert avr.-oct. : lun.-ven. 10h-17h, w.-e. 10h-17h30 ; nov.-mars : tlj. 10h-16h30 Tarif 18$, enfant 13$ (réductions en ligne)*

Central Park avec des enfants

Central Park abrite 25 espaces ludiques, dont 16 incluent des jeux d'eaux très appréciés l'été. Tous sont indiqués sur la carte officielle. Les grandes pelouses du parc, ses terrains de sport, ses blocs rocheux ont également beaucoup de succès. Sans oublier le zoo, les promenades en barque sur le lac, le théâtre de marionnettes, la patinoire et, bien sûr, le Carousel, au milieu du parc (à hauteur de 64th St) : un superbe manège de chevaux de bois de 1908 ouvert tlj. à la belle saison, sauf extrêmes climatiques – en hiver, seulement le week-end et les jours fériés. À l'ouest de l'étang, la statue d'Andersen (1956, par Georg John Lober) accueille en été des conteurs pour enfants. Juste au nord, à hauteur de 75th St, le monument de bronze représentant Alice au pays des merveilles (1959, par José de Creeft) et ses célèbres amis fait la joie des bambins.

Location de voiliers miniatures

Le plan d'eau de Conservatory Water (dans l'est du parc, 72th-75th Sts) s'inspire des parcs parisiens : d'avril à octobre, on peut y louer des modèles réduits de voiliers radiocommandés... À voir, les régates passionnées du samedi matin ! *Conservatory Water www.sailthepark.com Ouvert avr.-oct. : lun.-jeu. 11h-18h, ven. 11h-21h, sam. 13h-21h, dim. 10h-19h*

ROMANCE ON THE LAKE

Les eaux sereines du lac invitent à une promenade en amoureux. Guérite et embarcadère des barques de location à côté du restaurant (p.409). **The Loeb Boathouse (plan 6, C2)** *Ouvert tlj. 10h-fin d'ap.-m. Fermé déc.-mars 15$/h (4 pers. max.) Pas de CB*

De The Lake à la Great Lawn (plan 6, B2-C2) Un seul pont traverse The Lake : le charmant Bow Bridge, qui débouche sur l'une des zones les plus sauvages et accidentées du parc : ☆**The Ramble**. Au nord de The Ramble, le théâtre de marionnettes du Swedish Cottage, le Delacorte Theater où ont lieu chaque été les représentations de *Shakespeare in the Park*, le Shakespeare Garden, bucolique à souhait, où sont plantés les fleurs et arbres mentionnés dans les pièces du maître, accompagnés de citations, et l'un des centres d'information du parc : **Belvedere Castle**, château victorien miniature construit par Calvert Vaux en 1869, qui abrite depuis 1919 une station météo. Dominant le plan d'eau de Turtle Pond, il offre de superbes vues sur le parc et son environnement urbain. L'accès à la tour est payant. Plus au nord, la **Great Lawn**, immense pelouse de 22ha occupe le site de l'ancien Croton Reservoir, qui fut drainé en 1931 et comblé avec les débris des travaux de Rockefeller Center et du métro de la 8e avenue. À l'est, devant le Metropolitan Museum, l'obélisque (1500 av. J.-C.), présent de l'Égypte, a été installé là en 1881. **The Ramble** *Tél. 212 988 9093 Spectacles sam.-dim. vers 13h*

Onassis Reservoir (plan 6, B1-C1) Cet immense plan d'eau au cœur de Central Park (à hauteur des 85e-96e rues) offre de sa rive nord de superbes vues sur le parc et les gratte-ciel des environs. Le chemin qui en fait le tour (2,5km) est le préféré des joggeurs. Construit dans les années 1860 pour alimenter la ville en eau potable, le Reservoir ne joue plus ce rôle depuis 1993. En 1994, il a été rebaptisé en l'honneur de Jackie Kennedy Onassis, qui aimait à y courir – à l'instar de Madonna, Bill Clinton ou du personnage incarné par Dustin Hoffman dans *Marathon Man*...

Le nord du parc (plan 7, B2-C2) Voisin de Harlem, ce secteur est beaucoup plus populaire mais aussi plus sauvage, avec ses collines à la végétation épaisse

Circuler sous les arbres à bicyclette

La taille du parc et la qualité de ses routes se prêtent à une visite à vélo, surtout lorsque le parc est fermé aux voitures - week-end, jours fériés, et en dehors des heures de pointe en semaine. Attention : certains endroits, notamment les grandes pelouses et autres terrains de sport, sont interdits aux deux-roues. Plusieurs loueurs aux abords de Columbus Circle, un autre au centre du parc, sur la rive nord de The Lake, et encore un dans l'Upper West Side.

Boathouse Bicycle Rental *Au centre du parc, devant la Loeb Boathouse (à hauteur de la 76e rue) Ouvert avr.-nov. : lun.-ven. 10h-18h, sam.-dim. 9h-18h*

Bike and Roll Location de vélos à proximité du nord de Central Park, cf. Upper West Side (p.187).

et ses recoins peu fréquentés – à éviter le soir. On se croirait parfois dans une véritable forêt, notamment dans les collines des ☆**North Woods**, très prisées des ornithologues. Au nord du réservoir Onassis, le club de tennis de Central Park et les immenses pelouses de **North Meadow** qui regroupent 12 terrains de sport – baseball et softball à la belle saison, football et football américain en automne et en hiver. Remarquez les panonceaux fixés aux grilles : "Les activités passives (lecture, bronzage, rêverie) sont également encouragées" ! À voir aussi, le charmant **Conservatory Garden** de 1937, divisé en trois sections illustrant l'art du jardin, à la française, à l'italienne et à l'anglaise. À l'extrémité nord du parc, **Harlem Meer** est un étang très prisé des pêcheurs du dimanche. Au nord de l'étang, le Dana Discovery Center, centre d'information du parc. Au sud-ouest, les deux patinoires de **Lasker Rink** – l'une est réservée aux hockeyeurs, l'autre ouverte à tous. En été, l'endroit devient une piscine gratuite très populaire… **Patinoire** *Tél. 917 492 3856 www.laskerrink.com Ouvert nov.-mars, tlj. (horaires variables) Tarif 8$, enfants 4$, location de patins 7$ et cadenas 3,25$* **Piscine** *Tél. 212 534 7639 Ouvert juil.-début sept., tlj. 11h-15h et 16h-19h Entrée libre Apporter un cadenas pour le casier*

UPPER EAST SIDE

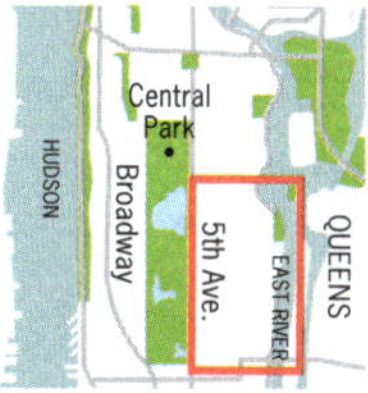

L'Upper East Side frappe d'abord par son atmosphère paisible et son urbanisme relativement uniforme, loin de l'anarchie architecturale de Midtown ! Peu de tours ici, hormis sur les franges orientales de Yorkville. Le Silk Stocking District - le district des bas de soie - demeure depuis un siècle le quartier le plus cossu et même huppé de New York, dont la richesse par habitant est l'une des plus élevées du pays et où le prix de l'immobilier atteint des sommets. Une opulence qui se veut discrète, mais dont les signes ne trompent pas : *doormen* en livrée aux entrées des immeubles, enseignes haut de gamme le long de Madison Avenue, restaurants étoilés, cabinets de chirurgie esthétique à foison… Les abords de Central Park abritent nombre de représentations diplomatiques, les écoles privées les plus cotées, les clubs sociaux les plus influents, une foule de palaces - le Pierre, le Carlyle, le Lowell… L'Upper East Side, pour le voyageur, c'est surtout une concentration de musées prestigieux et incontournables - Met, Guggenheim, Frick Collection et Neue Galerie en tête - le long de Museum Mile.

HISTOIRE Au XIXe siècle, la zone est occupée par de grandes fermes, séparées de Harlem, au nord, par des terres marécageuses. À l'est, sur un promontoire dominant l'East River, apparaissent de riches villas – Gracie Mansion, résidence officielle des maires de New York, en est l'ultime vestige. L'essor de l'Upper East Side accompagne la création de Central Park à partir de 1857. Des rangées de *brownstones* s'élèvent aux abords du parc, destinés à une classe moyenne plutôt aisée. Ils céderont bientôt la place à de somptueux hôtels particuliers inspirés de la Renaissance française ou italienne, lorsque l'élite de l'industrie et de la finance – les Vanderbilt, Carnegie, Astor… – colonise les abords de la 5e avenue, aussitôt rebaptisés Millionaires' Row, l'"Allée des millionnaires". La plupart de ces palais – hormis ceux qui abritent aujourd'hui plusieurs musées de Museum Mile – seront détruits dans les années 1910-1930, au profit d'élégants immeubles résidentiels qui marquent l'émergence d'un nouveau style de vie.

UN QUARTIER LONGTEMPS SCINDÉ EN DEUX En 1837, une voie ferrée reliant New York à Harlem est construite le long de l'actuelle Park Avenue. À la fin des années 1870, deux lignes de trains aériens sont créées : l'*elevated*, ou "el", de la 3e avenue, puis celui de la 2e avenue. L'organisation du quartier restera longtemps tributaire de ces voies ferrées : à l'ouest, vers Central Park, le gratin et ses demeures de luxe ; à l'est, une zone résidentielle et commerciale – la "Petite Europe" laborieuse de Yorkville, peuplée d'immigrés allemands, irlandais et d'Europe centrale. En 1910, la tranchée ferroviaire de Park Avenue est recouverte, et la population aisée progresse vers l'est. Mais le grand boom immobilier débute après la Seconde Guerre mondiale, facilité par la destruction des lignes du "el" en 1942 et en 1956. Aujourd'hui, l'est du quartier est devenu presque aussi "sélect" que sa partie ouest, et les tours résidentielles haut de gamme se sont multipliées. L'ouverture de la nouvelle ligne de métro (dans le cadre du projet Second Avenue Subway), le long de la 2e avenue, promet d'accélérer le phénomène : ainsi depuis janvier 2017, la ligne Q est prolongée de la 63e jusqu'à la 96e rue. Toute la section du sud de Manhattan est encore en travaux pour plusieurs années. L'ancienne ligne Q qui desservait Astoria (Queens) est devenue la ligne W.

MODE D'EMPLOI

orientation

Délimité par Central Park et l'East River, l'Upper East Side se déploie de la 60e à la 96e rue. Le quartier s'articule autour de **Lexington Ave.** : à l'ouest, riches demeures patriciennes et boutiques de luxe le long de Madison Ave., dans une atmosphère paisible. Les abords de la 5e avenue (**Museum Mile**) et de Park Ave. rassemblent les principaux musées. À l'est de Lexington, le quartier de **Yorkville**, hérissé de tours résidentielles, est plus animé grâce à ses restaurants, bars et lieux de sortie.

accès

EN BUS

Les lignes M1, M2, M3 et M4 parcourent la 5e avenue et desservent les musées de Museum Mile et le sud de Manhattan. Les lignes M86 et M79 relient le quartier à l'Upper West Side, via Central Park. La ligne M15 relie Yorkville au Lower East Side et à la pointe sud de Downtown.

EN MÉTRO

Les lignes 4, 5, 6 traversent le quartier du nord au sud, le long de Lexington Avenue. Stations : 68th St (6), 77th St

(6), 86th St (4, 5, 6) et 96th St (6). La ligne F (Lexington Av./63rd St) dessert le sud du quartier. Inaugurée en 2017, la nouvelle portion de la ligne Q monte de Times Square et longe Second Avenue, avec les stations 72nd St, 86th St et 96th St.

fêtes et manifestations

Museum Mile Festival Début juin, la 5e avenue, fermée à la circulation entre la 82e rue et la 105e, accueille concerts de rue, activités pour enfants et performances d'artistes, et les musées de Museum Mile ouvrent gratuitement leurs portes de 18h à 21h. *www.museummilefestival.org*

DÉCOUVRIR
Historic District

☆**Les essentiels** Madison Avenue, l'Asia Society, la Frick Collection **À proximité** The Mall et Bethesda Terrace dans Central Park **Sans oublier nos adresses préférées** Bloomingdale's pour la légende, Ralph Lauren pour son *American style*, Daniel pour un repas d'exception

Le quartier situé entre la **5e avenue** et Park Avenue, au sud de la 78e rue, a été inscrit au patrimoine historique de la ville en 1986. Au long de ses rues, superbes, se côtoient les vestiges d'un glorieux passé : *brownstones* élégants, hôtels particuliers néo-Renaissance, immeubles résidentiels de luxe des années 1920… Les 70e et 71e rues, entre la 5e avenue et Park Avenue, autour de la Frick Collection, réunissent de beaux exemples de ces phases architecturales. À l'angle de la 60e rue et de la 5e avenue se dresse le Pierre, somptueux palace qui inaugure Millionaires' Row, où les hôtels particuliers construits à l'orée du XXe siècle abritent aujourd'hui des musées. La section de ☆ **Madison Avenue** traversant ce quartier est la Mecque du shopping très haut de gamme, où se succèdent les marques internationales du luxe – voir notamment le célèbre "Château", splendide boutique Ralph Lauren (p.323) à l'angle de la 72e rue. Au coin nord-est de la 66e rue, un édifice néogothique de 1906 est un bel exemple des immeubles de grand standing qui fleurissaient à l'époque. Plus à l'est, **Park Avenue** en impose avec ses six voies séparées par un terre-plein central, qui descendent vers l'immense Met Life Building de Midtown. Au n° 643, la silhouette massive en brique du **7th Regiment Armory**, achevé en 1880, servit à la fois de caserne et de club social – dont les intérieurs furent dessinés par Louis C. Tiffany. Il accueille d'excellentes expositions et les Salons d'antiquaires les plus réputés de New York en octobre, décembre et janvier (www.armoryonpark.org).

Met Breuer (plan 6, C2) Ouverte en 2016, cette annexe du Metropolitan Museum of Art (p.206) occupe le bâtiment de l'ancien Whitney Museum, qui a déménagé en 2015 dans le Meatpacking District (p.140). L'édifice (1966) a été dessiné dans le style moderniste par Marcel Breuer (1902-1981), disciple du Bauhaus. La façade cubique et austère ne manque pas d'allure et un agréable café-restaurant ouvre sur une terrasse en contrebas de la rue. L'objectif affiché de ce nouveau musée est de compléter la politique artistique du Metropolitan en consacrant plus d'espace à l'art moderne et contemporain et en organisant des expositions consacrées à des artistes de premier plan, tels, en 2017, l'Italienne Marisa Merz, le peintre américain Marsden Hartley ou la Brésilienne Lygia Pape. ***M° 77th St (6)*** *945 Madison Ave. (à l'angle de 75th St) Tél. 212 731 1675 www.metmuseum.org Ouvert mar.-jeu. et dim. 10h-17h30, ven.-sam. 10h-21h Tarif (donation recommandée) 25$, réduit 12-17$, -12 ans gratuit Billet jumelé avec le Metropolitan Museum et The Cloisters Café restaurant dans le musée*

☆ **Asia Society Museum (plan 6, C2)** Fondée en 1956, l'Asia Society œuvre au rapprochement entre les États-Unis et les pays asiatiques. Le siège de Park Avenue abrite un excellent musée, où sont organisées des expositions temporaires. L'extraordinaire collection de John D. Rockefeller III, fondateur de l'institution, est également exposée par roulement – 300 chefs-d'œuvre de l'art asiatique. Le musée possède en outre un remarquable ensemble d'œuvres multimédias, à la pointe de l'art contemporain asiatique. Les expos sont présentées aux 2e et 3e étages. Entrée libre le vendredi soir avec des animations (concerts, performances) et, une semaine sur deux, des cocktails au Leo Bar (rdc). Le restaurant asiatique du Garden Court Café, dans le patio couvert, est plaisant à l'heure du déjeuner. La boutique Asiastore (rdc, sur la gauche) propose une belle sélection d'ouvrages spécialisés et d'objets dessinés par les plus grands designers d'Asie. ***M° 68th St/Hunter College (4, 6)*** *725 Park Ave. (à l'angle de 70th St) Tél. 212 288 6400 www.asiasociety.org* **Musée et boutique** *Ouvert mar.-jeu. et sam.-dim. 11h-18h, ven. 11h-21h (18h de début juil. à mi-sept.) Tarif 12$, réduit 10$, -16 ans gratuit, et entrée libre pour tous le ven. soir* **Café** *Ouvert mar.-dim. 11h-17h*

★ ☺ **Frick Collection (plan 6, C2)** Magnat du charbon et de l'acier originaire de Pittsburgh, Henry Clay Frick (1849-1919) fit construire en 1913 un imposant palais néoclassique, élégant sans ostentation, pour accueillir son éblouissante collection d'œuvres d'art, en vue d'en faire un musée. Frick créa par testament un fonds de 15 millions de dollars destiné à l'entretien des lieux, et le musée fut ouvert au public en 1935. Véritable merveille que cette collection privée, qui rendrait jaloux bien des musées de rang mondial… Des chefs-d'œuvre qui sont ici parfaitement mis en valeur, certaines salles ayant même été conçues autour des œuvres de Boucher et Fragonard. Attention : en raison de la fragilité des collections, les enfants de moins de 10 ans ne sont pas admis… ***M° 68th St/Hunter College (4, 6)*** *1 E 70th St (près de 5th Ave.) Tél. 212 288 0700 www.frick.org* **Musée** *Ouvert mar.-sam. 10h-18h, dim. 11h-17h Fermé lun. et j. fér. Tarif 22$, réduit 12-17$, dim. 11h-13h : donation libre* ***À savoir*** *Interdit aux -10 ans Audioguide gratuit (guichet du hall principal) Expositions temporaires au sous-sol, accès dans le hall principal Concerts classiques réguliers (payants) mettant à l'honneur des ensembles et solistes internationaux - généralement le dim. à 17 h Programme sur le site Internet*

Visite La collection Frick compte aujourd'hui plus de 1 100 œuvres, dont près de 200 peintures, couvrant une période qui va de la Renaissance à la fin du XIXe siècle ! La visite débute par un superbe vestibule (salle 3). Salle 5, ne manquez pas *L'Officier et la jeune fille riant* de Vermeer (1632-1675) et un portrait de François Boucher (1703-1770) représentant son épouse. À gauche, une enfilade de petites salles : salle 7, une *Crucifixion* de Piero della Francesca (v. 1415-1492) et un chef-d'œuvre du Flamand Hans Memling (1435/1440-1494) : *Portrait d'homme*. La salle 8, consacrée à François Boucher, abrite de très beaux meubles français du XVIIIe siècle. On trouve dans la salle 9 de superbes portraits de jeunes filles diaphanes signés Gainsborough (1727-1788). En retraversant le vestibule (salle 10), ne manquez pas sur la gauche *Les Quatre Saisons* de Boucher. La Fragonard Room (salle 11) a été conçue autour de grands formats de Fragonard (1732-1806) peints pour Mme Du Barry. La salle 12 est l'un des clous de la visite : fascinant *Saint Jérôme* du Greco (1541-1614), dont une autre version se trouve au Met, portraits de Thomas More et de Thomas Cromwell par l'Allemand Hans Holbein le Jeune (1497-1543), sans oublier deux toiles de Titien (v. 1488-1576)… La salle 13 abrite la bibliothèque de Henry Clay Frick, dont un portrait est accroché au-dessus de la cheminée. À voir, également, l'effigie de George Washington par l'américain Gilbert Stuart (1755-1828), la superbe *Lady Peel* du portraitiste anglais Thomas Lawrence (1769-1830), les œuvres de Constable (1776-1837) et Turner (1775-1851) – remarquable *Tempête sur le port de Calais*. L'émerveillement se poursuit salle 14, avec des bronzes de Houdon, un portrait d'Ingres (1780-1867), des œuvres de Degas et de Watteau. Mais le vrai choc vous attend salle 15 : peu de musées au monde peuvent se targuer de rassembler une telle concentration de chefs-d'œuvre ! Les grands formats de Véronèse, Turner, Van Dyck, Claude Gellée, dit le Lorrain (1600-1682) et de Nicolas Poussin (1594-1665) côtoient des œuvres majeures de Rembrandt, plusieurs portraits du Hollandais Frans Hals, le sublime *Maîtresse et sa servante* de Vermeer, et le *Philippe V* de Diego Velázquez (1599-1660)… Sans oublier, bien sûr, *Le Lac* de Corot (1796-1875) – on peut presque sentir le vent dans les branchages. L'East Gallery (salle 18) offre un bouquet final : paysage vénitien par le maître du genre, Guardi (1712-

CASTELLI ET LES ARTISTES

Quelques marchands d'art prestigieux sont établis dans ce quartier, notamment la galerie Leo Castelli, au n°18 E 77th St, qui fit les beaux jours des plus grands artistes américains d'après-guerre et du Pop Art, ou encore la galerie Gagosian, au n°980 Madison Ave.

Upper East Side social clubs

L'Upper East Side abrite plusieurs des clubs les plus prestigieux de la ville, installés dans de somptueux immeubles le long de la 5e avenue, comme le Metropolitan Club, fondé en 1871 (à l'angle de la 60e rue), le Knickerbocker Club (à l'angle de la 62e) et le Lotos Club, club littéraire fondé en 1870 (à l'angle de la 66e), ou de Park Avenue, tel l'Union Club, le plus ancien de tous, fondé en 1836 (à l'angle de la 69e) et le Colony Club, premier club réservé aux femmes de la haute société en 1903 (à l'angle de la 62e). Droits d'entrée faramineux, cooptation, listes de membres secrètes et activités confidentielles, ces clubs jouent un rôle crucial dans la destinée de la ville – et des États-Unis !

1793), œuvres des maîtres français Chardin, Greuze, David, Millet, Corot et Manet, et plusieurs toiles de Goya (1746-1828) – dont l'une de ses œuvres majeures, *La Forge*. La visite s'achève autour d'une délicieuse fontaine, dans le patio, à moins que vous ne vouliez visiter la Portico Gallery qui, inaugurée en 2011, est dédiée à la sculpture et aux arts décoratifs.

Museum Mile, Carnegie Hill et Yorkville

☆ **Les essentiels** Le Metropolitan Museum, la Neue Galerie, le Guggenheim Museum, le Roosevelt Island Tramway **À proximité** L'Onassis Reservoir dans Central Park, East Harlem **Sans oublier nos adresses préférées** Andre's Budapest Cafe pour ses pâtisseries hongroises

Le Museum Mile de la 5e avenue réunit, entre la 82e rue et la 105e, pas moins d'une dizaine de musées, dont *la* grande institution culturelle new-yorkaise : le Met ! Entre la 86e rue et la 96e, Carnegie Hill constitue l'un des quartiers les plus prestigieux de l'Upper East Side. Ses avenues sont bordées d'immeubles de grand standing des années 1920-1930 parmi les plus *exclusive* de la ville, et de belles rangées de *brownstones* subsistent le long des rues latérales. Le quartier doit son nom à l'industriel et philanthrope Andrew Carnegie, dont l'ancien hôtel particulier, sur la 91e rue, abrite le Cooper-Hewitt National Design Museum.

★ ☺ Le Metropolitan Museum of Art (Met)

(plan 6, C1-C2) Le Metropolitan Museum of Art est l'un des plus grands musées au monde, fort de plus de deux millions d'œuvres (dont plus d'un million exposées), couvrant tous les continents et toutes les cultures, sur cinq millénaires ; il attire près de cinq millions de visiteurs chaque année, ce qui en fait le musée le plus visité du pays. La richesse de ses collections est d'autant plus remarquable qu'elles ont été réunies grâce à des dons et legs privés en moins d'un siècle et demi. Cette relative jeunesse explique d'ailleurs la densité exceptionnelle de chefs-d'œuvre, en particulier pour la peinture et la sculpture européennes : le temps facilitant la sûreté du choix, on ne trouve ici que les plus grands maîtres… Le Met possède ainsi cinq Vermeer sur les quarante connus, une trentaine de Monet, des Picasso et des Van Gogh comme s'il en pleuvait ! Ses départements d'art grec, islamique, océanien et chinois comptent parmi les plus renommés au monde. En outre, le musée organise une trentaine d'expositions temporaires chaque année, en général retentissantes. Temple de la création universelle, le Met est un incontournable absolu. On en sort épuisé, certes, mais ravi ! ***M° 86th St/Lexington (4, 5, 6)*** *1000 5th Ave. (à l'angle de 82nd St) Tél. 212 535 7710 www.metmuseum.org Ouvert dim.-jeu. 10h-17h30, ven.-sam. 10h-21h Fermé Thanksgiving, 25 déc., 1er jan., 1er lun. de mai Tarif (prix suggéré) 25$, + 65 ans 17$, étudiants 12$, -12 ans gratuit*

LA MUSIQUE AU BALCON
Romantique à souhait, le **Great Hall Balcony Bar** déploie ses nappes blanches sur un balcon dominant le grand hall du Met. L'endroit rêvé pour un apéritif sur fond de concert classique (concerts gratuits)… *Ouvert ven.-sam. 16h-20h30*

Histoire Fondé en 1870 sous l'impulsion d'un groupe d'hommes politiques, de collectionneurs et de philanthropes issus des mondes de la finance et de l'industrie, le Met reçoit la mission d'"encourager l'étude des beaux-arts et leur application aux domaines de l'industrie et de la vie pratique", et de participer ainsi à "l'instruction du peuple américain". C'est en 1880 que le musée s'établit sur la 5e avenue, en bordure de Central Park. L'édifice néo-gothique originel – on en aperçoit encore la façade de brique à l'entrée de l'aile Lehman – ne suffit bientôt plus à contenir la croissance des collections, et les agrandissements se succèdent. La façade et le hall d'entrée actuels, d'un style Beaux-Arts grandiose, furent achevés en 1926. Un vaste plan de construction de nouvelles ailes est adopté en 1971 : la Robert Lehman Wing est inaugurée en 1975, la Sackler Wing (temple de Dendour) en 1978, l'American Wing et

Le Met pratique

Un labyrinthe de salles Riche de 19 départements répartis sur 180 000 m² et des centaines de salles, le Met nécessite plusieurs jours pour être visité dans sa totalité. La modernisation en cours et les agrandissements récents facilitent une visite raisonnée de certaines sections, comme les antiquités grecques et romaines, les arts d'Océanie, d'Afrique et des Amériques, les arts d'Asie et, prochainement, l'art islamique. Pour le reste, le Met fait encore penser au Louvre d'avant la révolution Pei... Succession labyrinthique de salles, sections qui se chevauchent, fermeture périodique de certaines salles : on s'y perd ! Des donateurs ayant stipulé que leurs collections devaient être présentées d'un seul tenant, les œuvres de certains artistes sont éparpillées dans plusieurs sections. Enfin, l'ampleur des collections oblige à les présenter par roulement : les accrochages varient. Deux solutions, donc : flâner au hasard de salle en salle (l'exercice a son charme), ou se limiter dans la journée à l'exploration d'une ou deux sections du musée et... revenir ! À savoir : les numéros des salles sont indiqués sur la tranche des murs de séparation.

Brochures, plans, audioguides Brochures et plan disponibles en français au guichet central du hall. Audioguides (7 $, laisser une pièce d'identité) à retirer au guichet situé à gauche du hall. La version américaine, exhaustive – plus de 2 000 œuvres, commentées par les conservateurs du musée ! –, est formidable. La version française se limite à une maigre sélection d'œuvres (numéros précédés d'un "D"), à peine une poignée par section... Visites guidées thématiques (gratuites, certaines en français) organisées tous les jours en semaine, toutes les quinze minutes de 10h15 à 16h – rdv et infos au guichet central.

Bon à savoir Évitez les sacs à dos et objets encombrants : il faudra faire la queue pour la fouille à l'entrée puis pour le vestiaire, obligatoire. Nourriture et boissons interdites, de même que l'usage du portable (hormis dans le hall), du flash, des caméras vidéo, des stylos et marqueurs.

son immense verrière en 1980, la Wallace Wing (art moderne et contemporain) en 1987… Depuis 1998, plusieurs départements (antiquités grecques et romaines, arts d'Asie) ont été brillamment modernisés, d'autres (art islamique, peinture et sculpture américaines) le seront bientôt… Particularité américaine, les fonds du musée proviennent essentiellement de dons et legs privés, sous forme de collections souvent extraordinaires, ou de versements pécuniaires destinés à l'achat de nouvelles œuvres.

Art égyptien

(rez-de-chaussée, à droite du hall d'entrée) L'immense département consacré aux antiquités égyptiennes est l'un des plus riches au monde : 35 000 œuvres exposées par ordre chronologique, du Ve millénaire av. J.-C. à 400 ap. J.-C. Mais cette abondance de biens nuit au plaisir de la visite : on pourra préférer la remarquable section égyptienne du Brooklyn Museum, infiniment plus didactique (p.267). La visite débute sur la droite, dans le sens inverse des aiguilles d'une montre. À voir dans la salle 1, le **tombeau de Perneb** (2381-2323 av. J.-C.), retrouvé dans le cimetière de Memphis, capitale de l'Égypte sous l'Ancien Empire. La salle 4 mérite le détour, pour ses **figurines en bois** découvertes en 1920 par un conservateur du Met, H. E. Winlock, sur le site de Thèbes, près de Louqsor : représentant les travaux quotidiens, ces modèles accompagnaient les défunts dans l'au-delà. Salle 8, magnifique **collection de bijoux** de la princesse Sithathoryunet, dont un ensemble en or incrusté de 374 pierres semi-précieuses, et un sphinx taillé dans le gneiss. Salle 17, une statue en granit de Horemheb, général de Toutankhamon et futur pharaon. Sur la droite, l'une des salles les plus spectaculaires du musée, avec son plan d'eau sous une haute verrière, construite pour accueillir le **temple de Dendour**, dédié à Isis et construit en Nubie à l'époque romaine – il fut commandé par l'empereur Auguste vers 15 av. J.-C. L'Égypte en fit don aux États-Unis en 1965, pour les remercier de leur soutien lors de la campagne pour la sauvegarde du patrimoine menacé par la construction du barrage d'Assouan.

Arts grec et romain, art chypriote et art du Proche-Orient antique

(rez-de-chaussée, à gauche du hall d'entrée) L'aile affectée aux antiquités grecques et romaines, modernisée et baignée d'une lumière naturelle, est l'une des plus belles du musée. Organisée chronologiquement, elle offre un remarquable panorama de l'art antique. La présentation, didactique, permet de mieux saisir les liens entre ces civilisations, et leur influence sur l'art occidental.

☺ **Arts grec et romain** La galerie centrale (salle 153) rassemble de belles antiquités grecques, dont un immense cratère de terre cuite du VIIIe siècle av. J.-C, une tête de griffon en bronze (VIIe s. av. J.-C.), et les copies romaines de statues grecques. Ne manquez pas l'*Apollo Lykeios*, statue d'Apollon attribuée au grand Praxitèle, et le kouros (statue de jeune homme ; VIe s. av. J.-C.), l'un des rares marbres originaux grecs. De part et d'autre de la galerie, un parcours chronologique. La salle 155 a trait aux périodes préhistorique et archaïque : superbes objets en argent et figures féminines taillées dans le marbre. À voir, les

SHELBY WHITE COURT
Marquant la jonction entre art grec et romain, cette magnifique cour sous verrière rassemble les plus belles sculptures grecques et romaines. Ne pas manquer, au fond, les sublimes sarcophages romains et la statue de Dionysos qui domine l'ensemble. Quand le brouhaha des groupes organisés s'estompe, les bancs autour de la fontaine invitent à la contemplation.

trésors d'orfèvrerie de la civilisation minoenne (Crète, 2700-1200 av. J.-C.). L'art mycénien (1550-1100 av. J.-C.), avec ses belles figurines et ses vases richement ornés, marque une période prospère, de même que les vases et bronzes de la période "géométrique" (1000-700). L'art des VIIe-VIe siècles av. J.-C. (salle 152), période d'expansion, est influencé par l'Orient – motifs animaux et végétaux remplacent les formes géométriques. À voir, de sublimes *dinoï*, vases servant à mélanger le vin et l'eau lors des symposiums (comprenez : beuveries entre hommes !). Dans la salle 155, des armes et cuirasses en bronze, et une intéressante série de vases… La salle 156 est consacrée à l'âge classique (Ve siècle av. J.-C.), celui des grandes tragédies grecques et de la toute-puissance athénienne. La salle 158 contient un trésor d'orfèvrerie du VIe siècle av. J.-C., les *Bijoux de Ganymède*, découverts en Macédoine. La galerie centrale débouche sur une rotonde (salle 160), qui abrite les colonnes et reliefs monumentaux du temple d'Artémis à Sardes (actuelle Turquie).

Arts romain et étrusque (à gauche de la Shelby White Court) Une enfilade de salles consacrées à l'art romain, où il faut voir absolument : les émouvantes fresques, parfaitement conservées, d'une villa de Boscoreale, près de Pompéi, ensevelie par l'éruption du Vésuve en 79 ap. J.-C. Au fond de la cour (salle 169), une statuette en bronze de Cybèle du IIIe siècle ap. J.-C., sur un char tiré par deux lions, témoigne de l'introduction de nouveaux cultes issus de l'Orient. Tête monumentale de Constantin, premier empereur chrétien de Rome. La mezzanine est consacrée à l'art étrusque (VIIIe-IIe s. av. J.-C.). Cette civilisation du nord et du centre de l'Italie, d'une grande prospérité, brille par ses merveilles d'orfèvrerie, sa statuaire polychrome. À voir : un magnifique char en bronze incrusté d'argent.

Art chypriote (au 1er étage) Le fabuleux fonds Cesnola compte plus de 6 000 vestiges issus de fouilles réalisées dans les années 1860-1870 par Luigi Palma di Cesnola, consul américain à Chypre – puis directeur du Met de 1879 à 1904. L'influence grandissante des Grecs à Chypre apparaît clairement dans les superbes sculptures de la collection – ne manquez pas le somptueux *Sarcophage d'Amathus*, en pierre ciselée, du Ve siècle av. J.-C.

Proche-Orient antique (1er étage, accès à gauche de l'escalier principal) Cette section présente 7 000 œuvres couvrant une vaste période, du néolithique (8000 av. J.-C.) à la conquête arabe (651 ap. J.-C.), et une aire géographique allant de la Mésopotamie antique à la Syrie et à la vallée de l'Indus, au Pakistan. Clous du fonds, les sculptures monumentales sumériennes, les objets en ivoire sculpté d'Anatolie et de sublimes bijoux en or des civilisations achéménide et sassanide (Perse). Sans oublier les statues et reliefs sculptés assyriens du palais d'Assurnazirpal II (IXe s. av. J.-C).

☺ Arts d'Afrique, d'Océanie et des Amériques

(rez-de-chaussée, accès par la section "Greek and Roman Art") L'une des plus belles sections du musée (12 000 pièces couvrant quatre millénaires), mise en valeur par l'architecture moderne de l'aile Michael C. Rockefeller, ouverte en 1982. Visite dans le sens des aiguilles d'une montre à partir de la salle 350.

Afrique Sans être immense, la galerie d'art africain stupéfie par sa qualité. Salle 350, une *Femme et son enfant* malienne vieille de cinq siècles et de fascinantes *Power Figures* du Congo, censées recéler certaines forces mystiques. À gauche, la salle 351 abrite des trésors d'orfèvrerie du royaume du Dahomey (XVIIe-XIXe s.), ainsi qu'un fabuleux ensemble de reliefs en bronze des XVIe-XVIIe siècles qui ornaient le palais de l'*oba* de l'ancien royaume du Bénin (actuel Nigeria). L'art Yoruba du Nigeria est à l'honneur : coiffes rituelles à double visage, statuettes sacrées, et un magnifique pilier sculpté du grand artiste Olowe d'Ise (v. 1875-1938). Dans la même salle, ne pas manquer le sublime *Couple de Madagascar*, en bois, des XVIIe-XVIIIe siècles.

Océanie et Pacifique La salle 353 est l'une des plus spectaculaires du Met. Elle abrite un ensemble d'objets de Papouasie-Nouvelle-Guinée, dont la collection d'art asmat de Michael C. Rockefeller, héritier de la célèbre famille, qui trouva la mort en 1961 lors d'une de ses expéditions en Nouvelle-Guinée : immenses pirogues funéraires, poteaux d'ancêtres polychromes (**Bis Poles**) de plusieurs mètres de hauteur, masques rituels couvrant tout le corps, piliers ou linteaux de maisons ciselés. Dominant la salle, un plafond monumental kwoma en plaques de bois peintes. Belle série de masques et de statues du Vanuatu et de Nouvelle-Calédonie. Les salles centrales (352-354) abritent une sélection d'objets en provenance des îles de Mélanésie et de Polynésie : statuettes maoris de Nouvelle-Zélande, une incroyable carte marine (*Navigational Chart*) des îles Marshall, en tiges de palmes de cocotier. À voir, le livre rituel des Bataks de Sumatra – un des rares peuples d'Océanie qui disposait d'une écriture à l'arrivée des Occidentaux…

Amériques (au fond de la salle 350) Une riche collection de statuaire maya (III e millén. av. J.-C.-XVe s. ap. J.-C.), dont une extraordinaire statuette sacrée de "porteur de miroir" (*Mirror-bearer*) en bois du VIe siècle et un monument sculpté du VIIIe siècle commémorant la disparition d'un roi. À voir également, un masque en jade, chef-d'œuvre de la civilisation olmèque (Xe-VIe s. av. J.-C.), des statuettes aztèques en basalte, des figurines taïnos des XVe-XVIe siècles, et les magnifiques poteries polychromes de Nazca, au Pérou (Ier-VIe s. ap. J.-C.). La salle du "Jan Mitchell Treasury" contient un fabuleux ensemble d'orfèvrerie précolombienne (VIe-XVe s.). Salle 355, les superbes masques rituels des Indiens Kwakwaka'wakw de Colombie-Britannique (Canada).

Arts asiatique et islamique

☺ **Arts d'Asie** (1er étage, à droite de l'escalier principal) Le département des arts d'Asie, fondé en 1915 et désormais riche de quelque 35 000 pièces (du IIe millén. av. J.-C. au début du XXe s.), est l'un des plus réputés au monde. Son fonds est en outre parfaitement mis en valeur par une présentation aérée et didactique, dans les salles modernes de l'aile nord de l'étage. La collection de calligraphie et de peintures chinoises est remarquable, de même que les deux salles consacrées à la sculpture monumentale des Vᵉ-VIIIᵉ siècles et aux sculptures bouddhiques des VIIᵉ-XVIIIᵉ siècles. Belle sélection de céramiques chinoises et d'objets en bronze ou sculptés dans le jade. À ne pas manquer : l'**Astor Court**, reproduction d'une cour-jardin de Suzhou (près de Shanghai), datant de la dynastie Ming (1368-1644). Le fonds d'art japonais de la Sackler Wing est limité mais de qualité : statues du XIIᵉ siècle, paravents de la période d'Edo (1616-1867), peintures narratives ou *emaki* des XIIIᵉ-XIVᵉ siècles. Les 15 salles des Irving Galleries rassemblent une belle sélection d'objets et d'œuvres d'art d'Asie du Sud et du Sud-Est : tissages anciens de Sumatra, tuniques de soie brodée du Tibet, statuettes sacrées cambodgiennes ou thaïlandaises, manuscrits indiens du IXᵉ siècle, orfèvrerie népalaise…

Art islamique (1ᵉʳ étage, accès par la section "Ancient Near-Eastern Art") Couvrant une période allant du VIIᵉ au XIXᵉ siècle, et une aire géographique qui va de l'Espagne à l'Inde, le fonds d'art islamique du Met est sans équivalent, tant pour sa richesse que pour la qualité des œuvres : céramiques, orfèvrerie, manuscrits anciens, mihrabs richement ornés, armes et armures ouvragées, tapis iraniens des XVIᵉ et XVIIᵉ siècles… Après huit longues années de rénovation, ce département a inauguré, en 2011, quinze nouvelles salles, soit 1 800 m² pour un fonds riche de 12 000 pièces.

Pause déjeuner au Met

Le Met est doté de plusieurs restaurants, réservés à ses visiteurs.

Cafeteria Elle se trouve au sous-sol, accessible par la Robert Lehman Collection. L'option la moins onéreuse du musée, et la plus rapide - pas de queue. Self-service, avec plusieurs stands thématiques. Les choix les plus sûrs étant celui des plats de pâtes (10-14$), ou les sandwiches (9-12$!) et salades en libre-service, au fond. Éviter les burgers... *Ouvert lun.-jeu. 11h30-16h, ven.-sam. 11h30-18h, dim. 11h30-16h*

The American Wing Café C'est sans doute le meilleur rapport prix/agrément du musée. Cadre plaisant, au fond de la cour couverte de l'American Wing. Savoureux sandwiches, salades et soupes (6-14$) à base d'ingrédients frais, en self-service. Assez rapide. *Ouvert dim.-jeu. 10h-16h30, ven.-sam. 10h-20h15*

The Petrie Court Café and Wine Bar Le restaurant fin et chic du musée. On déjeune entre deux sculptures de Rodin ou Maillol, au pied d'une immense baie vitrée... Entrées (11-13$) et plats (19-24$) d'inspiration italienne, menus 32 et 37$, service attentionné. Attention : l'attente est parfois longue. Formule *afternoon tea* (grand choix de thés/cafés et petits gâteaux, 26$) 14h-16h. *Ouvert tlj. 11h30-16h*

☺ Peinture européenne du XVe au XVIIIe siècle

(1er étage, en face de l'escalier principal) L'un des plus fabuleux départements du Met, où se bousculent tous les grands maîtres de ces quatre siècles de peinture européenne.

Italie (salles 1, 3-10, 20, 22, 29-30) On est d'emblée saisi par les grands formats du Vénitien Giambattista Tiepolo (1696-1770), notamment *Le Triomphe de Marius*. Salles 3 et 4, les primitifs italiens (XIIIe-XVe s.), dont les toiles portent encore l'influence byzantine : voir notamment *L'Épiphanie* du Florentin Giotto. Salle 4, une *Crucifixion* de Fra Angelico. Les salles 4b, 5 et 6 rassemblent plusieurs joyaux du XVe siècle, signés Mantegna, Bellini, Botticelli... Salle 7, une belle *Madone* de Raphaël (1483-1520). De l'autre côté du palier, le casting de la salle 8 est étourdissant : Titien, Tintoret et Véronèse, les trois géants vénitiens du XVIe siècle ! La salle 22 est dédiée aux maîtres des paysages vénitiens au XVIIIe siècle : Guardi et Canaletto. Ne manquez pas, salle 29, *Le Joueur de luth* et *La Sainte Famille* du Caravage (1571-1610).

Flandres et Hollande (salles 11-14, 23-25, 27-28) Là, une fois encore, la distribution est un sans-faute ! Salle 11, des paysages et scènes champêtres de Ruisdael, Hobbema et Cuyp. Les salles 13 et 14 donnent le tournis : impressionnante série de Rembrandt ; trois Vermeer (le Met en possède cinq sur les quarante connus !), dont *La Jeune femme à l'aiguière* de 1662, et des scènes truculentes de Frans Hals, autre génie du Siècle d'or. Salle 23, deux maîtres du XVe siècle flamand, les grands portraitistes Hans Memling et Jan Van Eyck. Salle 25, ne manquez pas *Les Moissonneurs* de Bruegel (1565), où l'on retrouve l'art du détail du grand Pieter l'Ancien. Salles 27 et 28, bel ensemble d'œuvres de Rubens et Van Dyck...

PEINTURE STAR
La collection de peintures est un des points forts du Met qui, grâce aux donations de riches collectionneurs, a pu réunir en quelques décennies certains des plus beaux chefs-d'œuvre des grands maîtres européens, des primitifs italiens à Van Gogh ou Picasso.

Angleterre (salle 15) La collection de peintures d'outre-Manche comprend des portraits de Reynolds Gainsborough (1723-1792) et de Lawrence (1769-1830), et des paysages de Turner (1775-1851).

Espagne (salles 16-17, 21) Ils sont tous là, les grands noms du XVIIe siècle espagnol, avec certaines de leurs plus belles toiles ! Murillo, Ribera, Zurbarán, maîtres de l'art baroque, et une magnifique série de portraits par Velázquez. La salle 17 réunit des chefs-d'œuvre du Greco, dont sa *Vue de Tolède*, paysage d'une puissance insensée, son *Portrait d'un cardinal*, incarnation impitoyable de l'Inquisition, et une *Vision de saint Jean* d'une modernité inouïe. Salle 21, plusieurs portraits de Goya, dont deux saisissantes et poétiques représentations d'enfant.

Allemagne (salle 26) Sélection limitée mais impressionnante de peintures allemandes : Dürer (1471-1528), maître de la Renaissance, ses contemporains Lucas Cranach et Hans Holbein le Jeune (1497-1543), grand portraitiste.

France (salles 2, 18-19) Salle 2, *La Mort de Socrate* (1787) de David, sommet du néoclassicisme, et d'excellents portraits de Greuze (1725-1805). Salle 18, le XVIIIe siècle français est à l'honneur : Boucher, peintre de la sensualité féminine ; les scènes de genre de Fragonard, les fêtes galantes de Watteau et le seigneur des natures mortes, Chardin. Salle 19, le classicisme du XVIIe siècle : Nicolas Poussin et Claude Gellée, dit le Lorrain, et deux toiles de Georges de La Tour, dont la célébrissime *Diseuse de bonne aventure*.

☺ Peinture et sculpture européennes du XIXe siècle et du début du XXe siècle

(1er étage, accès par la section "Drawings and Prints") L'un des plus fabuleux départements du Met, véritable feu d'artifice : une concentration sans pareille de génies ! La galerie de sculptures vous cueille d'entrée, avec plusieurs marbres de Rodin, ainsi que des bronzes animaliers du maître incontesté du genre, Antoine Louis Barye. Aux murs, des toiles du symboliste Gustave Moreau, dont *Œdipe et le Sphinx* (1864). Sur la gauche, un dédale de salles qui suivent un ordre à la fois thématique et chronologique. La 801 (à l'entrée de la galerie) réunit les deux frères ennemis du début du XIXe siècle : le romantique Delacroix et le néoclassique Ingres. Salle 802, des paysages des deux *masters* anglais Constable et Turner. La salle 803 est dédiée au grand Corot, précurseur des impressionnistes, que l'on retrouve dans les salles 805 et 806. Salle 808, les peintres nordiques, dont Caspar David Friedrich, étoile du romantisme allemand. Salle 807, les peintures sociales d'Honoré Daumier, et de belles scènes rurales de Millet. Ne pas manquer, salles 809 et 812, les portraits réalistes et les nus voluptueux de Courbet. Salle 811, de magnifiques grands formats de Manet, dont le fameux *Chanteur espagnol* de 1860. Salles 814-817, une collection exceptionnelle d'œuvres de Degas : bronzes et peintures de danseuses, un de ses sujets de prédilection, et plusieurs nus sublimes. Salle 820, belle série de Renoir. Salles 821-823, plusieurs chefs-d'œuvre de Monet, dont le fascinant *Glaçons* (1893), déjà proche des monochromes blancs à la Malevitch. Salle 822, le célèbre *En bateau* (1874) de Manet. Salles 824-825, superbes tableaux de Cézanne. Salle 826, remarquables paysages de Pissarro. Salles 827-828, une *Odalisque* de Matisse et une incroyable collection de Van Gogh, dont les célèbres *Cyprès* de 1889, sans oublier les jaunes sublimes de *L'Arlésienne* et le légendaire *Autoportrait au chapeau de paille* ! À voir également, des scènes tahitiennes de Gauguin, les toiles pointillistes de Seurat et Signac, des portraits de Matisse et une version superbe de sa fameuse *Danse*, ainsi que plusieurs Picasso.

SOUVENIRS DU MET
Située au rdc, et en accès libre, l'immense boutique du musée propose une fabuleuse sélection d'ouvrages spécialisés, de DVD, d'objets dérivés, de posters, de cartes... Plusieurs stands sont également répartis dans les différentes ailes du musée, et offrent une sélection correspondant à telle ou telle section. Autre solution, la boutique du Met située au centre de Rockefeller Center, dans Midtown West.

☺ Collection Robert Lehman

(rdc, accès par la section "Medieval Art") Léguée au Met en 1969, la collection privée du banquier Robert Lehman est des plus extraordinaires : 3 000 chefs-d'œuvre des arts européens ! L'aile Lehman, sous sa haute verrière, fut spécialement construite pour eux. La galerie accueille par roulement l'éblouissante sélection de peinture française : Braque, Derain, Matisse, Seurat, Pissarro, Bonnard, Renoir, Toulouse-Lautrec, Cézanne ! De part et d'autre, une série de petites salles reproduisent les intérieurs de la demeure de Lehman, parfait écrin pour les joyaux des Flandres, de la Renaissance italienne et du baroque espagnol. Ne manquez pas *L'Annonciation* de Botticelli (1485), la magistrale *Création du monde* de Giovanni di Paolo (v. 1455), la lumière surnaturelle du *Christ portant la Croix* du Greco (v. 1580), le superbe portrait de la comtesse d'Altamira par Goya (1787), ceux de Gérard de Lairesse par Rembrandt (v. 1665) et de la princesse de Broglie par Ingres, ou le *Diane et Actéon* de Corot (1836)…

☺ Arts moderne et contemporain

(rdc et 1er étage, accès par la section "European Sculpture and Décorative Arts") Ce département est consacré aux artistes américains et européens de l'orée du XXe siècle à nos jours. Son fonds, immense, fait la part belle au cubisme (Braque, Picasso), à l'école de Paris (Modigliani), à Paul Klee (dont le Met possède 90 œuvres !) et aux grands formats des expressionnistes abstraits américains. Les premières salles du rdc réunissent les grands artistes américains de la première moitié du XXe siècle : plusieurs toiles d'Edward Hopper, dont les célèbres *From Williamsburg Bridge* et *Table for Ladies* ; les fameux paysages désertiques peuplés de squelettes de Georgia O'Keefe ; les sculptures de Gaston Lachaise, et des œuvres de Stuart Davis ou Norman Rockwell. Les Gelman Galleries abritent ensuite le meilleur de l'art européen : sculptures émaciées de Giacometti, peintures de Francis Bacon, Braque, Fernand Léger, Kandinsky, des surréalistes espagnols Dalí et Miró, du futuriste italien Boccioni. À voir, le *Portrait de Jean Paulhan* par Dubuffet, *Les Amoureux* de Chagall, et des ensembles de Matisse et de Picasso à rendre jaloux plus d'un musée européen ! Ne pas manquer l'*Oiseau dans l'espace*, chef-d'œuvre du sculpteur Brancusi, certains des plus beaux nus de Modigliani, la fameuse *Éternelle évidence* de Magritte, la magistrale *Montagne* de Balthus. La mezzanine et le 1er étage sont consacrés aux artistes contemporains. Là encore, la collection (présentée par roulement) est éblouissante : les toiles figuratives dérangeantes de l'Anglais Lucian Freud, les monochromes de l'Américain Robert Ryman, plusieurs Warhol, dont le fameux *Autoportrait* de 1986 et son gigantesque *Mao* de 1973, les cartoons

UN COCKTAIL SUR LE TOIT ?
Ouvert aux beaux jours, le bar du toit-terrasse du musée offre de superbes vues sur Central Park et Manhattan. Bon choix de vins, bières et cocktails, et de quelques sandwiches. Le cocktail des vendredis et samedis soirs (17h30-20h15) s'impose. **Roof Garden Café and Martini Bar (plan 6, C2 n°42)** *Ouvert mai-oct. : dim.-jeu. 10h-16h30, ven.-sam. 10h-20h15*

remaniés de Lichtenstein, le *White Flag* de Jasper Johns, les sculptures zen du grand Noguchi, les compositions sombres et fascinantes du Rothko dernière période… L'expressionnisme abstrait n'est pas en reste, avec plusieurs toiles de Willem De Kooning et de Jackson Pollock – dont le monumental *Autumn Rhythm* de 1950. Noter que le Met Breuer, annexe du musée ouverte en 2016, expose aussi des pièces d'art moderne et contemporain (p.203).

Dessins, estampes et photographies

(1er étage, à gauche de l'escalier principal) Le département Dessins et Estampes rassemble une fabuleuse collection, dont des croquis et esquisses de Léonard de Vinci et de Michel-Ange, des dessins de Rembrandt ou Delacroix, des eaux-fortes de Dürer ou Goya… Le département des Photographies possède plus de 20 000 œuvres, dont les travaux du Britannique William Henry Fox Talbot, pionnier de la photo, des clichés des Français Nadar, Atget et Brassaï, des Américains Man Ray, Steichen, Stieglitz, William Klein, Cindy Sherman ou Andy Warhol, du Hongrois André Kertész… Des trésors qui ne sont présentés que très partiellement, par roulement, dans les galeries du 1er étage.

Arts byzantin et médiéval

(rdc, en face du hall d'entrée) Discrètement exposé autour de l'escalier principal, l'art byzantin (330-1453) vaut le détour : icônes rehaussées d'or, mosaïques, médaillons émaillés, sarcophages de marbre sculpté. À ne pas manquer, le **trésor d'Attarouthi** (Syrie), calices et encensoirs en or et en argent du VIe siècle, et le "second trésor de Chypre" avec notamment un plateau d'argent représentant la vie de David (VIe s.). La première salle d'art médiéval contient des merveilles d'art roman, dont des objets sacrés carolingiens (remarquables plaques d'ivoire sculpté), un portail d'église italien du XIIe siècle et, au fond à droite, de superbes émaux de Limoges (XIIIe s.). Dans le grand hall des sculptures gothiques, voir notamment une *Vierge à l'Enfant* en bois du XVe siècle et, au fond, la grille en fer forgé monumentale (1763) du chœur de la cathédrale de Valladolid. À droite, une salle consacrée

Le Met en famille

Deux incontournables pour les enfants : le département des Armes et des Armures avec sa cour des chevaliers, et la salle des arts d'Océanie, avec ses immenses totems et autres pirogues asmat. Les sarcophages du département égyptien sont aussi une valeur sûre. Entre Thanksgiving et Noël, une grande crèche est installée au fond de la section "Medieval Art", derrière la grille de la cathédrale de Valladolid. Brochures/jeux de piste disponibles à l'accueil ou à imprimer à partir du site Internet. Des activités et visites pour enfants (en anglais) sont également organisées – voir la rubrique "MuseumKids" sur le site Internet.

aux vitraux allemands, anglais et français des XVe et XVIe siècles. La majeure partie du fonds médiéval est exposée au Cloisters Museum (p.227), situé à Inwood, au nord d'Harlem. L'entrée du Met y est valable le jour même.

Sculpture et arts décoratifs européens

(rdc, accès par la section "Medieval Art") Même si elle ravira les amateurs, cette section est de loin la plus chaotique du musée : un labyrinthe ! Il faut dire qu'une grande partie des 50 000 objets du fonds (du XVe au XXe s.) est exposée ici : mobilier et orfèvrerie français et anglais, faïences italiennes, porcelaine de Vincennes et de Sèvres, collection de tabatières, intérieurs reconstitués du règne de Louis XIV au Premier Empire, vases Art nouveau... Ne manquez pas le cabinet en marqueterie d'écaille de tortue attribué à André Charles Boulle (1642-1732) de la salle 530 et le patio Renaissance du château espagnol de Vélez Blanco (début du XVIe s., accès à gauche de la section "Byzantine Art").

MAÎTRES SCULPTEURS

Au centre du département des sculptures, la superbe European Sculpture Court est consacrée aux grands sculpteurs européens : deux œuvres du Bernin (1598-1680), maître du baroque italien ; *Persée avec la tête de Méduse* du génial Italien Canova (1757-1822) ; *Ugolin et ses fils*, chef-d'œuvre du Français Carpeaux (1827-1875), inspiré de Dante ; plusieurs bronzes du grand Houdon (1741-1828) et des œuvres de Rodin et Bourdelle.

☺ Aile américaine

(rdc et 1er étage, accès par la section "Medieval Art") Un ensemble de peintures, sculptures et objets d'arts décoratifs américains d'une richesse sans égale, mis en valeur après la rénovation complète de l'aile (2012). Très agréable, l'immense **Engelhard Court** expose sous sa verrière un ensemble de sculptures et de vitraux, dont l'éblouissante *Loggia de Laurenton Hall* (1905) de Louis C. Tiffany, et la cheminée réalisée en 1881 par le sculpteur Augustus Saint-Gaudens pour la résidence des Vanderbilt. En franchissant l'imposante façade d'une ancienne banque, sur la droite, on accède à la section des **Period Rooms**, reconstitutions d'une trentaine d'intérieurs américains, de la Hart Room de 1680 à la Frank Lloyd Wright Room de 1912, entièrement dessinée par l'architecte du Guggenheim Museum : intéressant panorama de deux siècles et demi d'arts décoratifs et d'art de vivre à l'américaine. Le département "American Paintings and Sculptures" possède plus de 1 000 tableaux et 600 sculptures, de l'époque coloniale jusqu'au début du XXe siècle.

Les autres départements du Met

Organisé autour d'une cour centrale où se dressent quatre chevaliers en armure montés sur leurs destriers, le département des **Armes et des Armures** (rdc, accès par l'American Wing) ravira les (petits et grands) enfants ! À voir, notamment, un casque d'acier doré de Filippo Negroli, armurier milanais du XVIe siècle, les armures d'Henri VIII d'Angleterre et du roi de France Henri II, et un bel ensemble de cuirasses et d'épées de samouraïs des XVIe-XVIIIe siècles. Le département **Musique** (1er étage, accès par la section "European Paintings") compte plus de 4 000 instruments (dont 800 exposés par roulement), de la préhistoire à nos jours. Parmi les pièces majeures figurent une guitare baroque du XVIIe siècle, du luthier allemand Matteo Sellas, l'un des plus beaux violons de l'Italien Stradivarius, le plus vieux piano existant, construit par le Florentin Bartolomeo Cristofori, inventeur du piano-forte au début du XVIIIe siècle, ainsi que des instruments rituels en provenance du Ghana, d'Inde ou d'Indonésie. Quant au **Costume Institute** (sous-sol, accès par la section "Egyptian Art"), rénové en 2011, il est riche de plus de 35 000 costumes (grands créateurs, habits traditionnels du XVe siècle à nos jours). La collection est présentée par roulement dans les salles du sous-sol, et sous forme d'expositions temporaires.

Les autres musées de Museum Mile

☆ ☺ **Neue Galerie (plan 6, C1)** Le marchand d'art Serge Sabarsky et l'homme d'affaires et collectionneur Ronald S. Lauder – héritier d'Estée Lauder, reine des cosmétiques – achètent en 1994 ce somptueux hôtel particulier (1914) de la 5e avenue pour y présenter leurs collections consacrées aux artistes et designers allemands et autrichiens des années 1890-1940 (mouvements Jugend Stijl, Blaue Reiter, Bauhaus…). La dénomination du musée (ouvert en 2001) rend hommage à la fameuse Neue Galerie de Vienne, principal vecteur des avant-gardes à partir de 1923. Un incontournable de Museum Mile, d'autant que les œuvres sont superbement mises en valeur. Attention : en raison de la fragilité des collections, les moins de 12 ans ne sont pas admis…
M° 86th St-Lexington (4, 5, 6) *1048 5th Ave. (à l'angle de la 86th St) Tél. 212 628 6200 www.neuegalerie.org Ouvert jeu.-lun. 11h-18h Fermé mar.-mer., 4 juil., Thanksgiving, 25 déc., 1er jan. Fermeture à 15 h les 24 et 31 déc. Tarif 20$, réduit 10-15$ Gratuit le 1er ven. du mois 18h-20h Les -12 ans ne sont pas admis*

CHARMANT CAFÉ
Sabarsky est l'un des cafés les plus agréables de New York, dans le cadre suranné de la Neue Galerie - mais ouvert à tous. Délicieux et servi sur un plateau d'argent, le café (4-6$) peut s'accompagner de succulentes pâtisseries d'Europe centrale (8-10$). Avec aussi un restaurant (p.411). **Café Sabarsky (plan 6, C1 n°1)** ***M° 86th St/ Lexington (4, 5, 6)*** *1048 5th Ave. (à l'angle de la 86th St) Accès par le musée Tél. 212 288 0665 www.cafesabarsky-ny.com Ouvert lun. et mer. 9h-18h, jeu.-dim. 9h-21h*

Visite Au 1er étage, un ensemble stupéfiant d'œuvres des stars de la Sécession viennoise, courant de l'Art nouveau apparu en 1897. Dans la première salle, des toiles remarquables de Kokoschka (1886-1980) et de Schiele (1890-1918). Le mobilier est signé Josef Hoffmann (1870-1956) et Koloman Moser (1868-1918), les créateurs du Wiener Werkstätte (Ateliers viennois). Clou de la visite, la deuxième salle abrite plusieurs toiles de Klimt (1862-1918) : des paysages des années 1910, où l'on ressent les influences des impressionnistes et du fauvisme, et l'une de ses œuvres les plus célèbres, le *Portrait d'Adèle Bloch-Bauer* – cédé en 2006 dans le cadre d'une vente privée pour 135 millions de dollars, record absolu à l'époque ! Dans la salle du fond, dessins et gravures des peintres sécessionnistes, arts dans lesquels ils excellaient. Le 2e étage est consacré aux artistes allemands du début du XXe siècle. Parmi les pièces phares de la collection, citons l'*Autoportrait au cor* de Max Beckmann (1884-1950), plusieurs toiles et dessins d'Emil Nolde (1867-1956), ainsi que des objets dessinés par Walter Gropius (1883-1969), Marcel Breuer (1902-1981) et Ludwig Mies van der Rohe (1886-1969), figures majeures du Bauhaus.

★ Solomon R. Guggenheim Museum (plan 6, C1) La fondation Guggenheim a certes étendu son empire à Venise, Bilbao, Berlin et Abu Dhabi, mais le Guggenheim New York demeure son vaisseau amiral. Une institution aussi célèbre pour sa prodigieuse collection d'art moderne et contemporain que pour le joyau qui l'abrite, chef-d'œuvre de Frank Lloyd Wright (1867-1959). Le fonds du musée est d'une richesse inouïe, en particulier concernant les avant-gardes européennes du début du XXe siècle : cubisme, fauvisme, Sécession viennoise, futurisme italien, suprématisme russe, et près de 200 œuvres de Kandinsky ! Mais elle n'est présentée que très partiellement, par roulement, dans les quatre salles de l'annexe. La rotonde principale est réservée aux expositions temporaires, thématiques ou monographiques (programme sur le site Internet), souvent retentissantes mais parfois un peu pointues. Ainsi, le coût de l'entrée peut se révéler excessif pour ceux que les expos en cours rebutent… ***M° 86th St/Lexington (4, 5, 6)*** *1071 5th Ave. (à l'angle de 88th St) Tél. 212 423 3618 www.guggenheim.org Ouvert ven. et dim.-mer. 10h-17h45, sam. 10h-19h45 Fermé Thanksgiving, 25 déc. Tarif 25$, réduit 18$, -12 ans gratuit, sam. 17h45-19h45 : "Pay as you wish" (donation libre)*

La fondation Guggenheim L'Américain Solomon R. Guggenheim (1861-1949), héritier d'une fortune minière, se retire des affaires en 1919 pour se consacrer à sa passion pour l'art moderne. À la fin des années 1920, sur les conseils de la baronne Hilla Rebay, artiste allemande récemment immigrée aux États-Unis, il entame une collection d'art dit "non figuratif" – langage pictural créé par Kandinsky, dont Rebay fut la disciple, et formé de "signes" colorés. L'ensemble réuni par le mécène donne le tournis : 600 œuvres de Kandinsky, Chagall, Robert Delaunay, Léger, Modigliani, Picasso… Ces toiles sont d'abord exposées dans une suite de l'hôtel Plaza, puis Guggenheim crée sa fondation en 1937, et un premier musée en 1939, sur la 54e rue.

La Neue Galerie pratique

Un **audioguide** gratuit est disponible uniquement en VO. Une **visite guidée** gratuite (en anglais, durée 1h), est proposée du vendredi au lundi à 14h. Des **films** et documentaires liés aux expositions temporaires sont projetés chaque lundi à 16h au café Fledermaus - entrée libre. La Neue Galerie abrite deux boutiques (en accès libre). Le **Design Shop** vend des objets dessinés par les artistes du Bauhaus et des œuvres contemporaines inspirées des collections du musée. La **librairie** offre notamment une belle sélection d'ouvrages consacrés aux artistes et mouvements. *Ouvert mer.-lun. 11h-18h*

L'édifice En 1943, la fondation commande à Frank Lloyd Wright un bâtiment destiné à accueillir un fonds sans cesse grandissant. La concrétisation du projet nécessitera seize ans de travail acharné et plus de 700 croquis ! Le musée est inauguré le 21 octobre 1959 – Guggenheim est mort depuis dix ans, Wright depuis six mois… Depuis 1992, les deux rotondes du Guggenheim sont flanquées d'une annexe rectangulaire de dix étages qui accueille par roulement la collection permanente. C'est une fois la porte franchie qu'on saisit vraiment le génie de Wright, avec cette vertigineuse rampe en spirale longue de 431m qui monte vers la coupole. L'architecte voulait que les visiteurs prennent l'ascenseur jusqu'au sommet, avant de redescendre, mais certaines expositions temporaires sont organisées dans le sens inverse. La vue du niveau 6 sur les courbes de la rotonde est stupéfiante – et vertigineuse ! **La collection permanente** En perpétuelle évolution, elle est essentiellement constituée de dons privés qui couvrent une période allant de la fin du XIXe siècle à nos jours – plus de 5 000 œuvres de première importance ! D'une ampleur et d'une qualité inouïes, la collection Thannhauser compte des chefs-d'œuvre de l'impressionnisme, du postimpressionnisme et de la peinture moderne française : nombreuses œuvres de Picasso, dont *Le Moulin de la Galette* de 1900, *Fernande à la mantille noire* (1905-1906) ou la *Femme aux cheveux jaunes* de 1931. Monet, Toulouse-Lautrec, Cézanne, Renoir, Gauguin, Degas, Braque et Manet ne sont pas

BRIOCHE OU TIRE-BOUCHON ?

En 1959, le musée Guggenheim, comme toute œuvre révolutionnaire, attire les sarcasmes : on le qualifie de "tire-bouchon" ou de "brioche" ! Mais sa silhouette en spirale, coquille de nautile culminant à près de 30m, véritable sculpture en béton armé, merveille d'équilibre aux lignes d'une fluidité absolue, deviendra vite l'un des symboles de New York.

Le Guggenheim pratique

Acheter ses **billets** d'avance, sur le site Internet, rubrique "Buy Tickets", permet de couper la file (souvent longue) à l'entrée. Audioguide gratuit (guichet dans le hall), consacré aux expositions temporaires (en VO seulement), aux œuvres les plus marquantes de la collection ("Director's Pick"), et à l'architecture des lieux. Seules les deux dernières options sont disponibles en VF. Des **visites guidées** thématiques, en anglais et gratuites, sont proposées presque tous les jours, en général à 14h (cf. site Internet, rubrique "Public Tours"). L'unique **café du musée**, situé au 3e étage, n'offre qu'un choix limité de boissons et de pâtisseries, et très peu d'espace pour s'asseoir… Le **Wright Restaurant** (à droite de l'entrée principale) séduit par sa déco moderne, bien dans l'esprit des lieux, mais moins par les tarifs pratiqués et sa gastronomie…
La **boutique**, au rdc, propose catalogues des expositions, ouvrages spécialisés, objets dérivés et souvenirs. *Boutique ouverte dim.-mer. ; ven. 9h30-18h15, jeu. 11h-18h, sam. 9h30-20h30*

en reste ! Belle série de Van Gogh, dont le sublime *Paysage enneigé* de 1888. Hilla Rebay a également légué une partie de sa collection : Kandinsky, Klee, Mondrian… S'y ajoutent les legs de Karl Nierendorf (expressionnistes allemands et autrichiens, surréalistes), Katherine S. Dreier (Brancusi, Calder…), d'organismes tels que la fondation Bohen : 245 œuvres réalisées par 45 artistes contemporains – photographies, vidéos, installations…

Cooper-Hewitt Design Museum (plan 6, C1) Fondé en 1897 par les petites-filles de l'industriel Peter Cooper, ce musée est consacré à l'histoire des arts décoratifs et du design. Son fonds rassemble plus de 250 000 objets (de l'Antiquité à nos jours) : papiers peints anciens, sabres japonais, porcelaines du monde entier, croquis de Michel-Ange ou de Frank Lloyd Wright… Le tout présenté sous forme d'expositions temporaires souvent passionnantes. Après une grande opération de rénovation qui dura cinq longues années, le musée a rouvert ses portes fin 2014. L'hôtel particulier abritant le musée vaut à lui seul le détour : construit en 1901 pour l'industriel Andrew Carnegie (1835-1919), il fut la première résidence new-yorkaise à disposer d'une structure en acier, d'un ascenseur et du chauffage central. Luxe et volupté… Le café du rdc donne sur un charmant jardin, idéal pour une pause, et la boutique (en accès libre) propose une belle sélection d'ouvrages spécialisés et un vaste choix d'objets : meubles, bijoux, lampes, jouets. ***M° 86th St (4, 5, 6) ou 96th St (6)*** *2 E 91st St (entre 1st et 2nd Ave.) Tél. 212 849 8400 www.cooperhewitt.org Ouvert dim.-ven. 10h-18h, sam. 10h-21h Tarif 18$, réduit 9-12$, -18 ans gratuit*

Jewish Museum (plan 6, C1) Fondé en 1904, ce musée est installé dans un magnifique hôtel particulier de 1908, s'inspirant de l'architecture Renaissance des châteaux de la Loire. Il a pour thématique l'art et la culture juifs sous toutes leurs formes. Le 4e étage et une partie du 3e sont réservés à un parcours chronologique et thématique sur l'histoire et les traditions juives peu passionnant – informations assez clairsemées, objets présentés peu nombreux. Sans commune mesure, par exemple, avec le Museum of Jewish Heritage de Lower Manhattan (p.99)… Les expositions temporaires, en revanche, sont souvent remarquables. Programme sur le site Internet. ***96th St (6)*** *1109 5th Ave. (à l'angle de 92nd St) Tél. 212 423 3200 www.thejewishmuseum.org Ouvert sam.-mar. 11h-17h45, jeu. 11h-20h, ven. 11h-16h Tarif 15$, réduit 12$, -18 ans gratuit, jeu. 17h-20h "Pay as you wish" (contribution libre), entrée libre le sam.*

Yorkville

Ce quartier s'étend à l'est de la 3e avenue. Il tire son nom de York Avenue, mais l'importante immigration allemande, hongroise et tchèque qui y afflua du XIXe siècle jusqu'aux années 1960 lui a valu d'être appelé aussi Germantown. La 86e rue était alors baptisée le "Broadway allemand", avec ses nombreux clubs, théâtres et autres *Biergarten*. Le quartier hongrois était centré sur la 79e rue, et la 72e, terre d'accueil de la communauté tchécoslovaque, était surnommé "Bohemian Boulevard"… De cette époque subsistent plusieurs églises allemandes ou hongroises, et une poignée de restaurants et de boutiques spécialisées. La destruction du "El" de la 3e avenue en 1956 a accéléré l'embourgeoisement de Yorkville, et les tours résidentielles s'y sont multipliées, même s'il existe encore, au détour des rues (par exemple la 78e rue, entre la 2e et la 3e avenue), quelques rangées de *brownstones* et de *tenements*.

Queensboro Bridge et Roosevelt Island (plan 6, D3) Construit en 1909 dans le prolongement de la 60e rue pour relier Manhattan à Long Island City, le Queensboro Bridge est l'un des plus beaux ponts de New York, avec son architecture complexe de poutrelles métalliques et ses immenses piliers surmontés de flèches acérées. Il enjambe Roosevelt Island, île étroite et longue de 3 km. Achetée par la ville de New York en 1828, l'île accueille d'abord un asile d'aliénés et un pénitencier, qui cèdent la place, dès les années 1920, à plusieurs hôpitaux – l'île prend alors le nom de Welfare Island ("île des Soins"). En 1969, les hôpitaux laissent à leur tour la place à un vaste ensemble immobilier à loyers modérés. On accède à l'île par le métro F ou le téléphérique **Roosevelt Island Tramway** (cf. ci-dessous). À la pointe sud de l'île, le Franklin D. Roosevelt Four Freedoms Park et son mémorial, aménagés en 2012, offrent l'occasion d'une belle échappée à vélo (il est possible de prendre son vélo dans le téléphérique). Pas grand-chose à faire sur place par ailleurs – c'est une cité-dortoir –, mais plusieurs parcs bordent l'East River, notamment à la pointe nord, au pied du phare. Le Red Bus parcourt la rue principale de Roosevelt Island, et le Q102 en fait le tour complet...

UN RÉGAL DE BAGELS

Les meilleurs bagels du quartier ! Frais, avec un vaste choix de garnitures (2,50-8,95$). Mention spéciale au *cream cheese*, succulent avec un bagel au pavot (*poppy seed*)... Et aussi des soupes (6,50$) et pâtisseries. La file d'attente est parfois longue. Une annexe, Tal Bagels Express, au coin de la 84e rue et de Lexington.
Tal Bagels (plan 6, D1 n°2) *M° 86th St (Q) 333 E 86th St Tél. 212 427 6811 Ouvert lun.-sam. 5h30-22h, dim. 5h30-21h*

East River Promenade et Gracie Mansion (plan 6, D1-D2) À l'extrémité est de la 81e rue commence une longue promenade dominant la voie rapide, au bord de l'East River. Belle vue sur le Queensboro Bridge au sud et le Triborough Bridge au nord. La promenade mène au nord sur l'agréable **Carl Schurz Park** (1910). Au nord du parc, le terrain dominant les eaux agitées de Hells Gate fut racheté en 1799 par Archibald Gracie, magnat du commerce transatlantique, qui y érigea sa demeure de style fédéral, aux façades de bois et aux hautes cheminées de briques. Depuis 1942, Gracie Mansion, qu'on ne peut plus visiter depuis l'élection de Bill de Blasio, est la résidence officielle des maires de New York. *www.nyc.gov/gracie*

Prendre un tramway nommé "des airs"

☆ ☺ **Roosevelt Island Tramway (plan 6, D3)** Ce téléphérique spectaculaire, ouvert en 1976, relie la 60e rue de l'Upper East Side à Roosevelt Island, petite île étirée que l'on peut parcourir à vélo. Il appartient au réseau de transport municipal. Deux millions de personnes l'empruntent chaque année, pour le coût d'un simple ticket de métro - ou avec la Metrocard. Ses deux cabines de 109 passagers effectuent en quelque 4min ce trajet de 950m de longueur : vue impressionnante sur les gratte-ciel de Midtown et sur l'architecture magnifique du Queensboro Bridge ! *Départ de la "Tram Plaza", 60th St (à l'angle de 2nd Ave.) Départs réguliers tlj. 5h45-2h30 (3h30 le w.-e.)*

Voir les prix de l'art flamber

Sotheby's (plan 6, D2) Fondée à Londres en 1744, Sotheby's fut la première société de vente aux enchères au monde. Ouvert en 1965, le bureau de New York est désormais le QG mondial de l'auguste maison, connu pour ses ventes retentissantes : en 2008, un triptyque de Bacon venant d'une collection française y fut adjugé pour 86,3 millions de dollars, record absolu pour une œuvre contemporaine... Les ventes sont ouvertes au public : asseyez-vous au fond pour ne rien perdre de l'action, et... ne levez pas la main ! Surtout, on peut voir de près les œuvres et objets, souvent extraordinaires : visite libre pendant la semaine précédant les enchères. Le café du 10e étage est très agréable, avec sa terrasse au soleil. ***M° 68th St/Hunter College (4, 6)** 1334 York Ave. (à l'angle de 72nd St) Tél. 212 606 7000 www.sothebys.com Ouvert tlj. 10h-17h*

HARLEM, WASHINGTON HEIGHTS ET INWOOD

Si Harlem garde des souvenirs de son histoire, de l'âge d'or du jazz mais aussi des années ghetto, ce quartier du nord de Manhattan, en pleine mutation, s'uniformise socialement à mesure que l'on en réhabilite les belles maisons. À l'est, East Harlem conserve son identité hispanique, avec une forte présence portoricaine ; au nord, Washington Heights s'est transformé en ville dominicaine.

LES RENAISSANCES DE HARLEM Lors de la construction du chemin de fer, en 1837, Harlem, petit village fondé en 1658 par Peter Stuyvesant, premier gouverneur de la colonie hollandaise de La Nouvelle-Amsterdam, n'est encore qu'un havre bucolique où la bonne société vient se reposer dans de belles villas et propriétés d'agrément. Mais quand la prolongation, en 1880, du "el", le métro aérien, vient relier le quartier au centre-ville, les promoteurs flairent là une promesse de forts bénéfices, et se lancent dans une intense campagne de constructions : *tenements* au confort supérieur à ceux du bas Manhattan et *brownstones* propres à séduire les classes moyennes et supérieures voient le jour. Contre un loyer majoré, Philip Payton, un investisseur noir, recrute alors des locataires au sein de la petite bourgeoisie éduquée de Tenderloin, des Afro-Américains qu'une émeute raciale, en 1900, fait fuir. Plus qu'un quartier "coloré", Harlem est l'avant-goût d'une terre promise, malgré les conditions difficiles, "parce que tout vaut d'être sur Lenox Avenue à l'abri des Blancs" (Toni Morrison). L'effervescence de la vie culturelle laisse croire au proche avènement du "Nouveau Nègre" qui apportera ici, au cœur de la plus grande ville du monde, la preuve de l'égalité intellectuelle entre Noirs et Blancs. L'intelligentsia blanche de Manhattan s'entiche de Harlem, de son jazz, de ses bars. Mais la mixité, au quotidien, ne passe pas, surtout lorsque affluent en masse les Noirs des Caraïbes et des États du Sud, où s'intensifient une ségrégation légalisée par les Jim Craw Laws et les exactions du Klu Klux Klan (de 1900 à 1920, la population de Harlem passe de 50 000 à 150 000 hab.). Les Blancs quittent le quartier. Pour pallier le manque à gagner, les propriétaires augmentent les loyers ; pour y faire face, on se serre, dans les logements où plus un cent n'est investi et qui menacent ruine. Enfin, pour rassembler l'argent du loyer, on sous-loue ou on organise des *rent parties*, soirées où chaque invité apporte sa petite contribution. Et sitôt qu'on en a les moyens, on fuit. Pendant une petite trentaine d'années, la Renaissance de Harlem a voulu croire qu'une Amérique "racialement" pacifiée était prête à naître. Avec la crise de 1929, ses habitants entrent pour soixante ans dans un long tunnel de ghettoïsation. Au milieu des années 1970, l'état d'insalubrité est tel que des propriétaires mettent le feu à leurs immeubles pour toucher les primes d'assurance ; des milliers d'appartements sont détruits. Il faut attendre les années 1990 pour que l'horizon s'éclaire. Un premier maire noir de New York (David Dinkins), en 1989, et l'installation des bureaux de Bill Clinton au cœur de Harlem changent le regard des citadins. La pression immobilière sur le sud de Manhattan ramène la classe moyenne blanche tandis que la population noire, toujours importante, abritant notamment de récents immigrés sénégalais, part peu à peu vers des zones plus abordables. Amateurs de culture métissée, les touristes reviennent. Harlem redevient désirable avec, pour preuve, l'ouverture en 2010 d'un hôtel de luxe, le premier en ces lieux depuis près d'un demi-siècle.

MODE D'EMPLOI

orientation

Harlem est délimité à l'ouest par Morningside Ave. et 125th St, au sud par Central Park, à l'est par l'East River. **East Harlem/Spanish Harlem** descend, au sud, jusqu'à East 96th St. La limite nord est 159th St. Entre l'Hudson et la Harlem River, Washington Heights prend la suite au nord et s'étend jusqu'à Inwood, qui ferme Manhattan au nord.

accès

EN MÉTRO

Pour Central Harlem, stations 110th St, 116th St, 135th St (B, C, 2, 3) et 125th St (A, B, C, D, 2, 3). Pour West Harlem et 125th St, station 125th St (1). Pour East Harlem, stations 96th St (Q) et 103rd St (6).

EN BUS

Les lignes 101, 102 et 103 montent par East Harlem. La ligne 10 suit Central Park West, les 2 et 3 montent par Madison jusqu'au centre de Harlem et redescendent par 5th Ave. La ligne 100 parcourt 125th St et dessert Morris-Jumel Mansion et Dyckman Farm.

fêtes et manifestations

☆ **Messes Gospel** Le dimanche matin et pour les grandes fêtes religieuses, des messes (1h30 à 2h, voire plus) chantées en gospel ont lieu dans la plupart des églises de Harlem, le plus souvent à 9h ou 11h (arriver en avance). Les touristes sont admis, mais il s'agit d'un culte et non d'un spectacle, le respect est donc de mise, et si l'entrée est gratuite, une donation à la quête est conseillée. Malheureusement, les églises les plus accueillantes sont devenues excessivement touristiques, avec tout le sans-gêne qui peut en résulter... Des visites (chères) sont organisées par les hôtels. **Firth Corinthian Baptist Church** *M° 116th St (B, C) 1912 Adam Clayton Blvd / 116th St* **Canaan Baptist Church** *M° 116th St (B, C) 132 W 116th St* **Abyssinian Baptist Church** *M° 135th St (B, C, 2, 3) 136-142 W 138th St*

Cinco de Mayo Festival Défilé et animations autour de l'identité latino. *M° 116th St (6) Autour d'E 116th St Le dim. le plus proche du 5 mai*

Harlem Jazz Shrines Festival Festival consacré à la tradition du jazz à Harlem. Autour de l'Apollo Theater et de plusieurs scènes et clubs, artistes confirmés et émergents. *M° 125th St (A, B, C, D, 2, 3) www.harlemjazzshrines.org Une semaine autour de la mi-mai, billets 7-20$*

Harlem Jazz & Music Festival Concerts et spectacles divers. *M° 125th St (A, B, C, D, 2, 3) harlemweek.com De fin juillet à mi-août*

DÉCOUVRIR
Harlem

☆ **Les essentiels** Une messe gospel (cf. Mode d'emploi), l'Apollo Theater, le Studio Museum, le Museum of the City of New York **À proximité** Central Park, le Museum Mile **Sans oublier nos adresses préférées** Target, pour un plein de cadeaux made in USA, le Dinosaur Bar-B-Que pour ses *pork ribs*

De 125th Street à Marcus Garvey Park

Appelée aussi Martin Luther King Boulevard, la 125ᵉ rue, très vivante, est le principal axe commercial de Harlem, surtout pour sa partie à l'ouest de la 5ᵉ avenue. À part quelques rares repères, elle compte de plus en plus de grandes enseignes (Old Navy, H & M, Nike...), depuis que les fonds fédéraux de l'Upper Manhattan Empowerment Zone en renflouent les commerces. On y croise encore des marchands de rue – la plupart immigrés d'Afrique francophone –, proposant art africain, parfums ou contrefaçons diverses. Avec ses commerces de proximité typiques et ses grandes églises baptistes, la 116ᵉ rue conserve une atmosphère plus proche de ce que fut Harlem.

ANGELS OF HARLEM Billie Holiday, Duke Ellington, Count Basie, Charlie Parker, James Brown, Aretha Franklin..., ils sont tous passés par la scène de l'Apollo ! Avant une soirée au Showman's (p.361), où vous pourrez toucher au mythe du **jazz** new-yorkais, tentez d'assister à une **messe en gospel** (p.223), une autre façon de tutoyer le ciel.

☆ **Apollo Theater (plan 7, B1)** Depuis son ouverture, en 1914, cette salle de spectacle (fermée entre 1976 et 1986) est un bastion de la culture afro-américaine. Pourtant, à l'époque, l'entrée en était réservée aux Blancs ! La plus célèbre de ses manifestations est l'Amateur Night, le mercredi. Ce soir-là, la scène est ouverte aux aspirants musiciens, l'ambiance est électrique et bon enfant, et les révélations parfois au rendez-vous : c'est ainsi que se firent remarquer Ella Fitzgerald – qui s'y produisit quand elle avait 15 ans –, Stevie Wonder, Michael Jackson ! ***M° 125th St (A, B, C, D, 2, 3)*** *253 W 125th St (entre Adam Clayton Powell et Frederick Douglass Blvds) Tél. 212 531 5300 www.apollotheater.org*

☆ **The Studio Museum in Harlem (plan 7, B1)** Consacrées à l'art afro-américain et aux artistes influencés par la culture noire, ses expos temporaires vont de l'art populaire aux installations conceptuelles, de la peinture à la sculpture, la photographie et la vidéo. Excellente petite librairie attenante. ***M° 125th St (2, 3)*** *144 W 125th St (entre Adam Clayton Powell et Malcolm X Blvds) Tél. 212 864 4500 www.studiomuseum.org Ouvert jeu.-ven. 12h-21h, sam. 10h-18h, dim. 12h-18h Tarif 7 $, réduit 3$, -12 ans gratuit, le dim. entrée libre*

Marcus Garvey Park (plan 7, C1) Très agréable pour un pique-nique ! Le Harlem bourgeois du XIXe siècle, celui des bobos d'aujourd'hui, subsiste dans ce joli parc escarpé, où se dresse une ancienne tour de guet contre les incendies. Le côté ouest du parc est bordé par le Mount Morris Park Historic District, de belles enfilades de *brownstones*. ***M° 125th St (2, 3)*** *W 124th St et 5th Ave.*

SOUL FOOD
C'est la cuisine des États du Sud, avec son poulet frit, ses petits pains au maïs et ses gaufres aux noix de pécan (p.412). **Amy Ruth's (plan 7, B1 n°10)** *M° 116th St/ Lenox* ***(2, 3)*** *113 W 116th St*

Malcolm Shabazz Harlem Market (plan 7, C1) Petit marché couvert alimenté presque uniquement en objets d'Afrique de l'Ouest. Boubous, masques, statuettes, bijoux, on y trouve un peu de tout, mais la qualité n'est pas toujours au rendez-vous. Une surprise : la plupart des vendeurs parlent français ! ***M° 116th St (2, 3)*** *52 W 116th St (entre 5th Ave. et Malcolm X Blvd) Ouvert tlj. 10h-20h*

Autour de 135th Street

Strivers' Row (plan 11, A2) Autour des 138e et 139e rues (entre Adam Clayton Powell Jr et Frederick Douglass Blvds), ce quartier doit son nom aux *strivers*, comme on appelait ces Noirs qui réussissaient à s'installer dans les quartiers réservés à la petite bourgeoisie. Plus officiellement connu sous le nom de St. Nicholas Historic District, il a été classé pour ses maisons modèles de la fin du XIXe siècle de style fédéral voire néo-Renaissance. C'est dans ce voisinage que se dresse l'**Abyssinian Baptist Church**, réputée pour ses messes en gospel (p.224). ***M° 135th St (B, C)*** **Abyssinian Baptist Church** *136-142 W 138th St*

Schomburg Center for Research in Black Culture (plan 11, A2) Annexe de la New York Public Library, ce centre réunit les documents ayant un rapport avec la culture afro-américaine et ses sources en Afrique. Le but affiché est de rendre une identité et une fierté à cette communauté. ***M° 135th St (2, 3)*** *515 Malcolm X Blvd (entre 135th et 136th Sts) Ouvert mar.-mer. 10h-20h, lun. et jeu.-sam. 10h-18h*

East Harlem, "el Barrio"

☆ **Museum of the City of New York (plan 7, C2)** Ce passionnant musée retrace l'histoire de la ville au moyen d'une foule de documents et d'objets, photos, maquettes et reconstitutions d'intérieurs des siècles passés. L'histoire maritime et l'expansion progressive de New York sont expliquées à une échelle plus humaine, de même que celle du quotidien, à travers des jouets ou des costumes. Des expositions temporaires très originales complètent le tout. ***M° 103rd St (6)*** *1220 5th Ave. (à l'angle de 104th St) Tél. 212 534 1672 www.mcny.org Ouvert tlj. 10h-18h Tarif 18$, réduit 12$, -20 ans gratuit*

El Museo del Barrio (plan 7, C2) Vitrine de la culture latino-américaine et caribéenne à New York, ce petit musée créé en 1969 en signe d'"*empowerment*" culturel (affirmation de leurs spécificités par les groupes ethniques) vise à expliciter et promouvoir l'identité des communautés hispaniques. Expos d'artistes émergents, conférences, films. Délicieuse cafétéria. ***M° 103rd St (6)*** *1230 5th Ave. (près de 104th St) Tél. 212 831 7272 www.elmuseo.org Ouvert mer.-sam. 11h-18h, dim. 12h-17h Tarif 9 $, réduit 5$, gratuit -12 ans et le mer. pour les seniors* ***Cafétéria*** *Ouverte dim.-jeu. 8h-23h, ven.-sam. 8h-0h*

Graffiti Hall of Fame (plan 7, C2) Aménagé dans une cour d'école, cet ensemble de peintures murales a été ouvert au début des années 1980 par Sting Ray, un activiste new-yorkais qui voulait que les artistes éparpillés du graff et du graffiti aient un support commun et visible. Beaucoup de graffeurs confinés aux tunnels du *subway* ont saisi la bombe au bond. Au fil des années, ils se renouvellent, attestant l'évolution de cet art de la rue. Même si le site n'a pas la force des premières années, il reste un incontournable pour les passionnés de la culture hip-hop. ***M° 103rd St (6)*** *Angle d'E 106th St et Park Ave.*

New York graffiti tour

Flâner dans le centre de Harlem permet de voir encore nombre de graffitis, mais c'est dans **East Harlem**, outre le Graffiti Hall of Fame, que le *street art* est le plus actif. Il faut s'armer de courage et arpenter Madison et Lexington Avenues, en prenant les rues perpendiculaires, car le graff est, par définition, un art éphémère. **Williamsburg** est un autre haut lieu du graff - cf. Admirer du *street art* (p.273). Plus modestement, si l'on veut en rester à Manhattan, l'**East Village**, notamment autour d'East 2nd St, compte des œuvres intéressantes. À l'angle de Houston St et Bowery, le **Bowery Mural**, "inauguré" par Keith Haring, en 1982, se prête à une succession d'artistes, avec la complicité de la galerie The Hole.

Washington Heights et Inwood

☆ **Les essentiels** La Hispanic Society of America, The Cloisters **À proximité** Morningside Heights

Washington Heights

☆ **Hispanic Society of America (plan 11, A1)** Fondée en 1904 afin de présenter la culture hispanique, la Société hispanique est installée dans un édifice (1908) de style Beaux-Arts, abritant un intérieur grandiose et quelques trésors. Dans la grande salle à arcades du rez-de-chaussée, on admire un portrait de la duchesse d'Albe, par Goya et un buste de saint Acisclus (1680), par Pedro de Mena. Notez aussi la collection d'art sacré du Mexique et d'Équateur, ainsi que des sculptures mudéjares (XIVe et XVe siècles). Parmi les objets de culte, ne manquez pas la merveilleuse croix de procession espagnole (XIVe siècle), en cuivre et champlevé. Une vaste salle est consacrée au peintre espagnol Joaquín Sorolla (1863-1923), avec une série de très grands formats luministes illustrant des scènes du quotidien ou des fêtes populaires. Une dernière petite salle, à gauche du hall, présente l'art sacré latino-américain, avec des peintures de l'école de Cuzco (Pérou) ou des tableaux incrustés de nacre (Mexique). Au 1er étage, à gauche du palier, une série de petites salles expose mobilier, ferronnerie et céramiques. La grande galerie en surplomb aligne des tableaux remarquables, dont plusieurs Greco, des Velázquez, Ribera, Zurbarán, Murillo et Goya. ***M° 155th St (C)*** *Audubon Terrace Broadway (entre 155th et 156th Sts) Tél. 212 926 2234 www.hispanicsociety.org Fermé pour travaux jusqu'à l'automne 2019*

Morris-Jumel Mansion (plan 11, A2) Construit en 1765, ce plaisant manoir servait de résidence d'été au colonel anglais Roger Morris. Durant la guerre de l'Indépendance, sa situation stratégique, près du confluent de la Harlem River et de l'Hudson, en fit un enjeu militaire. George Washington lui-même y séjourna. Après avoir servi de Q.G. à l'armée britannique, la demeure devint une simple auberge, avant d'être rachetée et réhabilitée par des immigrants français, les Jumel. L'élégante architecture néopalladienne est nettement inspirée du style georgien en vogue en Angleterre au XVIIIe siècle. ***M° 163rd St (C)*** *Jumel Terrace (entre 160th, 162nd Sts et Edgecombe Ave.) Tél. 212 923 8008 www.morrisjumel.org Ouvert mar.-ven. 10h-16h, sam.-dim. 10h-17h Tarif 10$, réduit 8$, -12 ans gratuit*

Jumel Terrace Historic District (plan 11, A2) À l'ouest de Morris-Jumel Mansion, ce minuscule quartier a été classé pour ses quelques rangées de maisons en bois presque intactes. La partie la plus spectaculaire, Sylvan Terrace, est bordée de maisonnettes à deux étages (1882-1883), dont les balcons en bois tourné, les petits auvents et les couleurs, vert, crème et marron, évoquent un New York définitivement évanoui. Initialement, cette ruelle correspondait au chemin d'accès au manoir. ***M° 163rd St (C)*** *Jumel Terrace*

Inwood

☆ **The Cloisters (plan 11, A1)** Installé en pleine nature, dominant les berges sauvages de l'Hudson, ce "faux" monastère, construit entre 1934 et 1938, est né de la passion de deux hommes. Le premier, George Barnard, féru d'art médiéval, avait rassemblé, en grande partie dans le sud de la France, une stupéfiante collection de sculptures et de vestiges architecturaux. Le second, John D. Rockefeller Jr, avait les moyens financiers de mettre le tout en valeur : il donna au Metropolitan de quoi acheter les collections de Barnard, un terrain pour écrin et, pour faire bonne mesure, ajouta des œuvres qui lui appartenaient. Le résultat est cet étonnant musée d'art médiéval, où sont reconstitués des pans entiers d'églises, de chapelles et de cloîtres (d'où son nom), témoins d'une histoire de l'art que les États-Unis ne possèdent pas sur leur sol. Si l'on est parfois mal à l'aise devant ces énormes pans du patrimoine européen reconstruits à New York, force est de s'émerveiller devant la qualité des installations et le charme indéniable de leur présenta-

Le *best of* d'une New-Yorkaise !

Leslie Price, journaliste de mode à New York, a sélectionné la plupart des adresses "shopping" contenues dans ce guide. Ses endroits préférés de la Big Apple seront-ils aussi les vôtres ?

Sites

Brooklyn Bridge (p.89), pour ce qu'il est, un chef-d'œuvre, et ses vues sur Manhattan et Brooklyn.
Governors Island (p.97) : un vélo, un pique-nique, et... du calme !
Chelsea Market (p.145), pour une flânerie gourmande.

Shopping

J. Crew Men's Shop... (p.293) : gardons l'oeil sur ce qui est de rigueur.
INA (p.308), un trésor de dépôt-vente où chiner des pièces griffées.
ABC Carpet & Home (p.312), LA source d'inspiration côté déco.

Restaurants

Locanda Verde (p.376), pour ses incroyables *pastas* maison.
Balthazar (p.379), haut lieu du *peoplewatching*, pour son côté bistrot indémodable.

Bars et cafés

Ear Inn (p.336), pour l'ambiance rigolote de ce vieux petit troquet resté dans son jus.
Epistrophy (p.337) : l'été, ce café chic ouvre grand portes et fenêtres pour faire entrer la brise des beaux jours - idéal pour un verre de vin sur bruschetta !

Et puis aussi...

Bryant Park Grill (p.404), pour son toit-terrasse (l'été), fantastique endroit où siroter une margarita.
Barney Greengrass (p.406) Dîner dans ce cadre désuet vous transporte dans un film de Woody Allen des années 1970.
Vinegar Hill House (p.415), pour sa cuisine US (à base de denrées locales), son décor rustico-bobo et un merveilleux *garden space* où dîner aux beaux jours.

tion. Le musée s'organise en deux axes : les reconstitutions d'édifices et les galeries des collections. Les **reconstitutions** couvrent surtout la période romane avec, rapportés d'Europe, des chapiteaux sculptés, des portails et des reconstructions de la chapelle de Fuentidueña (1160), du cloître de Saint-Guilhem-le-Désert (fin du XIIe s.) au nord-ouest de Montpellier, du cloître de Cuxa (vers 1150), issu du monastère pyrénéen de Saint-Michel-de-Cuxa, de la salle capitulaire de Pontaut, récupérée dans une abbaye landaise, du cloître de Bonnefont (XIIIe-XIVe s.), abbaye cistercienne du Comminges, et, enfin, du cloître de Trie-sur-Baïse (fin XVe s.), dont les chapiteaux décorés de scènes de la vie de Jésus sont remarquables. Les **collections**, dispersées dans le musée ou rassemblées dans des salles spécifiques, incluent des joyaux de l'art médiéval, vitraux, retables, statues, tapisseries rares, dont *La Chasse à la licorne*, tenture de sept pièces (Bruxelles, v. 1500), et art sacré, avec des ustensiles délicats, de beaux émaux cloisonnés de Limoges, des reliquaires et des croix. ***M° 190th St (ligne A)*** *99 Margaret Corbin Drive Fort Tryon Park Tél. 212 923 3700 www.metmuseum.org Ouvert mars-oct. : tlj. 10h-17h15 ; nov.-fév. : tlj. 10h-16h45 Billet combiné avec le Metropolitan Museum (le même jour) Tarif (prix suggéré) 25$, réduit 17$, -12 ans gratuit*

Fort Tryon Park (plan 11, A1) Ce grand parc verdoyant domine l'Hudson et offre de bien agréables pelouses pour un pique-nique. Il entoure Fort Washington, au point le plus élevé de Manhattan. Durant la révolution américaine, ce bastion révolutionnaire fut le cadre d'une bataille épique, au cours de laquelle 8 000 soldats anglais finirent par le reprendre. ***M° 190th St (A)*** *www.nycgovparks.org*

Dyckman Farmhouse Museum (plan 11, A1) Difficile, avec la circulation et la station-service en face, de s'imaginer ce que devait être le charme de cet endroit quand la ferme fut bâtie, en 1784, par des colons hollandais. C'est la seule qui subsiste à Manhattan de cette période. La visite révèle les conditions de vie du début du XIXe siècle, quand une dizaine de personnes vivaient dans la maison. On découvre successivement le salon, la cuisine d'hiver et deux chambres, le tout aménagé et décoré dans l'esprit de l'époque. Le petit jardin, bien que très plaisant, n'est qu'un décor. ***M° Dyckman St (A)*** *4881 Broadway (à l'angle de 204th St) Tél. 212 304 9422 www.dyckmanfarmhouse.org Ouvert ven.-dim. 11h-17h (hiver : ven.-sam. 11h-16h) Donation suggérée*

Inwood Hill Park (plan 11, A1) Si vous voulez voir la nature à New York, voici l'endroit rêvé ! Lové à l'extrême nord de Manhattan, au confluent de l'Hudson et de la Harlem River, là où les Indiens Lenape vivaient sous des surplombs rocheux avant la colonisation, ce vaste parc est le plus sauvage de la *city* ! C'est la seule forêt naturelle de Manhattan, et ses marais salins accueillent une foule d'oiseaux. ***M° 207th St/Inwood (A) ou 215th St (1)*** *www.nycgovparks.org*

Financial District (p.93), Lower Manhattan.

À l'heure du baseball, dans Central Park (p.196).

20
CLEMENTE
21

Vue sur le Chrysler Building (p.157), à hauteur de la 42e rue.

10 à 15 000 citernes d'eau sont disséminées sur les toits new-yorkais.

Midtown (p.154) et (p.161), vu du New Jersey.

Central Park (p.196), pour une bouffée de chlorophylle.

Times Square (p.165), Midtown West.

MORMON
WINNER 9 TONY AWARDS
advertising
I hate my teenage daughter
WED 11/30 9:30 FOX 5
PALACE
Disney
NYPD

La High Line (p.142) et (p.145), promenade préférée des New-Yorkais.

Street art, ou quand l'art fait le mur (p.226).

Wonder Wheel, la grande roue de Coney Island (p.273), Brooklyn.

Sous la haute voûte de la salle des pas perdus de Grand Central (p.156), Midtown East.

TICKET MACHINES

La statue de la Liberté (p.101), au large de Lower Manhattan.

Façades de Chinatown (p.113), dans le sud de Manhattan.

Chef's Table at Brooklyn Fare (p.416), Brooklyn.

Central Park et l'Onassis Reservoir (p.200), bordés par les buildings d'Uptown.

Chinatown (p.113), aux échoppes et restaurants dépaysants.

EASTERN DRIVING SCHOOL 政府註冊
TEL:(212)219-2803
華福旅行社
302室
廣州駕駛學校
華福旅行社
中美職業介紹所
ASIA EMPLOYMENT AGENCY
212-941-7417
大酒樓
大酒樓
AI-ZHEN FOO CHOW RESTAURANT
歡迎預定全年酒席
ONE WAY

BROOKLYN

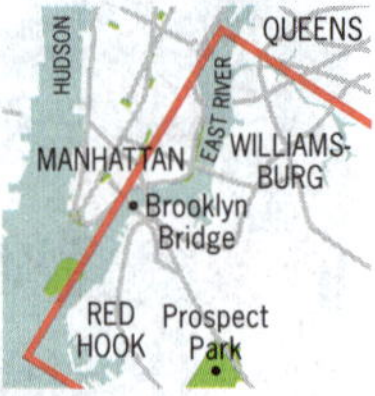

Par-delà l'East River, Brooklyn a plus à offrir que des vues fabuleuses sur la *skyline* de Manhattan : c'est une autre ville, le vrai New York vous diront, avec leur accent légendaire, ses habitants ! C'est surtout le "nouveau" New York, là où se créent toutes les tendances, qu'il s'agisse d'art, de mode ou de simple *way of life*. Une atmosphère vibrante à goûter au détour de rues arborées et de vieux *brownstones*, d'entrepôts arty et de cafés bohème, de boutiques so hype, vintage ou eco-*friendly* et de restos so *cool* – les meilleurs de *Big Apple*. Il suffit de passer le pont !

MODE D'EMPLOI

orientation

Brooklyn occupe l'extrémité ouest de l'immense île de Long Island, délimitée à l'ouest par l'East River, au nord et à l'est par Queens, et au sud par... l'Atlantique. Les quartiers touristiques se trouvent sur la frange occidentale de Brooklyn, le long de l'East River. Au nord, **Williamsburg** se déploie au pied du pont du même nom, jusqu'à la Newton Creek qui sépare **Greenpoint** de Long Island City (Queens). Plus au sud, au pied du Brooklyn Bridge, se trouvent **DUMBO**, **Brooklyn Heights** et **Downtown Brooklyn**. En poursuivant vers le sud, on accède à **Cobble Hill** et **Boerum Hill**, **Carroll Gardens**, qui forment le quartier de **BoCoCa**, puis **Red Hook**. À l'est de BoCoCa, Prospect Park est bordé par **Park Slope** à l'ouest et **Prospect Heights** au nord. À l'extrême sud-ouest, enfin, s'étendent les plages de **Coney Island**...

accès

À PIED

De Manhattan, la traversée du Brooklyn Bridge, doté de pistes piétonnes et cyclables, et du Williamsburg Bridge est l'idéal pour gagner Brooklyn : vues spectaculaires à la clé !

EN MÉTRO

Les quartiers touristiques de Brooklyn, desservis par plusieurs lignes, se trouvent tous à moins de 30min de Manhattan. La ligne G relie Long Island City (Queens) au nord à BoCoCa au sud, via Williamsburg et Fort Greene.

EN BUS

Peu pratique depuis Manhattan, c'est en revanche une bonne solution à l'intérieur de Brooklyn, car les distances sont longues d'un site ou d'un quartier à l'autre... Utiles, la ligne 62 qui relie Greenpoint et Williamsburg au nord à Downtown Brooklyn au sud, et la 61, entre BoCoCa et Red Hook, puis Prospect Park. Consultez la Brooklyn Bus Map, disponible dans les stations MTA.

À VÉLO ET EN BATEAU

NYC Ferry Liaisons en bateau au départ de l'E 34th St (Midtown East) et du Pier 11 à hauteur de Wall St (Lower Manhattan) vers Brooklyn (le nord avec la ligne East River, le sud avec la ligne South Brooklyn), avec plusieurs arrêts pour chaque liaison.

Toutes les 20 à 30min de 6h à 23h environ. Tarif aller 2,75$ plus 1$ par vélo. *www.ferry.nyc (horaires en ligne)*
Ikea Express Inoubliable mais peu pratique, l'arrivée en bateau à Red Hook, cf. ci-contre.
Plusieurs loueurs de vélo dans le sud de Manhattan et à Brooklyn :
Bike and Roll *Tél. 212 260 0400 http://bikenewyorkcity.com*
Ride Brooklyn *Tél. 347 599 1340 (Park Slope) ou 718 387 2453 (Williamsburg) ridebrooklyn.com*
Brooklyn Bridge Bike Rental *Tél. 212 767 1773 brooklynbridgebikerent.com*

QUARTIER PAR QUARTIER

La meilleure manière de se rendre à **DUMBO et Brooklyn Heights** est de traverser le Brooklyn Bridge. En métro, stations York St (F) et High St (A, C) pour DUMBO ; Clark St (2, 3) et Court St (N, R) pour Brooklyn Heights. Les lignes de métro 2, 3, 4 (et B, Q, F, G pour Prospect Park) desservent les principales attractions de **Prospect Park** (Prospect Park, le Brooklyn Museum et Brooklyn Botanic Garden). Pour **BoCoCa**, visez les stations de métro Bergen St, Carroll St ou Smith St/9th St (F, G). Pour **Red Hook**, prévoyez une petite marche de... 20min (!) à partir de la station de métro la plus proche ; sinon, de BoCoCa (Atlantic Ave. et Columbia St), prenez le bus B61 qui dessert Van Brunt St – mais de Manhattan, le mieux est de prendre le **NYC Ferry** ou le **bateau-taxi** (Ikea Express). **Williamsburg** occupe l'extrémité nord-ouest de Brooklyn, entre Newton Creek au nord, Flushing Ave. au sud et Bushwick Ave. à l'est. L'idéal est d'arriver à pied ou à vélo de Delancey St (East Village), via le Williamsburg Bridge. La piste cyclable du Brooklyn Waterfront longe l'East River vers le nord et Greenpoint. La ligne L dessert le cœur du quartier (Bedford Ave.). Au sud, la station Marcy Ave. (J, M, Z). La ligne G relie Greenpoint et East Williamsburg au sud de Brooklyn. Enfin, on accède aux plages de New York, à **Coney Island**, en métro, par les lignes D, F, N, Q.
Ikea Express (New York Water Taxi) *Pier 11, Wall St, Manhattan www.nywatertaxi.com/commuters/ikea/ Horaires Lun.-ven. 14h-19h15, ttes les 45min ; sam.-dim. 11h30-20h40, ttes les 50min (horaires en ligne) Tarif 5$, -5 ans gratuit, gratuit pour tous le w.-e.*

informations touristiques

New York Times, *Time Out* et *Village Voice* répertorient les événements culturels. Le site www.wagmag.org donne l'actualité des galeries.

accès Internet

Internet Garage À Williamsburg, possibilité d'imprimer des documents. *132 N 5th St Tél. 718 486 0059 internet-garage.com Ouvert tlj. 9h-0h Copie ou impression 1$/page couleur*

marchés

Sous l'appellation de Brooklyn Flea, trois marchés aux puces majeurs. *brooklynflea.com*
Smorgasburg Winter Flea En hiver, le marché se tient sous une halle couverte de Fort Greene. Outre la traditionnelle brocante, il est particulièrement fourni en stands de petite restauration et de gastronomie du terroir. ***M° Atlantic Ave./Barclays Center (2, 3, 4, 5, D, N, R)*** *1 Hanson Pl. brooklynflea.com, www.smorgasburg.com Début nov.-fin mars : sam.-dim. 10h-18h*
☺ **Fort Greene Flea Market** Le plus important des marchés aux puces de Brooklyn. ***M° Lafayette Ave. (C) ou Clinton / Washington Aves (G)***

DÉCOUVRIR NEW YORK

176 Lafayette Ave. (entre Clermont et Vanderbilt Aves) www.brooklynflea.com Avr.-nov. : sam. 10h-17h (et tlj. 15-24 déc.)

Dumbo Flea Market Près du Brooklyn Bridge, brocante et petite gastronomie. ***M° York St (F)*** *Pearl St / Water St Avr.-nov. : dim. 10h-17h*

Williamsburg Smorgasburg *East River State Park 90 Kent Ave. www.smorgasburg.com Avr.-nov. : sam. 11h-18h*

fêtes et manifestations

Festival Sakura Matsuri Trois jours durant, le Botanic Garden célèbre les traditions japonaises. *Prospect Park www.nybg.org Début mai*

Celebrate Brooklyn ! L'un des meilleurs festivals de NYC : concerts, films en plein air... *Prospect Park, scène couverte du Bandshell www.bricartsmedia.org Déb. juin-déb. août Accès libre*

Mermaid Parade Ce défilé carnavalesque (un seul thème : l'Océan !), qui remonte chaque année les avenues et la promenade de Coney Island, est l'un des plus délirants de New York. *Coney Island www.coneyisland.com Mi-juin*

SummerStage Le grand festival de New York (concerts, spectacles gratuits) s'étend jusqu'à Brooklyn, notamment sur les quais de Williamsburg. *www.summerstage.org Juin-sept.*

Movies with a View Festival de cinéma gratuit, en plein air, au pied du Brooklyn Bridge ! *www.brooklynbridgepark.org Juil.-sept., films vers 20h30 DUMBO*

Brooklyn Film Festival Plus de 100 films indépendants du monde entier projetés en une semaine, et films pour enfants le dim. de clôture. *www.brooklynfilmfestival.org Déb. juin, à Williamsburg et Brooklyn Heights*

West Indian-American Day Parade Cet immense défilé (le plus grand de New York avec 2 millions de participants !), bruyant et haut en couleur, a des allures de carnaval de Trinidad ! *Prospect Park Grand Army Plaza (en face de Prospect Park) www.wiadca.com Le 1er lun. de sept. (Labor Day)*

Atlantic Antic Immense marché aux puces (sur plus de 2km !) sur Atlantic Ave., alors fermée à la circulation. *www.atlanticave.org Au début de l'automne*

☆**Next Wave Festival** Organisé par la Brooklyn Academy of Music (BAM), il met à l'honneur l'avant-garde de la musique, de la danse et du théâtre. *www.bam.org Sept.-déc.*

DÉCOUVRIR

☺ DUMBO et Brooklyn Heights

☆**Les essentiels** Le festival Next Wave de la BAM (cf. Mode d'emploi) et la promenade de Brooklyn Heights **À proximité** BoCoCa **Sans oublier nos adresses préférées** Le River Café et sa vue sublime pour un dîner exceptionnel en tête-à-tête

Il est agréable de flâner en ces lieux, des galeries d'avant-garde, bars et restos branchés de DUMBO aux vieilles demeures de Brooklyn Heights, d'autant que vous trouverez, sur les bords de l'East River et le long de la promenade suspendue, les plus beaux points de vue sur Manhattan et le pont de Brooklyn ! DUMBO se limite aux quelques rues situées sous les rampes d'accès du Manhattan Bridge et sur les quais de l'East River. Le promontoire de Brooklyn Heights, au sud, entre les quais et les tours de

Downtown Brooklyn, est accessible à pied de DUMBO en empruntant vers l'est Old Fulton St (en face du ponton du Fulton Ferry), et en remontant sur la droite Columbia Heights St.

DUMBO

L'acronyme DUMBO, pour *Down Under the Manhattan Bridge Overpass* (littéralement, "sous la rampe d'accès au pont de Manhattan"), fut créé par les artistes qui, dans les années 1980, réhabilitèrent cet ancien quartier industriel, limité à une poignée de rues au pied du Manhattan Bridge – principalement **Jay Street, Front Street** et **Plymouth Street**. Pensaient-ils ainsi dissuader les promoteurs immobiliers ? Peine perdue ! Malgré le vacarme des voitures et métros aériens qui "survolent" le quartier, ses lofts luxueux sont fort prisés des yuppies et autres membres de la jet-set... Il est vrai que ses restaurants branchés, ses galeries et ses clubs méritent le détour, de même que la superbe vue que l'on a des pelouses de l'**Empire-Fulton Ferry State Park** (entre les deux ponts). En bordure orientale de DUMBO, **Vinegar Hill** conserve quelques demeures centenaires, notamment à l'angle d'Hudson Street et Water Street.

☺ **Fulton Ferry Historic District (plan 8, B1)** Au pied du Brooklyn Bridge, c'est l'ancien débarcadère du fameux vapeur qui, mis au point par Robert Fulton, relia Manhattan à Brooklyn dès 1814. En 1868, la ligne transportait 50 millions de passagers par an ! Mais le pont, achevé en 1883, rendit caduc ce service, arrêté finalement en 1924. Aujourd'hui, le site réserve une vue magnifique sur les gigantesques piles de pierre et les câbles d'acier de ce chef-d'œuvre du génie civil qu'est le Brooklyn Bridge (p.89) et sur les gratte-ciel de Lower Manhattan, qui se dressent en face, presque à portée de main... On passerait des heures sur le ponton à laisser errer son regard ! Sur les rambardes, au bout du quai, un extrait du poème de Walt Whitman – enfant de Brooklyn –, *Crossing Brooklyn Ferry* (1900). À droite, le mythique **River Café** (p.416), à gauche, Bargemusic, salle de concert flottante à l'excellente programmation. **Bargemusic** *www.bargemusic.org*

Tout un monde

Avec plus de 2,5 millions d'habitants, Brooklyn (186km²) formerait à lui seul la 4e ville des États-Unis ! Sa population bigarrée s'est constituée au fil des vagues d'immigration : Hispaniques et juifs Hassidim de Williamsburg, Polonais de Greenpoint, Afro-Américains de Bedford-Stuyvesant, Haïtiens et Jamaïcains de Crown Heights, Ukrainiens de Little Odessa (Brighton Beach)... D'énormes disparités sociales divisent ces communautés, entre les enclaves huppées de Park Slope ou de Brooklyn Heights et les quartiers délabrés d'East New York et Brownsville, dont la moitié de la population vit au-dessous du seuil de pauvreté.

GEOPLUS

Un jour à Brooklyn

Du Brooklyn Bridge et sa vue sur Manhattan aux soirées arty décalées de Williamsburg, des séances photos sous les ponts aux sarcophages du Brooklyn Museum, sans oublier une échappée vers la plage et les devantures kitsch de Brighton Beach !

MATIN

9h **Brooklyn Bridge** (p.89), (p.261) Rendez-vous tôt sur le pont pour admirer le soleil matinal sur les tours de Lower Manhattan.

10h **Brooklyn Heights** (p.258) Passé le pont, empruntez la Brooklyn Heights Promenade, avec vue sur la *skyline* de Manhattan.

11h **DUMBO** (p.259) Au pied du Brooklyn Bridge, quartier de lofts, d'anciens entrepôts et de galeries d'art, niché entre deux ponts.

11h30 **Pause gourmande** Cookies chez Almondine (p.261) ou glace à la Brooklyn Ice Cream Factory (p.261).

12h **Brooklyn Bridge Park** (p.261) Une plage, des pelouses, et une vue époustouflante du Brooklyn Bridge sur fond de Manhattan.

13h **Grimaldi's** (p.415) Une pizza touristique et savoureuse.

APRÈS-MIDI BALADE

14h30 **Coney Island** (p.273) Après une petite heure de métro, voici la plage de New York, avec sa grande roue, ses stands de hot-dogs et sa promenade sur les planches.

> CONSEIL En avril-mai : ne manquez pas de visiter le Brooklyn Botanic Garden, quand les dizaines de cerisiers du Japon sont en fleur.

16h **Brighton Beach** (p.273) La plage du quartier juif ukrainien et russe, le célèbre Little Odessa.

17h **Little Odessa** (p.273) Sous le métro aérien, une longue rangée d'épiceries juives et de boutiques aux enseignes russes.

OU BIEN APRÈS-MIDI VISITES

14h30 **Brooklyn Museum** (p.267) Si vous préférez l'art, foncez visiter ce magnifique musée !

16h **Brooklyn Botanic Garden** (p.269) Plusieurs espaces à thème, dont le sublime jardin japonais.

17h **Balade à Park Slope** (p.270) Ce quartier cossu concentre de belles maisons victoriennes le long de Prospect Park West. Faites un peu de shopping sur la 5e avenue.

SOIRÉE

18h30 **Williamsburg** (p.272) Flânez entre Bedford Ave. et Berry St, jetez un coup d'œil aux entrepôts devenus galeries ou boutiques.

19h30 **East River State Park** (p.272) Encore une esplanade sur l'East River, pour voir le soleil se coucher derrière Manhattan.

20h30 **Rye** (p.353) Cocktail et dîner romantique.

22h **Des bars et des boîtes** Williamsburg est l'endroit le plus ébouriffant pour passer la soirée, de Bembe au Barcade et à la Knitting Factory (p.366).

Brooklyn Bridge Park (plan 8, B1) Inauguré en 2010, ce parc s'étire sur 2km au sud de l'ancien débarcadère du Fulton Ferry. Ses allées bordées de grandes pelouses, et l'esplanade au bord de l'eau ménagent également un panorama fabuleux : les deux ponts ; à droite dans le lointain, les sommets de l'Empire State Building et du Chrysler Building ; en face, Pier 17 et ses vieux gréements écrasés par les tours de Downtown ; à main gauche, Governors Island et, au loin, la statue de la Liberté ! Ce parc intègre les quais situés plus au sud (Piers 1, 2, 5 et 6), jusqu'à Atlantic Avenue : terrains de sport, pelouses, piscine, marina, ponton pour voiliers anciens, sans oublier les condominiums qui s'ajouteront à ceux du One Brooklyn Bridge Park. *www.brooklynbridgeparknyc.org Ouvert tlj. 6h-1h Pier 2 6h-20h, Piers 5 et 6 6h-23h*

PASSER LE PONT ET SE FAIRE UNE TOILE... DE FOND
De Manhattan, le meilleur moyen de se rendre à Brooklyn est d'emprunter, à pied, le **Brooklyn Bridge** : avec la statue de la Liberté et l'Empire State Building, la balade sur le pont est emblématique de New York, à ne manquer sous aucun prétexte ! L'été, au pied du pont, les séances de cinéma en plein air, avec Manhattan pour toile de fond, sont magiques - cf. fêtes et manifestations (p.258) !

Jane's Carousel (plan 8, B1) Superbement situé au pied du pont de Brooklyn, dans Brooklyn Bridge Park, cet antique carousel (1922) de Philadelphie a été racheté par David Walentas (le promoteur immobilier qui s'est offert une vraie *success story* en misant sur la reconversion des entrepôts du quartier) puis restauré par sa femme... Jane. Invité à DUMBO par les mêmes Walentas pour y concevoir un hôtel, Jean Nouvel dut finalement se contenter d'édifier le pavillon de verre qui abrite le manège, la ville s'étant opposée au projet. Inauguré en 2011, le carousel tourne malgré tout l'une des premières pages du grand projet de réhabilitation des berges ! *Brooklyn Bridge Park janescarousel.com Ouvert mi-mai-début oct. : mer.-lun. 11h-19h ; début oct.-mi-mai : jeu.-dim. 11h-18h Billet 2$, 12 billets 20$ Les enfants de moins de 3 ans et de moins d'1m doivent être accompagnés*

Où savourer une *ice cream*, des cookies ?

Brooklyn Ice Cream Factory (plan 8, B1 n°2) Installée sur le ponton du Fulton Ferry, dans une pittoresque bâtisse des années 1920, surmontée d'une tour de guet - une ancienne caserne des pompiers de la brigade fluviale -, cette *factory*-là concocte les meilleures glaces de New York ! Huit parfums seulement (mais qui changent régulièrement), classiques mais préparés avec soin : un délice. Mention spéciale aux parfums *vanilla with chocolate chunks* et *pecan butter*. En cône ou en gobelet, un *scoop* (une boule, 4$) suffit ! À déguster sur les bancs du ponton, en admirant le ballet des bateaux et la *skyline*... ***M° High St (A, C)*** *1 Water St Tél. 718 246 3963 Ouvert tlj. 12h-22h*

Almondine (plan 8, B1 n°1) Boulangerie-pâtisserie idéalement située au pied du Brooklyn Bridge, à deux pas de l'Empire-Fulton Park. Sandwichs de pain frais copieux et savoureux, soupes du jour, pâtisseries et viennoiseries à la française, cookies, café... ***M° York St (F)*** *85 Water St (entre Main et Washington Sts) Tél. 718 797 5026 www.almondinebakery.com Ouvert lun.-sam. 7h-19h, dim. 9h-18h*

A "*big mistake*" ?

Même si les Hollandais sont présents dès les années 1620, le village de Breuckelen n'est officiellement fondé qu'en 1646. La région reste essentiellement rurale jusqu'à la fin du XVIIIe siècle. En 1776, elle est le théâtre du premier soubresaut de la guerre révolutionnaire contre les Anglais, la bataille de Long Island (ou bataille de Brooklyn) : les troupes de Washington sont contraintes à la retraite et traversent l'East River de nuit pour se réfugier à New York. La création, en 1806, du chantier naval Brooklyn Navy Yard, et l'ouverture, en 1814, d'un service de bacs à vapeur avec Manhattan entraînent la colonisation du petit promontoire de Brooklyn (Brooklyn Heights), d'abord par une poignée de riches New-Yorkais désireux d'échapper à la frénésie de leur ville. En 1834, sur les 30 000 habitants que compte déjà Brooklyn, près de la moitié sont nés à l'étranger. Mais c'est dans les années 1840-1850 que déferle la première grande vague d'immigration – principalement des Irlandais et des Allemands. Les bords de l'East River attirent alors un nombre croissant de manufactures demandeuses de main-d'œuvre. En 1860, Brooklyn est la 3e ville des États-Unis, avec 270 000 habitants. Bientôt, Prospect Park sera achevé, ponctué, à l'ouest, de belles demeures alignées le long de rues escarpées. Après la guerre de Sécession, la florissante Brooklyn devient un important pôle industriel, et les grandes sucreries de Williamsburg emploient des milliers de travailleurs immigrés. L'inauguration du pont de Brooklyn, en 1883, accélère encore l'essor de la ville qui va absorber une partie de la seconde vague d'immigration (en provenance, cette fois, d'Europe centrale et méditerranéenne). Tandis que son équipe de baseball, les Dodgers, remporte son premier championnat, Brooklyn inaugure sa première ligne de tramway électrique ; puis, elle est intégrée à New York City en 1898 – une "big mistake" pour certains – et continue de croître (1 million d'hab. en 1900) en se rapprochant toujours davantage de Manhattan – aux ponts de Williamsburg (1903) et de Manhattan (1909) s'ajoute le métro (1908). Durement frappée par la Dépression, l'industrie locale profite pleinement de l'effort de guerre en 1939-1945 : près de 70 000 ouvriers travaillent jour et nuit au chantier naval. Mais un lent déclin s'amorce à l'orée des années 1950, qui voient l'activité portuaire de New York transférée dans le New Jersey – le Brooklyn Navy Yard fermera en 1966. Petit à petit, les familles blanches aisées migrent vers le sud de Brooklyn alors que, depuis les années 1970, Afro-Américains et Hispaniques voient leurs conditions de vie se dégrader dans le reste du *borough*. Comme ailleurs, le renouveau des vieux quartiers de l'Ouest, avec entrepôts vides et *brownstones* à retaper, attire une nouvelle vague de citadins venus de Manhattan depuis les années 2000.

Prendre sa dose d'art contemporain DUMBO compte plus d'une vingtaine de galeries, pour la plupart sur Front Street et Washington Street, le complexe du 111 Front Street en rassemblant treize à lui seul ! L'immense théâtre du St. Ann's Warehouse, installé depuis 2001 dans une ancienne usine d'épices, est réputé pour sa programmation originale, entre théâtre et rock – Marianne Faithfull, Lou Reed, David Bowie s'y sont produits...
111 Front Street Galleries *M° High St (A, C) 111 Front St www.safetgallery.com*
St. Ann's Warehouse *38 Water St stannswarehouse.org*

Brooklyn Heights et Downtown Brooklyn

On accède à la principale attraction du quartier, ★**Brooklyn Heights Promenade**, en remontant les quais de Fulton Ferry District jusqu'à Columbia Heights ; prendre à droite au niveau de Cranberry Street. Suspendue au-dessus de la Brooklyn-Queens Expressway, cette esplanade spectaculaire, élevée en 1950 – une manière pour les autorités de faire accepter la construction de cette autoroute – réserve le plus beau panorama que l'on puisse avoir sur New York avec l'East River et le pont de Brooklyn, la *skyline* de Lower Manhattan, la statue de la Liberté… Comme dans l'ouverture du *Manhattan* de Woody Allen ! Quittez la Promenade au sud par Remsen Street, et remontez la rue jusqu'à l'intersection de Henry Street pour rejoindre **Our Lady of Lebanon**. Achevée en 1846, de style néoroman, cette ancienne église épiscopalienne, devenue cathédrale maronite en 1977, est connue pour ses magnifiques portes en bronze ornées de médaillons en bas-relief (entrées ouest et sud) figurant des villes normandes : ce sont là des vestiges du mythique *Normandie* qui fut détruit par un incendie sur son appontement de l'Hudson en 1942. Profitez-en pour faire un minidétour en bordure de **Downtown Brooklyn** – le quartier, centre civique (Brooklyn Borough Hall) et économique de Brooklyn, qui concentre la quasi-totalité des tours modernes de Brooklyn (dont la plus haute du *borough*, le Brooklyner), n'offre par ailleurs pas grand intérêt. Juste en face de Remsen Street, l'édifice du Brooklyn Borough Hall (*209 Joralemon St*), l'ancienne mairie de la ville de Brooklyn et son plus vieil édifice public, construit en 1848 dans un style néoclassique assez pompeux – ici, on dit "Greek Revival" ! Deux rues plus bas se trouve le New York Transit Museum (p.264). Retournez sur vos pas et regagnez **Montague Street** : l'artère principale de Brooklyn Heights rassemble les principaux commerces, cafés, restaurants, et de superbes immeubles du XIXe siècle, réservés alors à la classe moyenne – les temps ont bien changé ! Voir notamment, aux nos 111-113 et 115-117, deux beaux immeubles de style Queen Anne (1885) ; au n° 105, le Montague (1885), de même style ; au n° 62, l'immeuble Arlington (1887). À l'extrémité ouest de la rue, sur Pierrepont Place, deux *brownstones* comptant parmi les plus remarquables de New York – aux nos 2 et 3. Prendre à droite sur Pierrepont Street, qui rassemble plusieurs demeures imposantes dont, au n°128, le superbe édifice néo-Renaissance de la **Brooklyn Historical Society** (1881), institution proposant, outre un petit musée consacré à l'histoire de Brooklyn, visites guidées, conférences, concerts. Les rues situées au nord, notamment **Willow Street**, à l'ouest, abritent aussi de beaux hôtels particuliers. À l'angle nord-est de Clark Street se dresse la haute tour d'un immeuble néoroman de 1925. Les lecteurs de Truman Capote jetteront un coup d'œil à la maison du n° 70 : l'écrivain occupa l'appartement du sous-sol

BAM !
L'hyperactive Brooklyn Academy of Music est l'une des institutions culturelles les plus palpitantes de NYC. Si son Next Wave Festival est un must - cf. fêtes et manifestations (p.258) -, ne manquez pas son cinéma ni les concerts (R'nB, électro, folk...) du BAMCafé (p.365). **BAM (plan 9, D1 n°61)** *M° **Atlantic Ave./Pacific Ave. (B, D, N, Q, R, 2, 3, 4, 5)** 30 Lafayette Ave. www.bam.org*

de 1955 à 1965 et y écrivit *Petit déjeuner chez Tiffany* et les premières moutures de *De sang-froid*. Enfin, faites un détour par Orange Street où subsiste, entre Henry Street et Hicks Street, l'auguste façade de la Plymouth Church of the Pilgrims (1849) : c'est là qu'Henry Ward Beecher, qui en fut le pasteur de 1847 à 1887, prononça ses célèbres prêches antiesclavagistes. **Brooklyn Historical Society** *128 Pierrepont St / Clinton St Tél. 718 222 4111 www.brooklynhistory.org Ouvert mer.-dim. 12h-17h Tarif 10$*

New York Transit Museum (plan 8, B3) Installé dans une ancienne station de métro de 1936 – l'entrée est une bouche de métro et le guichet reproduit ceux des stations MTA –, ce musée est consacré aux transports publics de New York, et notamment à son réseau métropolitain. On peut toucher à tout – une fois n'est pas coutume – et même monter à bord d'un bus, d'un minitramway et, au sous-sol, dans des rames de métro d'époques différentes… *M° **Borough Hall (2, 3, 4, 5) ou Jay St (A, C, F)** À l'angle de Boerum Pl. et Schermerhorn St Tél. 718 694 1600 www.mta.info/museum Ouvert mar.-ven. 10h-16h, sam.-dim. 11h-17h Tarif 10$, réduit 5$ (2-17 ans et +62 ans), +62 ans gratuit le mer.*

Aux environs, Fort Greene

Quartier devenu bobo, Fort Greene séduit par ses rues paisibles bordées de *brownstones*, de petits bars et de restaurants cosmopolites, notamment africains. Le cœur du quartier palpite à l'est de Fort Greene Park, autour de **Delkab Avenue** et des rues perpendiculaires, notamment Clinton Street. Autre centre de gravité, à son extrémité sud-ouest, le bel édifice de la **Brooklyn Academy of Music** (1908), à l'angle de Lafayette Avenue et d'Ashland Place. Juste à côté,

Les hauts de Brooklyn

Établi sur une éminence, Brooklyn Village devint, au début du XIXe siècle, un lieu de villégiature lorsque le vapeur de Fulton y amena son lot de commerçants aisés et de riches banquiers qui, pressés de fuir l'agitation citadine, y établirent leurs résidences secondaires. La plupart de leurs somptueuses demeures subsistent - le site fut le premier de New York à être classé monument historique en 1965. De Walt Whitman à Truman Capote en passant par Thomas Wolfe, Henry Miller, Norman Mailer ou Carson McCullers, nombre d'écrivains ont résidé en ces lieux. Aujourd'hui, c'est avec bonheur que l'on se promène dans ce quartier huppé aux *brownstones* plus que centenaires avant d'aller goûter à l'ambiance gentiment débridée de Fort Greene !

visible de Manhattan, le magnifique gratte-ciel Art déco de la **Williamsburgh Savings Bank Tower** (1929) se repère aux décrochements de ses parois et au dôme qui couronne sa flèche, au-dessus d'une immense horloge – la plus grande du monde à l'époque (plus de 5m de diamètre) ! L'immeuble (156m) a longtemps dominé Brooklyn avant d'être dépassé, d'un petit mètre, par le **Brooklyner** de Downtown Brooklyn, depuis 2010.

Prospect Park et ses environs

☆**Les essentiels** Prospect Park, le Brooklyn Museum (et ses antiquités égyptiennes), le Botanic Garden **À proximité** Carroll Gardens **Sans oublier nos adresses préférées** La trattoria al di là pour sa savoureuse cuisine italienne, le Barbès pour son animation, même passé 22h !

Aménagé en 1860, ce parc enchanteur aux accents bucoliques côtoie deux des principales attractions de Brooklyn : le Brooklyn Botanic Garden et, surtout, le Brooklyn Museum. À l'ouest et au nord de cette immense oasis de verdure, les quartiers de Park Slope et de Prospect Heights méritent aussi que l'on s'y attarde, pour leurs rues élégantes et… leurs restaurants !

★ **Prospect Park (plan 9, D3)** Lieu de détente des familles et frontière entre des quartiers aux profils socio-ethniques différents, cet immense parc de 236ha est l'un des plus beaux de New York. Plus sauvage que Central Park, vallonné, il recèle une foule de recoins bucoliques ainsi que la dernière forêt originelle de Brooklyn – peuplée de châtaigniers, de peupliers blancs et de chênes, celle-ci est particulièrement belle l'automne. Le parc accueille aux beaux jours le formidable festival de musique, danse et cinéma Celebrate Brooklyn et, le week-end précédant Halloween, la parade déguisée familiale dite Halloween Haunted Walk est l'une des plus joyeuses de la ville… *M° Grand Army Plaza (2, 3, 4), 7th Ave./Brighton (B, Q) ou 15th St/Prospect Park (F, G) Accès principal sur Grand Army Plaza www.prospectpark.org Ouvert tlj. 5h-1h*
Visite Passé les colonnes grandiloquentes donnant sur Grand Army Plaza, on accède à l'immense pelouse, Long Meadow (36ha !). Dominée par de petites collines qui font le bonheur des lugeurs en hiver, elle est prise d'assaut par les familles et les sportifs du quartier, le week-end, à la belle saison ! La partie la plus sauvage du parc s'étend entre Long Meadow et l'allée d'East Drive, vers l'est : entre le bois de **Midwood** et la gorge du **Ravine**, difficile de croire que tout cela est artificiel ! Plus à l'ouest, sur Quaker Hill, le Quaker Friends Cemetery (1820), où repose notamment l'acteur Montgomery Clift, est fermé au public. L'entrée sud-ouest, à l'angle de Prospect Park West et 9th Street, est ornée d'un beau relief dédié à **La Fayette**. Au centre du parc, sur les rives du plan d'eau de **Lullwater**, sillonné l'été de pédalos et de barques motorisées, se dresse l'élégante **Boathouse** (1905) ; inspirée de la Bibliothèque marcienne de Venise (XVIe s.), elle abrite l'**Audubon Center**, centre d'information et d'interprétation de la nature. Juste au nord, **Children's Corner** rassemble les attractions préférées des petits : le **Prospect Park Carousel**, élégant manège de chevaux de bois de 1912 dont les évolutions sont accompagnées par un vieil

orgue Wurlitzer de 1916 ; juste en face, **Lefferts Historic House**, ferme hollandaise du XVIIIe siècle parfaitement restaurée, expose au rdc une collection de jouets anciens et propose des activités pour enfants ; enfin, le joli **Prospect Park Zoo**, organisé autour de bâtiments en demi-cercle, présente quelque 400 animaux… Dans la partie sud-ouest, le vaste **Lake** (24ha) est orné d'une jolie presqu'île (sentiers). Sur la rive est se trouvent l'immense **patinoire du Lefrak Center** – inaugurée en 2014 et convertie en piste de roller en été – et l'esplanade de l'élégant **Oriental Pavilion**, dessiné par Calvert Vaux (1874) – détruit par un incendie, il a été rebâti en 1987. Enfin, disséminés un peu partout dans le parc, stèles et monuments commémorent les affrontements qui eurent lieu sur ce site durant la bataille de Brooklyn, en 1776, notamment sur les hauteurs de l'East Drive, au niveau de **Battle Pass**. **Carousel** *Ouvert avr.-oct. Tarif 2$* **Prospect Park Zoo** *Ouvert avr.-oct. : lun.-ven. 10h-17h30, w.-e. et j. fér. 10h-18h ; nov.-mars : lun.-ven. 10h-17h, w.-e. et j. fér. 10h-17h30 Tarif 8$, 3-12 ans 5$ et seniors 6$* **Lefferts Historic House** *Ouvert juil.-sept. : tlj. 12h-18h ; jan.-juin, oct. : tlj. 12h-17h ; nov.-déc. : tlj. 12h-16h En hiver, ouvert uniquement durant les vacances scolaires et les Jours fériés Tlj. 12h-17h (18h juil.-sep. ; 16h nov.-déc.) Tarif (prix suggéré) 3$* **Audubon Center** *Ouvert w.-e. et j. fér. ap.-m. Ouvert w.-e. et j. fér., l'ap.-m.*

MIEUX QUE CENTRAL PARK !
Aménagé dans les années 1860, Prospect Park est, de l'avis de ses créateurs, Frederick Law Olmsted et Calvert Vaux, une réussite plus grande encore que Central Park, dont ils sont aussi les architectes, une retraite campagnarde, un vrai poumon vert comme le veut la politique hygiéniste de l'époque.

Prospect Heights

Au nord et à l'est de Prospect Park, délimité par le triangle que dessinent les avenues Flatbush, Washington et Atlantic au nord, ce quartier résidentiel cossu réunit deux stars : le Brooklyn Museum et le Brooklyn Botanic Garden. Principale voie d'accès au parc, l'immense **Grand Army Plaza**, dessinée par Vaux et Calvert à la fin des années 1860, est centrée sur l'arc de triomphe du **Soldiers' and Sailors' Memorial Arch** (1892), hommage aux soldats de l'Union morts durant la guerre de Sécession. Sur le terre-plein central, juste au nord de l'arc, se trouve l'unique monument new-yorkais dédié à J. F. Kennedy. Au sud-est, l'édifice en forme de livre ouvert abrite la **Brooklyn Public Library** (1940) ; sa haute façade de pierre est dotée d'un imposant portail classique, dont les reliefs de bronze célèbrent Walt Whitman, Mark Twain, Herman Melville… En poursuivant vers l'est le long de l'Eastern Parkway, on accède au Brooklyn Museum puis, en redescendant Washington Avenue, au Brooklyn Botanic Garden. En fin de journée, explorez les abords de Flatbush Avenue, au nord-est de Grand Army Plaza, qui regorgent de cafés et de restaurants, souvent excellents. Le samedi, la partie ouest de la Plaza s'anime à l'heure où le *greenmarket* déploie ses étals de produits frais. ***M° Grand Army Plaza (2, 3, 4), 7th Ave./Brighton (B, Q)*** **Brooklyn Central Library** *10 Grand Army Plaza www.bklynpubliclibrary.org Ouvert lun.-jeu. 9h-21h, ven.-sam. 9h-18h, dim. 13h-17h Accès Internet gratuit dans les salles de lecture* **Greenmarket** *Angle de Prospect Park West et Flatbush Ave. Ouvert sam. 8h-16h*

Le Brooklyn Museum et ses environs

★ Brooklyn Museum (plan 9, D2) S'il pâtit de l'ombre que lui fait le gargantuesque Metropolitan Museum, il n'en est pas moins un musée de rang mondial avec son fonds riche de plus d'un million et demi de pièces ! Ses magnifiques sections égyptienne et africaine valent à elles seules le détour, sans oublier ses remarquables expositions temporaires… *M° Eastern Pkwy/ Brooklyn Museum (2, 3, 4) 200 Eastern Parkway Tél. 718 638 5000 www.brooklynmuseum.org Ouvert mer. et ven.-dim. 11h-18h, jeu. 11h-22h Fermé Thanksgiving, 25 déc. et 1er jan. Tarif 16$, étudiants et seniors 10$, -19 ans gratuit*

American Identities – niveau 5 Ce département, consacré à la peinture, à la sculpture, à la photographie et aux arts décoratifs américains, s'organise en sections thématiques et chronologiques. Ainsi, **"From Colony to Nation"** évoque l'époque coloniale (fin XVIIe s.-1776) : mobilier d'époque, peintures… **"Inventing American Landscape"** illustre la quête d'une identité culturelle propre à travers la célébration des grands espaces : ne manquez pas les peintres de l'Hudson River School, ni le paysage monumental d'Albert Bierstadt, *A Storm in the Rocky Mountains* (1866). **"A Nation Divided"** aborde la guerre civile : à voir, la canne sculptée commémorant l'émancipation des esclaves proclamée en 1863 par Abraham Lincoln, et le buste en bronze de ce dernier, par Saint-Gaudens (1848-1907). **"Making Art"** relate l'évolution des styles américains de la fin du XIXe siècle à nos jours : paysages de Winslow Homer (1836-1910), sculptures de Louise Bourgeois (1911-2010)… **"Modern Life"** confronte différentes visions de New York : peintures de Rothko et de Hartley, sculptures de David Smith et d'Isamu Noguchi…

MUSÉE DES FAMILLES
Ses momies et ses reconstitutions d'intérieurs américains font du musée de Brooklyn une agréable destination familale.

Le Brooklyn Museum pratique

Comptez une demi-journée pour visiter (rapidement !) l'ensemble du musée. Si vous n'avez pas le temps, concentrez-vous sur les collections égyptienne et africaine, et parcourez la section "American Identities". Destination courue le week-end, le musée est désert en semaine, et ses horaires étendus le jeudi et le vendredi permettent d'en profiter pleinement. Prenez l'un des ascenseurs situés au fond du rdc et commencez votre visite par le niveau 5. À chaque étage, des espaces sont réservés aux nombreuses expos temporaires, souvent excellentes. Visites guidées gratuites, en anglais uniquement, tous les après-midi – programme sur Internet. Un agréable café. Et, si vous avez le temps et le budget, un restaurant réputé, cf. The Norm (p.418).

Boutique *Livres, objets design, posters, souvenirs, etc. Mêmes horaires que le musée Rdc*

The Counter museum Café *Ouvert mer. et ven.-sam. 11h-17h, jeu. 11h-21h et 1er sam. du mois 11h-22h30*

Histoire Les origines du musée remontent à 1823, avec la création d'une bibliothèque puis du Brooklyn Institute of Arts and Sciences. À la fin du siècle, l'ampleur des collections rend nécessaire la construction d'un édifice dédié. La firme McKim, Mead & White conçoit un ambitieux projet, dans le plus pur style Beaux-Arts, censé devenir le plus grand musée du monde, regroupant art et sciences. En 1897, l'aile ouest est inaugurée – les autres ailes ne verront jamais le jour, l'intégration de Brooklyn à New York City un an plus tard rendant caduc le projet… Dans le premier tiers du XXe siècle, fouilles et achats viennent enrichir le musée. En 1922, près de 1 500 objets africains sont acquis, pour l'essentiel en Belgique – dès 1923, le Brooklyn Museum est l'un des premiers à les exposer en tant qu'œuvres d'art, bouleversant le regard du public… En 1934, le musée se consacre à l'art. En 2004, un nouveau pavillon d'entrée, tout de verre et d'acier, voit le jour ; il ne pas fait l'unanimité mais l'espace, lumineux et convivial, abrite une belle collection de sculptures, notamment des œuvres de Rodin : esquisses du monument à Balzac, *Orphée*, maquette des *Bourgeois de Calais*…

Sackler Center, Arts décoratifs et Art contemporain – niveau 4 Le Sackler Center, consacré à l'"art féministe", est centré sur l'œuvre monumentale de Judy Chicago, *The Dinner Party* (1974-1979), divisée en plusieurs sections, dont un immense banquet célébrant les femmes marquantes de l'Histoire, de la déesse de la Fertilité à Georgia O'Keefe ! Les salles alentour accueillent des expos temporaires liées au féminisme. Au fond du Center, une petite section d'art contemporain présente par roulement des œuvres de Louise Bourgeois, Philip Guston, Robert Rauschenberg… Au même étage se trouvent les arts décoratifs, montrés en alternance eux aussi, et les Period Rooms, reconstitutions d'intérieurs américains (XVIIIe-XXe siècle) : dont une salle à manger d'une plantation du début du XIXe siècle, un salon mauresque conçu à la fin des années 1870 pour une demeure new-yorkaise, les collections de vitraux des Tiffany Studios, le mobilier Bauhaus de Marcel Breuer…

SATURDAY NIGHT CULTURE
Le premier samedi du mois, c'est la fête au Brooklyn Museum : entrée libre après 17h, concerts, visites guidées, conférences et Dance Party animée par des DJ jusqu'à 23h !

Peinture européenne, Antiquités égyptiennes et assyriennes – niveau 3 Bénéficiant d'une élégante galerie, le fonds de peinture européenne, modeste en volume mais d'une grande densité – il recèle des chefs-d'œuvre ! – est présenté, étrangement, de manière thématique : paysages, peintures religieuses ou historiques, portraits… Côté français, on retrouve Delacroix, Géricault, Corot, Millet, Courbet, Degas, Monet, Cézanne, Matisse, Bonnard. Chez les Espagnols, le maître caravagesque Ribera, un portrait en pied de Goya, et Picasso.

Antiquités du Proche-Orient Assez modeste, cette collection est bien mise en valeur, avec de superbes reliefs sculptés assyriens représentant les thèmes classiques de cette civilisation (arbres sacrés, génies ailés barbus ou à tête d'aigle…) et d'éblouissants bijoux et amulettes sumériens. La salle latérale sert d'introduction à la section des antiquités égyptiennes.

☆ **Antiquités égyptiennes** La plus belle section du musée, un must pour les amateurs ! Certes moins fournie que celle du Met, elle est présentée de manière plus avantageuse, et très didactique. La salle centrale est une introduction générale aux différents aspects de l'art égyptien. On peut ensuite, sur la droite, aborder un parcours chronologique. L'Égypte prédynastique d'abord, avec une superbe figure féminine en terre cuite polychrome du IVe millénaire av. J.-C. Dans la salle du fond, de beaux objets du Nouvel Empire, en particulier la statue en bois polychrome de Metjetji (XVe s. av. J.-C.), dont les yeux en obsidienne cerclés de cuivre donnent la chair de poule… Le parcours se poursuit de l'autre côté de la salle centrale (sur la gauche en venant du Proche-Orient), avec une antichambre consacrée au règne du grand Akhenaton (Aménophis IV, XIVe s. av. J.-C.), dont un buste monumental est présenté ici. Dans la salle suivante, voir la fascinante statuette d'Alexandre le Grand et le sarcophage d'ibis en bois incrusté d'or et de cristal de roche, chef-d'œuvre de la période ptolémaïque… La salle des momies, **Mummy Chamber**, clôt en beauté la visite : consacrée aux rites funéraires, cette salle rassemble 170 objets et documents, parfaitement mis en valeur : momies, sarcophages, figurines funéraires, le fascinant *Livre des morts* de Sobekmose, traduit en anglais.

Islam et Asie – niveau 2 Belle section d'Art islamique, avec de superbes bijoux turkmènes de la fin du XIXe siècle, les portraits Qadjar (Iran, XIXe s.), le bol de divination en cuivre (XVIe s.) orné des signes du zodiaque… Côté Asie, la longue galerie dédiée à la Chine contient des bronzes de la dynastie Shang (XVIIIe-XIe s. av. J.-C.) d'une finesse extraordinaire et de magnifiques porcelaines. Notez, de Corée, les boîtes laquées et incrustées de nacre du début du XVIIIe siècle et la sublime théière en céramique du XIIe siècle. Trois salles sont consacrées au Japon : statuettes de bois polychromes du XIIIe siècle, lanterne de granit du XVIIIe siècle, porcelaines, panneaux de portes coulissants peints par le maître Mori Ippo (1798-1871). À voir aussi, le *Ganesh* en pierre volcanique de Java (IXe s.), les manuscrits sacrés tibétains, les statuettes en bronze du Népal…

Arts d'Afrique – rdc Autre point fort du musée, ces salles abritent l'une des plus belles collections des États-Unis, en particulier pour l'Afrique centrale, avec des objets fascinants, très bien mis en valeur, et souvent accompagnés de vidéos explicatives. À ne pas manquer, un magnifique bâton de parole d'*okyeame* ghanéen, ciselé et doré ; les bijoux en or de l'ethnie Baoulé (Côte d'Ivoire) ; la belle section portant sur les Yoruba du Nigeria (masques de cuivre, poteaux ciselés) ; un emblème de la société secrète des hommes-léopards du Cameroun (XIXe s.) ; les croix d'argent ciselées et les icônes peintes éthiopiennes du XVe siècle ; les collections des îles du Pacifique et des Amériques…

☆ **Brooklyn Botanic Garden (plan 9, D3)** Le jardin botanique de Brooklyn a fêté son centenaire en 2010 : plus de 20ha d'harmonie et de diversité… En face de l'entrée principale, le sublime jardin japonais (1915) – l'un des plus vieux du genre en dehors du Japon – déploie ses allées autour d'un grand étang. Juste derrière, le **Celebrity Path** honore, façon Hollywood, les Brooklynites célèbres : Walt Whitman, George Gershwin, Rita Hayworth, Woody Allen, Barbra Streisand… Il débouche sur la Cherry Esplanade et ses dizaines de cerisiers du Japon, dont la floraison en mai est une merveille. Dans la partie est du parc, les serres du Steinhardt Conservatory abritent une fascinante galerie de bonsaïs et une magnifique Aquatic House où poussent orchidées et plantes aquatiques (au sous-sol, expos temporaires et plantes tropicales et désertiques). Agréable café dans la cour, idéal pour déjeuner sur le pouce ! À voir aussi : Fragrance Garden (plantes aromatiques), Shakespeare Garden (plantes évoquées dans l'œuvre du maître), Discovery Garden (jardin des sens destiné aux enfants). ***M° Prospect Park (B, Q) ou Eastern Pkwy (2, 3)*** *900 Washington Ave. (autre entrée, au sud, à l'angle de Flasbush et Ocean Ave.) Tél. 718 623 7200 www.bbg.org Ouvert mars-oct. : mar.-ven. 8h-18h, sam.-dim. 10h-18h ; nov.-fév. : mar.-dim. 10h-16h30 Fermé 1er jan., Labor Day, Thanksgiving, 25 déc. Tarif 15$, étudiants et +65 ans 8$, -12 ans gratuit, et gratuit pour tous l'hiver (nov.-fév.) en semaine et l'été sam. 10h-12h et mar.*

Park Slope

À l'ouest de Prospect Park, ce quartier cossu fut colonisé à la fin du XIXe siècle par l'aristocratie new-yorkaise après la création du parc. D'où son magnifique centre historique : la belle avenue de Prospect Park West, avec ses immeubles victoriens tout en ondulations, oriels et corniches ciselées, et les rues perpendiculaires, notamment Carroll Street et Montgomery Street, bordées de majestueux *brownstones* que les jeunes familles aisées viennent rénover dans les années 1960-1970. La **5e avenue** est l'un des derniers lieux branchés de Brooklyn : elle concentre, au nord de la 9e rue, la plupart des boutiques, bars et restaurants. À l'angle de la 9e rue et de la 5e avenue, on aperçoit au loin la statue de la Liberté ! Au sud du quartier, la colline Thistle Hill, longtemps délaissée, compte désormais plusieurs lieux de sortie très prisés le long de la 7e avenue, entre la 9e et la 15e rue. En continuant vers le sud, on accède à l'immense **Greenwood Cemetery** ; créé en 1840, le cimetière, qui séduit par son paysage vallonné et champêtre, abrite notamment les tombes de Leonard Bernstein et Jean-Michel Basquiat. ***M° 7th Ave./Park Slope (F, G)***

SUPER MARCHÉ
Park Slope, c'est aussi la **Food Coop**, célèbre exemple d'autogestion, la plus ancienne et la plus grande des coopératives alimentaires américaines. Fondée en 1973, l'association permet à ses 16 000 adhérents, moyennant quelques heures de leur temps, de consommer mieux, moins cher, bio et équitable !

BoCoCa et Red Hook

☆ **Les essentiels** La vue de la station de métro de Smith 9 Sts **À proximité** La BAM **Sans oublier nos adresses préférées** Le Brooklyn Inn, pour un vrai goût d'Amérique

Même si l'acronyme BoCoCa, lancé par les promoteurs immobiliers pour désigner les quartiers de Boerum Hill, Cobble Hill et Carroll Gardens, n'est pas très populaire auprès des habitants, soucieux de préserver leurs différences, il reflète cependant une réalité : en marche depuis les années 1970 l'embourgeoisement de ces trois *neighborhoods* tend à les uniformiser…

BoCoCa

De jeunes familles aisées et des stars de cinéma, attirées par le calme des lieux et leur architecture élégante, sont venues s'installer dans ce quartier jadis très coloré. Avec ses bars ultrabranchés, ses restaurants bio, ses trattorias à l'ancienne (Cobble Hill était encore il y a peu un vieux bastion italien), **Smith Street**, est devenue l'une des principales destinations de Brooklyn à l'heure du dîner, en fin de semaine ! Pour le reste, on flâne avec bonheur le long de rues paisibles. Au nord, **Atlantic Avenue** possède encore quelques restaurants bon marché et traiteurs libanais, vestiges de l'ancienne communauté proche-orientale du quartier, jadis la plus importante de New York. Au sud de Degraw Street, **Carroll Gardens** est sans doute le quartier le plus plaisant des trois, avec, centrées sur le jardin public de Carroll Square, de superbes rues bordées de *brownstones* – voir les portions de Carroll et President Streets entre Smith et Hoyt Streets. À l'ouest de Columbia Street se suivent entrepôts et terrains (encore) vagues, avec de belles vues sur Manhattan. À l'est de Carroll Gardens, le joli pont de Carroll Street (1899) enjambe le **canal de Gowanus**, voie de navigation importante avant que le déclin portuaire et industriel de Brooklyn ne le condamne à l'abandon. Le canal revit aujourd'hui – ses effluves nauséabonds sont mieux contrôlés – avec ses entrepôts convertis en clubs et ateliers d'artistes. Au sud, la station de métro de Smith 9 Sts, surélevée, offre de superbes ☆**panoramas** avec, au loin, Manhattan.

Red Hook

Séparée de Carroll Gardens et du reste de Brooklyn au nord par la Brooklyn-Queens Expressway, cette zone portuaire (plan 9, A2) désaffectée depuis le transfert de l'activité dans le New Jersey, a longtemps été délaissée et sa réputation de zone malfamée était amplement méritée. Mais ces dernières années, artistes et jeunes familles chassés de BoCoCa par la hausse des loyers ont accaparé ses immenses entrepôts. Signe marquant de l'embourgeoisement des lieux, la présence d'un magasin Ikea depuis 2008 ! Un embarcadère a même été inauguré, qui accueille désormais le *Queen Mary 2* ! Bien sûr, on sent les premiers frissons du boom immobilier, mais grâce à l'éloignement des stations de métro, on y goûte encore les joies d'une vie quasi provinciale et ses lieux insolites et emplis d'âme lui confèrent un charme particulier. Tout l'est du quartier est occupé par d'immenses terrains de sport et une enfilade de terrains vagues – à éviter le soir. Côté ouest, la rue principale, **Van Brunt Street**, mérite le détour pour ses excellentes tables, ses cafés de quartier et ses galeries d'art. Elle débouche au sud sur d'anciens grands entrepôts, les Beard & Robinson Stores (1869), au pied desquels commence, derrière le superbe supermarché Fairway (p.420), une jolie promenade au bord de l'eau : vue sublime sur la statue de la Liberté – cf. Quartier par quartier (p.257). *M° Carroll St ou Smith St/9th ST (F, G)... puis 20-25min de marche !*

TAXI-BOAT
De Manhattan, prenez le **bateau-taxi** pour vous rendre à **Red Hook** ! Liaisons quotidiennes à bord de l'*Ikea Express* (p.257).

Williamsburg et Greenpoint

☆ **Les essentiels** Les vues sur la *skyline* de l'East River State Park, les galeries d'art **À proximité** Le LES et East Village **Sans oublier nos adresses préférées** Egg, pour son petit déj bio, Catbird, pour ses bijoux de créateurs locaux, Music Hall, Warsaw... pour découvrir le rock indé *made in* Brooklyn !

Intégré à Brooklyn en 1854, Williamsburg (plan 10, B2-B3), ancien quartier de la city de Bushwick, est marqué, à la fin du XIXe siècle, par l'essor de l'activité portuaire et l'installation d'un foyer industriel, notamment sucrier, qui attirent des milliers d'immigrés. Durement frappé par le déclin économique de Brooklyn, le quartier dépérit jusqu'à l'orée des années 2000, lorsque ses entrepôts sont colonisés par une communauté d'artistes fuyant l'embourgeoisement d'East Village, de l'autre côté du pont. Aujourd'hui, la gentrification pousse la bohème encore plus vers l'est (East Williamsburg, Bushwick).

VOIR LA *SKYLINE* ET SORTIR
Williamsburg ne possède pas de musée ; on y vient pour admirer la *skyline* de Manhattan, flâner de boutiques en galeries d'art et goûter à une vie nocturne ébouriffante ! Vous trouverez une foule d'infos sur le quartier (sorties, expos, etc.) sur l'excellent site *www.freewilliamsburg.com*

Williamsburg

Truffées de boutiques de mode, *wine shops*, restos et bars branchés, **Bedford Avenue** et **Berry Street**, au nord de Metropolitan Avenue, sont les deux artères principales du quartier, mais les rues adjacentes regorgent de bonnes surprises (galeries, restaurants, friperies). L'ouest du quartier, dont les entrepôts sont convertis en appartements luxueux, vaut surtout pour les ☆**vues** qu'offre l'**East River State Park**, à l'extrémité de North 8th Street. Cette esplanade au bord de l'eau ménage un panorama merveilleux sur la *skyline*, notamment les géants de Midtown (Empire State Building, RCA Building, Chrysler Building) avec, au premier plan, le spectacle des bateaux... Le parc accueille aussi, chaque samedi aux beaux jours, le très couru **Smorgasburg**, un marché alimentaire en plein air avec une centaine de stands où déguster toutes sortes de spécialités préparées à partir de produits locaux. À l'est du quartier, par-delà Roebling Street (du nom de l'ingénieur, mort tragiquement lors de sa construction, du Brooklyn Bridge), changement d'ambiance avec une population hispanique. Le nord-est du quartier, aux confins de la Brooklyn-Queens Expressway, est plus rock'n'roll et recèle d'excellents lieux de sortie, tels que Pete's Candy Store ou Union Pool. Au sud, Broadway est une artère commerciale congestionnée et bruyante, aux portes du quartier juif. À l'extrémité nord, les grandes pelouses de **McCarren Park** sont prises d'assaut le week-end – et l'été, par un

IL SUFFIT DE PASSER LE PONT
Moins élégant que le Brooklyn Bridge, le **pont de Williamsburg** (1903) offre cependant des vues superbes sur les gratte-ciel de Manhattan de sa passerelle pour piétons, suspendue au-dessus du métro et des voitures. Inoubliable ! *Compter 30-40min de marche*

agréable cinéma en plein air. L'immense piscine du parc (conçue dans les années 1930 pour 7 000 nageurs !), fermée depuis les années 1980, a longtemps accueilli des concerts géants avant de retrouver sa fonction originelle en 2012. **Pete's Candy Store** *709 Lorimer St www.petescandystore.com Ouvert dim.-mer. 17h-2h, jeu. et sam. 17h-4h, ven. 16h-4h, dim. 15h30-2h* **Union Pool** *484 Union Ave. Tél. 718 609 0484 union-pool.com Ouvert lun.-ven. 17h-4h, sam.-dim. 13h-4h* **Williamsburg Smorgasburg** *East River State Park 90 Kent Ave. www.smorgasburg.com Ouvert avr.-nov. : sam. 11h-18h Avr.-nov. : sam. 11h-18h*

Admirer du *street art* Williamsburg est un haut lieu du graffiti, notamment vers Metropolitan Ave. et sur les axes avoisinants, Keap St, Hope St, North 6th St, North 3rd St, Wythe Ave. (M° Lorimer St, ligne L), ainsi que plus à l'est, dans le quartier de Bushwick (M° Morgan Ave., ligne L), où il faut aussi flâner. Procurez-vous, en ligne, le *Self-Guided Brooklyn Graffiti Tour* !

Faire le plein d'art contemporain Important foyer de la création new-yorkaise où vivraient près de 10 000 artistes, musiciens et écrivains, Williamsburg possède plus d'une soixantaine de ☆**galeries** ! Dans le sud du quartier, un bel édifice de 1867 (une ancienne banque) loge le Williamsburg Art & Historical Center, créé en 1996 par l'artiste japonaise Yuko Nii. Nombreuses expos et animations. *Rens. www.freewilliamsburg.com (listing complet des galeries), www.wagmag.org (carte très pratique)*
Williamsburg Gallery Association *wburgga.tumblr.com*
Williamsburg Art & Historical Center *135 Broadway (angle de Bedford St) Tél. 718 486 7372 www.wahcenter.net Ouvert ven.-dim. 12h-18h*

Greenpoint

Au nord de McCarren Park – cf. Williamsburg (p.272) –, Greenpoint est plus tranquille et populaire que Williamsburg – pour combien de temps ? Artère centrale du quartier, Manhattan Street remonte au nord vers la Petite Pologne et ses épiceries et restaurants traditionnels. Elle débouche sur la rive de Newton Creek, bras d'eau étroit séparant Brooklyn de Queens. À l'ouest, Franklin Street abrite des bars, des galeries et des boutiques encore confidentiels. Vue dégagée sur les gratte-ciel de Manhattan à l'extrémité ouest de Java Street et Kent Street.

Coney Island

☆ **Les essentiels** La promenade du bord de mer et Brighton Beach **Sans oublier nos adresses préférées** Totonno's, pour ses pizzas légendaires

Coney Island, les célèbres planches de sa ☆**promenade**, ouverte en 1923, et son fameux **Luna Park** connurent leur apogée dans les années 1930, avant de tomber dans l'oubli. Aux confins sud-ouest de Brooklyn, cette ancienne île, artificiellement reliée au continent au XXe siècle, fut colonisée par les Hollandais dès le XVIIe siècle. Mais c'est à la toute fin du XIXe siècle qu'elle connut la gloire en devenant, outre un lieu de perdition (jeux d'argent, bordels…), une destination très prisée des familles modestes de New York qui, l'été, allaient y goûter aux

UN 4 JUILLET À CONEY ISLAND...
Il y a toujours des candidats au Nathan's Hot Dog Eating Contest - tournoi qui consiste à manger le plus de hot-dogs possible en 10min : cette tradition, qui remonte à 1916, est surtout l'occasion de se rendre à la plage, l'un des endroits les plus populaires et animés pour célébrer la fête nationale !

joies de la baignade et des parcs d'attractions. Aujourd'hui, malgré un semblant de renouveau, l'endroit reste désert, voire déprimant l'hiver en semaine. Mais, le week-end et surtout l'été, l'animation de la promenade et de la plage ainsi que la foule bigarrée qui les envahit, valent vraiment le déplacement. Principal attrait des lieux, la belle promenade de planches longue de 5km qui relie Coney Island, à l'ouest, à Brighton Beach, à l'est. Les grands parcs d'antan ont fermé depuis longtemps, mais quelques attractions récemment restaurées ont survécu (entre West 12th et West 10th St), notamment le fameux **Cyclone**, montagnes russes de 1927 réservées aux cœurs bien accrochés, et la **Wonder Wheel** de 1920, belle grande roue de 45m de diamètre. Juste à l'est (à l'angle 8th St), le **New York Aquarium** abrite 300 espèces marines mais ses installations un peu vieillottes n'en font pas une visite indispensable… En revanche, ☆**Brighton Beach**, à l'extrémité est de la promenade, est à voir, surtout le week-end ! Sur la plage, dans les restaurants aux allures de salles de banquets (notamment Tatiana), la vodka coule à flots le soir en fin de semaine. Baptisée Little Odessa, Brighton Beach Avenue abrite en effet une grande communauté de juifs ukrainiens (et russes) arrivés dans les années 1970 et dont les commerces, bijouteries et magasins de vêtements, épiceries et restaurants traditionnels, magasins de souvenirs, avec enseignes en cyrillique, sont situés juste en retrait de la plage, sous le métro aérien. La mafia russe, elle, a ses villas et résidences non loin, le long de l'océan. ***M° Stillwell Ave. / Coney Island (D, F, N, Q) ou Brighton Beach (B, Q)*** *Compter 45-60min de Manhattan Accès à la promenade (et à Nathan's) au bas de Stillwell Ave., en face du métro* **Attractions Cyclone, Wonder Wheel** *Tél. 718 372 2592 www.wonderwheel.com Tlj. début juin-1er lun. de sept. (Labor Day), sam.-dim. de Labor Day à fin oct. et en avr.-mai* **New York Aquarium** *Surf Ave. / W 8th St Tél. 718 265 3474 www.nyaquarium.com Ouvert tlj. 10h-16h30 Tarif 11,95$, -2 ans gratuit*

QUEENS

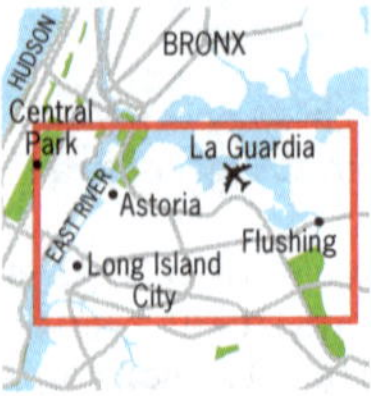

La plupart des voyageurs, pour gagner Manhattan de l'aéroport JFK, se contentent de le traverser. Pourtant, le plus vaste *borough* de New York (285km² !), et bientôt le plus peuplé (plus de 2,30 millions d'habitants en 2013) qu'est Queens mérite un détour pour y humer l'air du New York multiethnique, et y découvrir les meilleurs restaurants chinois, thaïlandais, mexicains, etc.

INTERNATIONAL EXPRESS Queens – ainsi nommé au XVIIe siècle en hommage à l'épouse du roi Charles II d'Angleterre, Catherine de Bragance – est le comté réunissant la plus grande diversité ethnique du pays : on y parle près de 150 langues ! À tel point que la ligne 7 du métro, qui relie Times Square à Flushing, a été rebaptisée l'International Express… Les 11km de son parcours (à l'air libre, et surélevé), dans un décor urbain et industriel qui vaut à lui seul le voyage, traversent en effet une foule de communautés : Grecs mais aussi Tchèques, Chicanos, Brésiliens et Asiatiques d'Astoria ; Espagnols, Turcs ou Roumains de Sunnyside ; Irlandais, Thaïlandais et Philippins de Woodside ; Indiens et Colombiens de Jackson Heights ; Mexicains et Urugayens de Corona ; Chinois, Coréens ou Afghans de Flushing… L'histoire de ce *borough* est d'ailleurs intimement liée à celle de sa principale ligne de métro. Au XIXe siècle, Queens n'était encore qu'une immense étendue dépeuplée et marécageuse, parsemée de localités isolées, comme Flushing et Newtown. Rendue possible par la construction du superbe Queensboro Bridge (1909), qui relie Manhattan à Queens, et lancée en 1913, l'ouverture de cette ligne vise à désengorger Manhattan. Elle atteint Queensboro Plaza en 1915, Corona en 1917, Flushing en 1928. En quittant les *tenements* surpeuplés de Manhattan pour s'installer dans ces nouveaux quartiers, c'est le rêve américain que sont venues chercher des générations d'immigrés… Le paysage en témoigne, avec ses alignements de maisons mitoyennes. Même s'il existe un véritable tissu commercial et industriel le long des principaux axes, générateur d'emplois, une grande partie des habitants rejoint chaque matin le flot des *commuters* partant travailler à Manhattan. Aujourd'hui encore, nombreux sont les nouveaux arrivants qui s'installent à Queens. Clubs sociaux, restaurants et commerces traditionnels assurent la cohésion de chaque communauté. Sans oublier les parades et festivals organisés tout au long de l'année, et les *Saturday schools*, cours du samedi où l'on enseigne langues et cultures d'origine… Queens est un modèle de coexistence ethnique réussie !

MODE D'EMPLOI

orientation

Situé à l'est de Manhattan, par-delà l'East River, et au nord de Brooklyn, Queens occupe une grande partie de l'île de Long Island, ainsi que plusieurs îles plus modestes de Jamaica Bay – où se trouve l'aéroport JFK. Dans l'ouest, près de Manhattan, **Long Island City**, dont la partie nord a gardé son nom d'**Astoria**. Dans le nord-est, **Flushing**, délimité à l'ouest par l'immense Flushing Meadows-Corona Park. Entre les deux, le long de Roosevelt Avenue, les quartiers de **Woodside**, **Jackson Heights** et **Corona**.

accès

EN MÉTRO

La ligne 7 traverse Queens d'ouest en est et dessert les principaux quartiers et sites d'intérêt : Long Island City, Woodside, Jackson Heights (Roosevelt Ave.), Flushing Meadows-Corona Park (111th St ou Willets Point) et Flushing, son terminus. Au départ de Midtown, les lignes N et W desservent Astoria. La ligne G relie Long Island City à Brooklyn (Williamsburg, Brooklyn Heights, Carroll Gardens). Si Long Island City se trouve à 10 min de Midtown, il faut compter 20 min pour Astoria et près d'une heure pour Flushing.

EN BATEAU

Les navettes fluviales NYC Ferry relient Hunters Point (Long Island City) et Astoria à la station de E 34th St (Midtown) et à celle de Pier 11 (Wall St) avec la ligne "Astoria". *Infos et horaires : www.ferry.nyc*

fêtes et manifestations

La diversité ethnique de Queens donne lieu à une foule de célébrations tout au long de l'année, souvent spectaculaires. En janvier-février, le grand défilé du **Lunar New Year** (Nouvel An chinois) envahit la Main Street de Flushing. En mars, les célébrations du **Phagwah** ou Holi hindou donnent lieu à une parade haute en couleur dans les rues de Richmond Hill – c'est le plus grand défilé de ce type aux États-Unis. Toujours en mars, le jour de la **Saint-Patrick**, les défilés des Rockaways et de Sunnyside attirent des dizaines de milliers de personnes. Les festivités mexicaines du **Cinco de Mayo** (le 5 mai, donc, commémorant la victoire de 1862 contre les... Français !) envahissent les pelouses de Flushing Meadows-Corona Park. Au même endroit, début août, une centaine d'équipes s'affrontent à bord d'embarcations traditionnelles lors des régates du **Dragon Boat Festival**, sur le plan d'eau du Meadow Lake. Fin août-début septembre a lieu le tournoi de tennis de l'**US Open** à Flushing Meadows. Le 31 octobre, Jackson Heights organise une immense parade de **Halloween** – qui ne le cède en importance qu'à celle de Greenwich Village.

DÉCOUVRIR Queens

☆ **Les essentiels** Hunters Point, le MoMA PS1, le Museum of the Moving Image, le Noguchi Museum, le Louis Armstrong Museum, Little India, Chinatown **À proximité** Williamsburg et Greenpoint à Brooklyn **Sans oublier nos adresses préférées** Manducatis pour sa savoureuse cuisine italienne

Long Island City

Long Island City (plan 12, A2) Situé juste à l'est de Midtown, le quartier est dominé par le **Citicorp Building** (aussi nommé le One Court Square), construit en 1990 et culminant à 201 m (50 étages) : plus haute tour de New York en dehors de Manhattan, il domine un décor en pleine mutation de maisons basses, d'entrepôts et de tours flambant neuves qui ravira les amoureux de poésie urbaine et sera bientôt, à n'en pas douter, la nouvelle frontière du boom immobilier new-yorkais ! L'embourgeoisement a d'ailleurs déjà atteint le quartier de ☆ **Hunters Point**, à une station de métro de Manhattan par la ligne 7 (Vernon/Jackson Ave.). En témoignent les nombreux immeubles apparus sur les rives de l'East River, autour de **Gantry Plaza State Park** – belles vues sur la *skyline* avec, juste en face, l'immeuble des Nations unies et le Chrysler Building ! Chaque année, le soir du 4 juillet, la foule s'y masse pour assister au grand feu d'artifice sur l'East River. Artère névralgique du quartier, **Vernon Boulevard** (entre la 46e et la 49e avenue) regorge de restaurants branchés, de *wine shops* et de petits cafés... Les friches industrielles de Long Island City, en plein renouveau, sont colonisées par de nombreux artistes et plusieurs centres d'art contemporain, dont le plus connu est évidemment le PS1, annexe du MoMA depuis quelques années, à l'angle de Jackson Avenue et de la 46e avenue (p.277). C'est juste en face, à l'angle de Crane Street et de Jackson Avenue, que se dressait la mythique façade du **5 Pointz**, ancien entrepôt recouvert de graffs souvent superbes, et abritant de nombreux ateliers d'artistes – mais que la pelle des promoteurs immobiliers a démoli fin 2013 ! En remontant Jackson Avenue, on accède au **Sculpture Center**, fondé en 1928 par la sculptrice Dorothea Denslow, et installé depuis 2002 dans un ancien atelier, cadre spectaculaire où sont organisées des expositions et performances d'artistes contemporains de très bonne qualité. Plus au nord, dans une ancienne manufacture de harnais pour parachutes, le **Fisher Landau Center for Art**, a été ouvert en 1991 par la collectionneuse Emily Fisher Landau pour exposer (par roulement) sa magnifique collection, incluant des artistes contemporains majeurs : John Baldessari, Jasper Johns, Donald Judd, Robert Rauschenberg ou encore Cy Twombly… *M° Long Island City / Court Square (G) ou 45th Road / Court House Square (7)* **Sculpture Center** *M° Court Sq (G) 44-19 Purves St Tél. 718 361 1750 www.sculpture-center.org Ouvert jeu.-lun. 11h-18h Donation recommandée : 5$* **Fisher Landau Center for Art** *M° 39th Ave./Beebe Ave. (N, Q) 38-27 30th St Tél. 718 937 0727 www.flcart.org Ouvert jeu.-lun. 12h-17h Entrée libre*

DÉCOUVRIR NEW YORK

☆ ☺ **MoMA PS1 (plan 12, A2)** Affilié au MoMA (p.181) depuis 2000, mais installé depuis 1976 dans l'immense édifice en brique d'une ancienne école, le PS1 est un centre d'art contemporain de renommée mondiale. Plus de 50 événements chaque année, incluant rétrospectives d'artistes américains et internationaux, installations spécifiques, mais également des performances d'artistes et des concerts – notamment les sessions de musique *Warm-Up* du samedi après-midi (rock, électro, DJ…), organisées dans la cour de juillet à septembre, à ne pas manquer ! Plus qu'un musée, un espace de création en perpétuelle évolution. Attention : entre deux expositions, les lieux ferment parfois partiellement. Programme détaillé sur le site. Sur place également, une librairie spécialisée et le **M. Wells Dinette**, qui sert de délicieux snacks traditionnels revisités dans une reconstitution d'école des fifties. *M° 45th Rd./Courthouse Sq. (7) ou 21st St/Van Alst (G) 22-25 Jackson Ave. (à l'angle de 46th Ave.) Tél. 718 784 2084 momaps1.org Ouvert jeu.-lun. 12h-18h Fermé Thanksgiving, 25 déc. et 1er jan. Tarif 10$, réduit 5$ Accès gratuit avec un billet du MoMA (valable 1 mois)*

Astoria

Quartier d'Astoria (plan 12, A1) Même s'il fait officiellement partie de Long Island City, ce quartier a su garder son identité propre. Fondé en 1839 sur les terres d'une ancienne ferme hollandaise, il fut ainsi baptisé en l'honneur de John Jacob Astor, négociant en fourrures, industriel et philanthrope – l'homme le plus riche de son temps… Au milieu du XIXe siècle, le développement économique attire une première vague d'immigration – principalement des Allemands et des Tchèques. L'un d'eux, Heinrich Steinweg, fonde en 1853 la fabrique de pianos Steinway & Sons, qui allait devenir légendaire, et même une cité baptisée "Steinway Village", pour loger ses ouvriers. Dans les années 1960, l'arrivée massive de Grecs et de

MELTING-POT Depuis le début des années 1990, Astoria s'est peuplé d'immigrés venus d'Afrique du Nord et du Proche-Orient (Maroc, Liban, Égypte), d'Amérique latine, d'Asie, des Balkans et, plus récemment, du Brésil. Les restaurants reflètent cette diversité.

Chypriotes en fait la première communauté grecque de New York – on y trouve toujours les meilleurs restaurants grecs de la ville. Le cœur d'Astoria, qui rassemble la majeure partie des restaurants et bars, ainsi que plusieurs sites d'intérêt, est situé entre la 31e rue à l'ouest et Steinway Street à l'est, et entre la 36e et la 34e avenue. Au centre de ce rectangle se dresse l'immense bâtiment des **Kaufman Astoria Studios**, ouverts en 1920 et où la Paramount tourna 120 films jusqu'à la Seconde Guerre mondiale. Délaissés au profit de Hollywood, longtemps à l'abandon, ils accueillent de nouveau des tournages mais ne se visitent pas. Au coin de la rue, le Museum of the Moving Image (p.278). Un peu isolé sur les bords de l'East River, dans l'ouest du quartier (15min à pied du métro), le Noguchi Museum vaut vraiment le détour (p.278) ! Au passage, jetez un coup d'œil au **Socrates Sculpture Park** (plan 12, A1). ***M° 36th Ave. (M, R)***

☆ **Museum of the Moving Image (plan 12, B2)** Depuis d'importants travaux de modernisation et d'agrandissement (2011), ce musée est doté d'une salle de cinéma flambant neuve permettant plus de 300 projections par an (ciné-concerts, avant-premières, débats...). Quant à ses immenses collections (130 000 objets et documents), elles font l'objet d'expositions temporaires et, surtout, d'une fabuleuse présentation permanente interactive, *Behind the Screen* ("derrière l'écran"), qui retrace l'histoire du cinéma et permet de comprendre comment on fabrique des images, des effets sonores, etc. Plusieurs "collectors" aussi comme la marionnette de maître Yoda dans *Star Wars* ou le masque d'Elephant Man. Un incontournable pour les cinéphiles ! ***M° Steinway St (M, R)*** *36-01 35th Ave. (à l'angle de 37th St) Tél. 718 777 6800 www.movingimage.us Ouvert mer.-jeu. 10h30-14h, ven. 10h30-20h, sam.-dim. 11h30-19h Tarif 15$, réduit 11$, 3-17 ans 7$*

Socrates Sculpture Park (plan 12, A1) Ce parc des bords de l'East River est ouvert à de jeunes sculpteurs new-yorkais qui exposent leurs œuvres en plein air. *32-01 Vernon Blvd / Broadway www.socratessculpturepark.org Ouvert tlj. 9h-coucher du soleil Entrée libre*

☆ ☺ **Noguchi Museum (plan 12, A2)** Un lieu magique, empreint d'une grande sérénité. L'Américain d'origine japonaise Isamu Noguchi (1904-1988), qui fit son apprentissage à Paris auprès de Brancusi, est l'un des plus grands sculpteurs du XXe siècle. Ouvert en 1985 et conçu par l'artiste lui-même, ce musée présente quelque 200 œuvres réalisées depuis les années 1920. Des chefs-d'œuvre aussi poétiques que leurs titres : *Petite montagne, Émergence*... Le jardin de sculptures, à l'arrière, est particulièrement émouvant. Au fond du musée, un film de 55min est consacré à la vie et l'œuvre de Noguchi (en anglais). Sur place, également, un café zen doublé d'une boutique, où l'on peut acheter tous les livres consacrés au maître, mais aussi les lampes de papier qu'il a dessinées... ***M° Broadway (N, Q)*** *9-01 33rd*

Rd Tél. 718 204 7088 www.noguchi.org Ouvert mer.-ven. 10h-17h, sam.-dim. 11h-18h Fermé lun.-mar., Thanksgiving, 25 déc. et 1er jan. Tarif 10$, réduit 5$, gratuit -12 ans et pour tous le 1er ven. du mois

Flushing Meadows-Corona Park

L'organisation de l'Exposition universelle de 1939 fut l'occasion pour les autorités de Flushing de transformer l'ancienne décharge de Corona en un immense parc. En 1964, les lieux accueillirent une seconde foire universelle. Depuis 1978, c'est là que se déroule l'US Open de tennis. Plus vaste que Central Park, dont il est cependant loin de posséder le charme, Flushing Meadows-Corona Park (plan 12, C1-C2) rassemble plusieurs sites d'intérêt – qui ne justifient pas vraiment le déplacement, à moins de revenir de Flushing (p.280)… Au centre du parc, un immense globe d'Inox (42m de hauteur et plus de 300t !), l'***Unisphere***, construit pour l'Exposition de 1964, est devenu l'un des emblèmes de Queens… Juste en face, le grand bâtiment du Queens Museum – unique survivant de l'Exposition de 1939 – abrita de 1946 à 1950 le premier siège des Nations unies. Juste au nord, le Billy Jean King Tennis Center accueille l'US Open. Le parc comprend également l'immense plan d'eau de Meadow Lake au sud, un zoo (moins intéressant que celui du Bronx), des terrains de football et de cricket (populations indienne et antillaise obligent…). À l'angle nord-ouest du parc, le **New York Hall of Science** consacre ses espaces interactifs à différents domaines scientifiques (l'atome, la molécule, les fusées, les mathématiques) qui intéresseront les enfants… anglophones ! À l'extrême nord du parc, par-delà Roosevelt Avenue, se dresse **Citi Field** (2009), le stade des New York Mets, l'autre équipe de baseball de New York. À l'ouest du parc s'étendent les rues résidentielles du quartier de Corona, dont la population est en majorité hispanique. ***M° Willets Point (7) ou 111th St (7)*** *www.mets.mlb.com (New York Mets) www.usopen.org (US Open)*

Queens Museum (plan 12, C2) Rénové en 2013, le Queens Museum, ancien Queens Museum of Art recèle, au rdc, une belle curiosité : *Panorama of New York*, immense maquette de la ville, fut réalisée en 1964 à des fins de planification urbaine, et elle est actualisée de temps en temps. Au total, 895 000 édifices miniatures, dont 25 000 reproductions fidèles ! On la regarde d'une passerelle qui mène à la table d'orientation du 1er étage, très utile. Au 1er, des expositions temporaires, généralement issues des collections du musée – lesquelles n'ont rien d'exceptionnel, à part de belles lampes et des vitraux Tiffany… ***M° Willets Point (7) ou 111th St (7)*** *New York City Building (Flushing Meadows-Corona Park) Tél. 718 592 9700 www.queensmuseum.org Ouvert mer.-dim. 11h-17h Tarif 8$, réduit 4$, -18 ans gratuit*

☆ ☺ **Louis Armstrong House Museum (plan 12, C2)** Bien que situé au milieu de nulle part, à 10-15min à pied du métro, l'endroit est un incontournable pour les amoureux du grand "Satchmo"… C'est dans cette maison finalement modeste (malgré sa déco un rien kitsch) que Louis Armstrong (1901-1971) passa les 28 dernières années de sa vie. La visite guidée (40min environ, en anglais uniquement) regorge d'anecdotes sur la vie et l'œuvre de ce fils d'un quartier miséreux de La Nouvelle-Orléans qui révolutionna l'histoire du jazz.

On ne pourra qu'être ému en visitant le bureau du musicien, la salle de bain dorée, ou la chambre à coucher où il s'éteignit… En été, concerts gratuits dans le jardin. La boutique propose une belle sélection d'enregistrements d'Armstrong, dont des inédits. *M° 111th St (7) 34-56 107th St (à l'angle de 37th Ave.) Tél. 718 478 8274 www.louisarmstronghouse.org Ouvert mar.-ven. 10h-17h, sam.-dim. 12h-17h **Visite guidée uniquement** Durée 40min, ttes les heures Tarif 10$, réduit 7$, -4 ans gratuit*

Les autres quartiers de Queens

Jackson Heights (plan 12, B1-B2) En plein cœur de Queens, Jackson Heights abrite la plus grande communauté indienne, pakistanaise et bangladaise de New York, mais également une importante population originaire d'Amérique latine. En sortant du métro, on pénètre dans un autre monde : la ☆ **Little India** de la 74e rue. Bijouteries, marchands de saris ou de DVD made in Bollywood, restaurants indiens – dont le fameux Jackson Diner (aux nos 37-47)… *M° Roosevelt Ave./74 St-Broadway (E, F, M, R, 7)*

Flushing (plan 12, C1) Ancienne colonie hollandaise fondée au XVIIe siècle, Flushing abrite désormais la plus importante communauté asiatique de New York. L'appellation ☆**Chinatown**, qui désigne la rue principale (Main Street) de Flushing et ses environs, recouvre en fait une grande diversité

Points de vue

D'où voit-on le mieux New York ? Où prendre de la hauteur pour s'émerveiller de la *skyline* ? Où faire une pause devant un panorama inoubliable ? Voir aussi nos pages Bars, clubs et lieux de sortie (p.329).

Circle Line (p.91) Embarquer pour une croisière panoramique, au départ de Midtown West.

Staten Island Ferry (p.103) Faire la traversée et admirer les buildings de Manhattan.

Williamsburg Bridge (p.121) En route pour une traversée pédestre de l'autre pont de Brooklyn.

High Line (p.142) et (p.145) Arpenter la balade plantée pour ne rien manquer de l'architecture environnante.

Roof Garden (p.214) Siroter un cocktail sur le toit du Met, avec vue sur Central Park.

Roosevelt Island Tramway (p.221) Survoler Midtown et le Queensboro Bridge à bord du téléphérique.

Top of the Strand (p.356) Boire un verre au bar d'altitude du Strand Hotel pour sa vue incomparable sur l'Empire State Building.

Sixty LES (p.432), **The Standard** (p.434), **Holiday Inn Manhattan View** (p.447) S'offrir une chambre en hauteur pour dormir au 7e ciel.

Fulton Ferry Landing et **Brooklyn Heights** (p.258) Pour deux des plus beaux points de vue sur le Brooklyn Bridge et la skyline.

East River State Park (p.272) Admirer Manhattan des quais de Brooklyn.

culturelle, avec en particulier une forte présence taïwanaise et coréenne. Pas de musée ni de monument particuliers ici, mais l'impression étrange, en remontant Main Street et en explorant les rues transversales, de passer une heure ou deux en plein cœur de l'Asie : boutiques de DVD en chinois, de colifichets, vendeurs de rue proposant beignets et nouilles, épiceries traditionnelles… Jetez un coup d'œil à **Flushing Town Hall**, à l'angle du Northern Boulevard et de Linden Place. Ce bel édifice néoroman de 1864, ancien hôtel de ville, héberge aujourd'hui le dynamique centre culturel du **Flushing Council on Culture and the Arts**, qui propose de nombreux concerts et spectacles mettant à profit la diversité culturelle de la ville. De l'autre côté du boulevard, au n° 137, se dresse la façade de bois de la **Friends Meeting House**, construite en 1694 pour accueillir les réunions d'une communauté de quakers. ***M° Flushing-Main St (7)*** *www.flushingtownhall.org (Flushing Council on Culture and the Arts)*

BRONX

Fermant la ville au nord de Manhattan, le Bronx (près de 1,4 million d'habitants) est le seul *borough* de New York à se trouver majoritairement sur le continent. Lieu de concentration de la pauvreté et de la ségrégation ethnique, il a longtemps incarné l'image du chaos social et urbain – au point d'en devenir proverbial ! Berceau de la culture hip-hop dans les années 1970, le district reste l'un des principaux viviers du rap et de la musique latino. Il ne faudrait pas cependant limiter le Bronx à de tels clichés : le secteur, qui aurait pu rêver d'un "âge d'or" autour des lignes Art déco du Grand Concourse, abrite un parc immense où se cachent, outre un magnifique jardin botanique et un zoo fabuleux, de délicieux recoins au charme bucolique.

C'ÉTAIT LE BRONX C'est le Suédois Jonas Bronck qui donne son nom au site en y installant, en 1639, une première ferme, "*Bronck's farm*". D'autres suivront et, au début du XIXe siècle, ce qui n'est encore qu'une vaste campagne devient le grenier à blé de New York. Le prolongement progressif du Harlem Railroad, au milieu du XIXe siècle, puis l'arrivée du train aérien et du métro (en 1904) feront venir les premiers "vrais" habitants : Irlandais puis Allemands suivis de juifs, d'Italiens et d'Irlandais pressés de fuir les *tenements* surpeuplés du Lower East Side. L'urbanisation va bon train et un stade, le fameux Yankees Stadium, sort de terre en 1923 ! Mais au lendemain de la Seconde Guerre mondiale, le fossé se creuse entre les populations blanches de classe moyenne, parties pour le nord du Bronx, et les communautés afro-américaine et hispaniques (principalement originaires de Porto Rico et de République dominicaine) qui, chassées par la construction d'une voie rapide, la Cross Bronx Expressway, se voient recluses dans les immeubles vétustes et les immenses barres d'habitation du Sud. Pauvreté, chômage, drogue, gangs, criminalité… la détérioration des conditions de vie dans les années 1960-1970 débouche sur une vague d'incendies qui contribuera longtemps à l'image de ghetto du Bronx. Aujourd'hui, la population du *borough* reste majoritairement hispanique (52 % en 2009) et noire (35 %), et la situation sociale difficile : en 2012, 30,4 % de ses habitants vivaient sous le seuil de la pauvreté. Si le Bronx renaît de ses cendres, avec une nette amélioration dans le South Bronx (création de nouveaux logements, réhabilitation d'immeubles et d'entrepôts, essor de la vie culturelle, retour des services publics), il reste loin de Manhattan et des *social projects*.

MODE D'EMPLOI

orientation, accès

Bordé au sud et à l'ouest par la Harlem River et l'Hudson, au nord par le comté de Westchester, à l'est par l'East River et Long Island Sound, le Bronx est parcouru du sud au nord par le Grand Concourse. Au centre, Bronx Park abrite le zoo et le NY Botanical Garden.

EN MÉTRO ET TRAIN

La ligne 4 longe le Grand Concourse. Les lignes 2 et 5 desservent East Tremont Ave./West Farms Sq., à trois *blocks* au sud du zoo. Le Metro-North Railroad, au départ de Grand Central, s'arrête devant le jardin botanique (1h de trajet).

EN BUS

Ligne BxM11 pour le zoo de Midtown (*Madison Ave., entre 26th et 99th Sts*)

informations et visites

Bronx Historical Society L'association organise, certains samedis, des visites thématiques. Elle gère également **l'Edgar Allan Poe Cottage**, jolie maison de bois où l'écrivain vécut à la fin de sa vie. *Ouvert jeu.-ven. 10h-15h, sam. 10h-16h, dim. 13h-17h Tarif 5 $ Tél. 718 881 8900 www.bronxhistoricalsociety.org*

fêtes et manifestations

Tour de Bronx Grand rassemblement cycliste ouvert à tous, idéal pour découvrir tous les recoins du Bronx (deux parcours : 40 ou 65km) ! *www.tourdebronx.org. Fin oct.*

DÉCOUVRIR

Le Bronx

☆ **Les essentiels** Le Bronx Zoo et le New York Botanical Garden **À proximité** Flushing Meadows-Corona Park, à Queens

Si l'immense Bronx Park (291ha) abrite deux des principales attractions du Bronx, le Bronx Zoo et le Botanical Garden, un petit détour s'impose par Little Italy, quelques rues à l'ouest – cf. encadré ci-contre ! Pour être sûr d'avoir le temps de faire les trois dans une même journée, partez de bonne heure, et marchez vite (comptez 10-20min de marche entre chacun de ces sites)...

Bronx Park

★ ☺ **Bronx Zoo (plan 11, B1)** C'est l'un des plus grands zoos du monde (110ha !) et l'un des plus beaux : près de 600 espèces et 4 000 animaux du monde entier y sont rassemblés, dans un cadre magnifique (surtout au printemps et à l'automne)... Une vingtaine de sites thématiques ont été aménagés dont, à ne pas manquer : le "World of Birds", où l'on côtoie les plus beaux oiseaux du monde dans leurs habitats reconstitués ; l'"African Plains" (savane africaine ; fermée l'hiver) ; le "Big Bears" (grizzlys et ours polaires) ; le "Tiger Mountain" (tigres de Sibérie) ; l'"Aquatic Birds" (pingouins, kookaburras d'Autralie, flamants roses...), sans oublier le "Madagascar ! " avec ses lémuriens, ni le bassin des otaries. S'ajoutent à ces espaces sept attractions (payantes), dont les plus intéressantes sont le "Wild Asia Monorail "(parcours en train autour de vastes enclos où vivent éléphants, rhinocéros...), la "Congo Gorilla Forest" (reconstitution d'une forêt humide où l'on peut voir de près des gorilles) et le Children's Zoo (activités pour tout-petits). Consultez par ailleurs, à l'entrée ou en ligne, le programme des activités du jour : nourrissage des otaries, des pingouins ou des rapaces, démonstration de dressage des petits singes de la Monkey House (Primate training)... N'hésitez pas à prendre le forfait car les nombreuses attractions supplémentaires (attention, la plupart sont fermées en hiver) font vite exploser la note ! ***M° Pelham Parkway (2, 5)*** *Bronx River Parkway / Boston Rd Suivre Boston Road jusqu'à l'entrée Gate B Tél. 718 367 1010 www.bronxzoo.com Ouvert avr.-oct. : tlj. 10h-17h ; nov.-mars : tlj. 10h-16h30 Entrée simple 19,95$, 3-12 ans 12,95$, -3 ans gratuit Attraction supplémentaire 5$ Forfait tout compris 24,95$/17,95$*

Visite L'endroit est immense et vallonné : prenez de bonnes chaussures et comptez une demi-journée pour en faire le tour, davantage en incluant les attractions (en saison, une navette traverse le parc). Enfin, vous trouverez sur place plusieurs cafés, mais prenez plutôt un pique-nique ou filez vous régaler dans une échoppe de Little Italy !

Un vrai parfum d'Italie

Le **Little Italy** local (plan 11, B1) séduit par son ambiance nostalgique et populaire, ses délicieuses trattorias et ses épiceries fines. Ne vous attendez pas à un quartier proprement dit : ce Little Italy-là se limite aux abords de la légendaire Arthur Avenue, de part et d'autre d'East 187th Street ! Pour une pause déjeuner sur le pouce, rendez-vous au Arthur Avenue Retail Market (p.426).

★ ☺ **New York Botanical Garden (plan 11, B1)** Magique ! Centre de recherche et de conservation renommé, ce jardin botanique, fondé en 1891 sur le modèle de Kew Gardens à Londres, est l'un des plus grands de la planète, avec 50 jardins thématiques (roseraies, conifères, plantes tropicales, etc.) et plus d'un million de plantes (dont une collection de 8 000 orchidées !) et quelque 30 000 arbres, dont certains deux fois centenaires... Il abrite en outre des édifices remarquables, dont une majestueuse serre édouardienne, Enid A. Haupt Conservatory (1902), et des espaces harmonieusement dessinés par les plus grands paysagistes américains. Au cœur de cette immense étendue de 100ha, s'étirent 20ha de forêt : l'un des derniers vestiges de celles qui recouvraient Manhattan à l'arrivée des premiers colons. Ils sont traversés par les belles gorges de la Bronx River au bord de laquelle se dresse un moulin à tabac (1840). *2900 Southern Blvd Tél. 718 817 8700 www.nybg.org Ouvert mars-mi-jan. : mar.-dim. 10h-18h ; mi-jan.-fév. : mar.-dim. 10h-17h Tarif semaine 20$, réduit 18$, 2-12 ans 8$, week-end 25$, réduit 22$, 2-12 ans 10$* ***Accès en train*** *Metro-North Harlem local de Grand Central à la gare Botanical Garden (20min) ; entrée latérale du jardin juste en face (l'entrée principale se trouve plus au sud)* ***Accès à pied*** *Compter 20min de marche (le long du Southern Blvd) à partir de la sortie Southern Blvd du Bronx Zoo*

Visite Été comme hiver, on passe une agréable demi-journée – davantage si l'on veut tout voir – à flâner dans le parc. Les visites commentées à bord du petit train ("Narrated Tram Tour", tlj.), avec plusieurs arrêts, permettent de l'explorer plus facilement. Parmi les activités proposées toute l'année (généralement le w.-e.), citons les animations (et dégustations !) qui, menées par jardiniers et chefs, ont pour thème le "bien manger" ("**Edible Garden**", mi-juin à mi-oct.)... S'y ajoute l'excellent "Children's Adventure Garden", espace ludique et interactif réservé aux enfants. À Noël, la grande serre se met sur son trente et un : illuminations, spectacles animent les lieux, et des trains miniatures serpentent entre des modèles réduits (réalisés en graines, feuilles etc.) de grands monuments new-yorkais. Sur place se trouvent un restaurant et un café, faciles d'accès et plaisants.

Au fil du Grand Concourse

Tracée à la fin du XIXe siècle par un Alsacien, Louis Risse, sur le modèle des Champs-Élysées, l'interminable **Grand Concourse** (plan 11, B1) traverse le Bronx du sud au nord sur plus de 7km ! L'avenue est connue pour ses immeubles Art déco des années 1920 et 1930, dont les plus intéressants se situent entre la 160e et la 170e rue, autour du Bronx Museum of the Arts et du légendaire Yankee Stadium.

Bronx Museum of the Arts (plan 11, B2) Installé dans une ancienne synagogue modernisée et agrandie en 2006, ce musée engagé fait la part belle aux artistes modernes et contemporains issus du Bronx ou des différentes minorités ethniques de New York, souvent ignorés par les autres institutions. Soirées passionnantes le premier vendredi du mois (18h-22h) : musique, performances, danse... ***M° 167th St/Grand Concourse (B)*** *1040 Grand Concourse (à l'angle de 165th St) Tél. 718 681 6000 www.bronxmuseum.org Ouvert mer.-jeu. et sam.-dim. 11h-18h, ven. 11h-20h Entrée libre*

Encourager les Yankees !

Yankee Stadium (plan 11, A2) Construit en face de l'ancien, le stade de baseball (52 000 places) accueille les mythiques New York Yankees depuis 2009. Créée en 1901, l'équipe des Bronx Bombers (les "Bombardiers du Bronx", leur surnom) possède le plus beau palmarès des États-Unis : 67 titres ! Ses grands joueurs, de Babe Ruth à Yogi Berra en passant par Joe DiMaggio, ont marqué l'histoire de ce sport. Pour voir un match, on peut acheter ses billets à la boutique officielle du club, à Midtown, sur place le soir du match ou en ligne sur le site du club (retrait le jour du match). Plusieurs sites Internet revendent également des billets. La saison ouvre en avril et dure jusqu'aux *play offs* d'octobre, pour les meilleures équipes. ***M° 161st St/Yankee Stadium (4)*** *1 E 161st St (2 blocks à l'ouest de Grand Concourse) newyork.yankees.mlb.com (Billetterie en ligne)*

Larguer les amarres sur City Island

À 1h de métro et de bus du centre de Manhattan,☺ **City Island** est une paisible oasis de verdure qui fait oublier l'agitation perpétuelle de la Grosse Pomme. Reliée par un pont à la côte orientale du Bronx, cette île plate de 2,5km sur 1km, vieux poste de pêche, abrita longtemps des chantiers navals - plusieurs voiliers vainqueurs de l'America's Cup y ont vu le jour (comme l'évoque le petit Nautical Museum local). Aujourd'hui, ces chantiers ont cédé la place à un courtier en bateaux et un petit port de plaisance tandis que, pimpantes et cernées de coquets jardinets, les maisons en bois ont été converties en résidences secondaires ou sont habitées par de tranquilles retraités.
Mais l'île s'anime le week-end aux beaux jours quand débarquent les citadins venus prendre l'air et s'offrir une assiette de homard, de fruits de mer ou de poisson dans la poignée de restaurants établis à la pointe sud : de là, la vue porte vers le Bronx à l'ouest, vers Queens au sud et vers la *skyline* de Manhattan au sud-ouest, par delà l'East River. **Accès** *M° (6) jusqu'au terminus (Pelham Bay Park) puis bus Bx29 (10min de trajet ; un bus toutes les 20 à 30min)* **Nautical Museum** *190 Fordham St www.cityislandmuseum.org Ouvert mars-oct. : w.-e. 13h-17h Entrée libre*
Johnny's Reef Restaurant Authentique fast-food de la mer, l'établissement le plus couru de City Island déploie sa grande terrasse au bord de l'eau.
Au menu : *clam chowder* (soupe de palourdes, 5$), queue de homard (30$), crevettes (15$), huîtres (17$), palourdes (13$) mais aussi poisson pané ou poulet grillé, le tout accompagné de frites - portions très généreuses ! *2 City Island Ave. Tél. 718 885 2086 www.johnnysreefrestaurant.com Ouvert dim.-jeu. 11h-22h, ven.-sam. 11h-0h*

Sur le pont de Brooklyn (p.89).

GEOADRESSES

SHOPPING

Vitrine de Saks Fifth Avenue (p.317), dans Midtown.

SHOPPING À LA CARTE

So chic or *cheap*, design ou vintage, taillez-vous un séjour sur-mesure dans l'eldorado du shopping.

bons plans

On peut faire de très bonnes affaires à New York. Voici nos bonnes adresses, avec en prime les conseils d'une pro : cf. Acheter moins cher ? *Yes, you can !* (p.306).

Petits prix permanents

Coins soldes

Soldes en vue

Dégriffés

créateurs

On se fait plaisir pour être à la pointe de la mode ?

Et petits créateurs

Dépôts-ventes

souvenirs

Classées par thème, les idées ne manquent pas, et les magasins encore moins !

Arty

Gourmand

Accessoires

Puces

Déco

Chic

Friendly

Fashion

Télé

se faire un look...

C'est *open* à New York, et une seule règle : chacun fait ce qui lui plaît !

Vintage

Streetwear

Casual

Jean

Trendy

Funky décalé

Preppy

Rock

Glam'

culture

Librairies, disquaires pour dénicher les raretés vinyles US, et *stores* pour Mac *addicts* et amoureux de matériel photo-vidéo.

À livre ouvert

Étoffer ses playlists

Pour les *geeks*

c'est la fête !

Déco so cosy, gadgets *so crazy*, ballons de baudruche, déguisements… Parce que tout le monde sait chanter *Jingle Bells* et *Happy Birthday* !

Happy Birthday

Halloween

by night

Dans la ville qui ne dort jamais, on peut tuer son insomnie à coups de lectures tardives et de shopping nocturne.

M&M's, sur Times Square (p.165).

my beautiful market

Remplissez votre *beauty case* telle une parfaite New-Yorkaise !

fitness

Pour les New-Yorkais, marcher baskets au pied est un sport quotidien. Garder la forme, ici, ça marche comme sur des roulettes.

Baskets, rollers, skates...

Street

Sportswear

Marathon intello

magasins XXL

Parce que la Big Apple se croque en (très) grand format.

pour les *kids*

Où reconstruire l'Empire State Building ? Où emmener sa poupée se faire percer les oreilles ? Où se croire dans *Charlie et la chocolaterie* ?

écolo et local

Parce que la Grosse Pomme se savoure à la mode eco-*friendly*. Locavores, adeptes du *made in NYC*, voici des adresses 100% pour vous !

Écolo-bio

Made in NYC

Sur mesure

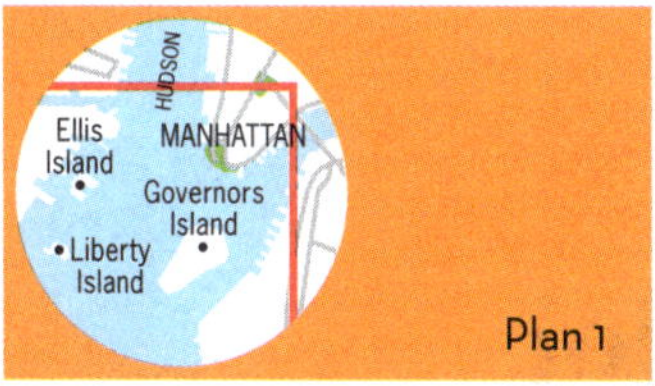

Plan 1

Lower Manhattan

Le secteur de Wall Street abrite des temples du luxe conçus sur mesure pour des griffes prestigieuses comme Hermès et Tiffany. Mais on y fait aussi des affaires, particulièrement chez Century 21, peut-être la meilleure adresse en ville pour les fins de séries de grandes marques à petits prix.

Magasiner sous un squelette géant

Westfield World Trade Center (plan 1, B2 n°43) Ouverte en 2016, cette galerie commerciale située dans le même complexe que la Freedom Tower et le World Trade Center Memorial permet de faire d'une pierre deux coups. Après être resté bouche bée devant l'architecture spectaculaire de Santiago Calatrava, sorte de squelette préhistorique géant perdu au milieu du Financial District, vous céderez à la fièvre du shopping dans les dizaines de magasins et de restaurants, parmi lesquels un Apple Store, une boutique Kiehl's ou le supermarché gourmand italien, Eataly. ***M° Cortland St (N, R, W) ou Chambers St (E)*** *185 Greenwich St (entre Dey St et Fulton St) Tél. 212 284 9982 www.westfield.com Ouvert lun.-sam. 10h-21h, dim. 11h-19h*

Où trouver de grandes marques à prix cassés ?

Century 21 (plan 1, B2 n°44) Incontournable. En face de Ground Zero, ce temple de la dégriffe fondé en 1961 déballe dans un espace labyrinthique et sur plusieurs étages toutes les plus grandes marques américaines et internationales à prix cassés : DKNY, Calvin Klein, Ralph Lauren, Marc Jacobs... En fouillant un peu, vous trouverez de quoi rhabiller toute la famille à moindres coûts, tout en restant dans le coup. Prévoyez d'y passer quelques heures, au coude à coude avec des hordes de touristes. Mais ça en vaut vraiment la peine. Autres adresses à Lincoln Square et à Brooklyn. ***M° Cortlandt St (R) ou Fulton St (A, C, J, Z, 2, 3, 4, 5, 6)*** *22 Cortlandt St (entre Church St et Broadway) Tél. 212 227 9092 www.c21stores.com Ouvert lun.-mer. 7h45-21h, jeu.-ven. 7h45-21h30, sam. 10h-21h, dim. 11h-20h*

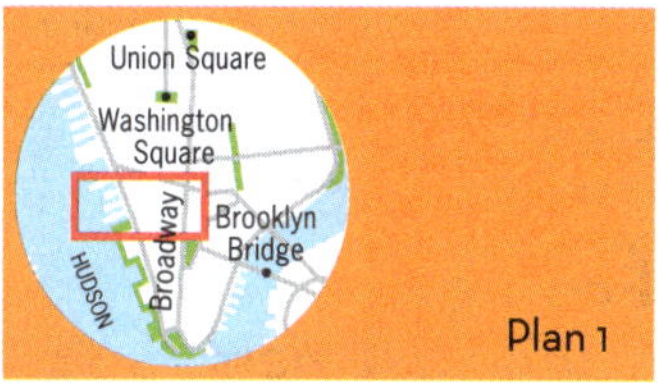

Plan 1

TriBeCa

Dans ce quartier occupé par de jeunes familles bobo chic se côtoient échoppes de stylistes en vogue et magasins de déco haut de gamme. Sans compter la kyrielle de boutiques où cette même clientèle nantie vient équiper ses *kids* de vêtements affûtés, d'accessoires et de jouets.

Bon ton pour *bad boys*

☺ **Liquor Store (plan 1, B1 n°45)** Vieux plancher, comptoir en bois et étagères à l'ancienne servent de décor à cette boutique "hommes" très inspirée, installée dans un ancien bar. *Casual* et stylées, les collections de J. Crew, célèbre

GEOPLUS

Shopping mode d'emploi

Par **Carole Behn**, journaliste

Des magasins ouverts même le dimanche, des soldes toute l'année, New York est bien la capitale du shopping !

Horaires

La plupart des magasins sont ouverts du lundi au samedi de 10h à 20h, le dimanche de 11h à 19h. Dans certains quartiers, comme le Lower East Side, les magasins n'ouvrent qu'à 11h-12h. D'autres, à Wall Street, ouvrent vers 7h30 mais sont fermés le dimanche. Sur Times Square, on fait son shopping jusqu'à 22h, au moins, et 7 jours sur 7 ! Le jeudi soir, quelques magasins restent ouverts jusqu'à 21h.

Échange, remboursement

Les conditions d'échange et de remboursement sont excellentes. En général, on a 3 mois pour rapporter ses achats et souvent, le ticket de caisse n'est pas demandé.

Taxes

Les Européens se laissent facilement tenter, mais attention aux mauvaises surprises : sur les étiquettes, les prix affichés ne comprennent pas le montant des taxes à la consommation ! Pour les vêtements et les produits de beauté inférieurs à 110$ et les chaussures à moins de 500$, la taxe est de 4,375%. Au-delà de 110$, il faut s'acquitter d'une taxe de 8,875% (la plus haute de tout le pays !) dans l'État de New York.

DUTY-FREE

En dehors des zones de *duty-free* des aéroports, vous n'aurez pas la possibilité d'acheter en détaxe. Les étrangers peuvent entrer aux États-Unis avec des achats en *duty-free* d'une valeur de 100$, ainsi que 200 cigarettes détaxées et 1l d'alcool (pour les voyageurs de plus de 21 ans). En rentrant en France, si le montant total de vos achats dépasse 430$ (150$ pour les voyageurs de moins de 15 ans), vous devrez vous acquitter des droits de douane (de 0 à 17% en fonction du code douanier) et d'une TVA de 19,6%. Les livres, les œuvres d'art, les objets de collection et antiquités sont soumis à une TVA de 5,5%. Plus d'infos sur le site www.douane.gouv.fr.

Soldes

Les soldes ont lieu en début d'année et en juillet. Ceux des grands magasins sont légendaires, avec des rabais atteignant souvent -50% à -70% dès les premiers jours ! D'autres soldes, moins spectaculaires, ont lieu tout au long de l'année – cf. Acheter moins cher ? *Yes, you can !* (p.306).

chaîne américaine fondée en 1983, se teintent ici d'une note *old school* qui sied bien au look du dandy nonchalant (Johnny Depp et Mickey Rourke sont des habitués des lieux). De 60 à 140$ (Thomas Mason pour J. Crew) la chemise à carreaux très gentleman farmer, 128$ le cardigan en lambswool col châle, 553$ la paire de boots (Alden for J. Crew). Et une jolie collection de nœuds papillons (55$). Promotions très régulières. Dix autres adresses hommes et femmes à Manhattan. ***M° Franklin St (1)*** *235 W Broadway (près de White St) Tél. 212 226 5476 www.jcrew.com Ouvert lun.-ven. 11h-20h, sam. 11h-19h, dim. 12h-18h*

Où acheter une affiche ancienne ?

Philip Williams Posters (plan 1, B1 n°47) Avis aux collectionneurs, voici une vraie caverne d'Ali Baba, avec des affiches et des posters de toutes les époques et de tous les styles, à (presque) tous les prix. Cinéma, réclames à la gloire de New York ou de sites fameux, publicités vantant un savon ou un moteur de voiture, le choix est énorme et la visite, même sans achat, un bonheur. ***M° Chambers St (A, C, 1, 2, 3)*** *122 Chambers St Tél. 212 513 0313 www.postermuseum.com Ouvert lun.-sam. 10h-19h*

Où faire le plein de jolis petits cadeaux ?

Pearl River Mart (plan 1, B1 n°42) À mille lieux des échoppes bondées de Chinatown, ce grand magasin chinois est une excellente adresse où faire le plein de cadeaux à petits prix dans une ambiance... ultrazen. Outre les chinoiseries traditionnelles, vous y ferez des trouvailles : *lunch box* multicolore (20,50$), jouets vintage (10$)... Vous pouvez profitez du petit salon de thé du magasin. ***M° Canal St (A, C, E, J, N, Q, R, Z, 1, 6)*** *395 Broadway (entre White et Walker Sts) Tél. 800 878 2446 www.pearlriver.com Ouvert tlj. 10h-19h20*

Où s'équiper en vue d'un goûter d'anniversaire ?

☺ **Balloon Saloon (plan 1, B1 n°40)** De gigantesques ballons à l'effigie de Betty Boop, Tigroo, Spider Man... signalent la vitrine de ce spécialiste du ballon de baudruche. Mais à l'intérieur de ce bric-à-brac soigneusement organisé, les étagères débordent de mille autres choses : jeux créatifs, moules à glaçons rigolos (11$), chapeaux de fêtes d'anniversaire en tout genre (1,50-10$), kits de peinture pour le bain (27$), sans compter une profusion de farces et attrapes convoitées avec malice par les petites canailles du quartier. ***M° Chambers St (1, 2, 3)*** *133 West Broadway (près de Duane St) Tél. 800 540 0749 www.balloonsaloon.com Ouvert tlj. 9h-19h*

Home sweet home

Bed, Bath & Beyond (plan 1, B1 n°41) Ce géant de la maison et de l'électroménager regorge d'accessoires pour la chambre à coucher, la salle de bains et "au-delà" ! Sur votre *shopping-list* : des presses à *cookies* (4,99-39,99$), des moules à *donuts* (9,99-24,99$), un rideau de douche avec le plan du métro de New York (29,99$), une photo ou un plan vintage de New York en noir et blanc (79,99$). Près des caisses, des bacs remplis de gels douches, shampoings et tubes de dentifrice de nos marques préférées, en format voyage (99 cents pièce). Plusieurs adresses à Manhattan. ***M° Chambers St (1, 2, 3)*** *270 Greenwich St (entre Murray et Warren Sts) Tél. 212 233 8450 www.bedbathandbeyond.com Ouvert lun.-sam. 9h-22h, dim. 9h-21h*

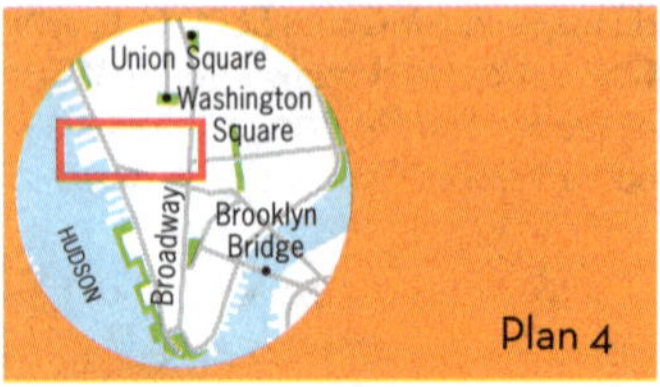

SoHo

C'est l'épicentre du shopping à New York. Tout est là, des enseignes *fast-fashion* tels les mégastores qui alignent leurs temples de la mode branchée et bon marché le long de Broadway, l'artère principale, aux vitrines plus discrètes mais bien plus glamour (Chanel, Prada, etc.), campées à l'écart de cet axe *over busy*.

Boutique-musée

Prada (plan 4, B2 n°61) Un plancher ondulant telle une vague, un ascenseur circulaire en verre, des cabines d'essayage interactives aux portes transparentes (mais qui se teintent d'une buée opaque une fois refermées), un podium de poche escamotable pour défilés et happenings maison... : installée dans l'ancien musée Guggenheim de SoHo, la boutique dite "Épicentre" (il en existe seulement trois dans le monde) a tout d'une galerie d'art futuriste, les vêtements en plus ! Les inconditionnels de la célèbre griffe italienne découvriront ici toutes ses dernières collections, mais le design signé par l'architecte hollandais Rem Koolhaas mérite à lui seul la visite. ***M° Prince St (N, R)*** *575 Broadway (près de Prince St) Tél. 212 334 8888 www.prada.com Ouvert lun.-sam. 11h-19h, dim. 11h-18h*

Où flairer l'air du temps ?

Opening Ceremony (plan 4, B3 n°58) Bienvenue chez un *trendsetter*, un vrai, le "Colette américain", *le* concept-store *über* cool de New York ! Réparti sur deux espaces, le magasin a pour particularité de mettre chaque année un pays à l'honneur à travers des collections-capsules ou des collaborations avec des marques (Repetto, Agnès b., Levi's, Pendleton) et autres icônes de la mode. Mode, musique, design, *lifestyle*, rien n'échappe au créateur de tendances-dénicheur de talents (Rodarte, Proenza Schouler, Rachel Comey...). Les prix sont à la hauteur, bien sûr. *So what*, il n'est pas interdit d'aller humer l'air du temps (d'après-demain) ! ***M° Canal St (A,***

Flânerie sur Greene St, Spring St et Prince St

Entre SoHo et NoLIta (plan 4, A2-B2), les petites boutiques des abords de Broadway offrent une bonne alternative aux grands temples de la mode. Pour un look (masculin) classique, direction **O.N.S.** (le plus de la boutique, un agréable café sous une verrière). Dans un autre registre, **Bape Store**, la marque de streetwear de luxe créée par le DJ et styliste japonais Nigo, fait le bonheur des aficionados de culture urbaine.

M° Prince St (N, R) ou Spring St (C, E, 6)

O.N.S. (plan 4, A2 n°57) *71 Greene St (près de Spring St) Tél. 212 683 6688 www.onsclothing.com Ouvert lun.-jeu. 11h-19h, ven.-sam. 11h-20h, dim. 12h-18h*

Bape Store (plan 4, A2 n°42) *91 Greene St (près de Spring St) Tél. 212 925 0222 www.us.bape.com Ouvert lun.-ven. 11h-19h, sam. 11h-19h30, dim. 11h-18h30*

C, E) 35 Howard St (entre Broadway et Crosby St) Tél. 212 219 2688 www.openingceremony.us Ouvert lun.-sam. 11h-20h, dim. 12h-19h

Où s'habiller pour l'hiver ?

MO851 (plan 4, A2 n°53) Il semblerait bien que cette enseigne canadienne arrivée tout droit de Montréal soit l'une des dernières à ne pas avoir délocalisé sa production en Chine ! Accessoires, articles en cuir ou vêtements chics pour hommes et femmes, tout est conçu et produit à Montréal. Quel meilleur endroit pour acheter un manteau d'hiver (850-1 800$) quand on connaît la rigueur des hivers canadiens ? Sans parler des irrésistibles vestes en cuir (635-1375$), des sacs (200-850$), des portefeuilles... Parmi les modèles phares, un duffle coat en cuir (650-685$). Un peu cher, mais ça vous durera des années ! ***M° Prince St (N, Q, R, W)*** *415 W Broadway (entre Prince St et Spring St) Tél. 212 431 3069 www.m0851.com Ouvert lun.-sam. 10h-20h, dim. 11h-19h*

Où sacrifier à la *fast-fashion* ?

Topshop (plan 4, B3 n°66) Depuis son ouverture à New York en 2009, le mégastore londonien fait le bonheur de shoppeuses de Manhattan. Quatre étages d'un beau bâtiment dévolus à la mode femme (et un pour les hommes, au -1), où vous trouverez tous les *musts* de la saison à des prix assez *friendly*. Misez sur les modèles dessinés en collaboration avec de jeunes stylistes en vue et sur le superbe rayon de chaussures, au 3e étage. À éviter le week-end. *Le plus ?* Les soldes, tous les trois mois. ***M° Spring St (C, E) ou Canal St (A, C, E, 1)*** *478 Broadway (près de Broome St) Tél. 212 966 9555 www.ustopshop.com Ouvert lun.-sam. 10h-21h, dim. 11h-20h*

☺ **Madewell (plan 4, B3 n°55)** Plus discrète que ses voisines de Broadway, les tapageuses Hollister et Forever 21 – cf. Les mégachaînes américaines (p.300) –, cette chaîne, petite sœur de J. Crew, est très

SHOPPING

Accro aux drugstores

Vous n'aurez jamais à marcher bien longtemps pour trouver un drugstore ouvert 24h/24. Du dentifrice à la papeterie, ces pharmacies vendent, outre des médicaments, des cosmétiques et de la parapharmacie. Profitez d'une virée nocturne pour faire provision de petits souvenirs et de produits de beauté bon marché, des baumes à lèvres Carmex ou Chapstick (3$) aux flacons de collyre Visine (contre les yeux rouges), sans oublier les pastilles Altoid et les fameuses préparations pour pancakes et muffins Aunt Jemima !

Duane Reade (plan 4, B3 n°43)
M° Canal St (N, R) *459 Broadway (SoHo) (près de Grand St) Tél. 212 219 2658 www.duanereade.com Ouvert tlj. 24h/24 (pharmacie lun.-ven. 8h-21h, sam. 9h-18h, dim. 10h-17h)*

Walgreens (plan 5, B2 n°73)
M° Times Sq.-42nd St (N, Q, R, S, 1, 2, 3, 7) *1471 Broadway (Midtown W) (près de W 42nd St) Tél. 212 302 0552 www.walgreens.com Ouvert tlj. 24h/24 sauf pharmacie (lun.-ven. 9h-21h, sam. 9h-18h, dim. 10h-18h)*

appréciée des Américaines pour ses basiques tendance. Des coupes bien dans le ton et des allures glam (t-shirts et tops à partir de 35$), une foule d'accessoires, de chaussures et de sacs à faire twister avec des petites robes (à partir de 100$) et surtout beaucoup de denim, le coeur du look Madewell, dans tous les styles. Depuis 2014, la marque française Sézane a collaboré à des collections-capsules. Grand choix d'articles soldés au 2e étage, derrière la caisse. ***M° Spring St (C, E) ou Canal St (A, C, E, 1)*** *486 Broadway (près de Broome St) Tél. 212 226 6954 www.madewell.com Ouvert lun.-sam. 10h-20h, dim. 11h-19h*

Où trouver chaussure à son pied ?

☺ **Steve Madden (plan 4, B2 n°64)** Impossible de ne pas trouver chaussure à son pied parmi la superbe sélection de cette chaîne new-yorkaise qui serre la mode de très près en s'inspirant des derniers défilés. Une excellente adresse pour hommes et femmes où l'on peut se faire plaisir sans friser l'interdit bancaire. Comptez entre 70 et 140$. Plusieurs adresses. ***M° Prince St (N, R) ou Spring St (C, E, 6)*** *540 Broadway (entre Prince St & Spring St) Tél. 212 343 1800 www.stevemadden.com Ouvert lun.-sam. 10h-21h, dim. 11h-19h*

Où envoyer les ados ?

Supreme (plan 4, B2 n°65) Vraie référence en matière de culture skate, ce magasin doit sa réputation légendaire à son excellente sélection d'*urbanwear*, *sneakers* en éditions limitées et planches de skate collectors signées par les plus grands *street artists* du moment. Comptez env. 40$ pour un t-shirt, 140$ pour un sweat-shirt "Supnyc", 80 à 100$ pour des *sneakers* Vans pour Supreme. Pour environ 150$, vous repartez sur une planche montée in situ par un pro ! ***M° Prince St (N, R)*** *274 Lafayette St (entre Prince St et E Houston St) Tél. 212 966 7799 www.supremenewyork.com Ouvert lun.-jeu. 11h30-19h, ven.-sam. 11h-19h30, dim. 12h-18h*

Où remplir son vanity case de produits malins ?

☺ **Ricky's (plan 4, B2 n°62)** C'est l'une des très nombreuses adresses new-yorkaises de cette chaîne (américaine) de produits de beauté qui fait fureur aux States. Des rayons entiers de perruques (à essayer moyennant 2$) et de faux cils, des kits de survie "*problem solved*" à l'usage de la femme active (cache-décolletés, rasoirs à vêtements antibouloches, strings jetables, adhésifs anti-entrebaillements-de-chemisiers...), des centaines de brosses à cheveux miraculeuses, de miniproduits de voyage et, surtout, la crème de la crème des cosmétiques (américains et européens) à des prix vraiment doux ! Jetez-vous sur l'excellente ligne Carol's Daughter, la marque *made in* Harlem (à l'entrée du magasin), ou sur le best-seller Bumble & Bumble ! À noter : pour Halloween, près d'un tiers de la boutique est consacré aux déguisements. Env. 20 magasins en ville. ***M° Prince St (N, R) ou Broadway/Lafayette (B, D, F, M)*** *590 Broadway (entre W Houston St et Prince St) Tél. 212 226 5552 www.rickysnyc.com Ouvert lun.-sam. 9h30-21h30, dim. 10h-20h*

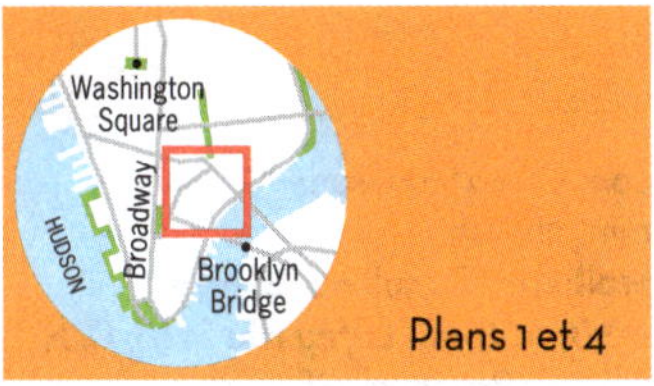

Chinatown, Little Italy and NoLIta

S'il regorge de magasins comme le SoHo tout proche, le petit quartier de Nolita se distingue par ses faux airs européens et ses petites boutiques ultrabranchées qui attirent une clientèle jeune et stylée. Les chaînes y sont rares, et du dépôt-vente de luxe Ina à la boutique de mode masculine cool chic Seize sur Vingt – cf. Flânerie sur Greene St, Spring St et Prince St (p.296), chaque adresse se veut unique.

Où dénicher thés et potions magiques ?

Ten Ren Tea & Ginseng Co (plan 1, C1 n°48) Achetez ici les thés les plus rares et les plus étranges, découvrez les secrets de leur préparation ou offrez-vous une théière. *M° **Canal St (J, Z, N, Q, 6)** 75 Mott St Tél. 212 349 2286 Ouvert tlj. 10h-19h*

Grand Meridian (plan 4, C3 n°47) Faites provision de baumes miracles, tisanes et mixtures diverses, sur les conseils des herboristes et thérapeutes chinois, qui vous proposeront aussi des traitements d'acupuncture ou de massopuncture. *M° **Canal St (J, Z, N, Q, 6)** 209-211 Grand St Tél. 212 965 1503 Ouvert tlj. 10h-19h*

L'affaire est dans le *bag*

Manhattan Portage (plan 4, B1 n°56) Presque aussi mythiques que la *skyline* de Manhattan dont ils ont fait leur logo, les sacs des coursiers new-yorkais font un excellent souvenir à rapporter. Outre le classique *messenger bag*, à porter en bandoulière (à partir de 55$), la boutique propose une grande variété de modèles : sacs à dos (à partir de 65$), besaces (à partir de 45$), housses d'ordinateur et d'iPad (à partir de 35$) ainsi que des éditions limitées, comme les DJ bags, dessinés par des artistes locaux (à partir de 50$). Le tout dans une gamme infinie de couleurs. *M° **Broadway/Lafayette St (B, D, F, M)** 258 Elizabeth St (près de E Houston St) Tél. 212 226 9655 www.manhattanportage.com Ouvert lun.-sam. 11h-19h, dim. 11h-18h*

Où découvrir des marques confidentielles ?

Elizabeth St, Mulberry St (plan 4, B2-C2) Deux rues qui fourmillent d'échoppes, de marques confidentielles et de boutiques de créateurs. Y officient notamment les nez du **Labo** où des parfums d'exception sont formulés sous vos yeux (à partir de 75$ le petit flacon). Un peu plus loin, chez **Malia Mills**, maillots de bain aux coupes impeccables, régulièrement cités dans les plus grands magazines de mode américains (à partir de 340$ le modèle une-pièce, 315$ le deux-pièces, haut et bas vendus séparément). *M° **Spring St (6)** **Le Labo** 233 Elizabeth St (près de Prince St) Tél. 212 219 2230 www.lelabofragrances.com Ouvert tlj. 11h-19h **Malia Mills** 199 Mulberry St (près de Kenmare St) Tél. 212 625 2311 www.maliamills.com Ouvert tlj. 12h-19h*

Où se prendre pour un dandy chic ?

Seize sur Vingt (plan 4, C2 n°60) Recherché par les jeunes dandys branchés, ce temple du chic casual et de belle qualité propose aussi des chemises sur mesure et des accessoires

Les mégachaînes américaines

Des plus *classy* aux plus basiques, des plus "ados" aux plus trendy, voici quelques méga chaînes typiquement américaines, un peu moins connues que Gap par exemple.

Old Navy (plan 2, B2 n°61) Très populaire aux States et réputée pour ses basiques (hommes, femmes, enfants) bon marché, cette sous-marque de Gap, bien que de moins bonne qualité, reste une très bonne adresse pour faire le plein de *tees*, *hoodies* (sweat-shirts zippés à capuche), jeans... Trois magasins à Manhattan. À Chelsea : ***M° 14th St-6th Ave. (F, M, 1, 2, 3)*** *610 Ave. of the Americas Tél. 212 645 0663 www.oldnavy.com Ouvert lun.-sam. 9h-22h, dim. 10h-22h*

Forever 21 (plan 5, B2 n°58) Plébiscité par les 15/30 ans, il serre la mode de très, très près. C'est ici que l'on déniche les looks dernier cri (et plein d'accessoires miniprix). *Crazy !* Quatre adresses. Dans Midtown West : ***M° Times Sq.-42 St (N, Q, R, S, 1, 2, 3, 7)*** *1540 Broadway (Times Square) Tél. 212 302 0594 www.forever21.com Ouvert tlj. 8h-2h*

Abercrombie & Fitch (plan 5, C1 n°50) Si la marque est estampillée d'un rustique élan, ses boutiques ont des allures de boîtes de nuit, avec musique à fond, effluves de parfum... bref, tout ce qu'il faut pour faire tourner la tête des *teens*. Mais la confection reste cool et *casual*, un brin collège, et de bonne qualité. Deux *stores* et deux magasins **Hollister Co** (même groupe, même style). Dans Midtown East : ***M° 5th Ave.-59th St (N, Q, R)*** *720 5th Ave. (entre 56th et 57th St) Tél. 212 381 0110 www.abercrombie.com Ouvert lun.-sam. 10h-20h, dim. 11h-20h*

Hollister Co (plan 4, B1 n°48) ***M° Broadway- Lafayette St (B, D, F, M)*** *600 Broadway (SoHo) Tél. 212 334 1922 www.hollisterco.com Ouvert tlj. 10h-21h*

Banana Republic (plan 5, C1 n°54) Le haut de gamme du groupe Gap. Assez sophistiqué, avec des prix en conséquence (mais aussi un coin soldes), ce grand classique est prisé des Françaises pour ses lignes simples et élégantes. Douze *stores*. À Midtown East : ***M° 47/50th Sts-Rockefeller Center (B, D, F, M)*** *626 5th Ave. (près de 50th St) Tél. 212 974 2350 www.bananarepublic.com Ouvert lun.-sam. 10h-21h, dim. 10h-20h*

J. Crew (plan 5, C1 n°62) Chic et classique, à l'image de Michelle Obama, une fidèle. Coupes et matières impeccables pour hommes, femmes et enfants. Quinze adresses. À Midtown East : ***M° 47th/50th Sts-Rockefeller Center (B, D, F, M)*** *30 Rockefeller Plaza (près de W 50th St) Tél. 212 765 4227 www.jcrew.com Ouvert lun.-sam. 10h-20h, dim. 11h-19h*

Club Monaco (plan 5, C1 n°56) Rachetée par Ralph Lauren, la marque canadienne adorée des Frenchies signe des vêtements so *classy* et trendy (hommes et femmes). Prix assez raisonnables. Le plus : un coin promos dans la plupart des sept magasins. À Midtown East : ***M° 5th Ave.-53 St (E, M)*** *6 W 57th St (entre 5th et 6th Ave.) Tél. 212 459 9863 www.clubmonaco.com Ouvert lun.-sam. 10h-21h, dim. 11h-20h*

SHOPPING

raffinés. Exclusif, idéal pour les urbains élégants. *M° Spring St (6) ou Bowery (J, Z) 198 Bowery (entre Spring et Prince Sts) Tél. 212 625 1620 16sur20.com Ouvert lun.-sam. 11h-19h, dim. 12h-18h*

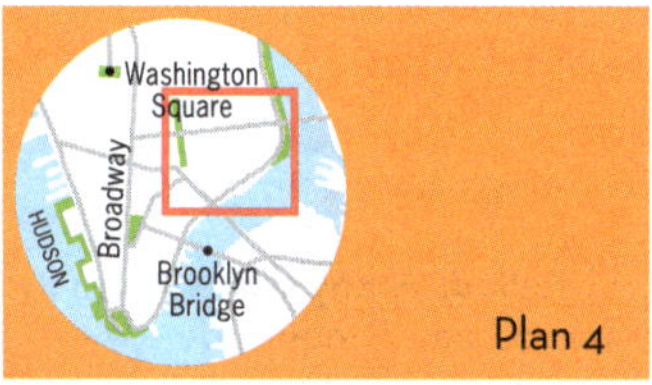

Plan 4

Lower East Side

Le paradis du vintage ! Les ruelles du LES sont jalonnées d'échoppes regorgeant de trésors rétro ou recyclés. Également des boutiques plus spécialisées mais tout aussi branchées.

Vintage et créations

☺ **Edith Machinist (plan 4, D2 n°45)** Capes, robes à manches ballon, blouses en crêpe de soie et une foule d'accessoires... cette boutique vintage aux jolis airs bohème pourrait être le dressing-room de la fille la plus cool de New York ! Les vêtements, impeccables, sont sélectionnés avec soin par une fan des années 1940 (de 50$ pour un chemisier cintré au nœud surdimensionné à 285$ la ceinture cloutée Versace). Mention spéciale au très grand choix de chaussures à peines portées (Yves Saint Laurent, Ferragamo, Charles Jourdan, à partir de 100$ la paire), à la belle collection de sacs et de pochettes (à partir de 100$) et aux somptueux bijoux de l'époque victorienne. Soldes deux fois par an, en février et en août. *M° Delancey St (F) 104 Rivington St (près de Ludlow St) Tél. 212 979 9992 www.edithmachinist.com Ouvert mar.-jeu. et sam. 12h-19h, ven. et dim.-lun. 12h-18h*

Où se chapeauter ?

Lisa Shaub (plan 4, B2 n°54) La boutique de la modiste Lisa Shaub. Des centaines de chapeaux pour hommes et pour femmes : bibis, capelines, panamas en feutre ou en paille, bérets, bonnets. De 95 à 550$. *M° Spring St (6) 232 Mulberry St (entre Prince St et Spring St) Tél. 212 965 9176 www.lisashaub.com Ouvert ven.-sam. 12h-17h (mer.-jeu. sur rendez-vous)*

Où faire le plein de *jellies* ?

☺ **Economy Candy (plan 4, D2 n°44)** Des piles et des piles de paquets de bonbons pour unique déco : cette banale échoppe qui regorge de confiseries a vu défiler plusieurs générations de *kids* depuis son ouverture en... 1937 ! Jerry Cohen, fils des premiers propriétaires, vous guidera parmi ses rangées de *candies* vendues au poids, à l'unité ou par paquets entiers : douceurs *old style*, grands classiques américains, sans oublier les dernières nouveautés... Pour doubler le plaisir, les prix restent minis ! *M° Essex St (F, J, M, Z), Delancey St (F) 108 Rivington St (entre Ludlow et Essex Sts) Tél. 212 254 1531 economy-candy.com Ouvert mar.-ven. et dim. 9h-18h, lun. et sam. 10h-18h*

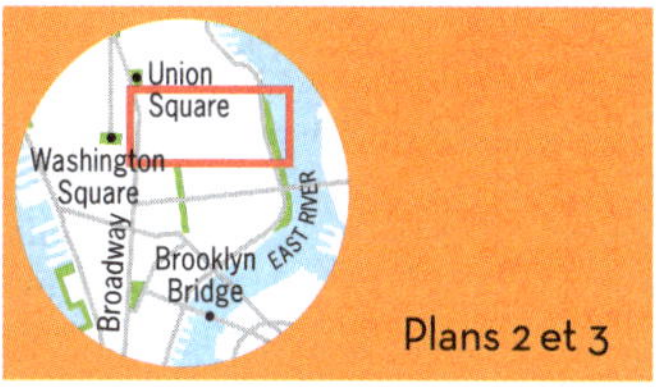

Plans 2 et 3

East Village

Laissez-vous attirer par les lumières de St. Marks Place et montez jusqu'à Tompkins Park Square pour décou-

vrir l'atmosphère de l'ancien QG du mouvement punk. Les rues vibrantes de ce quartier branché et très animé regorgent d'échoppes abordables, dont certains des meilleurs disquaires et dépôts-ventes new-yorkais !

Punk is dead

John Varvatos (plan 4, C1 n°52) En l'espace de dix ans, cet ancien de Ralph Lauren et Calvin Klein a fait de son nom la griffe d'une discrète élégance urbaine (pour hommes). Mais sa boutique, installée dans l'ancien temple du punk, le CBGB, attire autant de fans de ce couturier très prisé des jeunes New-Yorkais que de nostalgiques du club mythique. Scène de concert, murs tapissés de photos de rock stars, d'anciennes affiches, de vieux flyers, les vestiges de la grande époque du CBGB ont été pieusement conservés. À part ça... comptez 300$ pour un jean, 150-170$ pour une paire de Converse by John Varvatos, 200-250$ pour une chemise slim fit, à partir de 1 200$ pour un manteau court style militaire ! Vous avez dit *"Do it yourself"* ? ! Deux autres adresses. ***M° Bleecker St (4, 6) ou Broadway-Lafayette St (B, D, F, M)*** *315 Bowery (près de Bleecker St) Tél. 212 358 0315 www.johnvarvatos.com Ouvert lun.-ven. 12h-20h, sam. 11h-20h, dim. 12h-18h*

Flashy and the city

Patricia Field (plan 4, C1 n°59) Mini-robe aux graffitis street art (100$), tee-shirts Scooter LaForge peints dans le style Basquiat (100$), bagues géométriques signées (50$), mini sacs seaux aux motifs psychédélique d'Iris Bonner, le tout en couleurs flashy, servi par des vendeurs aux mèches peroxydées et sous les beats d'une lancinante bande-son hip-hop : vous êtes bien dans l'antre kitsch et déjanté de la styliste Patricia Field, ex grande prêtresse de la série *Sex and the City*, avec toute une série de créateurs pour changer votre garde-robe en galerie d'art ! ***M° Bleecker St (6)*** *306 Bowery (entre E Houston St et Bleecker St) Tél. 212 966 4066 www.patriciafield.com Ouvert lun.-jeu. 11h-20h, ven.-sam. 11h-21h, dim. 11h-20h*

Où dégoter des lunettes vintage ?

☺ **Fabulous Fanny's (plan 3, A3 n°32)** Rangées par époque (du XVIIIe au XXe s.), par style et par couleur dans de vieux meubles d'opticien, ces quelque 30 000 paires de lunettes *old fashion* méritent bien un coup d'œil ! Le plus ? Les ravissantes créations néovintage proposées par cet ancien brocanteur des puces. Comptez de 85 à 185$ pour les montures anciennes (entre 60 et 85$ pour les modèles enfants), 145$ pour une paire de lunettes neuves Fabulous Fanny's, 325$ pour des Persol années 1950. Petite sélection de vêtements et d'accessoires vintage dans la deuxième partie du magasin. ***M° 1st Ave. (L)*** *335 E 9th St (entre 1st Ave. et 2nd Ave.) Tél. 212 533 0637 www.fabulousfannys.com Ouvert tlj. 12h-20h*

Où dénicher des jouets *old school* ?

Dinosaur Hill (plan 3, A3 n°31) À des années-lumière des grands temples du jouet, ce magasin vieille école fondé par une ancienne institutrice a vu grandir les enfants du quartier. Jeux en bois (caisse à outils, 18$, magnifiques cubes-alphabets, en anglais mais aussi en français, chinois, arabe... 39$, fusée de la Nasa, 42$) ; *teddy bears* à l'ancienne faits main (à partir de 100$), camion de pompier en plastique recyclé (27$)... et des t-shirts "East Village" (15-18$). ***M° Astor***

SHOPPING

Pl.-8 St NYU (N, R, 4, 6) *306 E 9th St (près de 2nd Ave) Tél. 212 473 5850 www.dinosaurhill.com Ouvert tlj. 11h-19h*

Institution de beauté

Kiehl's (plan 3, A2 n°33) Une institution new-yorkaise depuis 1851. Les adeptes des cosmétiques issus de la pharmacopée traditionnelle, bien connus en France, ne manqueront pas d'aller faire un tour dans la maison mère, dans l'East Village (dotée également d'un café). La Crème de Corps, le *lip balm* et la gamme de soins pour le visage Ultra Facial font partie des musts. ***M° 14th St-Union Sq. (L, N, Q, R, 4, 5, 6)*** *109 3rd Ave. (près de 13th St) Tél. 212 677 3171 www.kiehls.com Ouvert lun.-sam. 10h-21h, dim. 11h-19h*

Où faire le plein de petits cadeaux et de gadgets ?

☺ **Exit 9 (plan 4, D1 n°46)** Petite boutique célèbre pour son vaste choix de gadgets pleins d'humour et de petits cadeaux originaux et abordables mettant à l'honneur des créateurs locaux. De la figurine décapsuleur (8,50$) aux portefeuilles Mighty Wallet fabriqués avec des plans de métro recyclés (15$), des Moshi Pop Phones, combiné de téléphone doudou à brancher sur son iphone (37$), au support de smartphone pour guidon de vélo (8$) ou au ventilo à brancher sur l'iphone (5$), vous aurez de quoi remplir vos valises ! Une autre adresse à Brooklyn. ***M° 2nd Ave.-Lower East Side (F)*** *51 Ave. A / E 4th St (près de E 4th St) Tél. 212 228 0145 www.shopexit9.com Ouvert lun.-ven. 11h-19h30, sam. 11h-20h, dim. 12h-19h*

Home chic home

☺ **John Derian & John Derian Dry Goods (plan 4, C1 n°51)** Les New-Yorkaises, tombées sous le charme de ce créateur, se rendent dans son antre "comme chez un antiquaire parisien". Mais ce designer autodidacte, collectionneur fou d'illustrations botaniques et animalières, est surtout connu, internationalement, pour ses *"decoupages"*. Ces collages rétro, en fait des reproductions de vieux documents des XVIIIe et XIXe siècles glissées entre du verre et de la résine, habillent vaisselle, coupelles (60$), presse-papiers (60$), mini-plateau (66$)... Visitez ses *shops next door*, deux "cabinets de curiosités", véritables bric-à-brac, qui regorgent de meubles, de bibelots et autres antiquités chinées de par le monde... Le plus ? Les soldes au printemps (se renseigner auprès des vendeurs) ! ***M° Bleecker St (4, 6)*** *6 E 2nd St (entre 2nd Ave. et Bowery) Tél. 212 677 3917 www.johnderian.com Ouvert mar.-dim. 11h-19h*

Où musarder parmi 30km de livres ?

☺ **Strand Bookstore (plan 2, B2-B3 n°65)** Un rêve de bibliophile. Parce que c'est la plus ancienne, mais aussi la plus fascinante des librairies new-yorkaises depuis 1927, avec ses "30km d'ouvrages neufs et anciens" alignés sur des étagères à perte de vue. Parce qu'elle cache des trésors de littérature, comme cet exemplaire unique d'*Ulysse* de James Joyce illustré par Matisse en 1935 ou une édition rarissime des œuvres de George Byron datant de 1815, mais aussi des collectors plus récents comme la première édition signée de *La Trilogie new-yorkaise*, de Paul Auster... Pour toutes ces raisons, et bien d'autres encore à découvrir sur place, Strand est LA librairie à ne manquer sous aucun prétexte. ***M° 14th St-Union Sq. (L, N, Q, R, 4,***

5, 6) *828 Broadway (près de 12th St) Tél. 212 473 1452 www.strandbooks.com Ouvert lun.-sam. 9h30-22h30, dim. 11h-22h30*

Où tomber sur des pépites de jazz et de hip-hop ?

☺ **A-1 Records (plan 3, A3 n°30)** Murs et plafonds tapissés de pochettes de 33 tours, bacs débordant jusque sur le trottoir, ce disquaire indépendant possède une impressionnante collection de vinyles neufs et d'occasion. Très fréquenté par les collectionneurs et autres DJ en quête de pépites indie rap, jazz et soul, A-1 Records est une référence. N'hésitez pas à ouvrir les placards et à écouter les disques d'occasion sur les platines à l'entrée du magasin. Vendeurs sympathiques et passionnés. Le plus ? pour ceux qui aiment (vraiment) fouiller, les cartons posés au sol débordent de galettes entre 1 et 3$. ***M° Lower East Side/2nd Ave. (F)*** *439 E 6th St (près de Ave. A) Tél. 212 473 2870 www.a1recordshop.com Ouvert tlj. 13h-21h*

Turntable Lab (plan 3, A3 n°37) Avec de vrais DJ aux platines (le magasin est tenu par des DJ professionnels), ce lieu dispose d'un choix très pointu de vinyles neufs et d'éditions limitées (Eric Orr Serrato, 40$, picture disc Power de Kanye West, 11$, Onra the One, 12$...), ainsi que d'une petite sélection de 33 tours d'occasion et de CD. Et bien sûr, tout l'équipement du parfait DJ (platines, samplers, jump machine, casques...), des *tees*, des livres... Le plus ? Des *flyers* annonçant les soirées des meilleurs clubs new-yorkais à l'entrée ! ***M° Lower East Side/2nd Ave. (F)*** *84 E 10th St (entre 3rd et 4th Ave.) Tél. 212 677 0675 turntablelab.com Ouvert tlj. 12h-20h*

Greenwich Village

L'ancien repaire de la Beat Generation a succombé à la spéculation immobilière ! S'il souffle encore un peu de son esprit bohème, c'est du côté de Bleecker Street qu'il faudra aller le chercher : quelques clubs de jazz, cafés-théâtres et petits disquaires de quartier y distillent une atmosphère (un peu) décalée. Un brin désuet mais *so charming* avec ses rues pavées et arborées et ses élégantes *brownstones* qu'occupent les célébrités, ce quartier recèle aussi l'un des grands axes du shopping *so chic* – Bleecker Street – que se disputent les couturiers.

Où faire plaisir aux ados ?

Blades (plan 4, B1 n°41) Le rendez-vous des jeunes skaters depuis 1990 pour tous les vêtements *streetwear*, des baskets aux casquettes, en passant par les *hoodies* (sweats à capuche). Mais les fans viennent aussi pour les planches de skate (55$) et les jeux de roues en tout genre (30-40$). ***M° Broadway-Lafayette St (B, D, F, M) ou Bleeker St (6)*** *659 Broadway (entre Bleecker et W. 3rd St) Tél. 212 477 7350 www.blades.com Ouvert lun.-sam. 10h-21h, dim. 11h-19h*

Où dégoter de bons vieux standards américains ?

Generation Records (plan 4, A1 n°63) Sur deux niveaux, une énorme sélection de CD et de vieux vinyles, mais il faut fouiller car rien n'est classé par genre et le rangement par ordre alphabétique semble parfois aléatoire... Les passionnés des platines y dénicheront quand même quelques rares pépites. Pas très bon marché, mais très éclectique, même si le fonds initial tend vers le hard rock et le punk ! ***M° West 4th St-Washington Square (A, B, C, D, E, F, M)*** *210 Thompson St (entre Bleecker et West 3rd St) Tél. 212 254 1100 Ouvert dim.-jeu. 12h-21h, ven.-sam. 12h-22h*

Où flâner en librairie tard le soir ?

Bookbook (plan 2, B3 n°52) Agréable, ouverte tard le soir et bien fournie, cette petite librairie de quartier fondée en 1984 sous le nom de Biography Book, propose une vaste sélection de livres en tout genre : romans, essais, recueils de poésie, biographies, albums pour enfants, beaux livres... et tout un rayon consacré à New York. Le plus ? La section Bargain foisonne d'ouvrages bradés provenant de stocks d'éditeurs. ***M° W 4th St-Washington Sq. (B, D, F, M)*** *266 Bleecker St (entre 6th et 7th Ave.) Tél. 212 807 8655 www.bookbooknyc.com Ouvert dim.-jeu. 11h-22h, ven.-sam. 11h-23h*

West Village

So fash' !

Marc Jacobs (plan 2, A3 n°60) Premier fief absolu de Marc Jacobs, qui y compta jusqu'à six boutiques, Bleecker Street, quartier très prisé des shoppeurs en série, en compte encore deux. Outre le BookMarc, la première librairie Marc Jacobs inaugurée lors de la Fashion Week 2010 (en lieu et place de Bookbook, transférée au n°266, cf. Greenwich Village (p.304), les inconditionnels du plus célèbre couturier new-yorkais peuvent se rhabiller dans la foulée ! Plus modestement, ils se consoleront avec des accessoires étonnamment abordables - pins MJ (20$), bracelets dûment estampillés (35$), bandoulières pour sac ultra bling (à partir de 125$) - que des cohortes de New-Yorkais et de touristes viennent s'offrir ici. Incontournable on vous dit ! ***M° Christopher St-Sheridan Sq. (1, 2) ou W 4th St-Washington Sq. (B, D, F, M)*** *www.marcjacobs.com* ***Magasins*** *Ouvert lun.-sam. 11h-19h, dim. 12h-18h* **BookMarc** *400 Bleecker St (près de W 11th St) Tél. 212 620 4021* **Marc Jacobs** *403 Bleecker St (près de W 11th St) Tél. 212 924 0026*

Où se la jouer *hipster* ?

Urban Outfitters (plan 2, B2 n°67) Cultissime ! Avec ses magasins aux faux airs d'entrepôt, cette chaîne américaine tendance et un brin décalée connaît un succès phénoménal auprès des 15-30 ans. Temple de la mode des *hipsters* - ligne cool et *arty*, accessoires kitsch, déco funky - , l'enseigne a pour avantage de réunir sous les mêmes néons tout l'attirail des jeunes urbains *über* branchés, à des prix très variés : comptez à partir de 70$ pour une petite robe façon vintage, 59$ pour une chemise en chambray distressed, 70$ pour un jean, 24$ pour un joli support à bijoux mural. Parfois un peu *overpriced* il est vrai, mais ne ratez pas le coin soldes au niveau -1, qui promet de belles trouvailles ! Plusieurs adresses à Manhattan. ***M° 14th St (F, M, 1, 2, 3)*** *526 6th Ave. (près de 14th St) Tél. 646 638 1646 www.urbanoutfitters.com Ouvert lun.-sam. 10h-22h, dim. 11h-22h*

Où s'habillent les *it girls* ?

3.1 Phillip Lim (plan 4, B1 n°40) Lignes épurées, matières subtiles signent le style de l'un des jeunes créateurs

GEOPLUS

Acheter moins cher ? *Yes, you can !*

Par **Leslie Price**, journaliste de mode à New York

Pour les mordus du shopping, les tentations de croquer dans la Grosse Pomme sont si nombreuses qu'elles peuvent être décourageantes... comme les prix - les boutiques sont légion à Manhattan, et il s'en ouvre sans cesse à Brooklyn ! Toutefois, à condition de savoir où chercher, il est possible de faire de vraiment bonnes affaires sur à peu près tout.

Soldes Il y a des promotions et des soldes à tout moment. Sachez qu'au fond de la plupart des magasins existe un rayon "promotions" permanent (*sale racks* ou *sale sections*) plus ou moins fourni. Les initiés guettent les ventes privées des nombreux créateurs locaux – souvent tenues dans des entrepôts ou de discrets showrooms – afin de décrocher des pièces "couture" à des prix défiant toute concurrence (prévoyez du liquide et attendez-vous à une fouille en règle à la sortie). Si vous séjournez à New York fin août ou début février, tâchez de profiter d'une des ventes d'entrepôt (*warehouse sales*) du grand magasin de luxe Barney's. Articles pour la maison, mode, accessoires griffés font alors l'objet d'un déstockage massif pendant plus d'une semaine avant une seconde démarque. Diane von Furstenberg, dont les robes portefeuilles

Glossaire shopping

Clearance sales Traditionnellement tenues pour écouler le stock d'invendus, elles s'apparentent désormais aux soldes saisonniers.
Consignment shop ; thrift store Dépôt-vente, le *consignment shop* pourvu en grandes marques étant plus chic que le thrift store, magasin tenu par une association caritative où il faut fouiller longtemps avant de dénicher la perle rare.
Outlet Stock, magasin d'usine vendant à rabais des fins de série de la saison précédente (ou de l'avant-dernière saison).
Sample sales Période allouée à l'écoulement des stocks. En général, ces soldes ne se tiennent pas en boutique, mais dans des entrepôts ou des show-rooms. Ces ventes privées, difficiles d'accès et où il faut parfois payer cash s'ouvrent à un public de plus en plus large.
Resaler Revendeur à prix discount.
Seasonal sales La plupart des magasins organisent des soldes saisonniers, en général en janvier et lors du Black Friday. S'y ajoutent désormais des soldes de printemps, d'été et d'automne.
Vintage shop Boutique dont la marchandise rétro, triée sur le volet, ne provient pas de dépôts de particuliers.

figurent en bonne place dans les dressing-rooms des élégantes depuis les années 1970, organise aussi d'intéressantes ventes privées : ces soldes saisonniers (d'ordinaire à la mi-juin et en décembre) permettent de bénéficier d'un escompte de plus de 75% sur le prix des fameuses robes et d'autres pièces des collections précédentes. De même, fin mars et en septembre, on piétine des heures durant devant Hermès pour s'arracher foulards, ceintures et boutons de manchette soldés jusqu'à moins 70%. *Lucky*, un magazine consacré au shopping, organise ses propres ventes privées, les Lucky Shops, en novembre (il faut acheter son ticket d'avance pour venir s'offrir de la lingerie de marques trendy comme Charlotte Ronson, Rebecca Minkoff et Vena Cava bradée au tiers du prix de vente conseillé). Lors du Black Friday, le 4e vendredi de novembre, juste après Thanksgiving, on peut faire des affaires dans presque tous les magasins de la ville, grands et petits. Au lendemain de Noël et du jour de l'An, les remises sont encore plus importantes. Et attendez-vous à des démarques similaires à la fin de chaque saison !

Magasins caritatifs, friperies et dépôts-ventes À la recherche d'une sélection ultrapointue de vêtements et accessoires griffés à peine portés ou envie de farfouiller dans les solderies en quête de basiques bon marché ? Dans le premier cas, rendez-vous chez **INA** (p.308) à NoLIta, et chez **Tokio 7** (p.308) dans l'East Village. Pour le tout-venant, parmi les bons plans, citons **Beacon's Closet** (p.327), un *charity shop* de Williamsburg, **Buffalo Exchange**, dans l'East Village, pour sa vaste sélection de vêtements trendy, ainsi que **Rags-a-GoGo** pour ses bottes de cow-boy et ses Levi's *old school*. New York est aussi un paradis du vintage, avec dans le Lower East Side, **Edith Machinist** (p.301)… Si, outre des vêtements, vous recherchez des accessoires de mode ou des meubles anciens, courez chez **Works** (p.310) et chez **Pippin Vintage Jewelry and Pippin Home** (p.310), situés dans le même pâté de maisons à Chelsea. Non loin de là, au premier étage du 13 W 17th St, vous attend la boutique de **Shareen Mitchell** et ses légendaires robes cocktail des années 1950 à prix mini.

Marchés aux puces Du printemps à l'automne, les promeneurs en quête de bonnes affaires et les collectionneurs se rendent au **Hell's Kitchen Flea Market** (p.316) et au **Fort Greene Flea Market** (p.325), à Brooklyn, pour y chiner des poignées de porte, des bijoux de théâtre et des robes vintage…

Outlets New York abrite nombre de stocks et magasins d'usine. Le couturier **Paul Smith** vend ses imprimés à prix sacrifiés (–70%) dans sa solderie de Williamsburg. Les créations cultes du New Yorkais **Steven Alan** sont démarquées dans son Outpost (p.319) de l'Upper West Side, tandis que la marque bohème chic **Calypso St. Barth** écoule ses fins de séries Au Marché, à SoHo. La chaîne **Nordstrom** a sa succursale de liquidation (Nordstrom Rack) à Union Square, à quelques pas du gigantesque entrepôt où **DSW** solde des milliers de chaussures et de **Filene's Basement**, qui regroupe des boutiques discount de grandes marques. **Century 21** (p.293), immense magasin du Financial District, déstocke sur plusieurs niveaux les invendus de marques de prêt-à-porter pour hommes, femmes et enfants préférés des New Yorkais. Dans cette boutique au décor minimaliste (et au personnel un peu hautain), tout est smart et élégant, sans jamais tomber dans le conventionnel (imprimés en trompe-l'œil, collages ton sur ton, jeux de transparence). Les prix sont tout aussi exclusifs : comptez plus de 450$ pour une robe, 350-450$ pour un sweat homme, et plus de 700$ pour un sac en cuir ! *M° Bleecker St (6) 48 Great Jones St (entre Lafayette St et Bowery) Tél. 212 334 1160 www.31phillip lim.com Ouvert lun.-sam. 11h-19h, dim. 12h-18h*

Où dénicher un caban de la Navy ?

Uncle Sam's Army Navy Outfitters (plan 2, B3 n°66) Spécialisé dans les vêtements de l'armée américaine, ce surplus militaire installé dans un vaste entrepôt reçoit aussi des stocks de 46 pays. Ici, à partir de 50$, on peut dénicher une veste de l'Air Force ou de l'US Army. Très beaux cabans de la Navy (de 99 à 200$) et le fameux pantalon à pont et ses 13 boutons (98$). Mais aussi des pièces pour puristes comme des *jungle boots*

Des fripes so *chic*

Dans la ville où les tendances se font et se défont en à peine une semaine, il y a un pli à prendre : aller fureter dans les dépôts-ventes des quartiers branchés où les *fashionistas* viennent vider leur dressing-room (en vue de faire de la place pour les nouveaux achats !). De fait, ces friperies aux allures de showroom fourmillent de pièces de créateurs et d'accessoires griffés qui datent bien souvent de la saison en cours – à New York, les traqueurs de tendance ne raisonnent pas en saisons mais en semaines (est ringard tout ce qui a plus de sept jours : *"it's so last week"*) ! Le plus des adresses exclusives ci-après : elles reçoivent chaque jour de nouveaux arrivages.

Tokio 7 (plan 3, A3 n°36) Plein de bonnes affaires à faire dans ce *shop*. On a pu repérer un short Marc Jacobs pour 90$ (250$ neuf en boutique), 150$ pour une paire de *sneakers* Pierre Hardy à peine portées, 120$ pour une jupe Gucci, 40$ pour une chemise Paul Smith, 250$ pour une robe Balenciaga, 70$ pour un jean Marni ou Margiela, 250$ pour un costume Kenzo ou Armani. ***East Village, M° 1st Ave. (L)*** *83 E 7th St (près de 1st Ave.) Tél. 212 353 8443 www.tokio7.net Ouvert tlj. 12h-20h*

INA Women (plan 4, B2 n°50) Une référence depuis 1993, avec ses boutiques homme et femme. Sa sélection au cordeau attire une clientèle chic et branchée, toujours sûre d'y dénicher une petite pièce de saison. Comptez au moins 100$ pour un pull Jean-Paul Gaultier ou Steven Alan, 75$ pour une chemise Armani, 300$ pour un costume Marc Jacobs, 100$ pour une blouse en soie Alexander Wang, 370$ pour un top Chanel, 250$ pour une paire de chaussures Yves Saint Laurent, Lanvin ou Louboutin. Cinq adresses, dont une pour femmes à NoLITa. ***NoLIta, M° Spring St-Lexington (4, 6)*** *21 Prince St Tél. 212 334 9048 www.inanyc.com Ouvert lun.-sam. 12h-20h, dim. 12h-19h* **INA Men (plan 4, C2 n°49)** *19 Prince St (près de Elizabeth St) Tél. 212 334 2210 Ouvert lun.-sam. 12h-20h, dim. 12h-19h*

(75$ la paire) ou des plaques d'identité US personnalisables (15$). ***M° W 4th St-Washington Sq. (A, C, E, B, D, F)*** *37 W 8th St (entre 5th et 6th Ave.) Tél. 212 674 2222 www.armynavydeals.com Ouvert lun.-jeu. 10h-20h, ven.-sam. 10h-21h, dim. 11h-19h*

Où partir en roue libre ?

☺ **Uncle Funkys Boards (plan 2, A3 n°68)** Discrètement signalée par une enseigne noire et rose en forme de roue, cette caverne aux trésors est un point de rendez-vous des skaters qui filent ensuite s'éclater sur les quais de l'Hudson. Planches de toutes formes et de toutes couleurs (à partir de 70$), modèles vintage voire antiques, à équiper des roues les plus performantes (à partir de 25$), le tout sous la houlette de vendeurs qui s'y connaissent. Les débutants peuvent même y prendre une leçon (60$, 80$ pour deux). ***M° Christophe St-Sheridan Square (1)*** *128 Charles St (près de Greenwich St, en sous-sol) Tél. 646 895 9943 www.unclefunkysboards.com Ouvert tlj. 12h-19h*

Crèmes fraîches

C.O. Bigelow Chemist (plan 2, B3 n°54) Depuis 1838, cet apothicairerie de West Village fondée par un médecin du Vermont, est réputée pour sa ligne de produits de beauté naturels. Les New-Yorkaises traversent toute la ville pour un pot de Lemon Body Cream (19,50$), un flacon d'Herbal Skin Tonic du Dr. Galen (18$) ou un pot de Bigelow Purifying Cleansing Mask n° 305 pour illuminer le visage (28$). Dans cette pharmacie qui ressemble davantage à une jolie parfumerie de quartier – les produits maison côtoient les grandes marques (Chanel, Acqua di Parma...) –, vous trouverez néanmoins des idées de cadeaux raffinés. ***M° 4th St-Washington Sq. (B, D, F, M)*** *414 Ave. of the Americas (près de 9th St) Tél. 212 533 2700 www.bigelowchemists.com Ouvert lun.-ven. 7h30-21h, sam. 8h30-19h, dim. 8h30-17h30*

Fresh (plan 2, A3 n°57) Crèmes pour les mains au sucre roux, exfoliant au soja, huile pour le bain au saké, les New-Yorkaises raffolent de cette marque de produits de beauté à base d'ingrédients naturels et d'huiles essentielles. Le plus ? Un packaging ravissant, mêlant imprimés fleuris et graphisme rétro, idéal pour de petits cadeaux. Comptez 24$ pour un stick à lèvres Sugar Rosé (élu meilleur baume teinté), 15$ pour un savon parfumé au citron de vigne, 45$ pour un pot de crème hydratante au lotus. Quatre adresses à New York. ***M° Christopher St-Sheridan Sq. (1)*** *388 Bleecker St (près de Perry St) Tél. 917 408 1850 www.fresh.com Ouvert lun.-sam. 11h-19h, dim. 11h-18h*

Meatpacking District

Des restaurants cossus, des clubs qui montent et des devantures prestigieuses comme celles de l'adresse phare de Diane Von Furstenberg font scintiller désormais les pavés de l'ancien quartier des grossistes en viande. On y trouve également un immense Scoop (sélection de créateurs) et une boutique Apple.

Du côté des créateurs

Diane Von Furstenberg (plan 2, A2 n°55) Véritable légende outre-Atlantique, cette créatrice de mode belgo-américaine s'est fait connaître dans les années 1970 avec sa première *wrap dress* (robe cache-cœur), toujours aussi tendance quarante ans plus tard. L'attente devant les rares cabines d'essayage de cette boutique à l'ambiance feutrée tient presque du supplice – à éviter le week-end !

Avant de tenter l'aventure, sachez ainsi qu'il faut compter de 450 à 850$ pour une robe, plus de 250$ pour un top. *M° 14th St-8th Ave. (A, C, E, L) 874 Washington St (près de W 14th St) Tél. 646 486 4800 www.dvf.com Ouvert lun.-sam. 11h-19h, dim. 10h-18h*

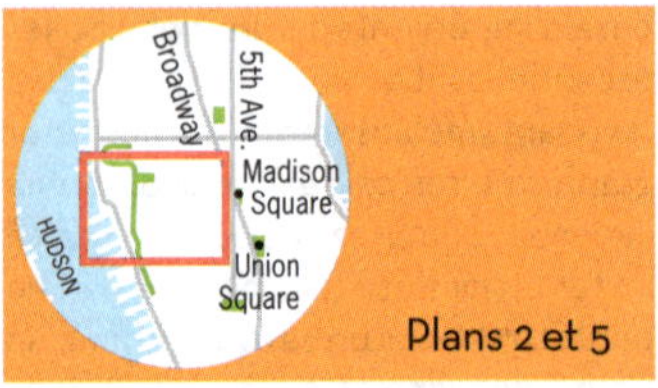

Chelsea

L'épicentre gay de New York abrite des commerces de toutes sortes, des plus *mainstream*, sur les 6e et 7e avenues, aux fabuleuses boutiques de mode vintage et de brocantes, telle Pippin, sur le *block* de la West 17th Street qui les sépare.

Où s'habiller à prix cassés ?

6th Avenue, entre 17th et 20th Sts (plan 2, B1) Les fans de shopping discount trouveront ici de quoi s'occuper. Les spécialistes du dégriffé – **Marshalls, TJ Maxx, OMG, Burlington Coat Factory** – permettent, moyennant une fouille assidue, de faire de vraies bonnes affaires. *M° 18th St (1) 6th Ave. (angle 23rd St, angle 34th St)*

Où dénicher des fripes ?

☺ **Housing Works (plan 2, B2 n°58)** Vitrine élégante, beau parquet blond, murs crème et grandes colonnes : rien n'indique à première vue que cette ravissante boutique est gérée par une association caritative. Fripes, accessoires, déco et livres, c'est l'occasion d'une vraie chasse aux trésors ; en fouillant un peu, vous dénicherez quelques vêtements de marque dans un état impeccable, comme cette veste Max Mara à 35$, ce pantalon de costume Armani à 25$ ou ces bottes Miu Miu à partir de 80$! Le plus ? Les bénéfices des ventes sont reversés au profit des malades du sida et des sans-abri. De nouveaux arrivages trois fois par semaine. Onze autres adresses à Manhattan, dont un superbe café-librairie. *M°18th St (1), 14th St (F, M), 6th Ave. (L) 143 W 17th St (près de 7th Ave.) Tél. 718 383 5050 www.housingworks.org Ouvert lun.-sam. 10h-19h, dim. 12h-18h* **Housing Works Bookstore Café** *126 Crosby St (SoHo) (entre Prince St et Jersey St) Tél. 212 334 3324 Ouvert lun.-ven. 9h-21h, sam.-dim. 10h-17h*

Où chiner ?

☺ **Pippin Vintage Jewelry & Pippin Home (plan 2, B2 n°63)** Un trésor de *thrift store* ! Ouvert par un ancien brocanteur des puces et une institutrice à la retraite, c'est l'endroit le plus couru de New York pour les bijoux vintage (années 1950 à 1970). Présentés avec soin par couleur ou par style dans des vieux meubles de mercerie ou sur des plateaux en argent, boucles d'oreille, bracelets, broches, montres anciennes, boutons de manchette et pinces à cravates s'affichent à des prix plus que raisonnables. De 10 à 40$ pour une paire de b.o., entre 40 et 95$ pour des bracelets, montres à tous les prix, bijoux en pierres précieuses de 95... à 5 000$. En sortant, sur votre droite, jetez un coup d'œil à l'annexe, très "home sweet home" (déco et mobilier de brocante). Traversez le couloir tapissé de miroirs anciens, la boutique se cache au fond d'un délicieux petit *backyard*. Une adresse rare. *M° 18th St (1) 112 & 112 1/2 W 17th St (entre*

7th et 6th Ave) Tél. 212 505 5159 www.pippinvintage.com Ouvert lun.-sam. 11h-19h, dim. 12h-18h

Où trouver des livres d'artistes ?

Printed Matter (plan 5, A3 n°71) Fondée dans les années 1970 par un collectif d'artistes, cette libraire d'art est sans doute la meilleure de New York pour sa sélection ultrapointue de revues et d'ouvrages indépendants. Les tables et les étagères sont recouvertes de publications, de portfolio en édition limitée, de mini *art books*, dont les auteurs sont souvent des habitués des lieux. À noter, Printed Matter organise chaque année, en automne, la New York Art Book Fair (foire aux livres d'art), événement très attendu par les puristes et les collectionneurs, qui réunit pendant trois jours plus de 200 exposants dans un lieu prestigieux. ***M° 23rd St (A, C, E)*** *231 11th Ave. (entre 25th et 26th Sts) Tél. 212 925 0325 www.printedmatter.org Ouvert lun.-mer. et sam. 11h-19h, jeu.-ven. 11h-20h*

Où se procurer des produits cosmétiques originaux ?

New London Pharmacy (plan 2, A2 n°69) À côté des produits pharmaceutiques classiques, cet apothicaire propose depuis près de 60 ans toutes sortes de spécialités qui vont vous faire craquer comme, par exemple, les parfums de marque Tokyo Milk (36-42$) ou Aqua Di Parma (105-220$). Les adeptes de rituels de toilette raffinés craqueront pour des dentifrices au top : sourire italien Marvis (15$), britannique avec Euthymol (11$) ou simplement américain pur sucre du Dr Bronner's (7$). ***M° 23rd St (A, C, E, 1, 2)*** *246 8th Ave (entre 22nd St et 23rd St) Tél. 800 941 0490 www.newlondonpharmacy.com Ouvert lun.-ven. 8h30-20h30, sam. 9h-20h, dim. 10h-18h30*

Flower power

Flower District (plan 2, B1) S'il n'y a pas grand-chose à voir dans cette petite portion de la 28e rue, il y a à sentir. Fermez les yeux, oubliez le bruit des voitures, et vous serez, l'espace d'une seconde, emporté sous d'autres cieux. Senteurs de conifères, de mousses, de fleurs rares, odeurs de bois sec ou de paille : vous êtes dans le coin des fleuristes, de ceux qui vendent de délicates compositions pour balcons urbains chics ou de savants arrangements pour restaurants branchés. Il y a aussi quelques boutiques de fleurs artificielles, plus vraies que nature, et de toutes sortes de décorations pour agrémenter la table ou la maison. Tout est un peu en vrac, car il s'agit souvent de vendre à des professionnels, mais on y fait des trouvailles. ***M° 28th St (1)*** *W 28th St (entre 6th et 7th Ave.)*

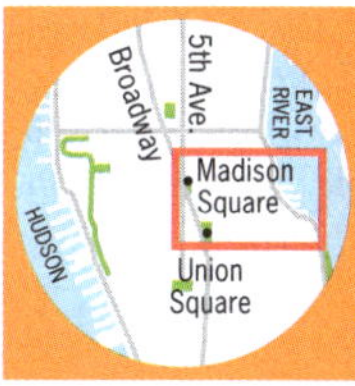

Plans 2, 3 et 5

Union Square, Flatiron District et Gramercy Park

Moins effervescente ici que dans sa partie nord, la 5e avenue s'anime entre la 17e et la 20e rue avec des enseignes comme Anthropologie, Gap... Autour d'Union Square, le

célèbre *greenmarket* et les *big-box stores* comme Barnes & Noble (la plus grosse chaîne de librairies américaine, côté nord de Union Square), DSW (le géant de la chaussure discount, côté sud) ou Forever 21 (sur le même trottoir) attirent les foules.

Flatiron District

Où se la jouer hippie chic ?

Anthropologie (plan 2, B2 n°51) Les New-Yorkaises raffolent de cette enseigne hippie chic créée en Pennsylvanie en 1992, et qui n'est autre que la petite sœur d'Urban Outfitters (p.305). Et l'on comprend bien pourquoi dans l'ambiance cosy de cet immense bazar organisé mêlant influences rétro et tendances ethniques, jolis basiques (déclinés dans une multitude de tons) et imprimés pétillants, petites blouses brodées et accessoires colorés. Côté déco, on voyage, de l'ethnique à l'old school. De 100$ la jupe ou le pantalon à 140$ le sac seau en cuir ou 30$ la bouteille à eau écolo en inox décoré façon Liberty. Le plus ? Le coin soldes, avec des modèles bradés jusqu'à -70% ! Six magasins à New York. ***M° 14th St-Union Square (L, N, Q, R, W, 4, 5, 6)*** *85 5th Ave. (près de 16th St) Tél. 212 627 5885 www.anthropologie.com Ouvert lun.-sam. 10h-21h, dim. 11h-20h*

Où commencer son marathon shopping ?

Paragon (plan 2, B2 n°62) Envie de vous lancer en rollers dans les allées de Central Park ? Invité à une partie de pêche dans les Hamptons ? Ou tout simplement besoin de baskets pour entreprendre confortablement votre découverte de la Grosse Pomme ? *Here you go* : cet immense magasin de sports déploie sur plusieurs étages toutes les plus grandes marques américaines (Nike, Patagonia, North Face, Ralph Lauren sport, Everlast...), à des prix bien plus intéressants qu'en France. Et pour une vraie tranche de vie à la new-yorkaise, sachez que Paragon organise un jogging dans les rues de Manhattan tous les mardis à 18h30 (gratuit et ouvert à tous ; se renseigner à l'accueil) ! ***M° 14th St-Union Sq. (L, N, Q, R, 4, 5, 6)*** *867 Broadway (près de 18th St) Tél. 212 255 8889 www.paragonsports.com Ouvert lun.-ven. 10h-20h30, sam. 10h-20h, dim. 11h-19h*

Où trouver des cadeaux pas chers ?

Flying Tiger (plan 2, A2 n°56) Cette marque danoise, une enseigne qui monte partout dans le monde, est au gadget ce qu'Ikea est au meuble : une profusion d'objets colorés, bon marché, aussi tentants que sympathiques. Mais attention, comme chez le célèbre fabricant suédois, on ressort avec plus que ce que l'on avait prévu. Vous n'auriez sans doute jamais imaginé repartir avec un hérisson dévidant du Scotch, un éminceur en forme de fraise ou du papier toilette orné de cœurs (tous à 3$). Idéal pour se faire plaisir à bon compte ou rapporter de menus cadeaux aux copains. Deux autres adresses à Manhattan, dans l'Upper East Side et dans l'Upper West Side. ***M° 23rd St (N, Q, R, W, 4, 6)*** *920 Broadway (entre E 20th St et E 21st St) Tél. 212 777 1239 flyingtiger.com Ouvert lun.-sam. 9h-20h, dim. 11h-18h*

Où rêver d'un loft à SoHo ?

ABC Carpet & Home (plan 2, B2 n°50) Nul besoin d'habiter un loft de SoHo pour vous rendre en ces lieux : il suffit d'avoir envie d'aller voir ce qui se

SHOPPING

fait de plus beau, de plus tendance et de plus cher en matière de déco ! Côté Home (Carpet, le magasin d'en face, est réservé aux tapis), cinq étages à explorer pour le simple plaisir des yeux – des centaines de lustres baroques, design ou néo-industriels aux objets ethniques en passant par le linge de maison (The Purists, Dwellstudio, Emily Madison), et l'espace enfants (meubles, déco, jouets) – le tout (et quel tout !) dans un cadre et une mise en scène époustouflants ! Les points forts : le rez-de-chaussée, où l'on peut passer des heures devant les tables constellées d'objets design et d'antiquités et le 2e étage, consacré aux meubles. ***M° 4th St-Union Sq (L, N, Q, R, 4, 5, 6)*** *888 Broadway (près de 19th St) Tél. 212 473 3000 www.abchome.com Ouvert lun.-mer. et ven.-sam. 10h-19h, jeu. 10h-20h, dim. 11h-18h30*

"Rehab'"

☺ **Olde Good Things (plan 2, B2 n°64)** Cheminées provenant du mythique Plaza Hotel de New York, spots récupérés de ferries des années 1960, panneaux issus du vitrail d'un ancien terminal de l'aéroport JFK, carreaux de fenêtres du Flatiron Building (reconvertis en miroirs), petits tableaux peints sur des moulures en fonte provenant de plafonds new-yorkais, réalisés par Mladen Novak (seul peintre vivant exposé au Smithsonian Museum) : bienvenue dans le grenier le plus magique de New York ! Cet antiquaire spécialisé dans la récup' d'éléments d'architecture new-yorkaise se visite comme un musée (mais en cas de gros coup de cœur, sachez qu'on est ici rodé aux envois internationaux...). ***M° 14th St-Union Square (L, N, Q, R, W, 4, 5, 6)*** *5 E 16th St (entre 5th Ave. et Union Square) Tél. 212 989 8814 www.oldegoodthings.com Ouvert lun.-sam. 10h-19h, dim. 11h-19h*

Où retrouver son âme d'enfant ?

☺ **Kidding Around (plan 2, B2 n°59)** Facilement repérable à son long auvent de toile rouge, c'est l'un des magasins de jouets les plus réjouissants de New York (et selon l'hebdomadaire *New York Magazine*, le meilleur magasin de jouets indépendant). Joliment désuet avec ses murs crème, son parquet en chêne et ses tapis élimés, il regorge de jouets éducatifs, de kits de créations et de cahiers de travaux manuels. Une excellente alternative aux temples de la grande consommation. Comptez 55-110$ pour un jeu de construction magnétique, "Magna Tiles" (un best-seller chez les 3/5 ans), 20$ pour un "Smartphone Cinema" pour les apprentis cinéphiles qui veulent utiliser le téléphone pour projeter des films, autour de 40$ pour une poupée en tissu accessoirisable. Bonne adresse où trouver des déguisements pour Halloween. ***M° 14th St (F, M)*** *60 W 15th St (près de 6th Ave.) Tél. 212 645 6337 www.kiddingaround.us Ouvert lun.-sam. 10h-19h, dim. 11h-18h*

☺ **Books of Wonder (plan 2, B2 n°53)** Cette vaste et agréable librairie spécialisée dans la littérature jeunesse propose un large choix de livres neufs et anciens. Les petits habitués des lieux viennent avec leurs parents dévorer les aventures d'*Eloïse* de Kay Thompson ou de *Fly Guy* de Tedd Arnold tout en se régalant de l'un des meilleurs cupcakes de la ville, dans le café attenant à la librairie. L'adresse est par ailleurs très réputée auprès des collectionneurs pour ses livres rares, comme ces magnifiques éditions de *Winnie the pooh* (*Winnie l'ourson*) ou du *Wonderful Wizzard of Oz* (*Le Magicien d'Oz*) des années 1920 (dans une vitrine au fond du magasin). Ne manquez pas, juste en face, l'immense papeterie Paper Presentation. *M° 14th St (F) 18 W 18th St (entre 5th et 6th Ave.) Tél. 212 989 3270 www.booksofwonder.com Ouvert lun.-sam. 10h-19h, dim. 11h-18h*

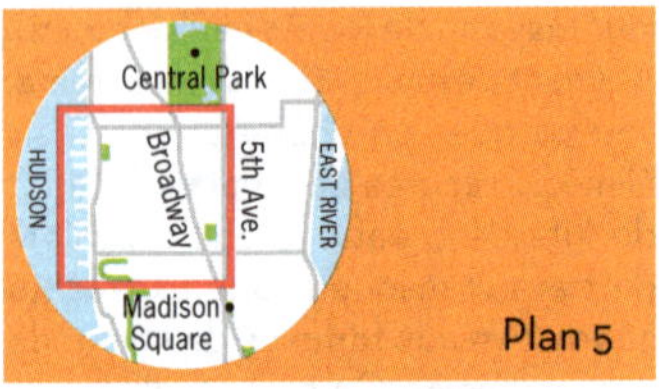

Midtown West

À Times Square, tout est démesurément grand, des restaurants et salles de spectacle de Broadway aux mégastores comme Forever 21, Gap ou Old Navy - cf. Les mégachaînes américaines (p.300). Autre haut lieu de la consommation de masse, Herald Square, plus au sud, s'organise autour du vénérable et très grand magasin Macy's et d'innombrables grandes chaînes. Mais Midtown West, c'est aussi et surtout la 5e avenue, où ont élu domicile les boutiques et grands magasins les plus prestigieux de la Big Apple !

Le plus grand magasin du monde

Macy's (plan 5, C2 n°64) Avec ses 198 500m² (près de trois fois la surface des Galeries Lafayette à Paris !), Macy's mérite bien son titre de "plus grand magasin du monde", fièrement affiché en lettres XXL sur la devanture. Fondé en 1902 - allez donc admirer ses vieux escalators en bois -, ce temple historique du shopping occupe un block entier de Manhattan où il rassemble, sur neuf étages, les plus grandes marques américaines et internationales. Contrairement à la plupart des *department stores* de New York, Macy's ne joue pas la carte du luxe. Mode, beauté, déco, vous pourrez acquérir ici tous les basiques incontournables à des prix raisonnables. Gilet DKNY à 49,95$, t-shirt Tommy Hilfiger, 34,50$, jeans Calvin Klein à 69,50$, ballerines Lucky Brand à 59$. Mais son vrai point fort reste le rayon décoration de Noël, au 9e (de la mi-août à début janvier), auquel on accède par les fameux escalators en bois. Une merveille ! À noter : sur présentation de votre passeport, une carte de réduction de 10% vous sera remise par l'équipe du Visitor's Center (2e étage). Autre magasin (moins grand) à Brooklyn. ***M° 34th St-Herald Sq. (B, D, F, M, N, Q, R)*** *151 W 34th St (près de Broadway) Tél. 212 695 4400 www.macys.com Ouvert lun.-ven. 10h-22h, dim. 11h-21h, sam. 9h-22h*

Sexy and the city

Victoria's Secret (plan 5, C2 n°72) Les Américaines vouent un culte à cette marque de lingerie : comment résister à ces dessous tantôt sages tantôt affriolants, raffinés ou carrément sexy, déclinés dans une étourdissante palette de couleurs, de formes et de modèles ? Plusieurs adresses. ***M° 34th St-Herald Sq. (B, D, F, M, N, Q, R)*** *1328 Broadway (à l'angle de 34th St) Tél. 212 356 8380 www.victoriassecret.com Ouvert lun.-sam. 9h-21h30, dim. 11h-21h*

Où trouver de géniales idées de cadeaux ?

☺ **MoMA Design Store (plan 5, C1 n°66)** Ce sont plus de mille idées de cadeaux que vous trouverez à faire ici. Du plus design (lampes-glaçons signées Harri Koskinen, 190$) au plus toqué (spaghettis à récurer en fibre de maïs, 11$; pendule Kit-Cat by Earl Arnault, 50$) ; du plus poétique (machine à arcs-en-ciel, 40$) au plus kitsch (bague boule-à-neige, 11$)... Une mine intarissable qui se prolonge en face, au **MoMA Bookstore**, où puiser parmi une excellente sélection de livres consacrés à l'art urbain, de DVD sur les grands artistes contemporains (Marina Abramovic, Andy Warhol, Keith Harring...), de posters (Roy Lichtenstein, Hopper, Andreas Gursky...)... Un autre magasin à SoHo. ***M° 5th Ave.-53rd St (E, M)*** *44 W 53rd St (entre Ave. of the Americas et 5th Ave.) Tél. 212 767 1050 www.momastore.org Ouvert sam.-jeu. 9h30-18h30, ven. 9h30-21h*

Où faire le plein de comics ?

Midtown Comics (plan 5, B2 n°65) À quelques encablures de Times Square, c'est la librairie culte des fans de *comics* depuis 1997. Les connaisseurs pourront fouiner dans les bacs remplis de nouveautés, d'éditions limitées et de publications d'éditeurs indépendants (TwoMorrows, Fantagraphics, Future Publishing...). Pour les profanes, quelques valeurs sûres à rapporter : *David Boring* de Daniel Clowes, *Fritz the cat* de Robert Crumb, *Jimmy Corrigan* de Chris Ware et les classiques (Marvel Comics). Au 2e étage, un vaste rayon de produits dérivés à l'effigie des super-héros (t-shirts, casquettes, à partir de 15$) et de figurines (de 30$ à 300$). ***M° Times Square-42nd St (1, 2, 3, 7, N, Q, R, S)*** *200 W 40th St (près de 7th Ave) Tél. 212 302 8192 www.midtowncomics.com Ouvert lun.-sam. 8h-0h, dim. 12h-20h*

Où s'équiper d'une mini-caméra HD ?

B&H (plan 5, B3 n°53) Attention, adresse culte : c'est ici que les professionnels et les amateurs de photo et de vidéo viennent s'équiper depuis 1973. Fermé le samedi (shabbat oblige), mais ouvert le dimanche, ce (très) grand magasin vend du matériel neuf et d'occasion, ainsi qu'un large choix d'iPods, de lecteurs DVD portables, de casques audio et autres accessoires à des prix très compétitifs. Malgré un personnel et une organisation d'une efficacité redoutable,

SHOPPING

Serial shopper

Fans de séries télé américaines, ces deux adresses sont pour vous. Situées à quelques *blocks* l'une de l'autre, les boutiques des chaînes NBC et HBO proposent tout un éventail de livres collectors, de DVD et autres produits dérivés (t-shirts, figurines, casquettes, mugs, jeux...) à l'effigie de *Dr House*, *Star Trek*, les *Simpsons* (NBC), *Sex and the City*, *Six feet under*, *Game of Thrones* (HBO)...

NBC Store (plan 5, C1 n°75) ***M° 47/50th Sts-Rockfeller Center (B, D, F, M)*** *30 Rockefeller Pl. (49th St entre 5th et 6th Ave.) Tél. 212 664 3700 www.nbcuniversalstore.com Ouvert lun.-sam. 8h-21h, dim. 8h-18h*

HBO Shop (plan 5, C2 n°67) ***M° 42nd St-Bryant Park (B, D, F, M)*** *1100 Ave. of the Americas (angle 42nd et 6th Ave.) Tél. 212 512 1000 store.hbo.com Ouvert lun.-sam. 10h-19h, dim. 12h-18h*

vous passerez des heures à arpenter les rayons et à prendre conseil auprès des vendeurs aussi experts que sympathiques ! Après votre passage en caisse, en attendant vos achats, qui seront acheminés via un système de rails suspendus au plafond, des snacks et des rafraîchissements vous seront offerts par la maison. ***M° 34th St-Penn Station (A, C, E, 1, 2, 3)*** *420 9th Ave. Tél. 212 444 5000 www.bhphotovideo.com Ouvert lun.-jeu. 9h-19h, ven. 9h-13h, dim. 10h-18h*

Où chiner ?

Hell's Kitchen Flea Market (plan 5, B2 n°60) Il fait bon flâner dans ce marché aux puces, l'un des meilleurs de New York (et l'un des derniers de Manhattan), installé un peu en retrait, dans une petite portion de Midwest fermée à la circulation le week-end (près du Lincoln Tunnel qui relie Manhattan au New Jersey). Avec ses 170 stands concentrés dans un espace restreint, Hell's Kitchen se visite assez rapidement. Chineurs et amateurs d'antiquités y dénicheront vêtements vintage, clichés noir et blanc des légendes du cinéma, jouets rétro, lampes industrielles, draps brodés, bijoux et vieux magazines américains. Il faut avoir l'œil pour repérer les pièces intéressantes mais les prix sont en général très raisonnables. N'hésitez pas à marchander. ***M° 42nd St-Port Authority (A, C, E)*** *W 39th St (près de 9th Ave) www.hellskitchenfleamarket.com Ouvert sam.-dim. 9h-17h*

La 5e avenue

Si la mythique avenue invite au lèche-vitrine de luxe, elle est aussi l'artère des grands magasins les plus en vue de la Grosse Pomme, du vénérable Henri Bendel aux abords plus sophistiqués de Bergdorf Goodman et de Saks. C'est ici, également, que sont venus s'installer des "empires" américains comme Apple ou American Girl Place...

Les department stores

Henri Bendel (plan 5, C1 n°61) Reconnaissable à sa façade Art déco et à ses magnifiques baies vitrées - signées Lalique ! -, ce monument de la mode fondé en 1895 est un détour obligé. Passez sans vous y arrêter le hall d'entrée, ses hordes de vendeuses empressées et ses vitrines d'accessoires de luxe, pour vous rendre directement au fond du magasin. Vous y découvrirez de petites marques de cosmétiques américaines à des prix vraiment raisonnables, comme Tarte, une ligne de produits naturels au packaging ravissant ou Giella, qui recrée à la demande et dans l'instant (sur présentation d'un échantillon) des produits de maquillage : idéal quand votre rouge à lèvres préféré est en rupture (autour de 32$ le baton). Au rayon Mode, au 3e étage, s'ajoute celui des accessoires et bijoux "fantaisie" (et hors de prix) ! ***M° 57th St (F)*** *712 5th Ave. (près de 56th St) Tél. 212 247 1100 www.henribendel.com Ouvert lun.-sam. 10h-20h, dim. 12h-19h*

Bergdorf Goodman (plan 5, C1 n°55) Luxe, élégance et sophistication sont les maîtres mots de ce grand magasin de la 5e avenue. Sur huit niveaux, le nec plus ultra de la mode US et internationale (Narciso Rodriguez, Emilio Pucci, Manolo Blahnik...), de la joaillerie (Buccellati, Van Cleef & Arpels), et de la beauté (Clinica Ivo Pitanguy, La Prairie...). Mention spéciale au rayon déco (7e étage), où les designers locaux sont mis à l'honneur. Magasin homme de l'autre côté de la rue (John Varvatos, Etro, Ralph Lauren Black

Label). Le plus ? Le grand choix de décorations de Noël disponible dès septembre (7e étage) ! Également un restaurant avec vue sur Central Park, cf. BG Restaurant (p.405). ***M° 57th St (F) ou 5th Ave.-59th St (N, Q, R)*** *754 5th Ave. (près de 58th St) www.bergdorfgoodman.com Ouvert lun.-sam. 10h-20h, dim. 11h-19h*

Saks Fifth Avenue (plan 5, C1 n°68) Inauguré en 1924, ce grand magasin haut de gamme situé face au Rockfeller Center réunit tous les plus grands noms de la mode contemporaine. Au rez-de-chaussée, un immense hall dédié à la beauté où les New-Yorkaises viennent se faire maquiller à l'œil entre deux rendez-vous ! Arrêtez-vous au corner Bond N°9, une marque de parfums inspirés des quartiers de Manhattan : Chelsea Flowers, Little Italy, Eau de Noho, Chinatown (élue fragrance la plus sexy de l'année par le magazine *Allure*...), à partir de 180$. On peut éviter le prêt-à-porter haut de gamme, les collections de robes de soirée haute couture et les manteaux de fourrure (du 1er au 3e) et emprunter les magnifiques ascenseurs pour accéder directement au 5e pour ses marques (un peu) moins *pricy* (Marc by Marc Jacobs, T by Alexander Wang). Au 8e, le café SFA offre une belle vue sur le Rockefeller Center (formule soupe et demi-sandwich 21$, *Chicken Mandarin Orange salad* 23$). Le plus ? Les soldes – très courus – en janvier. ***M° 47th-50th Sts-Rockefeller Center (B, D, F, M)*** *611 5th Ave. (près de W 49th St) Tél. 212 753 4000 www.saksfifthavenue.com Ouvert lun.-sam. 10h-20h30, dim. 11h-19h*

Pour la New York touch

Tiffany & Co. (plan 5, C1 n°70) C'est bien devant la vitrine de ce joaillier de la 5e avenue qu'Audrey Hepburn sirote son café dans *Diamants sur canapé* (*Breakfast at Tiffany's*). Ne vous laissez pas intimider pour autant par l'immensité de cet espace aussi austère qu'un hall de banque : après avoir admiré le fameux diamant jaune découvert par Charles Lewis Tiffany *himself* lors d'une expédition en Afrique du Sud en 1878 (sur le mur de droite à l'entrée), dirigez-vous vers les ascenseurs et demandez le 3e étage, celui des bijoux fantaisie. Idées-cadeaux : le fameux cœur Tiffany (pendentif, à partir de 125$), ou la clef en argent (175$), gravés du mythique *"Return to Tiffany"*, clin d'œil à la tradition de la maison qui pouvait ainsi, en cas de perte, restituer le bijou à sa propriétaire. Au 4e, petite maroquinerie aux couleurs de la marque : étui pour cartes de crédit (145$), agenda de poche (50$)... Le plus ? Tous vos achats sont emballés dans de jolis écrins, les célèbres boîtes "bleu Tiffany". Autre adresse à Wall Street. ***M° 57th St-7 Ave. ou 5th Ave-59 St (N, Q, R, F)*** *727 5th Ave. (à l'angle de W 57th St) Tél. 212 755 8000 www.tiffany.com Ouvert lun.-sam. 10h-19h, dim. 12h-18h*

SHOPPING

Music Row

La section de la 48e rue située entre les 6e et 7e avenues abrite une succession de magasins de musique (neuf et occasion) : choix fabuleux de guitares, instruments à vent, etc., à des prix souvent intéressants. Une enclave menacée de disparition, car les tours d'affaires du quartier Rockefeller gagnent vers l'ouest...

MoMA Design and Book Store, MoMA Design Store (plan 5, C1 n°66) Au niveau 2 du musée, la boutique MoMA Books propose une remarquable sélection de livres et de magazines spécialisés ; au niveau 6, la librairie est consacrée aux expos temporaires – catalogues, livres, affiches ; ces deux librairies sont réservées aux visiteurs. Le MoMA Design and Book Store, pris d'assaut en fin d'après-midi, à gauche de l'entrée principale, déploie une immense sélection de livres, d'objets dérivés, d'affiches, de cartes postales, etc. De l'autre côté de la rue, le fameux MoMA Design Store est le temple du design... Ces deux boutiques sont en accès libre. **Boutiques "inside"** *Mêmes horaires que le musée* ***M° 5th Ave./53rd St (E, M)*** *11 et 44 W 53rd St www.momastore.org Ouvert sam.-jeu. 9h30-18h30, ven. 9h30-21h*

Où s'offrir un "petit bijou" (même en pleine nuit) ?

Apple Store (plan 5, C1 n°52) C'est sous un immense cube de verre de 9m de haut que se cache la boutique Apple la plus convoitée de la Grosse Pomme. Ici, à toute heure du jour ou de la nuit, les *Mac addicts* et autres *geeks* viennent tester les derniers bijoux du fabricant-designer, pianoter sur les nouveaux MacBooks mis à leur disposition, demander conseil auprès des techniciens du Genius Bar... Un vrai village high-tech, fourmillant de monde. Agoraphobes, passez votre chemin ! Quatre autres adresses à Manhattan. ***M° 5th Ave.-59th St (N, Q, R)*** *767 5th Ave. En face du Plaza Tél. 212 336 1440 www.apple.com Ouvert 24h/24*

NYC en briques et en kits

Lego Store (plan 5, C1 n°63) Outre les grands classiques, ce magasin vend quelques modèles 100% new-yorkais, comme les kits "Empire State Building" (19,99$). Les enfants adoreront les distributeurs de briques (à partir de 7,99$). Chaque premier jeudi du mois à 17h, un atelier gratuit (de 15min) leur est proposé (enfants âgés de 5 à 14 ans). Profitez de votre passage pour aller voir, en face et en hiver, la mythique patinoire du Rockfeller Center – dont vous pourrez admirer le modèle réduit, en Lego, au centre du magasin ! Autre adresse près du Flatiron. ***M° 47th/50th Sts-Rockfeller Ctr (B, D, F, M)*** *620 5th Ave. (entrée face à la patinoire du Rockfeller Center) Tél. 212 245 5973 stores.lego.com Ouvert lun.-sam. 10h-20h, dim. 10h-18h*

Metropolitan Museum of Art Store (plan 5, C1 n°74) Pour rapporter un souvenir aux plus jeunes, ne manquez pas d'aller faire un tour à la boutique du Metropolitan Museum of Art, qui propose une très bonne sélection de livres et de jeux créatifs pour la jeunesse, comme le manuel pour fabriquer des origami (19,95$) ou le puzzle de New York en 4D (39,95$). ***M° 47th/50th Sts-Rockfeller Ctr (B, D, F, M)*** *Rockefeller Center 15 W 49th St Tél. 212 332 1360 www.rockefellercenter.com Ouvert tlj. 10h-19h*

So girly

American Girl Place (plan 5, C1 n°51) Sur le prétexte d'instruire les écolières via des poupées illustrant les grandes périodes de l'histoire des États-Unis, cette marque s'est bâtie un empire ! Le magasin occupe un immeuble entier et dispose notamment d'un salon de beauté (où faire coiffer sa poupée chérie), d'un studio photo (où poser avec elle) et même d'un hôpital pour poupées malades (qui en ressortent avec un certificat de bonne santé, ouf !). Et bien sûr, des rayons entiers de *dolls*, d'accessoires, de vêtements et même des livres pour suivre leurs aventures. Comptez environ 115$ la poupée, 20 à 40$ pour acheter les vêtements coordonnés petite fille et son jouet, 10$ pour un DVD montrant tous les trucs pour coiffer, maquiller sa poupée et même lui faire les ongles... ***M° 47th/50th Sts-Rockfeller Ctr (B, D, F, M)*** *609 5th Ave. (à l'angle de E 49th St) Tél. 212 644 1145 www.americangirl.com Ouvert lun.-jeu. 10h-19h, ven. 10h-20h, sam. 9h-21h, dim. 9h-19h*

Plans 6 et 7

Upper West Side

Une certaine douceur de vivre, propice à la flânerie, imprègne ce *hood* plutôt cool et décontracté, flanqué de deux espaces verts, Central Park, à l'est, et Riverside Park, à l'ouest. Parmi une foule de magasins destinés aux plus jeunes, on y croise des chaînes comme Urban Outfitters ainsi que des enseignes plus confidentielles et des traiteurs et épiceries fines, tel l'étonnant Fairway, aux allures de supermarché (sur Broadway, près de la 74e rue).

Du côté des créateurs

Steven Alan Outpost (plan 6, B2 n°36) L'outlet (magasin de déstockage) du créateur new-yorkais, au style sage et épuré, est une destination de choix pour dénicher une petite blouse en coton toute simple au tombé impeccable ou une robe en popeline (très) bien coupée. Pour les hommes, des piles et des piles de chemises à rayures ou à carreaux (pièce phare de la marque) en coton ultradoux. Comptez 150$ pour une blouse, 150-300$ pour une robe, 100-150$ pour une chemise, 45$ pour un t-shirt. Six autres adresses à Manhattan et deux à Brooklyn. ***M° 86th St (1)*** *465 Amsterdam Ave. (près de 82nd St) Tél. 212 595 8451 www.stevenalan.com Ouvert lun.-sam. 11h-19h, dim. 11h-18h*

Où trouver des marques à prix plancher ?

Century 21 (plan 6, B3 n°30) Pas le courage d'affronter la cohue du grand Century 21 de Lower Manhattan (p.293) ? Cette adresse propose le même type de fouillis souvent inégal, mais où l'on peut dénicher la perle rare, petite robe de créateur à prix discount ou sac en cuir Ralph Lauren ou DKNY. ***M° 59th St-Columbus Circle (A, B, C, D) ou 72nd St (A, B, C)*** *1972 Broadway (en face du Lincoln Center) Tél. 212 518 2121 locations.c21stores.com Ouvert lun.-sam. 10h-22h ; dim. 11h-20h*

Bonnes affaires pour la maison

Home Goods (plan 7, B3 n°21) Ne jamais savoir à l'avance sur quelle bonne affaire on va tomber compte pour beaucoup dans l'attrait de cet immense magasin discount voué à la maison et à la déco. C'est un peu l'équivalent domestique du célèbre TJ Maxx (de l'autre côté de l'avenue), le géant de la confection dégriffée. Entassés sur deux niveaux, bibelots, cadres, linge de maison, ustensiles malins pour la cuisine, petits meubles et même spécialités gastronomiques exotiques, voire gadgets chics pour

GEOPLUS

Trois jours d'emplettes !

Avec les *kids*, en amoureux ou entre filles – sans oublier une solide carte de crédit –, vous voilà prêts à partir en virée shopping dans la Big Apple. Trois itinéraires pour revenir les bras chargés de souvenirs.

VENDREDI : AVEC LES KIDS

Magasins de jouets *king size* et gadgets par milliers, *kids* et *teens* ne sauront plus où donner de la tête (et vous, du portefeuille !)

10h **Kidding Around** (p.313) Avant d'affronter les grands magasins, commencez en douceur dans ce magasin de jouets indépendant.

11h **Books of Wonder** (p.313) Trois *blocks* plus loin, pause lecture dans la librairie jeunesse la mieux fournie de la ville. Un petit creux ? Optez pour son *cupcake café* !

14h **MoMA Design Store** (p.314) La boutique du MoMA regorge de petits jouets et gadgets amusants pour la chambre d'enfant.

AVEC LES *TEENS*

Démarrez dans le quartier de SoHo, où sont concentrés tous les grands temples de la mode *casual* et *streetwear*. Détour par **Abercrombie & Fitch** (p.300), pour son style *college* et ses boutiques aux allures de boîte de nuit ultraselect. Puis passez chez **Forever 21** (p.300), une sorte de H&M américain qui fera le bonheur des jeunes *fashionistas. Last but not least*, les fans de culture skate ne manqueront pas **Supreme** (p.298), **Blades** (p.304) et **Uncle Funkys Boards** (p.309).

15h30 **Rockefeller Center** Pour une note *baby doll* chez American Girl Place (p.318), l'immeuble dédié aux poupées. Les garçons préféreront le Lego Store (p.318). Puis faites une halte à la boutique du Met (p.213) : excellente sélection de jeux éducatifs et de livres.

17h **Dylan's Candy Bar** (p.323) Pause chocolat chaud-marshmallows dans le coin café – mais gardez un peu de place pour les 5 000 variétés de bonbons !

SAMEDI : EN AMOUREUX

Des puces de Brooklyn aux disquaires du Village, en passant par les boutiques cool deTriBeCa...

10h **Fort Greene Flea** (p.325) Flânerie en amoureux à Brooklyn. Mode et mobilier vintage, déco-récup, artistes, petits créateurs locaux et stands culinaires (lasagnes bio, hot-dogs végétariens, cookies maison, sandwich au homard). C'est l'un des marchés cool de Big Apple !

14h30 **J. Crew Men's Shop at the Liquor Store** (p.293) Toute la panoplie pour qu'il se (re)fasse un look so new-yorkais !

16h **Marc Jacobs** (p.305) *THE place to shop !* Après la boutique homme et femme, pour les accessoires rigolos, faites un arrêt à la librairie.

17h30 **Generation Records** (p.304) Resdescendez Bleecker St et allez écumer les bacs de CD et de vinyles collectors.
19h **Victoria's Secret** (p.314) À trois stations de Bleecker St, la marque de lingerie américaine n'aura bientôt plus de secrets pour vous...

DIMANCHE : ENTRE COPINES
Petits créateurs, designers ultra-pointus, mode vintage, looks avant-gardistes, la Grosse Pomme est le paradis des *shopaholics* ! *Go girls* !
13h **Opening Ceremony** (p.296) Après un brunch à SoHo, faites un premier stop dans cette boutique à la sélection ultra pointue pour fashionistas avisées. Un must !
14h **Edith Machinist** (p.301) À quelques encablures, dans le Lower East Side, une adorable boutique vintage aux allures de show-room bohème.
15h **Fabulous Fanny's** (p.302) En route pour l'East Village : comment ne pas lorgner sur l'une de ces 30 000 paires de lunettes vintage ?
16h **Whisk** (p.328) Hélez un taxi et cap sur Brooklyn pour "shopper" de quoi concocter un dîner 100% US. L'adresse préférée des gourmets locaux.
16h30 **Pema, etc.** Sur le même trottoir, allez voir les bijoux de créateurs locaux à petits prix chez Pema (p.326) et à Catbird (p.327), les petits cadeaux et accessoires teintés de nostalgie. Une merveille ! Enfin, traversez la rue pour Earwax (p.328), le disquaire fétiche des groupes de rock indé de Brooklyn.
18h30 **Ricky's** (p.298) Retour à Manhattan pour découvrir la chaîne de produits de beauté la plus déjantée de NYC !

DE 7 À 77 ANS Misez sur les gadgets, les *art toys* et autres souvenirs décalés ! À TriBeCa, ne manquez pas **Balloon Saloon** (p.295), pour ses articles de fêtes (autocollants parfumés, kit de peinture pour le bain...), et ses farces et attrapes. Dans l'East Village, arrêtez-vous chez **Exit 9** (p.303), destination prisée des chasseurs de cadeaux amusants et d'accessoires signés par des *local designers*. S'il n'y avait qu'une boutique à voir à Midtown West, ce serait celle du **MoMA** (p.314) une mine de trésors pour tous les budgets.

toutou ! La marchandise provient d'opérations de déstockage ou de fins de collections et l'on y fait souvent de belles trouvailles à prix mini. ***M° 96th St (A, B, C, 1, 2, 3) ou 103rd St (A, B, C)*** *795 Columbus Ave. (entre W 97th St et W 100th St) Tél. 212 280 6303 www.homegoods.com Ouvert tlj. 9h-22h*

Où raccourcir les cheveux des *kids* ?

Cozy's (plan 6, B2 n°38) Dans un décor très coloré, les enfants se font couper les cheveux au volant d'une voiture de course, avant de recevoir une sucette et un ballon. La première coupe de cheveux de Bébé est même gratifiée d'un diplôme en bonne et due forme (40$ la coupe) ! ***M° 79th St (1)*** *448 Amsterdam Ave. (entre 81st et 82nd Sts) Tél. 212 579 2600 www.cozyscutsforkids.com Ouvert lun.-ven. 10h-18h, sam. 9h-18h, dim. 10h-17h*

Où trouver de bons *basics* pour son *baby* ?

Giggle (plan 6, B2 n°34) Ce grand magasin de puériculture regorge d'accessoires, de vêtements, de jouets... Vous y trouverez de chouettes basiques et y ferez quelques trouvailles comme ces astucieux verrous magnétiques pour bloquer les portes ou encore un grand choix de CD de comptines rock inspirées de vos groupes préférés (The Beatles, U2, Coldplay...). Et ne repartez pas sans une paire de baguettes chinoises 1er âge (Chopstick training set, 7$) ! ***M° 81 St - Museum of Natural History (B, C)*** *352 Amsterdam Ave. (près de W 77th St) Tél. 212 362 8680 www.giggle.com Ouvert lun.-sam. 10h-19h, dim. 11h-18h*

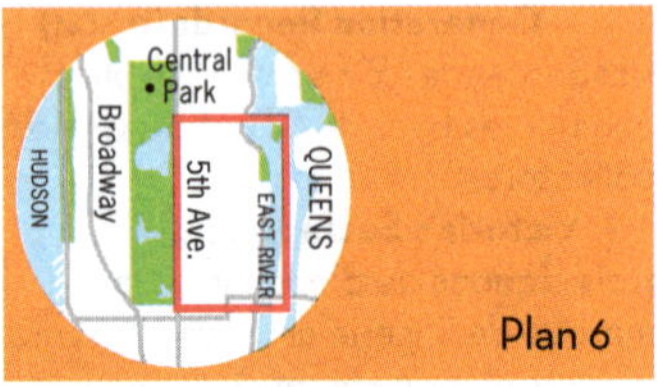

Upper East Side

Le plus huppé des quartiers new-yorkais, celui des plus solides et des plus anciennes fortunes de la *city*, égrène les plus grands noms du shopping sur la 5e avenue et sur la chic et opulente Madison Avenue - c'est là que Tom Ford a choisi d'installer sa première boutique hommes. Bien d'autres devantures, d'un luxe parfois tapageur, animent ce quartier doré où trônent le labyrinthique Bloomingdale's ainsi que le grand magasin très "couture", Barneys.

Les *department stores*

Bloomingdale's (plan 6, C3 n°32) Le légendaire Bloomingdale's est à New York ce que les Galeries Lafayette sont à Paris. Toujours bondé, donc ! Fondé en 1872 par les frères Joseph et Lyman Bloomingdale, "Bloomies", comme le surnomment les New-Yorkais, est l'un des plus anciens *department stores* de New York. Au fil des années, cette adresse très prisée des élégantes *ladies* dans les années 1960-1970 s'est peu à peu démocratisée : les plus grands noms de la mode y sont toujours largement représentés, mais ils côtoient désormais des marques plus jeunes et accessibles. Au 2e étage notamment, vous trouverez le sportswear femme et un grand choix de jeans (Notify, Joe's, J Brand, Blue Cult) et de chaussures (Steve Madden, Belle Sigerson Morrison, Miss Sixty). Bloomingdale's est par ailleurs très réputé pour ses articles pour la maison (au 5e). Au 6e, le Train

Bleu n'est autre qu'un restaurant aménagé dans un ancien wagon-lit ! Autre magasin (plus petit) à SoHo. ***M° 59th St-Lexington (N, Q, R, 4, 5, 6)*** *1000 3rd Ave. (près de 59th St) Tél. 212 705 2000 www.bloomingdales.com Ouvert lun.-sam. 10h-20h30, dim. 11h-19h*

Barneys New York (plan 6, C3 n°31) Ce temple du luxe fondé en 1923 attire aussi bien l'élite d'Upper East Side que les fashionistas de Downtown : c'est le meilleur endroit pour admirer les collections des plus grands noms de la mode internationale – mais peut-être pas le plus agréable, avec son personnel hautain et ses vêtements quasi intouchables. Quoi qu'il en soit, ne manquez pas Barneys co-op, la section "jeune" (aux 7e et 8e étages), où vous pourrez jeter un coup d'œil aux lignes bis (et donc plus abordables) des créateurs américains : Alexander Wang T, John Varvatos I, Marc by Marc Jacobs… ***M° Lexington Ave.-59th St (N, Q, R, 4, 5, 6) ou 5th Ave.-59th St (N, Q, R)*** *660 Madison Ave. (entre 60th St et 61th St) Tél. 212 826 8900 www.barneys.com Ouvert lun.-ven. 10h-20h, sam. 10h-19h, dim. 11h-19h*

American style

Ralph Lauren (plan 6, C2 n°35) La quintessence de l'*American style* ! Les inconditionnels de cette griffe so *preppy* ne manqueront pas ces quatre boutiques de Madison Avenue. Dans le magasin pour femmes, inauguré en 2010, un magistral escalier de marbre blanc et rampe en fer forgé dessert les quatre étages consacrés aux collections de prêt-à-porter (Black Label, Blue Label, Double RL, RLX), aux accessoires (sacs, bijoux, montres, lunettes) et à la décoration ("Home", au 4e étage, sublime !). De l'autre côté de la rue, le magasin Men, aménagé dans un ancien hôtel particulier de 1895, le Rhinelander Mansion, mérite à lui seul le déplacement ! On y retrouve toutes les collections : Blue Label, Black Label Purple Label, RLX, Polo. Enfin, ne manquez pas de jeter un coup d'œil aux deux boutiques enfants : en fouillant un peu (malgré le regard inquisiteur des vendeuses), vous y dénicherez de nombreux articles bradés. ***M° 68th St-Hunter College (6)*** *global.ralphlauren.com* ***Magasins*** *Ouvert lun.-sam. 10h-19h, dim. 11h-18h* **Ralph Lauren Women's & Home** *888 Madison Ave. (à l'angle de la 72nd St) Tél. 212 434 8000* **Ralph Lauren Men's** *867 Madison Ave. (entre 71st et 72nd Sts) Tél. 212 606 2100* **Ralph Lauren Children's Store** *878 Madison Ave. (entre 71st et 72nd Sts) Tél. 212 606 3376* **Ralph Lauren Baby Store** *872 Madison Ave. (près de 71st St) Tél. 212 434 8099*

Lilly Pulitzer (plan 6, C2 n°37) Imprimés pop et matières fluides enchantent la ligne de vêtements de l'héritière Pulitzer, dont les robes (100-300$), hauts (50-150$) et maillots de bain (150$) sont une véritable invitation au farniente. Clientes BCBG et *socialite* de l'Upper East Side affectionnent ce style décontracté-chic, au résultat d'un kitsch réjouissant ! ***M° 77th St (6)*** *1020 Madison Ave. / E 79th St Tél. 212 744 4620 lillypulitzer.com Ouvert lun.-mer. et ven.-sam. 10h-18h, jeu. 10h-20h, dim. 12h-17h*

Où se gorger de *candies* ?

Dylan's Candy Bar (plan 6, C3 n°33) C'est en regardant le film *Charlie et la Chocolaterie* que Dylan Lauren, fille du couturier Ralph Lauren, eut l'idée d'ouvrir la confiserie de ses rêves. Sucettes géantes, escalier lumineux aux marches incrustées de friandises multicolores… Un décor sirupeux à souhait, pour vous faire saliver devant 5 000 variétés de can-

dies à acheter en vrac ou dans des bocaux à votre nom, de dragées à la cannelle et autres *fire balls*, de *lollipops* psychédéliques, de nounours techno, de sprays acidulés ou encore reproduits sur différentes déclinaisons : t-shirts pastel *"Dylan's Candy Bar"* 18$, oreiller *donut* ou *cupcake* 22-24$, barrettes *candy* 5$... ! Courage, après avoir fait le plein de *jelly beans*, de chewing-gum en tube et de barres chocolatées en tout genre, vous atterrirez d'un coup de baguette de Willy Wonka au café du 3e étage, devant un chocolat chaud dégoulinant de marshmallows fondus. Mmhmmm ! ***M° Lexington Ave.-59th St (N, Q, R, 4, 5, 6)*** *1011 3rd Ave. (près de 60th St) Tél. 646 735 0078 www.dylanscandybar.com Ouvert lun.-jeu. 10h-22h, ven.-sam. 10h-23h, dim. 11h-21h*

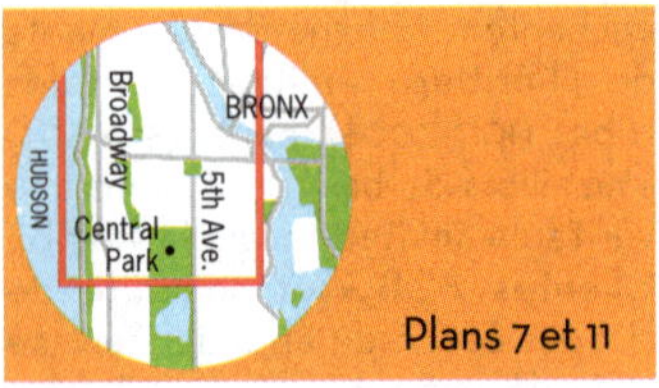

Plans 7 et 11

Harlem

Profitez d'une visite dans l'un de ses musées ou au mythique Apollo Theater pour remonter ses rues et découvrir le premier hypermarché Target de Manhattan.

Exotic tea time

Serengeti Tea and Spices (plan 7, B1 n°23) La plupart des thés que l'on boit ou que l'on achète ici en vrac proviennent d'Afrique, et pour cause : Caranda Martin, le propriétaire, est originaire du Libéria. Avant d'arrêter votre choix, vous pourrez en savourer un mug (5,50$). On vous recommande le mélange Grandma Lulu's, un mariage subtil de citron, de gingembre et de curcuma... Jetez aussi un coup d'œil à la collection de remèdes naturels, tous à base de thé, bien sûr. ***M° 125th St (A, B, C, D)*** *2292 Frederick Douglass Blvd (entre 123rd St et 124th St) Tél. 212 866 7100 www.serengetiteasandspices.com Ouvert mar.-ven. 10h-19h30, sam. 10h-20h, dim. 10h-19h*

Où trouver du *streetwear* hip-hop ?

Jimmy Jazz (plan 7, B1 n°22) Tous les fans new-yorkais de *streetwear* hip-hop le savent, Jimmy Jazz est depuis longtemps une légende de Harlem, juste à côté du fameux Apollo Theater. Rouvert en 2016 après un lifting radical, le magasin se targue de stocker la plus invraisemblable collection de baskets, de chaussures de sport en tout genre (Adidas, Nike, Jordans, etc., de 35 à 220$), de sweat shirts, de casquettes de baseball (10-52$) ou autres *must have* tee-shirts... ***M° 125th St (A, B, C, D)*** *239 W 125th St (entre Adam Clayton Powell Jr. Blvd et Malcolm X Blvd) Tél. 212 663 2827 www.jimmyjazz.com Ouvert lun.-sam. 10h-20h (20h30 ven.-sam.), dim. 11h-19h*

So cheap and chic !

Target (plan 7, D1 n°20) Depuis son inauguration, en 2010, malgré ses murs en béton armé, ses rayons à perte de vue, ce mégastore (mode, déco, jouets, cosmétiques, alimentation, électronique, sport, puériculture...) attire le tout Manhattan, des cohortes de New-Yorkais ravis de ne plus avoir à traverser le pont de Brooklyn pour se rendre dans ce temple du *cheap and chic* ! Car c'est bien la force de Target, qui crée régulièrement le buzz avec ses minicollections à prix rebelles, en collaboration avec les plus grands designers et stylistes du moment (John Derian, Isabel Toledo, Marcus Samuelsson, Stephen Burrows...). Avec un peu de chance, votre visite coïncidera avec le lancement de l'une d'entre elles, mais quoi qu'il en soit, vous n'aurez aucun mal à dénicher des tas de petits souvenirs pas chers (comme ces tableaux mémo kitsch ou baroques à partir de 12$), ou de bons basiques à petits prix pour toute la famille (jeans de différentes marques à partir de 29$, t-shirts Hanes ou Fruit of the Loom à partir de 7$)... ***M° 116th St-Lexington (6)*** *517 E 117th St (près de Pleasant Ave.) Tél. 212 835 0860 www.target.com Ouvert tlj. 8h-0h*

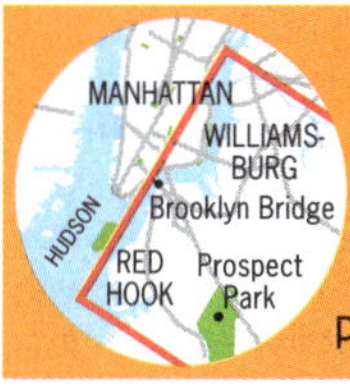

Plans 8, 9 et 10

Brooklyn

Adeptes de la *cool attitude*, artistes en herbe, cap au nord : vous y découvrirez un quartier encore plus *cool* que Williamsburg, Greenpoint. Dans ces parages, où l'on se veut *über* branché-over décalé, vous trouverez aussi bien des friperies que des ateliers de créateurs, du gigantesque et intemporel Beacon's Closet à la boutique Oak (208 N 8th St), qui diffuse les *must-have* de la saison et ceux à venir ! Filez vers le sud et les voisinages chéris des familles et jeunes couples bobos (Cobble Hill, Carrol Gardens, Brooklyn Heights et Park Slope), si votre *cup of tea*, c'est plutôt tout ce qui est *cool* mais en plus sage – et plus cher.

Fort Greene

Où chiner ?

☺ **Fort Greene Flea Market (plan 9, D1 n°40)** Un vent de créativité souffle chaque samedi sur les puces de Brooklyn. Véritable caverne d'Ali Baba à ciel ouvert, ce marché installé d'avril à novembre dans la cour de récréation d'un lycée de Fort Greene est le rendez-vous incontournable des chineurs bobos-cool de Brooklyn et de Manhattan. Déco-récup, mode et mobilier vintage (une référence en la matière), brocanteurs, stands culinaires (lasagnes bio, hot-dogs végétariens, cookies maison, sandwich au homard), artistes et petits créateurs locaux : chaque allée réserve son lot de surprises. On craque pour les vieilles boîtes en fer customisées en horloge par les deux créatrices de Welles and Graham, les ravissants bijoux de Christina Starkard (de 30 à 200$), les savons Meow Meow *made in* Brooklyn (parfums café-cannelle, clémentine-basilique, menthe-salade), les boutons de manchette réalisés avec d'anciennes touches de machines à écrire (*Mama can't sing*), les bodys pour bébés colorés aux imprimés urbains de la marque Brooklyn Junior ou encore la ligne de produits bio Australianscent lancée par un ancien broker de Wall Street. À noter : de Thanksgiving au 31 mars le marché prend ses quartiers d'hiver dans le hall d'une ancienne banque, au Skylight One Hanson. ***M° Lafayette Ave. (C) ou Clinton / Washington Aves (G)*** *176 Lafayette Ave. (entre Clermont et Vanderbilt Aves) www.brooklynflea.com Ouvert avr.-nov. : sam. 10h-17h* ***Marché d'été du dimanche*** *90 Kent Ave. (Williamsburg)* ***M° Bedford Ave. (L)*** *Ouvert début mai-mi-nov. : sam. 11h-18h*

BoCoCa

Made in New York

Smith St (plan 9, C1) En l'espace de quelques années, des dizaines de petites boutiques ont ouvert dans ce quartier tranquille de Brooklyn. Mode, chaussures, streetwear, articles pour la maison... les commerçants de Smith Street affichent tous une nette préférence pour les marques et les designers locaux. On démarre son shopping par la boutique **Soula** (au n°185) pour ses chaussures de marques new-yorkaises (Coclico, Bloch), ses bottes en caoutchouc Hunter et ses Converse John Varvatos for All Star. Autre incontournable pour se chausser à prix *friendly*, **DNA** (au n°141), où vous dénicherez toutes les marques à la mode (Minnetonka, Ugg, Keds, Toms). Et enfin, **Brooklyn Industries** (au n°100), une chaîne new-yorkaise de vêtements *casual* et colorés très appréciés. À rapporter : des t-shirts en série limitée dessinés par des artistes locaux. Le plus ? Un coin soldes au fond du magasin – et huit autres boutiques à Brooklyn dont une à Williamsburg (p.326). *M° Bergen St (F, G)* **Soula** *185 Smith St Tél. 718 834 8423 www.soulashoes.com Ouvert mar.-sam. 11h-19h, dim. 12h-18h* **DNA** *141 Smith St Tél. 718 797 9701 www.dnafootwear.com www.toms.com Ouvert lun.-sam. 10h-20h, dim. 10h-19h* **Brooklyn Industries** *100 Smith St. Tél. 718 596 3986 www.brooklynindustries.com Ouvert dim.-jeu. 11h-20h, ven.-sam. 11h-21h*

Où fureter ?

Atlantic Avenue (plan 9, C1) Mobilier industriel, objets vintage, brocantes, petits créateurs, on peut passer des heures à fureter le long d'Atlantic Avenue, notamment chez **City Foundry** et sa vitrine de robots fabriqués à partir de matériaux de récupération (au n°365) ! À côté (au n°363), **Sterling Place** est une mine d'idées cadeaux, un brin rétro : anciens jeux d'échecs, plaids en cachemire bayadère, cartes postales Art déco... *M° Hoyt-Schermerhorn (A, C, G)* **City Foundry** *365 Atlantic Ave. (entre Hoyt et Bond Sts) Tél. 718 923 1786 www.cityfoundry.com Ouvert tlj. 11h-19h* **Sterling Place** *363 Atlantic Ave. / Bond St Tél. 718 797 5667 www.sterlingplace.com Ouvert tlj. 11h-18h30*

Williamsburg

Où dénicher un t-shirt *made in New York* ?

Brooklyn Industries (plan 10, B2 n°32) L'une des neuf boutiques brooklynites de l'enseigne – cf. BoCoCa (p.326) – propose ici aussi un grand choix de t-shirts à la gloire du *borough* à offrir ou à s'offrir (de 24 à 40$) ! Belle palette de couleurs et de dessins originaux, amusants, vintage ou design, du vélo aux logos des stations de métro revues et corrigées. Également des sweat-shirts, robes, pantalons, sacs, et un coin soldes. *M° Bedford Ave. (L) 162 Bedford Ave. Tél. 718 486 6464 www.brooklynindustries.com Ouvert dim.-jeu. 11h-20h, ven.-sam. 11h-21h*

Du côté des créateurs locaux

Pema (plan 10, B2 n°35) À voir l'engouement des Brooklynaises pour cette boutique de vêtements et d'accessoires *casual* à la devanture plutôt *low profile*, on se dit qu'il doit forcément y avoir une bonne raison. Et on ne tarde pas à découvrir le secret de ces vitrines où se cachent des bijoux de créateurs – locaux – à petits prix. Laissez-vous émerveiller par les jolis bracelets à messages, les créoles ultrafines striées de minuscules pierres semi-précieuses, ou encore ces adorables bijoux "nature" – colliers de branches ou joncs-lierre... À moins que vous ne vous laissiez éblouir par ces Ray-Ban Wayfarer aux montures imprimées de plans de métro new-yorkais. ***M° Bedford Ave. (L)*** *225 Bedford Ave. (près de N 4th St) Tél. 718 388 8814 www.pemany.com Ouvert tlj. 11h-20h*

☺ **Catbird (plan 10, B2 n°33)** Savons enveloppés dans de vieux plans de Manhattan, cartes de vœux rétro, écharpes-animaux tricotées à Brooklyn, bijoux de créateurs locaux (Elisa Solomon, Katrina Lapenne, Satomi Kawakita... de 20$ pour un bracelet gri-gri à 2 900$ pour une bague néo-vintage en or et diamants), cette jolie boutique ravira toutes celles qui, à la recherche d'un supplément d'âme, ont un faible pour les petits objets teintés de nostalgie. Le plus ? Quelques bijoux hommes ! ***M° Bedford Ave. (L)*** *219 Bedford Ave. (entre 4th St et 5th St) Tél. 718 599 3457 www.catbirdnyc.com Ouvert lun.-ven. 12h-20h, sam. 11h-19h, dim. 12h-18h*

Friperie XXL

Beacon's Closet (plan 10, C1 n°31) Un must. Ce géant de la fripe, installé depuis 2014 à Greenpoint dans un hangar aux murs de briques sombres, croule sous les portants de vêtements et d'accessoires pour hommes et femmes. Hippy, rétro, classique ou branché, tous les styles se côtoient dans cet antre approvisionné régulièrement par les habitants du coin. Si vous arrivez à surmonter le côté capharnaüm des lieux, vous y ferez de belles trouvailles, comme cette robe Anna Sui à 35$, ce sweat-shirt American Apparel à peine porté à 10$ ou ces escarpins Miu Miu à 30$. Le plus ? De vastes cabines d'essayage aux murs ornés de jolis papiers peints design ! Deux autres adresses à Brooklyn. ***M° Nassau Ave. (G), Bedford Ave. (L)*** *74 Guernsey St (près de Nassau Ave.) Tél. 718 486 0816 www.beaconscloset.com Ouvert tlj. 11h-20h*

Où dégoter des livres cool et *arty* ?

Spoonbill & Sugartown Booksellers (plan 10, B2 n°36) Spécialisée dans les livres et revues d'art, de design et d'architecture, cette librairie fondée en 1999 par le fils d'un marchand d'art offre également un grand choix d'ouvrages neufs et d'occasion, ainsi qu'une petite section jeunesse. Le plus ? Une sélection de publica-

(Dé)marche humanitaire

Les New-Yorkais les plus cool ne font plus un pas sans leurs Toms (sorte d'espadrilles déclinées dans une grande variété de couleurs et de matières). Depuis son lancement en 2006, cette marque californienne fait fureur dans les quartiers bobos de Downtown et Brooklyn. Sa particularité ? Pour chaque paire achetée (55-65$), une paire est offerte à un enfant d'un pays déshérité (plus d'un million de Toms ont ainsi été distribuées). Pour participer à ce grand élan de solidarité : **DNA** (p.326). ***M° Bergen St (F, G)*** *141 Smith St (Brooklyn) Tél. 718 797 9701 www.dnafootwear.com www.toms.com Ouvert lun.-sam. 10h-20h, dim. 10h-19h*

SHOPPING

tions décalées comme ces guides de Brooklyn *"not for tourist"* (interdit aux touristes), ou encore ces cahiers de coloriage aux illustrations ultrakitsch. Une adresse cool et *arty*, à l'image de Williamsburg. ***M° Bedford Ave. (L)*** *218 Bedford Ave. (entre 4th St et 5th St) Tél. 718 387 7322 www.spoonbillbooks.com Ouvert tlj. 10h-22h*

Où acheter du rock indé *made in* Brooklyn ?

☺ **Earwax (plan 10, B2 n°34)** Earwax n'a pas attendu que Williamsburg devienne le fief des groupes de rock indé pour y poser ses bacs remplis de vinyles rares et de CD neufs et d'occasion. Installé en 1991, ce disquaire tenu par un staff de musiciens et de DJ possède en outre une excellente sélection d'albums d'enfants du quartier dont la renommée n'est plus à faire : Animal Collective, MGMT, Grizzly Bear, The National, TV on the Radio, Vampire Weekend... ***M° Bedford Ave. (L)*** *167 N 9th St Tél. 718 486 3771 earwaxrecords.com Ouvert tlj. 11h-21h*

Où dénicher des recettes de cuisine 100% Brooklyn ?

Whisk (plan 10, B2 n°37) Des marmites de trésors mijotent dans cette adorable maison de briques rouges aux allures de cottage anglais. C'est ici que tous les toqués de cuisine de Brooklyn viennent s'équiper. Ne vous laissez pas décourager par les cocottes Le Creuset mises en évidence à l'entrée du magasin, vous risqueriez de passer à côté d'un tas d'ustensiles amusants à rapporter en France, du minuteur rétro en métal émaillé à aimanter sur le frigo (15$) au jeu d'emporte-pièces à cookies en forme de coeur (7$), des stylos à décorer des pâtisseries au livre de recettes 100% *made in* Brooklyn. ***M° Bedford Ave. (L)*** *231 Bedford Ave. Tél. 718 218 7230 www.whisknyc.com Ouvert lun.-sam. 10h-20h, dim. 11h-19h*

Où faire plaisir aux *kids* ?

Area Kids (plan 10, B2 n°30) Ce magasin de jouets très convoité par les enfants du quartier propose une belle sélection d'articles eco-*friendly* qui font la part belle aux designers locaux. Vous serez aussi emballés qu'eux par ces petites rames de métro new-yorkais en bois – et peinture non toxique – (17$ la rame) ou par la superbe gamme de jeux en plastique recyclé "Green toys" (13-30$) ! Plusieurs adresses à Brooklyn. ***M° Bedford Ave. (L)*** *218 Bedford Ave. (près de N 5th St) Tél. 718 218 8647 www.areakids.com Ouvert tlj. 11h-19h*

Où décorer son intérieur ?

A&G Merch (plan 10, B2 n°38) Si vous voulez dénicher tous les *must have* de la maison, vous êtes au bon endroit ! Ici, on fait dans la déco d'intérieur design, classe, originale, voire un poil décalée. Cela va des coussins à motif "Texas Longhorn" (vache à longues cornes, 49$) ou du décapsuleur looké femme nue (19$) aux meubles de créateurs, trop encombrants pour passer dans une valise, mais que l'on vous proposera d'expédier... Dans tous les cas, difficile de ne pas céder à la fantaisie et au style, d'autant que les prix sont tout à fait raisonnables. ***M° Bedford Ave. (L)*** *111 N 6th St / Berry St Tél. 718 388 1779 aandgmerch.com Ouvert tlj. 11h-19h*

Où chiner ?

Cf. Fort Greene Flea Market (p.325).

SHOPPING

GEOADRESSES

V

BARS, CLUBS ET LIEUX DE SORTIE

La 42e rue (p.161), au cœur du Theater District (p.166).

BARS, CLUBS ET LIEUX DE SORTIE À LA CARTE

Devant les feux du soleil couchant, sur un toit-terrasse, ou dans la lumière tamisée d'un *speakeasy*, prenez le pouls de la ville qui ne dort jamais.

à deux

Un peu d'intimité cosy dans le maelström new-yorkais...

caché

Pour boire heureux, buvons cachés.

à l'ancienne

Du haut de ces comptoirs, des décennies de bibines vous contemplent.

en groupe

Vous êtes douze, vous avez soif.

smoking

S'en griller une petite à l'abri ou dans une cour intérieure, c'est possible.

pas de chichis

Des bars franc du collier pour goûter une autre Amérique...

houblon

Il existe une population particulière à New York : les *beer geeks*, qui sont prêts à traverser la ville pour une marque particulière de bière slovène...

jazz

Parce que Manhattan reste la Mecque du jazz.

clubs et bars de nuit

Pour s'amuser jusqu'à l'aube (ou presque).

en plein air

Une terrasse, une petite cour intérieure ou un toit rétractable... la tête au frais, la bière au frais, tout est parfait.

avec vue

La *skyline* de Manhattan et un verre, quoi de mieux ?

les QG des *hipsters*

Mais où vont tous ces porte-flambeaux de la branchitude quand ils ne sont pas sur leur vélo à pignon fixe ?

Le Radio City Music Hall (p. 180), dans Midtown West.

avec cheminée

Cette chaleur qui vous envahit... elle vient des bûches crépitantes ou du verre que vous venez de vider ?

à vous de jouer

Cartes, billard, flipper, arcade... choisissez votre passe-temps.

en musique !

Au choix, des clubs pour être au plus près des artistes ou de vastes salles pour vastes stars. Tant que la musique est là !

Musique live

Salles de concert

apéros et petites faims

Pas besoin de s'éloigner de son verre pour des rafraîchissements plus consistants.

Lower Manhattan

Une fois les banquiers rentrés chez eux, c'est le calme plat. Heureusement, il y a The Dead Rabbit !

Où boire à l'irlandaise ?

The Dead Rabbit Grocery and Grog (plan 1, B3 n°63) Du robuste petit déjeuner irlandais (et autres salades, sandwichs et plats) au long drink du soir, en passant par la pinte de bière, voici une adresse unanimement appréciée dans le Financial District. Sur trois niveaux, ce pub irlandais propose à la fois des bières pression variées et un *lounge* pour siroter son cocktail. Ne passez pas à côté de la sélection de whiskeys irlandais rares, comme le Green Spot Pot Still (15$) ou le single malt Drop of the Irish (26$). Toutefois, Amérique oblige, la réputation de l'établissement vient surtout des cocktails les plus créatifs, tel le Big Wheel (gin, vermouth, xérès, poire, cannelle et combava, 16$). ***M° South Ferry (1)*** *30 Water St (entre Broad St et Coenties Slip) Tél. 646 422 7906 www.deadrabbitnyc.com Ouvert tlj. 11h-4h*

TriBeCa

Ancien coin bohème agité, TriBeCa a perdu sa santé nocturne. Notre diagnostic : trop de riches dans ses artères... heureusement, quelques lieux évitent l'embolie.

Où siroter un cocktail ?

The Basement (plan 1, B1 n°64) Après la pléthore de faux *speakeasies*, il a bien fallu trouver d'autres concepts pour se désaltérer original. Au sous-sol du Macao Trading Company, un restaurant fusion luso-chinois plutôt chic, ce lounge discret – l'entrée se trouve au bout du bar à gauche – joue la carte de la fumerie d'opium en toc. Dans cette petite salle à la limite de l'obscurité totale, la déco tout asiatique se trouve agrémentée d'une série de photos érotiques des années 1920 et de pipes chinées on ne sait où. Le dépaysement est certes là et les cocktails (15$) très bien exécutés, mais l'illusion ne tient pas quand on se retrouve au coude à coude avec de bruyants "Wall Street boys" descendus boire leur digestif. ***M° Canal St (A, C, E)*** *Macao Trading*

Sortir... mais de l'ordinaire !

Pour goûter une nuit qui sort de l'ordinaire, le noctambule new-yorkais fait toujours un détour par le web. Les organisateurs des soirées les plus attendues ne se limitent plus aux frontières étriquées d'un club : ils détournent des entrepôts, occupent des galeries, des usines désaffectées... **Todd P** (www.toddpnyc.com) et **Good Peoples** (www.goodpeoples.com) donnent toutes les infos sur leurs fêtes hors normes. Vérifiez donc avant !

Company 31 Church St (entre Lipsenard St et Walker St) Tél. 212 431 8750 www.macaonyc.com Ouvert dim.-mer. 17h-2h, jeu.-sam. 17h-4h

Où déguster un *brandy* ?

Brandy Library (plan 1, B1 n°62) Une bibliothèque d'eau-de-vie, ça fait rêver, non ? Eh bien c'est exactement ce qui vous attend ici : des rayonnages de bouteilles de whisky, cognac, armagnac jusqu'au plafond qui font baigner ce bar de gentlemans dans une lumière dorée assez irréelle. Le choix de la boisson dans l'épais classeur servant de carte se savoure aussi : allez-vous opter pour ce *blended* de 1960 (475$ le verre) ou un simple Macalan de 30 ans (298$) ? Rassurez-vous, il y a surtout des sélections plus abordables (dès 12$). Discutez avec les barmans, leur flegme tout britannique n'a d'égal que leur connaissance encyclopédique des alcools et ils font goûter volontiers pour orienter votre choix. Une excellente et rare raison d'aller traîner ses guêtres à TriBeCa. ***M° Franklin St (1, 2)*** *25 N Moore St (entre Varick St et Hudson St) Tél. 212 226 5545 www.brandylibrary.com Ouvert dim.-mer. 17h-1h, jeu. 16h-2h, ven.-sam. 16h-4h*

Où faire une pause ?

Anotheroom (plan 1, B1 n°60) Les assoiffés trop habitués aux bonbonnières *über* cosy et aux troquets à concept passeront sans doute à côté de ce petit bar dont la jolie déco fer et béton n'est certes pas la plus chaleureuse qui soit. Tant pis pour eux, car sa richesse est ailleurs : dans une atmosphère ni trop bruyante (la musique gentiment folk indé sait se tenir) ni trop lounge (la fermeté des banquettes souris stoppe toute velléité de vautrage). Ce lieu a su distiller cette subtile alchimie propre aux bars qui ont une âme. Venez ici pour faire un break dans votre marathon de touriste et discuter un peu, voire croiser des gens du quartier mais pas pour en prendre plein les yeux. Si on était New-Yorkais, cet Anotheroom aurait une bonne tête de QG. ***M° Canal St (A, C, E)*** *249 West Broadway (entre Beach St et White St) Tél. 212 226 1418 Ouvert dim.-lun. 17h-2h, mar.-sam. 17h-4h*

Terroir (plan 1, A1 n°66) Derrière le comptoir en longueur de ce grand bar à vins à l'européenne, nectars du Vieux et du Nouveau Monde et bières de micro-brasseries courent du sol au plafond ! Entrées, fromages et desserts pour les accompagner et Oyster happy hour (huître à 1,25$) du lundi au vendredi (de 16h à 18h), dans un cadre inspiré du terroir français. ***M° Franklin St (1)*** *24 Harrison St (près de Greenwich St) Tél. 212 625 9463 www.wineisterroir.com Ouvert lun.-mar. 16h-23h45, mer.-sam. 16h-1h, dim. 16h-23h*

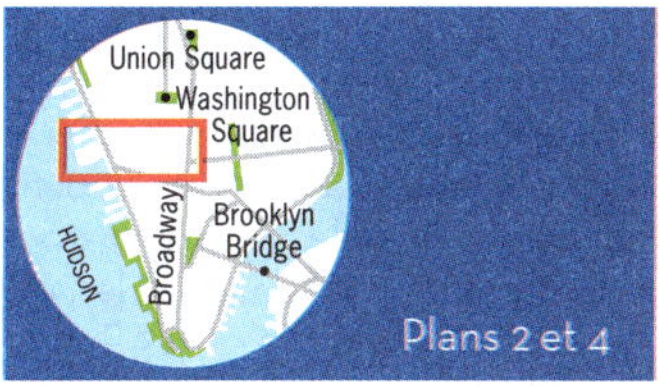

SoHo

De la vie artistique trépidante des années 1960, il ne reste que des dizaines de galeries (et autant de vernissages si vous vous sentez une âme de parasite mondain). Le noctambule moins hirondelle trouvera quelques havres dans les rues les plus discrètes.

Où s'en griller une ?

Soho Cigar Bar (plan 4, A3 n°77) Une vraie expérience de nuit revenue des profondeurs du temps. Pas la musique, ni la déco, non. L'odeur. Ici ça sent la clope. Comme avant. Profitant de sa licence de vendeur de tabac, le taulier réussit l'exploit d'avoir le droit de laisser sa clientèle fumer à l'intérieur (quatre autres lieux à Manhattan utilisent la même martingale). Du coup, les gens viennent ici pour tirer fébrilement sur leurs cigarettes sans trop se soucier de quoi que ce soit d'autre. Pourtant, avec son ameublement Années folles, il n'est pas désagréable ce bar. Mais l'ambiance ne se hisse pas à la hauteur de la densité de fumée. Venez donc vous en griller une ou deux ou choisir parmi la courte sélection de cigares avant de repartir dans un lieu qui bouge plus. Juste assez pour sentir le vieux cendrier. Comme avant. ***M° Spring St-6th Ave. (C, E)*** *32 Watts St (entre Ave. of The Americas & Thomson St) Tél. 212 941 1781 www.sohocigarbar.com Ouvert lun.-mer. 17h-2h, jeu.-sam. 17h-3h, dim. 17h-1h*

Où conjuguer ambiance et coucher de soleil ?

Ear Inn (plan 2, A4 n°72) Tout est prétexte à légende dans ce discret petit troquet encombré comme un garde-meubles. Son nom d'abord où le BAR aurait été transformé en EAR d'un coup de pinceau pour éviter d'avoir à déclarer une nouvelle enseigne. Ensuite, la vieille baraque aurait une hérédité bien chargée : ancienne résidence d'un aide de camps de Washington, ancien bordel, ancien bar de matafs, ancien rendez-vous de trafiquants. Tout ce qui est sûr, maintenant, c'est qu'il y règne une atmosphère unique de bar dans son jus, fier de ses histoires. La clientèle plutôt âgée vient déguster aussi bien des pintes de Guinness (6$), des plats honnêtes (8-18$) que des bœufs par les musicos du quartier (les lundi, mercredi et dimanche). Ce petit bout de rue (dans un bout de SoHo pas folichon) vaut aussi pour sa vue imprenable sur les couchers du soleil sur l'Hudson. ***M° Spring St (A, C, E)*** *326 Spring St (entre Greenwich et Washington Sts) Tél. 212 431 9750 www.earinn.com Ouvert tlj. 11h30-4h*

Où lui faire tourner la tête ?

Jimmy@The James Hotel (plan 4, A3 n°73) Bar d'altitude au sommet d'un hôtel de luxe dominant TriBeCa et SoHo : du comptoir, la vue à 360° est à couper le souffle. L'été, il devrait être possible de déambuler un verre à la main autour de la petite piscine pour se sentir franchement jet-set. L'hiver, ce n'est pas mal non plus puisqu'une cheminée crépitante dans son écrin de céramique réchauffera vos os (sans doute aussi bien que les très beaux cocktails, 15-18$, comme le Grapes of Wrath). Attention, le soir, le passage vers l'ascenseur se fait via une petite porte sur Thomson St pas facile à trouver. ***M° Canal St (1, 2)*** *15 Thompson St (à l'angle de Grand St) Tél. 212 201 9118 www.jimmysoho.com Ouvert dim.-mer. 17h-1h, jeu.-sam. 17h-2h*

Où siroter un cocktail ?

Pegu Club (plan 4, A1 n°75) Rangoon 1902, Manhattan 2017 : finalement peu de différences vu du Pegu Club. La transposition new-yorkaise d'un bar mythique de l'Empire britannique (Kipling a écrit sur le club d'origine, nous dit la carte) est une réussite. La déco coloniale en acajou reste classe, les fauteuils en cuir procurent un confortable moelleux et l'immense bar en bois peut accueillir un régiment de lanciers du Bengale. Seules les robes en satin des serveuses, style claque de Macao, frisent la faute de goût. Du côté de la carte, en revanche, pas de souci, on se trouve ici chez des maîtres ès cocktails tout en flegme et efficacité. Un bémol : la clientèle mi-cadre-en-chemise, mi-touriste-en-short ne fait pas complètement honneur au lieu. Cocktail 15-17$. ***M° Broadway-Lafayette (B, D, F, M)*** *77 W Houston St (entre West Broadway et Wooster St) Tél. 212 473 7348 www.peguclub.com Ouvert dim.-mer. 17h-2h, jeu.-sam. 17h-4h*

Où se réchauffer ?

S.O.B's (plan 2, B4 n°95) Curieux d'opter pour un décor sans âme de hall d'aéroport quand on organise les concerts les plus *caliente* de la ville. Du béton, de l'acier... Heureusement qu'on a les cuivres de l'orchestre et la voix de velours des chanteuses à sous pour nous réchauffer le groove. Le Sound of Brazil (S.O.B's ou "essobiz" pour les intimes) fait dans la world music de qualité depuis 1982, autant dire que toutes les légendes du genre (jazz, salsa, reggae, bossa nova...) sont passées par la petite scène : de Seu Jorge à Tito Puente en passant par le parrain *dub* Buju Banton. Bref du lourd, du chaud, du bon. On peut y dîner (plat 20-30$). ***M° Houston St (1, 2)*** *204 Varick St (à l'angle de W Houston St) Tél. 212 243 4940 www.sobs.com Ouvert lun.-mer. 18h-1h, jeu. 19h30-3h, ven. 17h-4h, sam. 18h30-4h, dim. 12h-16h*

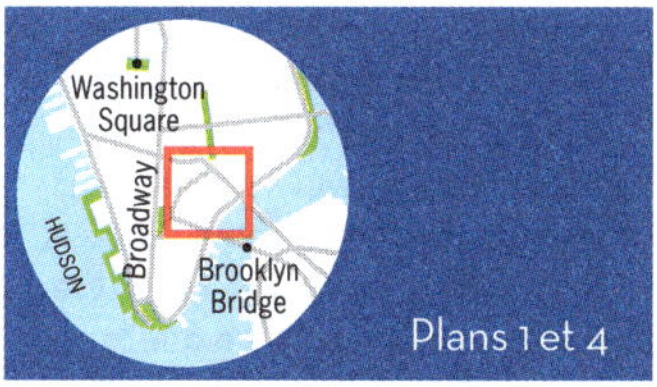

Plans 1 et 4

Chinatown et NoLIta

Malgré ses atouts – des prix plutôt bas, des lieux dépaysants au kitsch assumé et, surtout, un taux de bobos au mètre carré bien supérieur à la moyenne – Chinatown reste sous-exploité côté nuit. Quant à NoLIta, ce petit quadrilatère possède un très bel éventail de restos et de bars chics. Plutôt pour un rendez-vous en amoureux.

Aux petits soins

Apotheke (plan 1, C1 n°61) Doyers Street, une minuscule hernie dans Chinatown désertée après 18h. Poussons la porte anonyme sous la peu avenante enseigne Gold Flower Restaurant. Téléportation ! Nous voilà au milieu d'une foule dense de jeunes gens bien mis qui éclusent des cocktails pendant qu'un groupe de jazz tente de surmonter leurs éclats de voix. Le contraste entre la rue délabrée et le luxe crépusculaire de ce bar noir et brique est une réussite. Le thème : une pharmacie clandestine victorienne. Oui, c'est pointu. Les bouteilles d'alcools se mélangent aux bocaux bruns d'apothicaire où infusent herbes et racines (juste pour la déco, rassurez-vous), les cocktails (15-18$) sont classés selon leurs effets supposés ("aphrodisiaque") et les barmans tirés à quatre épingles les réalisent comme des potions. Attention, même si l'engouement s'est un peu calmé, il y a encore du monde le samedi, venez donc en semaine pour éviter de poireauter devant cet ancien bar à opium ! ***M° Canal St (A, C, E)*** *9 Doyers St Tél. 212 406 0400 www.apothekenyc.com Ouvert lun.-sam. 18h30-2h, dim. 20h-2h*

NoLIta

Où boire un verre de vin ?

Epistrophy (plan 4, C2 n°72) Un mignon gastropub de quartier, ce qui, ici, implique une population bohème

Night and the city

Par **Antoine Besse**, chroniqueur-noctambule

La trépidante *nightlife* new-yorkaise fait bouger une mosaïque de microquartiers et un *block* peut sembler endormi quand le suivant héberge le bar *"to see and be seen"* de la saison. Car attention, ici plus qu'ailleurs, un lieu incontournable peut devenir odieusement ringard – ou naître et disparaître ! – en un mois.

LES QUARTIERS

Il n'y a plus vraiment de quartier interlope à New York : se promener seul(e) à la nuit tombée n'est plus une tentative de suicide déguisée comme dans les années 1980. Mais, bien sûr, Manhattan n'est pas l'"Île aux enfants" et on peut toujours tomber sur des fâcheux.

Lower East Side (LES) En une quinzaine d'années, cet ancien quartier pauvre, cosmopolite et pas toujours très sûr est devenu le rendez-vous de la jeunesse alternative qui a la flemme de pousser jusqu'à Williamsburg. Les tailleurs juifs ont cédé la place à une kyrielle de bars à concert et de restos world food soigneusement décatis où viennent s'arsouiller des étudiants en arts plastiques. Signe du passage de la nuit bobo à la nuit bourgeoise : l'ouverture de bars lounge aux cocktails à 30$, perchés sur un récent rooftop, ou non.

Greenwich Village En matière de nuit, l'âge d'or du "Village" est mort avec les années 1960 et les derniers feux de la *Beat generation*. Certes, les clubs de jazz continuent de faire le plein (de quinquagénaires) et les jeunes étudiants propres sur eux font la tournée d'innombrables bars le long de Bleecker Street, mais le côté avant-garde s'est bien émoussé...

East Village Les premiers artistes s'y sont installés dès les années 1970, fuyant le trop cher TriBeCa. Puis, le mythique CBGB en a fait le centre névralgique du punk. Désormais, ce quartier séparé du LES par Houston Street présente un entre-deux intéressant : moins jeune et déglingué que le LES mais aussi moins classique et touristique que Greenwich Village. Au final, belle diversité de concepts et d'ambiances, du bar à saké déjanté à la salle de concert énorme, pour ce coin qui garde un second degré assez plaisant.

Meatpacking District Épicentre de la nuit dorée sur tranche, les anciens abattoirs de la ville ont été rongés jusqu'à l'os par le clinquant des *yuppies* et les bars du coin se calquent sur le même modèle : un videur, une déco dorée et taupe, de la house au kilomètre, une addition au top... Soit vous vous sentez dans ce monde comme un requin dans la vodka cranberry, soit il va falloir bien choisir, même s'il faut dire que la High Line draine dans son sillage de plus en plus d'établissements sympas et moins clinquants. Gardez un œil sur les programmations : une bonne surprise n'est jamais à exclure.

Williamsburg "Billyburg" s'est transformé : les entrepôts de ce Brooklyn industriel sont devenus des lofts, des agences web, des galeries d'art et, surtout, des studios de répet' : le chaudron de l'indie rock bouillonne et le feu ne semble pas près de s'éteindre ! Il faut absolument assister à un concert dans une de ses salles pour sentir le débordement du quartier – et c'est encore meilleur avec un groupe parfaitement inconnu. Attention toutefois ! Se balader ici le nez au vent n'est pas la meilleure solution ; le quartier se montre bien vaste et déambuler le long d'immenses murs d'entrepôts peut vite faire descendre les noctambules les plus motivés.

LES HORAIRES

New York est la ville de l'horaire unique : boîte de nuit saturée de décibels ou resto de tapas, un établissement a le droit de fermer à 4h... mais pas après ! L'image de la ville qui ne dort jamais en prend un coup ! Les bars se remplissent beaucoup entre 17h et 19h pour fêter la sortie du travail et entre 23 et 3h par ceux qui sortent vraiment. Quand il s'agit d'aller danser, la soirée ne démarre pas avant minuit ; si vous arrivez avant, la piste est vide (mais le videur plus facile à amadouer)... Vous trouverez à n'importe quelle heure de quoi vous sustenter sur le pouce, les *deli* occupent chaque coin de *block* et proposent pointe de pizza ou sandwich chaud, aspirine ou préservatifs. Vous pouvez même vous offrir en pleine nuit un tatouage, une coupe de cheveux, une machine de blanc, un ordinateur ! **Whatever Tattoo** *329 Sixth Ave, entre 3rd et 4th Sts* **Hair Party** *76 Madison Ave., angle de la 28th St* **Baby Girl's Bubbles & Cleaners** *2212 8th Ave., entre 119th et 120th Sts* **Apple Store** (p.318)

LES TRANSPORTS

Le métro marche toute la nuit même si après 23h quelques stations sont fermées. Les stations "express" sont toujours ouvertes. Le taxi reste le moyen privilégié de se déplacer *by night*. À Manhattan, la marée des célèbres voitures jaunes ne s'arrête jamais, mais le week-end à proximité des hauts lieux de sortie ou pour revenir d'un coin reculé de Brooklyn, trouver un taxi libre peut prendre un temps... parisien. Comptez environ 30$ pour traverser Manhattan.

LE BUDGET

Comme partout, sortir revient assez cher. Pour limiter les dépenses, préférez la semaine : l'entrée des boîtes est alors autour de 10$ contre 25$ le week-end. Comptez autour de 15$ pour un cocktail auquel il faut rajouter le *tip* (entre 10 et 15 %). Les bars organisent très souvent des happy hours en début de soirée.

LES PROGRAMMES

L'hebdo *Time Out*, aussi disponible en ligne (www.timeout.com/newyork), reste la bible du clubber. Le site du magazine *New York* (nymag.com/nightlife) est une mine d'infos sur les ouvertures, les fermetures... Enfin le site My Openbar (nyc.myopenbar.com) donne les bonnes adresses pour aller s'hydrater à vil prix.

aussi solvable que lookée. La déco disparate mais soigneusement chinée, les briques apparentes et la bande-son jazz en font un bon endroit pour un brunch chic avant un commando shopping sur Broadway. En décembre, le patron, fou de musique (son bar porte le nom d'un classique de Thelonious Monk), organise un minifestival avec ses amis musiciens. Concert le dimanche à 19h. Verre de vin 10-12$. ***M° Bowery (J, M)*** *200 Mott St (entre Kenmare St et Spring St) Tél. 212 966 0904 www.epistrophycafe.com Ouvert tlj. 9h-0h*

Hip, hip, hip...

Botanica (plan 4, B1 n°71) L'alternative au trop usé "branché", c'est *hip* ! Nous voici donc dans un concentré (qui a dit caricature ?) de bar *hip* dans un quartier *hip* pour *hipsters* trentenaires. Le côté punk est assuré par les chaises dépareillées, les banquettes défoncées et les murs lépreux. Reconnaissons tout de même une vraie vista aux tauliers : il fallait oser ouvrir un bar ici en 1995. La table à côté de la vitrine est le spot idéal pour guetter derrière un cocktail (8$) les prochaines tendances de la rue. ***M° Bleecker St (6)*** *47 E Houston St (entre Mulberry St et Mott St) Tél. 212 343 7251 Ouvert lun.-ven. 17h-4h, sam.-dim. 18h-4h Pas de carte bancaire*

Un verre, après le concert ?

Bowery Ballroom (plan 4, C2 n°84) Excellente salle de concert, ni trop grande, ni trop petite, avec une acoustique aux petits oignons et une belle diversité dans le filon rock indé (Wire, The Go ! team...) côté programmation. Si vous vous retrouvez embringué dans un concert qui vous casse la tête, le bar du sous-sol se montre très accueillant (et pas cher). Si le concert était super, il y a de fortes chances que le groupe y descende... De 15$ à 50$ l'entrée, à partir de 8$ la conso. ***M° Spring St (6)*** *6 Delancey St (à l'angle de Bowery) boweryballroom.com Ouvert tlj. à partir de 19h*

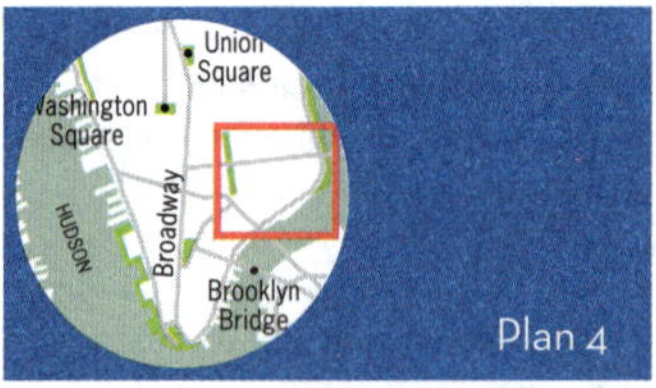

Lower East Side

Une profusion de bars et de boîtes assez incroyable : on voit de tout ici, du rade punk au spécialiste de la bière pour yuppies.

Où déguster un mojito ?

Barrio Chino (plan 4, D3 n°70) En s'éloignant un peu du centre névralgique du quartier (le carrefour entre Ludlow et Rivington, disons), on trouve ce discret et très sombre resto osant une improbable fusion entre décoration asiatique, carte tex-mex et nom barcelonais... Du coup, c'est l'un des rares lieux qui propose des mojitos à New York (bizarrement ce cocktail ne trouve pas grâce aux yeux des barmans...) et une belle carte de tequilas. Clientèle très branchée et gay. Cocktail 12$. ***M° Delancey (F)*** *253 Broome St (croisement Orchard St) Tél. 212 228 6710 www.barriochinonyc.com Ouvert lun.-jeu. 11h30-1h, ven. 11h30-2h ; sam. 10h-2h, dim. 10h-1h*

Où s'offrir une mousse ?

Spitzer's Corner (plan 4, D2 n°78) Entre la bière et un DJ, vous avez fait votre choix ? Vous préférez la mousse à la house ? Dans ce cas, le Lower East

Side a aussi un lieu pour vous. Spitzer's Corner vous offre une quarantaine de bières à la pression (beaucoup de productions locales) dans un environnement assez rustique : des grandes tables en bois brut, des tabourets en alu, des murs façon chalet. Le week-end, il y a une ambiance (et une affluence) digne de l'Oktoberfest munichoise, il faut alors se frayer un chemin parmi les grappes d'étudiants pour accéder au bar. Bon plan brunch le week-end. Bière pression 6-8$. ***M° Delancey St (F)*** *101 Rivington St (à l'angle de Ludlow St) Tél. 212 228 0027 www.spitzerscorner.com Ouvert lun.-mer. 12h-1h, jeu. 12h-2h, ven. 12h-4h, sam. 10h-4h, 10h-1h*

Welcome to the Jonhsons (plan 4, D2 n°79) Il y a plusieurs bonnes raisons de pousser la porte de ces Jonhsons-là. Par exemple, revoir un canapé couvert de plastique et un mur de faux lambris comme chez grand-mère, rejouer à Ms Pac Man, profiter du plus long happy hour du LES (15h-21h !) ou redécouvrir les Ramones (depuis un juke-box au bout du rouleau...). Il y a aussi plusieurs bonnes raisons de ne pas reprendre une Pabst Blue Ribbon à 2$ et finir cette discussion sur le renouveau du punk avec ce jeune gommeux tatoué jusqu'aux sourcils, mais impossible de s'en souvenir... Bière 2$. ***M° Delancey St (F)*** *123 Rivington St (entre Essex St et Norfolk St) Tél. 212 420 9911 Ouvert lun.-ven. 16h30-4h, sam.-dim. 13h-4h*

Où commencer la soirée ?

Max Fish (plan 4, D1 n°74) Quand Max Fish a ouvert au tournant du millénaire, le Lower East Side était encore mal famé et le bar faisait une tache de couleur dans cette rue pas reluisante. Aujourd'hui, les *hispsters* ont pris d'assaut le quartier, les magasins de t-shirts *overpricy* ont remplacé les entrepôts de confection, mais Max n'a pas changé. Une déco de bric et de broc, un grand bar éclairé (c'est rare !) par des lustres années 1950, des murs peints par un daltonien, un flipper et un billard. Tout est réuni pour en faire un super QG où se retrouver avant de sortir plus avant dans la nuit. Un problème toutefois : la population. Entre la faune branchouille qui se regarde les tatouages et la jeunesse dorée qui envie cette incroyable rébellion en vidant des PBR (Pabst Blue Ribbon,

BARS, CLUBS ET LIEUX DE SORTIE

Glossaire bars et bières

Beergarden Parfait contre-pied aux speakeasies, ces "jardins de bières", immenses, bruyants, sans déco particulière, ne servent pas de cocktails !

Dive Ces rades où l'on ne fait pas semblant d'avoir un concept ou un décorateur pour vendre ce pour quoi les gens viennent (boire) ont un côté franc du collier qui n'est pas pour nous déplaire.

PBR Pabst Blue Ribbon. Bière bas de gamme remise à la mode par les hipsters (car jugée ringarde, et pas bonne, par les bars *mainstream*) !

Speakeasy Bar clandestin durant la prohibition (1919-1933). Le revival est fidèle au modèle : entrée discrète, déco "années 1920", lumière chiche, prix... prohibitifs.

Tiki bar Bar d'inspiration polynésienne. Fondamentalement kitsch puisqu'il s'agit de vous téléporter au bord d'un lagon.

la bière à la mode), Max Fish s'est salement standardisé. Heureusement, en cherchant bien vers le billard, on voit encore quelques cacochymes quadras qui portent haut les couleurs blafardes d'une nuit new-yorkaise borderline. ***M° Delancey (F)*** *178 Ludlow St (entre Stanton St & Houston St) Tél. 212 529 3959 www.maxfish.com Ouvert tlj. 17h30-4h*

Où siroter un cocktail japonais ?

Bar Goto (plan 4, C1 n°76) Kenta Goto a fait ses classes au chicissime Pegu Club de SoHo avant d'ouvrir ce bar à cocktails japonais dans LES. Les mix sont élégants et bien vus, du simple Shinshu Highball (whisky japonais et soda, 13$) au plus étonnant Plum Sazerac (bourbon, slivivitz et absinthe). En accompagnement, il a concocté un menu malin de petits en-cas nippons déclinant toutes sortes d'*okonomiyaki* (petites crêpes fourrées à volonté de poitrine de porc, crevette, calmar, fromage, nouilles, etc. 13$). ***M° 2nd Ave. (F)*** *245 Eldridge St (entre E. Houston St et Stanton St) Tél. 212 475 4411 www.bargoto.com Ouvert tlj. 17h-0h (ven.-sam. 2h)*

Où prendre un verre sous les étoiles ?

The Delancey (plan 4, D2 n°87) Sur les trois espaces que propose ce petit immeuble situé juste à côté du pont de Williamsburg, seul le principal, aux briques apparentes, n'en casse pas (des briques). Souvent blindée de jeunes trop sûrs de leurs looks, plutôt vulgaire avec gros son vraiment trop commercial (beaucoup de R'nB), cette salle s'avère assez vite suffocante. En revanche, la minisalle de concert du sous-sol propose, elle, une programmation rock voire punk assez radicale et nettement plus rigolote. Et si vous vous sentez dans une ambiance plus lounge, direction le toit. Cela vaut le coup d'attendre (il y a moins de monde en début de semaine) : vous débarquez alors dans une sorte de minijungle tropicale avec des plantes géantes et un barbecue à ciel ouvert ! Le Delancey vaut donc le coup aux deux tiers. Pas si mal. Bière 6$, entrée concert 5-12$. ***M° Delancey (F)*** *168 Delancey St (entre Clinton St et Attorney St) Tél. 212 254 9920 www.thedelancey.com Ouvert tlj. 17h-4h*

Où assister à un concert de poche ?

Rockwood Music Hall (plan 4, C1 n°86) Ne vous laissez pas avoir par ce nom qui évoque une vaste salle cossue du siècle dernier, c'est tout l'inverse. Ce bar-concert tient dans un espace exigu tout en longueur. Dans la salle de concert attenante au bar, les musiciens jouent quasiment sur vos genoux et l'ingénieur du son est coincé au-dessus de la porte ! Ce qu'on perd en mètres cubes, on le gagne en chaleur et en atmosphère ! Et puis de l'autre côté du mur, une salle plus grande (et payante, elle) permet d'accueillir un groupe constitué de plus de quatre personnes. La programmation part tous azimuts : folk, jazz, chanson, rock avec une préférence pour les groupes un peu intellos du coin. Bière 7$. ***M° Lower East Side/2nd Ave. (F)*** *196 Allen St (entre Stanton St et Houston St) Tél. 212 477 4155 www.rockwoodmusichall.com Ouvert lun.-ven. 18h-3h, sam.-dim. 15h-4h*

Où profiter d'un live rock ?

☺ **Arlene's Grocery (plan 4, D2 n°81)** Imperméable aux revirements permanents de mode du LES (la coupe mulet passera-t-elle l'hiver ?), l'épicerie d'Arlene continue d'approvisionner sa clientèle consentante en guitares torturées, batteries malmenées et hurlements gutturaux depuis 1997. Ici, le rock brut de décoffrage règne en maître. Pas de déco chichiteuse (pas de déco du tout en fait) susceptible de détourner les masses de fidèles de l'apostolat sonique des tauliers. Pas moins de six concerts par soir à la cave (entre 8 et 10$, lundi gratuit) de groupes qui compensent leur anonymat par de l'énergie à revendre. Vous sentez le rocker qui sommeille en vous ? Laissez-le s'ébrouer les lundis durant les karaokés métal accompagnés d'un vrai groupe ! Si vous êtes ridicule, comptez sur le barman, ancienne gloire punk, pour vous vanner gentiment. Ici, le client est roi mais faut pas pousser. Bière 4$. ***M° Delancey (F)*** *95 Stanton St (entre Orchard St et Ludlow St) Tél. 212 358 1633 www.arlenesgrocery.net Ouvert lun.-ven. 16h-4h, sam.-dim. 14h-4h*

Plans 3 et 4

East Village

Même si les loyers ont repoussé les artistes plus loin, la tradition *arty* s'y montre encore vivace. Du coup, on y croise une belle multitude de bars et de clubs haut en couleur. De celles qui rendent les nuits blanches.

Où remonter le temps ?

McSorley's Old Ale House (plan 3, A3 n°42) Ce gros pub détient un double record : d'abord celui du bar en activité depuis le plus longtemps (1854), ensuite, celui de n'avoir jamais été nettoyé – manifestement –, durant tout ce temps. Du coup, il tient davantage de l'arrière-boutique d'un antiquaire que du débit de boisson. On y trouve pêle-mêle des daguerréotypes, des coupures de journaux, des portraits de présidents, des casques de pompiers, des insignes de policiers, un bar noirci par les manches des clients, un frigo gros comme un break, un poêle à bois et de la sciure par terre. Peu regardante sur l'hygiène, la clientèle est logiquement estudiantine et pas bégueule. Tout cela mis bout à bout, l'ambiance se montre sympathiquement *roots* et coupée de toute contingence de mode, une chose assez rare à Manhattan. Il faut absolument prendre la bière maison dont la recette, en 150 ans, a été bien éprouvée ! Bière 3$. ***M° Astor Place (4, 6)*** *15 E 7th St Tél. 212 473 91 48 mcsorleysoldalehouse.nyc Ouvert lun.-sam. 11h-1h, dim. 13h-1h Pas de carte bancaire*

Où se croire dans le prochain film de David Lynch ?

☺ **Decibel (plan 3, A3 n°40)** Le bar le plus original de la Grosse Pomme. Carrément. Prenant le contre-pied de l'idée qu'un bar à saké doit être zen et épuré, le Decibel est une cave basse de plafond, sombre et bordélique, couverte de graffitis et de dazibaos, ponctuée par les impros électro-jazz d'un CD nippon. Un aller simple pour un bar underground tokyoïte au prix d'un verre, c'est imbattable. La carte propose plus d'une centaine de sakés, mais la serveuse ne fait pas beaucoup d'efforts pour guider le *gaijin* dans son choix. Pas grave, commandez au hasard et laissez vous porter par cette ambiance hallucinante. Saké 11-15$. *M° Astor Place (4, 5, 6) 240 E 9th St (entre Stuyvesant St et 2nd Ave.) Tél. 212 979 2733 www.sakebardecibel.com Ouvert lun.-sam. 18h-2h50, dim. 18h-0h50*

Où déguster une vraie margarita ?

Mayahuel (plan 3, A3 n°41) Exploit ! Voilà un bar mexicain qui réussit à éviter les clichés faux ranch, tête de bétail et mariachi. Accueilli par une musique hispanisante contemporaine, installez-vous donc au minibar carrelé pour vous faire expliquer par le barman tatoué la carte des cocktails, un peu obscure pour qui n'a pas écumé les rades de Guadalajara. On se rend compte à la lecture de la description de la vingtaine de mezcals et du triple de tequilas que le Mexique reste une terre de cocktails largement sous-exploitée. Une fois passé par Mayahuel, vous ne regarderez plus les margaritas comme avant. Cocktail 15$. ***M° Astor Place (4, 5, 6)** 304 E 6th St (entre 2nd Ave. et 1st Ave.) Tél. 212 253 5888 www.mayahuelny.com Ouvert tlj. 18h-2h*

Où siroter un cocktail ou un whisky ?

PDT - Please don't tell (plan 3, A3 n°43) Repérez d'abord la grosse saucisse, l'enseigne du Crif Dog, un boui-boui de hot-dogs. Entrez, ne vous étonnez pas de la faune bien habillée qui poireaute là sans rien manger et allez dans la cabine téléphonique. Décrochez le combiné, et hop, miracle, le fond s'ouvre sur une hôtesse ! Si vous n'avez pas réservé (attention, c'est entre 15h et 16h le jour même), préparez-vous à attendre, parmi les autres refoulés, qu'une place se libère. Le bar, voisin du resto donc, présente tous les attributs du faux *speakeasy* en vogue : espace réduit, décor pseudo années 1920, éclairage crépusculaire, canapé en cuir. Les cocktails sont évidemment très bons et la clientèle plutôt chic. Vu que l'ambiance reste cosy et calme à 18h comme à 4h, autant venir tôt pour augmenter les chances de rentrer dans ce curieux bar. Cocktail 15$. ***M° 1st Ave. (L)** 113 St. Marks Pl. (entre Ave. A et 1st Ave.) Tél. 212 614 0386 www.pdtnyc.com Ouvert dim.-jeu. 18h-2h, ven.-sam. 18h-3h*

Destroy

La fermeture du mythique CBGB, en 2006, augurait déjà de la mort inéluctable, face au rythme de sa gentrification, de l'ancien quartier punk du Bowery. Pendant quelques années, une petite visite au Mars Bar (*25 East 1st St, à l'angle de 2nd Ave*) pouvait toutefois faire illusion : les bars punk new-yorkais avaient encore leur vaisseau amiral avec ce rade de la taille d'une caravane et à la déco d'une cellule d'aliéné - des graffitis du sol au plafond, dehors comme dedans, un ménage décennal et des cartons de bières pour tenir le tout. De tous âges, de tous les états d'ébriété, on venait y biberonner autant une ambiance unique de liberté hors mode que des shots de whisky grands comme un bac de douche. Mais le Mars Bar n'est plus : *no future* ont déclaré les services d'hygiène qui ont ordonné la fermeture de l'établissement terrassé, depuis juillet 2011, par un immeuble de 12 étages.

Angel's Share (plan 3, A3 n°50) Dans le concours des bars cachés, celui-ci mérite une place sur le podium. Pour le trouver, il faut monter un étroit escalier menant dans la salle d'un restaurant japonais, puis pousser la porte anonyme d'une fausse pagode posée au milieu des serveuses tatouées et des clients occupés à engloutir leurs brochettes. Et là, on débarque dans un faux clandé tokyoïte des années 1940 avec lumière ambrée, bar acajou, lourdes tentures et serveurs à cravate de rigueur. Le contraste fonctionne bien et on se sent vraiment dans un lieu caché pour siroter un whisky loin de l'agitation de la rue. Pourtant, depuis 1994, le secret du bar a évidemment percolé dans de nombreuses couches de la population : on croise aussi bien des hommes d'affaires venus décompresser, des touristes au parfum que des jeunes Japonais du quartier. Mais ce sympathique mélange n'ôte rien à l'ambiance particulière de cette part des anges. Whisky env. 15$; cocktail 14-16$. ***M° Astor Place (4, 6)*** *8 Stuyvesant St (entre St. Marc Pl. et E 9th St) Tél. 212 777 5415 www.angelssharenyc.com Ouvert dim.-mer. 18h-1h30, jeu.-sam. 18h-2h30*

Miniscène pour pointures

Joe's Pub at The Public (plan 3, A3 n°52) Tout en modestie et en élégance, il donne l'impression d'avoir toujours été là, celui-là. Pourtant, c'est seulement depuis 1998 que le Joe's Pub propose ses concerts tous azimuts sur sa miniscène : Bebel Gilberto, Keren Ann, David Byrne... La liste impressionne tant par sa diversité que sa qualité. Pour profiter d'un précieux moment acoustique de haute volée dans une ambiance cosy, surveillez la programmation comme le lait sur le feu. Prévoir 12$ de conso minimum. ***M° Astor Pl. (4, 6)*** *425 Lafayette St (entre E 4th St et Astor Pl.) Tél. 212 539 8778 joespub.com Ouvert dim.-mer. 18h-23h30, jeu.-sam. 18h-2h*

Alphabet City

Où boire une bière ?

Zum Schneider (plan 3, B3 n°45) Un bar à bière très fréquenté par la jeunesse dorée, qui vient s'encanailler sur les bancs en bois dans une ambiance munichoise miniature. Ça doit lui rappeler l'ambiance des bureaux des élèves des universités d'élite. Si vous n'avez jamais vu un apprenti broker

Du jazz au slam

Plusieurs clubs continuent d'insuffler l'esprit rebelle aux conventions. Le **Nublu** offre une programmation musicale originale entre jazz contemporain et *forró* brésilien. Ouvert par le saxophoniste John Zorn, mais avec une fermeture programmée pour février 2018, **The Stone** propose, dans une salle minuscule, des expériences fascinantes – jazz expérimental, musique japonaise, etc. Depuis 1973, le légendaire **Nuyorican Poets Café** est un haut lieu de la poésie new-yorkaise. Les sessions slam du vendredi (22h, arriver tôt !) sont d'une qualité exceptionnelle et la salle, étroite, pleine à craquer ! **Nublu** *62 Ave. C www.nublu.net* **The Stone** *Angle Ave. C et 2nd St www.thestonenyc.com* **Nuyorican Poets Cafe** *236 E 3rd St www.nuyorican.org*

chanter à tue-tête en se balançant avec son voisin de tablée. Bière 6-9$. *M° Astor Place (6) 107 Ave. C (à l'angle de 7th St) Tél. 212 598 1098 www.zumschneider.com Ouvert lun.-jeu. 17h-2h, ven. 16h-4h, sam. 12h-4h, dim. 13h-0h*

Où onduler sur de la world exigeante ?

Nublu (plan 3, B3 n°53) Depuis 2002, ce discret bar musical défend les couleurs métissées d'une world music festive mais exigeante. Car c'est bien pour la sono mondiale de haute volée (et pas pour la déco par exemple) dispensée par des DJ experts ou – mieux – par des musiciens live (à partir de 21h), qu'une faune mélangée et franchement cool vient ici en masse tous les soirs de la semaine. Autant dire que ça guinche dur (avec mention spéciale aux nuits brésiliennes du mercredi) ! Aux beaux jours, le bout de jardin ouvre (une vraie jungle !) et ce bout d'East Village se retrouve, sans qu'on y prenne garde, téléporté de l'autre côté des tropiques. Entrée 10$. *M° Lower East Side (F) 62 Ave. C (entre 4th et 5th Sts) Tél. 646 546 5206 www.nublu.net Ouvert tlj. 20h-4h*

Où revivre les *eighties* ?

Pyramid Club (plan 3, A3 n°55) Pas de débauche pseudo-égyptienne ici ! En termes de déco, cette petite boîte un peu fanée a opté pour… à peu près rien. Des murs noirs, une pyramide en scotch blanc sur un mur, une boule à facettes, des lasers et c'est tout. Côté musical, on ne nage pas dans le consensuel non plus. Pour la piste principale, rien de produit après 1989 ne passe sur les platines (de Duran Duran à Joy Division en passant par des inconnus locaux). En bas, c'est *electro body music*, une forme de techno qui tabasse – à la mode il y a 25 ans. Ce mélange détonnant attire une faune joyeuse, assez hétéroclite (homo le vendredi) et plutôt pas bégueule – danser sur Rick Astley, ça apprend la modestie ! Entrée 5-10$. *M° Lower East Side (F, V) 101 Ave. A (entre 6th et 7th Sts) Tél. 212 228 4888 www.thepyramidclub.com Ouvert dim.-mer. 20h-1h, jeu.-sam. 20h-4h*

Où trouver un Tiki bar ?

☺ **Otto's Shrunken Head (plan 3, A2 n°54)** Un des Tiki bars de New York. Tiki bar ? Grosso modo, un lieu inspiré du Tahiti des années 1940. Ici, on est clairement dans la version tiki kitsch. Les vahinés en plastique et les totems – les fameux *tiki* – en plâtre, dans la vitrine, donnent le ton de ce pionnier du genre (ouvert en 2002 !), où le bon esprit le dispute aux choucroutes capillaires des jeunes habituées, aux tissus à fleurs et aux banquettes en moleskine XXL. Certes, il faut un peu sortir des sentiers battus pour le trouver, mais l'exotisme est à ce prix. Mention spéciale pour les soirées Thee Midnite Monster Hop !, le dernier samedi du mois, où le DJ à rouflaquettes enchaîne les vieux 45 t croustillants de rock garage jusqu'à l'aube. Au fait, la tête réduite d'Otto se trouve juste sous la télé. Cocktail 14$. *M° 1st Ave. (L) 538 E 14th St Tél. 212 228 2240 www.ottosshrunkenhead.com Ouvert tlj. 14h-4h Pas de carte bancaire*

Où faire la fête ?

Webster Hall (plan 3, A3 n°56) Tous les grands lieux de clubbing n'ont pas été transformés en multiplex du t-shirt. Depuis 1910, il y a de la musique sous les dorures rococo, et le Webster Hall a été classé monument historique en 2008. Pas sûr que les hordes de *teenagers*, qui envahissent les (trois) pistes de danse le week-end, aient le sentiment d'être dans un endroit de légende. Coincé dans l'immense salle de bal assaillie par les basses des DJ électro triés sur le volet (Bloody Beetroots, CSS, Mr Oizo...), il est vrai qu'on a tendance à oublier le côté patrimoine pour profiter du côté grosse fête. Attention, la programmation fait feu de tout bois, et pour éviter de vous retrouver à la "Nuit 80" du dimanche si vous êtes fan d'électro, regardez bien le programme en ligne. Entrée 20-25$. ***M° 3rd Ave. (L)*** *125 E 11th St (entre 3rd et 4th Ave.) Tél. 212 353 1600 www.websterhall.com Ouvert lun.-sam. 22h-4h*

Greenwich Village

Le Village stricto sensu vaut surtout pour ses boîtes de jazz et une ambiance assez hors mode. Rien à voir avec le Meatpacking District où s'alignent bars de nuit chics et voitures de luxe.

Où descendre une trappiste ?

Vol de Nuit (plan 2, B3 n°86) Deux raisons de venir ici : premièrement, une cour intérieure pavée, seule solution un peu humaine que peut proposer un lieu pour fumer depuis la prohibition, ensuite, de la vraie Chimay à la pression. Difficile de dire des deux celle qui attire le plus de monde dans ce bar soigneusement décati où s'entassent, dans la pénombre complice, canapé défoncé, chaises d'écoles et amateurs de bière belge. Si vous cherchez dans le quartier un bar où l'on peut s'entendre sans se vautrer dans le lounge, vous avez là un beau spécimen gentiment punk et drôlement agréable. ***M° West 4th St-Washington Sq (A, C, D, E, F)*** *148 W 4th St (entre 6th Ave. et Washington Sq. W) Tél. 212 979 2616 www.voldenuitbar.com Ouvert dim.-mer. 16h-0h, jeu. 16h-1h, ven.-sam. 16h-3h*

Où se délecter de jazz ?

Blue Note (plan 4, A1 n°83) Ouverte en 1981 au cœur du Village, cette boîte de jazz est curieusement plus célèbre que d'autres bien plus anciennes. Cela tient sans doute à la liste des pointures venues faire le bœuf au fil des ans (BB King, Charlie Watts, Dizzy Gillespie...). La configuration et la modestie du lieu permettent en outre d'être au plus près des virtuoses. Tout cela se paye : comptez 25$ au bar et 40$ à une table en plus des consos... ***M° W 4th St/Washington Sq. (A, B, C, D, E, F, M)*** *131 W 3rd St Tél. 212 475 8592 www.bluenote.net* ***Concerts*** *Dim.-jeu. 20h, 22h30 ; ven.-sam. 20h, 22h30, 0h30*

Où profiter d'un live de haut vol ?

(Le) Poisson Rouge (plan 4, A1 n°80) Le poisson en question, qui fait le pied de grue dans son aquarium bancal au milieu du hall, n'y entend sans doute que les homp homp étouffés des basses venant de la grande salle. Mais s'il sortait la tête de l'eau, il se rendrait compte que la programmation est beaucoup plus variée ! Si le vendredi héberge au sous-sol les soirées Crooked Disco à la coloration house et breakbeat, les concerts, eux, s'orientent nettement plus vers l'expérimental et/ou indie pop : John Zorn, Laurie Anderson, Hot Chip. Au final, un lieu pas très chaleureux dans sa déco grise et carrée mais qui tient son rang de temple live de haute tenue. Bière 7$, en-cas 7-14$. ***M° W 4th St (A, C, E)*** *158 Bleecker St (entre Thompson St et Sullivan St) Tél. 212 505 3474 lepoissonrouge.com Ouvert tlj. 17h-2h*

Pour un bon blues rock

Bitter End (plan 4, A1 n°82) Depuis 1961 et l'âge d'or de l'épicentre de la contre-culture, toutes les légendes sont venues gratter leur guitare devant le mur de briques de ce bar-concert mythique. Dylan, Diddley, Neil Young..., tous on vous dit. Si les groupes ont perdu en superbe (Ooge Wawa vous connaissez ?) et les habitués pas mal de leurs cheveux, le lieu reste un temple blues-rock avec une âme grosse comme ça. Sur les coups de 3h y plane une aura *old school* un peu déglinguée qu'il est rassurant de croiser encore de nos jours. Prévoir 10-15$ l'entrée et 2 consos au moins (à partir de 8$). ***M° Spring St (A, C, E)*** *147 Bleecker St (entre LaGuardia Pl. et Thompson St) Tél. 212 673 7030 www.bitterend.com Ouvert dim.-jeu. 19h-1h, ven.-sam. 19h-4h*

West Village

Où squatter les banquettes de la Beat Generation ?

White Horse Tavern (plan 2, A3 n°87) Ce joli pub tout en recoins et bois sombre est une institution. Après le poète Dylan Thomas, qui n'a pas survécu à une dernière cuite prise ici (18 whiskeys cul sec !), le White Horse fut, dans les années 1950, le paradis éthylique de toute la frange beatnik : Kerouac et Ginsberg y ont fait les quatre cents coups, Hunter S. Thomson était un habitué. Certes, tout s'est bien assagi depuis, l'avant-garde a cédé la place à la garde-robe, les temples de la mode ont remplacé les librairies contestatrices. Désormais, ce ne sont plus des artistes maudits qui viennent user leur fond de culottes sur les banquettes en bois, mais un mélange de familles du coin et de touristes attirés par le mythe. Cela crée toutefois une bonne alchimie et le lieu garde une aura certaine. Bière 7$, sandwichs et burgers 8-12$. Pas de carte bancaire. ***M° Christopher St/Sheridan Sq. (1)*** *567 Hudson St (à l'angle de W 11th St) Tél. 212 989 3956 www.whitehorsetavern1880.com Ouvert dim.-jeu. 11h-2h, ven.-sam. 11h-4h*

Où faire une dégustation de bières ?

Blind Tiger Ale House (plan 2, B3 n°71) Cette partie de Bleecker Street concentre toute la transformation touristique du Village... – il a bien changé l'ancien épicentre de la contre-culture ! Heureusement, le Blind Tiger apporte un peu de répit "malté" dans cet enchaînement de vitrines de gadgets et de restaurants thaïs. Une ambiance boisée, une cheminée pour se réchauffer les os et surtout plus de trente bières à la pression, voilà ce qui vous attend. La carte va de la production locale inoffensive à la terrible Ephraim à 10°. La clientèle s'avère étonnamment locale, elle aussi, et familiale au milieu des vagues de touristes environnantes. Bière autour de 7$. ***M° Christopher St-Sheridan Sq. (1, 2, 3)*** *281 Bleecker St Tél. 212 462 4682 www.blindtigeralehouse.com Ouvert tlj. 11h30-4h*

Rusty Knot (plan 2, A3 n°80) Inutile de se voiler la face, depuis 1950 il n'y a plus vraiment d'activités portuaires à Manhattan, et donc plus de vrai bar de marins. Qu'à cela ne tienne, allons boire un verre dans un faux bar de marins ! Ce "nœud rouillé" joue à fond la carte kitsch de la taverne de riviera : du mobilier en rotin, des maquettes de bateaux, un aquarium, des verres "fantaisies" pour les cocktails et un juke-box. À défaut de retraités en blazer marine, ce sont des trentenaires en sweat-capuche qui viennent ici prendre l'apéro. La *finger food* est bonne et la bière pas chère. Mais il faut un certain courage pour venir s'échouer ici sur le bord de la voie express complètement à l'ouest du Village. Bière 6-8$. ***M° Christopher St-Sheridan Sq (1, 2, 3)*** *425 West St (croisement 11th St) Tél. 212 645 5668 cargocollective.com/therustyknot Ouvert lun.-jeu. 16h-2h, ven. 16h-4h, sam. 14h-4h, dim. 14h-2h L'horaire de fermeture peut varier*

Où prendre un *aperitivo* ?

Gottino (plan 2, B3 n°74) Dans le fourmillement des bars tonitruants du Village, cette trattoria cosy s'impose comme une halte classe et bienfaitrice. Pas de bouteille de Chianti pour faire chandelier ou de nappe à carreaux ici, mais un magnifique bar en marbre, des briques apparentes et une bande-son jazzy. La carte des vins est solidement charpentée, avec notamment un Lambrosco excellentissime (12$). Accompagné de bons petits *aperitivo* (beignets de courgette par exemple), c'est le plan parfait avant d'aller écouter du jazz en amoureux au Vanguard voisin. Bonus appréciable au printemps, il y a une petite cour au frais. ***M° Christopher St (1)*** *52 Greenwich Ave. (près de Perry St) Tél. 212 633 2590 www.gottino.nyc Ouvert tlj. 11h-2h*

Où siroter une margarita ?

Cowgirl (plan 2, A3 n°91) Les Village People ne me contrediront pas : le cow-boy (moustachu) est une valeur sûre de l'iconographie gay. Désormais, il faudra aussi compter sur son pendant pour filles – en tout cas, ce bar gentiment lesbien se bat pour ça. Aidé par une belle déco assumant le kitsch texan jusqu'au bout (vitrine de flèches, sofa en python, lampes en cornes, posters de vieux westerns) et une bande-son sixties décalée, cet espace biscornu a des atouts à faire valoir. Si vous avez faim après un ou deux pots de *frozen margarita* (la spécialité de la maison), n'hésitez pas : les assiettes sont grandes comme l'Arizona et leur contenu très goûteux. Margarita 10-12$. ***M° Christopher St-Sheridan Sq. (1, 2, 3)*** *519 Hudson St (croisement W 10th St) Tél. 212 633 1133 www.cowgirlnyc.com Ouvert lun.-jeu. 8h-23h, ven. 8h-0h, sam. 10h-0h, dim. 10h-23h*

Où se régaler de jazz ?

Village Vanguard (plan 2, A3 n°97) En place depuis 1935, cette boîte de jazz légendaire continue comme au premier jour d'attirer des pointures (Chris Potter par exemple) et une clientèle de connaisseurs. Entrée 30$, plus une conso. ***M° 14th St (1, 2, 3)*** *178 7th Ave. South (à l'angle de Perry St) Tél. 212 255 4037 www.villagevanguard.com* ***Concerts*** *Tlj. 20h30-22h30*

Smalls Jazz Club (plan 2, A3 n°96) Avec lui, pas de tromperie sur la marchandise. On y entend bien du jazz (Brad Mehldau par exemple). Et une fois les trente personnes installées, avec les musiciens quasiment sur leurs genoux, il ne reste pas beaucoup d'air disponible. Mais l'ambiance, elle, se montre énorme tant ce sous-sol cosy au sol recouvert de tapis dégage de bonnes vibrations. Jam sessions régulières, 3 à 4 concerts chaque soir. Entrée 20$ (10$ après 0h30). ***M° Christopher St (1, 9)*** *183 W 10th St (à l'angle de 7th Ave. South) Tél. 212 252 5091 www.smallsjazzclub.com Ouvert lun.-jeu. 19h30-3h30, ven.-dim. 16h30-3h30*

Meatpacking District

Où sortir en journée ?

Bagatelle (plan 2, A2-A3 n°70) Valeur sûre du paysage du Meatpacking depuis 2008, Bagatelle a bâti sa réputation "frenchie" sur ses brunchs au champagne déjantés, qui évoluent dans un esprit clubbing tout au long de la journée. La déco est immaculée, les jéroboams sont débouchés à vitesse grand V, et l'atmosphère est chaque jour plus survoltée. Pour les amoureux de l'ambiance *lounge* et des *beautiful people*. ***M° 8th Ave. (L)*** *1 Little West 12th St (à l'angle de 9th Ave.) Tél. 212 488 2110 www.bagatellenyc.com Ouvert lun.-ven. 11h30-16h et 17h30-0h, sam.-dim. 11h30-17h30 et 19h30-22h*

Où vider quelques bocks (entre amis) ?

The Standard Biergarten (plan 2, A2 n°83) Troisième lieu dans le giron de l'hôtel Standard, ce *beergarden* ne joue pas dans la même cour de luxe que le Bar ou le Bain Le Bain (p.351). Sous la High Line (ancienne voie ferrée sortie de *rehab*) et les rangées de lampes d'usine, la déco est minimale, voire spartiate. Des grands bancs, des tables pour huit, de la brique nue et pas de musique : on est là pour se retrouver avec sa bande et rejouer (avec modération) la fête de la bière munichoise. Avec un peu de bol, une table de ping-pong sera libre histoire de vérifier si vos qualités de pongiste s'améliorent après quelques bières autrichiennes (8$). ***M° 14th St-8th Ave. (A, C, E, L)*** *848 Washington St (entre Little W 12th St et 13th St) Tél. 212 645 4100 www.standardhotels.com Ouvert lun.-mer. 16h-1h, jeu. 14h-1h, ven. 14h-2h, sam. 12h-2h, dim. 12h-1h*

Où admirer le *sunset* ?

☺ Top of the Standard - Le Bain (plan 2, A2 n°84) Mettez-vous sur votre 31, car là c'est du lourd. Situé au 19e étage de l'hôtel Standard, c'est sans conteste la plus belle vue à 360° de Manhattan englobant le New Jersey et tout Downtown. Pour avoir une table au ras de la baie vitrée (le bar est ouvert en journée à la belle saison), il faut impérativement réserver. L'écrin est à la hauteur de la vue, avec un bar-fleur en bois clair et des tons crème déclinés de la moquette au billard et au piano en passant par la tenue des hôtesses (visiblement recrutées sur de drastiques critères esthétiques). Mais ce luxe se ressent sur le prix des cocktails de haute volée (20$ minimum), aïe, et après 22h, le bar devient la discothèque Le Bain (p.351). ***M° 14th St-8th Ave. (A, C, E, L)*** *848 Washington St (à l'angle de 13th St) Tél. 212 645 4646 www.standardhotels.com Ouvert lun. 16h-0h ; mar.-sam. 16h-22h, dim. 12h-0h Ouvert aussi en journée l'été autour de la piscine*

Plunge (plan 2, A2-A3 n°77) Au 19e étage de l'hôtel Gansevoort, The Plunge n'est pas le plus bluffant des bars d'altitude et il est souvent réservé à des soirées privées. Il est surtout desservi par une déco moderne sans imagination (du gris façon salle d'attente de clinique privée) et une bande-son pop rock un peu fatigante. Heureusement, la vue à 360° rattrape tout : selon d'où l'on décide de poser son sous-verre, on a droit à un point de vue immanquable sur le coucher de soleil sur l'Hudson ou sur un bout de la *skyline* (si, si, c'est bien l'Empire State Building qu'on voit dépasser là). À visiter l'été pour déambuler au bord de la piscine, si vous ne pouvez pas vous permettre les cocktails prohibitifs du Standard voisin. Cocktail 18$. *M° 14th St (A, C, E) 18 Ninth Ave. (à l'angle de W 13th St) Tél. 212 206 6700 www.plunge.nyc Ouvert tlj. 11h-4h*

Où aller danser ?

Cielo (plan 2, A3 n°90) Avec une ville qui regorge d'entrepôts abandonnés, on pouvait penser que les clubs allaient prendre des proportions de hangars à zeppelin, eh bien pas du tout. La mode (ou la nécessité) privilégie des lieux comme ce Cielo, club à taille humaine hyperefficace. Outre un son qui décoiffe, ce lieu assure par sa programmation certes house mais pointue, et un petit fumoir à l'air libre qui lui donne un faux air baléarique. Les DJ (souvent du calibre de François K, le lundi) font danser une population moins clinquante que le quartier du Meatpacking pouvait laisser craindre. Vu que la piste n'est vraiment pas immense, n'hésitez pas à arriver tôt, cela devrait vous faciliter l'entrée. Entrée env. 20$. *M° 14th St (A, C, E) 18 Little W 12th St (près de 9th Ave.) Tél. 212 645 5700 www.cieloclub.com Ouvert lun.-sam. 22h-4h*

Le Bain (plan 2, A2 n°93) Sur le toit de l'hôtel Standard, cet incroyable espace tout carrelé de noir offre une vue bluffante sur l'Hudson, mais les clubbeurs qui auront pu passer le physio de la rue (chic et en couple sont des atouts) bénéficient de petits plus non négligeables comme un toit-terrasse avec piscine pour faire la fête comme à Miami au cœur de NYC ! Petit truc pour assouplir la porte : discutez avec les hôtesses du bar la veille d'une soirée pour être reconnu le lendemain, le jeu en vaut la chandelle. *M° 14th St-8th Ave. (A, C, E, L) 848 Washington St Standard Hotel (à l'angle de 13th St) Tél. 212 645 4646 www.standardhotels.com Ouvert mer.-ven. 22h-4h, sam. 14h-4h, dim. 14h-3h*

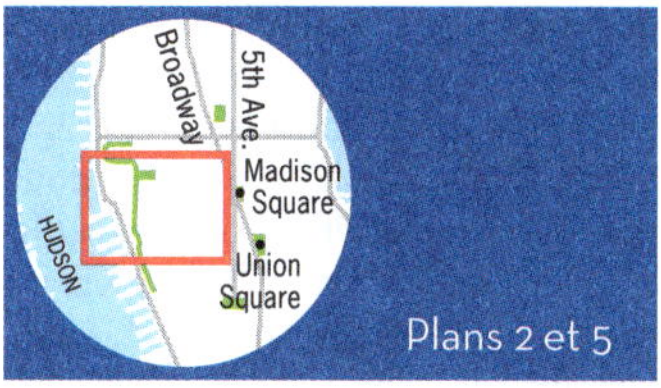

Chelsea

***Arty* et gay, sur le papier, ça sonne comme un quartier qui bouge. En réalité, le Chelsea nocturne a beaucoup souffert de son voisinage avec le Meatpacking District.**

Où prendre l'apéro ?

El Quinto Pino (plan 2, A2 n°85) Ce resto-bar est à peine plus grand que les tapas qu'il sert. Mettez-y douze personnes et l'air vient à manquer mais, miracle, l'atmosphère reste excellente. Accoudée à un très beau bar en marbre, la clientèle gentiment hype vient se préparer gaillardement à la suite des opérations de la nuit. Le barman est une crème, toujours prêt à raconter des potins et à aider les noctambules. Et, ce qui ne gâche rien, les tapas sont très comestibles. Autant dire un bon plan apéro. *M° 23rd St (A, C, E) 401 W 24th St (à l'angle de 9th Ave.) Tél. 212 206 6900 www.elquintopinonyc.com Ouvert mar.-jeu. 17h30-23h30, ven.-sam. 17h30-0h, dim. 17h30-22h30*

Où descendre une chope ?

The Park (plan 2, A2 n°82) Vous cherchez un lieu pour vider une ou deux chopes avec votre équipe de hockey (encadrement compris) ? Pas de problème. The Park aura encore de la place pour une bonne partie de Manhattan. Cet immense lieu est un ancien garage de taxis (d'où ses volumes importants et son nom). L'inspiration de son décor est moins claire. Oscillant entre asiatoc (des bambous, des lustres en papier, des coussins en satin...) et pub anglais (une belle cheminée en brique émaillée, grand bar acajou), ce Park vaut surtout pour son magnifique toit-terrasse (chauffé en hiver) qui domine Chelsea. Cocktail 13$, bière 8$. ***M° 14th St (A, C, E)*** *118 10th Ave. (entre 17th St et 18th St) Tél. 212 352 3313 www.theparknyc.com Ouvert lun.-mer. 11h30-0h, jeu. 11h30-1h, ven. 11h30-4h, sam. 10h-4h, dim. 10h-0h*

Atmosphère, atmosphère

☺ **Peter McManus Cafe (plan 2, A2 n°94)** Prendre ce lieu pour un gros pub à sportifs serait une erreur. D'abord, il existe depuis 1936 et reste toujours propriété de la famille McManus (respect !), ensuite, sous les appliques Art déco et les vitraux du bar, s'effectue ici un rare mélange d'oiseaux de nuit : des étudiants partageant un pichet de bière, deux femmes à la quarantaine peroxydée devant un drink, un vétéran avec son chapeau de brousse s'enquillant les Jack Daniel's et une retraitée édentée en pleine chorégraphie solitaire sur les mélopées de Modern Talking... Whisky 8$. ***M° 18th St (1)*** *152 7th Ave. (à l'angle de W 19th St) Tél. 212 929 9691 petermcmanuscafe.com Ouvert lun. 11h-4h, mar.-ven. 9h-4h, ven. 10h-4h, dim. 12h-4h*

Où aller voir un concert ?

Highline Ballroom (plan 2, A2 n°92) Programmation très éclectique pour cette salle pouvant accueillir 500 personnes. Des groupes de rock (The Residents) mais aussi de jazz (Avishai Cohen Trio), de blues ou de world (Yann Tiersen !) viennent profiter du son puissant et maîtrisé du lieu. Possibilité de dîner sur place. ***M° 14th St (A, C, E)*** *431 W 16th St (entre 9th et 10th Ave.) www.highlineballroom.com Ouvert dim.-ven. 11h-23h, sam. 11h-4h*

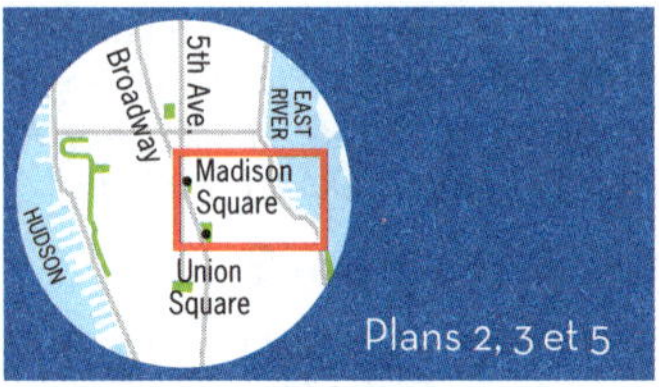

Union Square, Flatiron District et Gramercy Park

Ces microquartiers, situés entre les foisonnements nocturnes de Midtown et du Lower Manhattan, pourraient être assez vides. En fait, on y trouve des bars remplis de New-Yorkais sortant du travail. Bruyants mais sincères.

Union Square

Où bouger sur du rock ?

☺ **Beauty Bar (plan 3, A2 n°51)** Un bar qui ne se prend pas trop au sérieux, ça fait du bien à New York. Les tauliers de chez Otto (p.346) possèdent aussi ce sympathique endroit, ancien salon de beauté. Coup de génie : ils ont aménagé au minimum l'espace. On y boit donc sa bière sous des séchoirs chromés (pas toujours pratique d'ailleurs), aux murs les affiches de produits de beauté des années 1950 se tassent à côté de vitrines d'aftershave et des aplats de paillettes. Le kitsch second degré règne en maître et cela déteint sur l'ambiance bon enfant (mais branchée quand même). Dans la salle du fond, un DJ fait danser les clients jusqu'à tard sur une sélection nouveau rock et vieilleries années 1980. Ultime raffinement : se faire manucurer en début de soirée (10$ avec un martini) ! Bière 6$. ***M° 3rd Ave.-14th St (L)*** *231 E 14th St (entre 2nd Ave. et 3rd Ave.) Tél. 212 539 1389 the-*

beautybar.com Ouvert lun.-ven. 17h-4h, w.-e. 14h-4h **Manucure** *Lun.-ven. 18h-23h, w.-e. 15h-23h*

Flatiron District

Où faire un break ?

Rye House (plan 2, B2 n°81) À une encablure du Raines Law Room (p.353), ce gastropub ne peut pas en être plus éloigné sur le spectre des bars. Ici, c'est marbre, bois et grande vitrine, agitation, sophistication et premiers degrés pour une population de jeunes soutiers du tertiaire qui viennent décompresser bruyamment. On ne juge pas, on prévient. Cela donne l'occasion de prendre une bière (8$) au cœur du New York affairé (et pas très mélangé il faut le dire), mais on vient surtout pour le whisky (*rye*, c'est le seigle dont les Américains font un whiskey très particulier) et bourbons (de 10$ à... beaucoup plus). Si vous avez un petit creux, attention : les portions sont plutôt chiches (les fameux macaronis au fromage se réduisent à deux boulettes au fond de votre ramequin). ***M° 14th St (F, M)*** *11 W 17th St (entre 5th et 6th Ave.) Tél. 212 255 7260 www.ryehousenyc.com Ouvert lun.-ven. 12h-2h, sam.-dim. 11h-2h*

Où prendre un drink ?

Raines Law Room (plan 2, B2 n°78) Une porte anonyme, une discrète sonnette et des moustaches cirées à l'accent belge qui vous accueillent. Préparez-vous à attendre un peu, le paradis se mérite. Bienvenue dans l'un des bars les plus atypiques de New York. Une hôtesse prend votre commande, et les cocktails sont préparés en "cuisine" pendant que vous patientez dans la pénombre intimiste et le moelleux tout en retenue des Chesterfield chocolat. Pour peu qu'il fasse un peu froid, la bûche dans la cheminée et les cocktails *"stirred & strong"* (requinquants), comme le Screaming Viking (15$), devraient vous redonner le rose aux joues (à moins que ce ne soit la tapisserie un peu olé olé ?). Et s'il fait beau, direction les tables en plein air de la petite cour intérieure. Évidemment, on ne vient pas s'asseoir ici avec sa bande de copains mais à deux pour jouer, le temps d'un verre, au gentleman des années 1920. Classe sans être prohibitif, prohibition sans être exclusif, une vraie réussite. ***M° 14th St (F, M)*** *48 W 17th S (entre 5th Ave. et 6th Ave.) Tél. 212 242 0600 www.raineslawroom.com Ouvert lun.-mer. 17h-2h, jeu.-sam. 17h-3h, dim. 19h-1h*

Flatiron Lounge (plan 2, B2 n°73) Ce bar à la déco années 1930 épurée est une réussite visuelle : couloir blanc, mobilier d'époque, immense bar en noyer. Les cocktails sélectionnés par la papesse Julie Reiner (la carte change régulièrement) sont évidemment parfaitement maîtrisés par les barmans très pro – et un peu pète-sec. Tout serait pour le mieux dans le meilleur des martinis, si ce bar ne devenait pas impraticable dès la levée de rideau, concomitante à la sortie des bureaux. Des vagues de cols blancs prennent donc d'assaut le moindre tabouret, dans un tumulte fatigant digne d'un hall de gare. Du coup, le côté lounge en prend un coup. La solution : venir très tard dans la nuit. Cocktail 14$. ***M° 23rd St (N, R)*** *37 W 19th St (entre 5th Ave. et 6th Ave.) Tél. 212 727 7741 www.flatironlounge.com Ouvert lun.-mer. 16h-2h, jeu. 16h-3h, ven. 16h-4h, sam. 17h-4h, Fermé dim.*

Gramercy Park

Où remonter le temps ?

Pete's Tavern (plan 3, A2 n°44) Les New-Yorkais savent y faire avec leurs lieux de mémoire. Ce vieux troquet, ouvert sans interruption depuis 1864, reste vif ! Rien ne vient dissiper ce charme qui émane du comptoir en bois sombre, des tables en compartiments, où l'on imagine bien Tony Soprano régler ses affaires, ou du vieux barman qui conserve ses verres dans de la glace (8$ la Pabst). Rien ne semble pouvoir briser la magie, ni la collection de photos de stars qui feraient ringardes ailleurs, ni les horribles écrans plasma bloqués sur le sport. Les habitué(e)s parlent de bières et le juke-box Wurlitzer expectore son rock FM. Comme dans cent cinquante ans. ***M° 14th St/Union Sq. (L, N, Q, R, 4, 5, 6)*** *129 E 18th St (à l'angle d'Irving Pl.) Tél. 212 473 7676 www.petestavern.com Ouvert tlj. 11h-2h30*

Old Town Bar (plan 2, B2 n°76) Ce vaste lieu tout en acajou et verre ciselé a survécu à la crise de 1929, puis à celle de 2007, et il survivra sans aucun doute à la prochaine tempête boursière. Depuis 1892, les banquiers (et les autres) viennent s'accouder à l'immense bar en marbre pour faire le point face au grand miroir piqué - autant dire qu'il faut plus que quelques *subprimes* pour faire tanguer cette institution de la limonade (et des burgers) qui attire une solide population d'habitués (plutôt quinquagénaires rubicons). La légende voulait que sous les banquettes en bois se trouve encore le compartiment pour cacher les bouteilles lors de la prohibition (en fait, ils sont scellés). Les urinoirs, mastocs comme des frigos, font quasiment partie du patrimoine de la ville. Leur visite s'impose après trois ou quatre bières (8$, ouille, c'est cher). Comme si vous aviez le choix ! ***M° Union Sq. (N, R)*** *45 E 18th St (entre Broadway et Park Ave. South) Tél. 212 529 6732 oldtownbar.com Ouvert lun.-ven. 11h30-1h, sam. 12h-2h, dim. 13h-0h*

Où siroter un cocktail ?

Rose & Jade Bar (plan 2, B2 n°79) Les deux bars élégants du chic hôtel Gramercy. On peut s'asseoir au Jade : murs verts, déco d'inspiration thaï avec une touche de médiéval (mais oui) et d'art contemporain. Attenant, il y a aussi le grand Rose Bar avec ses 6m sous plafond, son billard assorti à la peinture (rose donc), son lustre en nez de poisson-scie et son immense cheminée où l'on garerait sans problème une petite voiture (européenne). Normalement, la conjugaison des deux devrait impressionner les plus blasés des *lounges* hôteliers. En outre, l'accueil se montre très courtois et l'on sent que la liste des cocktails a été sérieusement réfléchie (celui à l'absinthe est une réussite). Lors de notre visite à l'heure de l'apéro, on nageait dans la suavité sucrée du luxe assumé (à 19$ le cocktail). Bref, c'était très calme mais, foi de barman, l'ambiance peut décoller sur les coups de 2h. ***M° 23rd St (6)*** *Gramercy Hotel 2 Lexington Ave. (à l'angle avec 21 st St) Tél. 212 920 3300 www.gramercyparkhotel.com* ***Jade Bar*** *Ouvert tlj. 12h-4h* ***Rose Bar*** *Ouvert lun.-sam. 17h-4h*

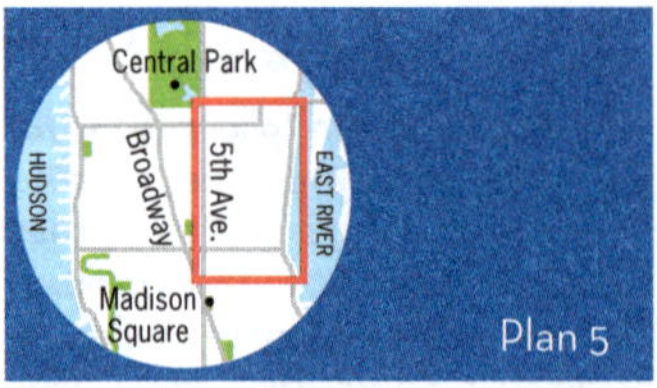

Midtown East

C'est le royaume des bars emblématique de Big Apple, ceux qui ont passé l'âge de suivre les modes et qui se contentent de dispenser leurs atmosphères uniques aux amateurs. *Enjoy !*

Où faire une dégustation de houblon ?

The Gingerman (plan 5, C2 n°89) Aucun amateur de houblon ne devrait entrer ici sans faire un signe de croix. Dans ce bar aux dimensions de cathédrale, ce n'est pas moins de soixante-dix bières pression et plus d'une centaine en bouteilles qui attendent d'être dégustées. On y trouve même de rarissimes bières millésimées (20$ pour une blonde de 1998). Si vous vous sentez un peu perdu, nulle inquiétude, vous pourrez demander aux gentils barmans de vous faire goûter des échantillons ou opter pour un petit tour du monde en six verres. Ici, l'amateur pointu se trouve en son royaume et ni la lumière chiche ni la musique sans intérêt ne trouble son plaisir. Bruyant, très bruyant ! ***M° 33th St (4, 5, 6)*** *11 E 36th St (entre 5th Ave. et Madison Ave.) Tél. 212 532 3740 www.gingermanny.com Ouvert lun.-jeu. 11h30-2h, ven. 11h30-4h, sam. 12h30-4h, dim. 12h30-2h*

Où lui offrir un cocktail d'anthologie ?

King Cole Bar (plan 5, C1 n°85) Attention : lieu de légende du monde des cocktails. Car c'est ici, dans les luxueuses boiseries du bar de l'hôtel St. Regis qu'a été inventé le Bloody Mary, en 1934. Mais oui. L'onctueux barman vous racontera volontiers la version longue (en fait, le principe du cocktail a d'abord été réalisé à Paris, au Harry's Bar). Du coup, on est un peu déçu qu'il concocte le fameux breuvage en versant un mélange préparé à l'avance. Même délicieux et assez relevé, ça casse un peu le mythe ; heureusement, l'ambiance intemporelle de ce lieu centenaire et les superbes peintures murales (là encore, le barman peut fournir une demi-douzaine d'anecdotes dessus) font oublier ce petit bémol, et l'on paye l'addition salée sans sourciller en se prenant pour Gatsby le Magnifique. Cocktail 20$. ***M° 5th Ave.-53th St (E, F)*** *St. Regis Hotel 2 E 55th St (à l'angle 5th Ave.) Tél. 212 339 6857 kingcolebar.com Ouvert lun.-sam. 11h30-1h, dim. 12h-0h*

Où en prendre plein la vue ?

Upstairs (plan 5, C1 n°92) Ce bar perché au 31e étage du très chic hôtel Kimberly offre une vue imprenable sur les envolées Arts déco du Chrysler Building. Autant dire que voilà un très bon endroit pour prendre l'apéro après avoir arpenté Midtown. Les cocktails (18$) y sont originaux et raisonnablement traîtres (comme le Midtown, justement, dont les arômes de citron cachent un tempérament de feu). Et la déco, mêlant plantes et mobilier faussement carbonisé, se montre assez originale pour un lounge d'hôtel. En été, lorsque le toit rétractable s'ouvre et qu'on savoure son cocktail sous les petites guirlandes avec le plus bel immeuble de Manhattan en ligne de mire, le roi n'est pas notre cousin. ***M° 51st St (6)*** *The Kimberly Hotel 145 E 50th St (entre Lexington Ave. et 3rd Ave.) Tél. 212 888 1220 www.upstairsnyc.com Ouvert lun.-jeu. 17h-1h, lun. et ven.-sam. 17h-2h, dim. 11h-22h*

Attention, mythique !

P. J. Clarke's (plan 5, C1 n°87) Ce bar centenaire tout en briques, bois lustré et nappe à carreaux, est une institution. Franck Sinatra était (évidemment) un habitué, Gene Hackman y déguste un hamburger dans *French Connection* et il apparaît dans la série *Mad Men* (saison 1, épisode 8). Une institution, on vous dit. La foule se montre aussi typique que le décor et ses dizaines de photos (oh, un Lincoln imberbe !) : à midi se pressent ici cols blancs en pause, touristes en goguette et retraités en promenade. Bière à partir de 6$. ***M° Lexington/53rd St (E, M)*** *915 3rd Ave. (à l'angle de 55th St) Tél. 212 317 1616 www.pjclarkes.com Ouvert tlj. 11h30-4h*

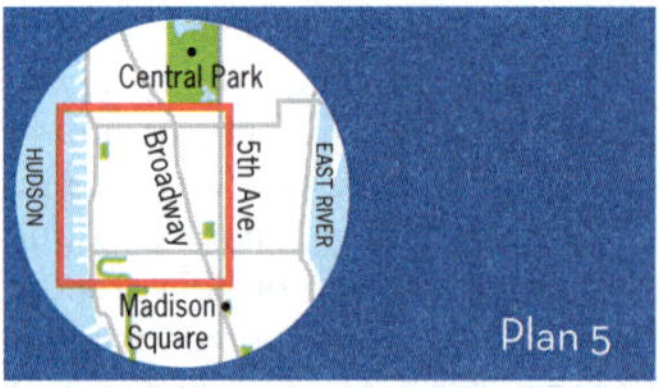

Midtown West

Dans la partie ouest du quartier le plus agité de la ville, le visiteur a l'embarras du choix pour ne pas se coucher : *dive* improbable, lounge classieux ou gros club pour danser jusqu'à pas d'heure. Attention, les rades sans âmes pullulent eux aussi...

Où tutoyer le ciel ?

Top of the Strand (plan 5, C2 n°91) Les portes de l'ascenseur s'ouvrent et là, boum, en plein champ : l'Empire State Building (p.173). Ce petit bar de l'hôtel Strand assez discret n'est certes pas le plus haut ni le plus branché des zincs d'altitude (un classique de la ville), mais il peut se vanter d'offrir la plus belle vue sur le gratte-ciel mythique. Pour se remettre de cette perspective incroyable, autant prendre un verre plus ou moins confortablement vautré dans les canapés bas en écoutant une bande-son new-wave assez décalée (on s'attend plutôt à du lounge pseudo-oriental qu'à Lloyd Cole !). À 9$ la bière ou 15$ le cocktail tout à fait correct (sans être extraordinaire), ça serait bête de se priver et ne pas tenter de voir si vous pouvez atteindre le gratte-ciel avec votre olive de martini. À noter que l'été, le plafond vitré s'ouvre complètement pour un panorama encore plus ébouriffant. ***M° 34th St/Herald Sq. (B, D, F, N, Q, R)*** *33 W 37th St (entre 5th et 6th Ave.) Tél. 646 368 6426 www.topofthestrand.com Ouvert mar.-sam. 17h-1h, dim.-lun. 17h-0h*

Où assister à un concert ?

Terminal 5 (plan 5, A1 n°100) Une salle de concert assez imposante, qui n'impressionne ni par sa déco toute grise ni par son acoustique, mais par une programmation électro, pop et rock bien menée (The Jesus and Mary Chain, Chromeo, George Ezra mais aussi les Pogues...). À surveiller d'un œil attentif si vous êtes amateur. ***M° Columbus Circle (A, B, C, D, 1)*** *610 W 56th St Tél. 212 582 6600 www.terminal5nyc.com*

Times Square

Où prendre un verre avec les habitués du coin ?

Jimmy's Corner (plan 5, B2 n°84) Les néons de Times Square vous donnent la nausée ? La foule sortant des mégastores vous oppresse ? Alors venez vous ressourcer autour d'une bière dans cette oasis de calme. Jimmy, l'ancien patron qui passe régulièrement une tête, fut également un temps l'entraîneur d'Evander Holyfield, ce qui explique la légère monomanie sur la boxe qui règne dans son bar. Ajoutez à cela des boissons pas chères, une ambiance *old school*, une bande-son jazzy aux petits oignons et une belle brochette d'habitués qui tiennent le zinc, et vous voilà dans un parfait endroit pour voir à quelle heure ils éteignent leur Times Square, les Américains. *M° Times Sq.-42nd St (N, Q, R, S, 1, 2, 3, 7) 140 W 44th St (entre Broadway et 6th Ave.) Tél. 212 221 9510 Ouvert tlj. 11h30-4h*

Hell's Kitchen

Où boire à la santé des marins ?

Landmark Tavern (plan 5, A2 n°86) Une institution ! Fondée en 1868, c'est la dernière survivante des tavernes à marins qui peuplaient autrefois le quartier : la 11e avenue se trouvait alors au bord de l'eau... L'un des plus vieux bars de New York, dans une petite maison dont le 2e étage abrita un *speakeasy* durant la prohibition. Une clientèle d'habitués passe siroter quelques bières sous ses augustes boiseries. L'endroit fait aussi restaurant. Le lundi soir (20h-23h), concerts de musique irlandaise dans la salle du fond. ***M° 42nd St (A, C, E, N, Q, R, S, 1, 2, 3, 7, 9)*** *626 11th Ave. (à l'angle de 46th St) Tél. 212 247 2562 www.thelandmarktavern.org Ouvert tlj. 11h30-4h (restaurant jusqu'à 23h)*

Où prendre un apéro chic ?

Ardesia (plan 5, B1 n°80) Dans le quartier de Hell's Kitchen, désormais un paradis bobo, cette majestueuse trattoria haute sous plafond semble effectuer une sélection drastique de sa clientèle : il faut donc être une femme entre trente et cinquante ans, sortir avec un sac de marque et être capable de glisser au moins un *"Oh-my-god"* toutes les dix minutes. Cette clientèle chic implique une carte des vins du monde solidement pourvue. Pour rire, demandez donc au barman de prononcer Côtes Catalanes. Accompagné de la mortelle mortadelle maison (6$), vous avez là un apéro de star. Verre de vin 9-15$. ***M° 50th St (A, C, E)*** *510 W 52nd St (entre 10th et 11th Ave.) Tél. 212 247 9191 www.ardesia-ny.com Ouvert lun.-mer. 16h-0h, jeu.-ven. 16h-2h, sam. 14h-2h, dim. 14h-23h*

Où trouver un bar à vins et à fromages ?

Casellula (plan 5, B1 n°82) Peut-on vraiment conseiller à des Français en goguette à New York un bar à vins et à fromages ? Allez, on tente le coup. Laissez donc de côté votre tentation de faire un scandale parce qu'un seul camembert (pasteurisé) trouve le chemin de la carte (la France s'avère malgré tout très présente) et profitez-en pour changer d'horizon. Ouvrez vos papilles à de nouvelles saveurs (du chèvre du Vermont, ça se goûte non ?), et appréciez d'être au milieu de la frange de New-Yorkais qui aiment vraiment le fromage ! Verre de vin 12-16$, portion de fromage 6$. ***M° 50th St (A, C, E)*** *401 W 52nd St (à l'angle de 9th Ave.) Tél. 212 247 8137 www.casellula.com Ouvert tlj. 17h-1h*

Où découvrir des mousses artisanales ?

☺ **The Pony Bar (plan 5, B2 n°90)** Boire une bière industrielle ici ? Vous n'y pensez pas. Autant aller en Honda à un meeting de Harleys. Non, nous nous trouvons ici dans la Mecque du houblon artisanal, le Lourdes de la microbrasserie, le Jérusalem de la bière américaine inédite. La carte change tout le temps au gré des brasseurs invités (lors de notre visite, Portland était à l'honneur) : laissez-vous surprendre par les arômes originaux de ces mousses introuvables ailleurs. C'est évidemment le rendez-vous des *beer geeks* les plus timbrés (reconnaissables à l'association chemise à carreaux-bouc-embonpoint)

GEOPLUS

Trois nuits à New York

Par **Antoine Besse**, chroniqueur-noctambule

Parmi les mille tribus qui se croisent dans l'agitation nocturne de la Grosse Pomme, on vous en propose trois. Trois nuits, trois ambiances dépaysantes, étonnantes, décalées, exagérées, bref, new-yorkaises. Évidemment, à vous de panacher selon vos envies (ou vos finances) !

AVEC LA JEUNESSE DORÉE

À Manhattan, on peut afficher sans complexe (et désormais sans danger) son insolente réussite financière. Entre le chic classique de Midtown et l'apparat plus clinquant de Meatpacking, aurez-vous le compte en banque assez solide pour suivre la jet-set new-yorkaise en goguette nocturne ?

19h King Cole (p.160) Du luxe feutré et des cocktails de feu pour ce bar d'hôtel intemporel où a été perfectionné (nous insistons sur le terme) le Bloody Mary. Impérial pour bien commencer l'apéro.

20h Raines Law Room (p.353) Le revival speakeasy dans ce qu'il a de meilleur (et d'un peu cher) avec ce lieu chic, discret et charmant qui réinvente avec brio le club pour gentlemans.

21h Top of the Standard (p.350) Ici, tout est à couper le souffle : la déco, la plastique des serveuses, la vue, l'addition... Si vous n'êtes pas poussé vers la sortie après 22h quand le DJ arrive c'est que vous êtes un vrai jet-setteur.

22h Celio (p.351) Une petite boîte dans Meatpacking District qui a le mérite de ne pas déverser de la soupe Rn'B au kilomètre mais de la House de qualité. L'argent n'empêche pas d'avoir du goût quand même.

2h Apotheke (p.337) Aller s'encanailler dans Chinatown ? Pourquoi pas mais alors le lieu doit afficher un décor réfléchi jusqu'à la moindre loupiote et des cocktails haut de gamme. Le contraire de Chinatown quoi...

AVEC LES HIPSTERS

Les jaloux objectent le dynamisme de Berlin ou la folie de Londres mais, qu'on le veuille ou non, c'est bel et bien à New York que la nuit a ce goût si particulier. Le goût de la hype, le fumet de l'avant-garde, la fragrance de la branchitude !

19h Botanica (p.340) En plein NoLIta, un concentré *hip*, avec un côté punk dépareillé. Se poser à côté de la vitrine pour regarder les tendances du jour en sirotant un cocktail.

20h Brooklyn Inn (p.362) Quoi de plus *hipster* que d'imiter les gens normaux en se rendant au pub *around the corner* ? Celui-ci a tout de même un billard, une déco

ET N'OUBLIEZ PAS
L'activité de la ville qui ne dort jamais ne s'arrête pas plus la nuit que le dimanche !

comme il faut, de bonnes bières pression pas chères et quelques acteurs de passage dans le paysage !

21h **Knitting Factory** (p.368) Mouiller son t-shirt sur un son ébouriffant, telle est la proposition de cette salle rafraîchissante de Brooklyn !

22h **Otto's Shrunken Head** (p.346) Alors que le reste du monde hésite entre électro et renouveau rock, les vrais *hipsters* ont tranché : ça sera de la *surf music sixties* qui craque dans ce faux bar hawaïen !

23h **Nublu** (p.346) Le (mini) temple de la world music festive a son propre label et fait swinger les trentenaires décomplexés, entre funk et bossa nova !

AVEC DE DRÔLES D'OISEAUX

La chirurgie esthétique urbaine de la ville entreprise depuis les années 1990 n'a pas réussi totalement à la transformer en une Barbie™ sans aspérité. Il lui reste encore quelques cheveux gras, des dents jaunes et une haleine chargée... et c'est bien.

19h30 **Sunny's Bar** (p.363) Bar perdu dans un quartier perdu d'un Brooklyn pas glamour pour un cent. Mais quelle ambiance ! Quelle chaleur !

> **CONSEIL** N'hésitez pas à acheter sur Internet les tickets de concert ou même vos places pour le mix d'une pointure dans la boîte où il faut être... Il suffit de les imprimer pour être sûr de rentrer sans (trop) attendre et parfois en payant moins cher. Mais bien sûr, le précieux bout de papier ne vous dispense pas de faire bonne impression au physionomiste...

21h **Decibel** (p.343) La descente dans ce bar étouffant et bordélique évoque David Lynch ou Gaspard Noé. Avec un goût de saké en plus.

23h **Barbès** (p.364) Deux sessions live et déjantées quasiment tous les soirs au Barbès : accordéon, fanfare, funk ou rock, l'ambiance est toujours au rendez-vous. Presque un classique !

qui peuvent parler des qualités du malt des brasseries de Boulder pendant plusieurs (longues) minutes. Les plus mordus tiennent la liste des bières uniques bues ici. Au bout de cent, ils gagnent un t-shirt du bar. Bière 7$. ***M° 42nd St-Port Authority (A, C, E)*** *637 10th Ave. (à l'angle de 45th St) Tél. 212 586 2707 www.theponybar.com Ouvert lun.-ven. 15h-4h, sam.-dim. 12h-4h*

Upper West Side

Un vaste quartier qui va du très chic au plus estudiantin.

Où assister au coucher du soleil ?

☺ **Boat Basin Café (plan 6, A2 n°41)** Voilà le plan le plus dépaysant de Manhattan ! Coincé entre l'Hudson et la voie rapide, cet immense café donne sur un port de plaisance et... le New Jersey. Prendre un verre au calme, à la fraîche sous le claquement des drisses, ça n'arrive pas souvent ! Le lieu lui-même tout en colonnade de pierre de taille présente des volumes impressionnants et la rotonde centrale à ciel ouvert est parfaite pour les *barbecue-parties* organisées régulièrement. L'été, les étudiants sur le carreau et les jeunes travailleurs sans vacances viennent en rangs serrés prendre des burgers et des pichets de bière dans une étonnante ambiance balnéaire. Prix très raisonnables. ***M° 79th St (1)*** *Accès par Riverside Drive au niveau de 79th St Tél. 212 496 5542 www.boatbasincafe.com Ouvert avr.-oct. : lun.-mer. 12h-23h, jeu.-sam. 12h-23h30, dim. 12h-22h*

Où assister à un concert ?

Beacon Theatre (plan 6, A2 n°50) Tout en dorures et velours pourpre, le Beacon Theatre au style rococo vaut le détour. Moins pour la programmation (variété ou grosses pointures du blues-rock), et les prix stratosphériques (au moins 80$ le strapontin...). ***M° W 72nd St (1, 2, 3)*** *2124 Broadway (entre W 74th St et W 75th St) Tél. 212 465 6500 www.beacontheatre.com*

Morningside Heights

Où s'initier au jazz ?

Smoke Jazz and Supper Club (plan 7, A2 n°41) Pas facile de se faire une place dans le monde du jazz new-yorkais, quand on ne peut pas se targuer d'avoir eu Charlie Parker ou Duke Ellington comme habitué. Ouvert depuis 1999, le Smoke ne joue donc pas sur la nostalgie pour attirer le chaland, mais sur une ambiance chaleureuse – la proximité des tables y joue pour beaucoup ! –, des prix mesurés et des musiciens presque sur vos genoux. Pari réussi. Le lundi, c'est scène ouverte et entrée gratuite, une bonne occasion de s'initier aux joies du jazz à peu de frais. Sinon, il faut payer l'entrée (9-40$ selon les concerts) ou consommer pour un certain montant. Menu 3 plats 38$. ***M° 103 st (1)*** *2751 Broadway (entre 105th St et 106th St) Tél. 212 864 6662 www.smokejazz.com Ouvert lun.-sam. 17h30-3h, dim. 11h-3h* ***Concerts*** *Tlj. 19h, 21h, 22h30, 23h30* ***Jazz brunch*** *Dim. 11h-16h*

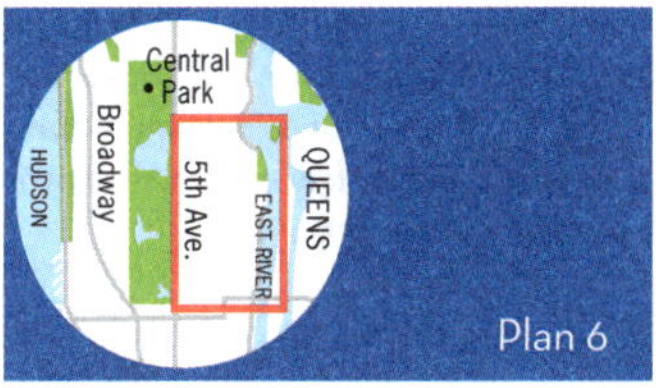

Upper East Side

Où l'on constate que la crise a épargné quelques personnes...

So jazzy

Bemelmans Bar (plan 6, C2 n°40) Cette petite bonbonnière basse de plafond située dans le très chic hôtel Carlyle est une institution. Son intérêt majeur : les peintures murales signées Ludwig Bemelmans, l'auteur de *Madeline*, célèbres livres pour enfants. Ces beaux dessins naïfs contrastent beaucoup avec la clientèle ultrachic qui vient se désaltérer sur les banquettes en cuir et qui n'a pas dû en arriver là par excès de naïveté... Service hautain, envolée de piano et addition stratosphérique complètent le tableau doré sur tranche (à partir de 21h30 entrée 15-35$ sans les consos, bière 8$, cocktail 20$). Attention à ne pas confondre ce bar avec le Café Carlyle de l'autre côté du hall où, de temps à autre, se produirait Woody Allen. Il est encore plus cher (entrée 55-135$ sans les consos) ! ***M° 77th St (6)*** *35 E 76th St (à l'angle de Madison Ave.) Tél. 212 744 1600 www.thecarlyle.com Ouvert mar.-jeu. 12h-1h, ven.-sam. 12h-1h30, dim.-lun. 12h-0h30*

Dans son jus

Subway Inn (plan 6, C3 n°43) Il faut un peu de cran pour passer la porte peu engageante de ce bar à la vitrine encombrée de néons. Mais dites-vous qu'une certaine Marylin Monroe ou un Jay McInerney l'ont fait avant vous pour profiter du scotch pas cher. Cet Inn représente, dans toute sa minuscule splendeur, le bar américain fantasmé. Pas de chichi, pas de déco (sauf si la sédimentation d'affiches de bières passe comme telle), juste de la bière pas chère, l'hygiène douteuse d'un lino à damier et des lumières rouges. Cela suffit aux habitués à casquette palabrant sans fin sur les résultats du football et s'enquillant les whisky-bière dès 16h. Chassés en 2014 par les promoteurs immobiliers, les propriétaires ont ouvert un bar à l'identique un an plus tard, à quelques mètres seulement de l'ancien emplacement et dans une ambiance tout aussi authentique. Après un shopping au Bloomingdale's, ça rassure un peu sur la gentrification de Manhattan ! ***M° 59th St (4, 5, 6)*** *1140 2nd Ave. (à l'angle de E 60th St) Tél. 212 752 6500 Ouvert lun.-jeu. 10h-4h, ven.-sam. 11h-4h, dim. 12h-4h*

Harlem

Heureusement, l'époque des rames de métro couvertes de graffitis où l'on se faisait la traversée de Harlem dans la peur de se faire égorger, est bien loin...

Où toucher au mythe du jazz new-yorkais ?

Showman's (plan 7, B1 n°40) Depuis 1942, les plus grands noms du jazz ont fréquenté ce petit club, de Sarah Vaughan à Duke Ellington. Murs de briques fatiguées, zinc à l'ancienne et clientèle d'habitués en font un rendez-vous chaleureux et authentique, un bar de quartier loin du bling des boîtes à touristes. Les fans de blues s'y retrouvent après les soirées de l'Apollo Theater. Peu ou pas de *cover charge* (5$ le sam.) mais deux consos obligatoires (env. 8$) durant les spectacles. ***M° 125th St (A, B, C, D)*** *375 W 125th St / Morningside Ave. Tél. 212 864 8941 Ouvert lun.-sam. 13h-4h* ***Concerts*** *Mer.-jeu. 20h30, 22h, 23h30 ; ven.-sam. 21h30, 23h30, 1h30*

Paris Blues (plan 7, B1 n°43) C'est en 1969 que Samuel J. Hargress ouvrit ce jazz bar. Il en imagina le nom en hommage à l'accueil que la France réservait aux Noirs à une époque où la ségrégation torturait encore l'Amérique. Bien que largement octogénaire, le vieux Samuel est toujours là, impeccable dans son costume trois pièces. Le Paris Blues est devenu une institution dans le voisinage pour ses bières bon marché (essayez la Harlem's own Sugar Hill Golden Ale, 6$ ou 7$ durant les concerts), la gentillesse du service et les concerts quotidiens de jazz ou de blues. ***M° 125th St (2, 3)*** *2021 Adam Clayton Powell Jr. Blvd. (entre 121st St et 122nd St) Tél. 917 257 7831 Page Facebook Ouvert tlj. 12h-3h*

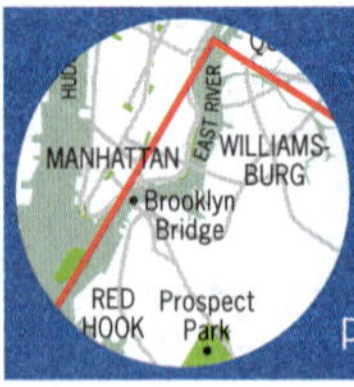

Plans 8, 9 et 10

Brooklyn

La nuit new-yorkaise se lève à l'Est ! Les lieux les plus décalés, les concerts les plus pointus, les bars les plus incroyables y éclosent à un rythme frénétique. Mention spéciale pour le vibrant et branché Williamsburg, épicentre du nouveau rock américain. *No sleep 'til Brooklyn*, comme le chantaient les Beastie Boys !

BoCoCa

Atmosphère, atmosphère

Brooklyn Inn (plan 9, C1 n°50) Quand on rentre dans ce vaste hall au plafond en zinc, on se dit que les Américains savent faire des bars depuis un bail. Affichant près de 125 ans au compteur, le Brooklyn Inn n'a pas pris une ride. L'immense bar en acajou semble aussi accueillant qu'au premier jour (enfin on imagine...), les garçons font toujours les malins au billard pour impressionner les filles, et le miroir grand comme un terrain de foot renvoie toujours l'image des grappes d'habitués accoudés ici qu'il pleuve ou qu'il vente pour parler de la vie qui passe. Il y a même un barman bourru comme il se doit quand on a la charge d'une institution de quartier. Bière à partir de 6$. ***M° Bergen St (F, G)*** *148 Hoyt St Tél. 718 522 2525 Ouvert lun.-jeu. 16h-4h, ven. 15h-4h, sam.-dim. 14h-4h Pas de carte bancaire*

Où goûter à la bière locale ?

Prime Meats (plan 9, B1 n°55) Inutile de vous faire des illusions : seuls les visiteurs séjournant dans le coin, si loin de tout, iront boire une chope de bière locale dans ce beau et vaste bar. Mais si vous êtes voisin, n'hésitez pas : ce gastropub tout en bois, figé dans les années 1930, se montre extrêmement chaleureux et finalement assez branché dans un quartier plutôt populaire (vous avez remarqué, il y a des faons en plâtre dans les jardins alentour). La bière y est bonne et ce côté hors du temps s'avère très reposant. Bière 8$. *M° Carroll St (F, G) 465 Court St Tél. 718 254 0327 www.frankspm.com Ouvert lun.-jeu. 11h-0h, ven. 11h-1h, sam. 10h-1h, dim. 10h-16h*

Où siroter un cocktail ?

Henry Public (plan 8, B3 n°30) Ne dites pas au barman à moustache cirée qu'Henry Public évoque un *speakeasy* (comme une trentaine d'autres lieux à New York...). Ici, c'est un saloon XIXe. N'empêche qu'on y retrouve bien des caractéristiques de ces faux vieux bars : des tables en marbre chinées, des ampoules bas voltage et des luminaires d'époque diffusant une lumière chiche, une vieille caisse enregistreuse et une bande-son jazz (pas vraiment XIXe...). Si vous êtes trop fatigué pour rallier les Mecques à cocktails de Manhattan, Henry Public peut bien vous dépanner : les boissons sont réalisées avec une tranquille maîtrise et des ingrédients ultra-frais. En plus, les prix se tiennent à carreau. Comme les chemises des branchés mal coiffés qui hantent ce lieu toute la journée. *M° Borough Hall (4, 5) 329 Henry St (entre Atlantic Ave. et Pacific St) Tél. 718 852 8630 www.henrypublic.com Ouvert lun.-jeu. 17h-2h, ven. 17h-4h, sam. 11h-4h, dim. 11h-2h*

Clover Club (plan 9, C1 n°53) *So chic.* Ce petit coin de BoCoCa, avec ses maisons basses et son artère commerçante guillerette, a des petits airs de banlieue londonienne, et le Clover Club joue à fond la carte du club de gentlemans. Derrière ce bel espace acajou et cuir festonné se cache Julie Reiner, la grande prêtresse du cocktail. Pas étonnant, donc, que la carte ressemble à un roman avec des *collins*, des *fizzes*, des *juleps*... tout est excellemment réalisé par les barmans sérieux comme des papes et habillés comme des banquiers. Ce coin de Brooklyn n'étant pas encore Manhattan, la population se montre agréablement mélangée et sans chichi. Pour les meilleures places on hésite : soit les Chesterfield à côté de la cheminée, soit les énormes tabourets du bar, les plus confortables de la côte Est. Cocktail 13$ *M° Bergen St (F, G) 210 Smith St (entre Baltic et Butler Sts) Tél. 718 855 7939 www.cloverclubny.com Ouvert lun.-jeu. 16h-2h, ven. 16h-4h, sam. 10h30-4h, dim. 10h30-1h*

Red Hook

Où prendre l'apéro ?

Fort Defiance (plan 9, A2 n°54) Brooklyn c'est facile : Williamsburg c'est *arty*, Park Slopes c'est famille et Red Hook se cherche encore. Du coup, le Fort Defiance, bar manifestement voulu pour webdesigners 2.0 et jeunes stylistes, se retrouve en décalage dans le quartier qui n'a pas suivi, et devient de ce fait bien sympathique. Car on s'y sent bien dans ce bar à la déco mûrement réfléchie (matériaux bruts, subtiles touches de kitsch et bande-son rock indé). Sa carte des cocktails de fort en thème où l'histoire de chaque décoction est racontée (le proprio est aussi écrivain), ses prix doux et son accueil moelleux font le reste. Pas de quoi traverser la ville, mais si vous résidez à Red Hook, passez une tête pour l'apéro ou, mieux, le brunch du dimanche. Cocktail 10-12$. ***M° Caroll St (F, G) mais très loin...*** *365 Van Brunt St (à l'angle de Dikeman St) Tél. 347 453 6672 www.fortdefiancebrooklyn.com Ouvert lun. et mer.-ven. 10h-0h, mar. 10h-15h, sam.-dim. 9h-0h*

Où partir loin dans la nuit ?

Sunny's Bar (plan 9, A2 n°56) Red Hook, ex quartier portuaire en pleine mutation pourrait faire du cinéma avec ses maisons typiques, ses vestiges industriels et sa vue

qui tue sur Manhattan. Le Sunny's Bar serait la star du casting. Cette baraque toute miteuse perdue près des quais semble plus vieille que la mer (1890 en fait). Comme les stars, il faut la mériter. Pour venir, le mieux est de prendre le bateau ! Mais cela n'empêche pas une solide (et large) base de fidèles de venir se tenir chaud dans ce joyeux mélange de style maritime, de mobilier trouvé et d'art moderne lors des jams effrénés du samedi. Parfois, vingt musiciens se compactent dans la salle du fond ! Laissez-vous aller, vous êtes perdu à Red Hook et les notions de branchitude, d'âge ou de nationalité n'ont plus cours ! Bière 5$. ***M° Caroll St (F, G) mais très loin…*** *253 Conover St (entre Bird St et Reed St) Tél. 718 625 8211 www.sunnysredhook.com Ouvert mar. 16h-2h, mer.-ven. 16h-4h, sam. 11h-4h, dim. 11h-0h Fermé lun. Pas de carte bancaire*
Navette Ikea 5$ *Pier 11 (Manhattan)*

Park Slope et Prospect Heights

Où jouer aux boules avant un concert ?

Union Hall (plan 9, C2 n°57) Cossu et immense, il évoque davantage une maison des élèves d'Oxford qu'un bar de Brooklyn. Les gros canapés festonnés vous tendent leurs accoudoirs rebondis sous le regard bienveillant du portrait d'un aïeul. Une cheminée crépite. Les rayonnages de livres offrent leur amicale indifférence à ce que les (bons) cocktails pourraient vous faire raconter. Cet endroit est tellement grand qu'il n'apparaît jamais complètement plein alors que c'est LE rendez-vous de Park Slopes des 20 à 40 ans. Côté activités annexes, le sous-sol accueille une petite salle de concert (plutôt orientée rock) et, plus original, au rez-de-chaussée, vous pourrez jouer – en intérieur – au *bocce*, variation italienne de la pétanque. Cocktail 10$, bière 6$. ***M° Union St (D, N, R)*** *702 Union St (entre 5th Ave. et 6th Ave.) Tél. 718 638 4400 www.unionhallny.com Ouvert lun.-ven. 16h-4h, sam.-dim. 13h-4h*

Où se taper un bœuf ?

Barbès (plan 9, C3 n°62) Alors que les familles aisées de Park Slope s'endorment sur les coups de 22h, le Barbès passe en rythme de croisière, la petite salle se remplit de trentenaires amateurs de sono mondiale, les musiciens accordent leurs guitares et c'est parti pour deux concerts programmés avec amour par le proprio, Olivier Conan. Ce Français se fait fort, depuis 2002, de proposer des styles musicaux peu audibles à New York. Il organise (et y joue) des bœufs de musique péruvienne tous les lundis, le groupe latino Spanglish Fly met régulièrement le feu à la salle, et le rock balkanique des Slavic Soul Party du jeudi déchaîne les passions. Ajoutez à cela un peu de jazz et de chanson (Keren Ann est passée ici), et vous aurez une idée du riche mélange musical distillé en ces lieux. Le paiement au chapeau passe pour délicieusement exotique (il est conseillé de donner au moins 10$). Cocktail 12$. ***M° 7th Avenue (F, G)*** *376 9th St (entre 6th Ave. et 7th Ave.) Tél. 347 422 0248 www.barbesbrooklyn.com Ouvert lun.-jeu. 17h-2h, ven.-sam. 14h-4h, dim. 14h-2h*

Show pointu !

Littlefield (plan 9, C1 n°60) Il n'y a pas que Williamsburg dans la vie d'un branché ! Park Slope a aussi son quartier d'entrepôts plus très frais où des têtes chercheuses ouvrent des lieux défricheurs. Quelle que soit la soirée, la faune à lunettes est sûre de trouver dans ce lieu dépouillé (limite froid) sa dose de shows pointus. Attention, ce n'est pas un club où l'on danse mais plutôt une salle de concert-galerie (programmation, très variable, en ligne). Détail qui tue : l'empreinte carbone de la salle se veut réduite au maximum par l'utilisation de matériaux recyclés : l'insonorisation est en vieux pneus, le bar récupéré d'un bowling et, bientôt, un jardin de toit se chargera de la clim. Concerts 5-20$, réductions en ligne. ***M° Union St (D, N, R)*** *622 Degraw St (entre 3rd et 4th Ave.) Tél. 718 855 3388 www.littlefieldnyc.com* **Concerts** *En général entre 20h et 2h*

Fort Greene

Où sortir avec sa bande ?

Alibi (plan 8, D3 n°40) Vous voulez savoir à quoi ressemblait Brooklyn avant l'arrivée des bobos ? Allez faire un tour à l'Alibi. Ici, pas de fauteuils chinés. On a juste droit à un bar en bois un peu crade et à la mauvaise humeur du patron (il ponctue chaque commande d'un pfff dédaigneux, sauf si vous êtes une fille). Un billard trône dans la petite pièce et ça ne rigole pas non plus : des compètes ont lieu depuis 1983 et les joueurs remplissent des feuilles de statistiques. Ajoutez à cela un juke-box qui crachote du Queen et vous avez là une pépite d'atmosphère, brute et précieuse au milieu des vieux (et jeunes) buveurs du cru. *"No sleep till Brooklyn"* ! Pinte 6$. ***M° Clinton-Washington Ave. (G)*** *242 Dekalb Ave. (entre Vanderbilt Ave. et Clermont Ave.) Ouvert lun.-jeu. 17h-4h, ven.-sam. 15h-4h, dim. 15h-0h Pas de carte bancaire*

Karaoké chorale

Frank's Cocktail Lounge (plan 8, D3 n°31) Marre des bars rock bruyants ou jazzy mous ? Venez donc prendre votre dose de funk chez Franck. Attention, on nage ici dans le brut de décoffrage, pas dans le lounge chichiteux pour amateur de cocktails à ombrelles. Les clients

Une BAM qui fait du bruit

Créée en 1861, la **Brooklyn Academy of Music** (BAM) est à la fois la plus ancienne institution culturelle de New York et l'une des plus novatrices et excitantes. La meilleure programmation expérimentale et d'avant-garde de New York – danse, théâtre, musique, 220 spectacles par an ! Les locaux de Lafayette Street abritent une grande salle de spectacles, un opéra, un cinéma multiplex (films récents ou d'art et d'essai), des salles de conférences et d'expositions. Ne manquez pas les concerts gratuits (R'nB, électro, folk...) du BAMCafé les vendredi et samedi soir vers 21h ! L'annexe récente du BAM Harvey Theater (651 Fulton St) est un théâtre de 900 places. Moment fort de l'année de fin septembre à mi-décembre, le génial **festival Next Wave** est l'un des plus réputés de New York. Il met à l'honneur la nouvelle vague des artistes brooklynites, avec un seul mot d'ordre : *"Présenter des artistes novateurs à un public audacieux"* ! ***M° Atlantic Ave./Pacific Ave. (B, D, N, Q, R, 2, 3, 4, 5)*** *30 Lafayette Ave. Tél. 718 636 4100 www.bam.org*

ne viennent pas ici pour la carte (ce n'est pas vraiment un cocktail lounge en fait) ou la déco (digne d'un salon de coiffure des seventies avec ce plafond en stuc), mais pour le karaoké spécial R'nB. Installez-vous sur les banquettes en skaï avec une bière, et admirez les prestations des solides divas du quartier se lacher sur Mary J. Blige ou Lauryn Hill. Oserez-vous vous lancer sur Stevie Wonder ? Dans un quartier en lente WASPisation, une rasade de *black soul*, ça ne fait pas de mal. Bière 6$, entrée 5$ si concert. ***M° Fulton St (G)*** *660 Fulton St (à l'angle S Eliott Pl.) Tél. 718 625 9339 Ouvert tlj. 14h-1h* ***DJ*** *Le w.-e. Pas de carte bancaire*

Williamsburg

De la bière et des jeux

Barcade (plan 10, C3 n°40) C'est presque un sujet du bac philo : peut-on être nostalgique de choses qu'on n'a pas connues ? L'écrasante majorité de la clientèle du Barcade l'a depuis peu, sa majorité. Or, ces jeunes gens à chemises en flanelle et jeans slim se démènent comme des fous sur la particularité de ce vaste lieu industriel : sa collection de jeux vidéo du siècle dernier. Curieux de voir hurler des grands ados après une victoire sur un tas de pixels sur Ghost'n'goblins ou 1942, eux qui ont été biberonnés à la Playstation. En fait, la nostalgie n'est pas là où l'on croit ! Une immense salle de jeux ouverte jusqu'à très tard, où l'on sert de la bière et où les bips des consoles ne couvrent pas tout à fait une bande-son rock. Adolescents, nous aurions vendu un rein pour ça ! Bière 5$. ***M° Metropolitan Ave. (G) - Lorimer St (G, L)*** *388 Union Ave. (entre Power et Ainslie Sts) Tél. 718 302 6464 www.barcadebrooklyn.com Ouvert lun.-jeu. 16h-4h, ven. 14h-4h, sam.-dim. 12h-4h*

Où boire un verre de vin ?

Four Horsemen (plan 10, B3 n°45) Il n'y a qu'à Williamsburg que l'on peut trouver un bar-restaurant spécialisé en vins biodynamiques et dont l'un des associés est James Murphy, du groupe LCD Sound System ! La carte des vins, très éclectique, change souvent, et la palette des prix invite à la découverte. Parmi les meilleures affaires, on note un grenache gris du Languedoc (39$ la bouteille), mais on vous proposera aussi un Morgon nettement plus prohibitif (749$)... Le cadre très zen, murs blancs, bois de cèdre et tabourets de bar, évoque plus un bar à sushi qu'un bistrot français, mais la sérénité du lieu permet de savourer l'instant et l'assiette. Charcuteries (10-14$), fromages (9-10$) ou joli menu de saison (13-25$). ***M° Metropolitan Av (G)*** *295 Grand St (entre Roebling St et Havemeyer St) Tél. 718 599 4900 www.fourhorsemenbk.com Ouvert lun.-ven. 17h30-1h, w.-e. 13h-1h*

Où siroter un cocktail ?

Dram (plan 10, B3 n°41) Devant ce cocon lambrissé jusqu'au plafond, accueilli par une troupe de barbus à chemises à carreaux, on se prend à rêver au scoop : le prochain concept de bar pourrait bien être le faux chalet d'altitude. Mais non. Nul vin chaud à la carte mais une belle collection de cocktails, et les barbus n'étaient pas des montagnards d'Aspen mais des *hipsters* de Williamsburg. Car nous sommes ici dans la version Brooklyn (donc un peu moins chère) du bar branchouille comme il y en a tous les 10m à Manhattan. Ni meilleur, ni pire. Cocktail 13-16$. ***M° Marcy Ave. (J, M, Z)*** *177 S 4th St (entre Roebling St et Driggs Ave.) Tél. 718 486 3726 www.drambar.com Ouvert lun.-jeu. 17h-2h, ven. 17h-4h, sam. 16h-4h, dim. 16h-2h*

Hotel Delmano (plan 10, B2 n°42) Inutile d'aller à Manhattan pour profiter de la vague des neo-*speakeasies*. Williamsburg y a droit aussi avec Hotel Delmano. La porte étant évidemment sans indication (il ne fait pas bon être vendeur d'enseignes par les temps qui courent) et les vitres dépolies, il faut connaître pour y aller. L'intérieur pioche comme il se doit dans le genre 1920 avec boiseries et ambiance crépusculaire, et la clientèle dans le *hipster* des années 2010 doré sur tranche. Les prix sont sensiblement les mêmes qu'à Manhattan pour des cocktails sensiblement de même qualité. Petite originalité : le bar à huîtres pour une touche d'iode à l'apéro. Cocktail 11-14$. *M° **Bedford Ave. (L)** 82 Berry St (à l'angle de N 9th St) Tél. 718 387 1945 www.hoteldelmano.com Ouvert lun.-jeu. 17h-2h, ven. 17h-3h, sam. 14h-3h, dim. 14h-2h*

Où descendre une chope ?

Radegast Hall & Biergarten (plan 10, B2 n°43) Pourquoi au Radegast on se sent davantage à la fête de la bière que dans les autres *biergarten* ? À cause de sa déco en bois ? De son espace immense ? De l'orchestre de là-bas ? Des bancs pour douze ? De la foule permanente et rigolarde ? Oui, oui, oui bien sûr, mais surtout : ils servent des chopes d'un litre de bonne mousse bavaroise (15$) ! Que dire de plus à part : *wunderbar* ! *M° **Bedford Ave. (L)** 113 N 3rd St (à l'angle de Berry St) Tél. 718 963 3973 www.radegasthall.com Ouvert lun.-jeu. 12h-2h, ven. 12h-3h, sam. 11h-3h ; dim. 11h-2h*

Spuyten Duyvil (plan 10, B3 n°44) Non mais où sont-ils partis chercher ce nom ? Après enquête, ça voudrait vaguement dire diable-cracheur en néerlandais mais cela ne nous avance guère. On ne vient pas ici pour parler étymologie ou, en tout cas, pas la gorge sèche. Depuis 2003, ce bar cosy dans le style rétro (boiseries, vieilles affiches scolaires, ventilo années 1940) ne propose que des bières belges rares : Blaugies La Moneuse, Loterbol, Cantillon Lou Pepe Gueuze... une centaine tout aussi exotiques sont affichées au-dessus du comptoir. Cette sélection de bières pointues attire un public de connaisseurs un peu snob et plutôt fortuné, dans un quartier hautement hype où il est de bon ton d'écluser des litres d'insipide Pabst Blue Ribbon à 3$. À noter pour les jours de grande chaleur : il y a un grand jardin à l'arrière. Bière 9-12$ ou beaucoup plus. *M° **Metropolitan Ave. (G)** 359 Metropolitan Ave. (entre 4th St et Havemeyer St) Tél. 718 963 4140 www.spuytenduyvilnyc.com Ouvert lun.-ven. 17h-2h, w.-e. 12h-2h*

Où onduler sur des mix latinos ?

Bembe (plan 10, B3 n°50) Perdu sous le pont de Williamsburg, ce petit bar vaut vraiment le détour pour son ambiance *muy caliente* assez exceptionnelle. Quel que soit le soir de la semaine, il ne faut pas longtemps avant que les clients plutôt quadras et mélangés se mettent à onduler sur les mix latinos et afro-beats du DJ, souvent aidé d'un ou deux joueurs de djembé. Le prix modique des excellentes caïpirinhas ne doit pas être totalement étranger à la chaleur que dégage ce lieu sympathique et sans prétention. Pour vous reposer les genoux si vous fatiguez de danser, demandez une piña colada et admirez le spectacle du barman se battant avec une noix de coco à grands coups de marteau. Conso 5-7$. *M° **Marcy Ave. (J,***

M, Z) 81 S 6th St (à l'angle de Berry St) Tél. 718 387 5389 www.bembe.us Ouvert lun.-jeu. 20h30-3h30, ven.-dim. 20h30-4h Pas de carte bancaire

Où découvrir la scène musicale de Brooklyn ?

Knitting Factory (plan 10, C3 n°52) NoLIta, TriBeCa et maintenant Williamsburg. Cette Factory a pas mal bougé depuis 1987, mais vous pouvez être certain qu'elle ne s'installe jamais loin de l'avant-garde du moment. Ce laboratoire sonore s'est en effet fait une spécialité de défrichement musical pour oreilles avides de nouveautés et d'inédits. Du rock alternatif de Sonic Youth à la pop sombre de Radio Dept en passant par l'afrobeat déjanté d'Antibalas, la scène indé lui doit beaucoup. Le déménagement n'a ni changé la politique tarifaire démocratique (10$ l'entrée le plus souvent) ni l'acuité de la programmation. Il est aussi possible d'aller boire un verre dans le bar industrielo-rock sans assister aux concerts ; il faut voir sur scène les groupes s'énerver en silence par le mur de verre du bar ! Bière 7$. ***M° Bedford Ave. (L)*** *361 Metropolitan Ave. (à l'angle de Havemeyer St) Tél. 347 529 6696 bk.knittingfactory.com Ouvert lun.-jeu. 18h-3h30, ven.-dim. 17h-3h30* ***Concert*** *À 20h*

Où assister à un concert ?

☺ **Brooklyn Bowl (plan 10, B2 n°51)** Au cœur du Williamsburg branché, cette salle invente la soirée bi-goût ; les concerts ont lieu le long de seize pistes de bowling en activité. Cette configuration assez osée (si ce n'est limitée en termes acoustiques) accueille du coup des groupes assez à l'aise avec le second degré. Fin octobre a lieu la rencontre des fans du Big Lebowsky qui viennent traîner en robe de chambre. Mais il y a eu aussi des concerts d'un artiste qui reprend les Beatles au ukulélé, des sets de DJ ou des cours de salsa par le célèbre (du moins dans le quartier) Williamsburg Salsa Orchestra. Bowling 25$. ***M° Bedford Ave. (L)*** *61 Wythe Ave. (entre N 11th et 12th St) Tél. 718 963 3369 www.brooklynbowl.com Ouvert lun.-mer. 18h-0h, jeu.-ven. 18h-2h, sam. 12h-2h, dim. 12h-0h*

Warsaw (plan 10, C2 n°54) Cette salle de bal un peu décatie et franchement kitsch a été transmuée par un promoteur malin en un lieu hype quelques soirs par semaine, et se retrouve dotée d'une incongrue programmation indé. On a pu ainsi y entendre Le Tigre, Jello Biafra, Patti Smith... Vérifiez les dates, sinon vous pourriez vous retrouver devant un film polonais non sous-titré car la salle est gérée par The Polish National Home, l'amicale culturelle polonaise de New York. Du coup, la bière vient de là-bas ainsi que la cuisine (pas chère) pour se restaurer avant le concert. ***M° Nassau Ave. (G)*** *261 Driggs Ave. (à l'angle d'Eckford St) Tél. 718 387 0505 www.warsawconcerts.com*

Music Hall of Williamsburg (plan 10, B2 n°53) Brooklyn oblige, cette vaste salle de concert sur trois niveaux s'est offert une rénovation en profondeur qui laisse la part belle à la brique et à l'acier bruts. Brooklyn oblige, la programmation se teinte fortement d'indé : les *flows* sud-africains d'Antwoord, l'électro du Chesnay de Phoenix ou les guitares de Primal Scream... Brooklyn oblige enfin, les prix sont ténus pour une population qui a mis tous ses dollars dans son look vintage (entrée 15-35$). ***M° Bedford Ave. (L)*** *66 N 6th St (entre Wythe St et Kent Ave.) Tél. 718 486 5400 www.musichallofwilliamsburg.com Ouvert selon concert de 19h à 2h*

GEOADRESSES

RESTAURATION, PAUSES SUCRÉES

RESTAURATION À LA CARTE

Épiceries, *deli*, *diners* ou tables *with a view*, pour un bagel au coin d'une rue ou un vrai break gourmand.

sur le pouce

New York est la référence mondiale du coin de table et du *take away* (à emporter). Il est si facile de manger un en-cas à n'importe quelle heure et (presque) n'importe où !

pour un pique-nique

Épiceries, marchés, restaurants : il est facile d'acheter de quoi aller casser la croûte dans un parc ou au bord de l'eau.

made in USA

Envie de viande ? Où savourer les meilleurs burgers de New York ? Où trouver les meilleures *steakhouses* ? Sans oublier les autres spécialités US et l'esprit du Sud à travers la cuisine *soul*.

Burgers

Typiquement US

Cuisine *soul*

pour un brunch

Très prisé à New York, le brunch figure à la carte de nombreux établissements le week-end.

cuisines du monde

Une métropole cosmopolite se doit d'accueillir toutes les cultures du monde. Ville d'immigrants, New York est un modèle de diversité culinaire !

Afrique du Nord

Allemagne

Asie du Sud-Est

Le hot-dog à toutes les sauces.

Chine

Corée

Cuba

Ukraine

Veselka 387

Venezuela

Caracas Arepa Bar 386

en amoureux

Par leur cadre enchanteur, quelques tables se prêtent idéalement aux rendez-vous galants.

Bryant Park Grill 404
The Modern 405
Daniel 411
River Café 416
Rye 423

delicatessen

La cuisine juive venue d'Europe centrale s'est fondue dans le décor new-yorkais depuis le XIXe siècle. Bagels à toutes les sauces et sandwiches au pastrami sont la base du menu de tout *deli* qui se respecte.

Leo's Bagels 97
Zucker's Bagels 375
Balaboosta 382
Russ and Daughters 384
Katz's Delicatessen 385
Moishe's Bake Shop 386
Murray's Bagels 389
Taïm 390
Taam-Tov 404
Zabar's 405
Barney Greengrass 406
Absolute Bagels 407
Pastrami Queen 410
Mile End Delicatessen 420

bio et *veggie*

Pas de New York sans cuisine végétarienne. La tradition est vivace, et en plus des tables spécialisées, vous trouverez sur nombre de menus au moins un plat sans viande. Quant à la mode du bio, elle prend de l'ampleur.

Two Hands Restaurant & Bar 376
Spring Street Natural 378
Vegetarian Dim Sum House 381
ABC Kitchen 395
ABCV 395
Tiffin Wallah 396
Mandoo Bar 400
Green Symphony 402
Community Food & Juice 408
Egg 422

after hours

La plupart des restaurants ferment vers 23h ou minuit. Voici nos adresses ouvertes au-delà de minuit, mais attention : souvent seulement en fin de semaine.

24h/24

Veselka 387
The Kunjip 401
Tom's Restaurant 407
Kellogg's diner 422

Dans la nuit

Pete's Tavern 353
Prime Meats 362
Broome Street Bar 377
Ear Inn 377
Papatzul 378
La Esquina 382
The Meatball Shop 384
Katz's Delicatessen 385
Artichoke Pizza 386
Buvette 390
Frankies 570 390
Standard Grill 391
Baohaus 394
The Breslin 397
P. J. Clarke's 399
KyoChon 400
Papaya King 410
Junior's 415
Diner 423
Bohemian Hall & Beer G. 425

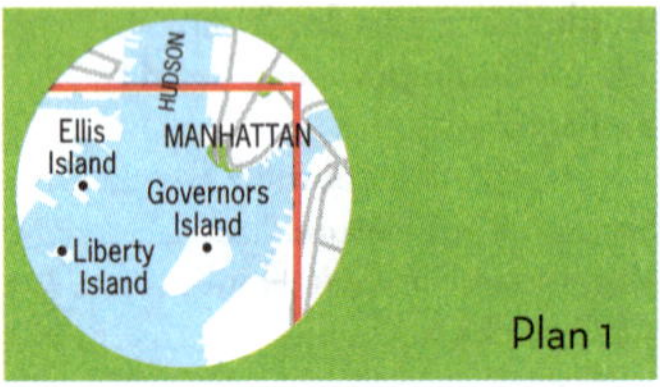

Lower Manhattan

Ce quartier, vibrant le jour de l'activité des milieux d'affaires, se vide le soir. Calme pour dormir mais un peu mort pour sortir, il reste très bien desservi par le métro et le bus.

très petits prix

Whole Foods (p.92).

petits prix

Battery Place Market (p.100).

Leo's Bagels (p.97).

☺ **Zaitzeff (plan 1, B2 n°31)** Une petite salle blanche décorée d'une grande toile contemporaine et de sympathiques tables communes servent de cadre à ce petit fast-food de qualité. Burgers goûteux (8,75 à 16,50$ selon le morceau et le poids), à manger sur place ou sur le pouce. *M° Fulton St (A, C, J, Z, 2, 3, 4, 5) 72 Nassau St (à l'angle de John St) Tél. 212 571 7272 www.zaitzeffburgers.com Ouvert tlj. 8h-0h*

Hudson Eats (plan 1, A2 n°16) Un *food court* rutilant, au cœur du World Financial Center. Parmi la vingtaine d'établissements que l'on y trouve, Mighty Quinn BBQ, Num Pang Sandwich Shop, Black Seed Bagel et Dos Toros Taqueria concoctent, respectivement, délicieux *ribs*, en-cas vietnamiens, gros bagels et tacos relevés. Le tout à deux pas du World Trade Center. Plat 10-30$. *M° Chambers St (A, C, 1, 2, 3) Brookfield Place, 200 Vesey St Tél. 212 978 1698 brookfieldplaceny.com Ouvert lun.-sam. 10h-21h, dim. 12h-19h*

prix élevés

☺ **Harry's Cafe (plan 1, B3 n°19)** Il faut descendre quelques marches pour pénétrer dans cette excellente *steakhouse* qui se vante de restituer l'esprit d'une cave. Murs de briques peintes, plafonds bas et mobilier sombre composent un décor chic sans être coincé. Les viandes sont réputées (30 à 55$), mais les produits de la mer et le reste de la carte sont tout aussi bons. Pour adoucir la note, essayez le *crab cake* (21$)

Glossaire de la table

Appetizers Sur un menu : les entrées.
BYOB *(Bring your own bottle)* : "apportez votre bouteille". Certains établissements, sans carte des vins, autorisent cette pratique.
Deli *Delicatessen* : restaurant de cuisine juive d'Europe orientale.
Diner Établissement new-yorkais typique, café en bord de rue souvent constitué d'un grand comptoir et de quelques tables.
Early bird Dîner économique, pour les couche-tôt.
Entrée Sur un menu : le plat principal.
Gratuity Le pourboire, comptez 15 à 20%, à ajouter systématiquement à l'addition.

et composez un menu de hors-d'œuvre. *M° Wall St (2, 3) 1 Hanover Sq. Tél. 212 785 9200 www.harrysnyc.com Ouvert lun.-ven. 11h30-0h, sam. 11h-0h*

Augustine (plan 1, B2 n°12) Le dernier-né (2016) des établissements du célèbre chef Keith McNally s'est installé dans le tout nouveau Beekman Hotel (p.429). Comme chez ses grands frères, on y sert les clients du petit déjeuner aux grignotages nocturnes. Au menu, les grands classiques de brasserie, revisités avec une touche d'originalité : os à moelle et son ragoût de queue de bœuf (31$) ou steak tartare à l'algue nori, au yuzu kosho (assaisonnement japonais) et à l'œuf de caille (18$). Et bien sûr, comme dans tout restaurant américain qui se respecte, une jolie carte de cocktails (17$) pour achever la journée. *M° Fulton St (A, C) 5 Beekman St (entre Nassau St et Park Row) Tél. 212 375 0010 www.augustineny.com Ouvert lun.-jeu. 7h30-23h, ven. 7h30-24h, w.-e. 10h-24h (dim. 22h)*

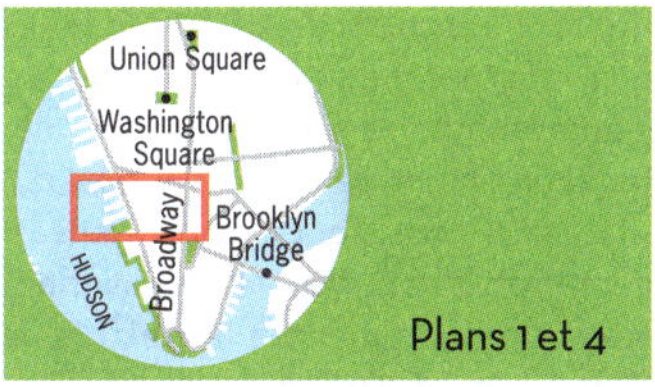

TriBeCa et SoHo

TriBeCa loge la fine fleur des jeunes yuppies et requins de la finance. Les prix s'en ressentent forcément. Atouts du quartier, pour ceux qui peuvent se le permettre : le calme et la proximité des restaurants élégants des environs ou de SoHo. On peut dîner très tard à SoHo, notamment dans la partie de Spring Street située entre West Broadway et MacDougal Street. Vous y trouverez nombre de petits restaurants à tous les prix. Attention, les adresses les plus réputées sont très courues et, sans réservation, la file d'attente est longue...

TriBeCa

très petits prix

☺ **Duane Park Patisserie** (p.109).

petits prix

☺ **Cafe Clementine (plan 1, B1 n°13)** Pratique dans ce quartier pauvre en restaurants bon marché, pour grignoter une soupe (6-8$) ou l'un des sandwiches variés (9-10$) réputés. Formules composées (13-15$) et cookies aux noms évocateurs : Lone Ranger ou Urban Legend Cowboy... *M° Franklin St (1) 227 West Broadway (près de White St) Tél. 212 965 0909 cafeclementine.com Ouvert lun.-ven. 8h-18h*

Zucker's Bagels (plan 1, B1 n°32) Quelques tabourets pour grignoter sur place, des murs carrelés de blanc et un look des années 1950, pour goûter l'une des douze sortes de bagels (1,25$ pièce), tartinés d'une préparation à base de fromage (2,95 à 5,50$ selon les parfums) ou de poisson fumé (9-11$). Propose aussi des soupes, salades et sandwiches ainsi que les spécialités classiques des *delicatessen*, pastrami, corned-beef et pickles. *M° Chambers (1, 2, 3) 146 Chambers St (entre Broadway et Greenwich St) Tél. 212 608 5844 www.zuckersbagels.com Ouvert lun.-ven. 6h30-19h, sam.-dim. 6h30-18h*

RESTAURATION, PAUSES SUCRÉES

prix moyens

Max (plan 1, A1 n°25) La vitrine ne paye pas de mine, mais le petit square devant est adorable et l'intérieur agréablement désuet. Venez tôt pour vous asseoir près de la fenêtre, devant les rideaux en brocart fané. On y mange une copieuse cuisine du sud de l'Italie, parfumée, mais sans prétention, parfois un peu trop salée. Misez surtout sur les pâtes et les lasagnes (14-17$). *M° Chambers (1, 2, 3) 181 Duane St (sur Duane Park) Tél. 212 966 5939 www.max-ny.com Ouvert lun.-jeu. 12h-22h, ven. 12h-23h, sam. 16h-23h, dim. 16h-22h*

Blaue Gans (plan 1, B1 n°17) En route vers l'est ! La courte carte de cette brasserie cible des plats d'inspiration allemande et autrichienne, composés de saucisses *Weißwurst* et *Bratwurst* avec choucroute (14$), ou d'une variété de *schnitzels* (escalopes panées, 26$). En dessert, l'*apfelstrudel* (gâteau aux pommes, 10$) ou la *Sachertorte* (gâteau au chocolat, 8$) sucrent les papilles. Quant au décor, il est à l'unisson, avec une vaste salle aux murs parés de posters vintage ! *M° Chambers St (1, 2, 3) 139 Duane St / W Broadway Tél. 212 571 8880 www.blauegans.com Ouvert lun.-sam. 11h-0h*

Locanda Verde (plan 1, A1 n°23) Parmi les nombreux restaurants italiens de la ville, celui-ci dégage une atmosphère chaleureuse de décontraction élégante. Esprit bistrot, étagères généreusement garnies de bouteilles (superbe carte des vins), service impeccable et une carte resserrée autour des grands classiques de la cuisine rustique traditionnelle en font une adresse bien sympathique. Antipasti (14-24$), pâtes (25-28$) ou plats complets (25-40$). Robert De Niro est l'un des partenaires de l'affaire... *M° Franklin St (1) ou Canal St (1) 377 Greenwich St Tél. 212 925 3797 www.locandaverdenyc.com Ouvert lun.-jeu. 7h-23h, ven. 7h-23h30, sam. 8h-23h30, dim. 8h-23h*

☺ **Landmarc (plan 1, B1 n°21)** L'une de ces adresses dont New York a le secret, qui conjugue avec équilibre une cuisine moderne et légère, d'inspiration franco-italienne, avec la grande tradition des *steakhouses*. C'est bon, frais, et cuit à la perfection. Pour ne rien gâcher, le cadre est très réussi, mariage de brique brute, de bois sombre et de métal. La carte des vins donne le tournis et l'ambiance est branchée sans être clinquante. Plats variés autour des produits du marché (25-38$), pâtes (19-29$), salades complètes (16-27$) ou burgers (19$). *M° Franklin St (1) 179 W Broadway (entre Leonard et Worth Sts) Tél. 212 343 3883 www.landmarc-restaurant.com Ouvert lun.-ven. 12h-23h, sam.-dim. 11h-23h*

Two Hands Restaurant & Bar (plan 1, B1 n°14) Avec sa terrasse ensoleillée, ce bar-restaurant australien est parfait pour une pause décontractée chic, que ce soit pour le breakfast, le déjeuner ou le dîner. Comme il se doit, le menu est sain et branché, avec tous les plats en vogue, du toast à l'avocat (12$) aux bols sans gluten (saumon mariné à la betterave, 16$, ou assortiment de choux variés, 14$). Plats plus consistants le soir, dans le genre robuste burger à l'australienne, garni de condiment à la betterave (très *hype*) et d'un œuf au plat (18$), ou poulet rôti aux raisins et au boulgour (25$). Tout aussi recommandable en journée pour un arrêt café ou pour l'apéro. Deux autres adresses, à SoHo et NoLIta. *M° Canal St (N, Q, R, W, 4, 6) 251 Church St (entre Franklin St et Leonard St) Pas de tél. churchst@twohandsnyc.com www.twohandsnyc.com Ouvert tlj. 8h-23h*

SoHo

très petits prix

☺ **Dean & DeLuca (plan 4, B2 n°1)** La première boutique de la célèbre épicerie fine de Joel Dean et Giorgio DeLuca se double d'un traiteur de grande qualité, proposant sandwiches raffinés, salades ou délicieuses soupes du jour pour moins de 10-12$, mais aussi *biscotti*, cookies et autres pâtisseries. Parfait pour un repas sur le pouce. Comptoir café pour un expresso à l'italienne. ***M° Prince St (N, R)*** *560 Broadway (à l'angle de Prince St) Tél. 212 226 6800 Ouvert lun.-ven. 7h-20h, sam.-dim. 8h-20h*

petits prix

Hampton Chutney Co. (plan 4, B2 n°16) À emporter ou à manger sur place, le concept est celui de crêpes indiennes, les *dosas* (9-14$) ou sandwiches (6,50-12$) aux garnitures très variées, inspirées de la cuisine indienne. L'originalité vient des accompagnements proposés, des chutneys délicieux. On peut aussi se contenter d'une soupe (5-11$) ou d'un *thali* (assortiment de mets, 11,50-15$). ***M° Prince St (N, R)*** *143 Grand St (entre Crosby et Lafayette Sts) Tél. 212 226 9996 www.hamptonchutney.com Ouvert lun.-sam. 11h-20h, dim. 11h-19h*

☺ **Broome Street Bar (plan 4, A3 n°13)** Ne cherchez pas ici une faune branchée, ni des fioritures dans l'assiette. Le vieux comptoir fatigué en a vu d'autres et n'est pas près de changer. Les clients sont des habitués et le menu ne propose que des plats à moins de 10$, grands classiques des bars américains. Soupes copieuses (bon chili à 7,50$), burgers, sandwiches, et une atmosphère simplement décontractée. Que demander de plus ? ***M° Canal St (A, C, E)*** *363 West Broadway (à l'angle de Broome St) Tél. 212 925 2086 Ouvert dim.-jeu. 11h-1h30, ven.-sam. 11h-2h30*

☺ **Ear Inn (plan 2, A4 n°22)** L'adresse rêvée quand il fait gris ou froid, pour se réchauffer à l'ambiance qui vibre sous les plafonds bas, au son du blues ou du jazz. Un vrai pub à l'ancienne, avec ses collections de bouteilles, ses boiseries polies par des générations de coudes et ses plats simples et bien cuisinés. Pâtes ou plat du jour (8-18,50$), burgers (9-13,50$), vin au verre (8-10$) ou une belle variété de bières. Bon signe : la clientèle est fidèle. ***M° Spring St (A, C, E)*** *326 Spring St (entre Greenwich et Washington Sts) Tél. 212 226 9060 earinn.com Ouvert tlj. 11h30-4h* ***Bar*** *Ouvert 12h-4h*

The Cupping Room Café (plan 4, A3 n°31) C'est surtout pour le petit déj. ou le brunch qu'il faut venir s'attabler dans la jolie salle aux murs de brique brune, entre les ventilos fatigués, le vieux poêle et les peintures modernes. Le *French toast* et les *waffles* (15-18$) font oublier tous les régimes, avec leurs garnitures au choix de fruits, glace, noix, crème fouettée, chocolat... Sert aussi des omelettes (13-18$), burgers (14-15$), sandwiches et salades. Happy Hour avec *chicken wings* gratuites lun.-ven. 17h-19h30. Lun. et mar. soirs menu entrée+plat+dessert 22$. Concerts live les ven.-sam. ***M° Canal St (A, C, E)*** *359 West Broadway (entre Grand et Broome Sts) Tél. 212 925 2898 www.cuppingroomcafe.com Ouvert dim.-jeu. 8h-22h, ven.-sam. 8h-0h30*

Westville (plan 2, A4 n°42) La dernière adresse de cette sympathique chaîne de restaurants est spacieuse et inondée de lumière grâce à de larges baies vitrées. Salades complètes (7-14$), versions généreuses des grands classiques américains (8-12$), tels le mac & cheese (gratin de macaronis), le BLT (sandwich bacon-laitue-tomate) ou l'incontournable burger. Pour le dessert, le *carrot cake* est l'un des meilleurs de la ville. Autres adresses à Chelsea, dans East Village et à Greenwich Village. ***M° Spring St (C, E) et Houston St (1, 2, 3)*** *333 Hudson St (entre Charlton et Vandam Sts) Tél. 212 776 1404 www.westvillenyc.com Ouvert lun.-ven. 9h-23h, sam.-dim. 10h-23h*

Jack's Wife Freda (plan 4, B2 n°18) Un petit restaurant soigné, tenu de main de maître par Dean, originaire d'Afrique du Sud, et Maya, son épouse israélienne. Ils proposent une carte élégante, créative et abordable, mêlant avec justesse les inspirations méditerranéenne, orientale et africaine. Au choix, salade parfumée au fromage haloumi grillé ou grecque à la féta (12$), *matzo ball soup* (soupe traditionnelle juive, 7$), *peri-peri chicken* (poulet mariné dans une sauce piquante et grillé, 20$)... Pour le petit déjeuner, essayez le bacon de canard maison (6$). ***M° Spring St (4, 6)*** *224 Lafayette St (entre Spring et Broome Sts) Tél. 212 510 8550 www.jackswifefreda.com Ouvert lun.-sam. 8h30-0h, dim. 8h30-22h*

prix moyens

☺ **Lucky Strike (plan 4, A3 n°22)** Le style simple et convivial d'un bistrot parisien, pour une cuisine franco-américaine sans chichis, à base de produits de qualité. Essayez par exemple l'excellente salade dite "niçoise" avec son steak de thon mi-cuit à la perfection (24$). Très bons burgers également (15,50-17,50$). Un peu bruyant mais très sympathique. ***M° Canal St (A, C, E)*** *59 Grand St (entre West Broadway et Wooster St) Tél. 212 941 0772 www.luckystrikeny.com Ouvert tlj. 12h-1h*

Papatzul (plan 4, A3 n°24) Tout le dépaysement du Mexique dans cette longue salle en enfilade où se balancent des guirlandes colorées. Et un menu qui va avec, autour des tacos et des *enchiladas*. La nourriture est simple et fraîche, le service agréable et le fond sonore *caliente latino*... En entrée, goûtez le *ceviche*, très réussi (12$). ***M° Canal St (A, C, E)*** *55 Grand St (entre West Broadway et Wooster St) Tél. 212 274 8225 www.papatzul.com Ouvert dim.-jeu. 12h-23h, ven.-sam. 12h-0h*

Spring Street Natural (plan 4, B2 n°33) Dès qu'il fait beau, c'est la terrasse qui retient l'attention, car elles sont rares dans le quartier, ce qui n'empêche pas la grande salle toute vitrée d'être bien agréable. Au menu, des recettes inspirées de toutes les cuisines du monde, avec un accent mis sur les produits bio et un bon choix de plats végétariens. Les salades complètes (16-19$) sont énormes et, surtout, bien assaisonnées. Les plats (prix variant de 10-22$ à midi à 15-28$ le soir) déclinent poissons, viandes ou tofu grillés, à la vapeur ou au wok. ***M° Prince St (N, R)***

GAMME DE PRIX	RESTAURATION	HÉBERGEMENT
Très petits prix	moins de 10$	moins de 100$
Petits prix	de 10 à 20$	de 100 à 150$
Prix moyens	de 20 à 40$	de 150 à 250$
Prix élevés	de 40 à 60$	de 250 à 350$
Prix très élevés	plus de 60$	plus de 350$

62 Spring St (à l'angle de Lafayette St) Tél. 212 966 0290 www.springstreetnatural.com Ouvert lun.-jeu. 11h-23h30, ven. 11h-0h30, sam. 10h30-0h30, dim. 10h30-16h

☺ **Hundred Acres (plan 4, A2 n°17)** L'élégante façade vert wagon cache un décor d'esprit bistrot, avec ses tables à plateau de marbre et son brouhaha. La musique rock jazzy et l'ambiance sont celles du décontracté chic. La cuisine américaine lorgne un peu vers la Méditerranée, et l'ensemble laisse la part belle aux produits du marché. La carte, sans être très fournie, change souvent. Plats entre 16 et 23$ à midi, de 25 à 45$ le soir, menu du marché le midi 24$. Attention à l'attente le soir et pour le très bon brunch du week-end. ***M° Spring St (A, C, E)*** *38 MacDougal St (près de Prince St) Tél. 212 475 7500 www.hundredacresnyc.com Ouvert lun.-ven. 11h30-16h et 17h30-23h, sam. 10h30-15h et 17h30-23h, dim. 10h30-15h et 17h30-22h*

prix élevés

Balthazar (plan 4, B2 n°11) Parmi les bistrots les plus populaires, celui-ci restitue à la perfection l'ambiance d'un établissement parisien, clientèle new-yorkaise chic en plus, sous les miroirs savamment patinés et les murs jaune moutarde. Au menu, les incontournables soupe à l'oignon (16$), steak tartare (30$), confit de canard (35$) et quelques plats français (entre 28 et 47$). Les sandwiches (19-23$), les tartes salées et les desserts bénéficient du savoir-faire pâtissier de la Balthazar Bakery voisine. Un peu moins cher à midi et très sympathique pour le petit déj. ***M° Spring St (4, 6) ou Prince St (N, R)*** *(près de Crosby St) Tél. 212 965 1414 www.balthazarny.com Ouvert lun.-jeu. 7h30-0h, ven. 7h30-1h, sam. 9h-1h, dim. 9h-0h*

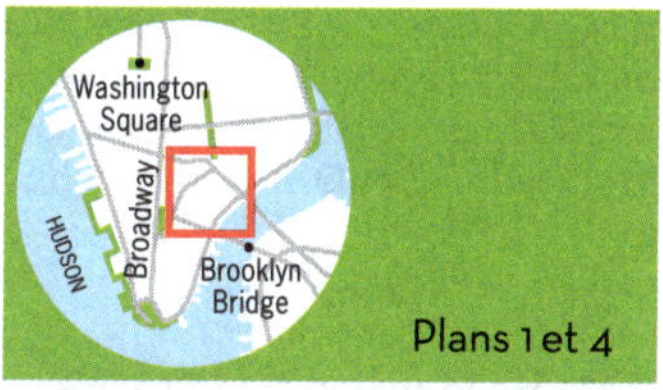

Chinatown, Little Italy et NoLIta

Les restaurants chinois sont innombrables et vraiment bon marché. Chinatown est l'endroit idéal pour les petits budgets, quitte à migrer ensuite vers le nord ou l'est pour sortir le soir dans NoLIta ou le Lower East Side. Les restaurants de NoLIta, fréquentés par une clientèle mode et chic, restent abordables et chaleureux, sans snobisme. Un bon point : le nombre d'adresses vraiment pas chères !

Chinatown

très petits prix

Fried Dumpling (plan 1, C1 n°3) C'est un minuscule réduit, où trois ou quatre Chinoises font frire des *dumplings* (boulettes de viande) toute la journée. Car même si l'on y vend aussi de la soupe, ce sont surtout les délicieux *pork dumplings* qu'il faut acheter ici, au prix de 1$ pour 5, à grignoter sur les bancs du parc voisin. ***M° Canal St (J, N, Q, Z, 4, 6)*** *106 Mosco St (entre Mott et Mulberry Sts) Tél. 212 693 1060 Ouvert tlj. 11h-20h*

Golden Fung Wong Bakery (plan 1, C1 n°18) Rien de bien glamour dans cette pâtisserie démodée, mais c'est là qu'il faut se faire une idée de quelques spécialités chinoises, comme l'*egg tart* (1$), le *melon cake* ou le *lotus cake* (1$). Plus étrange, risquez-vous à goûter le *sticky rice dumpling* (2$), sorte de pâté de riz à la cacahuète ou au haricot, emballé dans une feuille de bambou. ***M° Canal St (J, N, Q, Z, 4, 6)*** *41 Mott St (près de Bayard St) Tél. 212 267 4037 Ouvert tlj. 7h-19h*

Tasty Hand-pulled Noodles (plan 1, C1 n°27) Une petite cantine sans chichis et des nouilles fraîches et étirées à la main. On choisit son type de pâtes, puis on décide de l'accompagnement, en soupe ou sauté. Au final, une addition ultralégère (plats entre 4 et 11$) et un repas simple et goûteux. ***M° Canal St (J, N, Q, Z, 4, 6)*** *1 Doyers St (entre Pell St et Bowery) Tél. 212 791 1817 www.tastyhandpullednoodlesnyc.com Ouvert dim.-ven. 10h30-22h30 Fermé sam.*

Nom Wah Tea Parlor (plan 1, C1 n°10) Cette pâtisserie chinoise à l'ancienne se vante d'être le premier salon de *dim sum* de New York, ouvert depuis 1920 ! Rénové par le fils du propriétaire qui a repris le flambeau, l'établissement est redevenu l'endroit où découvrir les classiques comme les *turnip cakes* (pâtés de navet à la sauce Hoisin, 4,50$), les beignets de porc (4,95$), les raviolis chinois aux crevettes (4,75$) ou les rouleaux de riz à la coriandre et aux oignons nouveaux (3,50$). Côté décor, les nappes à carreaux, les chaises au comptoir et les boxes en moleskine résument l'essence de New York. ***M° Canal St (J, N, Q, R, 5)*** *13 Doyers St (entre Pell St et Bowery) Tél. 212 962 60 47 www.nomwah.com Ouvert tlj. 10h30-22h*

C'est dans les vieux (melting) pots...

... qu'on fait les meilleures soupes ! La gastronomie new-yorkaise est à l'image de la cité, une mixture mélangée. Une grande cuillère d'Italie, une bonne louche de cuisine juive d'Europe centrale, une copieuse rasade d'Amérique latine et de grosses pincées d'Orient, tels seraient les ingrédients de base. À l'heure du repas, New York réussit son meilleur melting-pot. Des saveurs d'ailleurs sont devenues d'incontournables spécialités locales : hot-dogs, sandwiches (chauds et très garnis), falafels, chili con carne des vendeurs ambulants, que l'on mange, à la mode américaine, n'importe quand et n'importe où. Les plats qui font l'ordinaire du New-Yorkais viennent de loin. Le cheesecake a perdu sa ricotta en route, la pizza a été fortement américanisée, les pastrami, bretzels et bagels figurent au menu de tout *delicatessen* qui se respecte. Chaque coin de continent tient cantine à New York. Du stand de raviolis chinois à la haute cuisine avec chef étoilé, des *salad* et sushis bars à la *soul food* afro-américaine en passant par les saveurs latinos, les cuisines du monde se déclinent en quelque 23 000 établissements, du restaurant feutré au *diner* populaire à travers les cinq *boroughs*. Reste-t-il une cuisine typiquement US ? Oui, et de bonne taille, avec les burgers et les steaks servis en version XXL comme les portions de *French fries* (frites). Quant à la *clam chowder* (soupe de palourdes), authentique spécialité locale, certains restaurants l'affichent encore sur leur carte.

petits prix

☺ **New Malaysia (plan 1, C1 n°24)** Pour changer sans quitter l'Asie, ne passez pas à côté de ce restaurant malaisien, caché dans un étroit passage. Le détour en vaut la peine car les plats succulents jouent sur une large palette de saveurs exotiques. Les *noodle soups* (5,25-7$) peuvent faire un repas léger, de même qu'un assortiment de hors-d'œuvre (3 à 9$, essayez le satay ou le *crispy shrimp and taro roll*). Côté plats, le *beef in scallion and ginger* (12,50$) ou le spectaculaire *Sarang Burong* (12,50$) sont de bons choix. ***M° Canal St (J, N, Q, Z, 4, 6)*** *46-48 Bowery St (dans une galerie, entre Bowery et Elizabeth St) Tél. 212 964 0284 newmalaysiarestaurant.com Ouvert tlj. 11h-22h30*

Vegetarian Dim Sum House (plan 1, C1 n°28) La petite salle aux murs vert amande offre un calme bienvenu après la vibrante activité du quartier. La carte est exclusivement végétarienne, mais les saveurs sont si riches et les textures si variées que même les carnivores les plus convaincus se régaleront. Protéines végétales imitant poulet, bœuf, porc ou poisson, il est impossible de sentir la différence ! Entrées de 5 à 10$, plats de 12 à 18$. ***M° Canal St (J, N, Q, Z, 4, 6)*** *24 Pell St (face à Doyers St) Tél. 212 577 7176 vegetariandimsumnyc.com Ouvert tlj. 10h30-22h30*

prix moyens

Dim Sum Go Go (plan 1, C1 n°15) Le décor, très moderne, est inattendu, dans un Chinatown qui prône le plus souvent satin et dentelles. Malgré la présence au menu d'une imposante variété de plats chinois classiques (14-28$), le *dim sum*, assortiment de petits mets frits ou cuits à la vapeur, reste au cœur des opérations. Vous pouvez le commander par type de garniture (4,50-5$ pour le petit panier en bambou), ou, mieux, par large assiette de dix saveurs combinées (12,95-15,95$). ***M° Canal St (J, N, Q, Z, 4, 6)*** *5 E Broadway (entre Oliver et Catherine Sts) Tél. 212 732 0797 www.dimsumgogonyc.com Ouvert tlj. 10h-23h*

☺ **Peking Duck House (plan 1, C1 n°26)** Nettement plus chic que la plupart des adresses du quartier, dans un cadre feutré et sobre, voici une excellente table qui reste très abordable. Si vous souhaitez manger du canard laqué, la grande spécialité de la maison, il vous faudra être au moins deux et commander à l'avance (52$ le canard). Mais ne vous y limitez pas, le reste de la carte est savoureux aussi. Plat 14-36$, menu dégustation 39$ par personne pour les groupes d'au moins quatre personnes. ***M° Canal St (J, N, Q, Z, 4, 6)*** *28 Mott St (entre Mosco et Pell Sts) Tél. 212 227 1810 www.pekingduckhousenyc.com Ouvert dim.-jeu. 11h30-22h30, ven.-sam. 11h45-23h*

Little Italy et NoLIta

petits prix

☺ **Eileen's Special Cheesecake** (p.115).

☺ **Bread (plan 4, C2 n°12)** Installé depuis 2016 dans le Nolitan Hotel, cet établissement populaire du quartier propose une carte très futée. On peut manger des sandwiches copieux pour 13$ ou bien choisir entre les plats de pâtes, les grosses salades (13-15$) et les recettes de viandes ou poisson (16-25$). On aime aussi les petites salles en enfilade et le look cantine design mariant béton, plantes vertes et grandes tables en bois brut. ***M° Spring St (6)*** *40 Kenmare St (entre Mott et Elizabeth Sts) Tél. 917 675 7600 Ouvert dim.-mer. 7h-0h, jeu.-sam. 7h-1h*

Café Habana (plan 4, C2 n°15) Toujours très fréquenté, ce petit café d'inspiration latino fut créé par un New-Yorkais bon teint qui voulait un endroit chaleureux et convivial où se retrouveraient artistes, globe-trotters et bobos écoloconscients. Salades 11-16$, tacos et *quesadillas* de 11,50 à 15$, plats entre 12 et 17$, l'addition est légère et la cuisine simple mais de bonne qualité. Musique salsa-samba et ambiance bon enfant. ***M° Spring St (6)*** *17 Prince St (à l'angle d'Elizabeth St) Tél. 212 625 2001 www.cafehabana.com Ouvert tlj. 9h-0h*

Café Gitane (plan 4, B2 n°14) Ce sont toutes les saveurs de la Méditerranée qui sont convoquées dans ce bistrot, bien sympathique quand les lumières se tamisent. On s'y sent presque à la maison, dans un décor de récup' plaisamment patiné. Salades délicieuses (9,50-16$), couscous (14-17$), boulettes de viande en sauce épicée (16$) ou sélection de pain grillé garni (14$). Agréable terrasse quand il fait beau. ***M° Spring St (6)*** *242 Mott St (près de Prince St) Tél. 212 334 9552 www.cafegitanenyc.com Ouvert dim.-jeu. 8h30-0h, ven.-sam. 8h30-0h30*

Parm (plan 4, B2 n°25) Ce petit espace permet de goûter les classiques italo-américains à moindre coût. Préparez-vous à d'énormes sandwiches à la dinde rôtie, aux aubergines et parmesan, à la viande hachée (9-12$). Ici, la cuisine italienne prend une autre dimension, que ce soit avec les calmars frits (14$), les *giardinia pickles* (légumes marinés, 6$) ou le *Chicken Parm*, plat phare du chef, une pièce de poulet pané nappé de sauce (17$). Ne vous laissez pas tromper par le papier peint rétro et les tabourets en vinyle rouge, cette adresse est très mode, comme en témoignent les spectaculaires cocktails (12$). ***M° Spring St (4, 6)*** *248 Mulberry St (entre Prince et Spring St) Tél. 212 993 7189 www.parmnyc.com Ouvert dim.-jeu. 11h30-22h, ven.-sam. 11h30-23h*

prix moyens

☺ **La Esquina (plan 4, B2 n°21)** C'est la *taqueria* qui occupe l'angle de la rue et propose des snacks très bon marché (tacos autour de 4-5$) jusque tard dans la nuit, à emporter ou à manger sur place au café. Les repas plus formels se dégustent dans la "brasserie", au sous-sol (déco très réussie, DJ à partir de 21h30) que l'on rejoint en passant par les cuisines... L'ensemble est très branché, le style mexicain, comme le nom le laisse supposer. Cocktails 14-17$, hors-d'œuvre de 7 à 15$, plats plutôt soignés de 20 à 47$. ***M° Spring St (6)*** *114 Kenmare St (à l'angle de Lafayette St) Tél. 646 613 1333 www.esquinanyc.com* ***Taquería*** *Ouvert tlj. 11h-1h45* ***Café*** *Ouvert lun.-ven. 12h-0h, w.-e. 11h-0h* ***Brasserie*** *Ouvert tlj. 18h-2h*

☺ **Balaboosta (plan 4, B2 n°10)** *Balaboosta* signifie "ménagère modèle" en yiddish et ce sont les recettes de base de la cuisine juive des familles que vous goûterez ici. À midi, on mange salades, sandwiches ou *schnitzels* (9-18$). Le soir, c'est plus élaboré, avec les grands classiques que sont les falafels, houmous, pickles ou salade de quinoa (9-14$), suivis de plats copieux et parfumés, comme le poulet "sous la brique" accompagné de couscous israélien (29$). Côté décor, c'est chaleureux comme à la maison, avec étagères garnies de livres ou de bouteilles, portraits de famille et grandes tables communes. *M° Spring St (6) 214 Mulberry St (entre Prince et Spring Sts) Tél. 212 966 7366 www.balaboostanyc.com Ouvert lun.-jeu. 11h30-15h30 et 17h30-22h30, ven. 11h30-15h30 et 17h30-23h, sam. 11h-15h30 et 17h30-23h, dim. 11h-15h30 et 17h30-22h*

Peasant (plan 4, C2 n°27) Ambiance zen relaxante et chic, musique jazz cool ou classique plaisamment discrète, sol en béton ciré, éclairage flatteur et longue table-bar au milieu de la pièce. Cuisine italienne classique, de qualité. Hors-d'œuvre 12 à 18$, pizzas 16$, pâtes 28 à 32$, plats 29 à 64$. Menu complet 55$. Une adresse recherchée, où il faut réserver. *M° Spring St (6) 194 Elizabeth St (entre Prince et Spring Sts) Tél. 212 965 9511 www.peasantnyc.com Ouvert mar.-sam. 18h-23h, dim. 18h-22h*

Rubirosa (plan 4, B2 n°38) L'endroit idéal pour goûter à Little Italy sans tomber dans les pièges à touristes ! Ici, on est italo-américain et on prend son repas très au sérieux ! Ne manquez pas les énormes portions de spaghettis maison et de boulettes de viande (17-27$) comme on en voit dans les films, ou les pizzas à en perdre la ligne (19-26$), noyées de mozzarella ou de crème à la vodka (!). Moins convenue, la *wedding soup* aux boulettes de poulet (10$), recette digne d'une *mamma* italienne, permet de calmer une faim plus modeste. Le tout se savoure sans chichis sur fond de lambris et de tabourets de bistrot. *M° Spring St (4, 6) 235 Mulberry St (entre Prince St et Spring St) Tél. 212 965 0500 www.rubirosanyc.com Ouvert tlj. 11h30-23h (jeu-sam. 0h)*

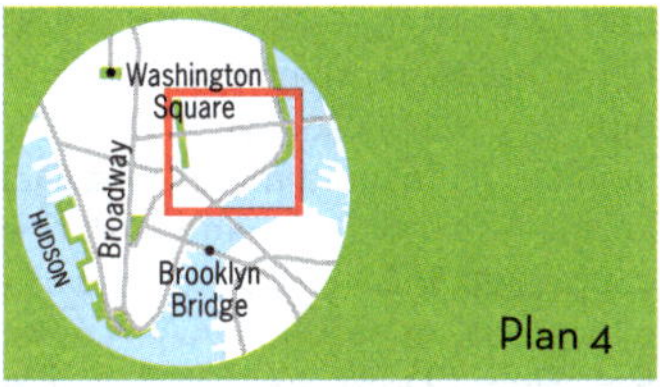

Lower East Side

Le Lower East Side (LES pour les habitués) est l'un des quartiers les plus vivants pour sortir le soir ou pour le brunch du week-end. Il est aussi très riche en excellentes adresses "sucrées". En sus des tables que nous recommandons, la plupart des bars proposent un menu qui peut constituer un dîner. Ludlow, Rivington et Clinton Streets concentrent la plupart des restaurants.

très petits prix

Sugar Sweet Sunshine (plan 4, D2 n°3) La pâtisserie Sugar Sweet Sunshine arbore une déco récup' couleur bonbon. Ceux qui n'arrivent pas à se décider pour une saveur miseront sur un éventail de *cupcakes* (1,25$). Les autres craqueront pour de décadentes préparations crémeuses à souhait, répondant aux noms pâtisserie extravagants Ooey Gooey ou Sexy Red Velvet. Cake 1-5$. *M° Delancey St (F) ou Essex St (J, M, Z) 126 Rivington St (entre Essex et Norfolk Sts) Tél. 212 995 1960 www.sugarsweetsunshine.com Ouvert lun.-jeu. 8h-22h, ven. 8h-23h, sam. 10h-23h, dim. 10h-19h*

Il Laboratorio del Gelato (plan 4, D1 n°6) L'un des atouts de ce glacier devenu incontournable à New York est de ne pas sucrer à l'excès ses préparations, qui restent ainsi plus rafraîchissantes. En saison, les sorbets de fruits frais sont un pur délice. Parmi les quarante-huit saveurs inédites à goûter, le sorbet au chocolat noir ou la glace au malt, le basilic, la réglisse ou la lavande. Petite coupe 3,50$. Se double d'un bar à expressos. ***M° Second Ave./Lower East Side (F)*** *188 Ludlow St (à l'angle de Houston St) Tél. 212 343 9922 www.laboratoriodelgelato.com Ouvert lun.-jeu. 7h30-22h, ven. 7h30-0h, sam. 10h-0h, dim. 10h-22h*

Doughnut Plant (plan 4, D3 n°2) Le détour s'impose pour goûter au meilleur *doughnut* (énorme, 2$) de New York ! L'échoppe ne paie vraiment pas de mine, mais les parfums sont variés (ils changent selon les saisons, de cannelle à potiron ou carotte et de *tres leches* à airelle), la pâte légère et onctueuse, le glaçage généreux et honteusement régressif... ***M° Delancey St (F) ou Essex St (J, M, Z)*** *379 Grand St (entre Essex et Norfolk Sts) Tél. 212 505 3700 doughnutplant.com Ouvert dim.-jeu. 6h30-20h, ven.-sam. 6h30-21h*

Vanessa's Dumpling House (plan 4, C3 n°36) On vient ici pour les délicieux et croustillants *dumplings* (4 pour 1,50$) ou les crêpes de sésame au canard (3,25$). Il ne faut pas s'attendre à grand-chose d'autre mais prévoir de manger sur le pouce dans le Sara Roosevelt Park tout proche. ***M° Grand St (B, D)*** *118 Eldridge St (entre Broome et Grand Sts) Tél. 212 625 8008 vanessas.com Ouvert lun.-sam. 10h30-22h30, dim. 10h30-22h*

Russ and Daughters (plan 4, C1 n°29) Depuis le début du XXe siècle et l'époque des marchands juifs ambulants, le *delicatessen* de la famille Russ propose des produits impeccables, au premier rang desquels les poissons fumés. Il ne vous reste plus qu'à demander à en tartiner un bagel ou du pain complet et vous aurez le meilleur des sandwiches (à partir de 6$). Vous pouvez y ajouter une salade traditionnelle comme celle de betterave, pomme et hareng (10$). En 2014, la célèbre boutique s'est enrichie d'un café immaculé, au 127 Orchard Street. ***M° Second Ave./Lower East Side (F)*** *179 E Houston St (entre Orchard et Allen Sts) Tél. 212 475 4880 www.russanddaughters.com Ouvert lun.-ven. 8h-20h, sam. 8h-19h, dim. 8h-17h30*

petits prix

The Meatball Shop (plan 4, D2 n°34) Un long comptoir, une grande table commune et quelques coins pour deux contribuent à une ambiance bruyante et conviviale. Au menu, comme on peut s'y attendre, des boulettes de viande pour lesquelles on choisit la viande et la sauce (9$ l'ensemble) puis l'accompagnement (6$ chaque). À l'arrivée, une assiette sur mesure, copieuse, parfumée et vraiment pas chère. En dessert, essayez le sandwich glacé : votre parfum préféré, servi entre deux cookies de votre choix (6$). Particulièrement animé après la fermeture des bars. Cinq autres adresses, dont une à Williamsburg. ***M° Second Ave./Lower East Side (F)*** *84 Stanton St (entre Allen et Orchard Sts) Tél. 212 982 8895 www.themeatballshop.com Ouvert dim.-jeu. 11h30-2h, ven.-sam. 11h30-4h*

Kuma Inn (plan 4, D2 n°20) Difficile à trouver, caché à l'étage d'un immeuble discret, ce petit restaurant philippin est idéal à l'heure de l'apéritif ou pour un dîner léger. Les plats, très parfumés, sont servis en petites assiettes (7-12,50$) à combiner à plusieurs ou en plats complets. Attention, on ne sert pas d'alcool mais vous pouvez apporter du vin (droit de bouchon de 5$ par bouteille) ou de la bière (droit de bouchon 1$). Couvert 2,50$. *M° Delancey St (F)* *113 Ludlow St (entre Rivington et Delancey Sts) Tél. 212 353 8866 www.kumainn.com Ouvert dim.-mer. 18h-23h, jeu.-sam. 18h-0h*

☺ **Spitzer's Corner (plan 4, D2 n°32)** Sympathique pub à l'américaine, servant une cuisine simple et fraîche, salades (14-21$) ou burgers (16-20$), arrosés de l'une des 40 bières pressions artisanales (7-11$). Le cadre rustique garde une touche industrielle. Quand il fait beau, les grandes baies s'ouvrent et on se retrouve comme en terrasse. Brunch le week-end. *M° Delancey St (F)* *101 Rivington St (à l'angle de Ludlow St) Tél. 212 228 0027 www.spitzerscorner.com Ouvert lun.-mer. 12h-23h, jeu.-ven. 12h-0h, sam.-dim. 10h-0h*

Congee Village (plan 4, D2 n°26) Le *congee* est une sorte de bouillie de riz chinoise que l'on sert ici en portions gigantesques et bon marché (on s'en tire sans problème à 10$ par pers.). La salle est grande, la déco kitsch, avec lampions en papier, bambou omniprésent ou fausses plantes suspendues, et l'ambiance festive et bon enfant. Comptez 4,95$ pour un bol de congee aux calmars et au gingembre ou au porc et aux œufs, la difficulté étant surtout de décider parmi les dizaines de recettes. Le menu compte aussi des plats plus élaborés comme les nouilles chinoises garnies (14,95$) ou le General Tso's chicken (plat de poulet, 14,50$). Salles privées avec machines à karaoké pour les soirées en bande. *M° Delancey St (F)* *100 Allen St (entre Broome St et Delancey St) Tél. 212 941 1818 www.congeevillagenyc.com Ouvert tlj. 10h30-0h30 (ven.-sam. 1h)*

prix moyens

Schiller's Liquor Bar (plan 4, D2 n°30) Ce bistrot plein de caractère a été créé par Keith McNally, un Londonien qui a lancé avec succès de nombreux établissements à New York. La carte ne propose qu'une liste restreinte de plats phare de la cuisine française de brasserie (15-29$), de bonnes salades (13-15$), des pâtes (16-21$) et les inamovibles burgers, à midi (14,50-18$). Bonne ambiance. *M° Delancey St (F)* *131 Rivington St (à l'angle de Norfolk St) Tél. 212 260 4555 www.schillersny.com Ouvert lun.-mer. 11h-0h, jeu.-ven. 11h-1h, sam. 10h-1h, dim. 10h-0h*

☺ **Katz's Delicatessen (plan 4, D1 n°19)** Véritable institution new-yorkaise, ce grand *delicatessen* est resté inchangé depuis les années 1950 : photos de fête et de célébrités au mur, réclames en néons et panneau signalant la table où Meg Ryan simula son célèbre orgasme dans le film *Quand Harry rencontre Sally* (1989). Commande au comptoir ou service à table le long du mur, mais dans les deux cas, on paye en espèces, à la sortie. C'est bondé, ça peut avoir l'air confus, prenez donc votre temps pour étudier la carte avant de vous décider... Au menu, de simples bagels (4$), une belle variété de sandwiches (essayez le Reuben !), au pastrami, au corned beef, à la saucisse (11-23$), d'énormes assiettes de viande (35$) mais aussi des soupes, des ragoûts et des desserts honteusement riches. *M° Second Ave./Lower East Side (F)* *205 E Houston St (à l'angle de Ludlow St) Tél. 212 254 2246 katzsdelicatessen.com Ouvert lun.-mer. 8h-22h45, jeu. 8h-2h45, ven. 8h-dim. 22h45 non-stop*

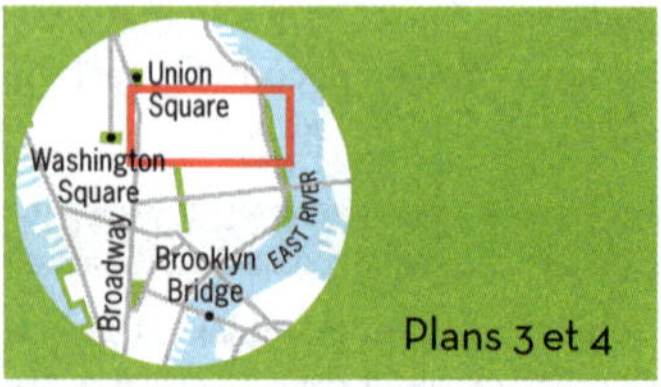

East Village

Quartier bohème et festif par excellence de Manhattan, l'East Village est parfois rebaptisé "Eats Village" - le village des bons petits restos. Et pour cause ! Les bonnes adresses abondent, à des prix généralement plus doux qu'ailleurs.

très petits prix

Big Gay Ice Cream (plan 3, A3 n°2) *Milk shakes* et glaces aux *toppings* caramel, chocolat fondant, *dulce de leche* ou huile d'olive et sel de mer, à déguster devant la licorne multicolore et le cône arc-en-ciel imaginés par deux boute-en-train entrepreneurs ! Trois autres adresses dans Manhattan. ***M° Astor Place (6) ou 2nd Ave. (F)*** *125 E 7th St (près de Ave. A) Tél. 212 533 9333 biggayicecream.com Ouvert dim.-jeu. 13h-22h, ven.-sam. 13h-23h*

☺ **Moishe's Bake Shop (plan 3, A3 n°3)** L'une des meilleures pâtisseries juives de New York, excusez du peu ! Grands classiques d'Europe centrale préparés avec amour : *babka, rugelasch, hamentasch*... Un régal au petit matin, tout frais sortis du four... ***M° Astor Place (6)*** *115 2nd Ave. (entre 6th et 7th Sts) Tél. 212 505 8555 www.moishesbakeshop.com Ouvert dim.-jeu. 7h-21h, ven. 7h-13h Fermé sam.*

Artichoke Pizza (plan 3, A2 n°10) Les origines italo-américaines du fondateur de cette petite pizzeria, en périphérie nord d'East Village, s'affichent en vitrine, avec une photo du "Taureau du Bronx", Jake LaMotta... Si l'adresse est prisée des noctambules affamés, on s'y presse à toute heure pour acheter des parts de pizza (énormes), à emporter (on peut manger sur place aussi) : pâte épaisse mais croquante, délicieux fromage en garniture - gare aux taches ! La margherita a ses adeptes, mais l'artichoke (fromage, sauce aux épinards et artichauts ; 5$ la part) demeure incontournable. ***M° 1st Ave. (L)*** *328 E 14th St (entre 1st et 2nd Ave.) Tél. 212 228 2004 www.artichokepizza.com Ouvert tlj. 10h-5h*

petits prix

Caracas Arepa Bar (plan 3, A3 n°13) Galettes de maïs vénézuéliennes, les *arepas* sont ici succulents, avec un vaste choix de garnitures, dont plusieurs options végétariennes (8,50-9,25$) : la *Sureña* (poulet, chorizo, avocat, épices) et la *Mulata* (fromage, poivrons, haricots noirs et plantain) sont des choix sûrs... En entrée, essayez le *guasacaca*, guacamole à la vénézuélienne (7,75$). Le soir, il y a foule dans l'étroite salle - préparez-vous à faire la queue, ou rabattez-vous sur l'échoppe "à emporter", deux numéros plus bas. ***M° Astor Place (6)*** *91 E 7th St (entre Ave. A et 1st Ave.) Tél. 212 228 5062 www.caracasarepabar.com Ouvert tlj. 12h-23h*

Luke's Lobster (plan 3, A3 n°16) Local exigu à la déco "bord de mer", qui s'est fait une spécialité du sandwich au homard - *lobster roll*, 17$ - petit pain moelleux généreusement garni. Sur le même principe, sandwiches aux crevettes (9$) ou au crabe (13$). Pour se réchauffer, goûter au délicieux *New England clam chowder*, une soupe aux palourdes (9$). Autres adresses dans l'Upper East Side et l'Upper West Side, à Midtown East, au Brooklyn Bridge Park et à Park Slope. ***M° Astor Place***

(6) 93 E 7th St (entre Ave. A et 1st Ave.) Tél. 212 387 8487 lukelobster.com Ouvert dim.-jeu. 11h-22h, ven.-sam. 11h-23h

Veselka (plan 3, A3 n°21) Fier emblème des Ukrainiens de l'East Village depuis plus d'un demi-siècle, Veselka séduit par son ambiance un peu *roots* et ses (petits) prix assortis. On prend place au long comptoir, devant les fourneaux, ou dans la salle du fond, s'il reste de la place. Spécialités ukrainiennes, bien sûr : *pierogis* (épaisses crêpes garnies servies avec oignons, sauce aux pommes et crème ; 7-12,95$), *matzoh ball soup*, bortsch, goulasch de veau-purée (*veal goulash*, 18,50$)... À la carte, également, de copieux sandwiches chauds, des soupes, des salades... Une adresse sûre, et l'un des repaires préférés des noctambules – les cuisines ne ferment jamais ! ***M° Astor Place (6)*** *144 2nd Ave. (à l'angle de 9th St) Tél. 212 228 9682 www.veselka.com Ouvert tlj. 24h/24*

S'MAC (plan 3, A3 n°20) Un seul credo : les *macaronis and cheese* (6,25-21$), plat familial américain par excellence. On choisit d'abord la taille : accrochées au mur près du guichet, les différentes marmites vous aideront à décider. Ensuite, il faut encore faire son choix entre une quinzaine de fromages et plus de vingt garnitures, de la viande hachée aux champignons *shiitake*. Parfait pour se requinquer après une longue journée de marche ! Comptoir *Take away* deux numéros plus haut sur le même trottoir. ***M° Astor Place (6)*** *345 E 12th St (entre 1st et 2nd Ave.) Tél. 212 358 7912 www.smacnyc.com Ouvert dim.-jeu. 11h-23h, ven.-sam. 11h-0h*

prix moyens

Café Mogador (plan 3, A3 n°12) Bistrot marocain à la déco plaisante, avec une petite terrasse aux beaux jours. Une bonne adresse pour prendre le petit déjeuner et, surtout, l'inévitable brunch du week-end. Formule lunch à prix raisonnable (13,50$), café et œufs délicieux ! À la carte, également, salades et sandwiches (8,50-14$), couscous et tajines (17-20$), parfaits pour déjeuner sans se ruiner. Le soir, des plats cuisinés, différents chaque jour – confit de canard, viandes... ***M° Astor Place (6)*** *101 St. Marks Place www.cafemogador.com Ouvert dim.-jeu. 9h-1h, ven.-sam. 9h-2h Ferme 2h plus tôt en hiver*

☺ **Zum Schneider (plan 3, B3 n°22)** Ouverte en 2000 par le Bavarois Sylvester Schneider, cette taverne allemande au cœur d'Alphabet City ne désemplit pas. Ambiance festive et conviviale, qui tourne à l'émeute les soirs de football et, surtout, lors des fêtes de la bière en octobre ! Excellentes bières à la pression, plats traditionnels – soupes roboratives, assortiments de saucisses, goulasch, salades – à déguster au comptoir, dans l'une des deux petites salles ou bien debout, sur le trottoir ! Entrées 7-13$, plats 16-27$, bières 4-18$. *Pas de CB* ***M° Astor Place (6)*** *107 Ave. C (à l'angle de 7th St) Tél. 212 598 1098 www.zumschneider.com Ouvert lun.-jeu. 17h-2h, ven. 16h-4h, sam. 12h-4h, dim. 13h-0h*

☺ **Ippudo NY (plan 3, A3 n°15)** L'un des japonais les plus réputés de New York, à juste titre. Passé l'entrée où l'on note votre nom (il y a souvent la queue !), on accède à une grande salle aux tables conviviales et aux banquettes plus intimistes – un *konnitchiwa !* sonore vous accueille. Spécialité de *ramen* (nouilles japonaises, 14-19$) à tomber par terre, au bouillon délicatement relevé. L'*akamaru modern* (porc, choux, épices secrètes et beaucoup d'ail !) est la star du menu (15$). En entrée, essayez l'*edamame* (germes de soja à la vapeur, 6$) ou les *hirata buns* (beignets de porc ou de poulet, sauce pimentée, 9$). Un régal ! ***M° Astor Place (6)*** *65 4th Ave. (entre 9th et 10th St) Tél. 212 388 0088 www.ippudony.com Ouvert lun.-jeu. 11h-15h30 et 17h-23h30, ven. 11h-15h30 et 17h-0h30, sam. 11h-23h30, dim. 11h-22h30*

Soba-Ya (plan 3, A3 n°17) Rares sont les plats aussi réconfortants et variés que le *soba*, des nouilles de sarrasin japonaises que l'on mange chaudes ou froides, à toutes les sauces et en toutes saisons. Soba-Ya en est LE spécialiste et le chef les fabrique dans le restaurant même. Parmi les meilleures recettes, le *soba* froid aux œufs de saumon et au *daïkon* râpé (19-24$) ou chaud aux crevettes et aux beignets de *shiso* et de piments (22-27$). Et si le sarrasin n'est pas votre tasse de thé, optez pour les *udon* maison (pâtes épaisses de blé tendre) ou les plats de riz ou à base de tofu fabriqué sur place lui aussi. Formule lunch complète 18-19,50$. Du lundi au jeudi, de 17h30 à 19h, menu 22$ (hors-d'œuvre, *soba* ou *udon*, sushi et glace). ***M° Astor Place (4, 6)*** *229 E 9th St (entre 2nd Ave. et 3rd Ave.) Tél. 212 533 6966 www.sobaya-nyc.com Ouvert dim.-jeu. 12h-15h30 et 17h30-22h30, ven. 12h-15h30 et 17h30-23h, sam. 12h-15h50 et 17h30-23h*

prix élevés

☺ **Prune (plan 4, C1 n°28)** Une bonne table, fine sans ostentation, réputée pour sa cuisine familiale revue aux goûts cosmopolites du jour : côte de bœuf façon *phô*, salade de poulpe, poisson grillé dans sa croûte de sel... Entrées 8-17$, plats 25-34$, belle carte des vins. Le brunch du week-end déplace les foules : plusieurs formules (14-24$), dont le *sausage and oysters* – saucisses d'agneau maison et huîtres (18$) ! Jolie salle, lumineuse et conviviale, tables de bistrot sous des miroirs aux cadres patinés. On peut aussi siroter un cocktail au bar en grignotant de bons en-cas. ***M° 2nd Ave. (F)*** *54 E 1st St (entre 1st et 2nd Ave.) Tél. 212 677 6221 www.prunerestaurant.com Ouvert lun.-ven. 17h30-23h, w.-e. 10h-15h30 et 17h30-23h* ***Brunch*** *W.-e. 10h-15h30*

Greenwich Village

La présence de l'université dans Greenwich Village favorise l'implantation des restaurants bon marché, ce qui n'empêche pas l'offre de s'étendre à des adresses réputées et très élégantes. Presque toutes les cuisines du monde sont représentées dans ce quartier.

Washington Square

petits prix

Num Pang (plan 2, B3 n°31) Juste un petit comptoir donnant sur la rue, pour commander un sandwich cambodgien vraiment bon (8-12$), fourré d'un plat de viande ou de poisson très parfumé, ou une soupe du jour (4,50-6$ selon la taille). Un bon plan pour changer des sempiternels burgers. ***M° Union Sq./14th St (N, Q, R, 4, 5, 6)***

28 E 12th St (entre University Place et 5th Ave.) Tél. 646 791 0439 www.numpangnyc.com Ouvert lun.-sam. 11h-21h, dim. 12h-20h

The Smile (plan 4, B1 n°35) En contrebas de Bond Street, adorable rue piétonne du micro-quartier de NoHo, ce café cosy sert des plats sains à toute heure : salade de fruits et céréales maison (7-9,50$) au petit déjeuner (jusqu'à 16h30), salade de quinoa aux légumes de saison grillés et à la ricotta (14$) ou assiette de mezze (16$) pour le lunch, et des viennoiseries au goûter... ***M° Bleecker St (6)*** *26 Bond St Tél. 646 329 5836 www.thesmilenyc.com Ouvert lun.-ven. 8h-23h, sam. 9h-23h, dim. 9h-22h*

prix moyens

Ramen Takumi (plan 2, B3 n°32) Le *ramen* est un copieux bouillon japonais très parfumé, agrémenté de pâtes, de viande ou de poisson. C'est la spécialité de ce petit restaurant qui sert aussi une autre variante, le *tsukemen*, un ragoût chaud dans lequel on trempe des nouilles. C'est bon et réconfortant, surtout quand il fait froid ! Plats entre 11 et 16$. ***M° 8th St. (N, R)*** *1 University Place (et Washington Square N) Tél. 212 229 2752 Ouvert tlj. 12h-22h30*

Miss Lily's (plan 4, A1 n°23) Deux salles tout en couleur pour ce restaurant jamaïcain, un style *seventies* décomplexé, des musiques chaloupées et beaucoup de bonne humeur ! La cuisine, elle, est fraîche, relevée et parfumée, à l'image des *Fiery Grilled Calamari*, calamars grillés à l'ail proposés en entrée (15$) ou du *Jerk Pork*, spécialité locale accompagnée de patate douce et de chutney de mangue (25$). ***M° Spring St (C, E)*** *130-132 W Houston St / Sullivan St Tél. 212 812 1482 misslilysnyc.com Ouvert lun.-mer. 11h30-23h30, jeu.-ven. 11h30-0h30, sam. 11h-0h30, dim. 11h-23h30* ***Café*** *Tlj. 9h-22h*

Fish Cheeks (plan 4, B1 n°37) Une carte courte et des plats revigorants signent le petit resto thaï des frères Suansilphong. Murs blancs, suspensions en raphia et chaises colorées composent une ambiance à mi-chemin entre le village de pêcheurs et le *cool style* californien. Côté plats en revanche, on est bien en Thaïlande : poisson du jour aux herbes thaïes (32$) ou *yum goong* (soupe de crevettes à la citronnelle et au lait de coco, 14$). ***M° Bleecker St (4, 6) ou Broadway-Lafayette St (B, D, F, M)*** *55 Bond St (entre Bowery et Lafayette St) Tél. 212 677 2223 www.fishcheeksnyc.com Ouvert tlj. 12h-16h et 17h-23h (ven.-sam. 0h)*

West Village

très petits prix

Magnolia Bakery (plan 2, A3 n°6) Avec son look vintage et son air suranné, vous allez peut-être reconnaître cette pâtisserie que l'on a vue dans *Sex and the city* ou dans *Le Diable s'habille en Prada*. C'est devenu le must des *fashionistas* qui ne craignent pas les files d'attentes interminables, surtout le week-end. On vient pour ses *cupcakes* aux merveilleuses couleurs pastel et ses cakes, multicouches de crèmes toutes plus riches les unes que les autres. Si vous êtes au régime, passez votre chemin ! ***M° Christopher St/Sheridan Sq. (1)*** *401 Bleecker St (à l'angle de W 11th St) Tél. 212 462 2572 www.magnoliabakery.com Ouvert dim.-jeu. 9h30-23h, ven.-sam. 9h30-0h*

Murray's Bagels (plan 2, B2-B3 n°5) Belle variété de bagels et de garnitures en tout genre, sucrées ou salées. Idéal pour le petit déjeuner ou un pique-nique. De 2,95 à 5,95$ selon la garniture. Salades (3,50-13$) et sandwiches plus élaborés, notamment garnis de poisson fumé ou de pastrami (9-14$). ***M° 14th St/7th Ave. (1, 2, 3)*** *500 Ave. of the Americas (entre 12th et 13th Sts) Tél. 212 462 2830 www.murraysbagels.com Ouvert lun.-ven. 6h-20h30, sam.-dim. 6h-19h*

☺ **Taïm (plan 2, A3 n°35)** Ce petit fast-food juif (casher) s'est spécialisé dans les recettes du Proche-Orient, houmous (6$), falafels (7-13$ selon le nombre) et salades (6-11$). On vous proposera aussi des formules mixtes, les *platters*, qui conjuguent ces trois grandes spécialités (12-13$). Le tout est très bien préparé et assaisonné, frais et de qualité, pour un prix mini. ***M° 14th St/7th Ave. (1, 2, 3)*** *222 Waverly Place (entre Perry et W 11th Sts) Tél. 212 691 1287 www.taimfalafel.com Ouvert tlj. 11h-22h*

petits prix

☺ **Buvette (plan 2, A3 n°14)** Tout est mignon dans ce lieu hautement francophile, les murs de brique, le plafond en tôle peinte, les antiquités qui ponctuent le décor, la vaisselle et même la carte, illustrée comme un livre pour enfants. Au menu, de délicieuses bouchées, de la tartine beurre-confiture du petit déjeuner (8$) au crostini nappé de pesto aux noix (8$). La carte est restreinte mais juste, quelques salades, des fromages et charcuteries, des plats simples comme le cassoulet (16$) ou le coq au vin (16$). Jolie petite carte des vins et des cocktails réussis, tel le Pimm's, à siroter dans le jardin quand il fait beau. ***M° Christopher St/Sheridan Sq (1)*** *42 Grove St (entre Bleecker et Bedford St) Tél. 212 255 3590 newyork.ilovebuvette.com Ouvert lun.-ven. 7h-2h, sam.-dim. 8h-2h*

prix moyens

☺ **Little Owl (plan 2, A3 n°29)** La petite salle d'angle, vitrée, dégage une atmosphère intime (28 couverts seulement) mais est un peu bruyante car les tables sont petites et très rapprochées. Le chef y prépare une cuisine américaine simple, teintée d'accents méditerranéens. Le prix des plats va de 28 à 48$ (19-28$ le midi) et les ingrédients varient en fonction des saisons. ***M° Christopher St/Sheridan Sq. (1, 2)*** *90 Bedford St (à l'angle de Grove St) Tél. 212 741 4695 www.thelittleowlnyc.com Ouvert lun.-ven. 11h45-14h30 et 17h-23h, sam.-dim. 9h-14h30 et 17h-23h*

Frankies 570 (plan 2, A3 n°25) Frank Falcinelli et Frank Castronovo sont deux restaurateurs bien connus à Brooklyn pour leur cuisine italo-américaine (p.419). Leur antenne de Manhattan ne démérite pas, grâce à son personnel attentif, son décor attrayant et son ambiance chaleureuse. La cuisine est au diapason : salade craquante au pecorino (13$), *cavatelli* faits main accompagnés de saucisse (20$) ou plus simplement un sandwich garni de boulettes de viande au pecorino (13$). Pour arroser le tout, belle carte de vins italiens. ***M° 14th St (A, C, E, 1, 2, 3)*** *570 Hudson St (à l'angle de 11th St) Tél. 212 924 0818 www.frankiesspuntino.com Ouvert lun.-jeu. 11h-23h, ven.-sam. 11h-0h, dim. 11h-15h*

prix élevés

☺ **Market Table (plan 2, B3 n°30)** Murs en brique nue, grandes baies vitrées, éclairage tamisé très réussi déterminent d'emblée un cadre élégant mais décontracté. La carte est à la hauteur, proposant une nouvelle cuisine américaine d'excellente qualité, à base de produits soigneusement choisis et cuits selon les règles de l'art. Les hors-d'œuvre sont délicieux, comme, en saison, les croquants de palourdes (14$) ou la salade de quinoa grillé au chou kale, à l'avocat et à la grenade (17$). Viandes et poissons sont présentés avec une belle simplicité (28-36$). Moins cher à midi. ***M° Houston St* (1, 2)** *54 Carmine St (à l'angle de Bedford St) Tél. 212 255 2100 www.markettablenyc.com Ouvert lun. 11h30-14h30 et 17h-22h, mar.-jeu. 11h30-14h30 et 17h-23h, ven. 11h30-14h30 et 17h-0h, sam. 10h-14h30 et 17h-0h, dim. 10h-14h30 et 17h-22h*

prix très élevés

Annisa (plan 2, B3 n°12) Régulièrement élu parmi les meilleures tables de la ville, voire du pays, ce restaurant au décor dépouillé propose une cuisine mariant subtilement les influences chinoise, française et américaine dans des plats légers et raffinés, d'une trompeuse simplicité. Hors-d'œuvre de 13 à 24$, plats de 28 à 49$, desserts 16$. Menus à 115 et 154$. Réservation indispensable. ***M° West 4th St/Washington Sq. (B, D, F, M)*** *13 Barrow St (près de W 4th St) Tél. 212 741 6699 www.annisarestaurant.com Ouvert lun.-sam. 17h30-22h30, dim. 17h30-21h30*

Meatpacking District

petits prix

☺ **Corner Bistro (plan 2, A3 n°21)** Une adresse indémodable pour manger la grande spécialité new-yorkaise à prix vraiment mini. Avec une vraie atmosphère de bar américain comme on les fantasme, toute de bois sombre et de bouteilles alignées sous un plafond bas. C'est de l'authentique ! Burgers (9-11$), chili (8,50$) et sandwiches au poulet grillé (10$) sont tout ce que l'on consent à vous proposer, de peur de tomber dans le ridicule des modes ! ***M° 14th St/7th Ave. (1, 2, 3)*** *331 W 4th St (à l'angle de Jane St) Tél. 212 242 9502 www.cornerbistrony.com Ouvert lun.-sam. 11h30-4h, dim. 12h-4h*

prix moyens

Barbuto (plan 2, A3 n°13) Cet italien branché bénéficie d'une très belle salle au carrelage "métro" et au style industriel sobre sans être froid. Par beau temps, la terrasse est très agréable. La carte mise sur cinq ou six plats (20-28$) de viande ou de poisson, selon le marché. Les antipasti et les entrées vont de 12 à 25$ et reprennent les classiques de la cuisine rustique italienne. L'addition est un peu moins élevée au déjeuner, quand on peut commander une pizza ou des pâtes (19-21$). ***M° 14th St/7th Ave. (1, 2, 3)*** *775 Washington St (à l'angle de W 12th St) Tél. 212 924 9700 barbutonyc.com Ouvert lun.-jeu. 12h-15h30 et 17h30-23h, ven.-sam. 12h-15h30 et 17h30-0h, dim. 12h-15h30 et 17h30-22h*

prix élevés

Standard Grill (plan 2, A2 n°34) C'est surtout pour sa petite terrasse d'où l'on admire les passants que l'on aime cette adresse, au cœur du très branché Meatpacking District. La première salle, très claire dans le style Nouvelle-Angleterre, est plaisante elle aussi. Vers l'arrière, le décor se fait plus sombre, à l'image d'un club anglais. La table est américaine et de qualité, avec un soin plus particulier pour les grillades. L'addition est un peu élevée (plats 18-36$), mais on paye aussi pour le quartier... Pour la réduire, l'idéal est d'y déjeuner ou d'y dîner légèrement. Attention, en terrasse le service peut être lent. ***M° 14th St/8th Ave. (A, C, E)*** *848 Washington St (entre Little W 12th et W 13th Sts, sous la High Line) Tél. 212 645 4100 thestandardgrill.com Ouvert dim.-mer. 7h-3h, jeu.-sam. 7h-4h*

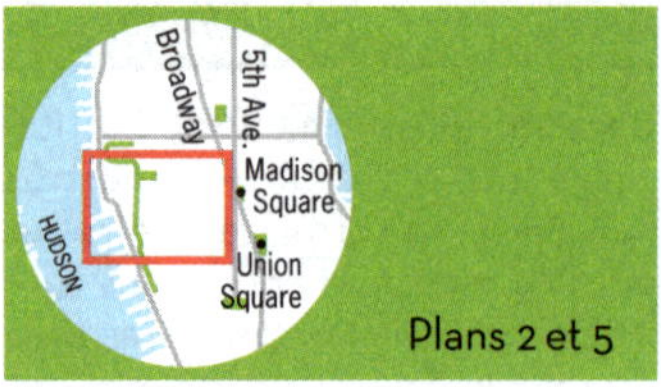

Chelsea

La double identité de Chelsea, entre galeries d'art et concentration du shopping bon marché, autour de 6th Ave., en fait une bonne solution pour un déjeuner rapide et pas trop cher, d'autant que les adresses où grignoter sur le pouce sont légion, à commencer par l'excellent Chelsea Market.

petits prix

Billy's Bakery (p.145).

Lackawanna et Frying Pan (plan 5, A3 n°2) Au bord de l'Hudson, face au Pier 66, le bateau-phare *Frying Pan* (1929) est amarré à la barge *Lackawanna*, avec ses rails centraux, qui servait à transporter des wagons du New Jersey à Manhattan. Aux beaux jours, cet ensemble, ponctué d'œuvres d'art contemporain, devient une sorte de bar-restaurant à ciel ouvert, où grignoter au soleil en buvant une bière. ***M° 23rd St (C, E)*** *Au bout de 26th St pier66maritime.com Ouvert mai-oct. : 11h30-0h*

Limelight Marketplace (plan 2, B2 n°2) Originale, cette église néogothique en brique rouge reconvertie en petite galerie marchande : entre les *corners* mode ou cadeaux, on trouve parfois de quoi grignoter et, dès les beaux jours, le jardin latéral accueille un fast-food bon marché et quelques tables bien agréables. Idéal pour une pause déjeuner ou goûter en plein shopping. ***M° 23rd St (F, M, N, R)*** *656 Ave. of the Americas (à l'angle de 20th St) limelightmarketplace.com Ouvert lun.-sam. 10h-22h, dim. 11h-20h*

☺ **Chelsea Market (plan 2, A2 n°16)** Impossible de ne pas trouver de quoi manger dans ce marché couvert, astucieusement aménagé dans une ancienne usine. Fruits de mer, soupes, cuisines italienne, thaïe, américaine, sandwiches, fruits, pâtisseries... Le plus compliqué est de choisir ! Attention, c'est bondé le week-end. ***M° 14th St/8th Ave. (A, C, E)*** *75 9th Ave. (entre 15 et 16th Sts) Tél. 212 243 6005 www.chelseamarket.com Ouvert lun.-sam. 7h-21h, dim. 8h-20h*

Co. (plan 2, A2 n°19) Prise d'assaut par une clientèle fidèle (c'est bon signe), cette excellente pizzeria bénéficie

GAMME DE PRIX	RESTAURATION	HÉBERGEMENT
Très petits prix	moins de 10$	moins de 100$
Petits prix	de 10 à 20$	de 100 à 150$
Prix moyens	de 20 à 40$	de 150 à 250$
Prix élevés	de 40 à 60$	de 250 à 350$
Prix très élevés	plus de 60$	plus de 350$

d'une jolie salle moderne et de grandes tables communes. Les pizzas (12-26$) y sont savoureuses, garniture de qualité sur une pâte juste comme il faut. Propose aussi des assiettes de charcuterie ou de fromage (16$) et des salades (10-14$). ***M° 23rd St (A, C, E)*** *230 9th Ave. (à l'angle de 24th St) Tél. 212 243 1105 www.co-pane.com Ouvert lun. 17h-22h, mar.-ven. 12h-22h, sam.-dim. 11h-22h*

prix moyens

The Lobster Place (plan 2, A2 n°39) Avec pour spécialité exclusive les produits de la mer, ce comptoir propose soupes, sandwiches, *lobster roll* (sandwich au pain de mie et au homard), mais le plus sympathique reste le *Manhattan clam chowder* (soupe de palourdes), version new-yorkaise de la célèbre recette de Nouvelle-Angleterre. ***M° 14th St/8th Ave. (A, C, E)*** *Dans Chelsea Market 75 9th Ave. (entre 15th et 16th Sts) www.lobsterplace.com Ouvert lun.-sam. 9h30-21h, dim. 10h-20h*

☺ **Le Singe (plan 2, A2 n°28)** Ce sympathique bistrot, très parisien avec son bar, ses petites tables et ses cloisons en verre, propose une cuisine de l'Hexagone (presque tout le personnel parle français) fraîche et réussie. On peut aussi commander un burger (19$), des moules frites (19,50$) ou un steak tartare (17,40 ou 27,50$ selon la taille). Les recettes sont classiques sans être ennuyeuses (plats de 19 à 38$) et l'ambiance très chaleureuse. ***M° 23rd St (A, C, E, F, M, 1, 2)*** *160 7th Ave. (entre 19th et 20th Sts) Tél. 212 366 4100 www.lesingevert.com Ouvert lun.-ven. 12h-0h, sam. 11h30-0h, dim. 11h30-23h*

☺ **Cookshop (plan 2, A2 n°20)** Toute la cuisine de ce restaurant à la grande salle lumineuse repose sur la qualité des produits, choisis parmi ce que le pays offre de meilleur. Les recettes sont inventives et bien confectionnées, en travaillant autour des bases de la table américaine. Hors-d'œuvre de 11 à 17$, plats de 21 à 29$. Brunch le week-end. ***M° 23rd St (A, C, E)*** *156 10th Ave. (à l'angle de 20th St) Tél. 212 924 4440 www.cookshopny.com Ouvert lun.-ven. 8h-23h, sam. 10h-23h, dim. 10h-22h*

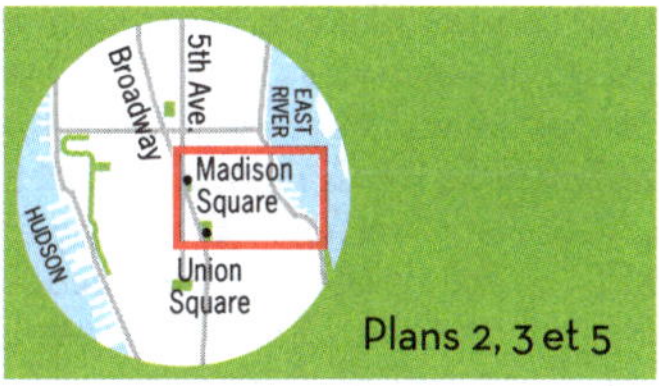

Union Square, Flatiron District et Gramercy Park

Chic et calme, Gramercy Park est au centre d'un élégant quartier résidentiel. Malgré sa population aisée, cette partie de Manhattan compte aussi des adresses décontractées et pas (trop) snobs. Et si des restaurants très haut de gamme ont élu domicile près de Madison Square Park, on trouve aussi nombre de tables beaucoup plus abordables, notamment grâce à la proximité du quartier indien de Murray Hill. Ce secteur en devenir commence d'ailleurs à ouvrir des établissements très réputés.

Union Square

très petits prix

Union Square Greenmarket (p.150). *Lun., mer. et ven.-sam. 8h-18h*

Breads Bakery (plan 2, B2 n°7) Voici la première antenne internationale d'une célèbre boulangerie de Tel Aviv. Le patron tient son savoir-faire de ses lointaines origines danoises et il a rassemblé ses recettes au Danemark, en France et, bien sûr, en Israël. Le choix est éclectique, entre *rugelach* ou *babka* au chocolat, pain de seigle de la mer du Nord, croissants aux amandes, biscuits à la confiture et à la pâte d'amande, bâtonnets au fromage, tartelettes... à goûter au bar à expressos. Pour un snack plus consistant, visez la carte des sandwiches (5,50-9,95$), les soupes, salades ou *focaccias*. ***M° 14th St/Union Sq (N, Q, R, W, 4, 5, 6)*** *18 E 16th St / 5th Ave. (entre Broadway et 5th Ave) Tél. 212 633 2253 www.breadsbakery.com Ouvert lun.-ven. 6h30-21h, sam. 6h30-20h, dim. 7h30-20h*

petits prix

Chop't (plan 2, B2 n°17) Le principe : grande variété de légumes, graines, noix, fruits et protéines ultrafrais, que l'on combine à volonté sur une base de salade verte (5 types différents), puis que l'on fait préparer en salade ou en sandwich avec la sauce de son choix, avec compte de calories pour surveiller sa ligne. Vous pouvez aussi commander une recette type, préparée devant vous (8-12$). Plusieurs adresses à Manhattan. ***M° 14th St/Union Sq. (L, N, Q, R)*** *24 E 17th St (entre Broadway et 5th Ave.) Tél. 646 336 5523 www.choptsalad.com Ouvert lun.-jeu. 10h30-22h, ven. 10h30-21h, sam.-dim. 11h-21h*

Baohaus (plan 3, A2 n°11) Ce fast-food taïwanais mérite un arrêt pour ses succulents *gua bao*. Ces petits sandwiches (3,55-7,55$) sont constitués d'une galette de pain cuit à la vapeur et de garnitures variées, de viande marinée et savamment cuisinée ou de tofu. Comptez deux à trois *bao* selon votre appétit. ***M° Union Square (L, N, Q, R, W, 4, 5, 6)*** *238 E 14th St (près de 2nd Ave.) Tél. 646 669 8889 www.baohausnyc.com Ouvert dim.-jeu. 11h30-23h30, ven.-sam. 11h30-3h*

City Bakery (plan 2, B2 n°18) Pratique pour un petit déjeuner avant le shopping ou pour une pause lunch, cette grande cafétéria brille par son ambiance animée. On y grignote des cookies, des muffins ou un *French toast*, à moins que l'heure ne se prête à une salade composée au buffet (prix au poids). ***M° 14th St/Union Sq. (L, N, Q, R)*** *3 W 18th St (entre 5th et 6th Ave.) Tél. 212 366 1414 www.thecitybakery.com Ouvert lun.-ven. 7h30-18h, sam. 8h-18h, dim. 9h-18h*

prix moyens

☺ **Casa Mono (plan 3, A2 n°14)** L'ambiance particulièrement vivante de ce petit restaurant convivial est catalane, le chef étant originaire de Cadaqués. La cuisine est assortie et remarquablement juste, conjuguant tapas et petites assiettes (6-35$) aux saveurs ibériques, à base de jambon, calmars, croquettes de morue, queue de bœuf farcie, huîtres frites à la crème de poivre, confit de chèvre aux patates douces... Attention, c'est tout petit et vite complet. ***M° 14th St/Union Sq. (L, N, Q, R)*** *52 Irving Place (à l'angle de 17th St) Tél. 212 253 2773 www.casamononyc.com Ouvert tlj. 12h-0h*

The Cannibal (plan 2, B1 n°37) Cette taverne rustique doublée d'un plaisant jardin offre un spot idéal pour les amateurs de viande et de bière. Saucisses fumées au bacon accompagnées de pommes de terre (*smoked kielbasa with bacon*, 14$), jambon de campagne et ses biscuits au miel (18$), tartare d'agneau et son aioli à l'harissa

(16$) séduisent les carnivores. Du côté des bières, le choix est large, des bières belges ou italiennes à la Rockaway à la pression, directement importée de... Brooklyn. Vous pourrez même tenter un cocktail à la bière, comme le Michelada. ***M° 28th St (4, 6)*** *113 E 29th St / Lexington Ave. (entre Park Ave. S et Lexington Ave.) Tél. 212 686 5480 www.cannibalnyc.com Ouvert lun.-sam. 11h-23h30, dim. 11h-22h30*

☺ **ABC Kitchen (plan 2, B2 n°10)** Très *casual* chic, ce restaurant centré sur les produits bio et locaux est l'un des derniers bébés du chef alsacien Jean-Georges Vongerichten, gourou de la gastronomie new-yorkaise. La carte y est réduite, les plats simples et les prix encore abordables pour ce niveau de savoir-faire (plat 20-42$). Intéressante formule lunch à 34$, toujours composée de délicieux produits du marché. ***M° 14th St/Union Sq. (L, N, Q, R)*** *35 E 18th St (entre Broadway et Park Ave., entrée secondaire par le magasin ABC) Tél. 212 475 5829 www.abckitchennyc.com Ouvert lun.-mer. 12h-15h et 17h30-22h30, jeu. 12h-15h et 17h30-23h, ven. 12h-15h et 17h30-23h30, sam. 11h-15h et 17h30-23h30, dim. 11h-15h et 17h30-22h*

ABCV (plan 2, B2 n°15) ABC Carpet & Home (p.312) est un fief du grand chef Jean-Georges Vongerichten. Pour preuve, il a ouvert en 2016 un troisième restaurant, entièrement végétarien. L'espace immaculé mêle sièges enveloppants et banquettes recouvertes de tons chauds, orangés et roses poudrés. Dans l'assiette, place à l'imagination du chef. On commence le matin par des *shakes* originaux (maca, éclats de fève de cacao, cannelle, banane, fraise et noix de coco, 12$), des bols complets (10-12$) ou des crêpes garnies. Le choix se complique à midi avec des mariages subtils de légumes, intitulés "Light & Fresh" (comme le houmous de pois chiches verts, 13$) ou "Warm & Hot" (tel l'artichaut entier à l'huile d'olive et au citron, 15$). Les desserts, presque tous vegan, sont bien sûr à se pâmer. ***M° 23rd St (4, 6)*** *38 E 19th St (entre Broadway et Park Ave. S.) Tél. 212 475 5829 www.abchome.com Ouvert lun.-ven. 8h-10h30 et 12h-15h, tlj. 17h30-23h (comptoir "à emporter" 7h30-11h et 11h30-16h)*

Sugarfish (plan 2, B2 n°43) Kazunori Nozawa, l'inspirateur de ce resto bon marché et immensément populaire, fut jadis le pionnier des sushis chics à Los Angeles. Cette adresse, sa première à New York, propose des repas *omakase* (surprise du chef), assortiments de sushis délicats présentés par paires et à base de poissons ou fruits de mer très variés (les menus, 29-55$, portent des noms charmants, du style "Trust Me"). On peut élargir le choix en commandant à la carte et goûter aux coquilles saint-jacques (6$) ou au sashimi d'huître (8$). Rançon du succès et de l'impossibilité de réserver, l'attente peut être longue aux heures de pointe ! ***M° 23rd St (4, 6)*** *33 E 20th St (entre Broadway et Park Ave. S.) Tél. 347 705 8100 www.sugarfishsushi.com Ouvert tlj. 11h30-23h (12h-23h dim.)*

prix élevés

Union Square Café (plan 2, B2 n°41) Dans la grande tradition du chic new-yorkais, décontracté juste ce qu'il faut, les tables de ce restaurant réputé sont garnies de fleurs fraîches et le service est impeccable. Cuisine américaine de grande qualité : les entrées sont parfaites, légères et inventives, mariant les saveurs avec justesse (13-19$). Les pâtes sont agrémentées de sauces inédites (18-27$). Viandes grillées (27-46$) excellentes, sans oublier les poissons et fruits de mer (37-38$). Quelques plats moins chers à midi. Attention, venez tôt ou réservez, sinon l'attente est interminable. ***M° 14th St/Union Sq. (L, N, Q, R)*** *21 E 16th St (entre 5th et Union Sq. West) Tél. 212 243 4020 www.unionsquarecafe.com Ouvert lun.-jeu. 11h45-14h30 et 17h30-22h, ven. 11h45-14h30 et 17h30-23h, sam. 11h-15h et 17h30-23h, dim. 11h-15h et 17h30-22h*

Aldea (plan 2, B2 n°11) Cuisine méditerranéenne dans un cadre design bleu, blanc et bois clair. Le chef, d'origine portugaise, a fait ses classes auprès des plus grands, notamment en France. Il propose des plats inventifs mais simples et élégants, tirant toute la saveur des produits de saison. Hors-d'œuvre entre 15 et 20$, plats de 26 à 41$. Menus à 79 et 135$. ***M° 14th St/Union Sq. (L, N, Q, R)*** *31 W 17th St (entre 5th et 6th Ave.) Tél. 212 675 7223 aldearestaurant.com Ouvert mar.-jeu. 17h30-22h, ven.-sam. 17h30-23h*

Flatiron District

très petits prix

☺ **Shake Shack (plan 2, B2 n°33)** Le classement des meilleurs burgers de New York est une affaire très sérieuse ici. Régulièrement élu comme le meilleur, celui que vous mangerez ici sera aussi parmi les moins chers (4,50-10$). Pour ceux qui surveillent leur ligne, chaque plat affiche son compte de calories. Le kiosque, situé au milieu de Madison Square Park, attire les foules. Une fois commandé l'objet du délit, vous n'aurez plus qu'à le savourer sur l'un des bancs du parc (et aussi quelques tables près du kiosque). Une expérience à ne pas manquer ! Frites 2,99$, hot-dogs 4-5$, glaces 4-7$. Plusieurs adresses à Manhattan et Brooklyn. ***M° 23rd St (N, R)*** *Madison Square Park (angle Madison Ave. et 23rd St) Tél. 212 889 6600 www.shakeshack.com Ouvert tlj. 11h-22h30*

petits prix

Hill Country Chicken (plan 2, B1 n°27) Cédant à la grande mode new-yorkaise de la cuisine des États du Sud, cette cafétéria très bon marché est une émanation du populaire restaurant Hill Country (dans la 26th St voisine, entre Broadway et la 6th Ave.). Comme son nom l'indique, la spécialité est le poulet frit, que l'on commande au morceau (blanc 5,50$, cuisse 4$), en sandwich (7,50-9,50$) ou en salade (8-11$). On peut aussi y grignoter une tarte traditionnelle (3-5,50$) ou une glace (5-6$). ***M° 23rd St (N, R)*** *1123 Broadway (à l'angle de 25th St) Tél. 212 257 6446 www.hillcountrychicken.com Ouvert tlj. 11h-22h*

Tiffin Wallah (plan 2, B1 n°40) Accueillant petit restaurant au décor agréable et sobre, et au service d'une grande gentillesse. On y mange une cuisine exclusivement végétarienne du sud de l'Inde. Les plats sont subtilement parfumés, les portions copieuses et les prix mini. Hors-d'œuvre à moins de 5$, plats entre 8 et 12$. En semaine à midi, le buffet à volonté est à 8,95$. ***M° 28th St (4, 6)*** *127 E 28th St (entre Park et Lexington Ave.) Tél. 212 685 7301 www.tiffindelivery.us Ouvert lun.-ven. 11h30-15h et 17h-22h, sam.-dim. 12h-22h*

Eataly (plan 2, B2 n°23) Entre un marché couvert et une somme de petits restaurants italiens, ce lieu hybride attire une foule invraisemblable (le week-end, les files d'attente défient le raisonnable). Le concept : une succession de comptoirs de style épicerie fine à l'italienne et une juxtaposition d'endroits où manger. Des coins séparés sont attribués aux cinq "restaurants", tandis que des comptoirs ou des tables communes permettent de manger de façon moins formelle ce que l'on aura acheté (sandwiches, pâtes ou pizzas, desserts ou glaces). ***M° 23rd St (N, R)*** *200 5th Ave. (à l'angle de 23rd St) Tél. 212 229 2560 www.eataly.com Ouvert tlj. 9h-23h*

prix moyens

☺ **The Breslin (plan 2, B1 n°36)** Ce pub est une ode au génie new-yorkais de la déco "faux ancien". On jurerait que l'on entre dans un vieux bar au plafond bas, où les box sont garnis de rideaux en tartan et ornés de gravures champêtres, où des gentlemen-farmers viennent cajoler un whisky... Pas du tout, le Breslin est le bar très à la mode de l'Ace Hotel, ce qui se fait de plus design et branché en ville. Passé la belle surprise du décor et de l'ambiance vibrionnante, on s'attarde avec bonheur sur la carte, qui revisite les classiques, comme le merveilleux burger d'agneau à la feta, servi avec des frites gonflées par trois cuissons successives (27$). Plats entre 17 et 36$. Formule 3 plats à midi 30$. ***M° 28th St (N, R)*** *16 W 29th St (entre 5th Ave. et Broadway) Tél. 212 679 1939 thebreslin.com Ouvert tlj. 7h-0h*

The Jazz Standard (plan 2, B1 n°38) Bien sympathique dans ce quartier très calme le soir, un club de jazz pas trop touristique, pour une programmation de qualité, sans paillettes. On peut, au choix, savourer une bonne cuisine du sud des États-Unis dans la salle de restaurant, ou descendre directement écouter le concert (25 à 35$) et juste grignoter devant une conso. ***M° 28th St (6)*** *116 E 27th St Tél. 212 576 2232 www.jazzstandard.com* **Concerts** *Dim.-jeu. 19h30 et 22h, ven.-sam. 19h30, 21h30 et 23h30*

prix très élevés

Eleven Madison Park (plan 2, B2 n°24) Au rang des tables les plus réputées de New York, celle-ci tient le haut du pavé, unanimement vantée par les gastronomes et les critiques, classée en 2016 parmi les dix meilleures du monde. Un cadre chicissime comme écrin, plafonds hauts et flots de lumière naturelle, pour une nouvelle cuisine américaine toute en subtilité. Les mariages de saveurs sont délicats, basés sur une simple liste de produits. Un menu dégustation unique midi ou soir à 295$ (16 plats... ultra light, mais comptez plus de trois heures à table !) ou une dégustation au bar (5 plats, 145$, 2 personnes minimum). Pas de menu à la carte. Réservez au moins 3 à 4 semaines à l'avance. ***M° 23rd St (N, R)*** *11 Madison Ave. (angle de 24th St) Tél. 212 889 0905 www.elevenmadisonpark.com Ouvert dim.-lun. 17h30-22h, mar.-sam. 12h-13h et 17h30-22h*

Gramercy

petits prix

Pete's Tavern (plan 3, A2 n°18) Son décor sombre et chaleureux de pub à l'ancienne (il existe depuis 1864 !) fait de cette adresse un point de chute indémodable pour manger une cuisine classique et simple, petites grillades et plats en sauce (14-26$), pâtes (16-26$), burgers (15-19$) et grosses salades (9-20$). ***M° 14th St/Union Sq. (L, N, Q, R, 4, 5, 6)*** *129 E 18th St (à l'angle d'Irving Pl.) Tél. 212 473 7676 www.petestavern.com Ouvert tlj. 11h-2h30*

prix élevés

Gramercy Tavern (plan 2, B2 n°26) Un décor élégant et intemporel pour un restaurant américain à deux facettes.

La taverne, dont l'ambiance est chaleureuse et décontractée, située près du bar, propose une carte très complète de plats de saison (hors-d'œuvre 8-24$, plats 30-36$). Plus chère et dans une atmosphère nettement plus formelle, la salle à manger sert de cadre à une cuisine plus élaborée, orientée vers les produits bio de la région, exécutée par un chef réputé. Menu lunch à 85$ (plats à la carte 18-36$), menu dîner à 125$. ***M° 23rd St/Lexington (4, 6)*** *42 E 20th St (entre Broadway et Park Ave.) Tél. 212 477 0777 www.gramercytavern.com* ***Restaurant*** *Ouvert lun.-ven. 11h45-14h et 17h30-21h45 (22h30 ven.), w.-e. 11h45-13h30 et 17h30-22h30 (21h45 dim.)* ***Taverne*** *Ouvert tlj. 11h45-23h (0h ven.-sam.)*

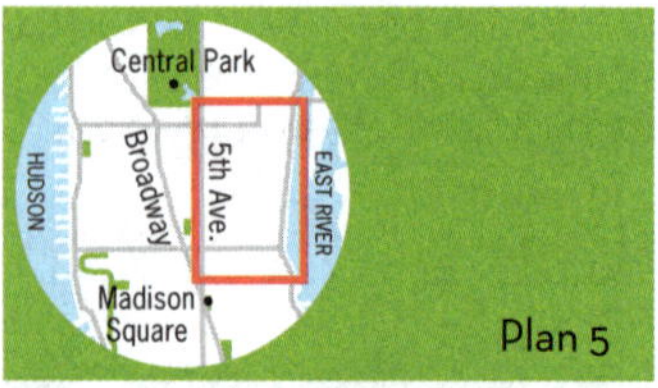

Midtown East

Nettement moins touristique que West Midtown, ce quartier, celui des Nations Unies, concentre plutôt une clientèle d'affaires, diplomatique et de congrès, avec son cortège d'hôtels internationaux et de restaurants chers.

petits prix

Salvation Taco (plan 5, C2 n°38) Quand les propriétaires du très célébré Spotted Pig décident d'ouvrir une adresse mexicaine, ils ne font pas les choses à moitié. Un emplacement de choix, au rez-de-chaussée du branché Pod Hotel, doublé d'une spectaculaire terrasse sur le toit, avec, s'il vous plaît, vue sur l'Empire State et le Chrysler Building ! La cuisine est tout aussi convaincante, des *empanadas* au serrano et au fromage (8$) au chausson au poulet confit (13$), en passant par une variété particulièrement inventive de trois tacos (fourrés de porc à l'avocat, de poisson frit aux oignons rouges ou d'agneau marocain, 15-19$). Menu lunch 24$. Bref, une taqueria révolutionnaire ! ***M° 42nd St/Grand Central*** *Pod39 Hotel 14 E 39th St (entre 3rd et Lexington Ave) Tél. 212 865 5800 www.salvationtaco.com Ouvert tlj. 7h-0h*

Sigmund's Vanderbilt (plan 5, C2 n°14) Impossible de venir à New York sans essayer les fameux *pretzels* (petit pain allemand noué en forme de cœur), au gros sel, aux graines ou aux raisins (4$), ici dans un très beau *food hall* rénové dans le style industriel branché. Pour composer un repas, on les garnit façon sandwich (8,50-12$) de dinde à la pomme et au miel, de saumon fumé ou de saucisse à la choucroute et au vinaigre de cidre, à moins que vous ne les préfériez façon Reuben, la spécialité typique des delicatessen (13,25$). ***M° Grand Central (4, 5, 6, 7)*** *230 Park Ave. (entre 45th et Vanderbilt Sts) Tél. 646 410 0333 www.sigmundnyc.com Ouvert lun.-ven. 10h-21h, sam.-dim. 9h-17h*

prix moyens

☺ **Chola (plan 5, D1 n°15)** Si vous pensez que toutes les cuisines indiennes ont le même goût, il vous faut venir ici. Dans une petite salle chaleureuse et colorée, vous goûterez une variété de plats aux saveurs qui éclatent dans la bouche, parmi les meilleurs de New York. Si vous êtes plusieurs, n'hésitez pas à partager certains plats, car tout est très copieux. Buffet déjeuner 15$ en semaine, 18$ le week-end. Un peu plus cher à la carte. ***M° 59th St/Lexington (N, Q, R, 4, 5, 6)*** *232 E 58th St (entre 2nd et 3rd Ave.) Tél. 212 688 4619 www.cholany.com Ouvert lun.-sam. 12h-15h et 17h-23h, dim. 12h-15h et 17h-22h30*

☺ **P. J. Clarke's (plan 5, C1 n°31)** Une institution new-yorkaise que ce saloon aux boiseries fatiguées, fondé en 1884. Les plus grands laissèrent traîner leurs coudes sur le vénérable comptoir, Sinatra, Nat King Cole, Joan Crawford, Buddy Holly, qui y demanda sa femme en mariage... L'atmosphère y est toujours aussi vibrante et chaleureuse, pour dîner d'un simple burger ou, mieux, d'un *Sheperd's pie* (20,55$), d'une salade géante aux *crab cakes* (27,95$) ou de *fish & chips* (23,85$). ***M° Lexington/53rd St (E, M)*** *915 3rd Ave. (à l'angle de 55th St) Tél. 212 317 1616 www.pjclarkes.com Ouvert tlj. 11h30-3h* ***Bar*** *Ouvert tlj. 11h30-4h*

Inside Park (plan 5, C1 n°25) C'est surtout quand il fait beau que cette adresse originale vaut le détour : le restaurant est installé dans les communs d'une ancienne église et les tables qui occupent le petit jardin sont un vrai bonheur, au-dessus du brouhaha de Park Avenue. La carte propose des plats américains traditionnels, cuisinés avec soin, comme les raviolis à la courge *butternut* et aux pignons de pin (22$) ou le Jumbo Lump Crab Cake (27$). ***M° 51st St/Lexington (4, 6)*** *325 Park Ave. (à l'angle de 50th St) Tél. 212 593 3333 www.insideparknyc.com Ouvert lun.-ven. 11h30-15h et 17h-22h, sam. 12h-21h (lun. 21h)*

Crave Fishbar (plan 5, D1 n°13) *Yuppies* et autres hommes d'affaires du quartier conservent jalousement l'adresse de ce petit resto-bar marin, l'un des rares du genre à Midtown East. Entre 17h et 19h, en semaine, c'est l'heure du *happy hour*, huîtres de la côte Est à prix doux (1$) et verre de vin blanc siroté à l'un des deux comptoirs. Et midi et soir, on pioche dans le menu de la mer, entre le tartare de thon jaune aux artichauts (18$) et le barramundi à la plancha (30$). ***M° 51st St (6)*** *945 2nd Ave. / E 50th St Tél. 646 895 9585 www.cravefishbar.com Ouvert lun.-mer. 11h30-14h30 et 17h30-22h, jeu. 11h30-14h30 et 17h30-22h30, ven. 11h30-14h30 et 17h30-23h, sam. 17h30-23h, dim. 17h-21h*

prix élevés

Hangawi (plan 5, C3 n°23) Une adresse coréenne éminemment élégante et végétarienne, où l'on retire ses chaussures à l'entrée, avant de s'avancer vers les tables basses dans un décor boisé. On goûte à la salade de ginseng et de tofu, au champignon-roi *matsutake* ou au *kimchi* (légumes fermentés et pimentés), sous une lumière tamisée. Desserts tout en délicatesse, comme le *blueberry coconut cake* à la glace aux amandes et au lait de soja. Plats 20-30$ (12-14$ le midi). Menu midi 25$, menu dégustation 65$. Réservation recommandée. ***M° 33rd St (6)*** *12 E 32nd St / 5th Ave. Tél. 212 213 0077 www.hangawirestaurant.com Ouvert lun.-jeu. 12h-14h30 et 17h30-22h15, ven. 12h-14h30 et 17h30-22h30, sam. 13h-22h30, dim. 17h-21h30*

☺ **Sushiann (plan 5, C1 n°34)** Demandez plutôt une place au comptoir de ce remarquable restaurant japonais pour bénéficier du spectacle des cuisiniers préparant votre commande. La spécialité, sushi et sashimi (2,50-7$ pièce), est servie en une étonnante variété de poissons et fruits de mer d'une fraîcheur et d'une qualité irréprochables. N'hésitez pas à suivre les suggestions du chef, revues quotidiennement en fonction des arrivages. Ultime bonheur, les délicieux desserts sont un atout inattendu pour un restaurant japonais. Commande minimum de 20$ par personne. Assortiments et menus de 25 à 105$. Les amateurs doivent absolument faire le détour. ***M° 51st St/Lexington (4, 6)*** *38 E 51st St (entre Park et Madison Ave.) Tél. 212 755 1780 www.sushiann.net Ouvert lun.-ven. 12h-14h45 et 18h-22h, sam. 17h30-21h30*

prix très élevés

Pampano (plan 5, D1 n°36) Dans une salle blanchie à la chaux, une cuisine mexicaine moderne où les fruits de mer sont rois : *quesadilla de camarón*, mélange étonnant de crevettes et de fromage *manchego* (17$), et *ceviche* (poisson cru mariné) de thon, de flétan ou de dorade (30$). Ne manquez pas de goûter aux tacos de homard (*tacos de langosta*, 18$) et de les arroser d'une sangría mangue-pêche bien frappée (6$) ! ***M° 51st St (6)*** *209 E 49th St (près de 3rd Ave.) Tél. 212 751 4545 www.richardsandoval.com/pampano Ouvert lun.-mer. 11h30-14h30 et 17h-22h, jeu.-ven. 11h30-14h30 et 17h-22h30, sam. 11h30-16h et 17h30-22h, dim. 11h30-16h et 17h30-21h30*

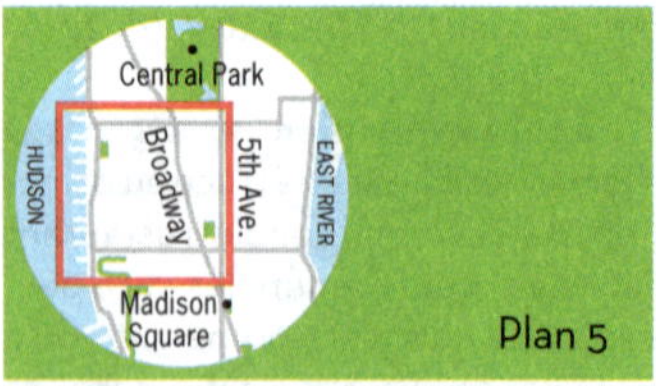

Midtown West

Le cœur battant de Manhattan compte une myriade de bonnes adresses, prises d'assaut en semaine par les employés des grandes tours - ici, il est judicieux de décaler l'heure des repas, surtout au déjeuner. Guettez les formules *lunch specials* (au déjeuner) et *early birds* (dîners économiques, pour les couche-tôt). Fast-foods de qualité autour de Times Square et des théâtres, restaurants asiatiques bon marché à Koreatown, cuisine cosmopolite à Hell's Kitchen (autour de la 9e avenue), grandes tables hors de prix : il y en a pour tous les goûts, à toute heure !

Koreatown et le Garment District

petits prix

KyoChon (plan 5, C3 n°28) Chaîne coréenne dédiée aux ailes de poulet grillées, délicatement épicées. Essayez les *signature wings*, croquantes à souhait, avec une sauce aigre-douce ou soja-ail, ou encore les *honey wings* enrobées de miel - 7$ les 6, 12$ les 12. Attention : les plats *spicy* sont vraiment épicés ! Au menu également, sandwiches, salades ou boules de riz garnies (*rice-balls*). La commande passée, on vous remet un appareil qui sonne quand elle est prête... Déco flashy et *dance-music* en fond sonore. Quelques places au rdc, salle plus tranquille à l'étage. ***M° 34th St/Herald Sq. (B, D, F, M, N, Q, R) ou 33rd St (4, 6)*** *319 5th Ave. (à l'angle de E 32nd St) Tél. 212 725 9292 www.kyochonus.com Ouvert tlj. 11h-0h*

☺ **Mandoo Bar (plan 5, C3 n°30)** Un vrai coup de cœur. Accueil et service excellents, ambiance tranquille pour le quartier, petite salle pleine de charme avec ses tons chauds et ses tables de bois espacées juste comme il faut. Surtout, on se régale !

La spécialité des lieux, ce sont les *mandoos*, beignets coréens en demi-lune fourrés à la viande, aux légumes ou aux fruits de mer – on assiste à leur fabrication derrière la vitrine (4-10$). En plat principal, ne pas manquer le *bulgogi dolsot bibimbap*, sublime riz coréen servi dans une marmite de terre brûlante, avec viande marinée, œuf, légumes asiatiques et autres ingrédients secrets (13$). Le serveur mélangera pour vous les épices, selon vos goûts. Plusieurs plats végétariens. ***M° 34th St/Herald Sq. (B, D, F, M, N, Q, R) ou 33rd St (4, 6)*** *2 W 32nd St (entre 5th Ave. et Broadway) Tél. 212 279 3075 mandoobarnyc.com Ouvert tlj. 11h30-22h*

Food Gallery 32 (plan 5, C3 n°16) Une galerie gourmande asiatique comme on en trouve d'ordinaire dans le Chinatown de Queens. Sauf que l'on peut désormais goûter au dépaysement en plein cœur de Manhattan. Les nombreux petits kiosques proposent à toute heure toutes sortes de spécialités exotiques, coréennes et japonaises principalement. Idéal pour une pause lunch ou un grignotage tardif. Le reste du temps, essayez en self-service la glace coréenne au yaourt et à la mangue. ***M° 34th St-Herald Sq (B, D, F, M, N, Q, R, W)*** *11 W 32nd St (entre 5th Ave et Broadway) Tél. 212 967 1678 www.foodgallerynyc.com Ouvert tlj. 11h-23h*

The Pennsy (plan 5, B3 n°18) Juste au-dessus de la gare peu attrayante de Penn Station, ce *food court* est pourtant une occasion rare. Une jolie sélection de comptoirs a investi l'immense espace pour y proposer boissons ou petits en-cas. Ne manquez pas le stand vegan de The Cinnamon Snail, pour son Korean Barbecue Seitan sandwich (10$), ou celui du célèbre boucher Pat LaFrieda où l'on cède au Meatball sub (sandwich aux boulettes de viande, 13$). Au passage, faites une pause au camion de La Colombe, une grillerie de café de Philadelphie, stationné le long du trottoir en semaine (7h30-16h, café 2-3$). ***M° 34th St-Penn (1, 2, 3)*** *2 Pennsylvania Plaza (corner of 7th Ave et 33rd St) Tél. 917 475 1830 www.thepennsy.nyc Ouvert tlj. 11h-21h*

prix moyens

The Kunjip (plan 5, C3 n°27) L'un des meilleurs restaurants de Koreatown, le plus traditionnel aussi. Une longue salle un peu sombre prise d'assaut à midi en semaine par les Coréens du quartier, venus profiter de ses formules *lunch* à 12,95$: viande grillée aux légumes, œuf sur le plat, avec un ragoût de tofu épicé. Les palais plus aventureux essaieront le *jok bal* (pieds de porc marinés cuits à la vapeur, 20,95$) ou *suk-uh chigae* (ragoût de fruits de mer, 15,95$). Soupes délicieuses servies avec un plat de riz. Les *specials* du jour sont inscrits sur un tableau blanc. Adresse prisée des noctambules : les cuisines ne ferment jamais ! ***M° 34th St/Herald Sq. (B, D, F, M, N, Q, R) ou 33rd St (4, 6)*** *32 W 32nd St (entre 5th Ave. et Broadway) Tél. 212 564 8238 www.kunjip.com Ouvert tlj. 24h/24*

prix très élevés

Keens Steakhouse (plan 5, C2 n°26) À mi-chemin de l'Empire State Building et de Bryant Park. Auguste maison fondée en 1885, l'un des restaurants de viande les plus réputés de New York. Le cadre vaut à lui seul le détour, avec sa collection de pipes en argile (plus de 50 000 !) dont beaucoup ont appartenu à des célébrités. Grand classique maison, le *mutton* *chop* (52$), pièce d'agneau gargantuesque. Ou encore le *T-Bone steak* (56$), vrai rêve de carnivore, mais aussi des plats de poisson, comme la traditionnelle *dover sole* (sole meunière, 54$), et des plateaux d'huîtres (6 ou 12/21-37$). Le bar, magnifique, possède une extraordinaire collection de whiskies. À siroter sous le regard lascif de la voluptueuse "Miss Keens"... ***M° 34th St/Herald Sq. (B, D, F, M, N, Q, R)*** *72 W 36th St (entre 5th et 6th Ave.) Tél. 212 947 3636 www.keens.com Ouvert lun.-ven. 11h45-22h30, sam. 17h-22h30, dim. 17h-21h30 Fermé 25 déc.*

Times Square et Theater District

petits prix

Dean & DeLuca (plan 5, B2 n°1) Cette succursale de la petite chaîne de cafés fondée à SoHo en 1977 est l'une de nos préférées, grâce au cadre séduisant du New York Times Building – cf. La *skyline* à l'ouest de Times Square (p.165). On y croise les employés du journal venus déguster les délicieux cafés préparés avec des grains fraîchement torréfiés, dévorer un muffin ou une gaufre ou déjeuner sur le pouce : salades savoureuses (9-12$), sandwiches chauds ou froids (7-12$). L'endroit parfait pour faire une pause avant (ou après) la frénésie de Times Square ! ***M° 42nd St/Port Authority (A, C, E) ou 42nd St/Times Sq (N, Q, R, 1, 2, 3, 7)*** *620 8th Ave. (à l'angle de 41st St) Tél. 212 221 0308 www.deandeluca.com Ouvert lun.-ven. 7h-20h, sam.-dim. 8h-20h*

Schnipper's (plan 5, B2 n°32) Une bonne adresse pour manger des burgers pas trop chers et savoureux, dans le cadre imposant du New York Times Building dessiné par Renzo Piano : plafonds vertigineux, hauts piliers métalliques fendant les baies vitrées. Une pancarte annonce la couleur : "Ici, on ne fait pas de cuisine fusion" ! Au menu, les burgers classiques (6,25-10$), que l'on peut accompagner d'un verre de vin (cher) ou d'une pression. Au dessert, des glaces artisanales. Le matin, des formules petit déjeuner. ***M° 42nd St/Port Authority (A, C, E) ou 42nd St/Times Sq. (N, Q, R, 1, 2, 3, 7)*** *620 8th Ave. (à l'angle de 41st St) Tél. 212 921 2400 www.schnippers.com Ouvert lun.-ven. 10h30-23h, sam.-dim. 11h-23h*

Green Symphony (plan 5, B2 n°21) Oui, il reste possible de manger sain en pleine folie de Times Square ! Cette épicerie bio doublée d'un petit traiteur (quelques tables dans l'entrée, ou à emporter) propose, au guichet du fond, une formule buffet : 7,25$ la barquette, à remplir au choix d'une salade de crudités, d'un curry, d'une ration d'épinards ou de nouilles asiatiques. En vente sur place, des milk-shakes au lait de soja, et des jus de fruits frais dont les vertus sont affichées sur le tableau, près de l'entrée : fortifiant, séduction, apaisant... ***M° 42nd St/Port Authority (A, C, E) ou 42nd St/Times Sq. (N, Q, R, 1, 2, 3, 7)*** *255 W 43rd St (entre 7th et 8th Ave.) Tél. 212 391 4747 Ouvert lun.-ven. 7h30-20h30, dim. 10h-18h30 Fermé sam.*

HB Burger (plan 5, B2 n°22) Une bonne adresse pour savourer de délicieux burgers, à deux pas de Times Square et des théâtres – mais avant le spectacle, la cuisine fermant tôt. Vaste salle aménagée comme un pub, sous des lustres orange. Les burgers maison (10-17,50$) font preuve d'originalité : filet mignon, poulet épicé façon Louisiane (*southern fried* *chicken*), bœuf de Kobe, sashimi de thon grillé (*blackened tuna burger*)... Bières artisanales à la pression (6-8$). ***M° 42nd St/Times Sq. (N, Q, R, 1, 2, 3, 7)*** *127 W 43rd St (entre 6th Ave. et Broadway) Tél. 212 575 5848 www.heartlandbrewery.com Ouvert lun.-jeu. 11h30-22h, ven. 11h30-23h, sam. 12h-23h, dim. 12h-20h*

prix moyens

Don Antonio by Starita (plan 5, B1 n°10) Son excellent pizzaiolo fait toute la valeur de cette belle adresse d'inspiration napolitaine. Une pâte légère, bien grillée mais souple, des garnitures riches et fraîches et une carte variée garantissent des pizzas succulentes (10-20$). Il y en a sans gluten pour les adeptes du régime, en pleine friture pour les gourmands, additionnées de mozzarella fumée ou de saucisse à la pistache pour les originaux, ou simplement Margherita pour les puristes. ***M° 50th St (C, E)*** *309 W 50th St / 8th Ave. (entre 8th et 9th Ave) Tél. 646 719 1043 www.donantoniopizza.com Ouvert lun.-jeu. 11h30-23h, ven. 11h30-23h30, sam. 11h30-23h30, dim. 11h30-22h30*

Hell's Kitchen

petits prix

☺ **Gazala Place (plan 5, B1 n°20)** Un vrai coup de cœur, à deux pas des théâtres. Salle exiguë mais accueillante. Venue d'Israël, la charmante Gazala Halabi concocte de succulentes spécialités druzes, à commencer par les entrées froides (6-8,50$). Les plats sont à la fois fins et copieux : kebabs aux parfums raffinés, servis avec riz et salade de saison, comme le kebab Halabi (bœuf, agneau, persil, pignons de pin et sauce tomate, 15,95$). Délicieux *burekas* (5,50-8,50$), feuilletés à la viande, au fromage ou aux légumes. Une rareté à New York : des desserts originaux, tel le *kenafi* maison, fine pâte surmontée d'une couche de pistaches fraîches nappée de fromage frais et de miel. À se damner ! Un restaurant BYOB : pas d'alcool à la carte, mais on peut apporter son vin – plusieurs boutiques le long de la 9e avenue. ***M° 50th St (A, C, E) ou 49th St/7th Ave. (N, R, W)*** *709 9th Ave. (entre 48th et 49th Sts) Tél. 212 245 0709 Ouvert dim.-jeu. 11h-23h, ven.-sam. 11h-23h30*

Hummus Kitchen (plan 5, B1 n°24) Une bonne adresse pour déjeuner sain et pas trop cher, en bordure d'Hell's Kitchen. Spécialités du Proche-Orient préparées avec des ingrédients frais, dont la carte prend soin de présenter tous les bienfaits ! Bonne option, le trio de mezze (16$) au choix – houmous, falafel, *majadra* (riz et lentilles), taboulé, *burekas* (feuilletés d'aubergine et de pomme de terre), *babaganush* (aubergine et *tahiné*)... Choix d'houmous, de *chakchouka* (œufs, tomates, poivrons), de *laffa* (sortes de kebab au falafel ou à la viande, 9,50-14$), de salades et de soupes. Autre adresse dans l'Upper East Side. ***M° 50th St (A, C, E)*** *768 9th Ave. (entre 51st et 52nd Sts) Tél. 212 333 3009 www.hummuskitchen.com Ouvert lun.-sam. 11h-23h30, dim. 11h-23h*

☺ **Totto Ramen (plan 5, B1 n°40)** Divine surprise que ce restaurant japonais dissimulé dans une minuscule salle en contrebas de la rue – les places sont chères ! Au comptoir ou en salle, on contemple l'animation des joyeux cuistots devant leurs fourneaux. On vient pour les *ramen* (11-16$), succulentes nouilles servies dans un bouillon roboratif, idéal après une longue journée de marche. Gare au nombre de piments dessinés à côté des plats, sur le menu : l'*extreme spicy*, qui en compte neuf, risque de vous enflammer la bouche ! ***M° 50th St (A, C, E)*** *366 W 52nd St (juste à l'est de 9th Ave.) Tél. 212 582 0052 www.totto ramen.com Ouvert lun.-sam. 12h-0h, dim. 16h-23h*

Gotham West Market (plan 5, A2 n°17) Une adresse excentrée dans l'ouest de Manhattan, mais proche du porte-avion Intrepid ! Logé sous une grande halle design, ce *food court* visite les quatre coins du globe : sa dizaine de stands propose tacos (*Choza Taquería*), petites saucisses (*Cannibal*), sandwiches variés (*Sandwich shop*) ou nouilles Ramen (*Ivan Ramen Slurp Shop*). Sans oublier les glaces d'Ample Hills Creamery et le bon cappuccino de Blue Bottle Coffee. Portions 11-20$. ***M° 50 St (C, E, 1)*** *600 11th Ave. / W 44th St Tél. 212 582 7940 www.gothamwest market.com* ***Marché*** *Ouvert dim.-jeu. 7h30-23h, ven.-dim. 7h30-0h*

De Bryant Park au Rockefeller Center

petits prix

Le Pain Quotidien (plan 5, C2 n°29) Chaîne multinationale, Le Pain Quotidien a décidément le chic, à New York, pour choisir les meilleurs emplacements ! Ici, Bryant Park, l'un des recoins les plus fascinants de Manhattan, dont la grande pelouse et les chaises ombragées sont idéales pour un pique-nique improvisé... Grand choix de salades (14-17,50$), de sandwiches et de tartines garnies (12-16$), ainsi que la soupe du jour (8,95$), des pâtisseries, viennoiseries et autres yaourts bio... Par mauvais temps, possibilité de manger sur place. Nombreux comptoirs dans Manhattan. ***M° 42nd St/Bryant Park (B, D, F, M)*** *70 W 40th St (entre 5th et 6th Ave.) Tél. 212 354 5224 www.lepainquotidien.us Ouvert lun.-ven. 7h-21h, sam.-dim. 8h-21h*

☺ **Taam-Tov (plan 5, C1 n°35)** Bien connue des employés de la rue du diamant (Diamond District), à deux pas du Rockefeller Center, ce restaurant casher permet de goûter aux délices de la cuisine juive d'Ouzbékistan. Accès par un escalier dérobé, à l'arrière d'une bijouterie. Salle plaisante et calme au 2e étage, murs ornés de fresques évoquant les paysages de Boukhara. Le chou farci (*golubtsy*, 14$), délicatement épicé, est un classique maison, de même que le *bakhsh*, succulent riz pilaf à la coriandre (14$) ou le kebab d'agneau (16$). Portions généreuses. Grand choix de salades et de soupes. ***M° 47-50th St/Rockefeller Ctr (B, D, F, M)*** *41 W 47th St (entre 5th et 6th Ave.), 2e étage Tél. 212 768 8001 Ouvert lun.-jeu. 11h-21h, ven. 11h-15h*

prix élevés

Bryant Park Grill (plan 5, C2 n°12) Installé dans Bryant Park, ce classique new-yorkais vaut d'abord pour son cadre exceptionnel, romantique en diable ! Surtout à la belle saison, avec son patio extérieur et son toit-terrasse. Mais la grande salle, à l'intérieur du pavillon de pierre, ne manque pas de charme, le soir, avec ses lumières tamisées et ses belles fresques. Côté cuisine, des accents méditerranéens, notamment en entrée (9,50-17$) : salades, calamars grillés, tartare de courgettes... Mêmes influences pour les plats (18-45$), entre mille-feuille de mahi-

mahi et pancetta croquant à l'aïoli (29,50$) et raviolis aux champignons sauvages avec des cœurs d'artichauts grillés (22$)... Le week-end, formules brunch à 25$. Réservation conseillée. ***M° 42nd St/Bryant Park (B, D, F, M)*** *25 W 40th St (au sud-est de Bryant Park) Tél. 212 840 6500 Ouvert dim.-lun. 11h30-15h30 et 17h-22h, mar.-sam. 11h30-15h30 et 17h-23h*

BG Restaurant (plan 5, C1 n°11) Au septième étage du très chic *Department store* Bergdorf Goodman (p.316), scintille l'un des deux restaurants de l'établissement. On y déjeune d'une salade fraîche (28-41$) ou d'un sandwich au crabe (32$), ou l'on choisit l'option de l'élégant *afternoon tea* (15h-17h), ses petits pains au jambon, ses scones et ses pâtisseries (45$). Surtout, réservez une des tables avec vue... sur Central Park ! ***M° 57th St (F) ou 5th Ave./59th St (N, Q, R)*** *754 5th Ave. (entre 57th et 58th Sts) Tél. 212 872 89 77 www.bergdorfgoodman.com/stores/rest Index.jsp Ouvert lun.-sam. 11h30-19h, dim. 11h30-18h Thé Tlj. 15h-17h*

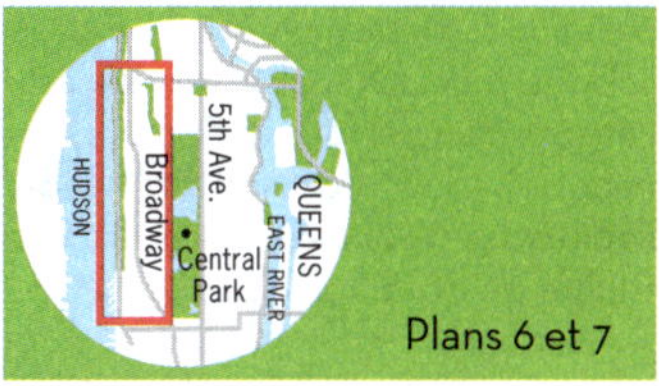

Upper West Side

Tout en longueur, l'Upper West Side offre une large palette de restaurants. Chics et branchés pour un dîner avant concert, autour du Lincoln Center, ethniques et bobos, fréquentés par les étudiants et les intellectuels, et plus abordables à mesure que l'on se rapproche de Columbia University.

très petits prix

Zabar's (plan 6, A2 n°3) Zabar, c'est d'abord une épicerie juive (p.190) légendaire à New York. Ensuite, juste à côté, c'est un café style fast-food, directement hérité des *delicatessen*. On y commande à très bon marché (2-8$) soupes, sandwiches au corned-beef, au

Un moment chic au MoMA

The Modern (plan 5, C1 n°37) Au rdc du Museum of Modern Art (MoMA) (p.181) – accès indépendant, à droite de l'entrée du musée. Une adresse chic et raffinée, avec à la baguette l'ancien chef du NoMad, Abram Bissell. Cadre romantique à souhait.
La *dining room*, au fond, ouvre sur le jardin de sculptures. En entrée, trio de saint-jacques, thon à la moutarde... En plat principal, cabillaud en croûte de chorizo, caille rôtie "en terre glaise"... Menus 3 à 8 plats (118 ou 158$ à midi, 158 ou 208$ le soir). Grand choix de desserts. La *bar room* est moins formelle, avec une carte abordable : tarte flambée (15$), saint-jacques aux amandes (32$)... Réservation conseillée. ***M° 5th Ave./53rd St (E, M)*** *9 W 53rd St (entre 5th et 6th Ave.) Tél. 212 333 1220 www.themodernnyc.com Ouvert lun.-sam. 12h-14h et 17h-22h30* ***Café*** *Ouvert tlj. 11h30-22h30 (21h30 dim.)* **Bar room** *Ouvert lun.-sam. 11h30-22h30, dim. 11h30-15h*

pastrami ou au saumon, bagels, pickles, salades, *rugelach* (petits gâteaux ashkénazes roulés et fourrés de fruits secs et de noix) pour le dessert. ***M° 79th St/ Broadway (1, 2)*** *2245 Broadway (à l'angle de 80th St) Tél. 212 787 2000 www.zabars.com Ouvert lun.-ven. 8h-19h30, sam. 8h-20h, dim. 9h-18h* **Café Zabar** *Ouvert lun.-ven. 7h-19h, sam. 7h30-19h, dim. 8h-18h*

petits prix

Hummus Place (plan 6, B2 n°17) Addition hyper légère pour une nourriture saine, inspirée de la cuisine du Proche-Orient. Taboulé de quinoa, falafels, soupes, houmous servi sur une pita fraîche ou agrémenté de fèves, tomates, aubergines, champignons... La carte est simple, les produits frais et les prix ne dépassent pas 15$. ***M° 72nd St/Broadway (1, 2, 3)*** *305 Amsterdam Ave. (entre 74 et 75th Sts) Tél. 212 799 3335 www.hummusplace.com Ouvert lun.-ven. 11h-22h30, sam. 10h30-23h, dim. 10h30-22h30*

Salumeria Rosi (plan 6, B2 n°22) *Salumi* désigne en Italie un éventail de charcuteries, ce dont cette boutique familiale s'est fait une spécialité. Quelques tables, en retrait dans un joli décor (et sur le trottoir aux beaux jours), permettent d'y grignoter de petits assortiments et quelques plats (13-18$), tout en admirant les comptoirs chargés de jambons et mortadelles. ***M° 72nd St/Broadway (1, 2, 3)*** *283 Amsterdam Ave. (entre 73rd et 74th Sts) Tél. 212 877 4800 www.salumeriarosinyc.com Ouvert lun.-jeu. 12h-22h, ven. 12h-23h, sam.-dim. 11h-23h*

Alice's Tea Cup (plan 6, B2 n°11) C'est un antre pour copines en goguette (les hommes adorent aussi !), un petit salon de thé à la gloire des cookies, scones et muffins, mais pas que... À l'arrière, la salle à manger rustique permet de manger une soupe, une salade (14-18$) ou un sandwich (12-16$). Le top reste le traditionnel *afternoon tea*, un véritable repas pantagruélique, avec quantité de sandwiches, scones et desserts (35$ par personne à 60 ou 100$ pour deux). ***M° 72nd St/Broadway (1, 2, 3)*** *102 W 73rd St (entre Columbus et Amsterdam Ave.) Tél. 212 799 3006 alicesteacup.com Ouvert tlj. 8h-20h*

☺ **Barney Greengrass (plan 6, B1 n°14)** Ici, on se proclame "roi de l'esturgeon". Depuis plus d'un siècle, c'est l'adresse de référence du poisson fumé. On vient au comptoir pour acheter au détail toutes les spécialités, du modeste hareng mariné jusqu'au plus noble des caviars. Rien de snob, pourtant, et les gourmands de toutes catégories s'y côtoient sans façon. On peut aussi y manger copieusement dans un décor très années 1950 et une ambiance de *delicatessen* désuet. Salades de poisson (17-23$), gravlax (34$), sandwich au foie de poulet haché (11,75$), omelettes et œufs brouillés (7,75-23,50$), assiettes de dégustation (énormes, à partir de 34$). ***M° 86th St/Broadway (1, 2)***

GAMME DE PRIX	RESTAURATION	HÉBERGEMENT
Très petits prix	moins de 10$	moins de 100$
Petits prix	de 10 à 20$	de 100 à 150$
Prix moyens	de 20 à 40$	de 150 à 250$
Prix élevés	de 40 à 60$	de 250 à 350$
Prix très élevés	plus de 60$	plus de 350$

541 Amsterdam Ave. (entre 86th et 87th Sts) Tél. 212 724 4707 www.barneygreengrass.com Ouvert mar.-dim. 8h-18h

White Gold Butchers (plan 6, B2 n°21) April Bloomfield, chef new-yorkaise réputée, a ouvert en 2016 un restaurant dans l'Upper West Side. Très réussi, son concept marie petite boucherie de viandes locales et bistrot proposant les mêmes produits au menu. Les plats, simples et goûteux, vont du classique sandwich à l'œuf-bacon (8$) du petit déjeuner au hot dog maison (7$) à midi, voire à de respectables pièces de viande pour le dîner (cœur de bœuf, 16$). ***M° 79th St (1, 2)*** *375 Amsterdam Ave. (entre 77th St et 78th St) Tél. 212 362 8731 www.whitegoldbutchers.com Ouvert lun.-jeu. 10h-23h, ven. 10h-0h, w.-e. 8h-0h*

prix moyens

Pio Pio (plan 7, A3 n°13) Entre les murs jaunes de ce petit restaurant, on découvre la cuisine péruvienne et de nombreuses recettes de poulet mariné et rôti ou en sauce (14-38$), crevettes (20-26$) ou *cebiches* (poisson cru mariné au citron 14-18$) et leurs accompagnements de pommes de terre, avocat, haricots secs ou *yuca* frit. Plusieurs adresses à New York. ***M° 96th St/Broadway (1, 2, 3)*** *702 Amsterdam Ave. (à l'angle de 94th St) Tél. 212 665 3000 www.piopio.com Ouvert tlj. 11h-23h*

prix élevés

Bar Boulud (plan 6, B3 n°13) Face au Metropolitan Opera, ce restaurant sobre, dont la longue salle voûtée évoque une cave, est une table réputée, créée par le chef français Daniel Boulud et animée par un jeune chef américain. Même si le vin et la charcuterie sont à la base du concept, les quelques plats proposés par ailleurs sont travaillés, nettement inspirés par la gastronomie lyonnaise et provençale. Hors-d'œuvre 12-24$, poissons 26-31$, viandes 23-42$, desserts 10-14$. Menu lunch 32$, dîner 48$. ***M° 66th St/Broadway (1, 2)*** *1900 Broadway (entre 63rd et 64th Sts) Tél. 212 595 0303 www.barboulud.com Ouvert lun.-ven. 12h-23h, sam. 11h-23h, dim. 11h-22h*

Morningside Heights

très petits prix

Absolute Bagels (plan 7, A2 n°1) La vitrine ne paye vraiment pas de mine mais les bagels sont réputés parmi les meilleurs de New York ! Ils se déclinent en toutes sortes de parfums, garnis de fromages crémeux... Un régal pour moins de 5$. ***M° Cathedral Parkway-110th St (1)*** *2788 Broadway (entre les 107th et 108th Sts) Tél. 212 932 2052 Ouvert tlj. 6h-21h*

Hungarian Pastry Shop (plan 7, A2 n°2) D'excellentes pâtisseries (*sachertorte*, fondant chocolat-noix, gâteau moka...) à savourer avec un chocolat chaud ou un café viennois parmi les étudiants et les professeurs de l'université de Columbia qui s'affrontent aux échecs, lisent ou pianotent sur leur *"laptop"*. Quelques tables en terrasse. ***M° Cathedral Pkwy (A, B, C, D, 1)*** *1030 Amsterdam Ave. (entre 110 et 111th St) Ouvert lun.-ven. 7h30-23h30, sam.-dim. 8h30-23h30*

petits prix

Tom's Restaurant (plan 7, A2 n°14) Banquettes de moleskine, néons blêmes et look des années 1940 : ce restaurant typiquement américain a servi de décor à la série télé *Seinfeld*.

La cuisine y est banale mais très peu chère : burgers (6,50-12,50$), salades et sandwiches (5-12$), mais aussi quelques plats comme le poulet grillé (12,50$), le pain de viande (11$) ou le poisson frit (8,50$). ***M° Cathedral Parkway-110th St (1)*** *2880 Broadway (à l'angle de 112th St) Tél. 212 864 6137 www.tomsrestaurant.net Ouvert dim.-mer. 6h-1h30, jeu.-sam. 24h/24*

☺ **Community Food & Juice (plan 7, A1 n°11)** Orienté vers une nourriture équilibrée, des produits essentiellement bio, locaux et de saison, ce restaurant reposant, au décor design tout en blondeur, mise sur les classiques traditionnels américains revisités par une touche orientale. C'est bon, sain et pas trop cher. Œufs et omelettes 12-15$ (menu breakfast), sandwiches et salades 11-15$, plats 13-32$. ***M° Cathedral Parkway-110th St (1)*** *2893 Broadway (entre 112th et 113th Sts) Tél. 212 665 2800 www.communityrestaurant.com Ouvert lun.-jeu. 8h-15h30 et 17h-21h30, ven. 8h-15h30 et 17h-22h, sam. 9h-15h30 et 17h-22h, dim. 9h-15h30 et 17h-21h30*

Jin Ramen (plan 11, A2 n°3) Inattendu sous la ferraille de la ligne aérienne du métro, cet endroit propose la meilleure soupe d'uptown, dans un décor de bois évoquant un chalet futuriste. Il y a bien sûr d'autres options comme le *kara age* (poulet frit à la japonaise, 8$), les *gyoza* (raviolis, 9$) ou une sélection de salades (5-9$), mais on vient ici pour le *ramen*, cette soupe japonaise garnie de nouilles, de viandes et légumes variés. Le *shio ramen*, par exemple, allie bouillon, nouilles, poulet, porc et légumes (11$), tandis que le robuste *tonkotsu* est un savoureux mijoté d'os de porc (13$). On peut aussi ajouter des garnitures supplémentaires (1-3$). Dernier tuyau : quand vous avez fini vos nouilles et qu'il ne reste que le bouillon, vous pouvez demander du rab' de nouilles ! ***M° 125th St (1)*** *3183 Broadway (entre Tiemann Pl. et 125th St) Tél. 646 559 2862 www.jinramen.com Ouvert lun.-jeu. 11h30-15h30 et 17h-23h, ven.-sam. 11h30-15h30 et 17h-0h, dim. 11h30-15h30 et 17h-22h*

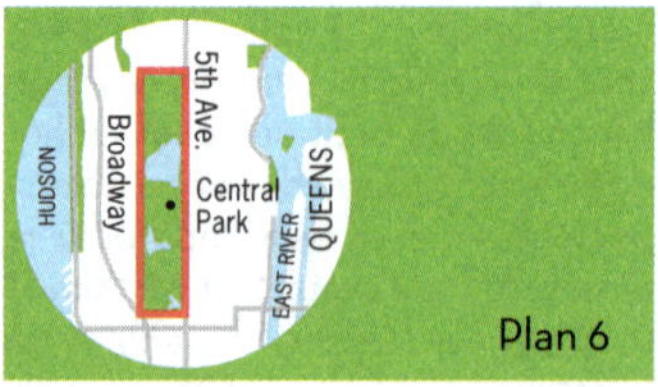

Central Park

Peu de possibilités de restauration dans le parc. Aux beaux jours, l'immense pelouse de Sheep Meadow ou les recoins bucoliques entourant The Lake rendent le pique-nique incontournable : on trouve plusieurs traiteurs de qualité dans l'Upper East Side pour se ravitailler.

petits prix

Le Pain Quotidien (plan 6, B2 n°4) Juste à l'extérieur du parc, près de Strawberry Fields, cette échoppe propose un grand choix de sandwiches (10-14$), de soupes du jour (6-7$) et de salades, ainsi que des gaufres (env. 5$) et des formules de petit déjeuner (11$)… Salle chaleureuse à l'intérieur, terrasse, et l'immensité de Central Park pour les amateurs de pique-nique ! Nombreuses adresses dans Manhattan, dont une à l'intérieur du parc, au niveau de 69th St. ***M° 72nd St (A, B, C)*** *50 W 72nd St Tél. 212 712 9700 Ouvert lun.-ven. 7h-19h, sam.-dim. 8h-19h*

Yura on Madison (plan 6, C1 n°6) Cet excellent traiteur, à deux pas de Museum Mile et de Central Park, est une base de ravitaillement idéale avant le pique-nique... Salades, sandwiches et *lunch boxes* (plateaux-repas) préparés avec des ingrédients de qualité, à des prix abordables pour le quartier. On peut aussi prendre un café sur place, en dégustant des pâtisseries. Bonne option, également, pour un petit déjeuner avant d'attaquer les musées... ***M° 96th St-Lexington (4, 6)*** *1292 Madison Ave. (à l'angle de 92th St) Tél. 212 860 1707 Ouvert lun.-ven. 6h30-19h, sam.-dim. 7h-16h*

prix moyens

Sarabeth's (plan 6, C3 n°5) Grand classique new-yorkais à l'heure du brunch dominical, Sarabeth's est une valeur sûre. Servis avec de délicieux muffins, les œufs cuisinés (dont les omelettes, 14-19$) font ici l'unanimité. À la carte, également, un grand choix de porridges, de pancakes, et des jus de fruits frais. Réservation conseillée (par tél. ou sur le site) le week-end, sous peine de patienter longtemps... Autres adresses dans l'Upper West Side et dans l'Upper East Side. ***M° 5th Ave./59th St (N, Q, R)*** *40 Central Park South (entre 5th Ave. et 6th Ave.) Tél. 212 826 5959 www.sarabethscps.com Ouvert lun.-sam. 8h-23h, dim. 8h-22h*

Tavern on the Green (plan 6, B3 n°23) Cet établissement iconique de Central Park, à l'origine (1870) une bergerie qui accueillait les moutons du parc, devint restaurant en 1934. On s'y rend à toute heure de la journée pour s'installer sur la magnifique terrasse ou sous la verrière, selon le bon vouloir du temps ! Même si l'on y vient plus pour la beauté du cadre que pour la cuisine, la carte reste résolument classique et américaine : des salades Caesar (17$) avec supplément prosciutto, poulet ou saumon (9$), des *Cobb salad* à l'avocat et au *blue cheese* (27$) ou, le soir, des plats plus élaborés (26-54$). ***M° 66 St/Lincoln Center (1)*** *W 67th St / Central Park West Tél. 212 877 8684 tavernonthegreen.com Ouvert lun.-jeu. 12h-20h30, ven. 12h-22h, sam. 9h-22h, dim. 9h-20h30*

The Loeb Boathouse – Central Park (plan 6, C2 n°25) Blotti sur la rive nord du lac, l'élégant pavillon du "hangar à bateaux" de Central Park offre une grande salle plaisante ouvrant sur le plan d'eau et sa flottille de barques. Nappes blanches, serveurs à cravate rouge, menu sophistiqué : *crab cake* et sa salade (20$), salades méditerranéennes (12-19$), plats de poisson ou de viande (18-38$). Carte moins formelle et onéreuse dans la salle de bar et sur la plaisante terrasse : burgers, sandwiches, salades et glaces. ***M° 72nd St (A, B, C)*** *East Drive / E 72nd St (à l'angle de Park Drive North) Tél. 212 517 2233 thecentralparkboathouse.com Ouvert avr.-nov. : lun.-ven. 12h-15h45 et 17h30-21h, sam.-dim. 9h30-15h45 et 18h-21h ; déc.-mars : lun.-ven. 12h-15h45, sam.-dim. 9h30-15h45*

GAMME DE PRIX	RESTAURATION	HÉBERGEMENT
Très petits prix	moins de 10$	moins de 100$
Petits prix	de 10 à 20$	de 100 à 150$
Prix moyens	de 20 à 40$	de 150 à 250$
Prix élevés	de 40 à 60$	de 250 à 350$
Prix très élevés	plus de 60$	plus de 350$

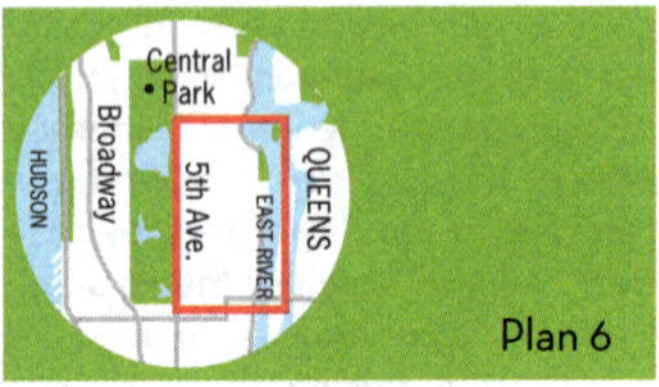

Upper East Side

Le quartier le plus sélect et aristocratique de New York abonde en grandes tables *exclusives* et autres adresses chics et (très) onéreuses, notamment celles des nombreux palaces. Heureusement, il subsiste des options bon marché pour déjeuner sur le pouce entre deux musées. On s'attarde rarement dans ces parages à l'heure du dîner !

très petits prix

Tal Bagels (p.221).

Papaya King (plan 6, C1 n°19) Non loin de Museum Mile, Papaya King vend, pour certains, les meilleurs hot-dogs de la ville. Même avec une devanture flashy, ce lieu reste un classique, ouvert en 1932. Spécialités : les "frankfurters" (2,50$ + suppléments ; 4,50$ pour le jumbo, plus gros) ou le "homerun", avec oignons et choucroute, qui a de nombreux adeptes. Grand choix de fruits pressés. ***M° 86th St/Lexington (4, 5, 6)*** *179 E 86th St (à l'angle de 3rd Ave.) Tél. 212 369 0648 www.papayaking.com Ouvert dim.-jeu. 8h-0h, ven.-sam. 8h-1h*

petits prix

Cascabel Taqueria (plan 6, D2 n°15) Ce n'est ni le meilleur mexicain de New York, ni le moins cher (UES oblige), mais le cadre est plaisant, avec ses peintures acidulées et sa déco dédiée au catch. Plats traditionnels version moderne : tacos savoureux (11$ les 2), avec mention spéciale à la garniture *pescado* (poisson), à accompagner de quinoa ou de haricots noirs, guacamole bien épicé... La *sopa de tortilla* (potage de poulet, fromage frais, tortillas tranchées 9$) a ses fans ! ***M° 77th St/Lexington (6) ou 86th St (Q)*** *1556 2nd Ave. (à l'angle de 81st St) Tél. 212 717 8226 www.nyctacos.com Ouvert dim.-jeu. 11h-22h, ven.-sam. 11h-23h*

☺ **Agata & Valentina (plan 6, D2 n°10)** Cette épicerie italienne (tendance bio), doublée d'un traiteur, séduit par la fraîcheur de ses produits et la qualité de leur préparation. Minuscule salle tout en inox, sans chichi, de quatre tables. Plusieurs formules petit déj. (dont de savoureux bagels), sandwiches au pain frais (6-12$), délicieux plats chauds italiens sur place ou à emporter, salades et pâtisseries appétissantes... Une autre adresse à Greenwich Village. ***M° 77th St/Lexington (6)*** *1505 1st Ave. (à l'angle de 79th St) Tél. 212 452 0690 www.agatavalentina.com Ouvert tlj. 8h-21h*

Pastrami Queen (plan 6, C2 n°20) Ce *deli* discret offre l'un des meilleurs sandwiches au pastrami de la ville, à des prix raisonnables pour le quartier. Sandwiches énormes (8,95-22,95$). Les demi-portions, à emporter seulement, rassasieront les petits appétits. La carte interminable offre aussi des portions de frites maison gargantuesques, des pickles savoureux, des plats ashkénazes traditionnels, des soupes... Formule déjeuner en semaine : bol de soupe et demi-sandwich à environ 15$. ***M° 77th St/Lexington (6)*** *1125 Lexington Ave. (entre 78th et 79th Sts) Tél. 212 734 1500 www.pastramiqueen.com Ouvert tlj. 10h-22h*

Andre's Budapest Cafe (plan 6, D1 n°12) Bonne adresse que cette boulangerie-pâtisserie-restaurant hongroise, dans une petite salle chaleureuse en bordure de Yorkville. Le service n'est pas des plus aimables, mais on l'oublie vite... Pâtisseries casher délicieuses (4-8,50$ la part) : strudels aux parfums variés, *dobos torte*, cheesecake, bon café. Goûtez aux *palcsintas* maison (crêpes hongroises, 8,50$). À la carte, également, des soupes et plats traditionnels (poulet au paprika, goulash 17,50-20,50$) absolument délicieux. Surprise : aucun ordinateur portable ici, car ils sont interdits ! ***M° 86th St/Lexington (4, 5, 6)*** *1631 2nd Ave. (entre 84th et 85th Sts) Tél. 212 327 1105 andrescafenewyork.com Ouvert tlj. 10h-22h*

prix moyens

Café Sabarsky (plan 6, C1 n°18) La Neue Galerie cache un charmant café (p.217) mais aussi un restaurant aux plats savoureux (saucisses et choucroute 18$, goulasch de bœuf 30$). Inconvénient, la file d'attente est souvent interminable ! Également des soirées "Cabaret". ***M° 86th St-Lexington (4, 5, 6)*** *1048 5th Ave. Accès par le musée (à l'angle de la 86th St) Tél. 212 288 0665 www.cafesabarsky-ny.com Ouvert lun. et mer. 9h-18h, jeu.-dim. 9h-21h*

prix très élevés

Daniel (plan 6, C3 n°16) Fer de lance de l'empire culinaire bâti à New York (et ailleurs !) par le chef français Daniel Boulud, le Daniel est l'une des plus fines tables de la ville. Cadre raffiné et romantique, entre colonnes néoclassiques, plafonds à caissons et design contemporain. Service impeccable. Cuisine française contemporaine aux accents cosmopolites : salade de fruits de mer aux artichauts et aux algues, côtes d'agneau au confit d'estragon et trompettes de la mort, sole aux truffes... Un régal pour les yeux autant que les papilles ! Carte des desserts alléchante. Premier menu "prix fixe" 142$, 224$ avec vins assortis... Menu végétarien sur demande. Réservation indispensable. ***M° Lexington/63rd St (F)*** *60 E 65th St (entre Madison et Park Ave.) Tél. 212 288 0033 www.danielnyc.com Ouvert lun.-sam. 17h30-22h30*

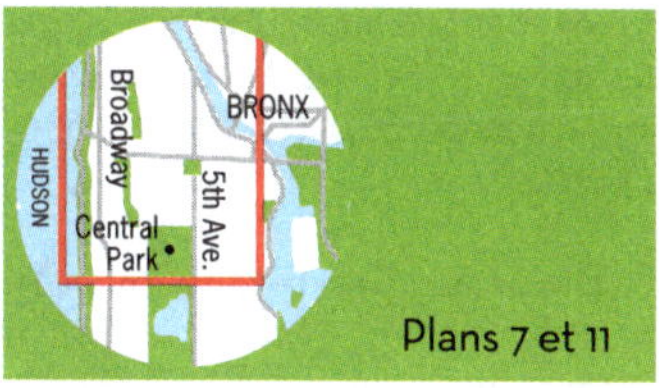

Plans 7 et 11

Harlem

Au fur et à mesure qu'Harlem attire la jeune bourgeoisie, les restaurants se multiplient. Encore discret, ce mouvement s'accentue et il y a fort à gager que les chefs à la mode ne tarderont pas à s'y déplacer. En attendant, quelques adresses sûres permettent de s'y régaler, après la messe gospel du dimanche ou au cours d'une visite du quartier.

petits prix

Harlem Shake (plan 7, B1 n°15) Harlem Shake comme les milk-shakes crémeux de ce mignon *diner* de quartier, aux allures d'établissement des années 1950 : tabourets chromés, illustrations afro-pop et comptoir Art déco, tout y est ! Une carte *soul food* : burgers caramélisés, hot-dogs avec frites de patate douce, ou encore *patties*, des galettes de viande hachée adoucies aux oignons sucrés. Plats 5-10$, formule lunch en semaine 10-

15$. ***M° 125th St (2, 3)*** *100 W 124th St / Lenox Ave. Tél. 212 222 8300 www.harlemshakenyc.com Ouvert dim.-jeu. 8h-23h, ven.-sam. 8h-2h*

Moustache (plan 7, C2 n°12) Dans Spanish Harlem, un petit restaurant inspiré par les recettes du Proche-Orient. Clientèle familiale de gens qui habitent le quartier. On y mange par exemple des salades de lentilles et boulgour (7$), assiettes de falafels (12$), côtes d'agneau (17$), moussaka (12$). ***M° 103rd St/Lexington (4, 6)*** *1621 Lexington Ave. (à l'angle de 102nd St) Tél. 212 828 0030 www.moustachepitza.com Ouvert tlj. 11h30-23h30*

☺ **Dinosaur Bar-B-Que (plan 11, A2 n°1)** Ce grand classique d'Harlem est immensément populaire (Michelle Obama y emmène ses filles). Au menu, les spécialités au barbecue des États du Sud, notamment les *pork ribs* (plats de côtes, 12,50 à 28,50$ selon la quantité), le *pulled pork* (effiloché de porc au barbecue, 16,95$) le *catfish* mariné (poisson-chat, 16,95$), le chili (9$), le tout à accompagner de frites de patate douce ou de haricots secs mijotés au barbecue. On y trouve évidemment aussi des burgers (à partir de 11,50$) et de monstrueux sandwiches (à partir de 10,50$). Régressif, roboratif et convivial. Musique live du jeudi au samedi. ***M° 125th St/Broadway (1)*** *700 W 125th St (à l'angle de 12th Ave.) Tél. 212 694 1777 www.dinosaurbarbque.com Ouvert lun.-jeu. 11h30-23h, ven.-sam. 11h30-0h, dim. 12h-22h*

Streetbird Rotisserie (plan 7, B1 n°18) En créant en 2010 le Red Rooster voisin (p.412), le restaurateur suédo-africain Marcus Samuelson plaçait Harlem sur la carte des gastronomes. Avec sa petite rôtisserie, il confirme cette renaissance. Les volailles prennent des accents "*soul*" bienvenus dans le quartier, d'autant qu'il sait allier l'influence des États du Sud avec un apport fusion très bien vu. Le célèbre Mac'n Cheese (gratin de macaronis au fromage, 8$) se pare de cheddar, de parmesan et d'une croûte de *panko*. Les *waffles* (gaufres traditionnelles, 15$) ont un goût de banane rôtie ou de maïs, tandis que le poulet frit se nappe d'un sirop d'érable au bourbon... ***M° 116th St (A, B, C)*** *2149 Frederick Douglass Blvd. (entre 115th St et 116th St) Tél. 212 206 2557 www.streetbirdnyc.com Ouvert tlj. 11h30-22h (ven.-sam. 23h)*

prix moyens

Amy Ruth's (plan 7, B1 n°10) Une institution de Harlem pour un brunch après la messe gospel. On vient se rassasier d'une cuisine des familles du Sud profond. Les plus célèbres y ont fait étape, de Coretta King à Bill Clinton ou Alicia Keys. Pour un vrai dépaysement, commandez un *waffle* (énorme gaufre, 11-18$) garni d'à peu près tout ce que vous pouvez imaginer (du poisson ou du bacon à la banane et à la noix de pécan...). Plus classiques, le poulet frit (18,95$), le *catfish* (poisson-chat, 18,95$) ou les Bar-B Q *spare ribs* (19,95$). Attention, les portions sont gigantesques. ***M° 116th St/Lenox (2, 3)*** *113 W 116th St (entre Adam Clayton Powell et Malcolm X Bvds) Tél. 212 280 8779 amy-ruths.com Ouvert lun. 11h-23h, mar.-jeu. 8h30-23h, ven. 8h30-5h30, sam. 7h30-5h30, dim. 7h30-23h*

Red Rooster (plan 7, B1 n°16) Tenu par un chef mi-suédois mi-éthiopien, le Red Rooster est ce qui se fait de plus branché à Harlem depuis l'invention du jazz ! Les people ne s'y trompent pas qui s'y pressent régulièrement. On commence au design bar avec un cocktail original comme le Obamatini (13$), avant de s'asseoir à table pour une *soul food* de qualité, la cuisine traditionnelle des États du Sud. Le poulet et ses gaufres (17$) est très réussi, tout comme le saumon rôti à la choucroute et aux cacahuètes (28$). Menu lunch 25$. Surveillez le site web pour les horaires des brunchs gospel du week-end ou pour les soirées concert. ***M°125th St (2, 3)*** *310 Lenox Ave. (entre 125th et 126th Sts) Tél. 212 792 9001 redroosterharlem.com Ouvert lun.-jeu. 11h30-15h30 et 16h30-22h30, ven. 11h30-15h30 et 16h30-23h30, sam. 10h-15h et 16h30-23h30, dim. 10h-15h et 16h30-22h*

Washington Heights et The Cloisters

petits prix

Max SoHa (plan 7, A1 n°17) Les étudiants de l'université Columbia, à 10min à pied de là, se pressent dans cette adorable trattoria grande comme un mouchoir de poche. Les plats, italiens, sont simples, familiaux et surtout excellents, à l'image des gnocchi au basilic (10$), des spaghetti au ragout d'agneau (12$) ou du poulet *parmigiana* (15$). À déguster sur la petite terrasse en été. Pas de carte bancaire. ***M° 125th St (A, B, C, D)*** *1274 Amsterdam Ave. / W 123rd St Tél. 212 531 2221 www.maxsoha.com Ouvert tlj. 12h-0h*

prix moyens

☺ **New Leaf (plan 11, A1 n°2)** À 5min à pied des Cloisters, au cœur de Tryon Park, ce charmant cottage en pierre abrite un bien sympathique restaurant. Aux beaux jours, la terrasse sous les frondaisons est un enchantement. La cuisine, légère et saine, joue à plein sur les produits de saison. Une adresse idéale pour déjeuner après la visite du musée, avant de redescendre dans Manhattan. Salades complètes (13-16$), demi-poulet rôti (24$), burger (16$), crabcake sandwich (16$). Le soir, davantage de choix et plats (26-34$) plus élaborés. ***M° 190th St (A)*** *1 Margaret Corbin Drive, Tél. 212 568 5323 www.newleafrestaurant.com Ouvert lun.-jeu. 12h-19h, ven. 12h-21h, sam. 11h-15h30 et 16h-21h, dim. 11h-15h30 et 16h-20h Ferme 2h plus tard en été, ne sert que le déjeuner du dim. au jeu. en hiver*

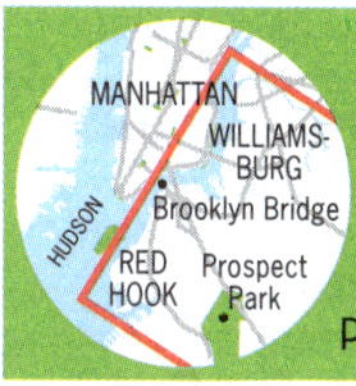

Plans 8, 9 et 10

Brooklyn

Cela fait belle lurette que Brooklyn est devenu l'épicentre de la scène culinaire new-yorkaise, et l'on se déplace volontiers le week-end de Manhattan à l'heure du brunch ou du dîner... Attention, dans les quartiers périphériques, les restaurants n'ouvrent souvent que le soir, à l'heure où les Brooklynites rentrent chez eux...

DUMBO et Brooklyn Heights

petits prix

Archway Café (plan 8, C1 n°5) En terrasse au pied du Manhattan Bridge ou dans la salle étroite qui accueille des expos artistiques, on y savoure de copieux sandwiches (10-12$) - jambon italien, avocat, saumon, poulet grillé, fromage... -, une soupe du jour (7-8$), mais aussi des douceurs sucrées (*carrot cake*, muffins, cookies...). Avec aussi des petits déjeuners et des brunchs. Parfait pour une pause dans l'exploration de DUMBO. ***M° High St (A, C)*** *57 Pearl St Tél. 718 522 3455 archwaycafe.com Ouvert tlj. 7h30-19h*

Lassen & Hennigs (plan 8, B2 n°4) Un traiteur de qualité à deux pas de la Promenade : parfait pour improviser un pique-nique avec vue sur Manhattan ! Salades copieuses et savoureuses (6-15$), soupes de brocoli, de poulet au curry, *clam chowder* (6$), sandwichs (7,50-10$) et plats chauds à emporter (10-13$). À l'heure du goûter ou du petit déjeuner, profitez de bonnes pâtisseries avec un café ! ***M° Court St (N, R)*** *114 Montague St (entre Hicks et Henry St) Tél. 718 875 6272 www.lassencatering.com Ouvert lun.-ven. 7h-21h30, sam.-dim. 7h-21h*

Au menu de Brooklyn : une brochette de quartiers

Pour commencer, une foule de bonnes adresses, entre l'ambiance artistico-industrielle de **DUMBO**, les vues grandioses sur le Brooklyn Bridge et Manhattan des quais de Brooklyn - et des pizzas et cheesecakes de légende ! Quant à **Fort Greene**, c'est l'un des quartiers tendance de Brooklyn, où essaiment les adresses de tous les horizons, en particulier autour des avenues Myrtle et Carlton, à l'est du parc, et autour de la Brooklyn Academy of Music, plus au sud. Familiaux et tranquilles, les trois fleurons de **BoCoCa** (Boerum Hill, Cobble Hill, Caroll Gardens) n'en comptent pas moins certaines des adresses les plus séduisantes et conviviales de Brooklyn, dans toutes les gammes de prix. Malgré son isolement persistant (et, diront d'aucuns, salvateur !), **Red Hook** existe bel et bien sur la carte gastronomique de Brooklyn, et son artère principale, Van Brunt St, pourrait bien devenir le nouveau "*restaurant row*" du *borough*... Nous, en tout cas, on adore ! La vie nocturne et gastronomique des quartiers assez huppés, autour de **Prospect Park**, est en plein essor. Les 6e et 7e Ave. et Union St à Park Slope, ainsi que Flatbush Ave. à Prospect Heights en sont les épicentres. Quartier branché et bohème par excellence de Brooklyn - même si certains affirment qu'il s'est embourgeoisé ! -, **Williamsburg** regroupe évidemment un grand nombre d'adresses, dont certaines très originales ! Plus au nord, **Greenpoint** demeure moins animé, même si l'on sent poindre le renouveau à vitesse grand V. Bars-restaurants très bon marché au nord de Manhattan Ave., dans le quartier polonais. Enfin, rien de spectaculaire à **Coney Island**, dans ce bout du monde, si ce n'est une paire d'adresses légendaires (Nathan's et Totonno's) et les nombreux *delis* ashkénazes du Little Odessa de Brighton Beach Avenue. Moult stands (hamburgers, hot-dogs) s'installent en été sur les plages de la promenade du bord de mer.

Heights Café (plan 8, B2 n°3) Sans doute la plus belle terrasse de Brooklyn Heights, avec vue sur les immeubles centenaires de Montague Street. Carte simple mais correcte, s'en tenir aux valeurs sûres pour un déjeuner sur le pouce : sandwichs et burgers variés (15-18$), salades (11-17$). Le week-end, formules brunch. ***M° Court St (N, R)*** *84 Montague St (à l'angle de Hicks St) Tél. 718 625 5555 www.heightscafeny.com Ouvert lun.-ven. 12h-22h30, sam. 11h-23h, dim. 10h-22h30*

Sahadi's (plan 8, B3 n°18) Une immense épicerie fine dans l'ancien quartier libanais d'Atlantic Avenue, dont il reste quelques vestiges - restaurants, boutiques. Sélection exhaustive de produits méditerranéens et du Proche-Orient : épices, condiments, conserves, etc. Au fond, le coin traiteur, où acheter sandwiches et plats à emporter : samoussas copieux et bon marché, salades, taboulés... ***M° Court St (N, R)*** *187 Atlantic Ave. (entre Clinton et Court Sts) Tél. 718 624 4550 www.sahadis.com Ouvert lun.-sam. 9h-19h*

Junior's (plan 8, C3 n°13) Reconnaissable à sa devanture tout en angles et en néons rouges, Junior's est avant tout réputé pour ses délicieux cheesecakes (7$ la part), crémeux et moelleux à souhait, avec ce petit goût de citron qui fait toute la différence... À emporter ou à consommer sur place, assis au superbe comptoir incurvé ou sur les banquettes de la salle. À la carte également, des formules petits déjeuners, des sandwichs, salades et burgers, ou plats plus élaborés. Rien de gastronomique, mais une vraie ambiance de quartier. ***M° Delkab Ave. (B, D, N, Q, R)*** *386 Flatbush Ave. Ext. (au coin de Delkab Ave.) Tél. 718 852 5258 www.juniorscheesecake.com Ouvert dim.-jeu. 6h30-0h, ven.-sam. 6h30-1h*

Pedro's (plan 8, C1 n°15) Une fresque bariolée recouvre entièrement la façade, en plein cœur de DUMBO. Cette cantine d'inspiration mexicaine propose les grands classiques : *burritos* (9-14$), *empañadas* (3$), *nachos* (9-14$), *tacos* (9-12$)... À la carte, également, des plats moins habituels : *mofongo* (purée de plantain à l'ail et à la tomate, 8$, avec du poulet 12$), ou *chicharrón de pollo* (poulet frit épicé, 12$)... ***M° York St (F)*** *73 Jay St (à l'angle de Front St) Tél. 718 797 2851 Ouvert tlj. 11h-0h*

Grimaldi's (plan 8, B1 n°11) Certes, il y a souvent la queue sur le trottoir, à deux pas du pont et des quais de Brooklyn. Et le service n'inclut ni le sourire, ni l'empressement. Mais l'endroit a un charme un peu kitsch, avec ses murs dédiés aux célébrités venues déguster des pizzas au feu de bois qui comptent, de l'avis général, parmi les meilleures de New York. Pizzas immenses à partager - la "16 pouces" (14$) suffit amplement pour deux. Sur cette pâte succulente, servie avec une base de tomate et fromage, on peut choisir la garniture (2-4$ par ingrédient). Vin bon marché : 10$ la carafe. En dessert, les traditionnels *cannoli*, *tartufo* ou *tortoni*... ***M° High St (A, C)*** *19 Old Fulton St Tél. 718 858 4300 www.grimaldis.com Ouvert lun.-jeu. 11h30-22h45, ven. 11h30-23h45, sam. 12h-23h45, dim. 12h-22h45*

prix moyens

Vinegar Hill House (plan 8, C1 n°10) Une maisonnette de briques de la fin du XIXe siècle, dans le quartier jadis doré de Vinegar Hill. Déco rustique et éclectique, entre plancher craquelé et jolis panneaux de verre peint. Une bonne table, discrète, bien connue des gens du cru pour sa cuisine revisitant les recettes familiales avec une touche cosmopolite : mousse de foie de volaille aux pistaches (16$), ragoût de porc aux épinards (24$), plats de viande campagnards à se lécher les doigts… Sélection de fromages artisanaux et bonnes pâtisseries. Le four à bois ronronne en cuisine, on se sent bien. *M° York St (F) 72 Hudson Ave. (entre Front et Water Sts) Tél. 718 522 1018 www.vinegarhillhouse.com Ouvert lun.-jeu. 18h-23h, ven. 18h-23h30, sam. 10h30-15h30 et 18h-23h30, dim. 10h30-15h30 et 17h30-23h Brunch sam.-dim. 11h-15h30*

prix très élevés

River Café (plan 8, B1 n°17) Niché au pied du Brooklyn Bridge, avec une vue sublime sur Manhattan, le River Café est *the* adresse romantique. Salle littéralement posée sur l'eau, nappes blanches, serveurs en livrée : l'ambiance n'est pas à la décontraction - tenue correcte exigée et, pour les messieurs, veste obligatoire après 17h… Il faut venir le soir, bien sûr, pour dîner au son du piano… À condition de réserver, et d'avoir les moyens : menus dégustation à 125 ou 145$ (sans le vin, les taxes et le pourboire…), ou menu gastronomique à 150$. Plats à la fois classiques et inventifs : *ceviche* de Saint-Jacques, tartare de bœuf de Kobé et œuf de caille, belle carte de desserts. Liste des vins grandiose. Belle vue du bar - attention, consos hors de prix ! Propose aussi un *breakfast* à l'ancienne. ***M° High St (A, C)*** *1 Water St (juste au nord du Fulton Ferry Landing Pier) Tél. 718 522 5200 www.rivercafe.com Ouvert lun.-ven. 8h30-11h30 et 17h30-23h, sam.-dim. 11h30-14h30 et 17h30-23h*

Fort Greene

prix moyens

No. 7 (plan 9, D1 n°19) Le numéro porte-bonheur d'une adresse incon-

Réserver pour un moment d'exception

Chef's Table at Brooklyn Fare (plan 8, C3 n°12) Pour les New Yorkais, qui aiment être dans la confidence, manger à la "table du chef" est une expérience inégalable et le dernier snobisme des *foodies*. Aux manettes de ce restaurant multi-étoilé, installé dans la cuisine inox du supermarché de quartier Brooklyn Fare, l'inspiré César Ramirez se produit devant ses convives. Les *happy few* qui parviennent à réserver l'une des 18 places du comptoir sont aux premières loges pour assister à la préparation des 18-20 plats qui leur seront servis (comptez 330$ par personne, sans le vin, à partir de 60$ la bouteille, ni le pourboire, ni les taxes). Attention, réservation impérative et difficile, uniquement par téléphone, le lundi et suivant un protocole précis ! ***M° Hoyt-Schermerhorn (A, C, G)*** *200 Schermerhorn St (près de Hoyt St) Tél. 718 243 0050 www.brooklynfare.com Dîner uniquement, quatre ou six services : mar.-mer. 18h, 18h30, 19h et 19h30, jeu.-sam. 18h, 18h30, 19h, 19h30, 21h30 et 22h Réservation le lun. à 10h30, impérative 6 semaines à l'avance* tournable de Fort Greene, connue pour sa convivialité. On se rend dans ce bar-resto de quartier à l'heure de l'apéro, pour s'installer au comptoir et grignoter les fameux *tacos* brocolis-feta (12$) ; ou l'on réserve pour dîner dans la belle salle de type bistrot, et goûter à l'omble chevalier poêlé au fenouil (24$), selon la saison. ***M° Lafayette Ave (C)*** *7 Greene Ave. / S Oxford St Tél. 718 522 6370 www.no7restaurant.com Ouvert mar.-ven. 17h-23h, sam. 11h-15h et 17h-23h, dim. 11h-15h et 16h-21h*

Prospect Heights et Park Slope

très petits prix

Bagel Hole (plan 9, C3 n°2) L'endroit ne ressemble vraiment à rien, simple comptoir sur les hauteurs de la 7e avenue, mais les bagels maison comptent, de l'avis général, parmi les meilleurs de New York ! À acheter tôt le matin, quand ils sont encore chauds (1,10$ pièce), moelleux à souhait, avec du *creamy cheese*... ***M° 7th Ave./Park Slope (F, G)*** *400 7th Ave. (entre 12th et 13th St) Tél. 718 788 4014 www.bagelhole.net Ouvert lun.-ven. 7h-18h, sam. 7h-17h, dim. 7h-16h*

petits prix

12th Street Deli Market (plan 9, C3 n°1) Cette épicerie fine, branchée bio, propose également des sandwichs délicieux, ainsi que des salades variées à emporter. Parfait pour un pique-nique sur les pelouses de Prospect Park, à une rue de là ! À l'heure du petit déj. ou du goûter, bons café et gâteaux maison ! ***M° 7th Ave./Park Slope (F, G)*** *1201 8th Ave. (à l'angle de 12th St) Tél. 718 832 7796 Ouvert tlj. 7h-23h*

prix moyens

☺ **al di là (plan 9, C2 n°11)** Sans doute le meilleur italien de Brooklyn, ce qui n'est pas rien ! Plafonds défraîchis, tableaux naïfs sur un vieux papier peint, bouteilles de vin alignées sur les étagères, serveurs de blanc vêtus aux petits soins. La carte, elle, enthousiasme : risotto du jour, lapin braisé aux olives (29$), salade de céleri, malfatti... Le tout préparé d'une main experte. À midi, menu simplifié et meilleur marché : pâtes (15-17$), salades (12-13,50$), poisson du jour (16,50$). Bonne carte des vins... italiens ! Arrivez tôt le soir : pas de réservation. ***M° Union St (D, N, R)*** *248 5th Ave. (à l'angle de Carroll St) Tél. 718 783 4565 www.aldilatrattoria.com Ouvert lun.-jeu. 12h-15h et 18h-22h30, ven. 12h-15h et 18h-23h, sam. 11h-15h30 et 17h30-23h, dim. 11h-15h30 et 17h-22h*

Rose Water Restaurant (plan 9, D2 n°27) Un sympathique restaurant de quartier. Salle étroite à la décoration florale, doublée d'une petite terrasse sur le trottoir. En entrée (10-12$), soupe du marché ou artichauts croquants aux graines de moutarde. Côté plats (19-29$), polenta au chèvre (22$) ou magret de canard à la pistache (30$). Belle carte des vins, mettant à l'honneur les crus français, italiens et espagnols. Menu du marché 3 plats, dim. à jeu. 30$, menu dégustation 5 plats 60$, brunch (formule à 17$) le week-end. ***M° Union St (D, N, R)*** *787 Union St (entre 5th et 6th Ave.) Tél. 718 783 3800 www.rosewaterrestaurant.com Ouvert lun.-jeu. 17h30-22h, ven. 17h30-23h, sam. 9h30-15h et 17h30-23h, dim. 9h30-15h et 17h30-22h*

Talde (plan 9, C3 n°13) Le chef, ancien participant à l'émission télé Top Chef (version US), a fait ses classes dans un restaurant asiatique. Il en a repris l'inspiration, aussi bien dans la salle à l'atmosphère très extrême-orientale que dans la carte qui mêle les accents thaï et chinois. Après le traditionnel cocktail (10-13$), vous aurez l'embarras du choix parmi les nombreuses combinaisons. La salade de chou kale à la mangue verte et aux plantain frits (14$) est délicieuse, de même que les *pork dumplings* (beignets de porc, 10$), le *pad thai* aux huîtres et au bacon (18$) ou le poulet frit à la coréenne (25$). ***M° 7th Ave (F)*** *369 7th Ave (à l'angle de 11th St) Tél. 347 916 0031 taldebrooklyn.com Ouvert lun.-mer. 17h-23h, jeu.-ven. 17h-0h, sam. 11h-15h et 17h-0h, dim. 11h-15h et 17h-23h*

☺ **Franny's (plan 9, D1 n°21)** Véritable coup de cœur que cette pizzeria dont les principes se résument en quelques mots : convivialité, qualité, développement durable. Vaste salle élégante, plancher ancien, briques apparentes, long comptoir animé et quelques tables au fond, devant le four à bois. En entrée, goûtez les *crostini* (11$), pain frais grillé garni d'ingrédients savoureux – foies de volaille, bresaola. Pâtes artisanales servies *al dente*, et des pizzas (20-22$) qui méritent amplement leur réputation grandissante : pâte croquante, garnitures variées et goûteuses. Bonne sélection de vins italiens au verre (11-12$). Côté desserts, ne pas manquer l'excellent *cannolo* (8$). ***M° Bergen St (2, 3) ou 7th Ave./Brighton (B, Q)*** *348 Flatbush Ave. Tél. 718 230 0221 www.frannysbrooklyn.com Ouvert lun.-jeu. 17h30-23h, ven. 12h-14h30 et 17h30-23h30, w.-e. 12h-23h30, dim. 12h-22h*

James (plan 9, D1 n°22) Un restaurant familial, un peu à l'écart de Flatbush Avenue. L'animation est tout de même au rendez-vous : la petite salle aux murs de briques blanches, sous un lustre spectaculaire, ne désemplit pas le soir en fin de semaine, et le volume sonore est assez élevé ! Plats de saison originaux et riches en saveurs : crevettes sautées à la polenta (15$), betteraves rôties au hachis de pistache (14$), saint-jacques et queue de bœuf braisée au vin rouge (29$), omble chevalier aux lentilles et au fenouil (29$)... Belles cartes des vins et cocktails. Brunch très couru le week-end. ***M° Bergen St (2, 3) ou 7th Ave./Brighton (B, Q)*** *605 Carlton Ave. (à l'angle de St. Marks Ave.) Tél. 718 942 4255 www.jamesrestaurantny.com Ouvert lun.-mer. 17h30-22h30, jeu.-ven. 17h30-23h, sam. 11h-15h30 et 17h30-23h, dim. 11h-15h30 et 17h30-22h*

The Norm (plan 9, D2 n°28) Conçue sous la houlette d'un chef aguerri, Saul Bolton, cette bonne table installée dans le cadre du prestigieux Brooklyn Museum (p.267) s'inspire du caractère multiculturel de Brooklyn et des expositions en cours au musée. Un menu aux accents américains, méditerranéens et asiatiques, qui change au fil des saisons : *orechietta* au brocoli et à la ricotta (20$), saumon au céleri (24$), *ramen* au porc braisé (18$)... Service attentif et discret. ***M° Eastern Parkway-Brooklyn Museum (2, 3)*** *200 Eastern Parkway Tél. 718 935 9842 www.thenormbkm.com Ouvert jeu. 11h-22h15, ven.-dim. 11h-18h15*

BoCoCa

petits prix

☺ **Building on Bond (plan 9, C1 n°16)** Bar-restaurant de quartier convivial et décontracté, à la déco rustique – bois brut, antiquités, bottes de paille... Des hamburgers et sandwiches bien préparés (11-12$), des plats chauds sans chichis tels que le gratin de macaronis (11$) ou l'omelette maison, des *daily specials* copieux (10-15$) et de bons gâteaux. Vins au verre ou en pichet (8-30$), grand choix de bières et de cocktails : tout pour plaire ! Une bonne adresse pour le petit déjeuner et le brunch du week-end... Concerts éclectiques certains soirs. ***M° Bergen St (F, G)*** *112 Bond St (à l'angle de Pacific St) Tél. 347 853 8687 buildingonbond.com Ouvert lun.-ven. 7h-23h, sam.-dim. 10h30-23h*

☺ **Calexico Taqueria (plan 9, B1 n°18)** L'une des meilleures *taquerias* de la ville, ouverte par trois frères qui ont longtemps vendu leurs spécialités mexicaines dans l'un des nombreux *food carts* arpentant les rues de New York. Petite salle aux murs rouges : d'un côté, d'émouvants ex-voto mexicains ; de l'autre, un panneau routier en plein désert californien sur la route de Calexico. Musique folk, ambiance de quartier. Commander au comptoir, en priant qu'une table se libère ! Difficile de choisir : *burritos* (9-11$), *quesadillas* (8-10$) et *tacos* (4-5$), ainsi que les *specials* du jour, tout est bon et copieux... ***M° Carroll St (F, G)*** *122 Union St (entre Columbia et Hicks Sts) Tél. 718 488 8226 www.calexicocart.com Ouvert lun.-sam. 11h30-23h, dim. 11h30-22h*

Lucali (plan 9, B1 n°23) Cette pizzeria de quartier dans une rue charmante de Carroll Gardens n'est plus vraiment un secret : la queue sur le trottoir est souvent longue. Il faut dire que les grandes pizzas (à partager, 24$) sont vraiment délicieuses : pâte croustillante à souhait, nappées d'une sauce tomate rehaussées de basilic et d'un fromage savoureux - on choisit ensuite les ingrédients. Compter 12-15$ par personne. Quelques tables éclairées aux chandelles, une ambiance conviviale, et un four à bois d'où s'échappent de doux parfums. L'endroit est BYOB : apporter sa bouteille. ***M° Carroll St (F, G)*** *575 Henry St Tél. 718 858 4086 Ouvert mer.-lun. 18h-22h Sans réservation*

Frankies 457 (plan 9, B2 n°20) Ouvert par les chefs Frank Falcinelli et Frank Castronovo, le Frankies est vite devenu un classique de la scène brooklynite. Grande salle plaisante, bois teint et brique nue, sous les ventilateurs. Cuisine italienne à l'ancienne, à base de produits locaux. Salades méditerranéennes (11-14$), sandwiches copieux avec du bon pain et des charcuteries traditionnelles (12-17$), délicieux antipasti (6,50$) et *specials* aux prix raisonnables (14-24$) : agneau braisé servi avec des *pappardelle* fraîches, gnocchis *marinara*... Belle sélection de vins italiens (pichet à partir de 17$). ***M° Carroll St (F, G)*** *457 Court St (entre Luquer et 4th Sts) Tél. 718 403 0033 frankies457.com Ouvert dim.-jeu. 11h-23h, ven.-sam. 11h-0h*

prix moyens

Prime Meats (plan 9, B2 n°26) Autre adresse emblématique des propriétaires du Frankies 457, ce restaurant fait appel aux mêmes produits locaux - viandes en provenance directe de la ferme. On s'installe au comptoir ou l'on gagne la grande salle du fond. Éclairage doux, ambiance élégante mais décontractée. À midi, soupes et salades (11-18$), sandwiches copieux (10-16$), mais également des spécialités comme la choucroute garnie (autour de 20$) ou le burger maison (14$). Le soir, carte plus sophistiquée, avec des huîtres, des plats de poisson ou des viandes vieillies (*aged meat*, processus rehaussant la saveur du produit et le rendant plus tendre...) et des plats classiques comme le *pork schnitzel* (escalope de porc panée, 26$). ***M° Carroll St (F, G)*** *465 Court St (à l'angle de Luquer St) Tél. 718 254 0327 www.frankspm.com Ouvert lun.-jeu. 11h-16h et 17h30-23h, ven. 11h-16h et 17h30-0h, sam. 10h-16h et 17h30-0h, dim. 10h-16h et 17h30-23h*

Mile End Delicatessen (plan 9, C1 n°24) Minuscule *delicatessen* à la déco épurée, spécialisé dans les produits canadiens : viandes fumées succulentes, et bagels *made in* Montréal. Le sandwich *smoked meat* (15$) est vraiment excellent. À déguster avec l'assiette poutine (9-13$) : frites maison servies avec des éclats de cheddar et une sauce aux champignons... Les pickles originaux et le hamburger (15$) ne sont pas mal non plus. Plusieurs formules petit déj. (le bagel au fromage est un incontournable !), et brunch le week-end toute la journée ! Carte des vins intéressante, et bon choix de bières artisanales – notamment la "Dieu du ciel" de Montréal. ***M° Bergen St (F, G) ou Hoyt St (A, C, G)*** *97 Hoyt St (entre Pacific St et Atlantic Ave.) Tél. 718 852 7510 www.mileenddeli.com Ouvert lun.-mer. 8h-22h, jeu.-ven. 8h-23h, sam. 10h-23h, dim. 10h-22h*

Alma (plan 9, B1 n°12) Bonne adresse que ce bar-restaurant mexicain sur trois étages, bien connu des gens du quartier. Côté cuisine, c'est irréprochable et créatif : trio de *tacos de pescado* (poisson, sauce au piment *jalapeño* 17$), *camarones* (crevettes en croûte de coco au riz épicé, 25$), *fajitas* (18-25$)... Mais surtout, à la belle saison, vue sublime sur les gratte-ciel de Manhattan du toit-terrasse. Au 1er étage, un bar d'habitués, avec une interminable liste de Margaritas et de tequilas (le mar. 2 tacos et un margarita pour 13$)... ***M° Carroll St (F, G)*** *187 Columbia St (à l'angle de Degraw St) Tél. 718 643 5400 www.almarestaurant.com Ouvert mer.-jeu. 17h30-22h, ven. 17h30-23h, sam. 11h-23h, dim. 10h-22h Taco night mar. 16h30-22h*

Buttermilk Channel (plan 9, B2 n°17) Buttermilk ("babeurre") est le nom du chenal qui sépare Brooklyn de Governors Island. Joli nom pour ce restaurant dont le menu change chaque jour ou presque – sauf les huîtres ! On peut dîner sous les lampes tamisées du comptoir ou en salle, devant l'immense miroir. Terrasse sur le trottoir aux beaux jours. Salades et sandwichs copieux (11-27$) au déjeuner. En entrée, soupes et salades originales (10-14$). Le soir, entrées de saison (12-16$), puis des plats d'agneau, de canard, de poisson (18-30$). Bonne adresse pour le brunch du week-end. À noter : menu végétarien à la demande et menu enfant à 15$ avec un joli choix. ***M° Carroll St (F, G)*** *524 Court St (à l'angle d'Huntington St) Tél. 718 852 8490 www.buttermilkchannelnyc.com Ouvert lun.-mer. 11h30-15h et 17h-22h, jeu. 11h30-15h et 17h-23h, ven. 11h30-15h et 17h-0h, sam. 10h-15h et 17h-0h, dim. 10h-15h et 17h-22h*

Red Hook

petits prix

Fairway Market (plan 9, A2 n°4) Superbe supermarché au bord de l'eau, tout en bas de Van Brunt Street. Idéal pour acheter des produits frais de qualité en prévision d'un pique-nique face à la statue de la Liberté, sur les bancs du bord de la baie. On peut aussi se restaurer au café installé au fond du magasin (terrasse avec vue !) : sandwichs (8-10$), buffet de légumes et crudités (12$), plats bon marché. Formules petit déj. jusqu'à 15h. ***M° Smith-9th St (F, G) et bus B61 480-500*** *480 Van Brunt St Tél. 718 694 6868 www.fairwaymarket.com Ouvert tlj. 8h-22h Café : tlj. 8h-20h*

☺ **Baked (plan 9, A2 n°3)** Boulangerie-pâtisserie mêlant l'ancien (intérieur bois, globes années 1970) et le moderne (wifi) et qui, surtout, propose des scones et des muffins à peine sortis du four (2,75$), des brownies gorgés de chocolat (3,25$), des *cupcakes* à l'ancienne (2,50$) et un expresso bien corsé... Le livre de recettes édité par les proprios est un succès ! ***M° Smith-9th St (F, G)*** *359 Van Brunt St (entre Dikeman et Wolcott St) Tél. 718 222 0345 www.bakednyc.com Ouvert lun.-ven. 7h-19h, sam.-dim. 8h-19h*

prix moyens

Pok Pok (plan 9, B1 n°10) Voici une adresse thaïe culte, dont l'antenne principale se trouve dans l'Oregon. Le chef est unanimement reconnu et se concentre uniquement sur la qualité de sa cuisine. On n'y vient pas dîner pour le décor, inexistant, mais pour la table, réellement exceptionnelle. Aucun plat ne dépasse 20$ et l'on peut aisément se satisfaire des *spicy fish sauce chicken wings* (ailerons de poulet en sauce épicée, 16$) ou du *hoi thawt* (16$), une délicate crêpe fourrée de moules aux œufs, à l'ail et à la ciboulette. Une expérience mémorable ! ***M° Bergen St (F)*** *117 Columbia St (entre Kane et Degraw Sts) Tél. 718 923 9322 www.pokpokny.com Ouvert lun.-ven. 17h30-22h, sam.-dim. 12h-22h*

☺ **The Good Fork (plan 9, A2 n°29)** Miracle que cette table fine installée dans une petite salle au plafond de bois voûté en coque de navire, chaleureuse et conviviale. Carte magnifique de qualité et de trouvailles, mêlant les produits frais de saison, un rien de *French touch*, et l'héritage d'une chef coréenne, Sohui Kim. Entrées originales et changeantes (10-15$), telles que les moules à la vapeur de citronelle (15$). Côté plats (16-30$), c'est l'apothéose : poulet rôti aux champignons *shiitake*, *steak and eggs* à la coréenne, ragoût de canard au fenouil... La tarte au citron maison (*Steve's Key Lime Pie*, 8$) vaut le détour. Belle sélection de vins au verre et de cocktails. ***M° Smith/9th St (F, G) et bus B61*** *391 Van Brunt St (entre Van Dyke et Coffey Sts) Tél. 718 643 6636 www.goodfork.com Ouvert mar.-sam. 17h30-22h30, dim. 17h30-22h*

Williamsburg et Greenpoint

très petits prix

Bagelsmith (plan 10, B2 n°1) Derrière son avenante devanture vert et jaune se vendent les meilleurs bagels de Bedford Avenue ! Les saveurs cannelle-raisin ou fromage-piment sont aussi délicieuses que les ingrédients plus classiques (*cream cheese*, oignons, noix, œufs, saumon...). De 2 à 5$ selon la garniture. À emporter ou à déguster sur l'un des 3-4 tabourets au bar en vitrine. ***M° Bedford Ave.*** *189 Bedford Ave. Tél. 718 218 7414 www.bagelsmith.com Ouvert 24h/24*

Peter Pan Donut & Pastry Shop (plan 10, C1 n°2) Une pâtisserie à l'ancienne, comme on n'en fait plus guère à New York, pour déguster – sur place avec un café, en compagnie des habitués – ou à emporter de savoureux gâteaux à la crème, donuts (1,10$), muffins (1,50$) et bagels (nature, chauds et tartinés de beurre salé, 1,20$). ***M° Nassau Ave. (G)*** *727 Manhattan Ave. Tél. 718 389 3676 peterpandonuts.com Ouvert lun.-ven. 4h30-20h, sam. 5h-20h, dim. 5h30-19h*

petits prix

Kellogg's diner (plan 10, C3 n°15) Depuis 1928, l'enseigne en néons illumine la façade de ce *diner* typique. Après la *soup of the day*, optez pour un Reuben sandwich (10$) ou un burger (de 7 à 10$ pour la version Deluxe : avec frites, tomates et laitue). Excellent et copieux. Également des formules de petit déjeuner. ***M° Metropolitan Ave. (G) Lorimer St (J, M, Z)*** *518 Metropolitan Ave. Tél. 718 782 4502 Ouvert tlj. 24h/24*

☺ **Egg (plan 10, B2 n°12)** L'un des meilleurs petits déjeuners de New York ! La salle est dépouillée, tout en longueur, avec des murs blancs et des poutres apparentes. Un choix maniaque des ingrédients, bio et de saison – les patrons possèdent leur propre ferme ! Comme son nom l'indique, l'endroit s'est fait une spécialité des recettes d'œufs, comme les *eggs* Rothko (13,50$), sur des tranches de brioche maison, avec du fromage, des tomates bouillies et des légumes de saison. Toasts ou pancakes servis avec des confitures artisanales, saucisses, etc. Hamburger maison (15$) et poulet fermier (15-19$) à se lécher les doigts ! ***M° Bedford Ave. (L)*** *109 N 3rd St (entre Berry St et Wythe St) Tél. 718 302 5151 www.eggrestaurant.com Ouvert lun.-ven. 7h-17h, sam.-dim. 8h-17h*

Jimmy's Diner (plan 10, C2 n°14) Ce *diner* à l'ancienne, guère plus grand qu'un mobil-home, est vite devenu un repaire d'habitués, populaire le dimanche matin à l'heure du mal de tête ! Ambiance jeune et joyeuse, des burgers copieux et savoureux (12-14$), du *pulled pork* en sauce BBQ (15$), de délicieux milk-shakes, et plusieurs formules de petit déjeuner. Attention, l'attente peut être redoutable pour le brunch du week-end ! ***M° Bedford Ave. (L)*** *577 Union Ave. (entre N 10th et N 11th Sts) Tél. 718 218 7174 jimmysdinerbrooklyn.com Ouvert dim.-jeu. 9h-22h, ven.-sam. 9h-0h*

Sage (plan 10, C3 n°19) Plonger dans les grosses banquettes en cuir, s'installer à la terrasse ou dans le patio de cette adresse du Nord Williamsburg, et découvrir des petits plats thaï bien troussés : brochettes *satay* de poulet sauce cacahuètes (5$), rouleaux de printemps (5$), currys et *pad thaï* (10-14$), et bavette *skirt steak* "Bangkok" sauce BBQ à la patate douce (19$). Forcément un peu piquant ! ***M° Graham Ave (L)*** *299-301 Graham Ave. (près d'Ainslie St) Tél. 718 218 6644 sageongraham.com Ouvert dim.-jeu. 12h-22h30, ven.-sam. 12h-23h30*

Frankel's Delicatessen & Appetizing (plan 10, C1 n°20) N'en déplaise à ceux qui clament que le *deli* traditionnel se meurt, il reste quelques lueurs d'espoir ! En New-Yorkais bon teint, les frères Zach et Alex Frankel ont conçu leur *deli* pour rassembler tout ce que la gastronomie juive du monde a su faire de mieux. Galettes de pomme de terre à la crème aigre et à la sauce aux pommes (8$), bagel garni de gravlax et de fromage frais (13$), sandwiches au pastrami ou au corned beef (14-15$) et même, comme un clin d'œil au grand Gray's Papaya, LE spécialiste du hot dog que fréquentaient les jeunes Frankel, une formule "Recession Special" (deux hot dogs et une boisson) à 8$. ***M° Nassau Ave.***

(G) 631 Manhattan Ave. (entre Bedford Ave. et Nassau Ave.) Tél. 718 389 2302 www.frankelsdelicatessen.com Ouvert tlj. 8h-15h30

prix moyens

Diner (plan 10, B3 n°11) Un vieux *diner car* de bord d'autoroute restauré, avec plafond voûté, comptoir interminable et banquettes. Foule branchée, belle ambiance le soir sur fond de musique folk. Étroite salle plus calme à l'arrière, sous de grands miroirs. Le menu change au gré des inspirations du chef : plats du jour inscrits sur les nappes. Hamburger (viande bio, 14$) et omelettes de bonne réputation, mais on peut préférer des plats plus élaborés, tels que les gnocchis de patate douce au beurre de sauge (14$) ou le bar rôti (19$)... Le brunch est très couru le week-end, arrivez tôt ! ***M° Marcy Ave. (J, M, Z)*** *85 Broadway (à l'angle de Berry St) Tél. 718 486 3077 www.dinernyc.com Ouvert lun.-jeu. 11h-0h, ven. 11h-1h, sam. 10h-1h, dim. 10h-16h*

Aurora (plan 10, B2 n°10) Une cuisine italienne soignée, un cadre chaleureux et une large véranda verdie de vigne vierge. Grand choix d'*antipasti*, de *primi* et de *secondi* : goûtez aux rouleaux fourrés au porc de Calabre ou aux pâtes au fromage de burrata, courgettes, pignons et roquette. Comptez env. 25-30$ au déjeuner et 40-45$ le soir. ***M° Bedford Ave. (L)*** *70 Grand St Tél. 718 388 5100 aurorabk.com Ouvert lun.-jeu. 12h-15h30 et 18h-23h, ven. 12h-15h30 et 18h-0h, sam. 11h-15h30 et 18h-0h, dim. 11h-15h30 et 17h-22h*

☺ **Fette Sau (plan 10, B3 n°13)** Un lieu comme seul Williamsburg sait en produire : un barbecue festif et convivial dans un ancien garage ! Guettez l'enseigne au néon rose et remontez l'étroite allée où sont installées de longues tables de pique-nique pour rejoindre le comptoir au fond. Bœuf Angus, agneau, côtes de porc, saucisses maison : tout est bon. À accompagner d'une barquette de légumes de saison et d'un grand pichet de bière. Grillades facturées au poids de viande 23-29$/lb, légumes 3-7$. ***M° Bedford Ave. (L)*** *354 Metropolitan Ave. (entre Havemeyer et Roebling Sts) Tél. 718 963 3404 www.fettesaubbq.com Ouvert lun.-mer. 17h-23h, jeu. et dim. 12h-23h, ven.-sam. 12h-0h*

Rye (plan 10, B3 n°18) Une adresse romantique, à l'écart de l'agitation, derrière une devanture très discrète. Salle élégante et intimiste, autour d'un magnifique comptoir tout chêne et acajou : l'endroit idéal pour déguster les excellents cocktails maison ! À la carte, parfait équilibre de salades fines (endives et poires, rillettes de canard... 10-16$), de plats de viande et de poisson très convaincants (26-30$) et de spécialités aussi roboratives que le *Meatloaf sandwich* (pain de viande laqué 18$). ***M° Bedford Ave. (L)*** *247 S 1st St (entre Havemeyer et Roebling Sts) Tél. 718 218 8047 www.ryerestaurant.*

GAMME DE PRIX	RESTAURATION	HÉBERGEMENT
Très petits prix	moins de 10$	moins de 100$
Petits prix	de 10 à 20$	de 100 à 150$
Prix moyens	de 20 à 40$	de 150 à 250$
Prix élevés	de 40 à 60$	de 250 à 350$
Prix très élevés	plus de 60$	plus de 350$

com *Ouvert lun.-jeu. 17h30-23h, ven. 17h30-23h30, sam. 11h-15h et 17h30-23h30, dim. 11h-15h30 et 17h30-22h30* **Bar** *Ouvert dim.-jeu. jusqu'à 1h, ven.-sam. 2h*

Marlow & Sons (plan 10, B3 n°16) Derrière son auvent vert et blanc, Marlow & Sons varie son menu au gré des saisons. Des assiettes locales et méditerranéennes : œufs pochés et scones toute la journée (5,50-15$), plats de charcuterie italienne, de poisson ou de poulet le soir (28-30$)... En dessert, la crème au chocolat-caramel et sel de mer est un classique des lieux (10$) ! Aussi un *diner*, à côté. ***M° Marcy Ave. (J, M, Z)*** *81 Broadway / Berry St Tél. 718 384 1441 marlowandsons.com Ouvert dim.-jeu. 8h-23h, ven.-sam. 8h-0h*

prix très élevés

Peter Luger Steakhouse (plan 10, B3 n°17) Le restaurant de viande le plus célèbre de la ville, une institution fondée en 1887. Passé le bar où l'on prend un verre en attendant son tour (pensez à réserver sous peine de patienter une heure !), on accède à un dédale de salles rustiques, arpentées par une armée de serveurs assez crispés. Les steaks vieillis maison, tendres et juteux, sont hors de prix (50-60$ sans la garniture !) mais savoureux. En accompagnement, les *creamy spinach* (épinards à la crème) sont délicieux. Les frites maison aussi ! Plats du jour plus abordables à midi, notamment le délicieux burger (15$). ***M° Marcy Ave. (J, M, Z)*** *178 Broadway (à l'angle de Driggs Ave.) Tél. 718 387 7400 www.peterluger.com Ouvert lun.-jeu. 11h45-21h45 (dernier service), ven.-sam. 11h45-22h45 (dernier service), 12h45-21h45 (dernier service) Pas de carte bancaire*

Coney Island

petits prix

Nathan's C'est l'enseigne originale de la célèbre chaîne de hot-dogs, maintenant centenaire (fondée en 1916 par le Polonais Nathan Handwerker). Local sans chichis entre le métro et la promenade du bord de mer, carrelage blanc et comptoirs Inox. On fait la queue pour commander les fameux hot-dogs, un peu chers quand même, de l'"Original" au "Chili Dog" (épicé) de 4,50 à 6$. L'immense fresque sur le pignon célèbre le grand concours annuel du 4 juillet ; records à battre : 69 hot-dogs pour les hommes, 40 pour les femmes ! ***M° Coney Island/Stillwell Ave. (D, N, F, Q)*** *1310 Surf Ave. (à l'angle de Stillwell Ave.) Tél. 718 946 2705 nathansfamous.com Ouvert dim.-jeu. 9h-1h, ven.-sam. 9h-2h*

prix moyens

☺ **Totonno's** Pizzeria légendaire ouverte en 1924 par le Napolitain Anthony "Totonno" Pero, et toujours tenue par la même famille. Au mur, une foule d'articles consacrés à la "*pizza war*", visant à désigner la meilleure pizza de la ville, et dont Totonno's sort souvent gagnant... Deux formats de pizza : *large* (pour 2 à 3 personnes, 19,50$) et *small* (pour un gros appétit 16,50$). Ajoutez les ingrédients de votre choix (2,50$ chacun) à la garniture tomate et fromage... À déguster avec un petit verre de chianti ou de Valpolicella (6$). ***M° Coney Island/Stillwell Ave. (D, N, F, Q)*** *1524 Neptune Ave. (entre 15th et 16th Sts) Tél. 718 372 8606 www.totonnosconeyisland.com Ouvert jeu.-dim. 12h-19h30 (dernière commande) Pas de carte bancaire*

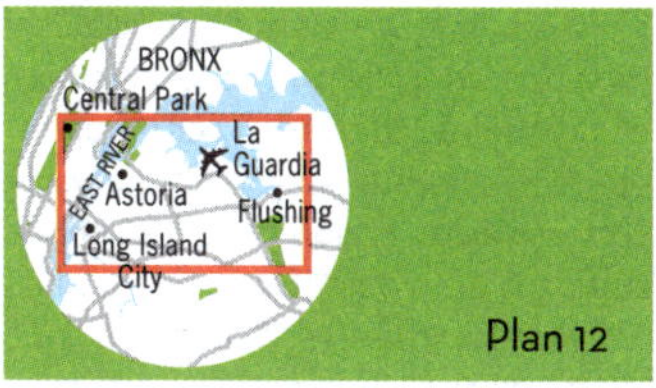

Queens

La richesse et la diversité gastronomiques de Queens reflète à merveille celles de ses communautés : Italiens de Long Island City, Grecs et Tchèques d'Astoria, Chicanos de Corona, Little India de Jackson Heights, sans oublier l'immense Chinatown de Flushing. Résultat : de véritables joyaux cachés, loin des sentiers battus, même si nombre de gourmets viennent chaque week-end de Manhattan ou Brooklyn…

petits prix

Tortilleria Nixtamal (plan 12, C2 n°15) L'un des meilleurs restaurants mexicains de New York, dans le quartier chicano de Corona, à deux pas du Queens Museum. Salle sans prétention, et boléros mexicains à tue-tête ! Les tortillas, préparées sur place, sont délicieuses. Rations copieuses de tacos (3-4,50$ pièce), *tamales* irrésistibles (3,50$) et *pozole soup* (bouillon de porc légèrement pimenté, 6$) à se pâmer… ***M° 103rd St/Corona Station (7)*** *104-05 47th Ave. (entre 104th et 108th Sts) Tél. 718 699 2434 www.tortillerianixtamal.com Ouvert lun.-mer. 11h-19h, jeu. et dim. 11h-21h, ven.-sam. 11h-23h Pas de carte bancaire*

Golden Shopping Mall (plan 12, C1 n°12) Un supermarché chinois dans le Chinatown de Flushing, dont le *food court* au sous-sol abrite des stands où l'on vend des spécialités qui blufferont les sinophiles les plus aguerris ! Bouillons savoureux du Sichuan, gâteaux de poisson de Wenzhou, beignets de porc de Tianjin… Certains menus ne sont disponibles qu'en chinois, mais celui de Xi'an Famous Food (1re allée à droite, au fond) est bilingue : délicieux plats de nouilles (agneau au cumin, porc braisé). Son succès est tel qu'une succursale a ouvert dans le Chinatown de Manhattan ! Une expérience, loin des sentiers battus… ***M° Main St / Flushing (7)*** *41-28 Main St (à l'angle de 41st Rd) La plupart des stands sont ouverts entre 10h et 21h*

Joe's Shanghai (plan 12, C1 n°13) Fondé en 1995 dans le Chinatown de Flushing, ce restaurant chinois a connu un succès foudroyant : déjà deux succursales à Manhattan ! Grande salle sans autre attrait que les délicieux parfums qui flottent dans l'air. Stars incontestées de la longue carte, les *xiao long bao* ou *soup dumplings* (à partir de 6,25$), beignets au porc ou au crabe remplis d'un bouillon savoureux, qui se libère à la première bouchée… À savoir : pas de carte bancaire et 15% de pourboire inclus dans la note… ***M° Main St/Flushing (7)*** *136-21 37th Ave. (entre Main et 138th Sts) Tél. 718 539 3838 www.joeshanghairestaurants.com Ouvert tlj. 11h-22h30*

prix moyens

Bohemian Hall & Beer Garden (plan 12, B1 n°10) Lieu de rencontre privilégié de l'importante communauté tchèque et slovaque d'Astoria, le bar centenaire du Bohemian Hall (1910) a vraiment des allures de pub praguois ! Long comptoir de bois sombre où l'on vient boire une pinte de Pillsner Urquell ou de Krusovice en regardant un match de foot… Immense cour ombragée à l'arrière, populaire à la belle saison, quand on vient en famille y dévorer des grillades ou des plats traditionnels (9-24$) autour des longues tables, devant un concert de rock ! ***M° Astoria Blvd (N, W)*** *29-19 24th Ave. (entre 31st et 29th Sts) Prendre la passerelle "Overpass to Northside" dans la station de métro Tél. 718 274 4925 www.bohemianhall.com Ouvert lun.-jeu. 17h-21h45, ven. 17h-22h45, sam. 12h-22h45, dim. 12h-21h45*

☺ **Manducatis (plan 12, A2 n°14)** Au cœur de Long Island City, près du MoMA PS1 (p.277). Ouvert en 1977 par Vincenzo et Ida Cerbone, ce restaurant italien est une divine surprise, loin des sentiers battus. Derrière la façade anonyme d'une bâtisse triangulaire se cache une enfilade de salles. Tony Bennett, la famille Gucci ou encore l'actrice Hilary Swank sont paraît-il des habitués ! Commandez les *specials* du jour : calmars farcis, *shrimps* à la Ida (gambas grillées, sauce aux herbes et à l'ail, un délice !), antipasti copieux, avec des charcuteries italiennes comme on n'en trouve plus... Plat 17-29$. Pour ne rien gâter, carte des vins époustouflante ! ***M° 21st St/Van Alst (G)*** *13-27 Jackson Ave. (à l'angle de 47th Ave.) Tél. 718 729 4602 manducatis.com Ouvert mi-juin-sept. : lun.-ven. 12h-15h et 17h-22h, sam. 17h-23h ; oct.-mi-juin : lun.-ven. 12h-15h et 17h-22h, sam. 17h-23h, dim. 14h30-20h Lun.-ven. 12h-15h, 17h-22h ; sam. 17h-23h ; et dim. 14h30-20h oct.-mi-juin*

Elias Corner (plan 12, B1 n°11) Grand classique d'Astoria que cette taverne grecque. Pas de menu : on choisit son poisson ou ses fruits de mer dans le présentoir, à l'entrée, avant d'aller s'asseoir dans la salle du fond. Pour éviter tout malentendu, demandez les prix au moment de la commande... Cuisson parfaite – mention spéciale au *branzino* (loup de mer), aux calamars et aux saint-jacques ; accompagnements savoureux – brocolis, haricots verts, salade... ; copieuses, les rations suffisent amplement pour deux. Pas de carte bancaire. ***M° Astoria Blvd (N, W)*** *24-02 31st St Prendre la passerelle "Overpass to Northside" dans la station de métro Tél. 718 932 1510 www.eliascorner.com Ouvert lun.-ven. 16h-0h, sam.-dim. 12h-0h*

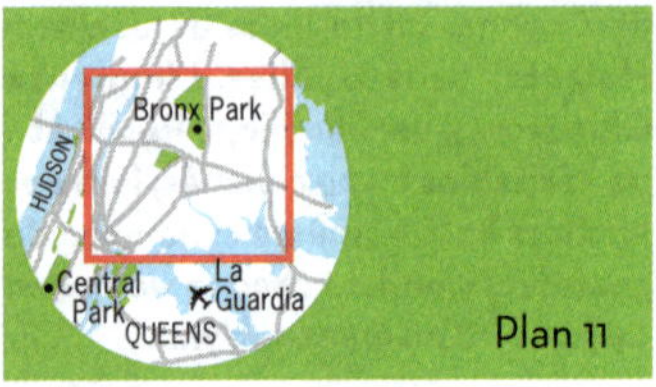

Bronx

Le Bronx n'est pas très porté sur la grande gastronomie. Allez voir du côté de Little Italy pour une pause déjeuner.

petits prix

Arthur Avenue Retail Market (plan 11, B1 n°4) Vous trouverez dans ce marché couvert plusieurs stands de spécialités italiennes à petit prix, notamment le Café del Mercato, au fond à gauche : trois tables dans un coin, pour une dégustation sur le pouce (bonnes pizzas à la part, plats cuisinés – poulet massala, pâtes –, *focaccia...*). *2344 Arthur Ave. (au sud d'E 186th St) Compter 10-15min à pied à partir de la sortie Southern Blvd du zoo Ouvert lun.-sam. 8h-17h*

HÉBERGEMENT

Les fameux escaliers de secours, également sur les façades des hôtels.

HÉBERGEMENT À LA CARTE

Côté nuitées, New York coûte cher. Mais on peut se faire plaisir en choisissant au mieux, pour un séjour en amoureux ou en famille.

du charme

Un peu d'intimité cosy pour profiter de la Grosse Pomme.

avec vue

Quoi de mieux que d'admirer les gratte-ciel de sa chambre ou du toit de son hôtel ?

en famille

Quelques adresses dotées de chambres ou de suites familiales.

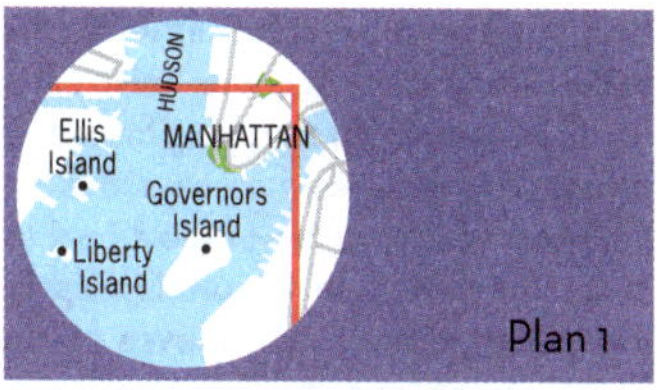

Lower Manhattan

Lower Manhattan est un quartier cher, qui attire surtout la clientèle d'affaires de Wall Street. Les abords de South Street Seaport séduiront ceux qui recherchent un quartier calme le soir et apprécient la proximité de l'East River et de Brooklyn Bridge.

prix élevés

☺ **The Wall Street Inn (plan 1, B3 n°85)** Un vénérable établissement au chic très anglo-américain. Rideaux fleuris et savamment drapés, mobilier colonial et moquettes épaisses signent une ambiance feutrée, à deux pas des folies du New York Stock Exchange. Les 46 chambres sont luxueusement équipées et le petit déj. est compris. Il faut compter au de 250 à 350$ pour une double, mais selon la saison ou le remplissage, les prix peuvent descendre jusqu'à 180$. ***M° Wall St (2, 3)*** *9 South William St (entre William et Broad Sts) Tél. 212 747 1500 www.thewallstreetinn.com*

Holiday Inn NYC Wall Street (plan 1, B2 n°84) On passe devant sans presque voir cet étroit building de brique noire qui compte malgré tout 113 chambres compactes sans être minuscules, recherchées par la clientèle d'affaires. Calme le soir, quand le quartier se vide. Doubles à partir de 270$, un peu moins hors saison. ***M° Fulton St (A, C, J, Z, 2, 3)*** *51 Nassau St (entre Maiden Lane et Liberty Sts) Tél. 212 227 3007 www.hiwallstreethotel.com*

prix très élevés

☺ **Hampton Inn Manhattan Seaport (plan 1, C2 n°83)** 65 chambres fonctionnelles déclinent des tons de gris et de bleu. Vous trouverez tout le confort voulu, machine à café, wifi gratuit et, détail sympathique pour les ordinateurs portables, une tablette-coussin pour consulter ses e-mails au lit ! Double à partir de 350$, petit déj. compris. En basse saison, notamment l'été en réservant à l'avance, les prix peuvent descendre jusqu'à 170$. ***M° Fulton St (2, 3)*** *320 Pearl St (entre Dover St et Peck Slip) Tél. 212 571 4400 www.hamptoninn.hilton.com*

Beekman (plan 1, B2 n°80) Son ouverture en 2016, dans un quartier en pleine revitalisation, était particulièrement attendue : l'immeuble du Beekman, nommé jadis Temple Court, a été achevé la même année que le Brooklyn Bridge (1883). Derrière la superbe façade en brique rouge, l'atrium qui s'élance sur neuf étages en est la partie la plus spectaculaire, avec balustrades en fer forgé et puits de lumière en forme de pyramide. Les architectes de la rénovation avaient pour objectif de préserver le caractère de cet âge

GAMME DE PRIX	RESTAURATION	HÉBERGEMENT
Très petits prix	moins de 10$	moins de 100$
Petits prix	de 10 à 20$	de 100 à 150$
Prix moyens	de 20 à 40$	de 150 à 250$
Prix élevés	de 40 à 60$	de 250 à 350$
Prix très élevés	plus de 60$	plus de 350$

d'or, tout en y ajoutant des touches de design. Les 287 chambres et les deux restaurants (dirigés par les célèbres chefs Tom Colicchio et Keith McNally) font ainsi étalage de matériaux nobles comme le cuir, le marbre, le velours et les passementeries. Double à partir de 300$, le plus souvent autour de 500$. *M° Fulton St (A, C, 2, 3) 123 Nassau St (entre Beekman St et Ann St) Tél. 212 233 2300 www.thebeekman.com*

Conrad (plan 1, A2 n°87) Avec sa verdure et sa vue sur l'Hudson, Battery Park City est l'un des endroits les plus calmes de Lower Manhattan. Dans le vertigineux lobby de l'hôtel, l'immense fresque (haute de treize étages) bleue et violette de Sol Lewitt donne le ton, tandis que les 463 chambres sont spacieuses (conçues comme des suites de deux pièces), lumineuses et équipées des technologies les plus modernes. Sur le toit, un bar permet de regarder le soleil se coucher derrière la statue de la Liberté. Le complexe compte aussi un cinéma et un Shake Shack - succulents burgers, cf. (p.396) - pour occuper les soirées. Suite à partir de 300$, le plus souvent entre 400 et 450$. *M° Chambers St (A, C, 1, 2, 3) 102 North End Ave. (entre Murray St et Vesey St) Tél. 212 945 0100 www.conradhotels3.hilton.com*

Plans 1 et 4

TriBeCa et SoHo

TriBeCa loge la fine fleur des jeunes bobos et des loups de la finance. Les prix s'en ressentent forcément. Les hôtels y sont rares et chers. SoHo est à la fois le temple du shopping branché, un concentré de restaurants à tous les prix et un quartier bien relié à tout le reste de Manhattan. Résultat : les prix de l'hébergement sont élevés et les hôtels visent tous une clientèle aisée.

prix élevés

Cosmopolitan Hotel (plan 1, B1 n°81) Malgré un hall impersonnel et un emplacement bruyant, cet hôtel de 130 chambres reste le meilleur rapport qualité-prix du quartier. Le décor est classique et banal, mais les chambres sont bien équipées et bien tenues. La chambre double est à partir de 300$, un peu moins en basse saison, avec la wifi et le petit déjeuner inclus. *M° Chambers (1, 2, 3) 95 W Broadway (à l'angle de Chambers St) Tél. 212 566 1900 www.cosmohotel.com*

prix très élevés

☺ Hampton Inn Manhattan SoHo (plan 4, A3 n°93) Un équipement confortable du meilleur niveau pour cet hôtel de 160 chambres au décor de bon goût. Un peu excentré mais bien desservi par le métro, il offre de surcroît le petit-déj. et la wifi. On aime particulièrement les couettes gonflantes, les grandes baies vitrées et... le pommeau de douche large et puissant. Double à partir de 350$, ou de 200$ hors saison. *M° Canal St (A, C, 1) 54 Watts St (entre 6th Ave. et Varick St) Tél. 212 226 6288 www.manhattansoho.hamptoninn.com*

Duane Street Hotel (plan 1, B1 n°82) Avec juste 43 chambres, voici un établissement à taille humaine. Déco design, inspirée de l'esprit loft, mais avec de chauds parquets et des touches de couleur. Les chambres ne sont pas immenses mais lumineuses et bien conçues. Double à partir de 330$ mais les prix grimpent très vite en haute saison. ***M° Chambers (A, C, 1, 2, 3)*** *130 Duane St (à l'angle de Church St) Tél. 212 964 4600 www.duanestreet hotel.com*

Roxy Hotel (plan 1, B1 n°86) Dès le vaste hall, on est dans le plus pur esprit new-yorkais du milieu du XXe siècle, voué au théâtre, à la musique et à l'art. Ne vous laissez pas distraire par le style minimaliste très Art déco, entièrement revu en 2015 : le luxe est dans les détails, notamment l'équipement électronique de pointe. Comptez quand même plus de 350$ la chambre double, un peu moins en basse saison, dont l'été. 201 chambres, bar-club The Django, salle de cinéma... ***M° Canal St (A, C, E)*** *2 Avenue of the Americas (6th Ave.) (à l'angle de Church St) Tél. 212 519 6600 www.roxyhotelnyc.com*

☺ **Sixty SoHo (plan 4, A2 n°95)** Son chic minimaliste, très années 1940, et le raffinement de l'accueil font de cet hôtel l'un des plus élégants de SoHo. Couleurs sourdes, fleurs fraîches, matériaux grand luxe concourent à en faire une sorte de club privé à l'ambiance discrète. Un plus : le bar du 12e étage offre une agréable terrasse sur la ville. À partir de 400$ pour une des 97 chambres, toutes au confort impeccable, quelques offres plus intéressantes hors saison. ***M° Spring St (C, E)*** *60 Thompson St (entre Broome et Spring Sts) Tél. 212 431 0400 www.sixtyhotels.com*

☺ **Trump SoHo (plan 4, A2 n°98)** Une tour de verre au-dessus de SoHo. Alors que personne ne croyait à sa localisation improbable, à l'écart du maelstrom des boutiques, les 391 chambres attirent bien des amateurs de luxe extrême, à commencer par la vue époustouflante que les immenses parois vitrées offrent sur la ville à partir du 20e étage. Côté déco (griffée Fendi) et confort, rien ne laisse à désirer. Tout cela se paye plus de 420$ la double, à peine moins hors saison. ***M° Spring St (C, E)*** *246 Spring St (entre 6th Ave. et Varick St) Tél. 212 842 5500 www.trumpsohohotel.com*

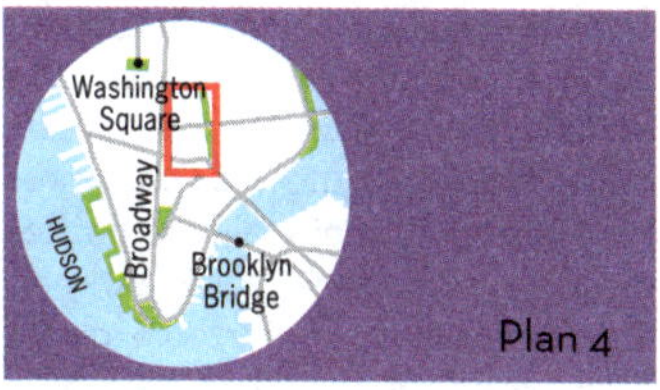

Little Italy et NoLIta

On aime ce quartier pour son ambiance paisiblement branchée et surtout pour son excellente desserte par les transports en commun. Les hôtels y sont hélas très rares, souvent exigus et désespérément chers pour la superficie des chambres...

prix moyens

Solita SoHo (plan 4, B3 n°97) Très bien situé pour sortir le soir et bien équipé, cet hôtel à la déco claire et moderne souffre, comme beaucoup dans cette gamme de prix, de chambres très petites. Machine à café/thé dans chacune des 42 chambres. Doubles à partir de 240$, wifi et appels locaux inclus. ***M° Canal St (J, N, Q, Z, 4, 6)*** *159 Grand St (entre Centre et Lafayette Sts) Tél. 212 925 3600 solitasohohotel.com*

☺ **Best Western Bowery Hanbee (plan 4, C3 n°90)** Sa situation permet de sortir à pied dans Chinatown tout proche et, le soir, dans les quartiers animés de SoHo ou du Lower East Side. Les chambres sont petites mais claires et agréablement sobres. Double à partir de 190$ en basse saison, 200 à 340$ en haute saison, petit déj. et wifi compris. *M° Grand St (B, D) 231 Grand St (près de Bowery) Tél. 212 925 1177 www.bw-boweryhanbeehotel.com*

prix élevés

Sohotel (plan 4, C3 n°96) Malgré des parties communes au décor baroque assez réussi, un mobilier design et de belles briques brutes, les chambres (une centaine) sont vraiment petites pour le prix, New York oblige... L'ensemble reste confortable, plutôt bien aménagé mais pas très bien insonorisé. La chambre double coûte en moyenne autour de 290$. *M° Grand St (B, D) 341 Broome St (près de Bowery) Tél. 212 226 1482 www.thesohotel.com*

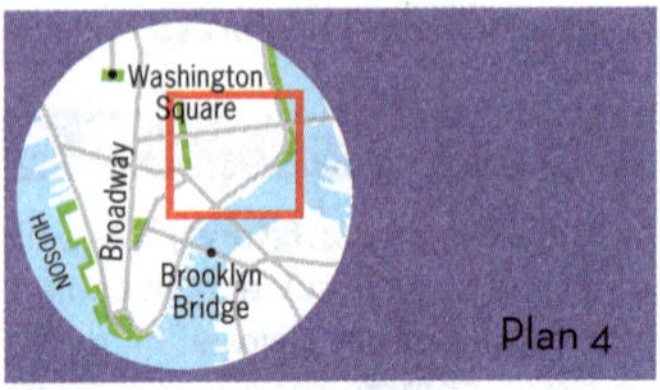

Lower East Side

L'offre hôtelière est encore maigre dans ce quartier branché où sortent les jeunes New-Yorkais. Malgré cette fréquentation, les prix restent élevés par rapport à Chinatown ou NoLIta tout proches.

prix moyens

East Houston (plan 4, C1 n°92) Bien que situé sur la très passante Houston St, voici un hôtel agréable. Comme toujours, les 42 chambres sont un peu petites, mais plaisantes, dans un style design chic. On apprécie que les appels locaux et la wifi soient compris, de même que le micro-ondes dans la partie commune. Double de 190 à 250$. *M° 2nd Ave./Lower East Side (F) 151 E Houston St Tél. 212 777 0012 www.hoteleasthouston.com*

☺ **Redford Hotel (plan 4, D2 n°91)** Ce petit hôtel moderne offre une situation rêvée à ceux qui veulent profiter de l'ambiance nocturne du LES. Les 32 chambres ne sont pas immenses et le décor est très classique mais elles sont claires et très bien équipées (machine à café et réfrigérateur). Double autour de 260$ en moyenne, appels locaux, wifi et petit déj. inclus. *M° Delancey St (F) 136 Ludlow St (entre Stanton et Rivington Sts) Tél. 212 260 4141 www.lowereastsidehotel.com*

prix élevés

☺ **Sixty LES (plan 4, C1 n°94)** Du luxe sans faille, dans le meilleur goût new-yorkais. Le design des 141 vastes

GAMME DE PRIX	RESTAURATION	HÉBERGEMENT
Très petits prix	moins de 10$	moins de 100$
Petits prix	de 10 à 20$	de 100 à 150$
Prix moyens	de 20 à 40$	de 150 à 250$
Prix élevés	de 40 à 60$	de 250 à 350$
Prix très élevés	plus de 60$	plus de 350$

chambres est irréprochable, contemporain et ponctué de petites notes chaleureuses (arrangements végétaux, linge de lit extra-doux et sorties de bain moelleuses). Le plus : les immenses baies vitrées qui dévoilent des vues superbes sur la ville. La chambre double se négocie entre 280 et 350$, avec quelques offres à moins de 230$ les jours creux. ***M° 2nd Ave./Lower East Side (F)*** *190 Allen St (entre Houston et Stanton Sts) Tél. 212 460 5300 www.sixtyhotels.com*

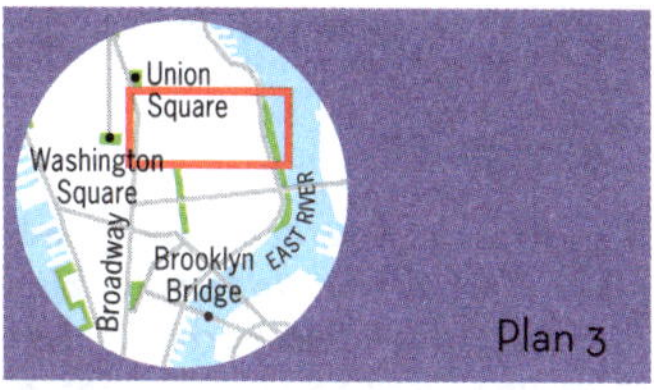

East Village

Les options se font rares dans ce quartier de noctambules, surtout dans les gammes de prix inférieures ; plusieurs auberges de jeunesse ont fermé...

petits prix

St. Marks Hotel (plan 3, A3 n°62) Les noctambules apprécieront la situation au cœur d'East Village. 64 chambres sur 4 étages, correctes pour le prix, avec une moquette parfois élimée mais des sdb récentes. Chambres extérieures bruyantes, surtout le week-end. Les intérieures (par ex., les 42-43) sont plus calmes. À partir de 110$ la double. ***M° Astor Place (6)*** *2 St. Marks Place (à l'angle de 3rd Ave.) Tél. 212 674 0100 www.stmarkshotel.net Pas de carte bancaire*

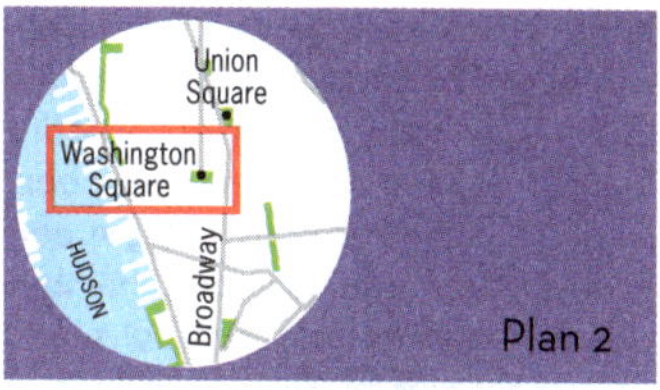

Greenwich Village

Parmi les plus agréables de New York, ce quartier offre à la fois le calme et le charme de ses rues bordées d'arbres et de belles maisons en brique. Ceux qui aiment sortir le soir pourront même le faire à pied.

petits prix

☺ **Larchmont Hotel (plan 2, B3 n°111)** Installé dans l'une des plus jolies rues du Village, cet hôtel calme est une solution pour les budgets serrés. Les 67 chambres possèdent toutes un lavabo mais les sdb sont partagées. L'ensemble est bien tenu et le petit déj. est compris. Double de 120 à 175$. ***M° Union Sq./14th St (N, Q, R, 4, 5, 6)*** *27 W 11th St (entre 5th et 6th Ave.) Tél. 212 989 9333 www.larchmonthotel.com*

The Jane Hotel (plan 2, A3 n°117) À l'écart de l'agitation (mais aussi des transports), cet établissement peu ordinaire (p.139) bénéficie d'un hall assez impressionnant, comme rescapé d'un roman gothique, ascenseur d'une autre époque compris. Il propose deux types d'hébergement très différents, à des étages complètement séparés. À petit prix (pour NY !), vous n'aurez qu'un lit dans une chambre minuscule (4,6 m²) et assez sonore, dont la direction elle-même affirme qu'elle s'inspire d'une cabine de bateau, et la sdb sur le palier ! Les chambres "normales", dotées du meilleur confort, sont, elles, à prix très new-yorkais, avec wifi et prêt gratuit de vélos. Le café Gitane, au rdc, permet de prendre le petit déj. (en sus). *Standard cabin* (1 lit) 115$, *bunk bed cabin* (2 lits superposés) 135$, *captain's cabin* (chambre double normale) autour de 295$. Prix nettement plus intéressants en cas de faible remplissage. ***M° 14th St/7th Ave. (1, 2, 3)*** *113 Jane St (près de West St) Tél. 212 924 6700 www.thejanenyc.com*

prix élevés

☺ **Washington Square (plan 2, B3 n°121)** Dans le plus pur style new-yorkais, cet hôtel de charme très Art déco se pare de photos de cinémas. Dans chaque chambre, des actrices légendaires veillent au sommeil des hôtes. Confort et équipement irréprochables, calme et service en font une excellente adresse, d'autant que le square tout proche est un vrai atout. Petit-déj. inclus, dans une petite salle ou au restaurant selon la formule choisie. Le prix d'une double : de 290 à 390$. ***M° W 4th St/Washington Sq. (B, D, F, M)*** *103 Waverly Pl. Tél. 212 777 9515 www.washingtonsquarehotel.com*

prix très élevés

☺ **The Standard (plan 2, A2 n°120)** Située sur la High Line, voici l'une des rares adresses à offrir une vue directe sur l'Hudson. Les chambres de ce côté (*superior*), dont une paroi est entièrement vitrée, offrent donc des couchers de soleil spectaculaires. Pourtant, les chambres *standard*, côté ville, sont presque plus agréables et nettement moins chères. La vue y est époustouflante, avec l'Empire State qui n'est pas si loin, et la chaleur du soleil moins envahissante. Côté déco et confort, rien à redire, c'est moderne, lumineux et de bon goût, avec une mention spéciale pour les sdb. *Standard Queen* aux environs de 500$, mais les prix s'envolent quand la demande est forte ou côté Hudson. Les tarifs descendent en dessous de 400$ en réservant longtemps à l'avance ou hors saison. ***M° 14th St/7th Ave. (1, 2, 3)*** *848 Washington St (angle W 13th St) Tél. 212 645 4646 www.standardhotels.com*

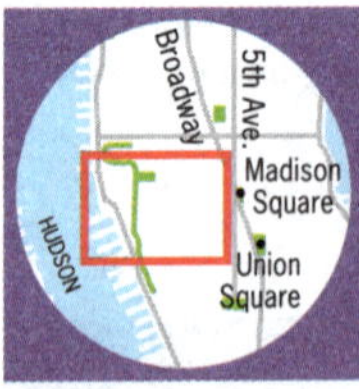

Plans 2 et 5

Chelsea

Bien situé, à mi-parcours des grands pôles d'attraction de la ville, bien desservi par les transports, Chelsea offre une large palette d'hébergements à prix nettement moins prohibitifs que Greenwich Village ou SoHo, sans souffrir de l'agitation du quartier de Times Square.

prix moyens

Chelsea Inn (plan 2, B2 n°101) À l'extrémité du quartier, non loin de Union Square, cet hôtel simple (pas d'ascenseur) propose une trentaine de chambres bien tenues mais assez petites, de confort et de prix variables. Les moins chères (160-170$) partagent une sdb, les "studios" (200-220$) ont leur sdb privée et un réfrigérateur. Moins cher en été si on s'y prend à l'avance ! ***M° 14th St (F, M)*** *46 W 17th St (entre 5th et 6th Ave.) www.chelseainn.com*

Riff Hotel Chelsea (plan 2, A1 n°113) Les chambres les moins chères partagent des sdb sur le palier. Elles sont petites et basiques, décorées, comme toutes les autres, en noir et blanc. Les plus grandes, mieux équipées, en profitent pour pratiquer des tarifs approchant la moyenne new-yorkaise. Double avec sdb partagée autour de 170$, supérieure avec sdb privée à partir de 240$. ***M° 28th St/7th Ave. (1, 2)*** *300 W 30th St (angle 8th Ave.) Tél. 212 244 7827 riffchelsea.com*

The Leo House (plan 2, A2 n°118) Tenue par des religieuses catholiques mais ouverte à tous, cette maison désuète ressemble plus à un pensionnat qu'à un hôtel, mais les prix défient la concurrence et le tout est impeccable. Les familles apprécieront les chambres familiales (à partir de 260$) et le sympathique jardin à l'arrière. Cafétéria pour le petit déj. Réservation obligatoire et très codifiée sur le site Internet, recommandée au moins 2 mois et demi avant le séjour. Double avec lavabo et toilettes à partir de 175$, avec douche 235$. ***M° 23rd St (A, C, E)*** *332 W 23rd St (entre 8th et 9th Ave.) Tél. 212 929 1010 www.leohousenyc.com*

Chelsea Savoy (plan 2, A2 n°103) Bien situé, bien desservi, bien équipé, voici un hôtel au décor très classique encore abordable pour New York. Les chambres les moins chères (le *single bed* est en fait un lit de 140, 100-125$) sont minuscules mais confortables. Les chambres doubles (lit de 150) sont plus grandes, avec un équipement similaire (de 145 à 375$ selon la saison et le remplissage). Wifi et petit déj. compris. ***M° 23rd St/7th Ave. (1, 2)*** *204 W 23rd St (angle 7th Ave.) Tél. 212 929 9353 www.chelseasavoynyc.com*

prix élevés

☺ **Chelsea Pines Inn (plan 2, A2 n°102)** Plus pension de famille qu'hôtel, cette grande maison de 4 étages (sans ascenseur) propose 26 chambres de taille et de confort différents, toutes équipées d'un réfrigérateur. Le thème de la déco est le cinéma. Agréable jardinet et petit déjeuner inclus. Double à partir de 290$. ***M° 14th St/8th Ave. (A, C, E, L)*** *317 W 14th St (entre 8th et 9th Ave.) Tél. 212 929 1023 www.chelseapinesinn.com*

Holiday Inn Express Madison Square Garden (plan 2, A1 n°108) Décor très neutre et impersonnel pour ce grand hôtel de style international, très bien situé pour explorer l'ensemble de la ville : le meilleur confort à prix compétitif dans cette catégorie. Selon le remplissage, les prix peuvent baisser de façon non négligeable. Wifi et petit déj. compris, accès gratuit au *business center*. Double de 250 à 400$. ***M° 28th St/7th Ave. (1, 2)*** *232 W 29th St (entre 7th et 8th Ave.) Tél. 212 695 7200 www.hiexpress.com*

The Gem Hotel Chelsea (plan 2, A2 n°115) Installé dans un immeuble classique de Chelsea, cet hôtel au chic sobre très design est bien placé pour les transports en commun mais situé à un angle de rue passant. Les chambres sont, malgré tout, plutôt bien insonorisées, mais les moins chères sont très petites. Machine à café dans les chambres, wifi et appels locaux gratuits. Double à partir de 300$. ***M° 23rd St (A, C, E)*** *300 W 22nd St (angle 8th Ave.) Tél. 212 675 1911 www.thegemhotel.com*

prix très élevés

Hampton Inn Manhattan Chelsea (plan 2, B2 n°106) Hôtel moderne de 20 étages et 144 chambres, dans la partie est de Chelsea, près de Madison Square. Les chambres sont bien conçues et lumineuses, mais pas immenses. Déco discrète et élégante, avec d'agréables petites touches de confort. Double à partir de 350$ en moyenne. Bon petit déj. inclus. ***M° 23rd St (F, M, N, R, 1, 2)*** *108 W 24th St (entre 6th et 7th Ave.) Tél. 212 414 1000 hamptoninn3.hilton.com*

Hotel Hayden (plan 2, B1 n°110) Avec ses 120 chambres au design coloré, ses aménagements bien conçus et son bar sur le toit, cet hôtel moderne, bien desservi par les transports, offre un bon confort (excellente literie). Les prix varient en fonction de la fréquentation : à partir de 350$ en moyenne. ***M° 28th St/7th Ave. (1, 2)*** *127 W 28th St (entre 6th et 7th Ave.) Tél. 212 973 9000 www.hotelhaydennyc.com*

Hilton Garden Inn (plan 2, B1 n°107) Sans surprise, cet établissement moderne est sans grand caractère mais fonctionnel, tout confort et bien desservi, dans la rue des marchands de fleurs. Wifi inclus, accès gratuit à une imprimante et laverie en self-service. Double autour de 400$ en moyenne, mais les prix peuvent baisser considérablement en dehors des périodes les plus fréquentées. ***M° 28th St/7th Ave. (1, 2)*** *121 W 28th St (entre 6th et 7th Ave.) Tél. 212 564 2181 www.chelsea.hgi.com*

The High Line Hotel (plan 2, A2 n°116) Cet établissement est installé dans les imposants bâtiments néogothiques d'un ancien séminaire du XIXe siècle. Les 60 chambres sont sobres et dotées du meilleur confort, dans un cadre inattendu et près d'un beau jardin. Double à partir de 450$. ***M° 23rd St (A, C, E)*** *180 10th Ave. (angle 21st St) Tél. 212 929 3888 www.thehighlinehotel.com*

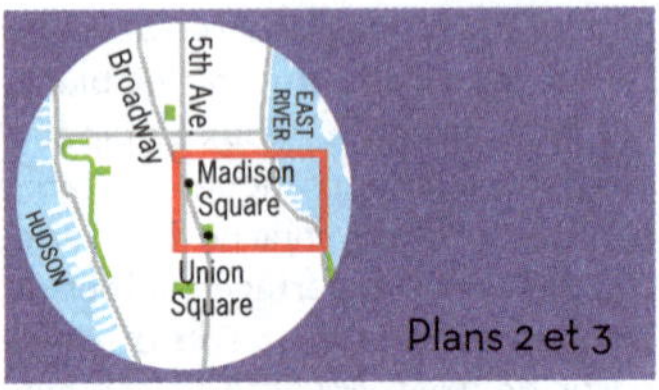

Plans 2 et 3

Union Square, Flatiron District et Gramercy Park

Les abords de Union Square sont particulièrement pratiques, en raison des nombreuses lignes de métro qui s'y croisent. En outre, East Village, Chelsea et Greenwich Village sont suffisamment proches pour s'y rendre à pied en soirée. Central et bien desservi, le Flatiron District séduira les amateurs de calme.

petits prix

American Dream Hostel (plan 3, A2 n°60) Auberge de jeunesse bien tenue, comportant une trentaine de chambres à 2, 3 ou 4 lits (dont certaines non mixtes), et des sdb partagées. Petit déj. léger compris, et accès à une cuisine. 94$ le lit en sem., 110$ le w.-e., chambre double 148-168$, triple 180-192$. ***M° 23rd St/Lexington (4, 6)*** *168 E 24th St (entre Lexington et 3rd Ave.) Tél. 212 260 9779 www.americandreamhostel.com*

prix moyens

☺ **Hotel 17 (plan 3, A2 n°61)** À deux pas de Stuyvesant Square, cet hôtel discret et calme séduit d'abord pour ses tarifs. Passé la minuscule réception, les couloirs moquettés desservent 120 chambres bien tenues, dont la plupart partagent des sdb communes impeccables. Le décor un peu démodé, mariant imprimés chargés et rayures classiques, a même servi de cadre à un film de Woody Allen. À pied, l'animation d'East Village est à moins de 10min. Double de 150 à 190$ selon le confort et la saison. ***M° 14th St/Union Sq. (L, N, Q, R)*** *225 E 17th St (entre 2nd et 3rd Ave.) Tél. 212 475 2845 www.hotel17ny.com*

Clarion Hotel Park Avenue (plan 2, B1 n°104) Agréablement aménagé et fort bien situé, voici un hôtel de chaîne qui offre du confort et un accueil très courtois. Les 60 chambres sont plutôt spacieuses pour les normes new-yorkaises. Le petit déj. et la connexion wifi sont compris. Double de 200 à 250$, rabais hors saison ou pour une réservation non remboursable. ***M° 28th St/ Lexington (4, 6)*** *429 Park Ave. South (entre 29th et 30th Sts) Tél. 212 532 4860 www.choicehotels.com*

prix élevés

☺ **Park South Hotel (plan 2, B1 n°112)** Entièrement rénové en 2016, il conjugue l'architecture classique d'un immeuble de 1906 et un design sobre et élégant. Tons doux, excellent confort et lignes contemporaines dans les chambres (certaines sont assez petites). Toutes disposent d'un réfrigérateur et de la wifi. Bar-restaurant dans l'hôtel et sur le toit, soirées jazz le week-end. Double de 280 à 400$. Rabais important en cas de paiement à l'avance. ***M° 28th St/Lexington (4, 6)*** *124 E 28th St (entre Park et Lexington Ave.) Tél. 212 448 0888 www.parksouthhotel.com*

The Evelyn (plan 2, B1 n°114) Dans le quartier à la mode du NoMad, cet hôtel historique a été rénové dans le plus pur style new-yorkais, mariant Art déco et murs de briques peintes. Les chambres, très confortables, sont décorées avec goût dans des tons clairs et apaisants. Double de 320 à 350$ en moyenne, wifi comprise. ***M° 28th St (N, R)*** *7 E 27th St (entre Madison et 5th Ave.) Tél. 212 545 8000 www.theevelyn.com*

prix très élevés

Ace Hotel (plan 2, B1 n°100) Cet hôtel en vogue se distingue par son style industriel et techno. Le décor est très réussi dans le genre et la clientèle éclectique, car le concept veut que tous les niveaux de confort (et donc de prix) cohabitent. On trouve donc des chambres rudimentaires à lits superposés en métal, d'autres plus standard et des suites très luxueuses. Chacune des 160 chambres bénéficie quand même de tout le confort. Hélas, même basique, le *fashion* coûte cher ! Double "normale" de 400 à 550$ en moyenne, chambre à 2 lits superposés autour de 300 à 350$. ***M° 28th St (N, R)*** *20 W 29th St (entre 5th Ave. et Broadway) Tél. 212 991 0551 www.acehotel.com*

The MAve Hotel (plan 2, B1 n°119) Design ultramoderne, tout en blanc et rouge, coursives dépouillées, exploitant des matériaux bruts, et 70 chambres, petites mais lumineuses et fonctionnelles : l'ensemble donne une impression impeccable et dynamique. Le confort des lits compense la petite taille des chambres. Wifi et petit déj. inclus, double à partir de 400$, un peu cher face à la concurrence. ***M° 28th St/Lexington (4, 6)*** *62 Madison Ave. (à l'angle de 27th St) Tél. 212 532 7373 www.themavehotel.com*

Gramercy Park Hotel (plan 2, B2 n°105) Décoré en 2006 par l'artiste Julian Schnabel, cet établissement de grand luxe est devenu une icône du design hôtelier avec, aux murs des parties communes, des œuvres de Basquiat, Warhol ou Hirst. Le concept se veut *High Bohemian*, un mariage baroque entre chandelier de cristal et design futuriste, entre textiles somptueux et tapis d'Aubusson, franges coquines et clins d'œil surréalistes. Très cher, très snob et très très *hype* ! Les 185 chambres sont, elles aussi, déclinées dans ce style exubérant et coloré. Double de 360 à 600$ selon la date et le niveau de luxe. Le Rose Bar est l'un des bars les plus élégants de la ville. ***M° 23rd St/Lexington (4, 6)*** *2 Lexington Ave. (face au Gramercy Park) Tél. 212 920 3300 www.gramercyparkhotel.com*

The NoMad Hotel (plan 2, B1 n°109) Une fois décidé que "NoMad" (North of Madison Square Park) serait le nom d'un quartier, il ne manquait plus que l'hôtel éponyme. C'est chose faite depuis 2012 avec cet épatant immeuble de style Beaux-Arts impeccablement mis en valeur. Le hall est richement décoré : panneaux gainés de cuir, sols élégamment carrelés et fauteuils habillés de velours imprimé. Du côté des 168 chambres, le style est au vintage raffiné, grâce aux fauteuils en cuir, aux tapis tissés main, aux gravures originales et au linge de luxe. Bar excellent et chaleureux, restaurant tenu par un duo de chefs réputés. Double à partir de 340$, le plus souvent entre 450 et 550$. ***M° 28 St (N, Q, R, W)*** *1170 Broadway (entre E 27th St et E 28th St) Tél. 212 796 1500 www.thenomadhotel.com*

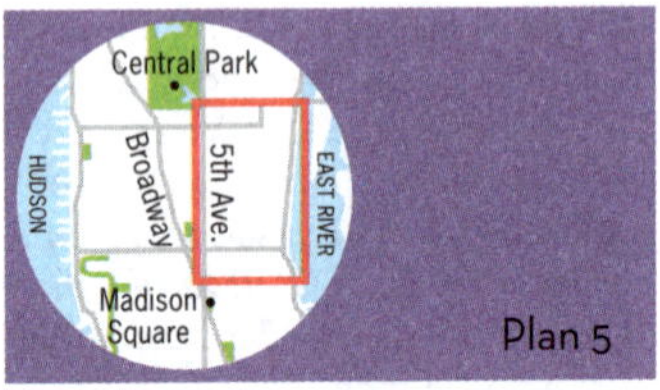

Midtown East

Le quartier des Nations Unies attire plutôt une clientèle d'affaires, diplomatique et de congrès, avec son cortège d'hôtels internationaux. Quelques adresses sortent du lot.

petits prix

☺ **Hotel 31 (plan 5, C3 n°125)** La déco n'est certes pas à la mode, mais classique et plutôt sobre. L'établissement est calme, très propre (les sanitaires communs sont rigoureusement entretenus) et bien desservi, à trois *blocks* de l'Empire State Building. Bonne adresse pour les personnes disposant d'un petit budget. Double sans sdb autour de 130$, avec sdb autour de 190$, wifi comprise. ***M° 33rd St/Lexington (4, 6)*** *120 E 31st St (entre Park et Lexington Ave.) Tél. 212 685 3060 www.hotel31.com*

prix moyens

☺ **Ramada Inn Eastside (plan 5, C3 n°142)** Bien que faisant partie d'une chaîne, voici un hôtel très agréable, servi par un personnel charmant. Les 95 chambres sont accueillantes et bien aménagées, dotées du meil-

GAMME DE PRIX	RESTAURATION	HÉBERGEMENT
Très petits prix	moins de 10$	moins de 100$
Petits prix	de 10 à 20$	de 100 à 150$
Prix moyens	de 20 à 40$	de 150 à 250$
Prix élevés	de 40 à 60$	de 250 à 350$
Prix très élevés	plus de 60$	plus de 350$

leur confort. Pour une fois, elles ne sont pas non plus minuscules. Bon rapport qualité-prix : double de 170 à 220$ selon la saison (moins cher en été), avec le petit déjeuner et la wifi. *M° 28th St (N, R) 161 Lexington Ave. (entre 30th et 31st Sts) Tél. 212 545 1800 www.applecorehotels.com*

prix très élevés

☺ **Morgans Hotel (plan 5, C2 n°137)** Décoré par Andrée Putman, cet hôtel de grand luxe se trouve tout près de l'exceptionnelle Morgan Library (p.161). Les 114 chambres sont spacieuses et claires (les plus petites font quand même plus de 20m²), merveilleusement confortables. Double de 450 à 500$, petit déjeuner compris, avec parfois d'importantes réductions sur le site Internet. *M° 33rd St/Lexington (4, 6) 237 Madison Ave. (entre 37th et 38th Sts) Tél. 212 686 0300 www.morganshotel.com*

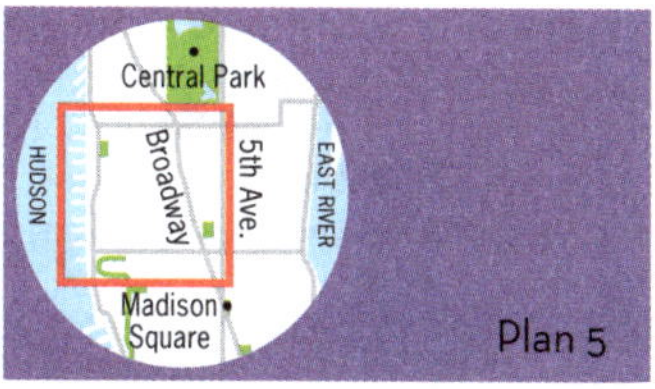

Midtown West

Fief des affaires et des grands congrès, Midtown West est le principal quartier hôtelier de New York. Grandes chaînes internationales autour de Times Square, palaces légendaires aux abords de la 5e avenue et de Central Park, et une foule de petits hôtels, parfois charmants. C'est également le secteur le plus bruyant de la ville !

prix moyens

Americana Inn (plan 5, C2 n°113) L'une des adresses "budget" les plus convenables du quartier. 54 chambres sur 5 étages, avec la réception au 1er. Chambres spartiates aux couvre-lits datés, mais New York fait flamber les prix ! Les doubles avec deux lits donnent sur la rue, bruyante. Les autres, sur cour, sont plus calmes. Sdb partagées : une pour 3 chambres. Petite cuisine (réfrigérateur et micro-ondes) à chaque étage. Ni petit déjeuner, ni wifi. Compter quand même de 160 à 190$ pour une double. *M° 42nd St/Bryant Pk (B, D, F, M) 69 W 38th St (entre 5th et 6th Ave.) Tél. 212 840 6700 www.theamericanainn.com*

Hotel Wolcott (plan 5, C3 n°131) Inauguré en 1904, l'hôtel Wolcott fut jadis l'un des plus courus de la ville. Architecture Beaux-Arts, déco un rien surchargée – miroirs, stucs ciselés... Chambres un peu vieillottes, mais prix raisonnables pour le quartier. Certaines, aux étages supérieurs (par ex., les 1214-1223), donnent sur l'Empire State Building, sans supplément. Seuls bémols : l'isolation phonique très imparfaite et le petit déjeuner basique. Salle de fitness, wifi payant. Chambres fumeurs/non fumeurs. De 200 à 270$ la chambre double. *M° 28th St (N, R) ou 33rd St (6) 4 W 31st St (entre 5th Ave. et Broadway) Tél. 212 268 2900 www.wolcott.com*

NYMA (plan 5, C3 n°139) Cet hôtel de 171 chambres sur 17 étages arbore un lobby frais et coloré et offre qualité de service et prix raisonnables. Les chambres à la déco très standard sont plutôt grandes pour Manhattan. Certaines *Front View*, aux étages supérieurs, offrent de belles vues sur l'Empire State Building. Les sommeils légers choisiront les *Back View*, à l'arrière du bâtiment. Wifi, petit déj. et appels nationaux compris. À partir de 180$ la double (en été et en période creuse), jusqu'à 290$ en haute saison. Une bonne adresse, à réserver longtemps à l'avance. ***M° 34th St/Herald Sq (B, D, F, M, N, Q, R) ou 33rd St (6)*** *6 W 32nd St (entre 5th Ave et Broadway) Tél. 212 643 7100 ou 800 567 7720 www.applecorehotels.com*

Life Hotel (plan 5, C3 n°122) À deux pas du métro, de l'Empire State Building et des restaurants de Koreatown. Bon rapport qualité-prix. Construit en 1894 pour accueillir le magazine *Life*, l'hôtel arbore une élégante façade et une déco intérieure lumineuse et reposante, entre lits en cuivre vintage, notes design et jolies salles de bains. Les chambres ne sont pas immenses, mais confortables et très bien tenues. Wifi, lavomatique à la disposition des hôtes. Offres spéciales sur le site. Double *Queen* à partir de 190$, entre 250 et 300$ pour les périodes les plus demandées. ***M° 34th St/Herald Sq (B, D, F, M, N, Q, R) ou 33rd St (6)*** *19 W 31st (entre 5th St et Broadway) St Tél. 212 615 9900 www.lifehotel.com*

La Quinta Manhattan (plan 5, C3 n°133) Dans Koreatown, un bel immeuble de brique et pierre ciselée. Chambres confortables et bien équipées pour le prix. Les double *Queen*, situées sur l'arrière sont plus calmes et moins onéreuses. Les *King*, plus spacieuses et donnant sur la 32e rue, ne sont pas beaucoup plus chères. Belle vue sur l'Empire State Building du très populaire bar du 14e étage. Petit déj. et wifi inclus. Dès 180$ la double (en été), et autour de 250$ en haute saison. ***M° 34th St/Herald Sq (B, D, F, M, N, Q, R)*** *17 W 32nd St (entre 5th Ave et Broadway) Tél. 212 736 1600 www.applecorehotels.com*

Night Hotel Times Square (plan 5, B1 n°144) Un parti pris flashy et technologique, en phase avec le clinquant de Times Square à deux pas : hall d'entrée égayé par un aquarium tropical intégré à la cloison et des lustres tentaculaires. Chambres modernes, bien équipées pour le prix et décorées d'œuvres d'artistes new-yorkais, mais petites. Rue bruyante. Accès au gymnase inclus, mais pas le petit déj. Offres sur le site. À partir de 230$ la double, de 300 à 350$ en haute saison. ***M° 49th St (N, Q, R)*** *157 W 47th St (entre 6th et 7th Ave.) Tél. 212 768 3700 www.nighthotel timessquare.com*

Hotel 414 (plan 5, B2 n°127) Un charmant petit hôtel, installé dans deux édifices anciens, élégants, réunis par une plaisante cour intérieure. En bordure de Hell's Kitchen, à 10min de Times Square, des théâtres, et à deux pas des nombreuses adresses du *Restaurant Row* de la 46e rue. Chambres modernes et confortables, très bien équipées. L'une des meilleures surprises de Midtown, à des prix assez sages – offres spéciales en ligne. À partir de 300$ la double (en été), 350$ en haute saison, petit déj. et wifi inclus. ***M° 50th St (A, C, E)*** *414 W 46th St (entre 9th et 10th Ave.) Tél. 212 399 0006 www.414hotel.com*

prix élevés

WJ Hotel (plan 5, B1 n°150) Bien situé, le Washington Jefferson reste dans l'esprit de Broadway avec son enseigne au néon. Très bel immeuble sur une rue paisible bordée de restaurants internationaux. Chambres coquettes. Doubles *standard* un peu étroites, mais à prix raisonnables pour le quartier. Dès 250$ la double, 380$ en haute saison. ***M° 50th St (A,C,E)*** *318 W 51st St (entre 8th et 9th Ave.) Tél. 212 246 7550 www.wjhotel.com*

Hotel Shocard (plan 5, B2 n°126) Immeuble centenaire rénové dans un style ultramoderne, ce boutique-hôtel propose 47 chambres bien conçues, un peu petites, mais très confortables et plutôt calmes pour Midtown. En plein Broadway, l'hôtel jouxte le mythique Nederlander Theatre. Décor résolument design, tout de gris et de bois sobre avec de rares notes acidulées, jolies salles de bains en mosaïque noir et blanc. Petit déj. et wifi inclus. Comptez de 250 à 380$ selon la période. ***M° 42nd St/Times Square (1, 2, 3, 7)*** *206 W 41st St (entre 7th et 8th Ave.) Tél. 212 703 8600 www.hotelshocardnyc.com*

Moderne Hotel (plan 5, B1 n°136) Hôtel de 37 chambres très bien situé, à 5min de Central Park, près du métro. Réception très design et chambres accueillantes décorées dans l'esprit *Modern Art*. Literie de qualité, sdb rutilantes. Bémols : les fenêtres aveugles des chambres intérieures, et la clim bruyante – comme souvent à New York... Prix parfois intéressants l'hiver en passant par le site. Autour de 350$ en haute saison. ***M° 57th St/7th Ave. (N, Q, R)*** *243 W 55th St (entre Broadway et 8th Ave.) Tél. 212 397 6767 www.modernehotelnyc.com*

Room Mate Grace Hotel (plan 5, B2 n°143) Ambiance originale et bon accueil. 139 petites chambres sur 16 étages, bien insonorisées, grandes douches à l'italienne et déco *seventies*. Accès wifi et au gymnase inclus, mais pas le petit déj. au bar de la mini-piscine, derrière la réception. Double de 220 à 450$ selon la période. Offres sur le site Internet. ***M° 49th St (N, Q, R) ou Rockefeller Ctr (B, D, F, M)*** *125 W 45th St (entre 6th et 7th Ave.) Tél. 212 354 2323 www.room-matehotels.com*

Hotel Metro (plan 5, C2 n°130) Idéalement placé à deux pas de l'Empire State Building : la vue est magnifique du toit-terrasse ! La façade, avec ses enseignes au néon et son *marquee* (large auvent) noir et or, évoque les théâtres de Broadway et des portraits de Marlène Dietrich veillent sur le hall d'entrée. Chambres un peu démodées, mais plutôt spacieuses pour New York, avec une literie de qualité et des sdb modernes. Petit déj. copieux et wifi gratuit. Belle salle de gym. Remises conséquentes sur le site. Dès 180 à 240$ la *Superior Queen*, jusqu'à 400$ en haute saison (tarifs intéressants en été). ***M° 34th St/Herald Sq (B, D, F, M, N, Q, R)*** *45 W 35th St Tél. 212 947 2500 ou 800 356 3870(Réservations) www.hotelmetronyc.com*

Hotel Mela (plan 5, C2 n°129) À deux pas de Times Square, cet hôtel compte 230 chambres sur 17 étages, bien équipées, décorées avec goût, avec de grandes sdb. Les doubles *King*, plus spacieuses, sont à peine plus chères que les *Queen*. Les chambres intérieures sont plus calmes, mais sombres. Offres intéressantes sur le site Internet, notamment en été. De 350 à 400$ la double. ***M° 42nd St/Times Sq. (N, Q, R, 1, 2, 3, 7) et 42nd St/Bryant Park (B, D, F, M)*** *120 W 44th St (entre 6th et 7th Ave.) Tél. 877 452 6352 www.hotelmela.com*

prix très élevés

The Time (plan 5, B1 n°149) Un hôtel branché au cœur du quartier des théâtres, réservé aux noctambules – le bar du 1er est animé le soir... Déco design très sobre, 300 chambres modernes et tout confort, plutôt spacieuses pour Manhattan, et déclinées dans des tons de bois, de gris et de blanc. Prix extrêmement variables, avec parfois de belles remises sur le site Internet. Petit déj. en sus. Double à partir de 350$, 450 à 500$ en haute saison. ***M° 49th St (N, Q, R) ou 50th St (A, C, E)*** *224 W 49th St (entre Broadway et 8th Ave.) Tél. 212 246 5252 www.thetimeny.com*

Dream Midtown (plan 5, B1 n°119) Idéalement placé entre Central Park et Times Square. Classicisme des chambres, identiques, confortables et design (moquette, tête de lit multicolore et petite salle de bains en marbre blanc). À la belle saison, fête assurée le soir sur le toit-terrasse. De 400 à 500$ la double en haute saison, des offres intéressantes en été. ***M° 57th St/7th Ave. (N, Q, R)*** *210 W 55th St (entre 7th Ave. et Broadway) Tél. 212 247 2000 www.dreamhotels.com*

☺ **Bryant Park Hotel (plan 5, C2 n°115)** Ouvert en 2001, très prisé du monde de la mode, cet hôtel demeure l'un des plus branchés. Et l'un des plus charmants ! Occupant le sublime Radiator Building, donnant sur Bryant Park, il compte 178 chambres et suites sur 25 étages. Mobilier design, équipement moderne et sdb en marbre, certaines chambres donnent sur les gratte-ciel - notamment les suites *Park-view*, avec terrasse privée. De 350 à 500$ la *Superior Queen*, suite à partir de 550$. ***M° 42nd St/Bryant Park (B, D, F, M)*** *40 W 40th St (Entre 5th et 6th Ave.) Tél. 212 869 0100 www.bryantparkhotel.com*

Algonquin (plan 5, C2 n°110) Auguste palace fondé en 1902, à l'époque où Midtown West devient le cœur culturel de la ville, l'Algonquin accueille alors le cercle littéraire de la *Round Table*, et compte parmi ses hôtes réguliers Douglas Fairbanks, Orson Welles ou Gertrude Stein. En 1950, William Faulkner y rédige son discours du prix Nobel... Boiseries patinées, cuivres rutilants, l'Algonquin a gardé son esprit d'origine. Le luxe à des prix parfois "abordables" : à partir de 400$ la double en basse saison, au moins 500 ou 600$ autrement... ***M° 42nd St/Bryant Park (B, D, F, M)*** *59 W 44th St (entre 5th et 6th Ave.) Tél. 212 840 6800 www.algonquinhotel.com*

Mandarin Oriental (plan 5, B1 n°135) Occupant les étages supérieurs du Time Warner Center (p.186), sur Columbus Circle, ce palace de 248 chambres est régulièrement élu meilleur hôtel de New York. Principal atout, les vues époustouflantes sur Central Park, les gratte-ciel de Manhattan ou l'Hudson River qu'offrent ses chambres dont les baies vitrées se déploient du sol au plafond. Piscine, gymnase et spa. Au 35e étage, le restaurant l'Asiate est une adresse courue, pour sa cuisine fusion et son panorama. De même que le MObar, lui aussi très apprécié ! Double à partir de... 900$! ***M° 59th St/Columbus Circle (A, B, C, D, 1, 2)*** *80 Columbus Circle (à l'angle de W 60th St) Tél. 212 805 8800 www.mandarinoriental.com*

Plaza (plan 5, C1 n°141) Inauguré en 1907, le Plaza s'impose alors comme le plus luxueux palace au monde. Ce bel édifice de 19 étages dominant la 5e avenue et le sud de Central Park, immortalisé dans *Gatsby le magnifique* de Fitzgerald et *La Mort aux trousses* d'Hitchcock, n'a rien perdu de son cachet. Célébrités et grands de ce monde en font leur pied-à-terre. Ses chambres et suites immenses sont évidemment hors de prix - à moins de 800$ la nuit, passez votre chemin ! ***M° 5th Ave./59th St (N, Q, R)*** *5th Avenue (à l'angle de Central Park South) Tél. 212 759 3000 ou 888 850 0909 www.theplaza.com*

Plans 6 et 7

Upper West Side

Entre le Lincoln Center et Columbia University, ce quartier, plutôt moins cher que le reste de la ville, est le fief des universitaires, calme et bien desservi par les transports.

très petits prix

West Side YMCA (plan 6, B3 n°66) Près de Central Park, cette grande auberge de jeunesse bien tenue propose de petites chambres basiques et l'accès à des équipements de loisirs (piscine, fitness, sauna, hammam, etc.). Les chambres les moins chères (à partir de 110$) sont équipées de lits superposés et partagent des sanitaires sur le palier. Les chambres à lit double sont nettement plus onéreuses (à partir de 160$ sans sdb, 165$ avec sdb). Quant aux *Quad Rooms* (4 lits superposés, à partir de 185$), elles sont parfaites pour les familles ou les groupes d'amis. ***M° 59th St-Columbus Circle (A, B, C, D, 1, 2)*** *5 W 63rd St (près de Central Park West) Tél. 212 912 2600 www.ymcanyc.org*

prix moyens

☺ **Days Inn Broadway (plan 7, A3 n°51)** Ce bel immeuble en brique rouge, bien desservi par les transports en commun, abrite 250 chambres plutôt spacieuses, sans caractère particulier mais dotées de tout le confort nécessaire (machine à café, fer à repasser, salle de gym, wifi gratuite), dans un quartier riche en restaurants et commerces. Une double coûte de 170 à 270$, selon la saison. ***M° 96th St/Broadway (1, 2, 3)*** *215 W 94th St (entre Amsterdam Ave. et Broadway) Tél. 212 866 6400 www.dayshotelnyc.com*

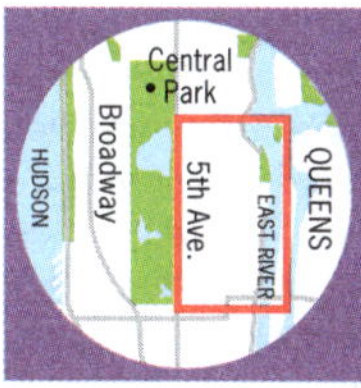

Plan 6

Upper East Side

Des palaces comme s'il en pleuvait, une élégance hors de prix, des *boutique hotels* de grand standing à deux pas de Central Park : l'Upper East Side reste fidèle à sa réputation. De bonnes surprises, cependant.

prix moyens

☺ **Hotel Wales (plan 6, C1 n°62)** Le charme à taille humaine (89 chambres), dans un immeuble centenaire en plein cœur de Carnegie Hill. Superbe escalier de bois sombre et confort optimum. Chambres élégantes : tons chauds, literie de qualité et linge raffiné, équipement dernier cri. Tarifs raisonnables pour le quartier. Toit-terrasse offrant de belles vues sur Central Park. Petit déj. et wifi inclus. Salle de gym. Suite familiale (jusqu'à 6 pers.) avantageuse (320-360$ en été). Double autour de 220$ en basse saison, notamment en été, de 250 à 280$ en haute saison. ***M° 96th St/Lexington (4, 6)*** *1295 Madison Ave. (entre E 92nd et E 93rd) Tél. 212 876 6000 ou Rés. 866 925 3746 www.hotelwalesnyc.com*

prix très élevés

Gardens NYC (plan 6, D3 n°60) À deux pas de Midtown et de Central Park, une paisible rue bordée d'arbres et des aménagements soigneusement conçus donnent une impression de second foyer. Toutes les suites sont spacieuses et possèdent une cuisine pour ceux qui ne souhaitent pas sortir pour chaque repas. Les chiens sont les bienvenus et il y a même une offre pour les longs séjours. Salle de gym, prêt de vélos et wifi inclus. Suite autour de 400-500$. ***M° Lexington Ave.-63th St (F, Q) ou Lexington Ave.-59th St (N, R, W)*** *215 E 64th St (entre 2nd Ave. et 3rd Ave.) Tél. 212 355 1230 www.affinia.com*

The Pierre (plan 6, C3 n°64) L'un des palaces mythiques de New York, superbe gratte-ciel de style georgien dressant sa masse de granite et de brique au coin de la 5ᵉ avenue. Depuis 1930, il accueille les hôtes les plus glamour – Audrey Hepburn, Yves Saint Laurent... Ses cafés et restaurants demeurent le point de ralliement de la haute société, et sa salle de bal accueille de prestigieuses réceptions. 140 chambres très chics et 49 suites fastueuses. Service sans égal. À partir de 700$ pour une double, de 1 000$ pour une suite. En basse saison (été), le prix d'une chambre double peut descendre autour de 450$... ***M° 5th Ave./59th St (N, Q, R)*** *2 E 61st St (à l'angle de 5th Ave.) Tél. 212 838 8000 www.tajhotels.com*

Plans 7 et 11

Harlem

Avec sa "boboïsation" galopante, Harlem s'est replacé sur la carte des hébergements touristiques. À qualité égale, les prix y restent mesurés, tandis que le métro et les bus en font une option à considérer.

très petits prix

Harlem YMCA (plan 11, A2 n°10) Les 235 chambres à 1 ou 2 lits de cette grande AJ austère sont exiguës et rudimentaires (sanitaires sur le palier) mais abordables, cas rare à New York. Accès au fitness et à la piscine compris. Dès 72$ pour un lit, à partir de 85$ pour une chambre à deux lits superposés. ***M° 135th St/Lenox (2, 3)*** *180 W 135th St (entre 7th Ave. et Malcolm X Blvd) Tél. 212 912 2100 www.ymcanyc.org*

prix moyens

☺La Maison d'art (plan 11, A2 n°11) Tout le charme de Harlem ! Dans une paisible rue bordée de *brownstones*, ce lieu discret abrite depuis 2009 une galerie d'art (expositions, soirées jazz...) ainsi que deux chambres d'hôtes (pour 2 à 4 pers.) et deux

GAMME DE PRIX	RESTAURATION	HÉBERGEMENT
Très petits prix	moins de 10$	moins de 100$
Petits prix	de 10 à 20$	de 100 à 150$
Prix moyens	de 20 à 40$	de 150 à 250$
Prix élevés	de 40 à 60$	de 250 à 350$
Prix très élevés	plus de 60$	plus de 350$

appartements pour 5-6 pers., tous élégants et confortables, décorés avec goût par Stéphanie, la propriétaire française. Des toiles originales ornent les chambres climatisées et bien équipées : salles de bains et coins cuisine (évier, réfrigérateur, micro-ondes). Jardinet à l'arrière. Ambiance familiale et décontractée. De 79 à 183$ selon la chambre et la saison (160 à 290$ à Noël), et de 169 à 280$ (350$ à Noël) pour l'appartement. Réservation de trois nuits minimum, sauf disponibilités ponctuelles. ***M° 135th St (2, 3)*** *259 W 132nd St (entre Douglas Blvd et 7th Ave.) Tél. 718 593 4108 www.lamaisondartny.com*

Sugar Hill Harlem Inn (plan 11, A2 n°12) Les prix raisonnables et les chambres cosy font de ce B&B une excellente adresse dans un quartier historique d'Harlem. La maison de style victorien, soigneusement restaurée, date de 1906. Toutes les chambres portent le nom de célébrités qui ont fréquenté Harlem au temps de sa renaissance culturelle. La Josephine (pour Josephine Baker) possède par exemple une belle cheminée. Les hôtes ont accès au petit jardin à l'arrière de la maison et peuvent utiliser la cuisine. Pas d'ascenseur. Petit déjeuner complet 7,50$, chambre double 125-275$. ***M° 145th St (A, B, C, D) ou 137th St-City College (1)*** *460 W 141st St (entre Amsterdam Ave et Convent Ave) Tél. 212 234 5432 www.sugarhillharleminn.com*

prix élevés

☺ **Aloft Hotel (plan 7, B1 n°50)** Premier hôtel ouvert à Harlem depuis près d'un demi-siècle, cet établissement ultramoderne est à deux pas de l'Apollo Theater (p.224) et du Studio Museum, dans un quartier déjà largement reconstruit pour cause de nouvelle expansion urbaine. L'ensemble est high-tech, coloré et de grand confort, avec 124 chambres assez spacieuses. Double autour de 400$ en moyenne, de 230 à 300$ l'été ou en basse saison. ***M° 125th St (A, B, C, D)*** *2300 F. Douglass Blvd (entre 123rd et 124th Sts) Tél. 212 749 4000 www.aloftharlem.com*

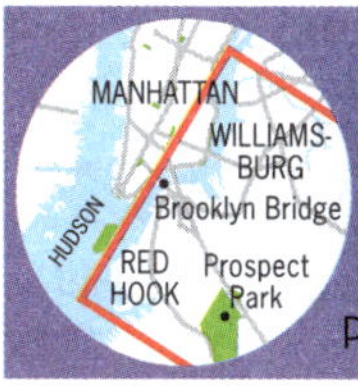

Plans 8, 9 et 10

Brooklyn

L'offre reste limitée, même dans les quartiers les plus branchés, et à des prix aussi élevés qu'ailleurs. De bonnes adresses cependant, souvent à moins de 20min en métro de Manhattan...

très petits prix

YMCA Greenpoint (plan 10, C1 n°62) Cette A.J. propose une centaine de chambres sans sdb : *Single Private* (spartiate, 80$) ou *Twin Private* (lit plus grand ou deux lits simples, 80-92$ selon le niveau d'équipement). Une seule sdb (hommes/femmes séparés) par étage. Piscine, sauna et salle de gym. Un peu excentré – 15min à pied du métro L, direct pour Manhattan – mais un bon toit pour les noctambules de Williamsburg ! ***M° Greenpoint (G) ou Bedford Ave. (L)*** *99 Meserole Ave. (entre Lorimer St et Manhattan Ave.) Tél. 718 389 3700 www.ymcanyc.org/greenpoint*

petits prix

The Inn on Second (plan 9, B2 n°70) B&B en plein cœur de Carroll Gardens, à 15min en métro de Manhattan. Deux chambres à l'étage du joli *brownstones* de Fran et Joe, couple charmant. Spacieux et impeccable, calme olympien, poste Internet et machine à café à disposition. Sdb partagée. Pratique pour les familles : les chambres communiquent entre elles, si besoin. À partir de 125$ la double. *M° Carroll St/Smith St (F, G) 60 2nd St Tél. 718 596 3185 www.innonsecond.com*

prix moyens

Holiday Inn Express Brooklyn (plan 9, C2 n°71) À deux pas d'une station de métro (à 15min de Manhattan), tout près de Carroll Gardens, cet hôtel de 115 chambres, disposant d'une salle de sport, offre des prix souvent très compétitifs, même en haute saison. Entre 220 et 260$ la double, wifi et petit déj. compris. Bonnes offres en ligne, notamment en été. *M° Union St (D, N, R) 625 Union St Tél. 718 797 1133 www.expressbrooklyn.com*

prix élevés

Hotel Le Jolie (plan 10, C2 n°60) Un des rares hôtels du quartier branché de Williamsburg, avec 54 chambres modernes et spacieuses : les *City View* offrent une vue sur Manhattan ; celles côté rue sont déconseillées aux sommeils légers, malgré la bonne insonorisation, en raison de la proximité de la voie express. Doubles *Standard* autour de 280$, *King City View* à partir de 300$. Petit déj. et wifi inclus. *M° Bedford Ave./7th St (L) 235 Meeker Ave. Tél. 718 625 2100 ou 866 526 4097 www.hotellejolie.com*

Nu Hotel (plan 8, C3 n°50) Au cœur de Brooklyn, entre Cobble Hill au sud, Brooklyn Heights et Fort Greene au nord. Déco sobre et moderne, parfois très colorée, mettant à l'honneur les artistes brooklynites. 93 chambres parfaitement équipées, élégantes, certaines à quatre couchages pour les familles. *Queen* spacieuses avec baignoire : le supplément des *King* ne se justifie pas. Sommeils légers, préférez les chambres intérieures. Petit déj., wifi et accès au gymnase inclus. À partir de 270$ la *Standard Queen*. Nettement plus cher le week-end. *M° Jay St (A, C, F) 85 Smith St Tél. 718 852 8585 www.nuhotelbrooklyn.com*

prix très élevés

Wythe Hotel (plan 10, B2 n°61) Dans un quartier en pleine mutation, emblématique de Williamsburg, cet hôtel (2012) occupe un ancien immeuble industriel de 1901 entièrement rénové. Une structure en verre coiffe les 4 étages en briques qui abritent des chambres pour 2 (dont certaines à lits superposés), mais aussi pour 4 ou 6, ainsi que des lofts avec lits *kingsize*. Vers l'ouest, vue sur la *skyline* (chambres Manhattan *View King*). Moderne et design. Restaurant au rdc et bar très couru sur le toit (The Ides). De 330 à 430$. *M° Bedford Ave. (L) 80 Wythe Ave. (à l'angle de N 11th St) Tél. 718 460 8000 www.wythehotel.com*

William Vale (plan 10, B2 n°63) Avec ses 21 étages de béton et de verre, le dernier-né (2016) des hôtels de Williamsburg s'impose certainement un peu trop dans un voisinage d'entrepôts et de maisons. Plus agréable à l'intérieur que vu de l'extérieur, il jouit surtout de l'un des meilleurs emplacements de Brooklyn, proche de l'East River. Concrètement, la plupart des 183 chambres, qui possèdent d'immenses baies vitrées et des balcons, offrent une vue époustouflante sur Manhattan... À cela s'ajoutent un agréable bar de toit, la plus longue piscine extérieure de New York, un restaurant italien de qualité et, en saison, un camion à burgers. Doubles à partir de 330$, en moyenne autour de 400$. ***M° Bedford Ave. (L) ou Nassau Ave. (G)*** *111 N 12th St (entre Berry St et Wythe Ave) Tél. 718 631 8400 www.thewilliamvale.com*

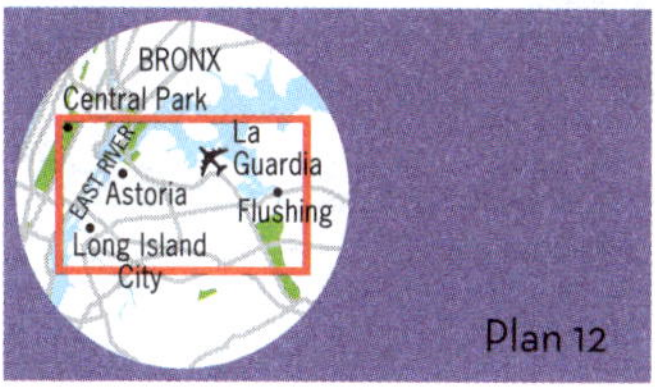

Queens

Long Island City est proche de Manhattan. Voici une adresse qui ne manque pas d'atouts.

prix moyens

☺ **Paper Factory Hotel (plan 12, A2 n°21)** Il fallait oser installer un hôtel (2013) dans une ancienne usine à papier ! Résultat, le style industriel d'origine a été conservé, mais réchauffé par la présence du cuir et du bois sombre. On prend le petit déjeuner (très bon) dans le jardin et on se détend à la salle de gym, au billard ou au babyfoot. Chambres tout confort, fonctionnelles et sobres, à partir de 180$, parfois moins en période creuse. Une adresse originale et un vrai coup de cœur, à deux pas du métro pour Manhattan. ***M° 36th St (M, R) ou 39th Ave. (N, W)*** *37-06 36th St / 37th Ave. Tél. 718 392 7200 thepaperfactoryhotel.com*

Holiday Inn Manhattan View (plan 12, A2 n°20) À un block d'un métro direct pour Manhattan (10min), cet hôtel ultramoderne offre 136 chambres sur 16 étages. Vue sublime, à travers les grandes baies vitrées des *City View*, sur le Queensboro Bridge et la *skyline*. 220-250$ la double standard, autour de 300$ la *Manhattan View*, petit déj. et wifi compris. Moins de 200$ en été. ***M° 39th Ave. (N)*** *39-05 29th St Long Island City Tél. 718 707 3700 www.holidayinnmanhattanview.com*

Nathan's (p.424), légendaire *take away* de hot-dogs à Coney Island.

Dans Central Park (p.196).

EN SAVOIR PLUS

BIBLIOGRAPHIE

histoire et documents

Atlas de New York R. Le Goix, Autrement, 2013
C'était Broadway J. Charyn, coll. Folio, Gallimard, 2008
Histoire de New York F. Weil, Fayard, 2005
Histoire de New York, L' Sarah M. Henry, Grund, 2011
Ils ont construit New York : histoire de la métropole au XIXe siècle C. Cardia, Georg, 1987
New York, chronique d'une ville sauvage J. Charyn, coll. Découvertes, Gallimard, 2010
New York, Histoire, promenades, anthologie & dictionnaire sous la dir. de P. Peretz, coll. Bouquins, Robert Laffont, 2009
New York New York : espace, pouvoir, citoyenneté dans une ville monde C. Pouzoulet, Belin, 2000

littérature

Auster Paul *Trilogie new-yorkaise*, Actes Sud, 2015
Auster Paul *Brooklyn Follies*, coll. Babel, Actes Sud, 2007
Bellow Saul *La planète de Mr Sammler*, coll. Folio, Gallimard, 2014
Capote Truman *Petit déjeuner chez Tiffany*, coll. Folio, Gallimard, 2010
Céline Louis-Ferdinand *Voyage au bout de la nuit*, coll. Folio, Gallimard, 2011
Charyn Jerome *Isaac le mystérieux*, coll. Série noire, Gallimard, 1997
Cohn Nik *Broadway, la grande voie blanche*, 10/18, 2000
Colwin Laurie *Famille, tracas & cie*, Le Livre de poche, 2009
Cusset Catherine *New York, journal d'un cycle*, coll. Folio, Gallimard, 2011
DeLillo Don *Cosmopolis*, coll. Babel, Actes Sud, 2012
DeLillo Don *L'Homme qui tombe*, coll. Babel, Actes Sud, 2010
Dos Passos John *Manhattan Transfer*, coll. Folio, Gallimard, 2009
Ellis Bret Easton *American Psycho*, 10/18, 2005
Fitzgerald Francis Scott *Gatsby*, P.O.L, 2011 (nouvelle traduction)
Foer Jonathan Safran *Extrêmement fort et incroyablement près*, coll. Points, Le Seuil, 2007
Franzen Jonathan *Les Corrections*, coll. Points, Le Seuil, 2013
Hammett Dashiell *Le Faucon de Malte*, coll. Folio policier, Gallimard, 1999
Himes Chester *La Reine des pommes*, coll. Folio policier, Gallimard, 1998
Janowitz Tama *Esclaves de New York*, coll. Du monde entier, Gallimard, 1989
James Henry *Washington Square*, coll. Piccolo, Liana Levi, 2009
Kennedy Douglas *La Poursuite du bonheur*, Pocket, 2009
Mailer Norman *Rivage de Barbarie*, Folio, 1977
McCann Colum *Les saisons de la nuit*, 10/18, 2000
McCann Colum *Et que le vaste monde poursuive sa course folle*, 10/18, 2010
McInerney Jay *Trente ans et des poussières*, coll. Points, Le Seuil, 1998
McInerney Jay *La Belle vie*, coll. Points, Le Seuil, 2008
Melville Herman *Pierre ou les ambiguïtés*, coll. Folio, Gallimard, 1999
Moody Rick *Le Script*, coll. Points, Le Seuil, 2007
Morand Paul *New York*, Flammarion, 1988
Morrison Toni *Jazz*, 10/18, 2008
Murphy Tim *L'Immeuble Christodora*, Plon, 2017

Neutres Jérôme *Le Goût de New York* (anthologie), coll. Le Petit Mercure, Mercure de France, 2009
O'Neill Joseph *Netherland*, coll. Points, Le Seuil, 2010
Pérec Georges *Ellis Island*, P.O.L, 1995
Puzo Mario *Le Parrain*, coll. Pavillons Poche, Robert Laffont, 2016
Roth Philip *La Contrevie*, coll. Folio, Gallimard, 2006
Roth Philip *Exit le fantôme*, coll. Folio, Gallimard, 2011
Salinger J.D. *L'Attrape-cœurs*, Pocket, 2002
Schickler David *Comédie new-yorkaise*, coll. Points, Le Seuil, 2009
Selby Jr Hubert *Last Exit to Brooklyn*, Albin Michel, 2014 (nouvelle traduction)
Smith Patti *Just Kids*, coll. Folio, Gallimard, 2013
Sollers Philippe *Vision à New York*, coll. Folio, Gallimard, 1998
Starr Jason *Mauvais Karma*, Rivages/Noir, 2005
Wharton Edith *Les New-Yorkaises*, J'ai lu, 2001
Wharton Edith *Le Temps de l'innocence*, J'ai lu, 2003
Whitehead Colson *Le Colosse de New York*, coll. Arcades, Gallimard 2008
Whiteman Walt *Feuilles d'herbe*, coll. Poésies, Gallimard, 2002
Wolfe Tom *Le Bûcher des vanités*, Le Livre de poche, 1990

arts et architecture

Architecture de New York R. Berenholtz, A. Johnson, Flammarion, 2004
Chefs d'œuvre du MoMA G. D. Lowry, Place des Victoires, 2016
Leo Castelli et les siens A. Cohen-Solal, coll. Témoins de l'art, Gallimard, 2010
Manhattan New York G. Engel, Actes Sud, 2006
New York C. Barrely, Le Chêne, 2013
New York A. de Gorter, Vilo, 2017
New York aquarelles F. Moireau, Éd. du Pacifique, 2006
New York, une histoire d'architecture Y. Arthus-Bertrand et J. Tauranac, La Martinière, 2014
New York, portrait d'une ville R. Golden, Taschen, 2010
Peinture américaine, La Sous la dir. de F. C. Marchetti, Gallimard, 2002
Taschen's New York A. Taschen, Taschen, 2015
Woody Allen, film par film J. Solomons, Gallimard, 2015

spécial *kids* et teens

Aujourd'hui aux États-Unis V. Pittsburgh, coll. Le Journal d'un enfant, Gallimard Jeunesse 2011
Chien à New York, Un T. Seidler, coll. Folio junior, Gallimard Jeunesse, 2010
Eloïse K. Thompson, coll. Folio cadet, Gallimard Jeunesse, 2003
Grillon dans le métro, Un G. Selden, coll. Folio cadet, Gallimard Jeunesse, 2003
Histoire populaire des USA pour les ados, Une H. Zinn, Au diable Vauvert, 2010
I Lego NY C. Niemann, Abrams, 2010
Images de New York, Mes D. Grant, Seuil Jeunesse, 2011
New York M. Sasek, Casterman, 2009
Subway C. Niemann, Greenwillow Books, 2010
Suite Scarlett M. Johnson, coll. Scripto, Gallimard Jeunesse, 2010
Véritable histoire d'Artur, petit immigrant à New York, La N. Viallet et A. Abolivier, Bayard Jeunesse, 2016

FILMOGRAPHIE

Akerman C. *Un Divan à New York* (1996)
Allen W. *Annie Hall* (1977), *Manhattan* (1979), *Broadway Danny Rose* (1984), *Hannah et ses sœurs* (1986), *Alice* (1990), *Meurtres mystérieux à Manhattan* (1993), *Coups de feu sur Broadway* (1994)...
Badham J. *La Fièvre du samedi soir* (1977)
Baumbach N. *Frances Ha* (2013)
Besson L. *Léon* (1994)
Capra F. *Vous ne l'emporterez pas avec vous* (1938)
Carney J. *New York Melody* (2014)
Cassavetes J. *Shadows* (1960), *Gloria* (1980)
Chandor J.C. *A Most Violent Year* (2014)
Chaplin C. *Charlot émigrant* (1917)
Cimino M. *L'Année du Dragon* (1985)
Coppola F. F. *Le Parrain* (1972), *Le Parrain 2* (1974)
Cooper M. et Schoedsack E. *King Kong* (1933)
Cukor G. *Femmes* (1939)
Donner R. *Superman* (1978)
Eastwood C. *Sully* (2016)
Edwards B. *Diamants sur canapé* (1961)
Emmerich R. *Le Jour d'après* (2004)
Ephron N. *Vous avez un message* (1998)
Ferrara A. *The King of New York* (1990)
Forman M. *Hair* (1979)
Friedkin W. *French Connection* (1971)
Fuller S. *Le Port de la drogue* (1953)
Gilian T. *The Fisher king* (1991)
Gray J. *Little Odessa* (1995), *La Nuit nous appartient* (2007), *The Immigrant* (2013)
Hitchcock A. *Saboteur* (1942), *La Corde* (1948), *Fenêtre sur cour* (1954), *La Mort aux trousses* (1959)
Kazan E. *Sur les quais* (1954)
Kollek A. *Sue perdue dans Manhattan* (1997)
Lee S. *Do the right thing* (1989)
Leone S. *Il était une fois en Amérique* (1984)
Levy S. *Une nuit au musée* (2006)
Lumet S. *Serpico* (1973), *Un après-midi de chien* (1976)
Mankiewicz J. *Eve* (1950)
Melville J.-P. *Deux hommes dans Manhattan* (1959)
Parker A. *Fame* (1980)
Polanski R. *Rosemary's baby* (1968)
Reiner R. *Quand Harry rencontre Sally* (1989)
Schlesinger J. *Macadam Cowboy* (1969), *Marathon Man* (1976)
Scorsese M. *Mean Streets* (1973), *Taxi Driver* (1976), *New York New York* (1977), *Raging Bull* (1980), *After Hours* (1985), *Les Affranchis* (1990), *à tombeau ouvert* (1999), *Gangs of New York* (2002), *Le Loup de Wall Street* (2013)...
Singer B. *Usual Suspects* (1995)
Welles O. *Citizen Kane* (1940)
Wilder B. *Sept ans de réflexion* (1955), *La Garçonnière* (1960)
Wise R. *West Side Story* (1961)

SITOGRAPHIE

Quelques blogs
newyorkcity.blogs.sudouest.fr/ny-en-chiffres/
onlytheblogknowsbrooklyn.com/
www.gabiwrites.com (restaurants)
www.delicatesseny.com (restaurants, en français)
Quelques sites Internet
www.nyc.gov (municipalité)
www.skyscraper.org
www.lowermanhattan.info
www.centralparknyc.org
www.mta.info (transports publics)
http://nyc-architecture.com (sur les buildings)
http://ny.racked.com (shopping)

Lexique

Premier contact

Oui Yes/**Non** No
Bonjour Good morning (matin)/ good afternoon (après-midi)
Bonsoir Good evening
Bonne nuit Good night
Salut Hi/hello
Au revoir Goodbye
À bientôt See you soon
Enchanté Nice to meet you
Comment allez-vous ? How are you ?
S'il vous plaît Please
Merci Thank you/Thanks
Je vous en prie (de rien) You're welcome
Excusez-moi Excuse me
Je suis Français I am French
Je ne parle pas l'anglais I don't speak English
Je ne comprends pas I don't understand
Comment vous appelez-vous ? What's your name ?
Je m'appelle... My name is...
Bon voyage Have a good trip

Compter

Un One ; **Deux** Two ; **Trois** Three ; **Quatre** Four ; **Cinq** Five ; **Six** Six ; **Sept** Seven ; **Huit** Eight ; **Neuf** Nine ; **Dix** Ten ; **Onze** Eleven ; **Douze** Twelve ; **Treize** Thirteen ; **Quatorze** Fourteen ; **Quinze** Fifteen ; **Seize** Sixteen ; **Dix-sept** Seventeen ; **Dix-huit** Eighteen ; **Dix-neuf** Nineteen ; **Vingt** Twenty ; **Vingt et un** Twenty one ; **Trente** Thirty ; **Quarante** Forty ; **Cinquante** Fifty ; **Soixante** Sixty ; **Soixante-dix** Seventy ; **Quatre-vingt** Eighty ; **Quatre-vingt-dix** Ninety ; **Cent** One hundred ; **Cent un** One hundred and one ; **Mille** One thousand ; **Un million** One million ; **Un milliard** One billion

Repères temporels

Aujourd'hui Today
Hier Yesterday
Demain Tomorrow
Matin Morning
Après-midi Afternoon
Soir Evening
Tard Late
Tôt Early
Quelle heure est-il ? What time is it ?
Il est 9h It's nine a.m.
Il est 18h It's six p.m.
Il est 1h15 It's a quarter past one
Il est 1h30 It's half past one
Il est 1h45 It's a quarter to two
À midi At noon
À minuit At midnight

BÀS : BON À SAVOIR
BYOB Bring your own bottle (dans un restaurant sans alcool : "apportez votre bouteille")
DIY Do it yourself ("faites-le vous-même") Bricolage
FAQ Frequently asked questions (sites Internet : les "questions importantes", et leurs réponses)
FYI For your information ("pour info")
WASP White Anglo Saxon Protestant (Blanc d'origine anglo-saxonne de religion protestante : catégorie sociale plutôt élevée)

GEOPLUS

Lundi Monday ; **Mardi** Tuesday ; **Mercredi** Wednesday ; **Jeudi** Thursday ; **Vendredi** Friday ; **Samedi** Saturday ; **Dimanche** Sunday

Janvier January ; **Février** February **Mars** March ; **Avril** April ; **Mai** May ; **Juin** June ; **Juillet** July ; **Août** August ; **Septembre** September ; **Octobre** October ; **Novembre** November ; **Décembre** December

Argent

Banque Bank
Billet Bill
Bureau de change Currency exchange
Carte de crédit Credit card
Chèque Check
Code confidentiel Pin code
Compte Account
Distributeur ATM (Automated Teller Machine)
Monnaie Change
Pièce de monnaie Coin
Pièce d'identité Identification document (ID)
Prix Price
Réduction Reduction
Rembourser To pay back/out

Se déplacer, s'orienter

Bateau Boat
Bus/Car Bus
Bus de nuit Night bus
Train Train
Vélo Bike
Voiture Car
Arrêt de bus Bus stop
Bibliothèque Library
Bureau de poste Post office
Église Church
Port Harbor
Épicerie Grocer's (shop)
Fleuve River
Gare Train station
Mairie City hall
Office de tourisme Visitors Bureau
Place Square
Pont Bridge
Rue Street
Station de métro Subway station
Station de taxis Taxi stand
Tour Tower
Chemin Way
Trajet Route
Plan/carte Map
Y a-t-il... ? Is there... ?
Où est... ? Where is... ?
Proche Near
Loin Far
Entre Between
En face Opposite
Devant In front of
Derrière Behind
À côté de Next to
Au carrefour At the crossroads
Nord/Sud North/South
Est/Ouest East/West
À gauche/À droite To the left/ To the right
Tout droit Straight ahead/ Straight up
Je me suis perdu I am lost
Je cherche I am looking for...

Signalétique

Entrée Entrance/Way in
Sortie Exit/Way out
Ne pas toucher Do not touch
Échangeable et remboursable Exchange and refund
Rez-de-chaussée Ground floor/ First floor
Ascenseur Elevator
Attention à la marche Mind the gap/ step
Interdit de fumer No smoking
Tirer Pull
Pousser Push
Escaliers Stairs

Dans le métro

Carte journalière/hebdomadaire/ mensuelle Daily/weekly/monthly pass
Carte métro New York MetroCard
Correspondance Connexion
Guichet Ticket office
Quai Platform
À quelle heure part le prochain train pour... ? What time is the next train for... ?

À l'aéroport

Aéroport Airport
Avion Airplane/aircraft
Vol Flight
Arrivées Arrivals
Départs Departures
Enregistrement Check-in
Porte Gate
Salle d'attente Departure room
Décoller To take off
Atterrir To land
Valise Suitcase
Sac-à-dos Back-pack
Bagage Baggage
Bagage à main Hand baggage

Au musée

Heures d'ouverture Opening hours
Art moderne/contemporain Modern/contemporary art
Beaux-arts Fine arts
Exposition Exhibition
Galerie d'art Art gallery
Gratuit Free
Interdit Forbidden
Tarif réduit Reduced rate/discount
Visite guidée Guided tour

Boissons et restauration

Salon de thé Tea room
Sur place Eat-in
À emporter Take out/take away
Eau du robinet Tap water
Eau minérale Bottled water
Eau gazeuse Sparkling water
Eau plate Still water
Glaçons Ice (cubes)
Lait Milk
Café au lait White coffee
Chocolat chaud Hot chocolate
Jus d'orange Orange juice
Jus de pomme Apple juice
Limonade (gazeuse) Lemonade
Vin rouge/rosé/blanc Red/rosé/ white wine
Bière Beer
Entrée Starter/appetizer/ hors d'œuvre
Plat principal Main course/entrée
Dessert Dessert
Carte Menu
Plat du jour Dish of the day/special
Menu du jour Menu of the day
Serviette Napkin/serviette
Addition Bill/check
Pourboire Tip/gratuity (environ 15-20% à ajouter systématiquement à l'addition)
Serveur/serveuse Waiter/waitress
Service (non) compris Service charge (not) included
Je voudrais réserver une table I would like to book a table
Avez-vous une table pour deux ? Do you have a table for two ?
Que conseillez-vous ? What do you recommend ?
Puis-je voir la carte s'il vous plaît ? May I have the menu please ?
Puis-je commander s'il vous plaît ? May I order please ?
L'addition, s'il vous plaît May I have the bill/check please ?

Hébergement

Auberge de jeunesse Youth hostel
Chambre d'hôtes Guest house
Hébergement Accommodation
Accueil (hôtel) Lobby
Chambre simple Single room

Chambre double Double (lit 140), Queen (lit 160), King (lit 180)
Chambre à 2 lits Twin room
Complet Full
Demi-pension Half board/ Modified American plan
Pension complète Full board/ American plan
Douche/bains Shower/tub
Toilettes Restroom
Drap Sheet
Oreiller Pillow
Taie d'oreiller Pillowcase
Couverture Blanket
Réveil Alarm clock
Je voudrais réserver une chambre I would like to book a room
TTC Inclusive of tax/Tax included
Petit déjeuner inclus Breakfast included
Pouvez-vous me montrer la chambre ? Could you please show me the room ?
Pouvez-vous me réveiller à 7h ? Could you please wake me up at seven a.m. ?

Urgences

Urgence Emergency
Ambulance Ambulance
Policier Policeman
Pompiers Firemen
Commissariat de police Police Station
Hôpital Hospital
Consultation Consultation
Ordonnance Prescription
Désinfecter To disinfect
Allergique à Allergic to
J'ai besoin d'un médecin I need a doctor
Où est la pharmacie la plus proche ? Where is the nearest drugstore ?

Shopping

Bijouterie Jewellery
Boulangerie Bakery
Centre commercial (shopping) Mall
Disquaire Music shop
Grand magasin Department store
Librairie Bookshop
Magasin de chaussures Shoe shop
Marché aux puces Flea market
Pâtisserie Cake shop
Supermarché Supermarket
Bon marché Cheap
Abordable Affordable
Cher Expensive
Soldes Sales
Occasion (d') Second-hand
Tendance Trendy
Kitsch Kitsch, tacky
À la mode Fashionable
Marque Brand
Artisanal Hand-made
Fait maison Home-made
Sur mesure Made to measure
Vendeur/se (Sales) clerk
À quelle heure ouvre le magasin ? What time does the shop open ?
Combien coûte... ? How much does... cost ?

Communication

Téléphone Telephone/Phone
Portable (téléphone) Mobile
Portable (ordinateur) Laptop
Numéro de téléphone Phone number
Carte téléphonique Phone card
Accès Internet Internet connexion
Accès sans fil Wireless connexion (Wifi)
Se connecter To connect
@ At
Point (dans une adresse électronique) Dot
Tiret (idem) Dash/Hyphen

AIDEZ-NOUS À CONSTRUIRE DES GEOGUIDE QUI RÉPONDENT ENCORE MIEUX À VOS ENVIES !

Merci de nous retourner ce questionnaire à l'adresse suivante :

Questionnaire GEOGUIDE - CS 80240 - 59564 La Madeleine Cedex

VOS VOYAGES

● **Combien de séjours à but touristique effectuez-vous chaque année ?**

En France ❑ 1 ❑ 2 ❑ 3 et +
À l'étranger ❑ 1 ❑ 2 ❑ 3 et +

● **Vous partez pour** (plusieurs réponses possibles, hors visite parents et amis) :

La France	❑ 1 semaine	❑ 2 semaines	❑ 3 semaines et +
L'étranger	❑ 1 semaine	❑ 2 semaines	❑ 3 semaines et +

● **Combien de week-ends à but touristique effectuez-vous chaque année ?**
(hors visite parents et amis)

En France ❑ 1 ❑ 2 ❑ 3 et +
À l'étranger ❑ 1 ❑ 2 ❑ 3 et +

● **Vous partez** (plusieurs réponses possibles) :

	Voyage en France	Voyage à l'étranger	Week-end
Seul	❑	❑	❑
En couple	❑	❑	❑
En famille	❑	❑	❑
Avec des amis	❑	❑	❑
En voyage organisé	❑	❑	❑

VOS GUIDES DE VOYAGE

● **Quand vous partez, combien et quel type de guides achetez-vous ?**

	Voyage en France	Voyage à l'étranger	Week-end
Guides pratiques *	......	......	......
Guides culturels **	......	......	......

*axés sur les informations pratiques et les adresses, contenant plus de texte et de cartes que de photographies
**axés sur l'histoire et la culture, contenant beaucoup de photographies et d'illustrations

● **Combien de temps avant votre départ achetez-vous votre (vos) guide(s) ?**

	Voyage en France	Voyage à l'étranger	Week-end
Entre 3 et 6 mois avant	❑	❑	❑
Dans le mois qui précède	❑	❑	❑
Sur place	❑	❑	❑

● **Avec les guides de quelles collections partez-vous le plus souvent ?** (plusieurs réponses possibles) ....

....

● **Cherchez-vous de l'information sur votre destination ailleurs que dans les guides de voyage ?**

❑ Oui ❑ Non

Si oui, où :

❑ presse magazine	❑ sites internet des offices de tourisme
❑ forums de voyageurs	❑ offices de tourisme (sur place)
❑ voyagistes en ligne	❑ autre : ....

VOTRE GEOGUIDE

● **Si vous avez acheté ce guide vous-même, pourquoi avez-vous choisi GEOGUIDE ?**
(plusieurs réponses possibles) :

- ❑ conseil de votre entourage
- ❑ conseil de votre libraire
- ❑ publicité
- ❑ vous l'avez découvert sur votre lieu d'achat
- ❑ article de presse
- ❑ confiance dans les guides Gallimard
- ❑ confiance dans le magazine GEO

Dans ce dernier cas, qu'est-ce qui a motivé l'achat de ce GEOGUIDE ?

- ❑ format
- ❑ couverture
- ❑ rabat proposant des cartes dépliantes
- ❑ photographies couleur
- ❑ présentation intérieure en couleurs
- ❑ contenu pratique
- ❑ contenu culturel
- ❑ volume d'information
- ❑ prix
- ❑ autre : ....

● **Que pensez-vous de votre GEOGUIDE et de ses différentes rubriques ?**

Concernant les informations culturelles, vous avez trouvé GEOGUIDE :

❑ Très fiable ❑ Fiable ❑ Assez fiable ❑ Pas du tout fiable

Concernant les informations pratiques (horaires, coordonnées...), vous avez trouvé GEOGUIDE :

❑ Très fiable ❑ Fiable ❑ Assez fiable ❑ Pas du tout fiable

Votre opinion sur la sélection d'adresses :

	Qualité des adresses		Nombre d'adresses	
	Suffisante	Insuffisante	Suffisant	Insuffisant
Hébergement	❑	❑	❑	❑
Restauration	❑	❑	❑	❑
Monuments, sites	❑	❑	❑	❑
Balades et randonnées	❑	❑	❑	❑
Activités de loisirs	❑	❑	❑	❑
Shopping	❑	❑	❑	❑

● **Avez-vous des remarques et suggestions ?** ....

....

....

● **Repartirez-vous avec un GEOGUIDE ?** ❑ Oui ❑ Non

VOUS

● **Vous êtes :** ❑ un homme ❑ une femme

● **Votre âge :** ❑ - de 25 ans ❑ 25-34 ans ❑ 35-44 ans ❑ 45-64 ans ❑ 65 ans et +

● **Votre profession :**

❑ agriculteur ❑ profession libérale ❑ cadre supérieur ❑ encadrement et technicien
❑ employé ❑ ouvrier ❑ retraité ❑ sans activité professionnelle ❑ étudiant

● **Êtes-vous lecteur du magazine GEO ?** ❑ Oui ❑ Non

Quel est votre magazine préféré ? ....

Merci de nous indiquer votre adresse

Nom : ....

Adresse : ....

Code postal : .... Ville : .... Pays : ....

Acceptez-vous d'être contacté(e) par mail sur les nouveautés GEOGUIDE ? ❑ Oui ❑ Non

Adresse mail : ________________________________

INDEX

F

G

H

INDEX

INDEX DES ADRESSES

CAFÉS ET BARS

CLUBS ET LIEUX DE SORTIES

HÉBERGEMENT

PAUSES ET *TAKE AWAY*

RESTAURATION

INDEX

SHOPPING

GEOCARTO

1 Lower Manhattan, TriBeCa, SoHo, Chinatown, Little Italy, NoLITa
2 Chelsea, Greenwich Village, West Village, Meatpacking District
3 Gramercy Park, East Village, Lower East Side
4 TriBeCa, SoHo, Chinatown, Little Italy, NoLITa, Lower East Side, East Village, Greenwich Village
5 Midtown West, Midtown East
6 Upper West Side, Central Park, Upper East Side
7 Upper West Side, Central Park, Upper East Side, Harlem
8 DUMBO, Brooklyn Heights, Fort Greene
9 BoCoCa, Prospect Heights, Park Slope, Red Hook
10 Williamsburg, Greenpoint
11 Harlem, Washington Heights, Inwood, Bronx
12 Queens

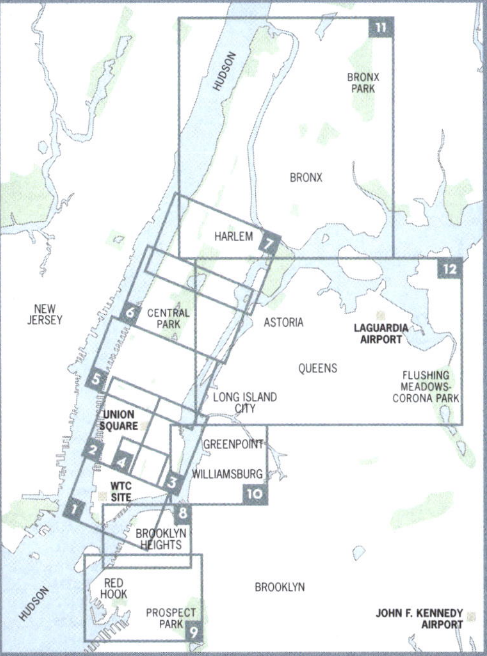

Pauses et take-away ■ 1 à 4

Chinatown Ice Cream Factory p.113 ____ 1 C1
Duane Park Patisserie p.109 ____ 2 B1
Fried Dumpling p.379 ____ 3 C1
Leo's Bagels p.97 ____ 4 B3

Restauration ■ 10 à 32

Augustine p.375 ____ 12 B2
Battery Place Market p.100 ____ 11 B3
Blaue Gans p.376 ____ 17 B1
Cafe Clementine p.375 ____ 13 B1
Dim Sum Go Go p.381 ____ 15 C1
Golden Fung Wong Bakery p.379 ____ 18 C1
Harry's Cafe p.374 ____ 19 B3
Hudson Eats p.374 ____ 16 A2
Landmarc p.376 ____ 21 B1
Locanda Verde p.376 ____ 23 A1
Max p.376 ____ 25 A1
New Malaysia p.381 ____ 24 C1
Nom Wah Tea Parlor p.380 ____ 10 C1
Peking Duck House p.381 ____ 26 C1
Tasty Hand-pulled Noodles p.380 ____ 27 C1
Two Hands Restaurant & Bar p.376 ____ 14 B1
Vegetarian Dim Sum House p.381 ____ 28 C1
Whole Foods p.92 ____ 29 A1
Zaitzeff p.374 ____ 31 B2
Zucker's Bagels p.375 ____ 32 B1

Shopping ■ 40 à 48

Balloon Saloon p.295 ____ 40 B1
Bed, Bath & Beyond p.295 ____ 41 B1
Century 21 p.89 ____ 44 B2
Liquor Store p.293 ____ 45 B1
Pearl River Mart p.295 ____ 42 B1
Philip Williams Posters p.295 ____ 47 B1
Ten Ren Tea & Ginseng Co p.299 ____ 48 C1
Westfield World Trade Center p.293 ____ 43 B2

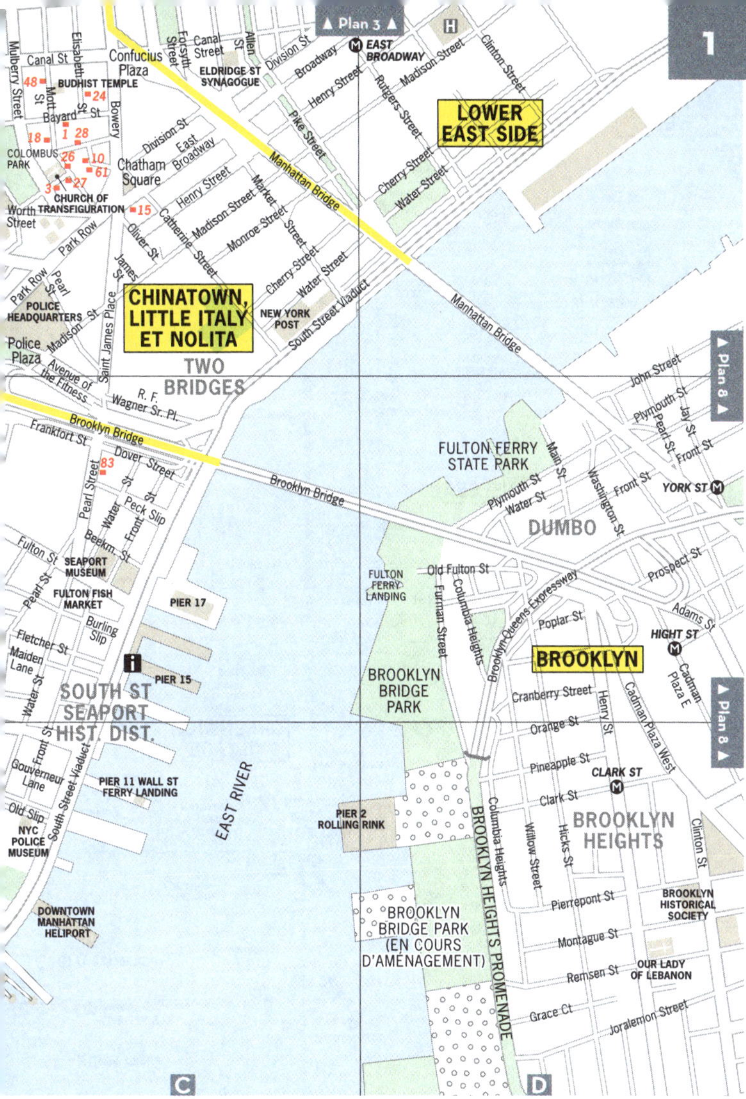

Cafés et bars 60 à 66

- Anotheroom p.335 — 60 B1
- Apotheke p.337 — 61 C1
- Brandy Library p.335 — 62 B1
- Terroir p.335 — 66 A1
- The Basement p.334 — 64 B1
- The Dead Rabbit Grocery and Grog p.334 — 63 B3

Hébergement 80 à 87

- Beekman p.429 — 80 B2
- Conrad p.430 — 87 A2
- Cosmopolitan Hotel p.430 — 81 B1
- Duane Street Hotel p.430 — 82 B1
- Hampton Inn Manhattan Seaport p.429 — 83 C2
- Holiday Inn NYC Wall Street p.429 — 84 B2
- Roxy Hotel p.431 — 86 B1
- The Wall Street Inn p.429 — 85 B3

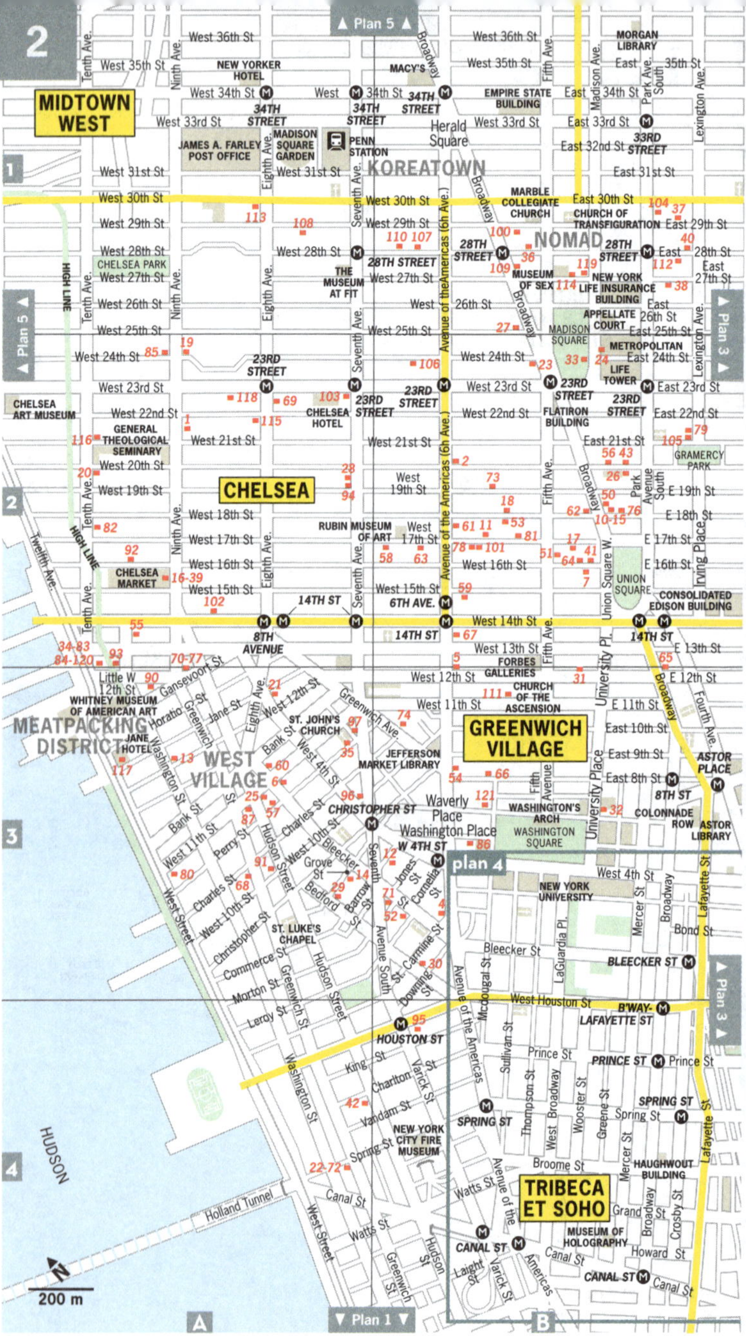
2
Plan 5
MIDTOWN WEST
CHELSEA
GREENWICH VILLAGE
TRIBECA ET SOHO
KOREATOWN
NOMAD
MEATPACKING DISTRICT
WEST VILLAGE
West 36th St
West 35th St
West 34th St
West 33rd St
West 31st St
West 30th St
West 29th St
West 28th St
West 27th St
West 26th St
West 25th St
West 24th St
West 23rd St
West 22nd St
West 21st St
West 20th St
West 19th St
West 18th St
West 17th St
West 16th St
West 15th St
West 14th St
West 13th St
West 12th St
West 11th St
Tenth Ave.
Ninth Ave.
Eighth Ave.
Seventh Ave.
Avenue of the Americas (6th Ave.)
Fifth Ave.
Madison Ave.
Park Ave. South
Lexington Ave.
Broadway
Twelfth Ave.
HIGH LINE
NEW YORKER HOTEL
MACY'S
EMPIRE STATE BUILDING
MORGAN LIBRARY
JAMES A. FARLEY POST OFFICE
MADISON SQUARE GARDEN
PENN STATION
34TH STREET
33RD STREET
28TH STREET
23RD STREET
Herald Square
MARBLE COLLEGIATE CHURCH
CHURCH OF TRANSFIGURATION
MUSEUM OF SEX
NEW YORK LIFE INSURANCE BUILDING
APPELLATE COURT
MADISON SQUARE
METROPOLITAN LIFE TOWER
FLATIRON BUILDING
THE MUSEUM AT FIT
CHELSEA PARK
CHELSEA ART MUSEUM
GENERAL THEOLOGICAL SEMINARY
CHELSEA HOTEL
RUBIN MUSEUM OF ART
CHELSEA MARKET
GRAMERCY PARK
UNION SQUARE
CONSOLIDATED EDISON BUILDING
14TH ST
8TH AVENUE
6TH AVE.
FORBES GALLERIES
CHURCH OF THE ASCENSION
WHITNEY MUSEUM OF AMERICAN ART
JANE HOTEL
ST. JOHN'S CHURCH
JEFFERSON MARKET LIBRARY
CHRISTOPHER ST
WASHINGTON'S ARCH
WASHINGTON SQUARE
Waverly Place
Washington Place
W 4TH ST
ASTOR PLACE
8TH ST
COLONNADE ROW
ASTOR LIBRARY
ST. LUKE'S CHAPEL
NEW YORK UNIVERSITY
plan 4
BLEECKER ST
B'WAY-LAFAYETTE ST
HOUSTON ST
PRINCE ST
SPRING ST
CANAL ST
NEW YORK CITY FIRE MUSEUM
HAUGHWOUT BUILDING
MUSEUM OF HOLOGRAPHY
West Houston St
Prince St
Spring St
Broome St
Grand St
Howard St
Canal St
Holland Tunnel
HUDSON
Plan 3
Plan 1
200 m
A
B
1
2
3
4

Pauses et take-away ■ 1 à 7

Restauration ■ 10 à 43

Shopping ■ 50 à 69

Cafés et bars ■ 70 à 87

Clubs et lieux de sortie ■ 90 à 97

Hébergement ■ 100 à 121

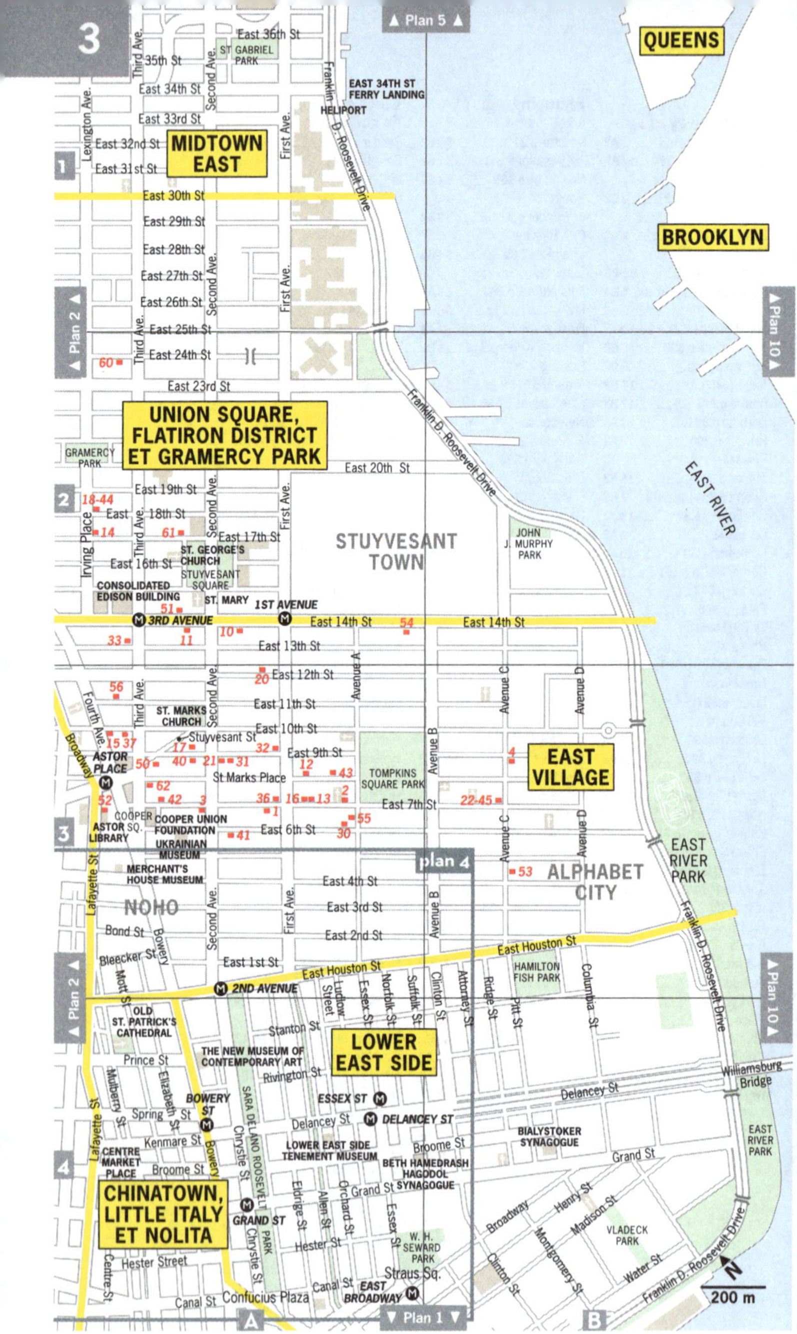

3
Plan 5
QUEENS
BROOKLYN
EAST RIVER
MIDTOWN EAST
UNION SQUARE, FLATIRON DISTRICT ET GRAMERCY PARK
STUYVESANT TOWN
EAST VILLAGE
ALPHABET CITY
NOHO
LOWER EAST SIDE
CHINATOWN, LITTLE ITALY ET NOLITA
East 36th St
ST GABRIEL PARK
35th St
East 34th St
East 33rd St
East 32nd St
East 31st St
East 30th St
East 29th St
East 28th St
East 27th St
East 26th St
East 25th St
East 24th St
East 23rd St
East 20th St
East 19th St
East 18th St
East 17th St
East 16th St
East 14th St
East 13th St
East 12th St
East 11th St
East 10th St
East 9th St
East 7th St
East 6th St
East 4th St
East 3rd St
East 2nd St
East 1st St
East Houston St
Lexington Ave.
Third Ave.
Second Ave.
First Ave.
Irving Place
Fourth Ave.
Broadway
Avenue A
Avenue B
Avenue C
Avenue D
EAST 34TH ST FERRY LANDING
HELIPORT
Franklin D. Roosevelt Drive
GRAMERCY PARK
JOHN J. MURPHY PARK
ST. GEORGE'S CHURCH
STUYVESANT SQUARE
CONSOLIDATED EDISON BUILDING
ST. MARY
1ST AVENUE
3RD AVENUE
ST. MARKS CHURCH
Stuyvesant St
St Marks Place
ASTOR PLACE
TOMPKINS SQUARE PARK
COOPER SQ.
ASTOR LIBRARY
COOPER UNION FOUNDATION
UKRAINIAN MUSEUM
MERCHANT'S HOUSE MUSEUM
plan 4
Lafayette St
Bond St
Bleecker St
Bowery
Mott St
2ND AVENUE
HAMILTON FISH PARK
EAST RIVER PARK
Ludlow Street
Essex St
Norfolk St
Suffolk St
Clinton St
Attorney St
Ridge St
Pitt St
Columbia St
OLD ST. PATRICK'S CATHEDRAL
Stanton St
THE NEW MUSEUM OF CONTEMPORARY ART
Rivington St
Prince St
Mulberry St
Elizabeth St
Spring St
BOWERY ST
ESSEX ST
DELANCEY ST
Delancey St
Williamsburg Bridge
SARA DELANO ROOSEVELT PARK
Chrystie St
Kenmare St
LOWER EAST SIDE TENEMENT MUSEUM
Broome St
BETH HAMEDRASH HAGODOL SYNAGOGUE
BIALYSTOKER SYNAGOGUE
Grand St
CENTRE MARKET PLACE
GRAND ST
Eldrige St
Allen St
Orchard St
Hester St
W. H. SEWARD PARK
Straus Sq.
Broadway
Henry St
Madison St
Montgomery St
Clinton St
VLADECK PARK
Water St
Centre St
Hester Street
Canal St
Confucius Plaza
EAST BROADWAY
Plan 1
Plan 2
Plan 10
A
B
N
200 m
60
18-44
14
61
51
33
11
10
54
20
56
15 37
17
32
50
40
21
31
12
43
4
62
42
3
36
16
13
2
22-45
52
1
55
41
30
53

Pauses et take-away ■ 1 à 4

Abraço p.130 ___ 1 A3
Big Gay Ice Cream p.386 ___ 2 A3
Moishe's Bake Shop p.386 ___ 3 A3
Ninth Street Espresso p.130 ___ 4 B3

Restauration ■ 10 à 22

Artichoke Pizza p.386 ___ 10 A2
Baohaus p.394 ___ 11 A2
Café Mogador p.387 ___ 12 A3
Caracas Arepa Bar p.386 ___ 13 A3
Casa Mono p.394 ___ 14 A2
Ippudo NY p.387 ___ 15 A3
Luke's Lobster p.386 ___ 16 A3
Pete's Tavern p.397 ___ 18 A2
S'MAC p.387 ___ 20 A3
Soba-Ya p.388 ___ 17 A3
Veselka p.387 ___ 21 A3
Zum Schneider p.387 ___ 22 B3

Shopping ■ 30 à 37

A-1 Records p.304 ___ 30 A3
Dinosaur Hill p.302 ___ 31 A3
Fabulous Fanny's p.302 ___ 32 A3
Kiehl's p.303 ___ 33 A2
Tokio 7 p.296 ___ 36 A3
Turntable Lab p.304 ___ 37 A3

Cafés et bars ■ 40 à 45

Decibel p.343 ___ 40 A3
Mayahuel p.344 ___ 41 A3
McSorley's Old Ale House p.343 ___ 42 A3
PDT – Please don't tell p.344 ___ 43 A3
Pete's Tavern p.353 ___ 44 A2
Zum Schneider p.345 ___ 45 B3

Clubs et lieux de sortie ■ 50 à 56

Angel's Share p.345 ___ 50 A3
Beauty Bar p.352 ___ 51 A2
Joe's Pub at The Public p.345 ___ 52 A3
Nublu p.346 ___ 53 B3
Otto's Shrunken Head p.346 ___ 54 A2
Pyramid Club p.346 ___ 55 A3
Webster Hall p.346 ___ 56 A3

Hébergement ■ 60 à 62

American Dream Hostel p.436 ___ 60 A2
Hotel 17 p.436 ___ 61 A2
St. Marks Hotel p.433 ___ 62 A3

Pauses et take-away ■ 1 à 6

Dean & DeLuca p.377 — 1 B2
Doughnut Plant p.384 — 2 D3
Eileen's Special Cheesecake p.115 — 4 B2
Il Laboratorio del Gelato p.383 — 6 D1
L.A. Burdick Chocolates p.110 — 5 A2
Sugar Sweet Sunshine p.383 — 3 D2

Restauration ■ 10 à 38

Balaboosta p.382 — 10 B2
Balthazar p.379 — 11 B2
Bread p.381 — 12 C2
Broome Street Bar p.377 — 13 A3
Café Gitane p.382 — 14 B2
Café Habana p.382 — 15 C2
Congee Village p.385 — 26 D2
Fish Cheeks p.389 — 37 B1
Hampton Chutney Co. p.377 — 16 B2
Hundred Acres p.379 — 17 A2
Jack's Wife Freda p.378 — 18 B2
Katz's Delicatessen p.385 — 19 D1
Kuma Inn p.384 — 20 D2
La Esquina p.382 — 21 B2
Lucky Strike p.378 — 22 A3
Miss Lily's p.389 — 23 A1
Papatzul p.378 — 24 A3
Parm p.382 — 25 B2
Peasant p.383 — 27 C2
Prune p.388 — 28 C1
Rubirosa p.383 — 38 B2
Russ and Daughters p.384 — 29 C1
Schiller's Liquor Bar p.385 — 30 D2
Spitzer's Corner p.385 — 32 D2
Spring Street Natural p.378 — 33 B2
The Cupping Room Café p.377 — 31 A3
The Meatball Shop p.384 — 34 D2
The Smile p.389 — 35 B1
Vanessa's Dumpling House p.384 — 36 C3

Shopping ■ 40 à 66

3.1 Phillip Lim p.305 — 40 B1
Bape Store p.296 — 42 A2
Blades p.304 — 41 B1
Duane Reade p.297 — 43 B3
Economy Candy p.301 — 44 D2
Edith Machinist p.301 — 45 D2
Exit 9 p.303 — 46 D1
Generation Records p.304 — 63 A1

Grand Meridian p.299 — 47 C3
Hollister Co p.300 — 48 B1
INA Men p.308 — 49 C2
INA Women p.308 — 50 B2
John Derian & John Derian Dry Goods p.303 — 51 C1
John Varvatos p.302 — 52 C1
Lisa Shaub p.301 — 54 B2
M0851 p.297 — 53 A2
Madewell p.297 — 55 B3
Manhattan Portage p.299 — 56 B1
O.N.S. p.296 — 57 A2
Opening Ceremony p.296 — 58 B3
Patricia Field p.302 — 59 C1
Prada p.296 — 61 B2
Ricky's p.298 — 62 B2
Seize sur Vingt p.299 — 60 C2
Steve Madden p.298 — 64 B2
Supreme p.298 — 65 B2
Topshop p.297 — 66 B3

Cafés et bars ■ 70 à 79

Bar Goto p.342 — 76 C1
Barrio Chino p.340 — 70 D3
Botanica p.340 — 71 B1
Epistrophy p.337 — 72 C2
Jimmy@The James Hotel p.336 — 73 A3
Max Fish p.341 — 74 D1
Pegu Club p.336 — 75 A1
Soho Cigar Bar p.335 — 77 A3
Spitzer's Corner p.340 — 78 D2
Welcome to the Jonhsons p.341 — 79 D2

Clubs et lieux de sortie ■ 80 à 87

(Le) Poisson Rouge p.347 — 80 A1
Arlene's Grocery p.342 — 81 D2
Bitter End p.348 — 82 A1
Blue Note p.347 — 83 A1
Bowery Ballroom p.340 — 84 C2
Rockwood Music Hall p.342 — 86 C1
The Delancey p.342 — 87 D2

Hébergement ■ 90 à 98

Best Western Bowery Hanbee p.431 — 90 C3
East Houston p.432 — 92 C1
Hampton Inn Manhattan SoHo p.430 — 93 A3
Redford Hotel p.432 — 91 D2
Sixty LES p.432 — 94 C1
Sixty SoHo p.431 — 95 A2
Sohotel p.432 — 96 C3
Solita SoHo p.431 — 97 B3
Trump SoHo p.431 — 98 A2

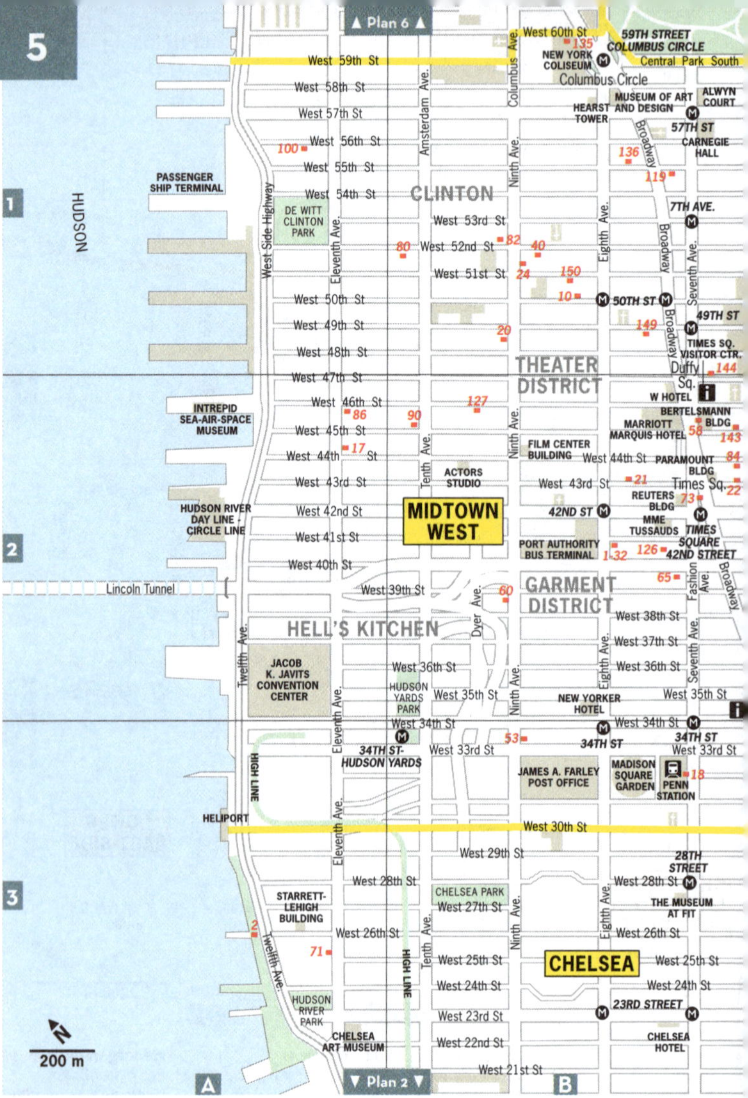

Pauses et take-away ■ 1 et 2
Dean & DeLuca p.402 — 1 B2
Lackawanna et Frying Pan p.392 — 2 A3

Restauration ■ 10 à 40
BG Restaurant p.405 — 11 C1
Bryant Pk Grill p.404 — 12 C2
Chola p.398 — 15 D1
Crave Fishbar p.399 — 13 D1
Don Antonio by Starita p.403 — 10 B1
Food Gal.32 p.401 — 16 C3
Gazala Place p.403 — 20 B1
Gotham West Market p.404 — 17 A2
Green Symph. p.402 — 21 B2
Hangawi p.399 — 23 C3
HB Burger p.402 — 22 B2
Hummus Kitchen p.403 — 24 B1
Inside Park p.399 — 25 C1
Keens Steakhouse p.401 — 26 C2
KyoChon p.400 — 28 C3
Le Pain Quot. p.404 — 29 C2
Mandoo Bar p.400 — 30 C3
P. J. Clarke's p.399 — 31 C1
Pampano p.400 — 36 D1
Salvation Taco p.398 — 38 C2
Schnipper's p.402 — 32 B2
Sigmund's Vanderbilt p.398 — 14 C2
Sushiann p.399 — 34 C1
Taam-Tov p.404 — 35 C1
The Kunjip p.401 — 27 C3
The Modern p.405 — 37 C1
The Pennsy p.401 — 18 B3
Totto Ramen p.403 — 40 B1

Shopping ■ 50 à 75
Abercrombie & Fitch p.300 — 50 C1
American Girl Pl. p.318 — 51 C1
Apple Store p.318 — 52 C1
B&H p.315 — 53 B3
Banana Rep. p.300 — 54 C1
Bergdorf G. p.316 — 55 C1
Club Monaco p.300 — 56 C1
Forever 21 p.300 — 58 B2
Gd Cent. Mkt p.156 — 59 C2
HBO Shop p.315 — 67 C2
Hell's Kitchen Flea Market p.316 — 60 B2
Henri Bendel p.316 — 61 C1
J. Crew p.300 — 62 C1
Lego Store p.318 — 63 C1

5
Plan 6
Plan 12
Plan 3
CENTRAL PARK
Grand Army Pza
5TH AVE.
LEXINGTON AVE.
BLOOMINGDALE'S
59TH ST
ROOSEVELT IS. TRAMWAY
Queensboro Bridge
East 60th St
East 58th St
East 57th St
East 56th St
East 55th St
East 54th St
East 53rd St
East 52nd St
East 51st St
East 50th St
East 49th St
East 48th St
East 47th St
East 46th St
East 45th St
East 44th St
East 43rd St
East 42nd St
East 41st St
East 40th St
East 39th St
East 38th St
East 37th St
East 36th St
East 35th St
East 34th St
East 33rd St
East 32nd St
East 31st St
East 30th St
East 29th St
East 28th St
East 27th St
East 26th St
East 25th St
East 24th St
East 23rd St
THE PLAZA HOTEL
GENERAL MOTORS BLDG
CROWN BLDG
TOUR LVMH
57TH ST
West 57th St
TRUMP TOWER
West 56th St
SONY BUILD.
FRIAR'S CLUB
AMERICAN FOLK ART MUSEUM
UNIVERSITY CLUB
CENTRAL SYNAGOGUE
CITICORP CENTER
CBS BLDG
THE MUSEUM OF MODERN ART
ST. THOMAS CHURCH
PARK AVENUE PLAZA
SEAGRAM BUILDING
LEXINGTON AVE.
PALEY CENTER FOR MEDIA
TURTLE BAY
47TH-50TH STS ROCKEFELLER CENTER
ST. PATRICK'S CATHEDRAL
GENERAL ELECTRIC BUILDING
51ST ST
WALDORF ASTORIA
ROCKEFELLER CENTER
DIAMOND DISTRICT
JAPAN SOCIETY
MIDTOWN EAST
FRED FRENCH BLDG
West 45th St
NY YACHT CLUB
MET LIFE BUILDING
GRAND CENTRAL TERMINAL
CHRYSLER BUILDING
FORD FOUNDATION BUILD.
UNITED NATIONS HEADQUARTERS
500 - 5TH AVE.
42ND ST
N.Y. PUBLIC LIBRARY
BRYANT PARK
GRAND CENTRAL
MOBIL BUILDING
DAILY NEWS BUILDING
Queens-midtown Tunnel
West 40th St
MURRAY HILL
EAST SIDE AIRLINES TERMINAL
MORGAN LIBRARY
ST GABRIEL PARK
MACY'S
34TH ST
E. 34TH ST FERRY LANDING
HELIPORT
EAST RIVER
Herald Square
EMPIRE STATE BUILDING
33RD ST
KOREATOWN
MARBLE COLLEGIATE CHURCH
CHURCH OF TRANSFIGURATION
NOMAD
28TH STREET
28TH STREET
MUSEUM OF SEX
NEW YORK LIFE INSURANCE BUILDING
APPELLATE COURT
MADISON SQUARE
METROPOLITAN
UNION SQUARE, FLATIRON DISTRICT ET GRAMERCY PARK
23RD STREET
West 23rd St
LIFE TOWER
FLATIRON BUILDING
23RD STREET
West 22nd St
24TH STREET PARK
GOLDWATER MEMORIAL HOSPITAL
ROOSEVELT ISLAND
CITY HOSPITAL
Sutton Place
Franklin D. Roosevelt Drive
Fifth Ave.
Madison Ave.
Park Ave.
Lexington Ave.
Third Ave.
Second Ave.
First Ave.
Vanderbilt Ave.
Park Ave. South
Rockefeller Plaza
Avenue of the Americas (Sixth Avenue)
Avenue of the Americas (6th Ave.)
Avenue of the Americas (Sixth Ave.)
Broadway
United Nations Plaza
Tudor City Pl.
C
D

Pauses et take-away ■ 1 à 6

- Café Sabarsky p.217 — 1 C1
- Le Pain Quotidien p.408 — 4 B2
- Sarabeth's p.409 — 5 C3
- Tal Bagels p.221 — 2 D1
- Yura on Madison p.409 — 6 C1
- Zabar's p.190 — 3 A2

Restauration ■ 10 à 25

- Agata & Valentina p.410 — 10 D2
- Alice's Tea Cup p.406 — 11 B2
- Andre's Budapest Cafe p.410 — 12 D1
- Bar Boulud p.407 — 13 B3
- Barney Greengrass p.406 — 14 B1
- Café Sabarsky p.411 — 18 C1
- Cascabel Taqueria p.410 — 15 D2
- Daniel p.411 — 16 C3
- Hummus Place p.406 — 17 B2
- Papaya King p.410 — 19 C1
- Pastrami Queen p.410 — 20 C2
- Salumeria Rosi p.406 — 22 B2
- Tavern on the Green p.409 — 23 B3
- The Loeb Boathouse – Central Park p.409 — 25 C2
- White Gold Butchers p.407 — 21 B2

Shopping ■ 30 à 38

- Barneys New York p.323 — 31 C3
- Bloomingdale's p.322 — 32 C3
- Century 21 p.319 — 30 B3
- Cozy's p.322 — 38 B2
- Dylan's Candy Bar p.323 — 33 C3
- Giggle p.322 — 34 B2
- Lilly Pulitzer p.323 — 37 C2
- Ralph Lauren p.323 — 35 C2
- Steven Alan Outpost p.319 — 36 B2

Cafés et bars ■ 40 à 43

Bemelmans Bar p.361 ____ 40 C2
Boat Basin Café p.360 ____ 41 A2
Roof Garden Café and Martini Bar p.214 ____ 42 C2
Subway Inn p.361 ____ 43 C3

Lieu de sortie ■ 50

Beacon Theatre p.360 ____ 50 A2

Hébergement ■ 60 à 66

Gardens NYC p.444 ____ 60 D3
Hotel Wales p.443 ____ 62 C1
The Pierre p.444 ____ 64 C3
West Side YMCA p.443 ____ 66 B3

Pauses et take-away ■ 1 et 2
Absolute Bagels p.407 ___ 1 A2
Hungarian Pastry Shop p.407 ___ 2 A2

Restauration ■ 10 à 17
Amy Ruth's p.412 ___ 10 B1
Community Food & Juice p.408 ___ 11 A1
Harlem Shake p.411 ___ 15 B1
Max SoHa p.413 ___ 17 A1
Moustache p.412 ___ 12 C2
Pio Pio p.407 ___ 13 A3
Red Rooster p.412 ___ 16 B1
Tom's Restaurant p.407 ___ 14 A2

Shopping ■ 20 à 23
Home Goods p.319 ___ 21 B3
Jimmy Jazz p.324 ___ 22 B1
Serengeti Tea and Spices p.324 ___ 23 B1
Target p.324 ___ 20 D1

Clubs et lieux de sortie ■ 40 à 43
Paris Blues p.362 ___ 43 B1
Postscrypt Coffeehouse p.196 ___ 42 A1
Showman's p.361 ___ 40 B1
Smoke Jazz and Supper Club p.360 ___ 41 A2

Hébergement ■ 50 et 51
Aloft Hotel p.445 ___ 50 B1
Days Inn Broadway p.443 ___ 51 A3

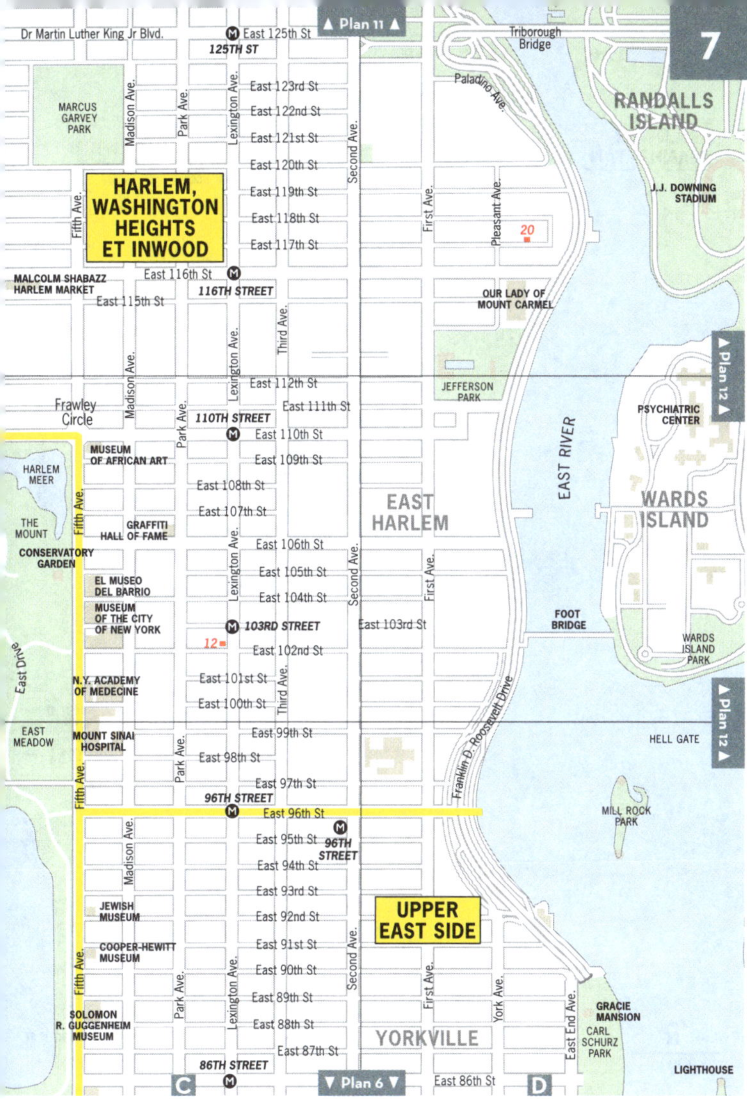

7
Plan 11
Plan 6
Plan 12
Plan 12
C
D
HARLEM, WASHINGTON HEIGHTS ET INWOOD
EAST HARLEM
UPPER EAST SIDE
YORKVILLE
RANDALLS ISLAND
WARDS ISLAND
EAST RIVER
Dr Martin Luther King Jr Blvd.
East 125th St
125TH ST
Triborough Bridge
Paladino Ave.
MARCUS GARVEY PARK
J.J. DOWNING STADIUM
East 123rd St
East 122nd St
East 121st St
East 120th St
East 119th St
East 118th St
East 117th St
East 116th St
116TH STREET
East 115th St
East 112th St
East 111th St
110TH STREET
East 110th St
East 109th St
East 108th St
East 107th St
East 106th St
East 105th St
East 104th St
103RD STREET
East 103rd St
East 102nd St
East 101st St
East 100th St
East 99th St
East 98th St
East 97th St
96TH STREET
East 96th St
East 95th St
96TH STREET
East 94th St
East 93rd St
East 92nd St
East 91st St
East 90th St
East 89th St
East 88th St
East 87th St
86TH STREET
East 86th St
Fifth Ave.
Madison Ave.
Park Ave.
Lexington Ave.
Third Ave.
Second Ave.
First Ave.
Pleasant Ave.
York Ave.
East End Ave.
East Drive
Franklin D. Roosevelt Drive
20
12
MALCOLM SHABAZZ HARLEM MARKET
OUR LADY OF MOUNT CARMEL
JEFFERSON PARK
PSYCHIATRIC CENTER
Frawley Circle
HARLEM MEER
MUSEUM OF AFRICAN ART
THE MOUNT
GRAFFITI HALL OF FAME
CONSERVATORY GARDEN
EL MUSEO DEL BARRIO
MUSEUM OF THE CITY OF NEW YORK
FOOT BRIDGE
WARDS ISLAND PARK
N.Y. ACADEMY OF MEDECINE
EAST MEADOW
MOUNT SINAI HOSPITAL
HELL GATE
MILL ROCK PARK
JEWISH MUSEUM
COOPER-HEWITT MUSEUM
SOLOMON R. GUGGENHEIM MUSEUM
GRACIE MANSION
CARL SCHURZ PARK
LIGHTHOUSE

8

Pauses et take-away ■ 1 à 5

- Almondine p.261 — 1 B1
- Archway Café p.413 — 5 C1
- Brooklyn Ice Cream Factory p.261 — 2 B1
- Heights Café p.415 — 3 B2
- Lassen & Hennigs p.414 — 4 B2

Restauration ■ 10 à 18

- Chef's Table at Brooklyn Fare p.416 — 12 C3
- Grimaldi's p.415 — 11 B1
- Junior's p.415 — 13 C3
- Pedro's p.415 — 15 C1
- River Café p.416 — 17 B1
- Sahadi's p.415 — 18 B3
- Vinegar Hill House p.415 — 10 C1

Cafés et bars ■ 30 et 31

- Frank's Cocktail Lounge p.365 — 31 D3
- Henry Public p.363 — 30 B3

Club ■ 40

- Alibi p.365 — 40 D3

Hébergement ■ 50

- Nu Hotel p.446 — 50 C3

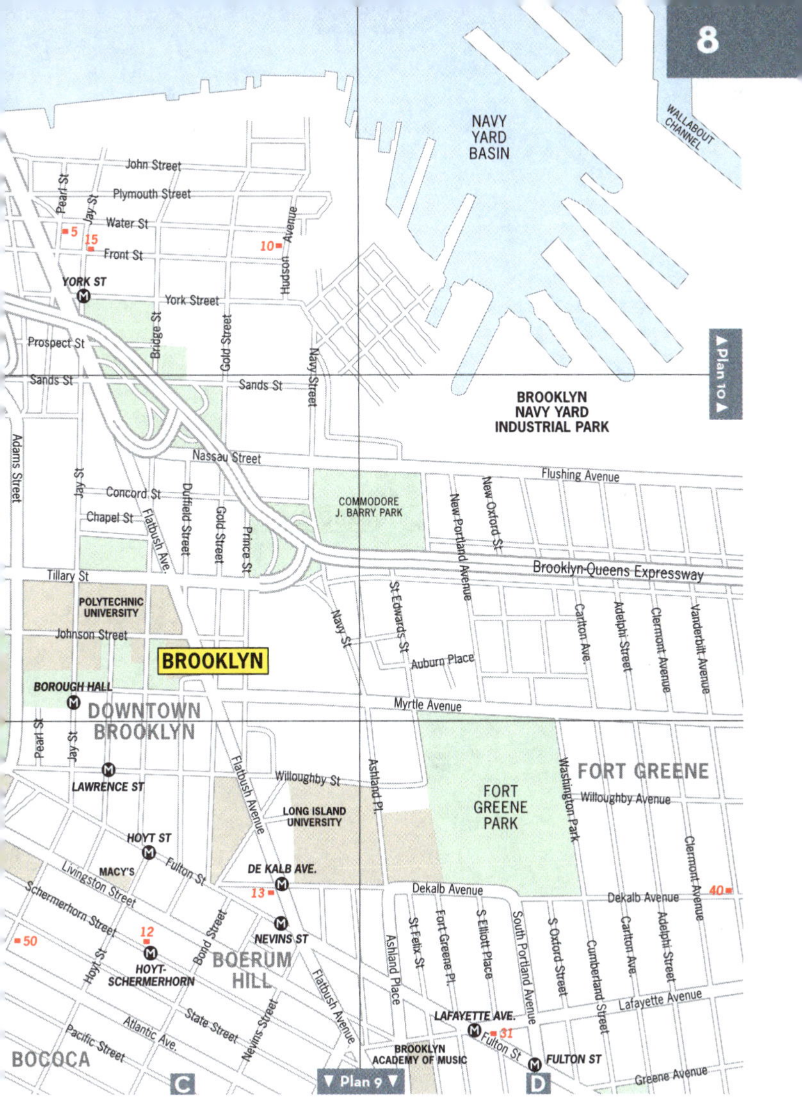
8
NAVY YARD BASIN
WALLABOUT CHANNEL
BROOKLYN NAVY YARD INDUSTRIAL PARK
▲Plan 10▲
John Street
Plymouth Street
Water St
Front St
York Street
Pearl St
Jay St
Hudson Avenue
YORK ST
Prospect St
Sands St
Bridge St
Gold Street
Navy Street
Nassau Street
Adams Street
Concord St
Chapel St
Flatbush Ave.
Duffield Street
Prince St
COMMODORE J. BARRY PARK
Flushing Avenue
New Portland Avenue
New Oxford St
Brooklyn-Queens Expressway
Tillary St
POLYTECHNIC UNIVERSITY
Johnson Street
BROOKLYN
BOROUGH HALL
DOWNTOWN BROOKLYN
Navy St
St Edwards St
Auburn Place
Carlton Ave.
Adelphi Street
Clermont Avenue
Vanderbilt Avenue
Myrtle Avenue
LAWRENCE ST
Willoughby St
Ashland Pl.
FORT GREENE PARK
Washington Park
FORT GREENE
Willoughby Avenue
LONG ISLAND UNIVERSITY
Flatbush Avenue
HOYT ST
MACY'S
Fulton St
DE KALB AVE.
Dekalb Avenue
Livingston Street
Schermerhorn Street
NEVINS ST
Bond Street
BOERUM HILL
Hoyt St
HOYT-SCHERMERHORN
State Street
Atlantic Ave.
Nevins Street
Pacific Street
BOCOCA
Ashland Place
St Felix St
Fort Greene Pl.
S Elliott Place
South Portland Avenue
S Oxford Street
Cumberland Street
Lafayette Avenue
LAFAYETTE AVE.
FULTON ST
BROOKLYN ACADEMY OF MUSIC
Greene Avenue
5
15
10
13
12
50
31
40
C
▼Plan 9▼
D

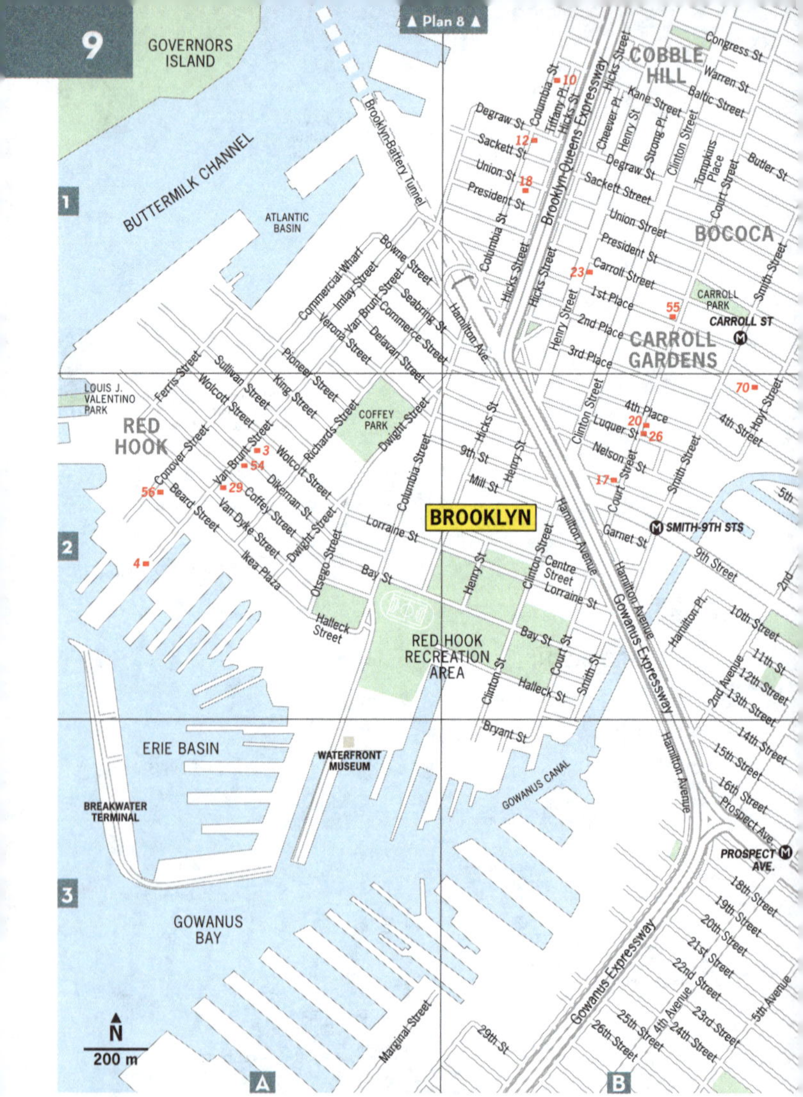

Pauses et take-away ■ 1 à 4
- 12th Street Deli Market **p.417** — **1 C3**
- Bagel Hole **p.417** — **2 C3**
- Baked **p.421** — **3 A2**
- Fairway Market **p.420** — **4 A2**

Restauration ■ 10 à 29
- al di là **p.417** — **11 C2**
- Alma **p.420** — **12 B1**
- Building on Bond **p.418** — **16 C1**
- Buttermilk Channel **p.420** — **17 B2**
- Calexico Taqueria **p.419** — **18 B1**
- Frankies 457 **p.419** — **20 B2**
- Franny's **p.418** — **21 D1**
- James **p.418** — **22 D1**
- Lucali **p.419** — **23 B1**
- Mile End Delicatessen **p.420** — **24 C1**
- No. 7 **p.416** — **19 D1**
- Pok Pok **p.421** — **10 B1**
- Prime Meats **p.419** — **26 B2**
- Rose Water Restaurant **p.417** — **27 D2**
- Talde **p.417** — **13 C3**
- The Good Fork **p.421** — **29 A2**
- The Norm **p.418** — **28 D2**

Shopping ■ 40
- Fort Greene Flea Market **p.325** — **40 D1**

Cafés et bars ■ 50 à 57
- Brooklyn Inn **p.362** — **50 C1**
- Clover Club **p.363** — **53 C1**
- Fort Defiance **p.363** — **54 A2**
- Prime Meats **p.362** — **55 B1**
- Sunny's Bar **p.363** — **56 A2**
- Union Hall **p.364** — **57 C2**

Clubs et lieux de sortie ■ 60 à 62

BAM p.264 ______ 61 D1
Barbès p.364 ______ 62 C3
Littlefield p.364 ______ 60 C1

Hébergement
■ 70 et 71

Holiday Inn Express Brooklyn p.446 ______ 71 C2
The Inn on Second p.446 ______ 70 B2

Pauses et take-away 1 et 2

Bagelsmith p.421 — 1 B2
Peter Pan Donut & Pastry Shop p.421 — 2 C1

Restauration 10 à 20

Aurora p.423 — 10 B2
Diner p.423 — 11 B3
Egg p.422 — 12 B2
Fette Sau p.423 — 13 B3
Frankel's Delicatessen & Appetizing p.422 — 20 C1
Jimmy's Diner p.422 — 14 C2
Kellogg's diner p.422 — 15 C3
Marlow & Sons p.424 — 16 B3
Peter Luger Steakhouse p.424 — 17 B3
Rye p.423 — 18 B3
Sage p.422 — 19 C3

Shopping 30 à 38

A&G Merch p.328 — 38 B2
Area Kids p.328 — 30 B2
Beacon's Closet p.327 — 31 C1
Brooklyn Industries p.326 — 32 B2
Catbird p.327 — 33 B2
Earwax p.328 — 34 B2
Pema p.326 — 35 B2
Spoonbill & Sugartown Booksellers p.327 — 36 B2
Whisk p.328 — 37 B2

Cafés et bars 40 à 45

Barcade p.366 — 40 C3
Dram p.366 — 41 B3
Four Horsemen p.366 — 45 B3
Hotel Delmano p.367 — 42 B2
Radegast Hall & Biergarten p.367 — 43 B2
Spuyten Duyvil p.367 — 44 B3

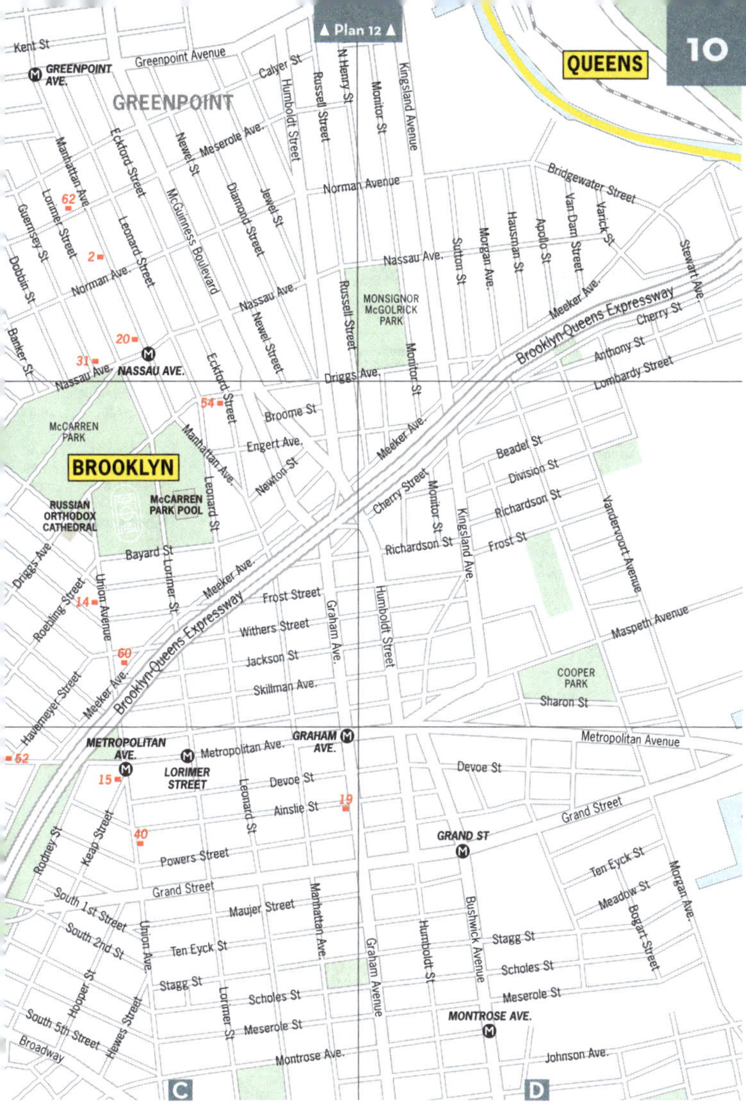

Clubs et lieux de sortie ■ 50 à 54

- Bembe p.367 ____ 50 B3
- Brooklyn Bowl p.368 ____ 51 B2
- Knitting Factory p.368 ____ 52 C3
- Music Hall of Williamsburg p.368 ____ 53 B2
- Warsaw p.368 ____ 54 C2

Hébergement ■ 60 à 63

- Hotel Le Jolie p.446 ____ 60 C2
- William Vale p.446 ____ 63 B2
- Wythe Hotel p.446 ____ 61 B2
- YMCA Greenpoint p.445 ____ 62 C1

11

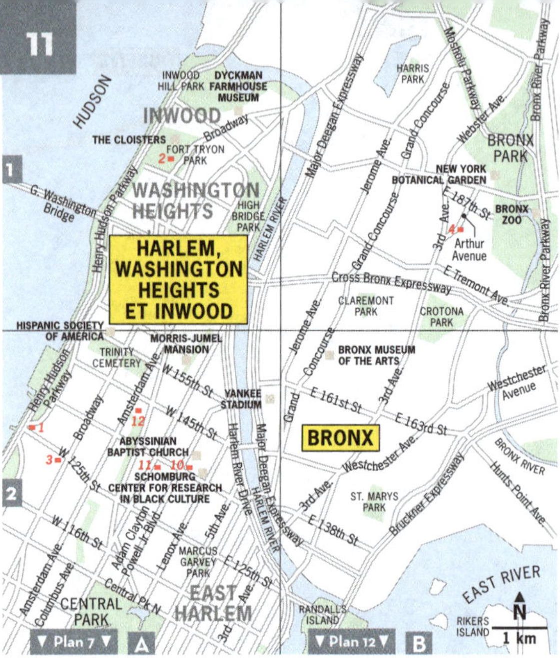

Restauration 1 à 3

- Arthur Avenue Retail Market **p.426** — 4 B1
- Dinosaur Bar-B-Que **p.412** — 1 A2
- Jin Ramen **p.408** — 3 A2
- New Leaf **p.413** — 2 A1

Hébergement 10 à 12

- Harlem YMCA **p.444** — 10 A2
- La Maison d'art **p.444** — 11 A2
- Sugar Hill Harlem Inn **p.445** — 12 A2

12

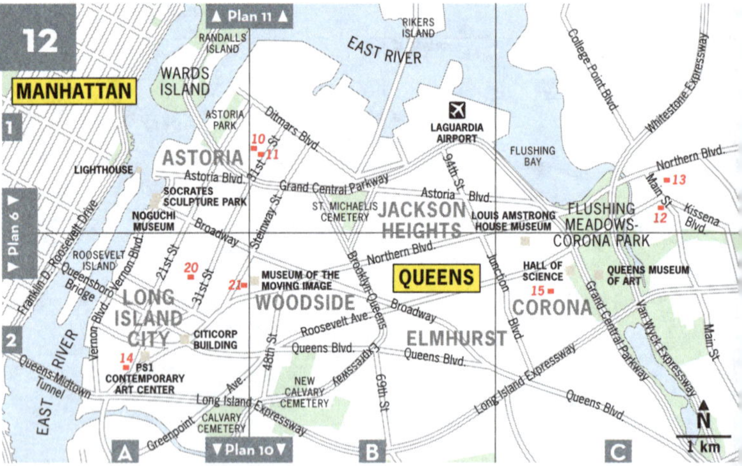

Restauration 10 à 15

- Bohemian Hall & Beer Garden **p.425** — 10 B1
- Elias Corner **p.426** — 11 B1
- Golden Shopping Mall **p.425** — 12 C1
- Joe's Shanghai **p.425** — 13 C1
- Manducatis **p.426** — 14 A2
- Tortilleria Nixtamal **p.425** — 15 C2

Hébergement 20 et 21

- Holiday Inn Manhattan View **p.447** — 20 A2
- Paper Factory Hotel **p.447** — 21 A2

INDEX DES RUES

Pour chaque référence, en gras le numéro du plan, puis le renvoi au carroyage. Les rues, avenues et places dont les noms sont des numéros se trouvent en début d'index.

Légendes des cartes et des plans

Limite des GEOquartiers
Autoroute
Axe principal
Tunnel
Bâtiment remarquable
Espace vert
Office de tourisme
Aéroport
Métro

INDEX

AUTEURS **GEOPANORAMA** Sabine Albertini.
GEOPRATIQUE Christine Barrely.
GEOQUARTIERS Lower Manhattan, TriBeCa et SoHo, Chinatown, Little Italy et NoLIta, Lower East Side, Greenwich Village, Chelsea, Union Square, Flatiron District et Gramercy Park, Midtown East, Upper West Side, Harlem, Washington Heights et Inwood Christine Barrely.
East Village, Midtown West, Échappée au Dia : Beacon, Upper East Side, Central Park, Brooklyn, Queens, Bronx David Fauquemberg.
GEOADRESSES Shopping Carole Behn, Charlotte Pavard. **Et, à New York** Leslie Price, Gabriella Gershenson. **Bars et clubs** Antoine Besse, Charlotte Pavard. **Et, à New York** Gabriella Gershenson **(Bars)**, Bruce Tantum **(Clubs et bars de nuit)**. **Restauration** Christine Barrely, David Fauquemberg selon les GEOQuartiers précités et Charlotte Pavard. **Et, à New York** Gabriella Gershenson. **Hébergement** Christine Barrely et David Fauquemberg selon les GEOQuartiers précités. **Et, à New York** Gabriella Gershenson.
GEOPLUS Quatre jours à New York, Un week-end arty, Un jour à Brooklyn Christine Barrely.
Shopping mode d'emploi, Acheter moins cher ? *Yes you can !*, Trois jours d'emplettes Carole Behn.
***Night and the city*, Trois nuits à New York** Antoine Besse.
CRÉDITS PHOTOGRAPHIQUES **Couverture et 3** © Sime/Photononstop. **6** © Jovanning/Stock. adobe. com. **8** © Haveseen/Fotolia.fr. **78** © ESB Profesessional/Shutterstock.com. **80** Philipp Winiger/Fotolia.fr. **85** © Adam f. Kazmierski/Shutterstock.com. **230-231** © Bertrand Gardel/hemis.fr. **232-233** © René Mattes. **234-235** © Piotrois/Fotolia.fr. **236** © Jeorg Hackemenann/Fotolia.fr. **237** © Rabitt Soixantequinze/Fotolia.fr. **238-239** © Jorge Billoch/Fotolia.fr. **240-241** © Susanne Kremer/Huber/Sime/Photononstop. **242-243** © Littleny/Shutterstock.com. **244** © Philophoto/Fotolia.fr. **245** © Piotrois/Fotolia.fr. **246-247** © Surpasspro/ Fotolia.fr. **248** © Alex Q/Fotolia.fr. **249** © Kamiral/Shutterstock.com. **250-251** © Chris Maluszynski/Moment/ Agence Vu. **252-253** © IM-Photo/Shutterstock.com. **254-255** ©Philip Lange/Shutterstock.com. **286** © JSC/ Fotolia.fr. **288** © Fashionstock.com. **291** © Kobby Dagan/Shutterstock.com. **330** © David Lefranc/ Gamma-Rapho. **332** © Cartoville/Gallimard-Loisirs. **371** © Stuart Monk/Shutterstock.com. **428** © Ryan de Berandinis/Fotolia.fr. **448 haut** © Martchan/Shutterstock.com. **bas** © Alex Q/Fotolia.fr.
CARTOGRAPHIE INFOGRAPHIQUE EdiCarto, sauf plans métro et bus © MTA.
REMERCIEMENTS Nous remercions tout particulièrement Pauline Peretz, historienne, maître de conférences en histoire contemporaine à l'université de Nantes/Collège de France et chercheuse associée au Centre d'études nord-américaines de l'EHESS, pour sa relecture avisée de l'ensemble des contenus culturels. Merci à Tony Mookie, Steve Kahn, Chris Kosberg ; Alexia Klein-Goldberg ; Nicholas Strini ; Roman Elsener, Max Carr et Maura Rogers, Jean-Claude Campell, Jordan Bowen, Robert Antoni ; Anne Bernstein ; Ann Matson et Mikaela Dilworth (Metropolitan Museum) ; Claire Laporte (Guggenheim Museum) ; Sally Williams (Brooklyn Museum) ; Gaétan Mathieu et Jonas Cuenin ; Christine, Pablo et Ulysse.

GALLIMARD LOISIRS 5, rue Gaston-Gallimard 75328 Paris Cedex 07.
Tél. 01 49 54 42 00 contact@geo-guide.fr www.geo-guide.fr
La collection GEOGuide a été créée en association entre Prisma Presse/GEO et Gallimard Loisirs.
 Premier dépôt légal Septembre 2011
Dépôt légal Octobre 2018 **Numéro d'édition** 330171 **ISBN** 978-2-74-245176-0.
Photogravure Desk (Laval). **Impression** LEGO (Italie).

Avis aux GEOVoyageurs Entre l'enquête faite sur le terrain et la parution du guide, les établissements proposés peuvent avoir disparu et certaines informations peuvent avoir été modifiées : n'hésitez pas à nous faire part de vos commentaires et de vos corrections !

N
W 79 ST
W 81 ST
CENTRAL
E 79 ST
E 80 ST
ROOSEVELT ISLAND
QUEENS
MAIN ST
Q102 to Astoria 27 Av - 2 St
Q32 to Jackson Heights 81 St - Northern Blvd
Q60 to Jamaica 109 Av - 157 St
Q101 to Astoria 19 Av - Hazen St
W 72 ST
W 70 ST
W 66 ST
W 65 ST
E 72 ST
E 71 ST
E 68 ST
E 67 ST
E 65 ST
5 AV
2 AV
1 AV
YORK AV
RIVERSIDE BLVD
FREEDOM PL
WEST END AV
AMSTERDAM AV
COLUMBUS CIRCLE
CENTRAL PK S
ED KOCH QUEENSBORO BRIDGE
E 60 ST
E 59 ST
E 57 ST
E 55 ST
W 57 ST
W 54 ST
15 +selectbusservice
HUDSON RIVER PARK
W 50 ST
W 49 ST
E 50 ST
E 49 ST
7 AV
TIMES SQUARE
GRAND CENTRAL TERM
UNITED NATIONS
12 AV
W 42 ST
E 42 ST
PORT AUTHORITY BUS TERMINAL
41 ST
6 AV
5 AV
3 AV
2 AV
1 AV
34 +selectbusservice
JAVITS CENTER
M34A
W 34 ST
E 34 ST
W 33 ST
PENN STATION
M15
34A +selectbusservice
MADISON SQUARE GARDEN
MADISON AV
LEXINGTON AV
E 31 ST
12 AV
11 AV
10 AV
9 AV
8 AV
WATERSIDE PLAZA
HIGHLINE
BROOKLYN
W 24 ST
W 23 ST
PARK AV S
E 23 ST
AVENUE C
EAST RIVER
WEST ST
W 18 ST
E 20 ST
CHELSEA PIERS
UNION SQUARE PARK
STUYVESANT TOWN
5 AV
W 14 ST
W 14 ST
E 14 ST
HUDSON ST
GREENWICH ST
8 AV
4 AV
3 AV
2 AV
1 AV
E 10 ST
E 9 ST
EAST RIVER PARK
W 8 ST
ST MARKS PL
AVENUE D
AVENUE C
AVENUE A
FDR DRIVE
WEST ST
W 10 ST
CHRISTOPHER ST
7 AV S
WASHINGTON SQUARE PARK
W HOUSTON ST
E HOUSTON ST
South-bound stop only
ALLEN ST
ESSEX ST
WILLIAMSBURG BRIDGE
DELANCEY ST
B39 to Washington Plaza, Williamsburg
LEWIS ST
HUDSON RIVER PARK
WASHINGTON ST
HUDSON ST
6 AV
VARICK ST
BROADWAY
BOWERY
GRAND ST
JACKSON ST
CHERRY ST
SPRING ST
E BWAY
MADISON ST
HARRISON ST
W B'WAY
CHURCH ST
WORTH ST
MANHATTAN BRIDGE
PARK ROW
CHAMBERS ST
CITY HALL
N. END AV
MURRAY ST
FRANKFORT ST
ST JAMES PL
BROOKLYN
VESEY ST
WEST ST
WTC SITE
BROOKLYN BRIDGE
LIBERTY ST
TRINITY PL
BROADWAY
PEARL ST
SOUTH STREET SEAPORT
W THAMES ST
WATER ST
BROAD ST
GREENWICH ST
BATTERY PL
SOUTH ST
STATE ST
BATTERY PARK
M15 Local
WHITEHALL ST
15 +selectbusservice
MTA MetroCard
Plan Ahead Online
Use Trip Planner+
at www.mta.info
for subway & bus directions
LEGEND
Full-time Service (Every day 7 a.m.-10 p.m.)
Part-time Service
Select Bus Service bus stop. Fare is paid before boarding.
Direction of Service (two-way service has no arrows)
Full-time Terminal
Part-time Terminal

Manhattan Bus Map
September 2015
©2015 Metropolitan Transportation Authority.
Unauthorized duplication prohibited.
Bx19 to Botanical Garden via Southern Blvd
Bx33 to Port Morris/ Walnut Av - 132 St
Bx15 from Fordham Plaza
Bx15 to Fordham Plaza via Third Av
BRONX
145 ST BRIDGE
MADISON AV BRIDGE
3 AV BRIDGE
WILLIS AV BRIDGE
ROB'T F. KENNEDY BRIDGE
RANDALL'S ISLAND
ICAHN STADIUM
WARD'S ISLAND
ROBERT F. KENNEDY BRIDGE
+selectbusservice to LaGuardia Airport
ROOSEVELT ISLAND
QUEENS
MAIN ST
Q102 to Astoria 27 Av - 2 St
Q32 to Jackson Heights 81 St - Northern Blvd
Q60 to Jamaica 109 Av - 157 St
Q101 to Astoria 19 Av - Hazen St
ED KOCH QUEENSBORO BRIDGE
BROOKLYN
HUDSON RIVER
RIVERBANK STATE PARK
RIVERSIDE PARK
HUDSON RIVER PARK
ST NICHOLAS PARK
MORNINGSIDE PARK
MARCUS GARVEY PARK
JEFFERSON PARK
CENTRAL PARK
CENTRAL PK N
CENTRAL PK S
COLUMBUS CIRCLE
TIMES SQUARE
GRAND CENTRAL TERM
UNITED NATIONS
PORT AUTHORITY BUS TERMINAL
JAVITS CENTER
PENN STATION
MADISON SQUARE GARDEN
WATERSIDE PLAZA
HIGH LINE
BROADWAY
AMSTERDAM AV
ST NICHOLAS AV
FREDERICK DOUGLASS BLVD
A.C. POWELL BLVD / 7 AV
MALCOLM X BLVD / LENOX AV
5 AV
MADISON AV
PARK AV
PLEASANT AV
MANHATTAN AV
RIVERSIDE DR
COLUMBUS AV
CENTRAL PARK WEST
LEXINGTON AV
3 AV
2 AV
1 AV
YORK AV
RIVERSIDE BLVD
FREEDOM PL
WEST END AV
12 AV
11 AV
10 AV
9 AV
8 AV
7 AV
6 AV
W 147 ST
W 146 ST
W 145 ST
W 139 ST
W 135 ST
W 129 ST
W 125 ST
W 120 ST
W 116 ST
W 110 ST
W 106 ST
W 97 ST
W 96 ST
W 86 ST
W 81 ST
W 79 ST
W 72 ST
W 70 ST
W 66 ST
W 65 ST
W 57 ST
W 54 ST
W 50 ST
W 49 ST
W 42 ST
41 ST
W 34 ST
W 33 ST
E 124 ST
E 116 ST
E 110 ST
E 106 ST
E 105 ST
E 97 ST
E 96 ST
E 92 ST
E 91 ST
E 86 ST
E 80 ST
E 79 ST
E 72 ST
E 71 ST
E 68 ST
E 67 ST
E 65 ST
E 60 ST
E 59 ST
E 57 ST
E 55 ST
E 50 ST
E 49 ST
E 42 ST
E 34 ST
E 31 ST
SBS
86 +selectbusservice
15 +selectbusservice
34 +selectbusservice
34A +selectbusservice
M34A
M15

New York City Subway
with bus and railroad connections
MTA
THE BRONX
Wakefield 241 St 2
Nereid Av 2·5
233 St 2·5
225 St 2·5
219 St 2·5
Gun Hill Rd 2·5
Burke Av 2·5
Allerton Av 2·5
Pelham Pkwy 2·5
Bronx Park East 2·5
E 180 St 2·5
West Farms Sq E Tremont Av 2·5
174 St 2·5
Freeman St 2·5
Simpson St 2·5
Intervale Av 2·5
Prospect Av 2·5
Jackson Av 2·5
3 Av–149 St 2·5
Eastchester Dyre Av 5
Baychester Av 5
Gun Hill Rd 5
Pelham Pkwy 5
Morris Park 5
Pelham Bay Park 6
Buhre Av 6
Middletown Rd 6
Westchester Sq East Tremont Av 6
Zerega Av 6
Castle Hill Av 6
Parkchester 6
St Lawrence Av 6
Morrison Av Soundview 6
Elder Av 6
Whitlock Av 6
Hunts Point Av 6
Longwood Av 6
E 149 St 6
E 143 St St Mary's St 6
Cypress Av 6
Brook Av 6
3 Av 138 St 6
125 St 4·5·6
116 St 6
Woodlawn 4
Mosholu Pkwy 4
Bedford Pk Blvd Lehman College 4
Kingsbridge Rd 4
Fordham Rd 4
183 St 4
Burnside Av 4
176 St 4
Mt Eden Av 4
170 St 4
167 St 4
161 St Yankee Stadium B·D·4
149 St–Grand Concourse 2·4·5
138 St–Grand Concourse 4·5
4 skips rush hour peak direction
Norwood 205 St D
Bedford Pk Blvd B·D
Kingsbridge Rd B·D
Fordham Rd B·D
182–183 Sts B·D
Tremont Av B·D
174–175 Sts B·D
170 St B·D
167 St B·D
rush hours
rush hour peak direction express
weekday peak direction express
Van Cortlandt Park 242 St 1
238 St 1
231 St 1
Marble Hill 225 St 1
215 St 1
207 St 1
Dyckman St 1
191 St 1
181 St 1
168 St A·C·1
157 St 1
145 St 1
137 St City College 1
125 St 1
116 St Columbia University
Inwood 207 St A
Dyckman St A
190 St A
181 St A
175 St A
163 St–Amsterdam Av C
155 St C
155 St B·D
145 St A·B·C·D
135 St B·C
125 St A·B·C·D M60 SBS LGA Airport
116 St B·C
Harlem 148 St 3
145 St 3
135 St 2·3
125 St 2·3 · M60 SBS LGA Airport
116 St 2·3
Flushing Main St 7
LaGuardia Link Q70 SBS M60 SBS Q47 Q48 Q72
Harlem River
East River
Metro-North
Amtrak
WESTCHESTER
THE BRONX
RIVERDALE
KINGSBRIDGE
VAN CORTLANDT PARK
INWOOD HILL PARK
FORT TRYON PARK
HIGHBRIDGE PARK
WASHINGTON HEIGHTS
HARLEM
EAST HARLEM
MOTT HAVEN
MORRISANIA
HUNTS POINT
SOUNDVIEW
PARKCHESTER
BAYCHESTER
EASTCHESTER
CO-OP CITY
CITY ISLAND
ORCHARD BEACH
PELHAM BAY PARK
RIKERS ISLAND
RANDALLS ISLAND
FLUSHING
KISSENA PARK
THROGS NECK BRIDGE
BRONX-WHITESTONE BRIDGE
ROBERT F KENNEDY BRIDGE
HENRY HUDSON BRIDGE
BROADWAY BRIDGE
UNIVERSITY HTS BR
WASHINGTON BRIDGE
HAMILTON BRIDGE
GRAND CONCOURSE
JEROME AV
BROADWAY
ST NICHOLAS AV
AMSTERDAM AV
FORT WASHINGTON AV
RIVERSIDE DR
MALCOLM X BLVD (LENOX AV)
ADAM CLAYTON POWELL BLVD (7AV)
FREDERICK DOUGLASS BLVD
WHITE PLAINS RD
WESTCHESTER AV
EAST TREMONT AV
ESPLANADE
CROSS BRONX EXPWY
WHITESTONE EXPWY